Marketing international

Marchés, cultures et organisations

Nathalie Prime (ESCP Europe)
Jean-Claude Usunier (Université de Lausanne)

PEARSON
Education

Publié par Pearson France
47 bis, rue des Vinaigriers
75010 Paris
Tél. : 01 72 74 90 00

Mise en pages : TyPAO

ISBN : 978-2-7440-7486-8

Table des matières

Chapitre 10. Marketing international et développement organisationnel

Table des illustrations et approfondissements

Illustrations

Approfondissements

Table des figures et tableaux

Figures

Tableaux

Introduction

Pour l'entreprise, l'internationalisation va forcément au-delà de la simple extension géographique de son chiffre d'affaires. Préoccupé par les problématiques de développement des marchés étrangers au cours du processus d'internationalisation de l'entreprise dans le cadre d'un environnement de plus en plus ouvert, le marketing international trouve son origine pratique dans l'explosion des échanges internationaux depuis la fin de la Seconde Guerre mondiale. Son développement est naturellement guidé par la recherche de solutions concrètes aux problèmes relatifs à la conquête, au développement et à la coordination des marchés étrangers dans un contexte d'ouverture internationale croissante de l'entreprise et de son environnement.

C'est pourquoi « de longue date, les préoccupations des chercheurs et des entreprises en marketing international ont dépassé le cadre strict du mix-marketing et du comportement du consommateur pour resituer les stratégies marketing des entreprises dans un contexte plus large[1] » (p. 7). Ainsi s'affirme la conception d'un marketing international ouvert dans un environnement marqué par des phénomènes dynamiques, puissants et interdépendants de décloisonnement généralisé (politico-réglementaire, socioculturel, technologique, organisationnel, géographique). La complexité conjuguée de cet environnement de rupture et des activités marketing qui s'y développent impose de considérer des dimensions culturelles, mais aussi stratégiques et organisationnelles, pour mieux comprendre les décisions que prennent les entreprises quand elles développent leurs marchés étrangers, et comment elles s'adaptent aux conditions variées de leur mise en œuvre. L'ensemble de ces caractéristiques du marketing international ouvert (approche multifonctionnelle, dynamique d'apprentissage organisationnel et perspective multiculturelle) conduit à une reconnaissance plus subtile de la dialectique entre le global et le local et suppose d'aller au-delà du slogan, déjà un peu usé, *think global, act local*, en intégrant plus de global *et* plus de local, dans la réflexion stratégique comme dans l'action de l'entreprise à l'étranger.

Si l'économie mondiale reste encore largement polarisée autour des pays industrialisés et des marchés financiers internationaux de la Triade, sur la scène mondiale émergent les économies de pays à forte population dont la profondeur historique et culturelle résulte de traditions millénaires et ravive une fierté légitime. L'économie globale ne pourra survivre à terme sans intégrer les économies dynamiques d'Asie, d'Amérique latine, d'Europe centrale et orientale, et d'Afrique.

Or, la mondialisation des cultures managériales n'est pas synonyme de standardisation planétaire, au sens du mot anglais *globalization*. Malgré l'émergence, sur un plan quantitatif et macroéconomique, de modèles de consommation de plus en plus homogènes entre pays pour les produits dits *culture-free* en général, un regard rapproché montre que les différences de comportement du consommateur ne s'estompent souvent qu'en surface. Les produits sont toujours *in fine* achetés et consommés dans un environnement spécifique, où les déterminants culturels ne peuvent pas être occultés. C'est la notion même de *local knowledge* au sens de Geertz[2] : l'expérience (par exemple celle de l'achat et de la consommation comme celle du management international dans l'organisation) est locale, *in situ* et partagée intersubjectivement, « en contexte ». Elle n'est pas globale. Ainsi, « la globalisation n'est pas une histoire d'homogénéisation culturelle[3] » (p. 40) : dans une dynamique de mondialisation marquée par la circulation accrue des informations, des personnes et des objets, l'identité des individus comme des groupes tend à se déterritorialiser et à chercher à « annexer » le monde global dans des pratiques « indigénisées » de la modernité.

Ce livre traite des décisions de marketing international et de leur mise en œuvre face à la diversité des situations d'affaires hors du pays d'origine de l'entreprise, en particulier dans les marchés émergents. Il se situe au niveau de décision managériale de l'essentiel des responsables de marketing international : décisions de pénétration initiale d'un marché étranger, d'expansion des marchés locaux, et décisions de marketing global. Ces diverses décisions demandent beaucoup d'analyse préalable, puis la mise en œuvre et l'exécution à différentes échelles géographiques (locales, régionales et parfois mondiales) des principaux leviers de l'action marketing (études, mix-marketing international, organisation marketing). L'approche se veut donc volontairement éclectique. S'appuyant sur diverses disciplines à l'interface du management international (*International Management*), en particulier comparé (*Cross-cultural Management*) et du management des affaires internationales (*International Business)*, le management des activités de marketing hors frontières fait appel à la combinaison de connaissances tirées de ces diverses disciplines, elles-mêmes d'ailleurs largement métissées. Le point de vue est souvent transversal et montre l'importance des *soft-skills* nécessaires aux responsables des opérations marketing internationales : bonne culture générale internationale, pratique de plusieurs langues, mobilité intellectuelle et physique, créativité et goût pour l'apprentissage, intelligence émotionnelle et forte sensibilité interculturelle.

Enfin, le but est beaucoup plus de donner des clés, des modes de raisonnement, des attitudes de pensée durables que des informations trop précises, qui seraient vite périmées. Les illustrations et approfondissements illustrant le texte sont là pour présenter des situations typiques du contexte international ambiant.

Remerciements

Cet ouvrage est né d'une préoccupation commune et ancienne pour le management des affaires internationales, et le management comparé en particulier, qui s'est affirmée au cours d'une expérience de conseil, d'enseignement et de coordination de programmes de formation au management en master et formation continue (MBA), en France comme à l'étranger. Nous tenons à remercier celles et ceux, professeurs et professionnels du marketing international, qui ont facilité la réalisation de ce livre par leur aide, leurs conseils, et leurs réflexions autour de discussions amicales :

Jean-Paul Lemaire (ESCP Europe), président de l'Association francophone de management international ATLAS-AFMI

José De la Torre (UCLA), président de l'Academy of International Business

Jean-Émile Denis (Université de Genève)

Abraham Koshy, Abhinandan Jain et Jagdeep Chhokar (Indian Institute of Management of Ahmedabad)
Gabriele Morello (ISIDA et Université d'économie de la Havane)
Carlos Ruy Martinez (Université de Monterrey)
Robert Green (Université du Texas à Austin)
Amadou Diaw (ISM Dakar)
Mohamed Dieye (Université Cheikh Anta Diop)
Ven Venkatesan (Université de Rhode Island)
Tatiana Vitman (Université de Saint-Pétersbourg)
Lan Huong Bui et Chan Van Nguyen (Centre franco-vietnamien d'enseignement de la gestion)
Claude Obadia (Novancia)
Mitsuyo Delcourt-Itonaga (Hakuhodo)
Anuradha Kanniganti (INALCO)
Irena Vida (Université de Ljubljana)
Abdelmajid Amine (Université Paris Est – Créteil)
Denise Hill (consultante chez DHA, Afrique du Sud)
Chriss Breen et Marjolijn Dijksterhuis (Université de Cape Town).

Nous remercions particulièrement les professeurs qui ont amicalement accepté de publier leurs études de cas dans l'ouvrage :

Martine Boutary (ESC Toulouse)
Sylvie Hertrich (Université de Strasbourg)
Ulrike Mayrhofer (Université Lyon 3)
Ganaël Bascoul (Ernst & Young, Climate Change & Sustainability Services)
Florence Gervais (Idrac)
Shahla Ameri de Rinaldi (International Consultant et ESC Toulouse)
Sébastien Méhaignerie (www.united-notions.com)
Andreas Kaplan et Stefan Schmid (ESCP Europe)

Enfin, cet ouvrage doit beaucoup aux étudiants et aux cadres d'entreprises, français et originaires de nombreux pays, qui nous ont permis par leurs questionnements d'approfondir nos enseignements et aussi d'en élargir les perspectives.

Chapitre 1

Analyse de l'environnement international

Objectifs

1. Poser les bases d'une bonne culture générale du milieu international à partir de quelques dimensions clés (macroenvironnements).
2. Aiguiser la sensibilité de l'analyste aux signaux faibles observables en milieu international et porteurs des dynamiques de changement.
3. Insister sur l'interdépendance des macroenvironnements et sur l'accélération de leur vitesse d'évolution à l'échelle mondiale.
4. Comprendre les tenants et les aboutissants des phénomènes de rééquilibrage entre pays à économies matures versus émergentes dans les échanges internationaux contemporains.
5. Dessiner les implications de la prise en compte du milieu international par l'entreprise qui développe ses activités marketing à l'étranger.

Introduction

L'environnement international est complexe et mouvant, et des entreprises disposant pourtant de bons produits et d'une réelle volonté d'internationalisation renoncent souvent par crainte d'affronter les difficultés : barrières de langues et de cultures au sens large, barrières tarifaires et non tarifaires lors du franchissement d'une frontière, incertitudes multiples. D'autres se sentent poussées à chercher des clients étrangers par une logique économique qui leur est en quelque sorte imposée : l'aire de marché nationale, et même régionale, apparaît souvent trop étroite pour atteindre des échelles de production suffisantes et, par là même, des coûts compétitifs. Certaines entreprises enfin, fortes d'une appréciation des avantages tirés de l'évolution des échanges internationaux, comprennent les opportunités nombreuses qu'offre le développement international en même temps que les risques qui en sont l'inévitable contrepartie[a].

Les plans de marketing international s'appuient d'abord sur l'analyse approfondie des conditions externes qui constituent l'environnement incontrôlable de la firme. Cet ajustement nécessaire des programmes de marketing aux conditions des marchés étrangers impose que les équipes marketing soient en mesure d'interpréter effectivement l'impact des contraintes imposées par chacun de ces éléments d'environnement[1]. Il est donc essentiel de disposer d'une bonne culture générale du milieu international où évolue l'entreprise et de ses liens avec le management international (*international business*).

a. Voir chapitre 2.

L'analyse de l'environnement en marketing international mobilise un ensemble de cadres de référence qui sont interdépendants, d'origines et de natures très diverses, et qui ont tous, isolément ou conjointement, un impact significatif sur les stratégies d'internationalisation fondées sur la conquête des marchés étrangers. L'analyse de ces facteurs d'influence dans le modèle PREST[2] décline l'environnement en termes de pressions externes politico-réglementaires, économiques, sociales et technologiques. Nous y ajoutons la dimension écologique liée à la géographie physique et humaine qui joue un rôle très important pour le marketing international de nombreux produits et services. Ainsi, **sept macroenvironnements internationaux seront successivement présentés**, qui couvrent les sphères de l'environnement culturel, politique, juridique, concurrentiel, économique, scientifique, technique et enfin géographique, qui influent sur le développement international de l'entreprise ou qui sont impactées par celui-ci. Il ne s'agit pas de faire une étude exhaustive des principaux facteurs mais plutôt de comprendre, et si possible d'anticiper, en quoi les décisions de marketing international sont très affectées par ces « macrotendances » et « pressions externes ».

1. L'interculturel généralisé

Pour l'entreprise, le développement des marchés internationaux et la conduite des affaires hors du marché d'origine nécessitent, par nature, le management de ses activités dans un environnement interculturel élargi.

1.1 L'entreprise internationale engagée dans des interfaces interculturelles multiples

La fonction marketing, en raison de sa position à la frontière entre l'intérieur et l'extérieur de l'organisation (fonction frontière ou *boundary role function*), mais aussi de son rôle moteur de l'internationalisation, doit composer avec deux sources principales de diversité culturelle qui naissent des interfaces et des interactions entre l'entreprise et son environnement externe et interne[3] :

- **La diversité culturelle externe à l'organisation.** Elle est liée d'une part aux déterminants culturels de l'achat et de la consommation (Qui achète/consomme ? Quoi ? Où ? Quand ? Comment ? Pourquoi ? À quel prix ? Etc.), et d'autre part aux pratiques d'affaires (*business customs and practices*) associées au développement des accords multiples nécessaires à tout développement international (négociation et management des relations avec les fournisseurs, les distributeurs et autres partenaires de l'internationalisation comme les instituts d'études, les banquiers, les transitaires, les juristes, les agences de pub, etc.).
- **La diversité culturelle interne à l'organisation.** Elle s'observe dans les services marketing des grands groupes multinationaux basés dans une filiale (notamment en Europe), où managers et employés sont en contact permanent avec des équipes implantées dans différents pays pour des questions diverses (les budgets, les lancements, les créations publicitaires, les études…) et travaillent dans des services eux-mêmes très multiculturels ; il n'est pas rare d'observer dans ces départements plus d'une dizaine de nationalités travaillant ensemble de façon quotidienne, en particulier à distance (*remote teams*).

Ainsi, la dimension culturelle est moins une « simple variable » à prendre en compte parmi d'autres qu'une « clé » indispensable à la compréhension de la plupart des autres macroenvironnements, qu'ils soient politique, juridique, économique, technologique et géographique. Prendre en compte l'environnement culturel, c'est d'abord appréhender deux dimensions complémentaires des cultures : leur contenu (éléments qui « composent » une culture et qui relèvent de deux catégories différentes mais liées : les éléments culturels explicites et implicites) et les processus qu'elle active et dont elle relève (qui confèrent à toute culture des propriétés caractéristiques et des fonctions bien particulières). On peut ainsi approcher « la vision du monde et le mode de fonctionnement des sociétés » des pays de l'échange (pays exportateurs et pays cibles, mais aussi pays des employeurs et pays des collaborateurs) et évaluer l'impact de la mondialisation sur les dynamiques d'évolution des cultures les unes par rapport aux autres pour clarifier les trajectoires de chacune.

1.2 Distinguer les niveaux de « contenu » culturel : éléments explicites et implicites

Il existe de nombreuses définitions admises par la communauté scientifique (plus d'une centaine) traduisant la polysémie du concept de culture. Si on cherche les contenus culturels, l'analogie de l'iceberg offre une représentation assez complète des éléments qui composent la culture et leur articulation d'ensemble (voir figure 1.1).

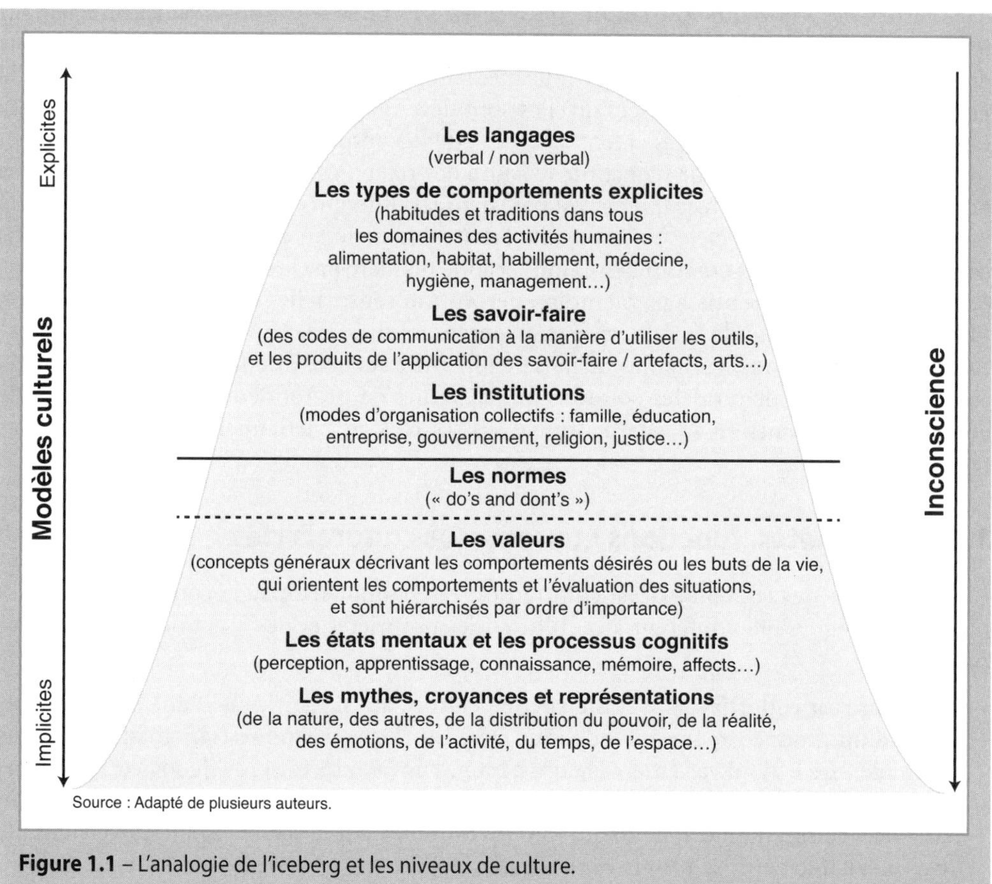

Figure 1.1 – L'analogie de l'iceberg et les niveaux de culture.

La partie émergée de la culture

C'est le premier niveau, celui des éléments culturels dits explicites car observables directement et de façon évidente. Le premier d'entre eux est celui du langage, verbal d'abord (les langues sont au nombre d'environ six mille aujourd'hui mais leur diversité diminuera fortement dans les cinquante ans à venir), et aussi non verbal (ensemble des messages portés par le corps, les objets manipulés et l'environnement temporel, spatial... de la communication). La culture explicite est ensuite composée des comportements habituels dans tous les domaines de la vie humaine : santé, hygiène, habitat, alimentation, habillement, management, achat, etc. Fournissant des modèles de comportements habituels pour résoudre les problèmes humains, la culture facilite la gestion cognitive et opérationnelle des activités humaines (les habitudes offrent l'énorme avantage d'éviter de se poser des questions). Viennent ensuite les savoir-faire, depuis les codes de communication aux modes d'utilisation des outils, et les produits de l'application de ces savoir-faire : artefacts, arts... Enfin apparaissent les grandes institutions ou modes d'organisation collectifs : famille, école, associations, gouvernement, justice, religion, entreprise...

La partie immergée de la culture

C'est le second niveau, bien distinct, des éléments culturels implicites qui se situent d'abord dans l'esprit des « porteurs » de culture (et, à ce titre, ils ne sont pas observables directement mais peuvent être inférés à partir des éléments explicites de l'iceberg). Les normes, corpus des *dos and don'ts*, occupent une place intermédiaire car, si elles sont en partie explicitées, la plupart sont tellement internalisées qu'elles sont devenues inconscientes et n'ont pas à être rappelées en permanence. Elles créent aussi les attentes respectives des uns et des autres en société. Le système de valeurs constitue le cadre des références morales (ce qui est valorisé positivement par rapport à ce qui ne l'est pas) dans les différents domaines de la vie toujours investis de sens par la société. Vient ensuite l'ensemble des états mentaux et des opérations cognitives tels qu'ils ont été stimulés d'une certaine manière par la société dans son environnement naturel : apprentissage, mémoire, perception sensorielle, affects ou connaissance. Enfin, au plus profond de la culture se trouvent les mythes, les croyances et les représentations sociales profonds, véritables racines de l'identité sociale. Ils constituent une sorte de colonne vertébrale de modèles culturels qui structure en profondeur la vision du monde et les comportements en société et trouve ses sources en particulier dans les croyances religieuses[4].

1.3 Propriétés, fonctions et processus culturels clés

L'identification des contenus de la culture doit être complétée par la compréhension des processus typiques qui confèrent aux cultures des propriétés et des fonctions bien caractéristiques :

- **La culture est collective.** Il n'existe aucune culture qui ne soit celle d'une société, c'est-à-dire d'un groupe organisé d'individus (le groupe des personnes qui attendent le bus ensemble tous les jours à la même heure n'est pas une « société ») ; toute société prise dans ce sens a une histoire dont il faut toujours tenir compte ; quand on parle de « culture », on parle de « communauté », de ce qui unit les hommes d'une société avant que chacun ne vive (inévitablement) sa propre expérience.

- **La culture est acquise (apprise) et transmise.** Le plus souvent inconsciemment selon un long processus d'apprentissage (la socialisation), puis d'enseignement aux générations suivantes quand l'individu se trouve à son tour dans le rôle d'agent de socialisation (parent) ; les principaux agents de socialisation sont la famille, l'école, les associations, l'entreprise, les groupes religieux et les médias.
- **La culture est exclusive.** Elle s'appuie sur un processus d'identification de l'individu à son *in-group* (quand on peut dire « nous », « nos » valeurs, « pour nous »…), par rapport aux individus des *out-groups* (quand on dit « eux », « leurs » valeurs, « pour eux »…) ; ainsi la culture représente une part importante de la personnalité et de l'identité, elle favorise la synchronisation des comportements (explicites-implicites) des individus dans leur société.
- **La culture est dotée d'une grande plasticité.** Elle est par définition évolutive car elle doit permettre l'adaptation de l'homme à la diversité des milieux et des conditions, et pour cela autoriser le changement par innovations intérieures et/ou emprunts de l'extérieur ; la culture sert profondément à s'adapter aux conditions de l'environnement.
- **La culture produit et sélectionne du sens.** Elle s'appuie sur un processus de production de significations (de valeurs, de normes, de comportements partagés) couplé à un processus de sélection (tous les éléments du « réel » ne sont pas forcément investis de significations, et les mêmes éléments pourront faire l'objet de significations très différentes selon les cultures) ; la culture est fondamentalement un système d'information qui crée, envoie, stocke et traite des significations portées sur ce que l'on perçoit de la réalité au sein du groupe ; les significations sont acquises et définissent l'interprétation du monde (au niveau implicite) et les pratiques (au niveau explicite) partagées au sein de la communauté de référence.
- **La culture sert foncièrement à résoudre des problèmes.** Les hommes ont des problèmes universels à résoudre (comme les rapports entre l'homme et la nature, les autres, le temps, etc.)[b], et des problèmes propres à chaque communauté dans tel ou tel domaine (management des organisations par exemple) ; ainsi, la culture a une dimension pragmatique, et les hommes (comme les organisations) passent souvent leur temps à chercher à résoudre les mêmes problèmes, mais avec des moyens et dans des milieux qui leur sont toujours pour une part spécifiques.
- **La culture produit des connaissances.** Dans le cas des situations d'interfaces culturelles (rapprochements des équipes et des entreprises) au cours du processus de croissance internationale par projets, fusions, acquisitions, joint-venture ou tout autre type d'alliance, on peut considérer les cultures comme « des réservoirs de connaissances[5] » (*pools of knowledge*) ce qui conduit à une approche de la diversité culturelle par le *Knowledge Management*[c]. Dans ce sens, la culture définit les meilleures pratiques, les normes de l'efficacité et de la « performance », que ce soit à l'échelle des cultures nationales, organisationnelles ou professionnelles (voir illustration 1.1).

b. Voir chapitre 9 (p. 344-359).

c. Voir chapitre 10 (p. 408-417).

Illustration 1.1

Diversité des cultures du « contrôle de gestion » à l'international

Mondialisation ne rime pas avec uniformisation : c'est ce que l'on constate à l'étude des définitions de postes de contrôleurs de gestion de cultures nationales différentes[6] :

- **Royaume-Uni.** Le contrôleur de gestion n'est surtout pas le *controller* mais l'*accountant* et, plus précisément, le *cost accountant* ou encore le *management accountant* signalant que la difficulté dans l'évaluation des profits réside dans le calcul des coûts. Les Britanniques ont d'ailleurs deux types de formation des *accountants* : les *Chartered Accountants* (CA, équivalents des experts-comptables français), qui sont destinés à la révision externe, et les *Certified Industry and Management Accountants* (CIMA), qui ne sont pas autorisés à pratiquer la révision des comptes. Il n'y a aucun rôle de vision stratégique ou d'affaires attaché à la fonction, pas plus qu'un rôle de conseil ou de « copilotage » à la française.
- **États-Unis.** Les contrôleurs de gestion sont des *Business Analysts* aux compétences beaucoup plus larges, à la jonction de tous les courants de l'entreprise (finances, production, marketing, recherche et développement, stratégie, etc.), s'appuyant sur une culture généraliste, l'ouverture, le dialogue et l'interfaçage. Leurs interlocuteurs et mandants internes sont les directions générales ou opérationnelles et leur formation les prépare souvent au rôle dévolu à la direction générale (*Chief Executive Officer).* Ce sont des profils MBA (*Master in Business Administration*), nourris d'une solide formation initiale, d'ingénieur ou de juriste, par exemple.
- **Scandinavie.** Le contrôleur de gestion s'appelle *Economist et s'occupe* de l'intelligence (au sens de la compréhension) de la marche de l'organisation. Il n'y a pas de notion de contrôle, ni d'affaires ni de *business.* La formation *ad hoc* correspond aux enseignements dispensés dans les universités en économie d'entreprise. Le rôle est fonctionnel et distancié du terrain.
- **Allemagne.** On trouve un modèle dual avec les grandes entreprises imitant les organisations américaines, et celles plus traditionnelles employant des *Kostenrechner* : littéralement, des « calculateurs de coûts ». L'approche est extrêmement comptable avec un sens du microdétail qui rend difficile toute fonction de synthèse. Seul le *Geschäftsführer*, chef d'entreprise, synthétise l'information de gestion remontant des différents services de l'entreprise.
- **Espagne.** On a affaire à un « contrôleur de gestion », avec une forte influence du modèle français jusque dans le titre qui est une transposition littérale. En **France**, l'approche est plus diversifiée, voire plus ambiguë : elle peut recouvrir, d'une entreprise à l'autre, des formes diverses et, au fil de la croissance des organisations, elle évolue de la vérification de la conformité légale à la gestion de crise, en passant par le suivi et l'amélioration des procédures. Elle se caractérise aussi par la tradition technicienne bien française qui privilégie parfois les outils et les méthodes en perdant quelque peu de vue les finalités.

1.4 Toutes les cultures évoluent dans la mondialisation

L'impact de la mondialisation sur les cultures est immense et son étude pose toujours la question de l'évolution culturelle de chaque groupe par rapport aux autres : s'oriente-t-on vers une standardisation des cultures à l'échelle mondiale dans une culture universelle, comprendre occidentale[7], et peut-être même « américanisée » (une « mcdonaldisation » de la société)[8] ? Ou bien, par opposition, s'oriente-t-on vers un essor des revendications des cultures locales par l'accroissement des possibilités qui leur sont offertes (élargissement du choix des possibles) ?

Convergence ou divergence ?

Ce débat, dit de la convergence, est critique dans de nombreux domaines de la vie, à commencer par le domaine linguistique. Convergence signifie homogénéisation et donc destruction de la diversité culturelle. Le versant linguistique de la mondialisation, c'est un système planétaire, dont le pivot est une langue hypercentrale, aujourd'hui l'anglais, autour de laquelle tournent une dizaine de langues supercentrales, pivots à leur tour de cent ou deux cents langues centrales autour desquelles gravitent enfin cinq ou six mille langues périphériques (voir approfondissement 1.1).

Approfondissement 1.1

Le système linguistique mondial est gravitationnel autour de l'anglais

Le système linguistique mondial est gravitationnel autour d'une langue hypercentrale qui est l'anglais. Ce résultat est le fruit de l'histoire, des logiques de pouvoir, des guerres, des migrations, invasions et autres dominations coloniales[9]. À la base, on trouve environ six mille langues, mais la répartition de ce patrimoine linguistique est déjà très inégale : 90 % des langues sont parlées par 4 % de la population mondiale, et plus de 80 % des langues sont endémiques (c'est-à-dire confinées à un seul pays). Ces langues sont appelées « périphériques » et sont parfois très nombreuses à l'intérieur d'un même État, comme en Guinée (850), en Indonésie (670), au Nigeria (410) et en Inde (380). Les locuteurs des langues périphériques se connectent horizontalement avec les communautés voisines grâce au bilinguisme, mais c'est rare. En général, ils utilisent une langue commune de niveau immédiatement supérieur appelée « langue centrale », comme le quechua en Amérique du Sud, ou le wolof, le lingala et le bambara en Afrique. Il existe une centaine de langues centrales autour desquelles gravitent les langues périphériques. Certaines sont néanmoins plus centrales que d'autres car également situées au cœur de constellations regroupant d'autres langues centrales « étrangères ». Ces langues, dites « supercentrales », sont au nombre de douze : l'allemand, l'arabe, le chinois, l'anglais, l'espagnol, le français, l'hindi, le japonais, le malais, le portugais, le russe, le swahili. Les langues supercentrales sont celles de la communication dans un espace régional ou international, lui-même parfois hérité de la colonisation (anglais, espagnol, français, portugais). Enfin, la langue de connexion des langues supercentrales est l'anglais, « langue hypercentrale », des « élites *offshore* » de la planète. On voit ainsi que la communicabilité de la périphérie au centre est possible par le jeu de multiples chaînes de locuteurs bilingues ou multilingues, aspirés vers le haut par paliers successifs. Mais l'intercompréhension des langues est aussi assurée par l'existence de familles de langues (aux liens de parenté), grâce auxquelles chacun peut potentiellement comprendre l'autre, même s'il ne parle pas la langue de l'autre.

Approfondissement 1.1 (suite)

Ainsi en est-il des langues romanes (français, italien, espagnol, catalan, portugais, roumain), slaves (russe, polonais, tchèque, serbo-croate et bulgare) et germaniques (anglais, allemand, néerlandais). Actuellement, la moitié de la population mondiale utilise au quotidien une des huit langues les plus répandues : le chinois (1,2 milliard de locuteurs), l'anglais (478 millions), l'hindi (437 millions), l'espagnol (392 millions), le russe (284 millions), l'arabe (225 millions), le portugais (184 millions) et le français (125 millions). Dix langues meurent chaque année en moyenne. Et si ce phénomène n'est pas nouveau (depuis que les langues se sont diversifiées, au moins 30 000 sont nées et se sont éteintes, souvent sans laisser de trace), ce qui l'est en revanche, c'est la vitesse à laquelle elles disparaissent en ce moment. Si ce rythme continue, on pronostique que 50 à 90 % des langues parlées aujourd'hui mourront au cours de ce siècle.

Métissages et hybridations

En réalité, grâce aux études menées par les anthropologues, on peut prévoir – et déjà observer dans un certain nombre de domaines d'activités humaines – que les deux phénomènes de convergence et de maintien de spécificités coexistent et créent des cultures métisses ou hybrides, c'est-à-dire de nouvelles diversités et identités multiculturelles selon les contextes. Cela résulte d'une tendance universelle qui résiste à tout : la fabrication par chaque communauté de comportements « à soi ». Du fait de leur exposition aux autres, **les cultures dans la mondialisation sont sans cesse réinventées** grâce à la capacité d'innovation, de bricolage, de réappropriation des individus et des groupes quand ils rentrent en contact avec des modèles culturels extérieurs, qu'ils soient explicites (comme l'adoption de langues et des modes de comportement, l'usage de produits…) ou implicites (comme l'adhésion à un système de valeurs, le partage d'idées…)[10].

L'hybridation s'observe particulièrement bien dans le domaine linguistique des « interlangues[11] », sabirs et autres *lingua franca* (idiomes utilisés autour de la Méditerranée à partir du XVe siècle), tel l'hinglish, mélange entre l'anglais et l'hindi, ou le franglais, entre l'anglais et le français. Du point de vue comportemental aussi, comme le décrit si bien Naipaul[12] à propos de l'Inde : on peut travailler comme agent de change à la bourse de Bombay, porter un costume occidental, surveiller les cours et les prix suivant le seul appât du gain comme sur toute autre place financière, et être de confession jain ce qui se traduit, au retour à la maison le soir, par un bain (rituel purificateur pour se laver des souillures inévitables de la journée), des prières dans l'espace de la maison réservé à cet effet, une nourriture sélectionnée préparée par son épouse, et de discuter après le dîner du mariage de la dernière fille avec un garçon de la communauté originaire d'un autre État.

Si la mondialisation met en danger nombre de microcultures ethniques (sur les plans de la linguistique, de l'écologie, de la technique, de la culture, etc.), elle ouvre aussi de nouvelles possibilités d'expression ou de résistance pour les cultures premières comme pour les communautés virtuelles sur Internet. **La mondialisation économique est donc paradoxalement la source de nouvelles différenciations**. De plus, on observe que la consommation de masse à l'échelle planétaire donne également naissance à de nouvelles demandes d'authenticité[13] fondées sur la renaissance de traditions anciennes et sur l'affirmation d'une identité locale nationale (par exemple ancrée dans les terroirs français produisant le sel de Noirmoutier, la saucisse de Morteau et les vins d'appellation d'origine contrôlée), ou d'une identité étrangère (par exemple un meuble chinois fabriqué au faubourg Saint-Antoine, une peinture acrylique faite par un Aborigène australien et un préservatif fabriqué en Europe et commercialisé à Abidjan). Cette demande d'authenticité s'exprime particulièrement dans tous les pays industrialisés à travers leur appétence paradoxale pour les produits artisanaux[14]. Cette demande exprime une culture matérielle porteuse de réenracinement, de sens et de rééquilibrage entre consommation *high-touch* et consommation *high-tech*[15].

Enfin, la libéralisation des échanges internationaux donne lieu à de nouvelles routes d'échanges, qui mettent en œuvre des interfaces culturelles auparavant inédites entre partenaires des Sud. Par exemple le développement de la « Chinafrique » ou de la « Chinarabie » qui traduit pour la Chine l'achat des ressources naturelles nécessaires à sa croissance, et pour les Africains ou les Arabes le souhait d'utiliser leur pouvoir d'achat pour acheter des produits chinois qui plairont dans les pays d'origine, et aussi de trouver un contrepoids aux Occidentaux[16]. **L'évolution des cultures dans la mondialisation est donc un phénomène complexe qui oscille entre l'universel et le singulier, entre hospitalité et hostilité.** Mais elle a lieu sur un fond historique dont il faut bien admettre la logique de domination depuis plus d'un demi-millénaire : c'est l'ordre prédateur né avec 1492 quand les Occidentaux découvrent l'Amérique et prennent possession des terres, qui se poursuit par l'esclavage, la colonisation et enfin le capitalisme mondial[17]. Le combat pour la diversité a engendré de nombreuses résistances car les facteurs d'unification culturelle liés à la mondialisation économique n'ont jamais été aussi puissants[18].

1.5 Cultures et marketing international

Cette évolution multiforme des cultures dans la mondialisation a des conséquences très vastes sur la conception puis le déploiement des programmes de marketing international dont certaines seront développées au fil des chapitres suivants[19].

Maîtrise de nos cadres de référence culturels dans la conquête des marchés étrangers

La multiplication des interfaces de cultures crée l'urgence, pour les dirigeants et collaborateurs (et aussi pour l'individu citoyen), de mieux maîtriser nos cadres de référence culturels : la culture européenne n'est pas la seule voie vers une modernisation réussie, le Japon et les nouveaux pays industrialisés (NPI) d'Asie en témoignent[20]. Nous pouvons tirer de ce constat la nécessité de développer les connaissances en management comparé afin de créer les possibilités de dialogue interculturel et de minimiser le risque d'ethnocentrisme fréquent. L'échec est souvent la conséquence de notre ignorance de l'autre et du « mythe de la similarité superficielle », en particulier du monde matériel. Or, les différences qui semblent s'amenuiser entre comportements managériaux et de consommation ne s'estompent le plus souvent qu'en surface[21].

Intégration de la contrainte de la diversité

Il n'y a jamais un marché unique, mais toujours des marchés spécifiques, liés à des particularités locales, notamment culturelles. Celles-ci constituent des barrières non tarifaires de langues, de pratiques d'affaires habituelles, de systèmes de valeurs prioritaires… Ces barrières affectent notamment les processus d'achat et de consommation des produits de grande consommation est fort : qui prescrit ? achète ? utilise ? quoi ? où ? quand ? comment ?

combien ? pourquoi ? pourquoi pas ? Elles se traduisent en contraintes culturelles qui doivent être intégrées dans la conception et la mise en œuvre des politiques internationales de produit, de prix, de communication et de distribution[d]. Il faut aussi considérer les déterminants culturels des modes de négociation commerciale intra et interculturelles[e] et des styles de management des hommes dans les organisations marketing décloisonnées (communiquer, décider, diriger, motiver, prévoir, organiser, contrôler…)[f].

Intégration de la contrainte de l'optimisation

L'entreprise devra chercher à tirer avantage de la diversité culturelle externe à l'organisation par des stratégies marketing qui optimisent tant les bénéfices associés à la convergence relative des modes de consommation (permettant la standardisation de certains attributs de l'offre) que ceux associés au maintien de spécificités (imposant l'adaptation mais susceptibles de stimuler l'innovation)[g]. L'entreprise internationale devra également chercher à tirer parti de la diversité culturelle interne à l'organisation par le développement des compétences interculturelles au sein des équipes et par la poursuite d'un « levier culturel » fondé sur l'apprentissage mutuel, au cours de la croissance internationale et dans les principales situations critiques d'interfaces culturelles[h]. Cette capacité d'apprentissage entre cultures est susceptible de faire naître un avantage concurrentiel à long terme car difficilement imitable[22] : ainsi l'alliance Renault-Nissan, remarquable du point de vue de la recherche d'une approche synergique de la diversité culturelle au cours de la phase d'intégration organisationnelle. Les deux entreprises apprennent l'une de l'autre et enrichissent la culture globale de l'alliance en jouant sur une fertilisation croisée et un « maillage » des deux entités au sein d'équipes multiculturelles fonctionnelles (*Cross-Functional Teams*), projets (*Cross-Project Teams*) et organisationnelles (*Cross-Company Teams)*, même si les deux organisations et les territoires de marques restent (justement) distincts[23].

2. Des cadres politiques internationaux en rénovation

Déterminant le cadre réglementaire et le contexte politique du pays où évoluera l'entreprise, l'analyse de l'environnement politique est un préalable important à tout développement international. Bien comprendre les cadres de référence politiques nationaux et internationaux est d'autant plus nécessaire que le rôle de l'État et la relation entre la souveraineté et le marché à l'heure de la mondialisation économique soulèvent de nombreuses questions d'ordre historique et éthique d'abord, mais aussi d'ordre pratique pour la conduite des affaires internationales. **Trois cadres de référence politiques articulent particulièrement le national et l'international** : l'évolution du rôle de l'État pour l'entreprise dans un contexte de mondialisation, le développement des marchés régionaux ou l'intégration par le marché, et la nécessaire rénovation des institutions de gouvernance internationale héritées de la Seconde Guerre mondiale.

d. Voir chapitre 5 (p. 172-196), chapitre 6 (p. 217-219), chapitre 7 (p. 261, 268, 273, 277-280, 285), chapitre 8 (p. 302-304, 309-314, 321-322).

e. Voir chapitre 9 (p. 359-371).

f. Voir chapitre 10 (p. 392-408).

g. Voir chapitre 3 (p. 105-110).

h. Voir chapitre 10 (p. 408-423).

2.1 Les nouvelles relations entre l'État et l'entreprise dans la mondialisation

Le rôle des États dans la mondialisation a considérablement évolué depuis la fin de la dernière guerre mondiale. Traditionnellement, la souveraineté entend contrôler autant que possible les flux qui la traversent (flux migratoires de personnes, flux commerciaux marchands, flux monétaires et financiers des capitaux, flux informationnels). Mais la mondialisation, aux dépens de la souveraineté, promeut l'interdépendance, la déterritorialisation, la mobilité, l'essor des communications..

La thèse de l'État obsolète

Plusieurs facteurs aux conséquences marketing importantes contribuent à menacer le rôle traditionnel de l'État quand la richesse et le pouvoir émanent de façon croissante de transactions privées conduites hors des frontières des États :

- **La « dénationalisation » des produits** par la recherche des coûts de production les plus bas et de l'optimisation de la chaîne de valeur à l'échelle internationale, voire globale
- **La mondialisation financière** qui peut sanctionner l'État s'il dévie du rôle que les investisseurs internationaux lui ont assigné. C'est le risque de la « dictature des marchés financiers internationaux » qui s'est concrétisé en 2011 par la mise en quasi-faillite d'États (Grèce, Irlande, Italie, Espagne, Portugal…).
- **La constitution de conseils d'administration cosmopolites** qui atténue l'identité nationale de l'entreprise.
- **L'existence des multinationales** qui profitent d'un espace segmenté entre les différentes nations pour mettre en concurrence les territoires nationaux.
- **L'essor de l'économie de l'immatériel** qui défie l'État dans ses prérogatives traditionnelles de régulation des flux qui le traversent.
- **Les mouvements d'intégration par le marché** créant de nouveaux espaces économiques et politiques supranationaux où l'État délègue à une autorité supranationale de nombreuses fonctions.

Une nouvelle dynamique État/entreprises

Cette thèse de l'obsolescence de l'État génère une rhétorique de l'uniformité idéologique mondiale fondée sur le libéralisme économique global mais ne tient pourtant pas compte de données statistiques qui permettent de la nuancer assez fortement. Une ouverture croissante des économies est associée à un rôle plus développé de l'État qui peut aider à la compétitivité d'un pays : Singapour, le Japon, la Corée dans les années 1980-2000 et plus récemment la Chine sont les meilleurs exemples du fait que l'économie mondiale a de meilleures chances de réalisation si l'État s'y engage davantage. Ce dernier dispose d'instruments d'action, de fait plus nombreux que par le passé et qui réorganisent les relations État/entreprises sur de nouvelles bases[24].

- **L'État favorise la mise en place d'un environnement** légal, fiscal et normatif, adapté à l'essor des entreprises dans le jeu de la compétition économique mondiale : il conduit, au sein de l'OMC, les négociations commerciales multilatérales qui entraînent le déploiement de stratégies diplomatiques économiques.

- **Le passage au niveau régional démultiplie les champs et les moyens d'action de l'État dans certains domaines.** L'histoire de la construction européenne montre que les États-nations du vieux continent ont su réguler la majeure partie de leurs échanges dans un cadre communautaire tout en s'imposant à l'extérieur comme la plus grande puissance commerciale mondiale. La poursuite de l'unification économique et monétaire, et donc de l'unification politique, pourrait paradoxalement renforcer le rôle des États par le renforcement et l'élargissement de leurs moyens d'intervention sur l'Union et de ceux de l'Union sur les marchés, et par le soutien à la pénétration des entreprises européennes vers l'extérieur grâce à une monnaie commune qui atténue la dépendance vis-à-vis du dollar.
- **L'État contribue par l'ensemble des dispositifs de soutien au développement international.** On évoque ici l'intelligence économique avec le réseau international des services du commerce extérieur (comme les postes d'expansion économique français, les organismes de certification, d'assurances, de financements...) dont le rôle est de faciliter l'action des entreprises notamment sur les marchés difficiles et dans les pays où sont signés des protocoles bilatéraux entre États.
- **L'État contribue à créer l'environnement compétitif national nécessaire pour affronter la mondialisation.** Il développe des systèmes d'éducation, de recherche scientifique et technique et de prévisions qui fournissent aux entreprises les instruments de leur développement futur qu'il est le seul capable de mettre en œuvre. L'exemple des actions du MITI (ministère de l'Industrie et du Commerce au Japon) dès les années 1980 montre bien comment l'État a pu contribuer à la pénétration des sociétés japonaises sur les marchés extérieurs en organisant un système de veille technologique exceptionnel, en travaillant avec les entreprises sur les normes et les standards, en concentrant la recherche de base. Dans la même lignée, on peut citer les investissements de la Corée dans l'éducation et la production de connaissance (recherche et développement).
- **L'État se fait de plus en plus courtier.** Il s'implique de plus en plus ouvertement dans la conquête de marchés extérieurs pour ses entreprises, par exemple dans le cadre de la passation de grands contrats d'armement, de fourniture de biens d'équipement lourds ou de construction d'infrastructures (voir illustration 1.2).

2.2 Les espaces régionaux élargissent le marché

Un deuxième cadre de référence politique articulant le national et l'international est celui des mouvements d'intégration (et donc d'élargissement) par le marché résultant de décisions politiques des États. On les observe dans la plupart des régions du monde, même si c'est à des échelles d'intégration variées, limitées à la sphère économique ou à visées politiques. Leurs conséquences pour l'entreprise internationale sont importantes :

- Dans la définition des règles du jeu économique au sens large.
- Dans la détermination des aires de marché (de ce point de vue, au sein de l'Union européenne, le marché « domestique » de toute entreprise est le marché européen et pas le marché national d'origine).

Illustration 1.2

Obama en Inde – 10 milliards de dollars d'accords

Le président américain Barack Obama a annoncé 10 milliards de dollars d'accords avec l'Inde qui devraient créer 50 000 emplois américains, au premier jour de sa visite de novembre 2010. L'Inde était le premier des quatre pays de sa tournée asiatique de dix jours, tournée destinée à défendre l'influence des États-Unis dans une région dont le dynamisme nourrit l'espoir de nouveaux débouchés pour les produits américains. « En regardant l'Inde aujourd'hui, les États-Unis voient une opportunité pour vendre leurs exportations dans l'un des marchés se développant le plus vite au monde », a-t-il déclaré, en annonçant « une vingtaine d'accords totalisant plus de 10 milliards de dollars. » Boeing a signé un accord préliminaire de 4 milliards avec l'armée indienne pour vendre 10 avions de transport C-17 Globemaster, qui devrait susciter 22 160 emplois. Le géant de l'aéronautique a aussi conclu un accord avec la compagnie SpiceJet de 7,7 milliards de dollars pour livrer 30 avions 737. General Electric a, par ailleurs, été sélectionné par l'Inde pour fournir des moteurs d'avions de combat, avec 4 440 emplois à la clé. Barack Obama a également demandé à l'Inde d'assouplir ses barrières pour le commerce et l'investissement, des géants comme Wal-Mart attendant avec impatience la pleine libéralisation du secteur du commerce de détail aux étrangers[25].

Les différents niveaux d'intégration par le marché

Même s'il existe un très grand nombre d'initiatives d'intégration régionale[26], l'Union européenne est de loin la zone la plus intégrée du globe et son élargissement aux pays d'Europe centrale et orientale (PECO) est toujours en cours. En déplaçant les frontières économiques, la mondialisation et la formation de zones « intégrées » donnent plus d'importance aux critères économiques. Néanmoins, ils ne sont pas les seuls à expliquer la constitution de blocs commerciaux multinationaux (voir tableau 1.1).

Tableau 1.1 : Les facteurs à l'origine de la constitution des blocs commerciaux

Les facteurs économiques	Les facteurs culturels
Recherche d'un marché potentiel élargi, économies d'échelle, stimulation du développement économique interne pour les produits de la zone, bénéfices consommateurs liés à la suppression ou à la baisse des tarifs internes à la zone et à la diversification de l'offre, meilleure productivité des facteurs de production qui peuvent circuler librement vers les zones les plus productives.	La conscience de la similarité culturelle mesurée par le partage de valeurs fondamentales communes, notamment politiques (la démocratie), religieuses (comme le long héritage de la chrétienté en Europe) et spirituelles (humanisme européen), ainsi que par le multilinguisme permettant les échanges en plusieurs langues (tous les Européens éduqués peuvent travailler dans au moins deux ou trois langues)
Les facteurs naturels	**Les facteurs politiques**
La proximité géographique, bien qu'elle ne soit pas impérative, facilite la mise en œuvre d'un marché intérieur élargi (systèmes de communication couvrant la région, gestion des ressources et contraintes naturelles communes).	Des aspirations et une compatibilité politiques nécessaires à la délégation de certaines prérogatives de la souveraineté.

La recomposition des espaces dans une économie-monde

Il est important de bien distinguer les différents niveaux d'intégration par le marché qui définissent les règles des échanges internationaux entre pays de la zone, d'une part, et entre ces pays et le reste du monde, d'autre part. Ces blocs commerciaux s'appuient sur des accords parfois anciens qui s'élargissent comme en Europe entre la Communauté économique européenne (CEE, 1957) et l'Union européenne (UE, 1994). D'autres s'appuient sur des accords plus récents, comme en Amérique, avec l'accord de libre-échange nord-américain au nord (ALENA, 1994) ou avec le marché commun du cône sud (MERCOSUR, 1991). Certains sont plus actifs que d'autres, qui peinent à se concrétiser. En pratique, l'entreprise distingue par ordre croissant d'intégration économique, et *in fine* politique :

- la zone de libre-échange (ZLE) : suppression progressive des barrières tarifaires et non tarifaires aux échanges entre pays de la zone ;
- l'union douanière (UD) : zone de libre-échange plus définition de tarifs communs aux frontières de la zone vis-à-vis des pays extérieurs ;
- le marché commun (MC) : union douanière plus harmonisation des règles gouvernant le fonctionnement des entreprises (règles comptables, fiscales, sociales, formations, éducation...) ;
- l'union économique (UE) : marché commun plus intégration de fonctions traditionnellement régaliennes comme la monnaie, la défense et la diplomatie.

Les frontières de ces espaces évoluent dans une dynamique apparemment contradictoire de désintégrations et d'intégrations régionales avec, dès les années 1990, à l'intérieur des États, l'exacerbation du régionalisme, et, entre les États, la tendance au regroupement régional[27]. L'accélération de la mondialisation s'est accompagnée de celle des associations régionales sur tous les continents. Malgré leur apparente contradiction, le développement du régionalisme et celui du multilatéralisme économique (qui s'exprime par la participation des États aux grandes organisations internationales comme l'OMC, l'Organisation de coopération et de développement économique [OCDE], la Banque mondiale, l'Organisation internationale du travail [OIT], le Fonds monétaire international [FMI], etc.) apparaissent moins substituables ou complémentaires qu'interdépendants : par exemple, la politique agricole commune (PAC) en Europe se renégocie aujourd'hui en fonction des calendriers de l'OMC. Ainsi, dans une perspective de mondialisation, la constitution d'espaces économiques fondés sur la coopération économique régionale accélère plus qu'elle n'entrave la libéralisation des échanges internationaux.

2.3 La nécessaire rénovation des institutions internationales et la gouvernance mondiale

La nouvelle gouvernance mondiale vise à « décrire l'acceptation d'un monde multipolaire plus que bipolaire auquel s'ajoute la reconnaissance du pouvoir des grands États dits émergents (Chine, Inde, Brésil, etc.)[28] ». Cette reconnaissance touche plusieurs institutions internationales, notamment celles héritées de Bretton Woods (1944) comme le FMI ou la Banque mondiale qui fournissent conseils économiques, assistance technique et prêts pour le développement économique des pays et la réduction de la pauvreté. Leur rôle est majeur et leurs effets sont souvent critiqués[29] dans les domaines du développement économique mondial, des pays et des entreprises. **Les objectifs de ces réformes nécessaires mais difficiles touchent au renforcement de la légitimité, de la performance et de la coordination des institutions.** Sont ainsi concernés le G8, remplacé par le G20, le FMI, la Banque mondiale et la réforme du Conseil de sécurité des Nations unies.

Malgré de récentes avancées, la gouvernance mondiale reste bien en deçà des besoins d'action collective face aux problèmes de changement climatique, aux crises alimentaires régulières, à l'augmentation de la pauvreté et à l'instabilité financière permanente. On peut même voir dans ces institutions des outils clés de la domination du capitalisme occidental sur les pays pauvres. Et dans le cas spécifique de l'Union européenne, la crise de l'euro fin 2011 montre l'acuité de l'absence de politiques monétaire et économique communes, soulevant avec force la nécessité de faire évoluer les institutions européennes. Dans tous les cas, les structures de gouvernance sont désormais contraintes de combiner des gages de légitimité et d'efficacité pour être porteuses de réponses aux problèmes du monde. Un lent travail de négociation permanente (sur les voies de résolution des problèmes mondiaux) se poursuivra sur la base d'un patient travail de maillage de différents modes de coopération[30].

3. Un cadre juridique hétérogène

Très lié à l'environnement culturel et politique, l'environnement juridique des marchés étrangers est complexe car il se présente d'emblée comme hétérogène et en mutation. Ces deux tendances sont particulièrement caractéristiques et soulignent la situation actuelle et les évolutions en cours en matière de cadre juridique international privé.

3.1 Le cadre juridique pour l'entreprise internationale

La diversité de la loi est liée à la superposition de plusieurs sources de droits qui touchent plus ou moins directement l'activité des sociétés à l'étranger. Le droit international public (qui existe avec une Cour de justice supranationale à La Haye) règle des rapports entre les États et n'influe qu'indirectement sur l'entreprise (par exemple, un conflit entre l'Espagne et la France sur la définition des zones de pêche). Le droit international privé, qui règle les conflits de loi, de juridiction, le statut des étrangers et le droit de la nationalité, dépend en revanche de chaque pays. S'y ajoutent le droit des regroupements régionaux (par exemple le droit communautaire en Europe) et les obligations résultant de la participation des pays aux grandes institutions internationales (par exemple l'OMC).

Mais la diversité de la loi trouve aussi son fondement dans le long passé du droit qui obéit dans le présent à des traditions culturelles différentes. Il est essentiel de savoir lire « les histoires du droit » qui montrent que la majeure partie de l'humanité ne partage pas la vision occidentale du droit et de sa sanction[31]. Recourir aux avocats et aux juges est aussi naturel pour un Américain que cela paraît curieux à un Japonais ; le monde musulman accole, même si c'est à des degrés divers selon les pays, le droit à la religion avec autant de vigueur que le monde occidental l'en a finalement écarté.

On trouve ainsi les familles juridiques romano-germanique, de *common law*, liées à la religion (droit islamique, droit hindou), propres à l'Asie et à l'Extrême-Orient (droit chinois, droit japonais), des droits africains, du droit russe et les systèmes de droit inclassables (droit scandinave, droit hybride d'Israël)[32]. Finalement, on peut retenir cinq grands systèmes juridiques qui coexistent aujourd'hui dans le monde (voir tableau 1.2) et définissent les barrières juridiques transsystémiques.

Tableau 1.2 : Les grands systèmes juridiques mondiaux

Les grands systèmes juridiques mondiaux	
La tradition du droit civil	Tradition juridique romano-germanique (*civil law* ou *code law*) qui prévaut pour 60 % de la population mondiale : en Europe latine et dans les pays dont l'histoire les a reliés aux empires espagnols, italiens, portugais et français, et en Europe du Nord d'influence germanique (Suisse, Allemagne, Autriche, Pays-Bas, Scandinavie), et dans d'autres pays encore comme la Grèce, le Brésil ou la Turquie. Le code civil est à la base de toutes les autres lois qui complètent ses articles ou y font exception. Les codes sont caractérisés par un fort niveau d'abstraction qui permet au juge d'interpréter toutes les situations concrètes.
La tradition de common law	Tradition anglo-irlandaise du droit non écrit de *common law* (qui influence plus de 30 % de la population mondiale dont les États-Unis et le Canada, et les anciennes colonies anglaises avec les mélanges des droits liés aux civilisations antérieures comme en Inde, au Pakistan, en Malaisie, au Nigeria, en Australie ou en Nouvelle-Zélande). L'interprétation de ce que la loi signifie pour un sujet donné est influencée par les décisions précédentes des cours et par l'usage et les habitudes : c'est « la loi faite par le juge ». Ainsi pour comprendre la loi d'un pays de *common law* est-il avant tout nécessaire d'étudier en détail la jurisprudence des décisions précédentes dans des circonstances similaires.
La tradition du droit islamique	Elle est régie par la religion musulmane et s'applique à plus de 20 % de la population mondiale. La charia (« la voie à suivre ») trouve sa source principale dans le livre saint, le Coran, et vise à réglementer tous les aspects de la société et de la vie de ses membres dans le cadre des impératifs moraux et religieux. Son application est stricte par exemple en Arabie Saoudite ou en Iran (au-delà de leurs différences entre l'islam wahhabite et l'islam chiite), mélangée à d'autres traditions juridiques en fonction de l'histoire, comme au Sénégal par exemple où se panachent trois systèmes juridiques selon les domaines du droit : *civil law*, droit islamique et droit coutumier.
Le droit coutumier	Ensemble des us et coutumes liés à l'identité culturelle d'origine d'une société humaine, souvent ethnique ou religieuse, et qui ont avec le temps acquis « force de loi ». Le droit coutumier est présent dans un grand nombre de pays de droit mixte et la justice est rendue de bien des façons, suivant les traditions locales.
Les systèmes mixtes	Ils comprennent plusieurs structures juridiques en concurrence ou en interaction, dans les sociétés multiculturelles et multireligieuses et dans certaines économies en transition (droits des anciens pays communistes). Par exemple, les systèmes juridiques de nombreux pays d'Afrique et du Moyen-Orient sont fortement influencés par la tradition du droit civil, mais dans les domaines qui touchent à la personne, à la famille, aux droits de propriété, ils se conforment plutôt à la tradition islamique. Certains pays appliquent aussi un mélange des traditions de *common law* et de droit civil : c'est le cas du Japon (avec parfois pénétration américaine), de l'Afrique du Sud, d'Israël ou des Philippines.

3.2 Les dynamiques d'évolution du cadre juridique international

Un premier point notable intéressant la loi au plan international est sa **pénétration croissante** du fait des conséquences juridiques nombreuses de la mondialisation. L'internationalisation du commerce, la sophistication des techniques financières, commerciales et de communication internationales, l'émergence du pouvoir des entreprises multinationales et la construction d'espaces intégrés en particulier en Europe ont fait émerger de nouveaux problèmes et défis pour les gouvernements nationaux qui ont tendance à légiférer pour encadrer ces phénomènes dans les différents domaines du droit concernés. Ainsi, le développement du droit sur la nationalité et la fiscalité des sociétés, du droit du commerce et de la concurrence, du droit social, du droit de la propriété industrielle, du droit de protection de l'environnement…

L'accroissement de la pénétration de la loi est aussi observable dans les anciennes économies socialistes en transition (les pays de la zone PECO, la Russie, la Chine…) et dans les pays traditionnellement peu ouverts (l'Inde par exemple). Mais dans ces pays en transition, l'environnement juridique est en pleine refonte et il n'est pas toujours facile pour les entreprises étrangères (notamment en Chine) de savoir « où on en est ». L'environnement juridique est opaque et mouvant. L'ouverture des frontières et l'adoption d'un système capitaliste n'entraînent pas une dilution du cadre réglementaire de ces pays, mais plutôt une évolution permanente et à un niveau de profondeur variable. Il reste que l'accroissement de la pénétration de la loi est encore très différent entre les pays riches et les autres, en particulier pour ce qui concerne l'encadrement des activités des entreprises multinationales (voir illustration 1.3).

Illustration 1.3

Les mécanismes de l'irresponsabilité illimitée

Dans les pays riches, toute activité est *a priori* encadrée par des lois et des conventions collectives censées garantir le respect de l'intérêt général et la redistribution de la richesse créée. Dans les pays dits du Sud, la mondialisation économique rime encore trop souvent avec pillage et violation des droits humains fondamentaux[33]. L'absence de règles internationales pour encadrer l'activité des multinationales rend possible des détournements de richesses qui sont nuisibles aux économies du Nord comme du Sud. Trois types d'abus sont observés de la part des entreprises étrangères dans les pays pauvres qui sont plus vulnérables du fait de la faiblesse interne des États (en termes de fiscalité, de douane, d'inspection du travail ou de contrôle de l'environnement). Cela favorise la corruption, et les abus sur le plan social (droit du travail bafoué, travail des enfants…), sur le plan écologique (accaparement des ressources naturelles, pollutions irréversibles…) et sur le plan économique (fraude fiscale massive avec pour conséquence une perte sèche pour les budgets des États, un report de l'impôt sur les entreprises locales et les plus pauvres…). Les multinationales à l'étranger peuvent engranger les profits des filiales sans pour autant être compromises par les éventuelles violations ou exactions de leurs filiales (mécanisme du « je est un autre »). Elles peuvent exploiter au mieux les paradis fiscaux et judiciaires (dont plus de la moitié se situent en Europe ou dans les territoires d'outre-mer) qui offrent une imposition faible ou nulle aux non-résidents, un secret bancaire renforcé et une procédure d'enregistrement des entreprises rapide et peu exigeante en termes d'information sur leurs activités ou sur l'identité de leurs propriétaires effectifs (montages

Illustration 1.3

juridiques de sociétés écrans impossibles à démêler). C'est le mécanisme du « on ira tous au paradis ». 50 % du commerce mondial y transite et on estime à 2,4 millions le nombre de sociétés écrans qu'ils abritent. Les multinationales récoltent des exonérations d'impôts et s'appuient sur les fausses facturations entre entreprises et sur la manipulation des prix de transfert (c'est-à-dire du commerce) entre filiales d'un même groupe. En logeant leurs bénéfices dans ces territoires, elles réalisent des économies d'impôts colossales tout en continuant de bénéficier des infrastructures (éducation, santé, routes...) payées par le reste de la collectivité. En France, les entreprises du CAC 40 sont deux à trois fois moins imposées sur leurs bénéfices que les petites et moyennes entreprises. Au Royaume-Uni, un tiers des 700 premières sociétés du pays ne payent tout simplement pas d'impôt. Les paradis fiscaux sont une calamité pour les pays riches, mais la situation vire au cauchemar pour les pays en développement. Chaque année, entre 800 et 1 000 milliards de dollars quittent illicitement le Sud pour trouver refuge au Nord. Pour chaque euro d'aide qui rentre, ce sont dix euros qui sortent[34] !

Une deuxième dynamique est liée au rôle moteur du commerce international dans le développement d'un cadre minimal commun susceptible de transcender progressivement les systèmes juridiques traditionnels tout en coexistant avec eux. **La recherche de l'unité de la loi** a deux sources principales :

- **Le développement des lois uniformes.** Le travail du législateur *via* le rôle de la CNUDCI (Commission des Nations unies pour le droit du commerce international) consiste à rendre les lois uniformes acceptables par davantage de pays. Une fois établies par traités, les règles unifiées font l'objet, de la part des États, de deux modes de réception : 1) elles demeurent diplomatiques (elles sont alors l'une des multiples conventions qui lient tout État moderne à d'autres États) ; 2) elles sont introduites en droit interne (elles sont intégrées à la législation nationale) : on parle alors de « loi uniforme ». Certaines sont très anciennes, comme celles sur la lettre de change et le billet à ordre (1930), sur le chèque (1931) ou les diverses conventions en matière de transport.
- **Le développement des « principes et usages » du commerce international** (la *Lex mercatoria*). Promus par les milieux consulaires (comme la Chambre de commerce internationale, CCI) et favorisés par l'intégration juridique progressive au sein des regroupements régionaux, en particulier au sein de l'Union européenne, ils compensent le retard des lois sur l'internationalisation des économies. La CCI a émis plusieurs codifications d'application quasi universelle, comme le CRÉDOC[35] (1975) ou les Incoterms (dernière édition en 2011 des nouveaux *International Commercial Terms*). Les règles relatives à la rédaction des contrats et au règlement des conflits commerciaux internationaux (l'arbitrage international par exemple) jouent aussi un rôle fondamental dans l'acceptation progressive de pratiques communes fondées sur les usages[i].

i. Voir chapitre 2 (p. 77-79).

4. La concurrence démultipliée

La conquête des marchés internationaux s'appuie logiquement sur une analyse approfondie de l'environnement concurrentiel international. L'internationalisation induit une situation concurrentielle nouvelle (concurrents locaux et internationaux) à l'étranger et aussi, de plus en plus, sur le marché domestique. **La concurrence internationale est influencée par la dynamique de libéralisation des échanges et d'assouplissement du cadre politico-réglementaire de marchés nationaux jusqu'alors protégés**[36]. Il s'agit d'un phénomène continu depuis la fin de la Seconde Guerre mondiale, qui trouve sa source dans les politiques économiques internationales mises en œuvre par les États au sein d'instances multilatérales de régulation. Du contexte de mondialisation et de déréglementation en particulier (libéralisation de la concurrence) naissent des tendances lourdes caractéristiques d'un défi concurrentiel démultiplié. S'affirme désormais la concurrence des champions nationaux des économies émergentes, sur leurs marchés d'origine en forte croissance, mais aussi à l'export, à l'investissement ou à l'achat international.

4.1 L'évolution et les conséquences de la libéralisation des échanges internationaux

La libéralisation des échanges internationaux se déroule en arrière-plan de l'activité microéconomique des entreprises. Les décisions négociées par les États dans le cadre des négociations commerciales internationales ont un impact direct sur les secteurs et les entreprises qui y travaillent, dans quasiment tous les pays.

Les acquis du GATT (1948-1994)

Le GATT (*General Agreement on Tariffs and Trade*, 1947) est créé par 27 pays dans le contexte général de créations institutionnelles internationales destinées à promouvoir un système politique et économique stable. S'appuyant sur « la clause de la nation la plus favorisée[37] », les fondements idéologiques du GATT sont le libre-échange et la régulation internationale par la négociation multilatérale globale (sur tous les dossiers portés à la table de négociation) entre États-nations et la prise de décision sur la base du consensus.

Les négociations commerciales multilatérales (NCM) ont été menées au cours de cycles successifs ou *Rounds* (Genève 1947, Annecy 1949, Torquay 1951, Dillon Round 1960-1961, Kennedy Round 1964-1967, Tokyo Round 1973-1979, Uruguay Round 1986-1993, Millenium Round avorté en 1999, le cycle de Doha 2001-2006 reporté *sine die* faute de conclusion). Malgré ces échecs récents et l'allongement de la durée des cycles, la croissance du commerce mondial vit sur de nombreux acquis de ces NCM :

- **Création d'une institution aux pouvoirs élargis** (l'Organisation mondiale du commerce) et accroissement du nombre de pays engagés (27 en 1947, 153 membres en 2008).
- **Adoption d'une approche sectorielle** pour traiter globalement tous les facteurs affectant le commerce international d'un secteur, avec un élargissement des champs d'application : les marchandises, puis l'agriculture, la propriété industrielle et les services.
- **Réductions considérables des barrières tarifaires** (40 % des marchandises échangées à l'issue de l'Uruguay Round le sont en franchise totale de droits de douane).

- **Réduction des barrières non tarifaires** (normes de toutes natures, marchés publics, subventions, licences d'importation, dumping…).
- **Reconnaissance des effets dits « collatéraux »** de l'ouverture des économies (pays et populations laissés-pour-compte, pauvreté et inégalité de la répartition des revenus, tourisme sexuel, détérioration de l'environnement, chômage).

Les leçons des échecs du Millenium Round et du cycle de Doha

Les champs d'application du Seattle Round (ou Millenium Round) visaient d'abord les dossiers laissés en suspens au terme du cycle précédent (services, aéronautique, électronique, acier, agriculture ou exception culturelle). Ils comprenaient aussi des thèmes récurrents des NCM comme les marchés publics, les normes techniques (pour les téléphones portables, par exemple), les aides à l'exportation et les préférences à l'importation ou les politiques de la concurrence. Enfin, le champ immense des services devait être étudié, exposant toutes les activités humaines à la mondialisation libérale[38]. Baptisé « cycle du développement », l'essentiel des négociations de Doha portait sur l'agriculture, sur l'amélioration de l'accès aux marchés des pays riches pour les produits agricoles des pays en développement et sur certains aspects des droits de propriété intellectuelle qui touchent au commerce (ADPIC). Elles se sont achevées sur un échec. Autant de thèmes de négociation ultrasensibles pour tous (pays riches et les autres) compte tenu de la taille de ces marchés au plan mondial, de la masse de la population agricole concernée (dans les pays en développement) et des risques connus de pénurie alimentaire et de terres arables.

Ces deux derniers cycles ont donc vu émerger de **nouveaux thèmes de négociation** qui suscitent des débats profonds d'ordres éthique, économique, politique, social, culturel et environnemental. Ceux-ci opposent le plus souvent une conception américaine de la vie ultralibérale ou strictement mercantile à une conception européenne qui revendique davantage des valeurs de précaution et de méfiance contre les dérives de l'appât du gain (malgré des pratiques contraires parfois, comme l'attestent les nombreuses crises de la filière agroalimentaire). Ce sont des arguments sur la primauté de l'homme et du vivant sur l'économie, sur le sens du service public, de la cohésion sociale et du respect de la pluralité des identités culturelles. Parmi les dossiers clés : les organismes génétiquement modifiés (OGM), le brevetage du vivant, la protection de la vie privée et le commerce électronique, les normes environnementales, la protection de l'investissement, les normes sociales…

Les énormes mouvements d'opposition du monde entier contre la « mondialisation libérale » (celle des institutions internationales en manque de légitimité et d'efficacité) ont montré l'existence d'une opinion publique mondiale en faveur d'une appropriation citoyenne de l'OMC et d'une ouverture des débats aux sociétés civiles. De même, pour la première fois dans l'histoire de la régulation internationale du commerce, de nombreux pays du Sud coalisés au sein de l'hétéroclite *like minded group* n'hésitent plus à laisser exploser leur colère régulièrement pour exprimer un rejet de la mondialisation de l'OMC qui est celle bien trop exclusive des multinationales des pays du Quad (Union européenne, États-Unis, Japon, Canada). Plus qu'un « chahut » contre la mondialisation, Seattle ou Doha révèlent les enjeux et débats de la libéralisation des échanges internationaux autour de questions clés :

- **l'ordre du jour**, notamment en matière agricole ;

- **la façon de mener une négociation permanente, surtout pour les pays du Sud sans représentation permanente à l'OMC** ;
- **les exceptions aux règles commerciales, notamment** en matière de biens publics (médicaments, eau...), de sécurité alimentaire (adoption d'un principe de précaution) et de normes sociales (droit salarial minimal) ;
- **la prise en compte du mouvement populaire dans tous les pays démocratiques impliquant aussi** la négociation avec la société civile.

Les économies émergentes ou comment l'Occident n'est plus au centre du monde

L'une des conséquences de la libéralisation des échanges internationaux est la naissance d'une catégorie, celle des « pays émergents » qui sont en train de modifier la donne mondiale en profondeur. « Délivrer un certificat de pays émergent » n'est pas facile compte tenu des listes à géométrie variable proposées par les analystes (banques et institutions internationales), mais on peut admettre que les pays émergents se caractérisent ainsi[39] :

- un décollage économique (forte croissance) et le poids ainsi gagné dans l'économie mondiale ;
- de fortes inégalités et disparités internes : ce sont des pays en voie de développement qui progressent dans certains territoires et pour certaines populations seulement ;
- un pouvoir d'attraction des investissements directs étrangers (IDE) de la part des sociétés des pays industrialisés (même si l'essentiel des IDE mondiaux se font encore dans les pays de la Triade, États-Unis, Union européenne, Japon) ;
- une relative stabilité institutionnelle (dans les limites des formes spécifiques de chaque histoire nationale).

La notion d'émergence s'applique donc à l'économie de ces pays, alors que la plupart d'entre eux ne sont pas du tout émergents du point de vue historique ou culturel[40] ! Dans l'insertion de leur économie à l'économie mondiale, certains ont pris de l'avance sur d'autres : ceux que l'on appelait, dans les années 1980, les Tigres ou les Dragons asiatiques (Corée, Hong Kong, Taïwan, Singapour) et qui ont bénéficié d'une aide occidentale massive dans le cadre de la guerre froide, d'un État fort à l'origine de réformes structurelles et d'une insertion croissante dans le commerce mondial grâce à de faibles coûts de main-d'œuvre attractifs pour les multinationales. Leurs successeurs, les actuels émergents, ont un poids, notamment démographique, beaucoup plus grand : il s'agit des BRIC (Brésil, Russie, Inde, Chine), du Mexique, de la Turquie ou de l'Afrique du Sud, chacun ayant sa trajectoire d'émergence propre à long terme[41].

Les économies émergentes rebattent donc les cartes du jeu international tel qu'il avait été mis en place à l'issue de la Seconde Guerre mondiale et des indépendances. Par ailleurs, elles ont toutes de forts contentieux historiques avec l'Occident, et le processus de libération de leur mémoire (meurtrie) n'en est qu'à ses débuts[42]. La vigueur de leur concurrence commerciale ne facilite pas l'adaptation des États-Unis et de l'Europe qui connaissent un déclin de l'industrie, la dégradation du travail et la montée des inégalités. L'effet le plus spectaculaire de l'insertion des économies émergentes dans l'économie mondiale est l'explosion des flux économiques Sud-Sud. On commence à parler de « décentrage », voire de début de « découplage » (ou fonctionnement autonome), quand la Chine et l'Inde deviennent les principaux partenaires de l'Amérique latine et de l'Afrique. Ainsi, le Chili réalise-t-il désormais 36 % de ses exportations vers l'Asie, dont 15 % vers la Chine : c'est davantage que vers ses voisins, l'Amérique du Nord ou l'Europe. De même, la Chine est devenue un partenaire essentiel de l'Angola, du Soudan et de l'Afrique du Sud. L'Inde opère au Kenya, les groupes brésiliens investissent au Mozambique, les fonds souverains du Moyen-Orient financent immobilier et infrastructures. Ces rapports Sud-Sud ne sont pas des répliques de la domination Nord-Sud précédente, les liens sont avant tout commerciaux et les diasporas y jouent un rôle très important[43].

4.2 L'accroissement des exigences concurrentielles : développer la compétitivité à tout prix

Le jeu concurrentiel international se définit comme les rapports entre entreprises susceptibles de satisfaire les mêmes besoins, de manière directe ou indirecte, à l'échelle locale des pays ou à l'échelle internationale des régions, voire du monde pour les entreprises globales. L'intensification et la multipolarité de la concurrence (origines variées aux plans géographique, culturel, organisationnel) sont deux caractéristiques constituant l'un des principaux enjeux sectoriels[44] en matière de compétitivité internationale (c'est-à-dire comparée).

La concurrence des multinationales des économies émergentes

L'intensification concurrentielle est marquée par l'émergence d'une concurrence nouvelle hors de la Triade (États-Unis, Union européenne, Japon). Si sur le terrain institutionnel, les émergents tardent à se faire une place face aux réticences des États-Unis et de l'Europe, leur croissance rapide est synonyme de l'existence de très grands groupes, dont certains sont déjà internationalisés (les « champions nationaux ») et représentent déjà environ une centaine des cinq cents plus grandes firmes mondiales[45].

Cette nouvelle concurrence commence donc à se frotter à celle des multinationales traditionnelles. D'abord sur les marchés amont de l'achat des matières premières nécessaires pour soutenir la croissance économique, la concurrence de ces groupes se renforce aussi en aval : marchés d'export dans les pays en développement, mais aussi expériences réussies sur les marchés de la Triade ou de haute technologie (par exemple, la victoire en janvier 2010, au détriment du fournisseur historique français Areva, du coréen Kepco dans l'appel d'offres nucléaire d'Abu Dhabi, pour un contrat de vingt milliards de dollars[46]). Se crée donc une concurrence multipolaire globale, où le Nord et le Sud doivent être pris dans un même ensemble, et où il faut accepter de repenser les rapports de pouvoir en faveur d'un rééquilibrage légitime (d'un point de vue historique, économique, culturel ou démographique). C'est ce que l'on observe aujourd'hui[47] dans les secteurs de l'acier, des télécommunications, de la biotechnologie, de la distribution ou des appareils ménagers (voir illustration 1.4).

Malgré la menace que représentent le développement futur de la concurrence des multinationales des économies émergentes et le caractère accéléré de leur internationalisation, ces entreprises sont toujours des *latecomers* par rapport aux multinationales de la Triade (les *earlymovers*). Elles ont un degré d'internationalisation faible malgré leur taille (elles sont en phase 1 ou 2 de développement international quand leurs rivales de la Triade sont en phase 3 de globalisation bien avancée[j]). Elles sont nées dans un environnement institutionnel d'origine

j. Voir chapitre 3 (p. 110).

souvent incertain, turbulent et dans lequel les dynamiques culturelles de changement sont très fortes[48]. **L'enjeu de l'internationalisation pour ces firmes est celui de l'apprentissage accéléré** qui peut amener à considérer des opérations d'acquisition de savoir-faire (marques, distribution…) dans des pays aux marchés très matures (le rachat de Tetley, Corus, Jaguar et Rover par l'indien Tata, ou celui de la division PC d'IBM par le chinois Lenovo, ou encore de Volvo par le chinois Geely dans le secteur automobile). Mais pour devenir plus compétitives, elles doivent progresser radicalement sur le plan de la gestion des ressources humaines, de la transparence financière, du savoir-faire juridique et des performances environnementales.

Illustration 1.4

Les champions des économies émergentes, nouveaux conquérants mondiaux

Sur la base d'un chiffre d'affaires d'un million de dollars avec 10 % au moins réalisés à l'international, on peut identifier ces nouveaux acteurs des économies émergentes susceptibles de venir investir dans les pays de l'OCDE (Organisation de coopération et de développement économique)[49]. La plupart sont des entreprises capitalistes, mais on trouve également des acteurs d'État et des entreprises familiales. Le plus gros contingent se trouve en Chine (44 sociétés, essentiellement des entreprises d'État) avec, par exemple, CIMC (*China International Marine Containers*) qui couvre à elle seule 50 % du marché mondial des containers. Vient ensuite l'Inde (21 sociétés), dont le conglomérat Tata possède plus de 90 filiales dans tous les secteurs d'activité (acier, automobile, thé…). Le Brésil en compte une douzaine, dont la compagnie minière CRVD (*Campanhia Vale do Rio Doce*), n° 3 mondial de l'industrie minière. Au Mexique, on en trouve 6, en particulier le cimentier Cemex, entreprise familiale en passe de devenir n° 1 mondial. Ces groupes, par-delà leurs spécificités sectorielles, partagent un même type de démarche : d'abord consolider leur marché domestique en profitant de la connaissance qu'ils en ont et des capacités de production locales, puis partir à la conquête de l'international pour résister à la concurrence sur leur propre marché et acquérir de nouvelles compétences. Certaines y parviennent par cercles concentriques, comme les entreprises brésiliennes qui pénètrent d'abord les marchés limitrophes avant de passer au deuxième cercle du Mexique et de l'Amérique du Nord, et enfin de se tourner vers les marchés lusophones comme l'Angola ou le Portugal avant de s'attaquer à l'Europe. D'autres procèdent par une expansion rapide sur un segment de la chaîne de valeur bien ciblé, comme CIMC ou les entreprises de services informatiques indiennes qui ont projeté partout leur modèle et commencent maintenant à s'étendre dans la chaîne de valeur.

La compétitivité marketing s'appuie sur des leviers multifonctionnels

Les points d'ancrage de la compétitivité marketing des firmes sur les marchés étrangers vont varier selon le secteur d'activité, selon qu'il s'agit d'une entreprise de la Triade ou d'une économie émergente, et selon leur position respective dans l'échange (rapports Nord-Nord, Nord-Sud , Sud-Nord et Sud-Sud). Ces composantes sont nombreuses et multifonctionnelles, notamment :

- les variables de l'action marketing comme la compréhension de la demande, l'image de marque, le réseau de distribution, ou le *time to market* ;
- le contrôle des coûts et son impact sur les prix ;

- les talents humains (profils internationaux) spécifiques et leur impact sur la performance de l'entreprise à l'étranger ;
- les impératifs de *supply chain* dans le *sourcing* et la distribution internationale ;
- les capacités de R & D et de dépôts de brevets nourrissant l'innovation produit.

La compétitivité prix acquise par le contrôle des coûts est un défi plus important pour les firmes de la Triade que pour leurs concurrents émergents, même si le contrôle des coûts est essentiel pour tous car l'augmentation de la concurrence tend à provoquer une réduction des marges. L'inverse est vrai pour l'innovation « à coups de budget » qui défavorise encore les émergents. L'approvisionnement sur une base mondiale (*global sourcing*) sous-tend les décisions de production dans le monde pour minimiser les coûts et maximiser la flexibilité. C'est souvent un prérequis pour réussir globalement. Les talents accessibles au meilleur coût favorisent les pays à bas salaires et à fortes compétences technologiques. Les fournisseurs des pays à bas coûts sont d'ailleurs devenus des entreprises mûres plus exigeantes à l'égard de leurs acheteurs occidentaux : ils sont 88 % (originaires de Chine, Tunisie, Turquie, Inde) à être critiques sur l'organisation logistique de leurs clients, 70 % à souhaiter des relations à plus long terme et 85 % une communication plus concrète valorisant les opportunités d'affaires[50].

La recherche de compétitivité généralisée (en matière de production, de marketing et d'organisation) conduit à la recherche d'avantages concurrentiels si possible mondiaux. Mais c'est toujours au niveau local que la compétitivité repasse et, dans les économies émergentes, nombre d'entreprises résilientes prospèrent sur leur propre marché et font preuve d'une compétitivité locale capable de tenir en échec leurs rivales étrangères (voir illustration 1.5).

Finalement, une composante marketing clé de la compétitivité internationale consiste à **pouvoir s'adapter à toutes les formes de la demande**. Les marchés sont en effet hétérogènes[k], entre le haut de la pyramide économique composé des segments cosmopolites aisés des marchés émergents, semblant converger vers leurs homologues de la Triade, et les milieu (*Middle of Pyramid*, MOP) et bas (*Bottom of Pyramid*, BOP) de la pyramide économique des revenus disponibles, imposant des équations économiques redoutables (*value for money* ou *quality for low price*). La capacité à connaître et à satisfaire précisément la diversité de la demande est difficile à acquérir. L'accroissement des exigences des consommateurs et des clients est aussi caractéristique de tous les marchés, en particulier du BOP (on a moins le droit à l'erreur quand on est pauvre, les conséquences négatives de l'achat sont plus importantes). Les NPI et les marchés émergents ont désormais des exigences (très) élevées : celles des clients institutionnels se sont accrues au point d'être parfois au même niveau que celles de leurs homologues au plan mondial dans certains secteurs. Par exemple sur les marchés des grands projets d'infrastructures (télécommunications, énergie, eau, transport…), les procédures d'appels d'offres conduites par les ministères publics indiens ou vietnamiens pour la fourniture d'équipements et de prestations de services associées montrent que les acheteurs publics sont non seulement très informés des derniers développements technologiques, mais qu'ils exigent les meilleurs prix en associant à leur décision d'autres critères auxquels il faut impérativement répondre pour espérer prendre le marché. C'est le cas de l'exigence de transferts de technologie au sens large (brevets, équipements, assistance technique) et de l'offre de financements internationaux à des conditions privilégiées.

k. Voir chapitre 3 (p. 117-124) et chapitre 4 (p. 152-153).

Illustration 1.5

Les dynamos locales résistent aux multinationales

Certaines de ces entreprises sont jeunes, d'autres ont plusieurs décennies, mais toutes sont issues de dix économies à croissance rapide qui intéressent particulièrement les multinationales de la Triade[51]. Ces pays sont le Brésil, la Chine, l'Inde, l'Indonésie, la Malaisie, le Mexique, la Pologne, la Russie, la Slovaquie et la Thaïlande, mais le Brésil, la Chine, l'Inde et le Mexique en totalisent 41. Ces entreprises locales puissantes couvrent une large variété de secteurs, depuis les moteurs de recherche internet (comme Baidu.com en Chine) jusqu'au secteur médical (comme Apollo Hospitals en Inde), la distribution (comme Casas Bahia au Brésil), les produits de grande consommation (comme Wimm-Bill-Dann Foods en Russie), le transport aérien (avec AirAsia Berhad en Malaisie) ou les équipements industriels (avec Astra International en Indonésie ou la Siam Cement Public Company en Thaïlande). Leurs cibles sont plutôt les classes moyennes dans les marchés BtoC, l'Inde donnant l'exemple pour le développement des marchés ruraux à faibles revenus (*Bottom of Pyramid markets*). Sur ces 50 entreprises locales, 37 sont leaders de leur marché et le chiffre d'affaires de 20 d'entre elles en 2006 dépassait le million de dollars pour une rentabilité opérationnelle de 20 %. Les environnements locaux aux conditions difficiles représentent en fait des incubateurs de dynamisme économique où ces firmes transforment l'adversité en opportunité. Elles se différencient de leurs concurrents par la mise en œuvre réussie de plusieurs des six avantages concurrentiels suivants : une compréhension en profondeur des besoins locaux et une réponse adaptée, la conception de modèles économiques innovants qui contournent les difficultés locales, l'utilisation du levier des technologies les plus à la pointe, les bénéfices d'une main-d'œuvre bon marché et qualifiée, la démultiplication rapide par une croissance organique agressive et des acquisitions ciblées, et la capacité à supporter l'hypercroissance dans la durée sans imploser.

Les bénéfices bien compris des partenariats

L'accroissement des impératifs concurrentiels pousse au développement des partenariats qui peuvent prendre la forme d'accords de coopération variés : fusions ou acquisitions dans les secteurs où la taille critique est nécessaire (banques et assurances, grande distribution, télécommunications, aéronautique, automobile, pharmacie, chimie, etc.), prises de participations minoritaires, alliances stratégiques, joint-ventures, etc. Depuis les années 2000, les fusions et acquisitions transfrontalières atteignent des niveaux records qui révèlent l'ampleur et la rapidité d'une redistribution du jeu concurrentiel dans le monde. Pour les entreprises (les grandes surtout), la concentration par fusions et acquisitions est un moyen de développement international plus rapide que les créations pures et simples d'activités (croissance organique). Le rythme et les formes de cette internationalisation dépendent dans chaque secteur de « moteurs fondamentaux » :

- **la recherche des économies d'échelle ou du « pouvoir de marché »** (pharmacie, chimie, défense, mécanique, équipements automobiles, banques et assurances, médias, hôtellerie…) ;
- **la recherche de la proximité des marchés**, en raison de différentiels importants en matière de coûts ou de croissance de la demande entre zones géographiques (services de réseaux, industries de base, automobiles, biens de consommation courante…) ;

- **la recherche d'une meilleure pénétration du contexte local**, en raison des distances multiples qui s'interposent entre le marché d'origine et les marchés étrangers (culturelle, géographique, administrative, juridique, technique…) que le partenaire local permet de réduire ;
- **l'exploitation de la déréglementation** et de ses ouvertures réglementaires, privatisations ou reventes d'actifs générant des opportunités (services de réseaux, banques et assurances, énergie…) ;
- **le partage des investissements** élevés nécessaires, compte tenu de la rapidité de l'évolution de la demande, des techniques et des savoir-faire (information, télécommunications).

En période d'incertitude économique durable, avec des cycles de plus en plus courts et des retournements mondiaux, les fusions et acquisitions sont devenues moins attractives en raison du temps qu'elles prennent pour être mises en place (au moins dix-huit mois) et des risques de destruction de valeur le plus souvent observée. Les alliances et joint-ventures, plus focalisées autour d'objectifs précis et circonscrits, deviennent des modalités de partenariat plus pertinentes, justifiées par l'incertitude aussi bien que par l'obligation réglementaire[52].

Au total, il est parfois plus coûteux de s'affronter que de coopérer, et les alliances stratégiques internationales permettent d'atteindre des objectifs stratégiques plus rapidement et à moindres coûts et risques que si l'on procédait seul (voir illustration 1.6). **Le développement des partenariats multiples répond à une combinaison d'enjeux**, comme la course à la technologie (coûts et risques), la satisfaction de marchés (très dispersés géographiquement, diversifiés et plus exigeants), et la concurrence elle-même démultipliée. Le but est de bâtir un avantage concurrentiel sur la base de relations de loyauté à long terme et mutuellement profitables. En retour, les exigences en matière de management interculturel sont démultipliées.

Illustration 1.6

Faurecia combine les formes de coopération internationale

Le secteur de l'équipement automobile, dépendant du secteur mature de l'automobile qui a subi de plein fouet les effets de la crise économique et financière de 2007-2008, entre dans une phase de consolidation à l'échelle globale[53]. Faurecia, c'est 62 000 personnes sur 200 sites et 35 centres de R & D dans 32 pays pour un chiffre d'affaires de 11,3 milliards d'euros (2009). Le groupe vient de réaliser deux acquisitions (aux États-Unis et en Europe), et simultanément de donner le jour à des joint-ventures en Chine. La Chine est devenue le premier marché automobile du monde, et les économies émergentes (Amérique latine, Asie), perçues hier comme risquées, ont finalement mieux résisté à la crise que les pays industrialisés. Le P.-D.G. de Faurecia, Yann Delabrière, précise que : « Cette accélération dope la constitution d'entreprises globales. Nos clients ont besoin de fournisseurs qui, en phase avec la globalisation du développement, de l'industrialisation et de la commercialisation, leur permettent de lancer leurs produits partout dans le monde au même moment. »

En Chine, avec quinze années de présence, 5 000 employés dont 350 ingénieurs et techniciens dans 20 usines et 2 centres de R & D, Faurecia tire traditionnellement sa croissance de ses grands clients internationaux (Volkswagen, Audi, BMW, Ford, PSA…). Elle vise désormais aussi les partenaires chinois des joint-ventures qui veulent développer leurs marques locales pour le marché local. Ces alliances sont toujours régionales. Ainsi, aux côtés de la municipalité de Changchun (berceau de l'automobile chinoise dans la province de Jiling, au nord-est de la Mandchourie, Faurecia devient coactionnaire à 18,75 % du capital de l'équipementier Xuyang Group pour les sièges, les intérieurs, les modèles acoustiques. Avec Geely, Faurecia s'est engagé dans une alliance. Le constructeur chinois (aux marques Emgrad, Englon, Gleagle et Volvo qu'il développera en Chine) prévoit de créer 5 usines où Faurecia assurera la montée en gamme (intérieurs et extérieurs). Faurecia apporte les produits et l'expertise, et le management opérationnel lui revient. Dans les marchés matures comme aux États-Unis, Faurecia fusionne par échange d'actions avec Emcon Technologies pour donner le jour au numéro 1 mondial des systèmes d'échappement – Emcon offrant l'accès au marché des camions.

Illustration 1.6 (suite)

5. L'économie mondiale, multipolaire et turbulente

Tirée par la libéralisation des échanges initiée à la fin de la Seconde Guerre mondiale, l'économie mondiale s'est extraordinairement développée depuis, en particulier dans la période de haute conjoncture récente entre 2001 et 2007. La crise financière mondiale des derniers mois de 2008 a provoqué en 2009 une récession économique entraînant une contraction du commerce international sans précédent en plus de soixante-dix ans. L'année 2010 fut exceptionnelle en sens inverse, l'économie mondiale retrouvant son niveau de 2008, mais sans que les fondamentaux du chômage ou de l'investissement reprennent. De plus, les ambitions du G20 exprimées en 2009 visant à moraliser et à réguler la vie financière sont restées au point mort, et l'Europe, tant du fait de ses dettes publiques excessives que de l'évaluation spéculative des agences de notation, entre dans la crise de l'euro (financière et institutionnelle) fin 2011.

5.1 Les caractéristiques de l'économie mondiale décloisonnée

Les pôles et les flux du commerce mondial contemporain

Les échanges au sein de l'économie mondiale s'organisent autour de routes commerciales et de pôles d'activités. Les flux d'échanges de produits manufacturés (qui font l'essentiel des échanges) au cours des dernières décennies montrent d'abord une polarisation régionale du commerce international avec forte concentration au sein des marchés de la Triade[54] des pays industrialisés :

- la zone européenne occidentale traditionnelle ;
- les États-Unis depuis la Première Guerre mondiale ;
- et enfin l'Asie orientale depuis les années 1960-1970 autour du Japon et des NPI ou « Dragons asiatiques » des années 1980 (Hong Kong, Taïwan, la République de Corée et Singapour par ordre d'émergence).

Cette structure en triade s'appuie sur la réduction massive des coûts de transport et de communication, sur la libéralisation généralisée des marchés financiers et sur la vague importante de déréglementation et de privatisation à l'Ouest comme dans l'ancien bloc communiste. En 2010, ses marchés représentent environ 12 % de la population mondiale, pour un peu moins d'un tiers du commerce international de marchandises et de services commerciaux (hors commerce intra-Union européenne). Ils restent néanmoins les principaux exportateurs et aussi les principaux importateurs en valeur. Ils accueillent l'essentiel des investissements directs étrangers dont les flux augmentent plus vite que les flux d'exportation de produits et de services. On constate aussi que les échanges intrazones en Europe représentent toujours environ 60 % de l'ensemble des échanges de la zone (incluant les échanges extraeuropéens).

Dans l'ensemble, l'économie mondiale est un peu moins « verticalisée » autour de la Triade, ce qui conduit à une modification notable des rapports périphérie-centre (« la terre est plate »[55]). Le déplacement du centre de gravité du commerce international se fait surtout de l'Atlantique vers le Pacifique : c'est la montée en puissance de l'Extrême-Orient qui s'effectue largement au détriment de l'Europe occidentale (même si celle-ci reste la première zone économique et financière mondiale) et au profit des liens privilégiés créés avec le marché nord-américain autour de la zone Pacifique.

Croissance de la production et du commerce international

Sur la longue période, le commerce mondial se caractérise depuis l'après-guerre par une très forte croissance : les échanges mondiaux de marchandises entre 1947 et 2010 sont passés de 57 à 12 147 milliards de dollars (échanges intra-Union européenne compris), soit une multiplication par 212 ! En 2009, un retournement de tendance spectaculaire a été observé, avec une chute de 22,6 % des échanges en valeur (USD) et de 12,2 % en volume, alors qu'ils avaient encore augmenté en 2008 (de 15 % pour les marchandises et de 11 % pour les services)[56]. La croissance de la production mondiale est également devenue négative pour la première fois depuis les années 1930 (– 2,3 %) [voir tableau 1.3]. L'année 2010 marque la reprise à des niveaux de 2008.

Tableau 1.3 : Population et PIB mondial (2008-2010)

	PIB (milliards de dollars)		Évolution (%)		Part du PIB mondial (%)		Population 2010 (millions d'habitants)		PIB moyen / habitant (USD)
	2009	2010	2008-2009	2009-2010	2009	2010	2010	%	2010
Monde	57 937	61 963	– 0,6	+ 6,95	100	100	6 840	100	8 470
UE	16 447	16 106	+ 3,08	– 2,07	28,38	26	502	7,3	32 083
USA	14 256	14 624	– 2,44	+ 2,58	24,6	23,7	309	4,5	47 326
Japon	5 068	5 390	– 5,2	+ 6,35	8,74	8,7	127	1,8	42 440
Chine	4 908	5 745	+ 8,74	+ 17,5	8,47	9,3	1 262	18,4	4 552
Russie	1 229	1 476	– 7,9	+ 20,1	3,64	2,4	141	2	10 468
Brésil	1 574	2 023	– 0,19	+ 28,5	2,71	3,2	194	2,8	10 427
Inde	1 235	1 430	+ 5,67	+ 15,7	2,13	2,3	1 170	17,1	1 222
Total Triade	35 771	36 120	– 4,56	+ 0,9	61,71	58,5	938	13,7	38 507
Total BRIC	9 826	10 674	+ 5,25	+ 8,6	16,95	17,3	2 767	40,4	3 857

Sources : Adapté des données Banque mondiale (*World Data Bank*) et Fonds monétaire international (*World Economic Outlook Database*, octobre 2011).

Si la Triade ne représente désormais plus que 58,5 % du PIB mondial, son PIB moyen par habitant comparé à celui des BRIC confirme toujours la hiérarchie mondiale des rapports de puissance économique. La richesse mondiale est très concentrée, mais les émergents connaissent une poussée remarquable, notamment la Chine et l'Inde où la croissance n'a été que ralentie et se maintient donc en valeur absolue. Les pays émergents ont beaucoup mieux résisté à la crise contrairement à ce que l'on avait pu croire[57].

Pour les échanges internationaux, **en 2009, la Chine est devenue le premier exportateur mondial de marchandises** devant l'Allemagne (voir tableau 1.4). Pourtant, il faut néanmoins nuancer ce constat avec les arguments suivants :

- Une grande partie de ces exportations correspond à des produits fabriqués en Chine par des multinationales de la Triade qui s'y sont implantées.
- La segmentation et l'internationalisation des processus de production (*made in the world*) multiplient les échanges de biens intermédiaires entre pays : le même bien traverse plusieurs fois les frontières à plusieurs étapes de sa fabrication. Cela conduit à gonfler les échanges mondiaux par rapport à la production[58].
- La dispersion des tâches ou des fonctions à l'échelle mondiale (internationalisation et fragmentation des chaînes de valeur) est mal capturée par nos statistiques commerciales[59] : la vision du commerce mondial serait très différente si on prenait en compte la valeur ajoutée nationale contenue dans ses flux (ainsi, pour l'iPhone assemblé en Chine, la majeure partie de la valeur ajoutée enregistrée pour le commerce chinois est en réalité le fait du Japon et d'autres pays asiatiques).

Tableau 1.4 : Parts et évolutions du commerce international (2008-2010)*

	Exportations de marchandises (milliards de dollars)		Évolution (%)		Part (%)		Exportations de services (milliards de dollars		Évolution (%)		Part (%)	
	2009	2010	2008-2009	2009-2010	2009	2010	2009	2010	2008-2009	2009-2010	2009	2010
Monde	9 431	11 872	– 22	+ 26	100	100	2 475	2 810	– 11	+ 12	100	100
UE	1 528	1 788	– 21	+ 17	16,2	15,1	652	685	– 14	+ 5	26,3	24,4
USA	1 056	1 278	– 18	+ 21	11,2	10,8	474	518	– 9	+ 9	19,2	18,5
Japon	581	770	– 26	+ 33	6,2	6,5	126	139	– 14	+ 10	5,1	4,9
Chine	1 202	1 578	– 16	+ 31	12,7	13,3	129	170	– 12	+ 32	5,2	6,1
Russie	303	400	– 36	+ 32	3,2	3,4	41	44	– 18	+ 7	1,7	1,6
Brésil	153	202	– 23	+ 32	1,6	1,7	26	30	– 9	+ 15	1,1	1,1
Inde	163	220	– 17	+ 33	1,7	1,9	87	123	– 15	+ 33	3,5	4,4
Total Triade	3 165	3 836	– 20,7	+ 21	33,5	32,7	1 252	1 344	– 11,2	+ 7,1	50,5	47,8
Total BRIC	1 821	2 400	– 19,9	+ 32	19,3	20,2	283	367	– 13,8	+ 29,6	11,4	13

Sources : Adapté des données OMC, Statistiques du commerce mondial 2008, 2009, 2010 (www.wto.org).

* Chiffres excluant le commerce intra-Union.

L'essentiel des échanges mondiaux est le fait d'un petit nombre de pays et les exportations de services (agrégat qui reste mal défini dans la balance des paiements[60]) représentent un cinquième des échanges. Le poids des revenus du capital, qui constituent la part majoritaire des échanges de services, traduit les logiques de mondialisation financière et d'investissements directs à l'étranger.

Les investissements directs étrangers, sources d'interdépendance économique

Les investissements directs étrangers (IDE) sont des investissements internationaux par lesquels des entités résidentes d'une économie acquièrent ou ont acquis un intérêt durable dans une entité résidente d'une économie autre que celle de l'investisseur[61]. La notion d'intérêt durable suggère l'existence d'une relation à long terme entre l'investisseur direct et la société investie, et l'exercice d'une influence notable du premier sur la gestion de la seconde. Par convention, on considère qu'il y a investissement direct lorsqu'une entreprise détient au moins 10 % du capital ou des droits de vote d'une entreprise résidente d'un pays autre que le sien. **Les IDE sont donc constitués des mouvements internationaux de capitaux réalisés en vue de créer, développer ou maintenir une filiale à l'étranger et/ou d'exercer le contrôle (ou une influence significative) sur la gestion d'une entreprise étrangère.** Ainsi les IDE diffèrent des placements financiers ou des investissements de portefeuille en ce sens qu'ils sont le fait d'acteurs privés dans le cadre de leur stratégie d'internationalisation[1].

Ils sont difficiles à appréhender statistiquement car tous ne laissent pas nécessairement de trace dans la balance des paiements du pays récepteur ou du pays d'origine de l'entreprise qui investit : on peut financer l'investissement par recours aux marchés financiers du pays d'accueil, aux marchés internationaux des capitaux, ou encore par les profits réalisés sur place par l'unité de production déjà créée. Les flux d'IDE se sont accélérés à partir des années 1980 et sont essentiellement des investissements croisés entre les pôles de la Triade (60 % du stock mondial), qui sont le fait surtout de l'internationalisation croissante de la production des firmes transnationales (TNC) américaines, européennes et japonaises. Mais en 2010, les multinationales des économies émergentes émettent un quart des IDE sortants[62], notamment les entreprises chinoises qui s'imposent en tête des quinze premiers champions mondiaux (avec Petrochina au premier rang).

Les stocks mondiaux d'IDE représentaient quelque 17 743 milliards de dollars en 2009 contre 4 100 milliards de dollars en 1998. Mais comme pour les échanges internationaux, l'année 2009 a vu une contraction des IDE[63] et, en 2010, les flux d'IDE s'établissent à 1 240 milliards de dollars. La CNUCED estime qu'il faudra attendre 2011 pour retrouver des niveaux d'avant la crise de 2008[64]. L'UE représente plus du tiers des flux entrants et sortants, la France étant le premier pays dans les deux cas (et le troisième mondial). Les pays en développement ou en transition ont attiré la moitié des IDE et en ont investi un quart. Ils tirent donc significativement les IDE. En dépit de la contraction des flux d'IDE, l'internationalisation des entreprises se poursuit[65].

5.2 La mondialisation financière : entre financement de l'économie réelle et faillite morale

Les besoins de financement international de l'entreprise recouvrent « l'ensemble des opérations à caractère financier liées à leurs activités hors frontières : les transferts et règlements

1. Les modalités de l'implantation internationale par filiales sont abordées aux chapitres 3 (p. 94-97) et 7 (p. 265-266).

transfrontières, les financements des transactions (commerce courant et projets) et des investissements internationaux, et la couverture des risques liés à ces opérations[66] ». Face à ces besoins croissants, la mondialisation financière caractérise la constitution à partir des années 1960 d'un système financier international qui fonctionne de façon continue sur l'ensemble du globe, indépendamment des barrières d'espace, de temps et de régulation. **Elle correspond à la mise en place d'un marché unifié de l'argent au niveau planétaire** (le « jour financier » commençant à Tokyo) sur lequel les entreprises multinationales, industrielles et financières, peuvent emprunter ou placer de l'argent où elles le souhaitent, en utilisant tous les instruments financiers existants.

Les origines de l'intégration internationale des marchés financiers

Le système financier international comprend l'ensemble des activités financières réalisées dans le monde, contrepartie des activités commerciales (crédits commerciaux et prêts internationaux liés à l'achat et à la vente de produits entre différents pays) ou correspondant à des placements financiers purs. Le premier marché financier mondial est l'Union européenne, sauf pour les actifs de fonds spéculatifs, aux deux tiers américains. Les trois gros acteurs des marchés financiers mondiaux en 2009 sont[67] les fonds de pension, les fonds d'investissement et les compagnies d'assurances.

La mondialisation financière est le résultat de trois mouvements simultanés (les « 3D ») qui se sont développés dans les années 1980 à l'initiative des gouvernements des grands pays industrialisés (les gouvernements américain et britannique, mais aussi d'autres gouvernements européens) et grâce aux évolutions des technologies de l'information et de la communication (TIC) [voir approfondissement 1.2].

Approfondissement 1.2

Les « 3D » à l'origine de la mondialisation financière

- **Déréglementation** de la sphère financière, c'est-à-dire suppression de toute une série de règles et de limitations de l'activité des agents financiers, règles qui avaient été instaurées dans les années de l'après-guerre et ont été abandonnées au début des années 1970 avec l'effondrement des parités fixes ayant conduit progressivement à une libéralisation des mouvements des capitaux.
- **Décloisonnement** par interconnexion des différents marchés de devises et des marchés financiers internationaux, à travers des systèmes de communication extrêmement sophistiqués permis par la révolution informationnelle.
- **Financiarisation** du capital des entreprises par l'ouverture massive du capital des grandes entreprises aux actionnaires internationaux et par la mise sur les marchés financiers du capital d'un grand nombre de grandes entreprises publiques privatisées et d'un certain nombre d'entreprises jusque-là détenues principalement par des banques ou par des particuliers ; cette financiarisation s'appuie sur la **désintermédiation**, c'est-à-dire que le recours au financement des entreprises se fait de plus en plus par émission de titres (financement direct) au détriment des intermédiaires financiers (banques) ; cela s'explique par le fait que de nombreux produits financiers ont été créés afin de faciliter le financement des entreprises et de pallier les risques de change et de variation des taux d'intérêt.

Les évolutions contemporaines des flux de capitaux internationaux

- Les flux de capitaux internationaux suivent la même croissance que celle des échanges de biens et services depuis la Seconde Guerre mondiale. **Ils s'effectuent des pays à excédent en capital vers des pays ayant des besoins en financement**. Aujourd'hui, on estime que le montant des transactions financières internationales est environ cinquante fois plus important (de l'ordre de 750 000 milliards) que la valeur du commerce international de biens et de services (environ 15 000 milliards en 2010).

Fin 2011, l'Europe entre en forte zone de turbulence financière avec la crise de la dette publique surtout en Europe du Sud, et les incertitudes liées à l'avenir même de l'euro. Ainsi, on peut dire que les évolutions des marchés financiers traduisent :

- **La faillite morale des banques** (certaines plus que d'autres)[68] et plus généralement « le triomphe de la cupidité »[69]. Les mouvements des « Indignés » dans un grand nombre de pays, y compris aux États-Unis, attestent l'ampleur de cette faillite.
- **Le rôle déterminant des États** pour soutenir les banques et appeler par le G20 à la régulation des flux financiers (notamment par les paradis fiscaux)[70] car il faudrait le faire en même temps et de manière concertée.
- **Une dangereuse sous-estimation de l'incertitude**[71], liée à une vision théorique de l'équilibre des marchés (les marchés sont jugés par l'école de Chicago, fondatrice de la théorie de la finance moderne, comme efficients et prévisibles, et l'instabilité est une exception[72]) qu'il faudra bien dépasser au profit d'une vision où l'instabilité devient chronique et les valeurs extrêmes courantes.
- **L'affirmation possible du rôle de banquier de la planète assuré par la Chine** grâce à ses formidables réserves de changes, en Afrique, mais aussi aux États-Unis et désormais en Europe (voir illustration 1.7).

Illustration 1.7

Le vieux continent est de plus en plus dépendant financièrement de Pékin

La crise de la dette souveraine grecque a permis de mieux comprendre la stratégie financière et industrielle chinoise comparée à un « plan Marshall pour la Grèce ». La Grèce vend à tout-va pour renflouer ses caisses, et la Chine achète[73]. En Grèce (comme ailleurs en Europe), la Chine veut accroître son emprise sur les infrastructures de transport pour renforcer la chaîne de distribution des produits chinois. Cosco dispose depuis 2008 une concession de trente-cinq ans sur deux terminaux de fret maritime dans le port du Pirée. Elle va construire un centre logistique tout proche et a renouvelé son intérêt pour les chemins de fer grecs (promis à la privatisation). Il s'agit de faire à terme d'Athènes une « Rotterdam du Sud » pour l'entrée des marchandises chinoises en Europe. En prime, la Chine s'est engagée à acheter de la dette grecque lorsque le pays recommencera à émettre des obligations à long terme, *a priori* en 2011. Ces investissements dans des actifs européens visent sur le plan monétaire à atténuer le front commun des Européens et des Américains, contre la sous-évaluation du yuan, accusée d'entraîner la désindustrialisation des pays occidentaux. L'organisme public chargé de la gestion des devises chinoises détiendrait déjà 630 milliards de dollars d'obligations de la zone euro, soit l'équivalent d'environ 13 % de la dette souveraine de cette dernière.

Illustration 1.7 (suite)

La tendance est spectaculaire puisqu'en l'espace de six ans seulement, les investissements chinois dans l'UE ont augmenté de 645 %, en Allemagne et au Royaume-Uni, suivis de la France. Ils sont le fait d'entreprises officiellement privées, mais qui ont en réalité des liens étroits avec le pouvoir communiste et n'obéissent donc pas uniquement à des intérêts commerciaux. Ainsi, 81 % des investissements chinois à l'étranger sont réalisés par des entreprises publiques (*State Owned Entreprise*, SOE). En Europe, où les aides publiques sont proscrites au nom de la concurrence équitable, les subventions généreuses des organismes publics chinois sont désormais fortement dénoncées, d'autant que Pékin pratique chez lui un protectionnisme sans vergogne dans les secteurs qu'il juge prioritaires. Des anciens patrons occidentaux sinophiles, comme Jeffrey Immelt, P.-D.G. de General Electric, doutent même du fait que les Chinois acceptent que les étrangers réussissent en Chine. Alors que le marché chinois est devenu un élément essentiel de la stratégie des multinationales, la priorité du gouvernement chinois n'est plus d'attirer les investisseurs étrangers, mais de promouvoir des entreprises nationales puissantes et capables de prendre place dans la concurrence internationale[74].

Les conséquences de la mondialisation financière pour le financement international de l'entreprise

Les conséquences de la mondialisation financière sont nombreuses, tant pour les États que pour les entreprises qui se financent sur les marchés des capitaux :

- **Diminution des coûts de transaction** (moindre recours aux banques et mise en concurrence accrue entre elles), possibilités d'effectuer des transferts de capitaux plus facilement entre pays à besoin et pays à excédent et diffusion de règles financières et comptables plus universelles (normes IAS, *International Accounting Standards*, IFRS, *International Financial Reporting Standards*)[75].
- **Mise en évidence des limites du système financier mondial** par les crises successives (asiatique, argentine, russe, mondiale) qui découlent de multiplication des instruments financiers favorisant la spéculation (donc l'instabilité financière), et de l'absence de régulation internationale des mouvements de capitaux dont l'ampleur rend très difficile le contrôle des taux de change et de la création monétaire par les instances nationales[76]. Ce sont de plus en plus les acteurs privés institutionnels (fonds de pension, fonds d'investissement, compagnies d'assurances) qui déterminent le taux de change et les taux d'intérêt.
- **Constat que l'économie internationale est totalement soumise à l'instabilité monétaire.** Ces fluctuations des taux de change affectent de multiples façons l'évolution économique (création d'une incertitude sur l'évolution des prix des biens et des services en devises préjudiciable aux échanges avec l'extérieur, impact sur la compétitivité de l'offre nationale, sur l'activité et l'emploi, naissance de mouvements spéculatifs qui se nourrissent cette incertitude). Pour l'entreprise internationalisée, la gestion du risque de change dans le développement des opérations à l'étranger a un caractère stratégique (notamment pour la PME) car la nécessité de couverture grève la marge des entreprises[m].

m. Voir chapitre 2 (p. 73-77).

- **Financiarisation de l'économie internationale qui est alimentée aujourd'hui davantage par les mouvements de capitaux que par les échanges commerciaux.** Les transactions sur les grandes places financières enregistrent quotidiennement chacune des centaines de milliards de dollars de transactions qui dépassent largement le montant des échanges commerciaux mondiaux. S'y ajoutent les transactions quotidiennes sur les marchés des changes très spéculatifs (marchés où s'échangent, se prêtent ou s'empruntent, à différents termes, les principales monnaies du monde) d'un montant de 3 981 milliards de dollars par jour en 2010, soit environ 1 500 000 milliards de dollars annuels, c'est-à-dire 100 fois plus que le commerce mondial ! (Voir approfondissement 1.3)

Approfondissement 1.3

FOREX – Le marché des changes

Le marché des changes, parfois nommé marché des devises et mondialement connu sous l'appellation FOREX (*Foreign Exchange Market*), est le deuxième plus gros marché en termes de volume échangé, derrière le marché des taux d'intérêt et loin devant la Bourse[77]. Chaque jour, ce sont presque 4 000 milliards de dollars qui y sont échangés. Indirectement, presque tout le monde joue un rôle sur le marché du FOREX, il suffit d'acheter ou de vendre un produit à l'étranger. Un produit acheté aux États-Unis par un Français va être réglé en dollars, puis débité sur son compte par sa banque en euros. La banque aura, pour cette opération, acheté des dollars et vendu des euros. Cette opération de change est réalisée à un taux défini sur le FOREX. Le fait que la banque française veuille acheter du dollar et vendre de l'euro apprécie la valeur du dollar car le dollar est demandé. Le principe sur le marché des changes est exactement le même avec des sommes colossales, sauf que sur le FOREX, contrairement aux taux de change affichés dans les banques, le taux de change USD/EUR varie 18 000 fois par jour… De cette variation permanente naissent les comportements opportunistes comme la spéculation (on peut par exemple acheter sur le FOREX des dollars à un taux à un instant *t* et plus tard les revendre à un autre taux ; si la valeur du dollar a augmenté, alors on a fait un bénéfice par le simple fait d'avoir converti une devise en une autre, puis reconverti celle-ci dans la première devise, au bon endroit, au bon moment). La variation des taux de change sur le marché des changes résulte donc des échanges internationaux, mais aussi des décisions des agents économiques (banques, fonds de pension, fonds spéculatifs…) et des gouvernements. Ainsi, au niveau des États et des banques centrales, les importations américaines de marchandises produites en Chine suscitent une demande de yuans contre dollars supérieure à celle des dollars contre yuans en raison des exportations américaines vers la Chine inférieures à leurs importations. La monnaie chinoise devrait donc s'apprécier contre la devise américaine. Dans les faits, cette nécessité d'appréciation est modérée par les investissements d'une partie de l'épargne chinoise (les Chinois épargnent autour de 40 % de leurs revenus) dans des actifs américains (qui suscitent à leur tour une demande de dollars rééquilibrant le taux de change entre les deux monnaies). Mais comme ce n'est pas suffisant pour éviter au yuan de s'apprécier, la Banque de Chine achète des actifs en dollars (notamment des bons du Trésor américain), ce qui augmente la demande de dollars sur le marché des changes, empêche le yuan de s'apprécier face au billet vert et maintient artificiellement la compétitivité des exportations chinoises.

Au total, l'économie internationale voit clairement une déconnexion croissante entre la sphère financière et l'économie réelle : c'est « la dictature des marchés financiers » du fait d'un rôle accru des investisseurs au détriment des entrepreneurs. « On a perdu l'esprit d'entreprise », se rebellait Nicolas Hayek avant de disparaître[78]. Les marchés sont devenus dominants sur la sphère de l'économie réelle avec la crise des subprimes américaine qui s'est propagée à l'ensemble du monde et à l'économie réelle (crise de la demande, crise du crédit, chômage). L'année 2011 se termine par la crise des dettes souveraines (grecque, irlandaise, avec de fortes menaces pour l'Espagne ou le Portugal) et la mise en évidence des dangers de la spéculation pour la démocratie (vente de bons du Trésor de la Grèce par les acteurs financiers et prophétie autoréalisatrice qui s'ensuit)[79].

6. Des développements scientifiques et techniques continus

L'environnement scientifique et technique est d'autant plus important qu'il est à l'origine de la mondialisation. Il donne naissance en permanence à de nouveaux produits, services et comportements, à forte composante *high-tech*. Plusieurs tendances de la science au plan mondial peuvent être soulignées qui ont des conséquences profondes pour l'entreprise à l'échelle internationale.

6.1 Les grandes tendances mondiales de l'évolution scientifique et technique

À l'échelle mondiale, la hiérarchie scientifique traditionnelle montre qu'au-delà de la domination persistante de la Triade (États-Unis, Europe, Japon) et des inégalités Nord-Sud en matière de maturité technologique, l'environnement scientifique et technique est marqué par les aspects suivants :

- **Un ticket d'entrée dans le club des puissances scientifiques inaccessible** pour la très grande majorité des pays en développement, à plus forte raison de la cinquantaine de pays les moins « avancés » (PMA).
- **Un développement de l'innovation particulièrement visible dans certaines économies émergentes** comme la Chine, l'Inde ou la Corée du Sud. Même s'il y a une corrélation entre capacité de recherche (publique ou privée) et puissance économique, des modifications importantes dans les classements des systèmes éducatifs nationaux (le classement de Shanghai ou les enquêtes Pisa, *Programme for International Student Assessment*) bousculent aussi les hiérarchies traditionnelles.
- **Une fuite des cerveaux** quand de nombreux chercheurs des pays émergents quittent leur pays d'origine, ce qui renforce les plus forts et affaiblit les plus faibles (en Russie ou en Inde par exemple). Parallèlement, la coopération internationale sur la base de publications cosignées se développe de manière significative sur les dernières années et les retours au pays ont aussi été nombreux comme conséquence postcrise de 2008.
- **Des découvertes fondamentales époustouflantes** dans le traitement de l'information en général (collecte, traitement, diffusion, stockage, reproduction) par la cybernétique, l'automatique, l'informatique, et l'immense domaine de la biologie qui est essentiellement la recherche des lois qui régissent la vie, en particulier la connaissance du traitement de l'information par le vivant.

- **Des résistances culturelles** qui existent dans de nombreux pays contre la science et la technologie « à l'occidentale » (fondée sur une domination par l'homme de la nature et la croyance dans « le progrès et le développement »), transposées le plus souvent difficilement vers le Sud du fait de l'absence de prise en compte suffisante du contexte local (par exemple dans le domaine médical – traitement du sida – ou agricole – développement des OGM).
- **Des besoins d'innovation pour répondre aux contraintes écologiques** (naturelles et humaines), par exemple dans le domaine du vieillissement de la population (avec le développement avancé de la robotique au Japon)[80], ou de la conversion écologique de l'économie (avec le développement des produits et services porteurs d'économies d'énergie et de réduction de l'empreinte écologique).
- **La nécessité d'un dialogue renouvelé entre scientifiques et citoyens.** Les orientations scientifiques comme les développements technologiques ne peuvent plus être laissés entre les mains de quelques spécialistes, ni pilotés par les seuls désirs de profit ou de puissance : l'heure est à une mobilisation des consciences[81].
- **Des besoins d'innovation frugale**, avec le développement des produits à destination du BOP élaborés souvent par des entreprises locales ayant développé des modèles économiques étonnamment performants ; ainsi l'innovation n'est pas toujours où on la croirait (voir illustration 1.8).

Illustration 1.8

Les *dabbawalas* de Bombay, institution Six Sigma

Le *dabbawallah* ou *dabbawala* (de *dabba*, boîte et *wallah*, celui qui fait) est un livreur de repas faisant partie d'un système – sans équivalent – basé à Bombay, en Inde, et qui comprend 3 500 dabbawalas qui approvisionnent jusqu'à 175 000 clients par jour et ce depuis plus d'un siècle. Bien que la profession de dabbawalas semble *a priori* d'une grande simplicité et soit le fait essentiellement d'analphabètes, le modèle logistique développé par cette entreprise indienne traditionnelle est étudié dans les écoles de management à travers le monde. Le magazine américain *Forbes* lui a décerné le label suprême de la qualité, le fameux Six Sigma suivant lequel les activités sont exécutées avec une marge d'erreur infime, jusqu'alors détenu seulement par quelques multinationales comme General Electric ou Motorola[82]. En raison d'un trafic routier qui atteint des proportions dantesques à Bombay, la population de la classe ouvrière s'abstient d'employer les transports routiers au profit du transport ferroviaire. Les travailleurs doivent quitter très tôt leur domicile pour arriver à l'heure sur les lieux de travail et ils préfèrent voyager le plus léger possible. Grâce aux dabbawalas du quartier qui collectent, trient et rassemblent les boîtes en groupes, les épouses font cuire les repas qu'elles envoient dans ces boîtes à leurs maris chaque matin et récupèrent vides chaque soir. Les boîtes regroupées sont mises dans le train, marquées avec les inscriptions appropriées de façon à identifier leur destination. Les inscriptions indiquent ainsi la gare de débarquement et l'adresse de livraison. À chaque gare, les boîtes correctes sont débarquées et remises à un dabbawala local, qui les livre aussitôt à l'adresse correspondante. Les boîtes vides sont rassemblées après le déjeuner et retournées vers leur maison respective. Tout cela est fait pour une somme minimale et avec la plus grande ponctualité. Les boîtes sont dispatchées avec une telle précision que le taux d'erreur est estimé à 1 pour 16 millions.

Illustration 1.8 (suite)

Le service continue même à fonctionner au plus fort de la mousson lorsque l'activité économique est désorganisée du fait des conditions climatiques contraires. Les dabbawalas locaux aux extrémités de la chaîne (envoi et réception) sont connus personnellement par les clients, ce qui entraîne un fort climat de confiance. En outre, ils connaissent parfaitement leur secteur et maîtrisent les routes alternatives, ce qui leur permet d'accéder sans difficulté à n'importe quelle destination. La raison principale de la popularité du système des dabbawalas est que la cuisine maison respectant les prescriptions et autres préférences alimentaires est synonyme de qualité : certains sont végétariens (et la nourriture doit être préparée dans un environnement qui l'est totalement), d'autres veulent manger leur cuisine régionale et, pour la plupart, manger à l'extérieur toujours les jours est trop cher. C'est un modèle fondé sur des relations *high-touch* propices à la confiance pour un service à forte implication. Aujourd'hui, des dabbawalas ont été recrutés par la Corporation Bank of India pour approcher les populations des quartiers populaires de la ville. Ainsi, l'Inde invente les moyens d'approcher et de servir le bas de la pyramide économique, soit environ 600 millions de personnes, que ce soit dans la banque, l'agroalimentaire (modèle Choupal) ou la distribution rurale (modèle Shakti d'Hindustan Lever).

6.2 Les implications managériales de l'environnement scientifique et technique

Pour l'entreprise internationale, l'environnement scientifique et technique est porteur de défis et d'opportunités souvent majeurs. Sur le plan simplement organisationnel, il est devenu possible de travailler avec la planète entière sans avoir besoin de s'implanter localement ou d'avoir à créer un réseau de distribution locale. Les nouvelles technologies de l'information et de la communication en particulier (les TIC) ont conduit à un accroissement de la diffusion des technologies dans tous les rouages de la société et à une révolution des systèmes d'information dans l'entreprise internationale (les ERP, *Entreprise Resource Planning*). Les clients et leurs exigences, les activités de l'entreprise, la veille de l'environnement, la coordination planétaire des programmes de marketing international, tous ces domaines sont liés par leur composante désormais technologique et de portée mondiale.

Les politiques d'innovation toujours plus poussées favorisent aussi les nouvelles occasions d'application des nouvelles technologies dans des nouveaux produits aux contenus immatériels croissants. C'est l'essor de l'« économie de l'immatériel », dite aussi du « savoir » et de « l'information » où les idées, les images, les connaissances prennent le pas sur les produits, les machines, les matières premières. Elle touche à des secteurs aussi variés que les technologies de l'information et de la communication (TIC) en particulier liées à l'Internet, la propriété intellectuelle au sens large (y compris les brevets, marques, publicité, services financiers, les conseils aux entreprises ou les conseils médicaux et l'éducation), les bibliothèques et banques de données électroniques ainsi que l'audiovisuel et les jeux vidéos, et enfin les secteurs de la biotechnologie et de l'industrie pharmaceutique.

Mais les avancées scientifiques et techniques apportent aussi **leur cortège de risques et de contraintes** propres aux entreprises internationales :

- Si la croissance de l'économie de l'immatériel est la plus forte dans les économies modernes en termes de valeur ajoutée ou d'emploi, **elle renforce aussi la concurrence**. Les secteurs des TIC, par exemple, ont vu s'installer à côté d'acteurs traditionnels (Apple, Microsoft, IBM, Dell, Intel...) des nouveaux venus du capitalisme numérique global (comme Cisco, Amazon, Google mais aussi China Mobile).

- Un raccourcissement du cycle de vie des produits couplé à un rallongement du cycle de lancement (*time to market*) dans de nombreuses industries qui utilisent **l'obsolescence programmée**.
- Des **débats juridiques inédits** sur la propriété industrielle et intellectuelle et sa protection mondiale.
- Des **débats éthiques ressentis comme fondamentaux**, au moins en Europe et dans nombre de pays en voie de développement, sur les rapports et la collaboration que la science, le marché et l'éthique doivent développer (par exemple des débats sur la légitimité de l'entreprise au-delà de sa légalité quand il s'agit de l'abandon des brevets au profit des médicaments génériques destinés aux grandes pandémies dans les pays pauvres, ou encore de la vente exclusive des graines génétiquement modifiées).
- **Une révolution dans le domaine du travail** (travail et formations à distance, nomadisme, outils intranet et de partage des informations et des savoirs, suppression des barrières temporelles et spatiales...) dont l'impact sur le chômage et sur les cultures des entreprises internationales est encore mal cerné[83].
- **Une révolution numérique cognitive** touchant toutes les sociétés avec le développement du Web 2.0[n], et notamment des réseaux sociaux sur Internet, offrant des possibilités de communication et d'interaction nouvelles pour l'entreprise et ses clients, mais l'exposant aussi à des risques importants : personne n'est en mesure de surveiller ce que les autres disent ou savent de soi (ainsi, le risque élevé de bouche à oreille négatif compte tenu de la forte propension à critiquer les marques dans ces réseaux)[84].

7. L'environnement géographique en état d'urgence

Pour conclure cette analyse du milieu où évolue l'entreprise internationale, **il faut intégrer l'environnement géographique des marchés étrangers aux composantes physiques, biologiques et humaines.** La répartition de ces composantes, les forces qui les gouvernent et leurs relations réciproques définissent des conditions locales d'activité spécifiques nécessitant des adaptations de l'offre ou de l'approche des marchés.

7.1 La nature dans tous ses états

La condition des ressources naturelles

Les ressources naturelles disponibles traditionnellement et les réserves futures conditionnent avant tout les modalités de développement économique des pays. Dans la géoéconomie des ressources, la disponibilité d'énergie est nécessaire à la production mécanisée, et nombre de pays en développement et émergents n'y ont pas accès, voire sont désespérément installés dans le sous-développement (c'est « la malédiction des matières premières » soulignée par Joseph Stiglitz). La croissance économique des BRIC en particulier leur impose de sécuriser l'accès aux matières premières de toutes sortes (notamment la terre) en Afrique, en Asie centrale ou en Amérique latine. Le dernier rapport *Cyclope* qui fait un état des lieux brûlant

n. Voir chapitre 8 (p. 314-319).

du marché des matières premières et pointe la voracité chinoise dans ce domaine : la Chine a été le premier importateur mondial de *pratiquement toutes* les matières premières en 2009[85].

Les facteurs naturels liés à la géographie des pays et marchés impactent beaucoup le marketing quand ils imposent des prérequis d'adaptation des produits (formulations, par exemple) ou des chaînes d'approvisionnement (chaînes de froid dans les pays chauds) :

- **Les facteurs climatiques** (comme l'humidité, la température, la sécheresse ou l'altitude) peuvent affecter l'utilisation de nombre de produits ou d'équipements, depuis les médicaments, l'habitat, ou l'alimentation en passant par les travaux publics ou l'automobile. L'incidence de ces facteurs est d'autant plus importante dans certaines régions aux climats extrêmes d'Afrique, de Chine, de Russie, d'Inde ou du Canada.
- La **disponibilité de l'eau** en général (« l'or bleu »), et non polluée en particulier, représente un enjeu fondamental dans toutes les stratégies géopolitiques déployées par les États dans de très nombreuses régions du monde. Pour les populations ou les entreprises, l'eau est tout simplement vitale. Elle est aussi souvent la condition de consommation de nombreux produits industriels (eau nécessaire au fonctionnement des usines) comme de grande consommation (produits d'hygiène, lessives et détergents par exemple).
- **Les ressources alimentaires** sont tout aussi cruciales et dépendent de la production locale en quantités suffisantes, de la capacité à s'approvisionner à l'extérieur, de la spéculation et de la capacité physique de distribution alimentaire. En Inde, on estime que la détérioration des fruits et légumes frais peut atteindre parfois 50 % des quantités produites faute d'un système de distribution efficace entre lieux de production et de consommation (moins de 10 % de la totalité du marché de la distribution en Inde est « organisée »). Le monde produit assez pour nourrir toute la population et les famines sont toujours des famines politiquement organisées[86]. C'est la gestion efficace et partagée des ressources naturelles disponibles (eaux marines, pluviales et fluviales, sols, flore, faune, sous-sols, hommes…), davantage que le manque de ressources en soi, qui constitue le grand défi que devront relever tous les pays engagés dans la voie de la croissance industrielle rapide et souvent non maîtrisée, dont les conséquences humaines et écologiques peuvent être catastrophiques à court et à long terme si rien n'est fait.
- Enfin, la **géographie physique** influence les mécanismes de développement des marchés étrangers : les barrières naturelles (par exemple les chaînes de montagnes qui isolent à la manière des îles) ou les situations naturelles opportunes (comme l'accès à la mer) expliquent souvent les modalités de développement des pays entre eux et la localisation des populations (ainsi le Chili, isolé de ses voisins par la cordillère des Andes et dont le modèle économique et d'ouverture international montre qu'il regarde plus vers l'Amérique du Nord et la zone Pacifique que vers le cône sud latino-américain). Elles conditionnent fortement la logistique, la distribution et la communication locale et internationale.

Si le monde industrialisé dispose d'outils relativement efficaces pour dominer la nature et de moyens accrus, mais encore très insuffisants, consacrés à la protection de l'environnement, tel n'est évidemment pas le cas de la majorité des autres pays qui n'ont pas les moyens ni financiers ni techniques d'exploiter proprement leurs ressources naturelles pour un développement durable. Ce qui n'empêche pas les économies émergentes les plus puissantes d'être le terrain de prédilection des politiques de développement durable les plus innovantes menées par les multinationales (comme Lafarge, Accor, PSA ou Suez Environnement)[87].

L'état d'urgence écologique

Les principaux changements et leur rapidité d'évolution observés à l'échelle planétaire, dans les domaines de l'écologie (déforestation sauvage, pollutions lourdes de l'air, de la terre et des océans), du climat (réchauffement, désertification, acidification) et de la biodiversité (extinction des espèces animales et végétales) redonnent aux facteurs naturels un rôle prépondérant pour l'avenir (impact écologique de la croissance économique et démographique). Or le modèle de développement mondial depuis la révolution industrielle est fondé sur l'exploitation de ressources non renouvelables, il ne peut donc pas être éternel (ce n'est pas idéologique, c'est mathématique).

Ainsi, le bilan de l'état de la planète dix ans après l'an 2000 est particulièrement brutal[88] :

- **Le monde connaît le plus grand nombre de catastrophes naturelles liées aux conditions climatiques depuis plus de cent ans,** et la très grande majorité des victimes vit dans les pays les plus pauvres (inégalités devant les risques faute de politiques de prévention). L'urbanisation massive et anarchique néglige les risques de submersion (selon l'Organisation des Nations unies pour l'alimentation et l'agriculture – la FAO –, 300 millions de personnes vivent dans les deltas de faible altitude où le risque d'inondation est grand) et il est impossible de respecter les normes parasismiques (cela est vrai aussi de Fukushima au Japon). Les climatologues sont sûrs, aujourd'hui, que la hausse des températures s'accompagne d'une récurrence accrue des phénomènes extrêmes.
- **Les conférences internationales se succèdent sans grand résultat** ni espoir de concrétisation forte et massive. Vingt ans après le Sommet de Rio de 1992, la Conférence des Nations unies sur le développement durable (CNUDD), mieux connu sous le nom de Rio + 20, aura lieu du 20 au 22 juin 2012 à Rio de Janeiro, au Brésil. Rio + 20 doit aborder deux thèmes (l'économie verte et le cadre institutionnel du développement durable), mais c'est la question de l'économie verte qui a suscité le plus de discussions entre les délégations préparatoires. Les pays en développement craignent en effet que la transition vers une économie faible en carbone n'hypothèque leur croissance ou n'incitent les pays développés à ériger de nouvelles barrières commerciales.
- **L'aggravation de la faim est insupportable** (un milliard de sous-alimentés en 2009, soit 100 millions de plus qu'en 2008 selon la FAO, et dont sept sur dix sont des femmes ou des fillettes) car elle résulte des difficultés nées d'une organisation mondialisée, absurde et prédatrice du commerce et de l'industrie alimentaire, et pas de l'incapacité de la terre à nourrir le monde aujourd'hui[89]. Le problème de la raréfaction de la terre cultivable est révélateur de l'ampleur et du caractère systémique de la crise écologique (voir approfondissement 1.4).

Approfondissement 1.4

Nourrir le monde de demain, mais comment ?

Les sols cultivables sont peu extensibles et sont sollicités non seulement pour l'agriculture (déforestation rapide en Amazonie et en Asie du Sud-Est), mais aussi pour les biocarburants et les arbres destinés à produire de l'énergie. Il est difficile alors de garder des espaces en réserve pour gérer la biodiversité. Or la population mondiale devrait plafonner à 9 milliards d'habitants vers 2050, ce qui entraînera un accroissement des besoins alimentaires. De plus, le développement des revenus (qu'il faut espérer) voit croître le régime carné qui lui-même demande de produire plus de viande et donc plus de grains (soja, maïs). Or la production végétale dépend de deux facteurs, la quantité de terre disponible et les

Approfondissement 1.4

rendements possibles par hectare. Augmenter la quantité de terre disponible n'est pas réaliste car les 40 % de la surface cultivable de la planète qui sont cultivés sont déjà les meilleures terres, et certaines zones n'ont quasiment plus de terres cultivables cultivées (cas de l'Asie). Quant à l'accroissement des rendements possibles par hectare, ils sont déjà élevés dans les pays ayant connu la révolution verte (politique agricole fondée sur l'irrigation, l'utilisation de variétés à haut rendement, d'engrais et d'une protection phytosanitaire étendue), mais ils ont cessé de progresser depuis 1995 (hausse des coûts de l'énergie, de la fertilisation et du travail du sol, destruction des sols par usage démesuré des engrais et pesticides, et critiques croissantes à l'encontre des pesticides ou des risques d'inféodation de la filière agricole aux semenciers dans le cas des OGM (dont l'essentiel des cultures est destiné à des fins énergétiques ou d'alimentation animale).

On sait donc que l'on ne pourra assurer la sécurité alimentaire à l'échelle mondiale sans revoir les modèles agricoles et alimentaires. La réduction du régime carné dans les pays riches sera nécessaire du fait des terres occupées pour élever et nourrir les animaux (qui sont responsables par ailleurs de 15 % des gaz à effet de serre puisqu'une vache en produit autant qu'une voiture). De même, des politiques agricoles incitatives, nationales et internationales, alliant réformes agraires, soutien économique et mesure de protection des marchés, devront être proposées aux 2 milliards de personnes vivant de l'agriculture familiale en autosubsistance. Car ce sont ces agriculteurs qui devront en grande partie fournir l'alimentation des villes dans les pays en développement. Ainsi le développement de la production agricole doit-il redevenir une priorité des politiques publiques au Sud tout en évitant les erreurs du passé de l'agriculture productiviste[90].

7.2 La géographie humaine exacerbée

La géographique humaine complète la géographique physique. Pour l'entreprise, les facteurs démographiques, d'urbanisation, de pauvreté et de migrations sont particulièrement importants à prendre en compte.

La démographie à l'échelle mondiale

Les grandes tendances de la population mondiale sont d'abord de nature quantitative :

- **Le nombre d'habitants de la planète pourrait se stabiliser un peu au-dessus de 9 milliards d'habitants vers 2050**, ce qui représente une « bombe démographique » à court terme, d'autant plus risquée que les pays en développement représenteront plus de 90 % de ce chiffre (ce qui n'est pas seulement négatif puisque avec l'arrivée de la Chine, de l'Inde et de l'ex-URSS, l'offre de travail à disposition sur le marché mondial est passée de 1,5 milliard à 3 milliards de personnes, soit un doublement[91]).
- **Cette croissance démographique sera compensée à partir de 2050 par les effets de la transition démographique**, qui voit baisser brutalement fécondité et mortalité, et impose la norme de deux enfants en moyenne par couple, en cours dans la plupart des pays du monde. Le risque à long terme est donc celui d'une dépopulation vertigineuse[92].
- **La croissance exponentielle de la population humaine au XXe siècle** est due essentiellement à l'amélioration de l'hygiène et de l'alimentation, à la vaccination et aux progrès de

la médecine en général, qui ont réduit la mortalité infantile et ont rallongé l'espérance de vie moyenne. Les causes de la dénatalité aussi sont nombreuses, dont l'urbanisation et l'exode rural (en ville, un enfant devient plus un handicap financier qu'une richesse), l'alphabétisation et la scolarisation des femmes, le divorce, l'avortement, le recul général de l'âge de mariage et le recours à la contraception (62 % des femmes en âge de procréer utiliseraient un moyen contraceptif). Dans certains cas comme en Russie, la maladie, l'alcoolisme, les mauvaises conditions sanitaires et la pollution industrielle ont considérablement réduit la fertilité masculine.

Dans son ensemble, le monde vieillit. La planète compte 11 % de plus de 60 ans en 2009 et cette proportion devrait atteindre 22 % en 2050[93]. Certains pays riches (comme l'Allemagne et le Japon) ou en voie de développement (comme la Chine) vont devoir affronter le problème de la diminution des forces vives composant la population active comme autant de perte en contribution à la croissance économique[94]. Il faudra aussi trouver des solutions nouvelles et radicales pour accompagner la vie d'une partie importante de la population désormais (très) âgée (économie du *care*).

Dans les pays pauvres du Sud, le fait d'avoir beaucoup d'enfants constitue le plus souvent le meilleur moyen de se prémunir contre la disparition inévitable de certains d'entre eux et de se garantir une sécurité sociale familiale en l'absence de tout autre système de substitution. De plus, les politiques de contrôle de la natalité, en contextes démocratiques en tout cas, se heurtent aux normes culturelles tenaces en matière de procréation, comme c'est le cas en Inde dont la population, beaucoup plus jeune de surcroît, dépassera en taille celle de la Chine dès 2015.

Enfin, **la population mondiale est marquée par l'émergence d'une certaine classe moyenne**, même si la mesure d'une telle notion reste complexe. Une étude, portant sur la richesse privée détenue par les individus, réalisée par le groupe d'assurance allemand Allianz, vient confirmer cette nouvelle donne planétaire. Définie comme des personnes disposant d'actifs financiers compris entre 5 300 euros et 31 600 euros (soit une moyenne de 17 530 euros à la fin 2009), cette classe atteint 565 millions de personnes, contre 200 millions en l'an 2000. Sur ce total, plus de la moitié vit dans des économies émergentes, telles que la Chine (130 millions), le Brésil (40 millions) ou encore la Russie (14 millions). Un phénomène dont nous ne vivons que les prémices : en 2050, 50 % de la consommation globale du monde serait le fait des Chinois et des Indiens, contre 10 % actuellement[95].

Urbanisation du monde en développement, pauvreté étendue et migrations

Un deuxième phénomène clé de la géographie humaine à prendre en compte par l'entreprise est celui de **l'urbanisation comme modèle d'habitat dominant**. Le commerce international s'est de tout temps appuyé sur les réseaux de villes à la conquête du monde[96]. Mais en 2008, pour la première fois dans l'histoire de l'humanité, la planète comptait autant d'urbains que de ruraux (un être humain sur deux, soit 3,3 milliards de personnes, contre un sur dix au début du XXe siècle). Selon l'ONU, elle pourrait atteindre 6,4 milliards de personnes en 2050, soit 70 % des habitants de la planète. L'urbanisation est à maturité dans les pays riches, mais se développe très rapidement dans les pays en développement, et à 80 % dans les zones déjà peuplées d'Afrique et d'Asie. Les habitants des bidonvilles représentent un urbain sur trois et un habitant du Sud sur cinq[97]. Dans la plupart des pays en développement, la ruralité, bien qu'en diminution, reste encore importante, et la dualité entre milieux urbains et ruraux est typiquement forte (l'Inde est encore rurale à 70 % par exemple et les défis du marketing rural sont immenses).

Approfondissement 1.5

L'archipel des villes mondiales

La nouvelle géographie du capitalisme se caractérise par un mouvement paradoxal : d'une part, une dispersion planétaire des activités de production et, d'autre part, une centralisation dans les « villes mondiales » des fonctions de coordination, de prévision et de gestion mondialisées, dont New York, Londres et Tokyo constituent l'archétype[98]. Ces villes sont d'abord des niches au cœur des pays les plus avancés, puisque c'est dans ces derniers que l'investissement transnational est le plus important. Mais on trouve des villes mondiales sur tous les continents, de New York à Buenos Aires, de Londres à Mumbai, de Tokyo à Singapour ou Séoul. Loin d'être rivales, ces villes ne font pas la même chose et s'inscrivent dans des réseaux planétaires. La puissance d'une cité se mesure alors à la variété et au nombre de ses connexions. Cette géographie traduit une logique hiérarchique, mais aussi de réseau régional[99]. Par exemple, les sociétés du secteur bancaire ou financier sont surreprésentées en Asie Pacifique ; les cabinets d'avocats se concentrent davantage dans les principales arènes de la mondialisation (Amérique du Nord, Europe occidentale et Asie Pacifique) ; les sociétés de conseil restent principalement implantées aux États-Unis, tandis que les experts-comptables et les agences de publicité se répartissent à peu près équitablement entre les différentes aires géographiques. Ces particularités géographiques tiennent à la nature du service offert, à la taille des sociétés selon les secteurs, et à la période où tel ou tel secteur a connu son expansion initiale. Elles rendent compte de la dimension régionale du réseau des villes mondiales, au sein duquel les villes américaines et d'Asie Pacifique forment des groupes particulièrement cohérents. Le classement 2008 du GaWC (Groupe d'études sur la globalisation et les villes mondiales[100]) identifie 55 villes mondiales, organisées en trois groupes : les villes Alpha de classe mondiale, aux services commerciaux complets (10 villes dont Londres, New York, Paris et Tokyo) ; les villes Bêta, de classe mondiale majeure pour le négoce (10 villes, dont Moscou, Séoul, Bruxelles, Sydney, Madrid et São Paulo) ; et les villes Gamma, de classe mondiale mineure (35 villes, dont Amsterdam, Boston, Dallas, Pékin, Montréal, Budapest, Copenhague, Istanbul, Munich, etc.). La ville mondiale n'est pas un simple pôle de décision stratégique : c'est un site de production de services spécialisés dans des secteurs à haute valeur ajoutée nécessaires au management planétarisé des entreprises multinationales (assurances, droit, comptabilité et fiscalité, conseil, publicité, relations publiques, services financiers). Grâce à ces villes mondiales, celles-ci ont (logiquement) conservé leur siège dans leurs pays d'origine, malgré les milliers de filiales et de centres d'approvisionnement *offshore* qu'elles possèdent dans le monde.

Enfin, l'urbanisation se crée autour de mégapoles de plus de 10 millions d'habitants (jusqu'à 19 millions à Mexico ou à Bombay en 2007) qui sont environ une trentaine sur tous les continents, exposées souvent à des problèmes et risques environnementaux majeurs (pollutions industrielles, proximité de la mer). Les nouvelles logiques spatiales du capitalisme mondial ont également changé le visage des grandes métropoles, intégrées dans de multiples réseaux urbains mondiaux (voir approfondissement 1.5).

Ainsi, **deux faces contradictoires de l'urbanisation mondiale émergent**[101] :

- L'urbanisation est une conséquence de l'exode rural, lui-même résultant de l'industrialisation (urbaine) et de la modernisation. Son attraction souligne les avantages du mode de vie urbain : meilleur accès aux services de santé, aux infrastructures, à l'information, et plus grande facilité d'application des politiques publiques (avec des cibles plus larges, des économies d'échelle et une efficience accrue dans les transports, l'assainissement, l'adduction d'eau, la gestion des déchets, l'éducation).

- L'urbanisation croissante a pour conséquence les risques d'une urbanisation mondiale non maîtrisée dominée par une « bidonvilisation » du monde urbain[102]. Car ce sont les pauvres qui alimenteront pour l'essentiel la croissance urbaine à venir. Les problèmes inégalés d'accès à l'eau, à l'assainissement, au traitement des déchets, à l'énergie, au transport, favorisent une urbanisation dominée par l'économie informelle, la corruption, la criminalité, la pauvreté et la misère. L'urbanisation mal gérée entrave le développement et la Déclaration du millénaire des Nations unies adoptée en 2000 à horizon 2015 a attiré l'attention sur la pauvreté urbaine[103].

De fait, associés à l'urbanisation anarchique, se trouvent **l'accroissement de la pauvreté et la mondialisation de la misère**[104] : jamais la planète n'a produit autant de richesses, jamais les échanges entre les hommes n'ont été aussi nombreux, mais jamais les inégalités n'ont cessé de s'accroître entre les pays et à l'intérieur des États mêmes. Ainsi, depuis la fin de la Seconde Guerre mondiale, les riches sont plus riches et les pauvres sont plus pauvres, car peu de pays en dehors des économies traditionnelles de la Triade ont finalement réussi à développer une classe moyenne majoritaire. Le gouffre entre riches et pauvres, au Sud, entre le Sud et le Nord, et au Nord aussi s'est dramatiquement creusé : la pauvreté frappe un Européen sur six (soit 16,5 % ou 82 millions de citoyens vivant en dessous du seuil de pauvreté[105]) et dans nombre de pays riches, l'indice Gini[106] comparant la situation des inégalités de revenus dans un pays s'est dégradé (aux États-Unis, les 1 % les plus riches recevaient 9 % du revenu national en 1970, contre 23 % en 2006[107]). La mondialisation a eu pour effet d'augmenter à la fois la richesse globale et l'inégalité de sa répartition (20 % de la population mondiale consomme 80 % des richesses). Elle a aussi porté à la connaissance du plus grand nombre cet écart croissant (voir approfondissement 1.6).

Enfin, **la question des migrations dans la mondialisation est au cœur de la compréhension des phénomènes de géographie humaine contemporaine** pour l'entreprise. Ce n'est pas un phénomène nouveau en soi, mais l'Office international des migrations[108] compte 213 millions de migrants dans le monde en 2010 (c'est-à-dire des personnes installées dans un autre pays que celui dont elles sont citoyennes depuis au moins un an), ce qui représente 3 % de la population mondiale. L'immigration est motivée par nombre de facteurs (la recherche de meilleures conditions sociales et de travail, de meilleures conditions climatiques et environnementales, une protection des droits de l'homme ou des possibilités d'éducation), et elle a lieu dans toutes les directions (Sud-Nord, Nord-Sud, Sud-Sud et Nord-Nord)[109].

Si la pauvreté est l'une des causes majeures du développement des migrations, les migrants ne sont pas forcément les plus pauvres, car pour partir il faut de l'information, des réseaux et un pécule[110]. Un autre regard est en train de se développer sur les migrations, pour sortir d'une criminalisation excessive du fait migratoire, qui démontre qu'**elles représentent tout un réservoir de fonctionnalités qui demande à être géré à son tour**[111]. La migration reconstruite comme fait social de la mondialisation (qui se joue des frontières, renforce les métissages, favorise la mobilité) doit se prêter au multilatéralisme et à la gouvernance mondiale afin de pouvoir atteindre « une bonne mobilité ». Les migrations concourent notamment au rééquilibrage démographique de l'espace mondial, génèrent des transferts de fonds vers les pays d'origine (pour la consommation, l'investissement immobilier surtout), favorisent les flux dans le domaine de la connaissance (chercheurs, étudiants). Les migrations sont enfin à l'origine des diasporas, c'est-à-dire des migrations de toute une minorité ethnique chez qui se maintient une conscience identitaire[112] et qui jouent un rôle essentiel dans le développement de leurs pays d'origine (Inde, Chine, Liban, Grèce, Turquie, Palestine, Israël, Vietnam…).

Approfondissement 1.6

Les évolutions différenciées de la pauvreté

La pauvreté connaît une évolution différenciée entre pays développés et pays en développement[113]. Si elle tend à baisser dans les pays émergents, elle se stabilise dans les pays riches mais les pauvres partout sont de plus en plus pauvres. Entre 1998 et 2007, le taux de personnes vivant sous le seuil de pauvreté en France – moins de 908 euros par mois – est resté quasiment stable (8 millions de personnes sont pauvres, soit 13,4 % de la population). Mais la situation des plus pauvres s'est dégradée au cours de cette même période[114]. La part des personnes vivant avec moins de 40 % du revenu médian, soit 602 euros pour une personne seule, est ainsi passée de 2,1 % de la population à 3,2 % en 2005 (dernières statistiques connues), avant de se stabiliser. En 2010, les acteurs de terrain, associations en tête, constatent une augmentation sensible des difficultés financières des ménages, à travers des indicateurs comme les demandes d'aide alimentaire et financière. Mais de grandes disparités existent entre les pays. Selon le Programme des Nations unies pour le développement (PNUD), la pauvreté a globalement tendance à baisser : 1,2 milliard de personnes vivaient en 2010 avec moins d'un dollar par jour, contre 1,9 milliard en 1981.

Le taux de pauvreté a été divisé par deux, passant de 52 % à 26 % au cours de cette période. Mais le patrimoine des quinze personnes les plus riches dans le monde dépasse le PIB annuel total de l'Afrique, dont un habitant sur deux est pauvre et qui reste le continent le plus démuni (même si, aujourd'hui, une catégorie sociale qui gagne de 2 à 10 dollars par jour ! est en train de prendre corps.) C'est en Asie que le recul de la pauvreté est le plus spectaculaire. En 1981, l'Asie de l'Est affichait le taux de pauvreté le plus élevé du monde (8 personnes sur 10). Aujourd'hui, c'est moins de 1 personne sur 5 et 600 millions de personnes sont sorties du dénuement au cours de cette période. La pauvreté diminue aussi globalement en Asie du Sud, en Amérique latine, aux Caraïbes, au Moyen-Orient et en Afrique du Nord. En réalité, le plan de réduction de la pauvreté, dans le cadre des Objectifs du millénaire ratifiés en 2000 par les États membres de l'ONU, ne sera pas atteint en 2015. La fin de la pauvreté n'est pas pour demain car la pauvreté est consubstantielle du « progrès » fondé sur l'accaparement des ressources par quelques-uns[115]. Elle est aussi le résultat du « capital mort » qui exprime l'absence de droits de propriété des pauvres. Près de 80 % de la population mondiale n'a pas accès aux structures légales et institutionnelles (à commencer par une adresse légale !), deux facteurs ayant constitué les fondations du système capitaliste[116]. Le développement de la pauvreté dans un monde d'accroissement des richesses produites est un facteur majeur d'indignation de la société civile[117].

7.3 Les implications managériales de l'environnement géographique international

La succession désormais chronique des crises de toute nature appelle une réorganisation profonde de nos sociétés et donc des entreprises (une métamorphose) pour éviter le pire (l'abîme) et transformer une situation dominée par des risques inévitables en scénarios d'opportunités nouvelles[118].

En termes de posture stratégique

Les opportunités liées au développement durable (conciliation du développement économique, social et environnemental) se font jour dans une optique de responsabilité sociale de l'entreprise (RSE, ou *Corporate Social Responsibility*, CSR), définie par l'Union européenne comme « Un concept où les entreprises intègrent les préoccupations sociales et environnementales dans la manière de conduire leurs affaires, en interaction avec leurs parties prenantes, et sur une base volontaire[119]. » La RSE fait partie intégrante de la stratégie Europe 2020 **pour une croissance intelligente, durable et inclusive.** Elle exprime un nouveau paradigme (la création de valeur par l'entreprise n'est pas exclusivement financière, mais environnementale et sociale) qui constitue un réservoir de compétitivité (les enjeux sociétaux sont tels qu'il faudra de toutes les façons explorer d'autres façons de faire).

Le nécessaire décloisonnement de l'entreprise impose d'être en mesure **d'interagir avec ses parties prenantes**, individus ou organisations, qui peuvent influer sur l'activité d'une entreprise ou être impactés par celle-ci : il peut s'agir de parties prenantes internes ou externes, publiques ou privées, par exemple des salariés, actionnaires, clients, fournisseurs et sous-traitants, syndicats, ONG, institutions, pouvoirs publics, collectivités territoriales, associations de consommateurs, etc. La prise en compte par l'entreprise des attentes de ces parties prenantes a de nombreux avantages (élargir son univers, prévenir et gérer certains risques, améliorer ses pratiques, bénéficier d'une expertise extérieure sur des sujets qui la concerne, et crédibiliser ses engagements dans des actions sociétales ou environnementales)[120].

L'appel à la créativité, à l'audace et, finalement, à l'innovation, se fait entendre dans tous les compartiments de l'entreprise pour décliner la RSE et promouvoir l'entreprise verte[121] dans ses modes de production, sa gestion des hommes et sa création de valeur sociale. Du développement du *social business* dont Mohamad Yunus est le fondateur représentatif dans le secteur de la microfinance avec la Grameen Bank[122] à l'entrepreneuriat militant de l'économie verte, illustré par Yvon Chouinard, président fondateur de Patagonia[123], de nouveaux types d'entreprises naissent ayant pour objectif la maximisation de la valeur sociale sans négliger les équilibres financiers. L'innovation des modèles économiques peut se faire 1) par changements incrémentaux (amélioration des modèles économiques existants tout au long de la chaîne de valeur – R & D, production-achat, distribution, consommation), 2) par des stratégies perturbatrices (transformation du modèle économique par la valeur offerte au client ou sur quelques éléments de la chaîne de valeur comme l'écoconception des produits selon le principe des « 3R » – réduction de l'énergie, des matières utilisées et des émissions de CO_2, réutilisation des produits, recyclage), ou 3) par des stratégies de rupture (réinvention du modèle économique comme le développement des économies de fonctionnalité à fort impact environnemental – vente des services et non plus des produits)[124].

En termes opérationnels

Le marketing représente une fonction très exposée aux critiques du développement durable[125]**.** Il est certain qu'il va falloir consommer moins mais mieux pour retrouver une empreinte écologique égale ou inférieure à une planète (c'est-à-dire une production matérielle équivalente à celle des années 1960-1970)[126]. Compte tenu de la poussée des économies émergentes en matière de consommation, il est urgent :

- De **développer une fonction marketing responsable** vis-à-vis de la société et de l'environnement par une approche de la « valeur étendue » aux conséquences à long terme de la consommation sur l'environnement et la société (contrairement à la « valeur ajoutée ») à travers toutes les dimensions du mix-marketing et au cours des trois temps de la valeur étendue (avant, pendant, après la consommation)[127]. La relocalisation des activités pour réduire les déséconomies externes (dommages engendrés par l'activité d'un agent qui en rejette le coût sur la collectivité) sera inévitable (un simple yaourt peut supporter jusqu'à 9 000 kilomètres de transport...), de même que la fin des pratiques d'obsolescence programmée.
- De **comprendre l'urgence d'une telle approche** en particulier dans les pays en voie de développement moins bien équipés institutionnellement pour lutter les risques sociaux et environnementaux provoqués par les multinationales, mais qui représentent l'avenir de la croissance (économique, urbaine, démographique...). Le souci d'une éthique de la RSE dans la firme globale devient primordial[128].
- De **proposer, pour sa légitimité, des approches marketing adaptées** aux dynamiques d'évolution de l'environnement géographique international : marketing des produits équitables et solidaires (des matières premières à l'épargne), marketing des séniors (économie du *care*), marketing du BOP des marchés émergents et des personnes à faibles revenus des pays riches, marketing rural, marketing ethnique, marketing bio, marketing du lien social...

Résumé

L'environnement international est complexe et mouvant, et les plans de marketing doivent s'appuyer sur l'analyse approfondie des conditions externes qui constituent le milieu incontrôlable où se déploient les activités de l'entreprise. L'analyse de l'environnement en marketing international mobilise ainsi un ensemble de cadres de référence interdépendants, d'origines et de natures très diverses, mais qui ont tous un impact significatif sur les stratégies d'internationalisation. Sept macroenvironnements doivent être considérés, isolément et conjointement, qui couvrent les sphères de l'environnement culturel, politique, juridique, concurrentiel, économique, scientifique et technique, et enfin géographique. Ainsi sont identifiées les principales dimensions qui structurent le milieu de l'entreprise internationale dont la vitesse d'évolution est remarquable à l'échelle mondiale. Les phénomènes de rééquilibrage entre pays à économies matures et émergentes sont particulièrement notables et significatifs, de même que les défis inédits posés par les crises écologiques. L'humanité est à une période charnière de sa survie et les réponses de nature marketing aux enjeux de l'environnement international sont autant d'appels à l'innovation et à l'éthique.

Activités

Questions

1. Quelles sont les principales situations d'interfaces entre cultures posées par le développement international de l'entreprise ?
2. Quels sont les facteurs favorables à l'intégration par le marché ? Pourquoi l'intégration par le marché sous forme d'union économique est-elle si rare (limitée à l'Union européenne) ? Pourquoi l'intégration par le marché se renforce-t-elle entre la zone de libre-échange et l'union douanière ?
3. Qui sont les principales grandes entreprises des économies émergentes ?
4. Comment évolue l'environnement scientifique et technique international ? Avec quelles conséquences pour l'entreprise ?
5. Quelles sont les deux faces contradictoires de l'urbanisation mondiale ?

Cas d'entreprise : Dirigeant de PME dans un environnement mondialisé[1]

TIV est ce que l'on appelle « une belle PME » : 115 personnes, des métiers divers allant de la fabrication d'outillage à la tôlerie et l'assemblage, en passant par le découpage et l'emboutissage « à façon » pour d'autres industriels. Malgré une croissance des emplois, le secteur est difficile car, depuis la fin des années 1990, les exigences et les pressions se sont multipliées pour que les prix baissent. Et cela se matérialise pour la demande, au-delà de produits performants, d'une production en zone « low cost ». C'est donc sous la pression de donneurs d'ordre et dans un environnement qui institutionnalise une norme selon laquelle il faut baisser les coûts dans toute situation et fabriquer dans des zones émergentes que se pose la question de la délocalisation.

La première démarche de délocalisation se fait avec l'aide d'un consultant qui parle différentes langues d'Europe de l'Est et connaît cette zone, et qui propose ses services pour accompagner les industriels dans des opérations en Tchéquie, en Slovaquie et en Pologne. La Slovaquie apparaît comme l'emplacement idéal. Une joint-venture est alors envisagée et la cible est rapidement trouvée : une société issue de la vente par lots d'une ancienne entreprise d'État qui comprenait l'ensemble de la chaîne de production de machines textiles. Malgré un sentiment de relative insécurité et des doutes sur la réelle probité de ses interlocuteurs, le dirigeant de la PME envisage de devenir l'actionnaire majoritaire de cette société slovaque, selon un accord qui lui paraît satisfaisant : 49 % pour eux, qui fournissent de 3 à 4 000 m^2 d'atelier, une trentaine de presses et la main-d'œuvre (le secteur d'activité n'est pas exacte-

1. Ce cas a été rédigé par Martine Boutary (ESC Toulouse). Adapté de Boutary M. et Havette D., « PME : peut-on choisir de ne pas délocaliser ? », *Gérer et Comprendre*, mars 2009, n° 95, p. 56-66.

ment le même mais les outils et les compétences semblent pouvoir être adaptés), et 51 % pour TIV, qui apporte les commandes et du cash.

Le chef d'entreprise prend le temps de la réflexion et n'écarte pas ce que lui dicte son intuition. D'un côté, l'ambiance de ce pays qui sort tout juste de sa léthargie, l'organisation clairement insuffisante d'une unité de production à revoir, la perspective de séjours mensuels indispensables là-bas, de l'autre, un environnement qu'il aime, une entreprise qui croît, et dont il perçoit bien le potentiel. Mais l'environnement est trop complexe, il abandonne le projet.

Un deuxième épisode comparable survient à peine trois ans plus tard : même exigence de baisse de prix, suggestions appuyées d'aller voir à l'Est. Pour calmer ses donneurs d'ordre, le dirigeant met rapidement en œuvre une légère baisse de prix. Puis il reprend contact avec le consultant rencontré trois ans plus tôt. Une société de Bratislava est identifiée comme susceptible de produire à un prix de 30 % inférieur à la France. Des outillages sont envoyés là-bas. Le contrôle qualité se fait à l'arrivée à l'usine française. Tout cela semble pouvoir fonctionner, et fonctionne effectivement, sans réelle fluidité, mais sans vrai problème, pendant près de deux ans. Jusqu'à ce qu'un des deux clients importants de l'entreprise française décide de modifier une pièce… dont le site de Bratislava a déjà produit un stock important ! À la réactivité de l'entreprise française s'oppose la stratégie de volume de l'entreprise slovaque.

C'est la goutte qui fait déborder le vase. La relation au quotidien est vraiment trop compliquée. Ils ne parlent pas l'anglais, encore moins le français, juste un peu d'allemand… que personne ne maîtrise dans la PME française ! L'utilisation de la communication électronique reste faible, tout apparaît difficile pour régler dans des délais corrects le moindre problème de qualité. Pour le dirigeant français, c'est décidé : fin de l'expérience, rapatriement des outillages, univers insurmontable.

Il serait naïf de penser que l'histoire est close. En 2004, un gros donneur d'ordre transfère en Hongrie une partie importante des commandes jusqu'alors confiées à TIV. Les prix proposés par le concurrent hongrois sont 30 % moins élevés. L'objectif est de tirer profit de l'ouverture mondiale et de mettre les différents acteurs, quelle que soit leur nationalité, en compétition pour tirer les prix vers le bas, partout. Le danger apparaît alors à nouveau de façon intense, et le dirigeant français se remet en position d'étude de la question de délocalisation. Depuis l'expérience avortée en Slovaquie, il avait assez vaguement étudié les opportunités de délocaliser au Maroc et en Tunisie, certes, mais sans déclencheur suffisant pour « passer à l'acte » et s'engager dans l'action de délocalisation. La première idée est donc de reprendre contact avec le Maghreb. L'occasion d'une mission de prospection en Tunisie, proposée par un groupement professionnel en octobre 2010, est saisie : le dirigeant s'inscrit, la décision est prise, il faut regarder ce qu'on peut faire pour cette question de délocalisation.

C'est un coup de téléphone d'un fournisseur de TIV qui va changer le cours des choses. Les deux dirigeants se connaissent depuis de nombreuses années et s'apprécient mutuellement, partageant les mêmes valeurs et la même philosophie quant au développement d'une entreprise. Bien que structurées différemment, elles sont de taille comparable. Ce fournisseur a une expérience internationale de délocalisation réussie en Pologne, avec le maintien des structures existantes en France, et il vient de créer une structure en Turquie dont il évoque les avantages : exemption de droits de douane, d'impôt sur les sociétés et de TVA, mais aussi exemption d'impôts sur le revenu des salariés qui travaillent dans la zone franche concernée, à deux heures d'Ankara ; des infrastructures aéroportuaires pratiques, la Turquie est avide de capter des investissements étrangers et multiplie les efforts dans ce sens ; une main-d'œuvre qualifiée et très ouverte, si ce n'est enthousiaste, à l'idée de travailler avec les entreprises françaises qui s'installent en Turquie ; des salaires très attractifs : 350 euros pour le salaire minimum (Smic), le double pour un chef d'équipe.

Le voyage d'études en Tunisie est abandonné, la Turquie sera le lieu d'implantation. Tout ce qui sera fait en Turquie sera réimporté en France. Cette exportation est obligatoire, c'est un des principes de la zone franche qui n'accorde autant d'avantages que pour développer les investissements et l'emploi local (en Turquie) sans gêner les fabricants locaux. Ce sera peut-être le début d'un nouvel apprentissage pour la PME française, celui de l'exportation.

Questions

1. En quoi la mondialisation affecte-t-elle les choix de gestion de cette entreprise ?
2. La PME choisit d'entrée de jeu d'éliminer les pays asiatiques pourtant pertinents dans le cadre d'une recherche d'un coût horaire optimal : pourquoi ?
3. Pouvez-vous expliquer la perception qu'a le chef d'entreprise du contexte slovaque actuel ?
4. Tunisie, Maroc ou Turquie : quels seraient les avantages et inconvénients d'une délocalisation dans ces pays ?

Chapitre 2

Opportunités et risques du développement international

Objectifs

1. Identifier les facteurs d'incitation au développement marketing international (opportunités à saisir).
2. Introduire les approches d'identification, d'évaluation et de couverture des principaux risques nés de la transaction internationale.

Introduction

L'analyse marketing de l'environnement international en termes de macrotendances culturelles, sociales, politiques, juridiques, concurrentielles, économiques, scientifiques et techniques, et écologiques permet d'identifier les facteurs externes qui exercent des pressions affectant les décisions de pénétration, d'expansion et de coordination des marchés étrangers. Mais le but de l'analyse externe est surtout de conclure par une phase de diagnostic externe des pressions positives (créant des opportunités) et négatives (créant des risques) exercées par cet environnement sur le développement marketing international de l'entreprise[a].

Même si les risques s'accumulent[1], certains pays présentent des marchés plus porteurs que d'autres, au moins dans les économies émergentes[2]. Dans la première partie, nous insistons donc sur la variété des opportunités d'internationalisation sur les marchés étrangers et qui sont autant de motivations de l'engagement international des entreprises. La seconde partie présente les principaux risques spécifiques nés d'un champ d'activités géographiquement élargi, ainsi que les stratégies de couverture qui peuvent être mises en œuvre par les entreprises dans le cadre de leurs opérations à l'étranger.

1. Un large champ d'opportunités

Le développement des opérations marketing internationales répond à la poursuite d'une large variété d'objectifs. Cela complique les tentatives de classification des motivations de l'engagement international dans un contexte mondialisé. De plus, les motivations des entreprises relèvent souvent de plusieurs rationalités : l'exploitation d'opportunités commerciales toujours (« un marché porteur »),

a. Le chapitre 3 consacré aux stratégies de marketing international réinsère le diagnostic externe dans le cadre de la démarche d'ensemble de formulation stratégique (p. 98-99).

mais aussi la recherche d'opportunités de nature industrielle (comme une diminution des coûts de production), de nature socioculturelle (comme la recherche de segments de marchés dont les besoins peuvent être satisfaits de manière surtout identique pour profiter des bénéfices de la standardisation), de nature juridique (comme la recherche de meilleures conditions fiscales), etc.

Ainsi, **à la diversité de l'environnement international répond la diversité des opportunités** que les entreprises peuvent chercher à saisir. On distingue plusieurs motivations génériques qui souvent se combinent[b].

1.1 Exploiter la déréglementation des marchés

La dynamique de décloisonnement politico-réglementaire conduit à **l'assouplissement des règles de concurrence dans de nombreux secteurs auparavant nationalisés ou protégés.** Les politiques de déréglementation menées depuis un peu plus de trente ans visent l'ouverture à la concurrence, la privatisation des entreprises, la réduction du rôle de l'État dans le développement et la gestion des secteurs. À l'échelle mondiale (négociations commerciales multilatérales au sein de l'OMC) comme à l'échelle régionale (construction des espaces commerciaux intégrés – Union européenne notamment), tous les pays favorisent, à des degrés et des rythmes variables, et avec des styles différents certes, l'ouverture au secteur privé, local ou par les IDE.

Cela est particulièrement vrai dans les industries de réseaux et grands réseaux de service : énergie (électricité, gaz), télécommunications, services postaux, transport (aérien, routier, ferroviaire, mais aussi transports publics urbains), eau, banques et assurances… et sans doute bientôt, si l'OMC suit toujours la logique libérale américaine, les services de l'éducation, les biens culturels, les services de santé[c]. Mais la déréglementation de ces marchés a pris des formes différentes selon les pays :

- Dans les marchés industrialisés, en distinguant l'infrastructure et l'exploitation, la déréglementation a consisté à garantir « l'accès des tiers au réseau[3] » : même si ce dernier reste géré (et régulé) par une seule entité, souvent demeurée publique, plusieurs exploitants peuvent l'utiliser afin d'offrir leurs produits aux consommateurs.
- Dans les marchés émergents, la déréglementation des marchés vise à réaliser certains objectifs économiques et sociaux, tels que la politique industrielle, l'aménagement du territoire, les prestations de service public, la modernisation. Mais les différences historiques, institutionnelles ou géographiques des pays conduisent à des résultats le plus souvent mitigés (voir illustration 2.1).

b. Le chapitre 3 examine l'ensemble de ces motivations sous l'angle de la recherche de la combinaison optimale des avantages procurés par l'internationalisation (p. 88-97).

c. Voir chapitre 1 (p. 23-25).

Opportunités commerciales et déréglementation des marchés

Illustration 2.1

En RDC[4], l'ouverture à la concurrence dans le marché des télécommunications en 1997 n'a pas permis d'améliorer la densité des télécommunications. On est passé d'une répartition aléatoire des services de télécommunication sur le territoire national (correspondant aux besoins de l'élite sociale et de l'administration publique lors de la gestion administrée par le monopole public de l'Office congolais des postes et télécommunications), à une répartition fondée sur les grands pôles de demande solvable recherchés par l'ensemble des acteurs et situés exclusivement dans les quelques grandes villes du pays. Les opérateurs locaux et internationaux en 2006 dans les télécommunications mobiles étaient au nombre de sept, ce qui atteste l'ouverture du pays notamment en faveur des opérateurs asiatiques : Starcel, Vodacom-Congo, Tigo (ex-Oasis), Sogetel, Congo-Chine, Congo-Korea (racheté par OCPT, l'opérateur historique propriété de l'État) et Celtel Congo. En dépit de la libéralisation, la densité des télécommunications sur le territoire reste très inégale. En France, malgré les efforts de la Commission européenne pour introduire plus de concurrence dans le marché du gaz français (pour les professionnels en 2004 et pour les particuliers en 2007), GDF Suez reste l'opérateur dominant avec 90 % du marché des particuliers et 70 % des professionnels en 2009, et le seul à maîtriser l'ensemble de la filière[5]. La déréglementation a cependant introduit une structure de la concurrence plus ouverte, les nouveaux entrants jouant sur les prix plus compétitifs que les prix réglementés de GDF Suez. Douze fournisseurs « alternatifs » opèrent sur le territoire français au mois de juin 2010 aux côtés des 24 opérateurs historiques français (GrDF, Total Énergie Gaz – TEGAZ – et les 22 entreprises locales de distribution), dont EDF, ou l'allemand E.ON Energie.

1.2 Rechercher la croissance

Si les marchés de la Triade, Amérique du Nord, Union européenne et Japon (dont sont issues 80 % des 500 plus grandes entreprises mondiales au classement du Global Fortune 500), sont attractifs précisément pour leur maturité (synonyme de volumes, de valeur, de stabilité, d'accessibilité), un nombre grandissant de pays offre une croissance sans commune mesure avec celle que l'on observe dans les marchés d'origine traditionnels, et cela pour des pans entiers de l'activité industrielle et commerciale de l'économie. L'Asie, qui compte deux milliards et demi d'individus, s'est particulièrement enrichie au cours des quinze dernières années[6] : en 2009, le PNB par tête de la Corée du Sud est équivalent à celui du Portugal (autour de 20 000 dollars US), celui de Hong Kong à celui de l'Espagne (autour de 30 000 dollars US), celui de Singapour à celui du Japon (autour de 37 000 dollars US). La Norvège et le Qatar caracolent en tête du classement (autour de 85 000 dollars US).

D'une façon générale, la croissance à deux chiffres des marchés émergents depuis plusieurs années reste spectaculaire dans de nombreux domaines, même si celle-ci part de très bas. La crise financière et économique de 2007-2008 a rendu l'objectif de recherche de croissance encore plus aigu du fait de la contraction généralisée de la demande dans un premier temps. La reprise, relative, assise sur des bases solides dans les marchés émergents, renforce la recherche de croissance dans ces marchés. Ainsi, le secteur des infrastructures et services associés, stimulé par la taille et la croissance de la population et son urbanisation : infrastructures de communication (portuaires, aéroportuaires, ferroviaires, routières), de télécommunications, de traitement des eaux, de production et de distribution d'énergie, etc. Les secteurs des biens de consommation courante et des services aux particuliers et aux entreprises ne sont pas en reste puisque l'élévation du niveau de vie et la faiblesse des taux d'équipement ouvrent des perspectives très importantes. L'existence d'un potentiel de croissance de la consommation des ménages dans les marchés émergents n'est pas remise en cause (voir illustration 2.2).

Illustration 2.2

Le premier marché automobile mondial est devenu chinois

2009 : le marché mondial de l'automobile a vu la première place attribuée à la Chine avec 13,5 millions de véhicules vendus et une croissance de 45 % par rapport à 2008. Elle détrône ainsi les États-Unis (13,2 millions de véhicules dans un marché en forte contraction [– 21,2 % par rapport à 2008]). Suivent le Japon (4,6 millions, – 9,3 %), l'Allemagne (3,8 millions, + 23,2 %), le Brésil (3,1 millions, + 11,3 %), la France (2,2 millions, + 10,7 %), l'Italie (2,2 millions, – 0,2 %), Le Royaume-Uni (2 millions, – 6,4 %), la Russie (1,6 million, – 40 %), le Canada (1,5 million, – 11 %), l'Inde (1,4 million, + 19,2 %), et la Corée du Sud (1,05 million, – 9 %). Volkswagen, premier entrant dès les années 1990 et concurrent très menacé quand il était en position de faiblesse sur son marché d'origine et que le marché chinois automobile a décollé (2002-2003), a réaffirmé son leadership avec 1,4 million de véhicules vendus dans le pays, toutes marques confondues (dont Audi sur le segment haut de gamme). Des mesures d'incitation pour les villes et les campagnes ont fortement stimulé le marché, faisant de 2009 une année exceptionnelle quand même, mais la croissance devrait se situer entre 5 % et 10 % dans les années à venir. En ville, les familles cherchant à s'équiper depuis des années, mais également les collectivités locales voulant renouveler leur flotte de voitures officielles, ont profité de la baisse des taxes à l'achat des voitures équipées de moteurs de moins de 1,6 litre de cylindrée. Dans les campagnes, un autre programme de subventions de 730 millions de dollars destiné à encourager les paysans à abandonner leurs véhicules polluants pour des minivans a aussi contribué à l'envolée des ventes domestiques[7].

Les secteurs des produits de luxe misent très largement sur la croissance des marchés émergents. Par exemple, le Moyen-Orient est l'une des zones en plus forte croissance, notamment pour le luxe français qui y réalise déjà 8 % de son chiffre d'affaires et dont certaines marques enregistrent une croissance de plus de 50 % en 2010 par rapport à 2009[8]. Le Comité Colbert, qui fédère la majorité des maisons de luxe françaises, constate que Dubaï, soutenu par Abu Dhabi et à la dette rééchelonnée, reste le quatrième port mondial et accueille 15 millions de touristes par an dont la moitié sont les clients du luxe français dans le pays, clients chinois notamment qui devancent désormais les Russes. Le Dubai Mall, dernier né des grands centres commerciaux de la ville aux pieds de la tour Khalifa, la plus haute tour du monde, accueille les maisons françaises, et représente à lui seul un quart des surfaces commerciales des Émirats en recevant près de 5 millions de visiteurs par mois dans un pays où le shopping (dans les magasins climatisés) est une activité sociale.

1.3 Privilégier les similarités entre marchés

Qu'il s'agisse de réaliser des économies d'échelle en maximisant les similarités sur les attributs du produit, ou de prolonger le cycle de vie des produits en maximisant les différences, les stratégies de marketing internationales ne sont jamais à 100 % standardisées ou adaptées, même si elles peuvent être globales[d]. Du point de vue de la recherche de similarités, la mondialisation économique crée un mouvement de convergence, même relatif, des normes et des cultures. La diminution continue des barrières tarifaires et non tarifaires depuis la fin de la Seconde Guerre mondiale facilite les échanges internationaux. D'autre part, des cibles « transnationales » apparaissent (par exemple, en Europe occidentale, les seniors ou les juniors pour nombre de catégories de produits), aux besoins suffisamment homogènes pour pouvoir être satisfaits de manière relativement standardisée[e].

C'est l'une des motivations fondatrices de la démarche de marketing international : la possibilité de s'appuyer sur les similarités entre marchés pour réaliser des économies d'échelle importantes sur des volumes d'affaires supérieurs, tant au niveau des pratiques essentiellement standardisées dans plusieurs pays de la production que du marketing. L'entreprise en tire un avantage concurrentiel en termes de coût et souvent de prix (voir illustration 2.3).

Illustration 2.3

Ikea ou le style de vie suédois à la conquête de la planète

Les industries qui dépendent fortement des économies d'échelle (amortissement des coûts fixes sur de grands volumes de production) cherchent à se développer au-delà de leurs marchés nationaux à l'aide de stratégies d'offres à dominante standardisées pour profiter d'un élargissement de leur base de consommateurs. Par exemple, les phases du développement international du designer distributeur suédois Ikea, créé en 1947, montrent que l'internationalisation s'est faite en quatre étapes, en priorité vers des marchés proches, qu'il s'agisse de distance d'affaires, géographique et culturelle, permettant de minimiser les nécessités d'adaptation : le développement en Scandinavie (années 1950-1960), ensuite en Europe continentale (en commençant par la Suisse, puis l'Allemagne… dans les années 1970-1980, et aujourd'hui l'Europe du Sud), suivie par l'Amérique du Nord (à partir de 1985), et actuellement la Chine et le Japon. La standardisation des éléments de ses milliers de produits (concept de production et de commercialisation en kit et distribution en paquets plats) et les volumes de son offre en Europe (82 % du chiffre d'affaires 2008), aux États-Unis (15 %), et peu à peu en Asie (3 %), aboutissent à un écart de prix par rapport à la concurrence en moyenne de 30 % sur tous ses marchés. L'offre est essentiellement standardisée en Europe, pour moitié adaptée aux États-Unis et à la recherche d'un transfert du modèle économique de la standardisation en Asie. En 2008, Ikea possédait 258 magasins dans le monde et était le premier distributeur mondial de meubles et accessoires pour la maison. Il emploie 130 000 salariés à travers la planète et accueille 565 millions de visiteurs par an. Son chiffre d'affaires ne cesse de progresser d'année en année pour atteindre plus de 2 milliards d'euros[9].

d. Voir chapitres 3 (p. 105-110) et 5 (p. 187-196).

e. Voir chapitre 4 (p. 152).

1.4 Privilégier les différences entre marchés

La conquête des marchés étrangers ne peut pas exclusivement s'appuyer sur des similarités croissantes entre certains d'entre eux. Elle trouve toujours ses limites dans la diversité des macroenvironnements juridique (mise en conformité au cadre juridique local), socioculturel (réponse aux spécificités qualitatives et quantitatives de la demande), naturel (adaptations au climat) et concurrentiel de chacun d'eux (réponse aux jeux concurrentiels locaux). À l'inverse, **les différences entre marchés, notamment de stade de développement du cycle de vie international du produit, offrent des occasions de prolonger globalement sa durée de vie.**

La théorie du cycle de vie international du produit introduite par Vernon[10] en 1966 permet d'expliquer comment des produits sont élaborés dans un pays puis réexportés, pour ensuite se déplacer vers d'autres pays de production et d'exportation du fait de l'évolution de la production, de la concurrence et de la demande[f]. Cette théorie s'applique mieux aux produits technologiques ou fondés sur un savoir-faire localement identifié au départ qu'aux ressources minières par exemple. Mais elle est utile pour rendre compte de la volonté des entreprises de prolonger le cycle de vie des produits, dont les coûts de développement d'ensemble sont toujours plus élevés, par une exportation – ou par une présence locale – vers les pays où ils sont en phase de lancement ou de croissance, tandis qu'ils sont en phase de maturité ou de déclin sur les marchés d'origine (voir illustration 2.4).

Illustration 2.4

L'internationalisation de formats de distribution matures dans les économies émergentes

Dans les marchés émergents à croissance rapide, la modernisation de la distribution est l'un des phénomènes les plus remarquables de l'évolution de l'environnement. Elle a lieu le plus souvent dans un contexte d'économie en transition, qui se traduit essentiellement par l'évolution d'une économie planifiée ou essentiellement tournée vers l'intérieur vers une économie de marché ouverte sur l'extérieur. Le secteur de la distribution de détail y connaît une révolution caractérisée par l'arrivée de formats modernes (libre-service), pour acheter des produits alimentaires et non alimentaires de consommation courante, pour la plupart emballés et vendus sous des noms de marques. Ainsi, la distribution moderne couvre une part croissante des ventes totales du secteur de la vente au détail : 18 % en 2008 au Vietnam, 34 % en Thaïlande et 33 % aux Philippines, mais déjà 60 % en Malaisie, 55 % en Corée, 54 % à Taïwan et 51 % en Chine[11]. Pour les détaillants étrangers, la modernisation des systèmes de distribution représente une formidable occasion de développement qui offre des avantages de localisation considérables : des taux de croissance élevés, l'augmentation rapide de la classe moyenne urbaine et plus éduquée, la (relative) faiblesse des détaillants locaux, la possibilité de transposer des formats à succès d'un pays à un autre. Les distributeurs étrangers exploitent ainsi les différences de degré de développement des formats du commerce moderne. Ils doivent en revanche souvent adapter les différents attributs des formats, notamment l'assortiment alimentaire très dépendant des habitudes locales de consommation.

f. Voir chapitre 3 (p. 94).

1.5 Développer des avantages concurrentiels

La confrontation à une concurrence élargie et intensifiée renforce la nécessité de bâtir et d'exploiter des avantages concurrentiels significatifs et suffisamment durables pour maintenir une présence sur le marché et, ainsi, amoindrir la concurrence C'est vrai à l'échelle locale et, progressivement, régionale puis mondiale. **Parmi les principaux avantages concurrentiels que déploient les entreprises sur les marchés étrangers, on peut citer** :

- la domination par les coûts ;
- les ressources financières allouées au développement des marchés étrangers ou au financement des clients ;
- la technologie (savoir-faire inclus dans les brevets, les outils de production, les hommes, les marques) et surtout la capacité à la transférer avec succès, ce qui suppose bien plus que des transferts purement techniques[g] ;
- les hommes et leurs talents : savoirs, savoir-être, savoir-faire ;
- les méthodes de management modernes et les systèmes d'information au sens large ;
- les ressources marketing (les marchés et leur exploitation dans une perspective synergique, les portefeuilles de marques mondiales ou locales, la proximité des marchés, les accords de distribution, les budgets de lancement…) ;
- les réseaux mondiaux : l'ensemble des relations contractuelles qui lient l'entreprise à de nombreux partenaires et qui peuvent être activées pour mieux répondre aux appels d'offres internationaux dans le cas du marketing d'affaires notamment ;
- la propriété intellectuelle ou l'ensemble des droits exclusifs accordés sur les créations intellectuelles (inventions, conceptions et œuvres de création protégées par les brevets, les marques de commerce, les dessins industriels et les droits d'auteur) et que l'entreprise valorisera d'autant mieux sur un territoire élargi (voir illustration 2.5).

Illustration 2.5

GEOX, le succès mondial d'une marque fondée sur les brevets

L'entreprise italienne GEOX a été créée en 1995 par son président, Mario Moretti Polegato, qui n'arrivait pas à vendre sa technologie brevetée. Dès le départ, il a misé sur la protection dans plusieurs pays de ses inventions (la structure de la semelle aérée et imperméable et plus tard les semelles en cuir et les technologies associées aux concepts de vêtements qui respirent – *total breathable look*). La marque déposée (*trade mark*) GEOX est une combinaison du grec « geo » (la terre) et du « X » symbolisant la technologie : GEOX associe innovation et confort dans un style *fashion*. Bien que les produits soient fabriqués à l'étranger, le contrôle de la marque est très fort : le *made in Italy* est définitivement un plus dans la mode (en particulier dans la chaussure), les matières premières, le design, la technologie sont italiens, et le contrôle de qualité final s'effectue en Italie. Le groupe s'est développé à l'international en combinant une distribution dans des magasins multimarques et des magasins en nom propre (GEOX Shops). L'entreprise est cotée depuis décembre 2004 à la bourse de Milan et elle a inauguré une boutique sur Madison Avenue à New York en 2005. Aujourd'hui, GEOX est leader en Italie dans le secteur de la chaussure, classique et *casual*, et continue sa progression internationale : 103 pays en 2009, 20 millions de paires de chaussures vendues et 2 millions de vêtements produits. En 2010, 60 % des ventes proviennent de l'étranger[12].

g. Voir chapitre 10 (p. 416).

1.6 Se rapprocher des ressources bon marché

Le commerce international permet à l'entreprise de se rapprocher des ressources qui lui sont nécessaires, pour en sécuriser l'accès à moindre coût et développer sa compétitivité dans différents compartiments. Ainsi en est-il des ressources de main-d'œuvre et technologiques, de l'achat et la transformation de matières premières, des capitaux, de la matière grise, et des marchés eux-mêmes. Les choix de délocalisation exploitent les disparités de coûts salariaux horaires ouvriers dans l'industrie, favorisant les activités de production locale à bas coûts (Asie du Sud-Est, Europe centrale, Mexique, Brésil...)[13]. Ils répondent aussi à la recherche de main-d'œuvre pointue et hautement qualifiée comme l'attestent les implantations japonaises à la fin des années 1980 en Europe et aux États-Unis pour se rapprocher des centres de recherche de ces pays et, au début des années 2000, l'implantation des centres de recherche de Microsoft en Inde ou d'Alcatel en Chine. Les « pays à bas salaires et à capacités technologiques »[14] (PBSCT) comme l'Inde, la Chine, le Brésil, l'Europe centrale, sont infiniment plus peuplés que les premiers nouveaux pays industrialisés (NPI) et bénéficient, en raison de leur ancien passé industriel (présocialiste comme en Hongrie, Pologne ou République tchèque, ou socialiste par ailleurs) et de transferts de technologie par les entreprises globales des pays riches, de capacités d'exportation nouvelles qui atteignent rapidement une forte compétitivité mondiale y compris dans des industries de haute technologie (voir illustration 2.6).

Illustration 2.6

L'Afrique fournisseur de matières premières, la Chine usine du monde et l'Inde championne de la matière grise

La Chine, avec ses infrastructures modernisées dans les grandes zones urbaines, sa population immense et largement alphabétisée (à défaut d'être éduquée), produit à la chaîne des dizaines de millions d'ouvriers productifs et à bas prix. Elle se développe à marche forcée en Afrique qui lui fournit à la fois les matières premières nécessaires à sa croissance (dont la terre), et l'occasion d'apprendre l'international dans des marchés d'un niveau de maturité similaire. L'Inde se distingue par la qualité de son enseignement supérieur scientifique et technique en anglais (à défaut de son enseignement primaire et secondaire), par sa culture millénaire élitiste (système des castes et sa traduction dans les hiérarchies sociales) et la plus forte sélectivité au monde dans le système éducatif. De plus, l'Inde, par sa population, dépassera rapidement celle de la Chine du fait d'une croissance démographique persistante (les Indiens devraient s'enrichir quand les Chinois deviendront vieux). Elle compte 70 millions d'ingénieurs (plus que la population française), en produit 300 000 par an, et excelle dans la délocalisation des services et autres secteurs de l'information numérique qui dépendent peu des infrastructures, hors infrastructures de télécommunication. Si l'Inde a raté sa révolution industrielle (l'Empire britannique la lui a volée), elle entend bien ne pas rater sa révolution numérique. Qu'il y ait ou pas de service d'eau ou de réseau de transport efficace, l'information, elle, peut être envoyée aux clients étrangers de manière immédiate et continue. Il y a toujours un client chez qui il fait jour, et quand les Américains dorment, les Indiens travaillent.

Des exemples récents illustrent ces fortes capacités technologiques, qu'il s'agisse de la délocalisation de services, du centre d'appel aux analyses médicales de pointe, en passant par les services bancaires, juridiques ou d'éducation. Les délocalisations touchent aussi des domaines de forte valeur ajoutée, comme la R & D (dans les secteurs informatiques ou des biotechnologies) ou la production de logiciels (plus de 50 % des logiciels mondiaux sont issus des corridors *high-tech* du pays à Bangalore, Chennai, Hyderabad, Pune, Mumbai, Gurgaon…).

Illustration 2.6 (suite)

1.7 Bénéficier de conditions privilégiées d'activité

Aux avantages de diminution des coûts déjà évoqués s'ajoutent des avantages réglementaires dans certains pays qui permettent une plus grande liberté d'activité économique. Certains modes de présence à l'étranger – comme les accords d'entreprises conjointes (les joint-ventures internationales, JVI), les accords de licences et les transferts de technologie au sens large (hommes, machines, procédés) – sont accompagnés, dans les pays fortement demandeurs de ce type de transferts, de l'octroi de conditions d'activités privilégiées en retour des obligations imposées par la JV :

- dispense d'impôt sur les sociétés pendant plusieurs années ;
- conditions tarifaires d'importation exceptionnelles ;
- environnement juridique moins contraignant dans les domaines du droit du commerce et de la concurrence, du droit des sociétés, du droit social ou fiscal (par exemple, les stratégies d'optimisation fiscale pratiquées par les multinationales jouant sur la concurrence fiscale et sur les prix de transfert entre filiales, qui sont de plus en plus dénoncées par l'Union européenne[15]) ;
- environnement logistique fournissant toutes les infrastructures nécessaires à toutes les opérations modernes aux standards internationaux.

Certaines zones d'implantation comme les zones franches, enclaves au sein d'un territoire national, offrent aussi des conditions d'activité privilégiées par rapport au marché d'origine et au reste du pays. Leur multiplication illustre bien les efforts déployés par les États de tous bords pour attirer les investissements étrangers des entreprises en échange de ces conditions particulières. On en trouve des centaines dans le monde, situées de l'Irlande à Madère en Europe, de Madagascar à Miami, des îles du Pacifique Sud à la Chine (dont la plus célèbre établie à Shenzhen en 1979). Même les pays les plus réticents à accepter les règles du jeu de la participation à l'économie mondiale libérale (Iran, Corée du Nord…) ne sauraient s'en passer. Pour les pays, elles sont un outil de planification visant à stimuler le développement économique, notamment les exportations. Pour les entreprises, elles représentent des enclaves ouvrant droit à des privilèges par rapport aux conditions pratiquées ailleurs. Elles sont choisies dans un premier temps pour leur proximité de matières premières, de marchés à investir ou en raison de faibles coûts de main-d'œuvre. Elles présentent aussi des avantages fiscaux, de qualité des infrastructures ou de conditions tarifaires privilégiées pour accéder aux marchés périphériques (voir illustration 2.7).

Illustration 2.7

L'essor des zones franches de la zone MENA (*Middle-East North Africa*)

Le bassin méditerranéen a une longue tradition en matière de zones franches. Dans l'Antiquité puis au Moyen Âge à Venise, Marseille ou Gênes, des sites échappant aux réglementations normales sur les échanges commerciaux étaient mis à disposition des négociants et investisseurs en contrepartie de flux économiques abondants et profitant aux recettes publiques. La région MENA compte de nombreux exemples de réussite dans ce domaine[16]. À l'Est, à Dubaï avec le port de Jebel Ali ou Dubai Media City, jusqu'à l'Ouest au Maroc avec le port de Tanger en passant par l'Égypte et ses 9 zones franches assurant plus de 20 % des exportations et 5 % des IDE du pays. La région MENA compte 73 zones franches qui proposent des incitations fiscales, réglementaires, administratives et financières. Par exemple, l'État met en place un guichet unique simplifiant les procédures administratives, les limites à la participation étrangère sont levées, les réglementations (sur la propriété foncière, sur l'emploi…) sont assouplies. Certains pays peuvent aussi renoncer à appliquer les réglementations des changes, comme le font le Maroc, la Syrie ou la Tunisie. Sur le plan fiscal, l'Algérie, l'Égypte, le Koweït et les Émirats arabes unis offrent une exemption totale d'impôt sur le revenu et sur les sociétés. Cette exonération est donnée pour des durées variables au Liban, au Maroc ou au Yémen. Les subventions sont rares mais elles peuvent prendre la forme de loyers peu élevés, de bas tarifs pour les services d'utilité publique ou concerner les dépenses de formation.

1.8 Enrichir ses compétences organisationnelles et managériales

L'internationalisation implique toujours un « effet retour » qui se traduit par un enrichissement des compétences de l'entreprise. L'organisation internationalisée est fondamentalement une « organisation apprenante » (*learning organization*) qui développe son savoir-faire managérial au contact des marchés étrangers[h] :

- observation de nouveaux produits et de nouveaux modes de consommation susceptibles d'être transposés dans d'autres pays ;
- formation progressive du personnel à l'international et transmission au reste de la firme des expériences internationales cumulées ;
- confrontation à de nouvelles règles du jeu concurrentiel (existence de champions nationaux, domination de la concurrence internationale, concurrence d'État, confrontation au commerce informel…), exigeant compétition et aussi coopération ;
- confrontation à des formes variées de conditions de distribution (distribution mature *versus* émergente) ;
- apprentissage des compétences interculturelles nécessaires au développement des accords et au management des équipes dans les différents marchés ;
- élargissement des compétences techniques dans bon nombre de domaines fonctionnels en fonction du degré d'engagement international (mise en conformité de la production

h. Voir chapitre 3 (p. 91-92).

avec les réglementations locales, administration internationale des ventes et des achats, gestion des auxiliaires spécialisés du commerce international, prospection des marchés étrangers, animation des réseaux commerciaux, financements internationaux, gestion des ressources humaines internationales, contrôle et planification du développement international).

Longtemps envisagées sous l'exclusive des rapports Nord-Sud classiques (le Nord étant considéré comme « développé » et le Sud comme « en voie de développement », voire « sous-développé »), plusieurs évolutions se conjuguent qui créent **des flux d'apprentissage aujourd'hui largement multidirectionnels** : pour les firmes exportatrices des BRIC, c'est l'apprentissage de l'international (des marchés de niveaux de développement comparables et de plus en plus marchés matures), pour les multinationales de la Triade, c'est l'apprentissage des marchés émergents, nécessaires à leur croissance, et qui exigent désormais plus qu'une simple adaptation de leurs produits aux contextes locaux (« *think global, act local* »). Car les marchés émergents les plus peuplés, bien qu'ils ne disposent pas des revenus équivalents aux marchés matures, sont l'objet d'une concurrence aiguë de la part de géants locaux qui apprennent vite et pourraient devenir des menaces radicales, tant sur leurs marchés domestiques que sur les autres. Il s'agit donc désormais de penser local et d'agir global (« *think local, act global* ») en développant des produits d'abord pour les marchés émergents, c'est-à-dire pour les marchés ruraux encore largement majoritaires et non satisfaits initialement au profit des segments urbains du haut de la pyramide, puis ensuite seulement pour le marché mondial (voir illustration 2.8).

Illustration 2.8

Reverse Innovation – Pourquoi le Nord doit apprendre du Sud

Le 9 mai 2009, General Electric annonce un investissement de 3 milliards de dollars dans 100 innovations au moins en matériel médical, mais ces innovations ont d'abord été développées pour les marchés émergents, impliquant des coûts très bas et une meilleure accessibilité pour une qualité accrue[17]. Ainsi, l'électrocardiogramme portable à 1 000 dollars développé en Inde ou la machine à ultrasons portable connectée à un PC à 15 000 dollars développée en Chine. Les marchés émergents sont devenus des centres d'innovation *low-cost* dans de nombreux domaines, du matériel médical au matériel de production d'énergie solaire ou éolienne, des « biofuels » aux batteries, des technologies de désalinisation de l'eau à la microfinance, des voitures électriques aux maisons *ultra-low-cost*. S'appuyant sur leur ratio prix bas/innovation pionnière, ces produits sont susceptibles de trouver de nouveaux débouchés dans les pays d'origine industrialisés. En développant une approche stratégique de *Reverse Innovation*, GE cherche donc à la fois à contrer la concurrence des géants locaux, « naturellement » plus performants sur leurs marchés d'origine, et à redynamiser ses marchés d'origine sur la Triade. Ce changement radical de perspective s'observe d'ailleurs dans l'évolution du vocabulaire employé : il y a dix ans encore, on parlait « des États-Unis, de l'Europe et du Japon et du reste du monde » (*rest of the world*), aujourd'hui on parle de « régions riches en ressources », comme le Moyen-Orient, le Brésil le Canada, l'Australie et la Russie, et de « régions riches en population » (comme la Chine et l'Inde), le « reste du monde » signifiant désormais les États-Unis, l'Europe et le Japon.

1.9 Suivre ses clients

L'internationalisation de nombreux secteurs d'activité répond à la nécessité pour les entreprises les plus dynamiques de **pouvoir suivre leurs clients, eux-mêmes engagés dans un processus d'internationalisation**. Pour continuer de servir ses clients à l'étranger, puis dans tous leurs pays d'implantation, il devient nécessaire de s'internationaliser soi-même. Il s'agit au bout du compte d'une opportunité d'internationalisation, bien que la démarche qui la guide soit plus réactive que proactive.

Ainsi, les producteurs d'acier ou les équipementiers automobiles suivent-ils l'internationalisation des grands groupes automobiles, désormais multimarques et établis à la fois dans la Triade et dans les principaux marchés émergents. Ce même schéma s'observe pour les fournisseurs des grandes enseignes de distribution internationales (Carrefour, Décathlon), ou pour les producteurs de gaz (les gaziers) qui s'implantent en même temps que se créent des activités de grande industrie à l'étranger. En suivant l'internationalisation de l'économie, les secteurs du conseil, de la banque ou de la publicité, ont pris le même chemin, procédant souvent par acquisitions de structure locales et concentration à l'échelle internationale pour servir des clients dont certains sont mondiaux (les grands comptes).

1.10 Mieux répartir les risques dans l'espace

Enfin, l'internationalisation de l'activité marketing de l'entreprise permet de réduire les principaux risques de l'activité par **une meilleure répartition géographique de l'offre (couples produit-marché / pays)**. Il s'agit de s'assurer une plus grande flexibilité et une moins grande exposition aux risques commerciaux, financiers, politiques, juridiques et culturels.

Finalement, d'autres motivations expliquant le développement marketing international peuvent être observées comme la volonté de réguler les ventes en répartissant les risques saisonniers et conjoncturels afin de mieux utiliser les capacités de production, d'échapper à un marché national trop petit (le « modèle Hong Kong » ou des pays scandinaves) ou saturé, ou de répondre à une demande spontanée, généralement à la suite d'une opération de prospection à l'étranger (foire ou salon).

2. La prise en compte des risques de la transaction internationale

L'environnement marketing international présente, en contrepartie de cette large palette d'opportunités, des risques spécifiquement liés à l'activité de l'entreprise sur les marchés étrangers qui vont imposer une démarche d'identification et de couverture. Ces risques ne sont pas limités à la facette strictement commerciale car la transaction internationale génère des risques d'une autre nature mais susceptibles d'impacter fortement la performance commerciale à l'étranger. La détermination de ces risques fonde le recours à des stratégies de couverture spécifiques. **Nous évoquons ci-après cinq risques majeurs indissociables du développement marketing international : commercial, politique, juridique, de change et enfin culturel.**

2.1 Le risque commercial international

Le risque commercial, dit aussi « risque client » et « risque crédit », est lié à un paiement non réalisé qui peut résulter de diverses sources et remettre en cause la pérennité de l'entreprise. Il n'est pas propre à l'activité internationale mais il est d'autant plus important que la transaction est de nature internationale. Il s'est surtout accru depuis 2007-2008, conséquence directe de la crise économique et financière mondiale.

Les sources et les conséquences du risque commercial

Les sources du risque commercial sont nombreuses. Les risques clients mesurés par les taux d'impayés varient beaucoup en fonction des secteurs d'activité, des régions (ils sont plus élevés en Amérique latine, en Afrique subsaharienne et dans les pays d'Europe centrale et orientale de la zone PECO) et des pays (par exemple, au sein de l'UE). En pratique, on distingue les déterminants suivants :

- Les caractéristiques de l'acheteur : sa localisation géographique (risque politique), l'ancienneté de la relation acheteur-vendeur et le nombre d'incidents de paiement répertoriés, son statut public ou privé. Ces caractéristiques influent sur la probabilité de non-paiement de la part de l'acheteur.
- La répartition du chiffre d'affaires : son intensité est fonction du nombre de pays (faible/important) et du nombre moyen de clients par pays (faible/élevé) si on applique la loi de Pareto qui joue dans toute activité commerciale. Un chiffre d'affaires réalisé sur peu de clients dans peu de pays conduit au risque maximal (double concentration du chiffre d'affaires, par exemple Areva sur le marché du traitement des déchets nucléaires) tandis que celui-ci diminue en cas de nombreux clients dans un grand nombre de pays (double dispersion, entreprises de produits de grande consommation sur les marchés mondiaux). Dans les deux autres cas de figure (nombre important de pays et peu de clients, nombre important de clients et peu de pays), le risque est faible dans les pays solvables mais élevé ailleurs.
- Les caractéristiques du marché : quand le potentiel se révèle insuffisant, le risque peut être considéré comme en partie lié aux études marketing qui auront été faites en amont de la décision de pénétration du marché étranger. L'estimation de la demande dans les pays en voie de développement est particulièrement difficile[i], surtout quand le produit ou la catégorie sont totalement nouveaux. La prévision des ventes futures devient difficile, alors que les coûts engagés dans l'implantation, le développement du produit et celui du marché ont été importants (par exemple Citroën en Chine de 1996 à 2002).
- Les caractéristiques des délais de paiement, en particulier la longueur des échéances négociées[18] : plus le délai de paiement est étendu, plus l'intensité du risque augmente, mais cela est toutefois atténué par les techniques et les instruments de paiement que l'entreprise utilisera, comme par le contrôle social qui peut s'exercer au sein des réseaux d'affaires (au Japon par exemple). La longueur des délais de paiement peut avoir des conséquences néfastes sur les liquidités, la rentabilité et la compétitivité des entreprises. Les PME y sont plus vulnérables quand elles fournissent des grandes entreprises ou des administrations publiques, dont les règlements sont souvent longs. Les habitudes socioculturelles en

---

i. Voir chapitre 4 (p. 143-144).

matière de délai moyen de paiement et de retard de paiement commercial restent enfin d'une grande diversité malgré une tendance à leur raccourcissement (voir illustration 2.9).

Illustration 2.9

La diversité des habitudes européennes en matière de paiement a la vie dure

À l'échelle de l'UE, le solde commercial du crédit interentreprises représente plusieurs centaines de milliards d'euros, et des initiatives européennes et nationales cherchent à réduire les délais de paiement depuis l'an 2000 par voie législative (maximum de trente jours pour les entreprises et de quarante-cinq jours pour l'État et les collectivités territoriales). Cependant, les observations récentes des pratiques de paiement confirment une résistance des modèles traditionnels nationaux entre l'Europe du Nord et l'Europe du Sud et, donc, des différences sensibles dans les pratiques de paiement d'un pays à l'autre[19]. En 2009, les entreprises allemandes appliquent les délais de paiement les plus courts, soit vingt-quatre jours en moyenne, suivies par les sociétés suédoises (trente jours). Les entreprises espagnoles observent des délais nettement plus longs (soixante-quinze jours), précédées des sociétés italiennes avec soixante-sept jours et des sociétés françaises avec quarante-six jours. Les pays nordiques sont considérés par leurs partenaires commerciaux étrangers comme ayant les meilleures pratiques de paiement, les entreprises danoises et suédoises étant jugées bonnes ou même excellentes par une moyenne de 70 % de leurs partenaires commerciaux étrangers. Les pratiques de paiement des sociétés italiennes, espagnoles et françaises sont jugées « faibles » ou « acceptables » par respectivement 62 %, 56 % et 55 % de leurs partenaires commerciaux étrangers.

La gestion du risque commercial

Trois étapes peuvent être distinguées en pratique :

- **La prévention du risque** selon que le client est nouveau ou connu : dans le premier cas, l'entreprise devra collecter des renseignements de notoriété pour détecter les clients à risque. Plus le montant de la créance est important, plus il faudra croiser les sources de renseignements (intervenants de la filière d'importation, banques, Coface pour les assurés, entreprises spécialisées dans le renseignement commercial). Pour les clients connus, le suivi s'effectue par l'analyse d'indicateurs qui retracent toutes les anomalies de paiement et par le suivi du risque politique dans le pays.
- **Le transfert du risque** de crédit à l'exportation aux compagnies d'assurances publiques ou privées (ainsi les leaders de l'assurance-crédit en Europe avec Euler Hermes Sfac et Coface – Eurexel) : la technique de l'affacturage permet de transférer le risque de crédit à un organisme financier qui se charge de la gestion des comptes clients et garantit la bonne fin des créances.
- **La couverture autonome du risque** de crédit : elle s'appuie sur le choix des instruments et des techniques de paiement qui n'apportent pas tous la même sécurité. Les techniques de règlement « sûres », telles que le crédit documentaire irrévocable et confirmé, permettent d'assurer l'essentiel de la double sécurité : livraison de la marchandise attendue pour l'importateur, paiement pour l'exportateur.

Enfin, pour anticiper le risque de rupture de l'exploitation que pourrait provoquer un paiement non réalisé, l'entreprise pourra faire une dotation aux provisions pour clients douteux en fonction du volume du risque.

2.2 Le risque politique

Le risque politique est une notion complexe et multifactorielle. Pour l'entreprise, c'est le risque qui résulte :

- **D'une part, de l'action (ou de l'inaction, voire de la carence) de l'État du pays hôte défavorable aux entreprises travaillant avec et/ou dans ce pays** : les pouvoirs publics ont en effet à leur disposition toute une gamme de moyens possibles, des plus ordinaires aux plus menaçants, pour favoriser ou défavoriser la présence étrangère sur le territoire. La plus importante des conditions politiques qui concerne l'entreprise à l'étranger est sans doute la stabilité ou l'instabilité des politiques gouvernementales.
- **D'autre part, de l'impact de facteurs d'environnement qui sont autant de sources d'instabilité politique** : les facteurs traditionnels liés à la composition démographique, aux divisions linguistiques et religieuses, aux nationalismes armés, à la valeur des grands agrégats macroéconomiques (comme le ratio de remboursement de la dette extérieure par rapport au PIB, l'inflation, etc.). Plus récemment, les mouvements terroristes ou la dette publique détenue par les marchés financiers (cas de plusieurs pays européens) ont ajouté deux nouvelles facettes au risque politique.

L'attitude vis-à-vis des entreprises étrangères

Les moyens extrêmes dont un État souverain peut faire usage sont la confiscation (des actifs de l'entreprise sans paiement), l'expropriation (qui prévoit un dédommagement), ou la nationalisation (des actifs de l'entreprise au profit de l'État). Ce fut le cas en 2006 en Bolivie avec la renationalisation du secteur du gaz (plus fortes réserves d'Amérique latine). Un État peut aussi imposer un pourcentage de participation locale minimal, c'est-à-dire un partenaire local avec qui l'on doit s'associer pour être présent sous forme de joint-venture (par exemple dans l'automobile en Chine ou dans la distribution en Inde). Il peut encore imposer dans le contrat un pourcentage minimal de composants fabriqués sur place en raison de restrictions d'importations pour favoriser l'industrie locale.

Les manipulations monétaires, en tant que droit régalien par excellence, sont une source importante de risque politique. Ainsi, le contrôle des changes ou la suppression temporaire de la convertibilité de la monnaie nationale qui interdisent tout rapatriement des bénéfices, royalties ou dividendes. Ou encore le contrôle des prix, notamment des produits de première nécessité, qui peut conduire dans les périodes inflationnistes à ralentir l'investissement étranger. Les manipulations fiscales, quand elles visent à contrôler l'investissement étranger par une taxation non prévue contractuellement, relèvent aussi du risque politique.

Les actions négatives d'un pays hôte vis-à-vis des firmes étrangères peuvent revêtir un caractère permanent (climat d'affaires général), ou temporaire, en représailles d'une action des gouvernements étrangers à l'encontre du pays hôte (par exemple, les sanctions contre Carrefour en Chine quand le gouvernement français invite le dalaï-lama). En général, les relations entre l'entreprise et les gouvernements sont positives si l'investissement permet, d'une part, d'améliorer la balance des paiements – diminution des importations par import-substitution et augmentation des exportations –, et, d'autre part, de favoriser les ressources locales, notamment de créer des emplois, de transférer des technologies et des capitaux, ou encore de développer les revenus de l'impôt.

Les manifestations du risque politique pour l'entreprise

Le risque politique peut se manifester directement ou indirectement envers l'entreprise[20] :

- **les manifestations directes** : elles portent sur les différents éléments de la chaîne du profit, comme les violences ou entraves sur les biens, les opérations et les personnes, prélèvements par expropriation, fiscalité défavorable, rançons, exigences de corruption, etc. Cette forme de risque politique était caractéristique des pays dits du Sud dans les années 1970 et 1980, après une période de décolonisation le plus souvent difficile. Elle n'a pas totalement disparu, surtout du point de vue de la sécurité des personnes dans certaines régions d'Amérique latine ou d'Afrique…
- **les manifestations indirectes** : elles ne visent pas une entreprise particulière ni même une branche d'activité, mais relèvent des conditions générales d'activité économique et du climat social quand ces dernières sont menacées par une situation de troubles politiques ou de déséquilibres financiers. Joue aussi de façon indirecte le risque plus systémique provenant d'un ordre mondial imparfait qui déstabilise les économies et qui durcit les positions politiques. La maîtrise difficile des taux d'intérêt et de change dans l'économie mondiale déréglementée de même que l'essor de la sphère financière du crédit ou de l'économie mafieuse internationale (drogue, prostitution, esclavage, armements…) sont des exemples de tels risques globaux.

Il faut aussi souligner que les perceptions du risque politique ne sont pas les mêmes pour les différents acteurs des affaires internationales. L'assureur-crédit va percevoir le risque pays principalement sous les formes juridiquement définies du non-paiement par carence d'un acheteur public, du non-transfert par défaut de devises dans le système monétaire, ou du défaut généralisé de paiement et de transfert. Le financier sera concerné aussi par le défaut de paiement (risque de liquidités), mais aussi par les cours des changes et les taux d'intérêt qui dépendent de la conjoncture politique et affectent la rentabilité. Pour l'industriel, le risque politique implique le souci de protection de ses diverses ressources (financières, humaines et physiques), et de tout ce qui permet le fonctionnement optimal de ses opérations et l'équilibre de son compte d'exploitation.

La mesure du risque politique

La mesure du risque politique peut se faire à partir d'une grande variété d'outils : analyses « maison » menées par des spécialistes, sources externes spécialisées dans l'étude du risque politique. On trouve ainsi les grands instituts spécialisés : par exemple le *Business Environment Risk Intelligence* (BERI), le *Political Risk Services* (PRS), Institutional Investors, Euromoney, Nord-Sud Export (NSE), ou les services spécialisés de toutes les grandes banques et assurances d'opérations internationales.

Les méthodes utilisées sont nombreuses et le plus souvent combinées : qualitatives, quantitatives, par scénarios. Si elles sont sûrement nécessaires pour rationaliser les évaluations du risque politique, pour repérer les mécanismes et les variables clés, et pour prévoir des modes de couverture, elles ne sont pas parfaites. **On leur reproche leur caractère général qui ne tient pas suffisamment compte de certains points :**

- **Les facteurs de changement.** Leur domaine exclusif est celui du court terme car les modèles à base quantitative doivent être limités aux situations à très faible changement, où « tout reste égal par ailleurs », ce qui n'est pas vraiment le cas dans l'environnement international. Ainsi la Chine, très stable et généralement bien classée en ce qui concerne le risque politique, présente récemment de nouveaux risques dans les secteurs au coût salarial unitaire le plus bas, de l'automobile à la construction en passant par le secteur hôtelier (les grèves et les mouvements sociaux s'y sont multipliés depuis 2009, par exemple dans les usines des Japonais comme Honda ou Sony, qui ont dû consentir à de très fortes augmentations de salaire en plus de l'augmentation du salaire minimal pour la municipalité de Pékin, et ce pour éviter un embrasement) ; ou encore, l'accroissement des contrôles de toutes sortes sur les entreprises étrangères ces dernières années[21].
- **Des facteurs de situation.** Ils modulent l'impact du risque politique, comme le type d'entreprise (multinationale ou PME régionale), la voie d'accès au marché retenue (lourde avec investissements ou légère par exportation), le type de produit (politiquement et économiquement sensible ou non), voire la spécificité géographique du pays dans sa zone (voir illustration 2.10).

Illustration 2.10

Le Liban : attractif malgré son risque politique

L'évaluation du risque politique est fortement contextuelle comme le suggère l'étude de la modernisation de la distribution au Liban. En raison de son classement selon l'indicateur de risque pays Euromoney, ce pays n'est généralement pas éligible au *Global Retail Development Index* développé par A. T. Kearney chaque année qui identifie les opportunités de développement pour les distributeurs dans les marchés émergents. Pourtant, tous les grands distributeurs étrangers s'y développent, ce qui montre la nécessité de nuancer les approches multicritères d'évaluation de l'attractivité des marchés émergents[22]. Ainsi, le Liban est une destination privilégiée de nombreux détaillants internationaux en raison de ses nombreuses qualités intrinsèques pour une distribution moderne, comme des avantages qu'il procure en tant que « porte du Moyen-Orient », et ce en dépit d'une évaluation du risque politique élevée. Pays de commerce dynamique et très actif dans la région depuis toujours, le Liban a connu une période de guerre (1975-1990) qui a profondément troublé ses activités économiques, notamment commerciales. C'est à partir de 1995, en pleine phase de reconstruction du pays, que le secteur de la distribution a commencé à connaître un véritable renouveau avec le développement de nouveaux formats de vente. Plusieurs facteurs confèrent en effet au Liban un bon niveau d'attractivité :

- L'ouverture croissante de l'économie du pays aux investissements étrangers et de nouvelles mesures prises par l'État en vue de soutenir la croissance, notamment la réduction des taxes douanières sur les produits importés (fin 2001), la réforme fiscale avec l'introduction de la taxe sur la valeur ajoutée (en 2002), la vague de privatisations pour réduire la dette et la promulgation de lois favorisant les investissements étrangers.

Illustration 2.10 (suite)

- Une position géostratégique qui le situe au carrefour d'échanges économiques, financiers et culturels entre l'Europe et le Moyen-Orient et qui en fait un lieu d'apprentissage et de gain d'expérience – une sorte de pays-test – pour d'autres implantations potentielles dans le reste de la région du Golfe en forte croissance (perspective d'un marché régional avec les Émirats notamment).
- C'est un pays multiconfessionnel (on y compte pas moins de 17 groupes confessionnels différents), multiculturel (à la fois représentatif de la culture régionale et d'une ouverture culturelle internationale) et donc un marché très complexe, propice à la coexistence de différentes formes plus ou moins évoluées de commerce.
- Une phase de reconstruction et de reconfiguration de Beyrouth et des grandes villes qui est l'occasion d'une renaissance urbaine créatrice d'emplacements stratégiques pour l'implantation des grandes enseignes avec une infrastructure de transport réhabilitée.
- L'existence d'une fraction de population à revenus élevés à Beyrouth et dans les grandes villes, avec un PIB par habitant en 2008 de 11 750 dollars US en parité de pouvoir d'achat (Turquie : 13 420) largement supérieur à celui de la Russie, de l'Inde ou de la Chine.
- Un pays avec un ratio élevé de possession d'automobiles (près d'une voiture pour 3,5 habitants), ce qui fait que les citoyens privilégient les espaces commerciaux avec des facilités de parking.
- Le bon niveau relatif d'éducation de sa population et l'ouverture à l'international au regard de la longue tradition de la diaspora libanaise qui a essaimé un peu partout dans le monde (maîtrise des langues étrangères).
- L'esprit d'entreprise des entrepreneurs locaux dans la création de concepts de magasins ou dans l'importation de formats de vente internationaux, notamment par l'importante diaspora (plus de trois fois la taille de la population résidant au Liban) jouant un rôle clé de relais entre l'intérieur et l'extérieur du pays.

La gestion du risque politique

À partir d'un diagnostic d'exposition et d'impact pour repérer la vulnérabilité aux différentes facettes du risque politique des ressources, des opérations, des résultats et du management, les entreprises déploient des stratégies de couverture adaptées :

- **Stratégies d'évitement.** On s'abstient de se développer dans le pays ou dans la zone risquée, on évite naturellement de s'exposer au risque politique. C'est la stratégie la plus courante, par laquelle on cherche à éviter les histoires en restant chez soi. Par exemple, les Japonais sont absents du marché russe en raison de contentieux territoriaux anciens, mais ils sont très présents depuis plus de trente ans en Afrique subsaharienne dans de nombreux marchés, de l'automobile au matériel médical.
- **Stratégies de collusion.** On cherche à s'attirer les faveurs du pouvoir local ou, au moins, à réduire les risques possibles. Certains secteurs sont particulièrement exposés aux pratiques de « rémunérations occultes » et de corruption en raison de la sensibilité de leurs

produits, quand il ne s'agit pas de pratiques culturelles qui garantissent la bonne conduite des affaires depuis toujours[j]. Par-delà la question éthique que chacun devrait se poser, les stratégies de collusion entraînent aujourd'hui un risque dit social auquel s'expose l'entreprise, et qui peut conduire au boycott de l'entreprise par les consommateurs sur ses autres marchés (Nike, Ikea et tant d'autres y ont été confrontés dans certains pays de production aux conditions de travail des ouvriers déplorables).

- **Stratégies de « contre ».** On recourt à des procédés qui réduisent l'exposition et la vulnérabilité de l'entreprise au risque politique. Il peut s'agir d'établir une joint-venture avec un partenaire local puissant qui permet de diminuer la perception d'une présence étrangère dans l'entreprise conjointement créée, d'accorder des facilités aux gouvernements locaux (par exemple les financements proposés par les entreprises d'État chinoises en Afrique), ou de monter une organisation industrielle mondiale telle qu'aucun produit fini ne peut sortir sans des éléments exclusivement fabriqués sur le marché d'origine (cas d'IBM pendant longtemps à l'époque de fabrication des PC).
- **Stratégies de minimisation de l'exposition.** Création d'une coquille vide par choix de l'export simple de produits ou composants et non d'IDE (par exemple Coca-Cola qui n'exporte que son concentré secret et s'appuie sur des embouteilleurs locaux), et création de partenariats locaux, notamment avec des entreprises des marchés émergents naturellement plus résilientes dans leur environnement où certaines d'entre elles fleurissent en dépit d'une extrême adversité de leur environnement d'affaires[23].
- **Stratégies de transfert du risque.** Recours à l'assurance qui reste la solution la plus pratiquée par les professionnels de l'international qui transfèrent ainsi le risque sur les systèmes d'assurance publics et privés (5 % du risque restant en général à la charge de l'exportateur).

2.3 Le risque de change

Les responsables du marketing international doivent considérer la transaction internationale dans ses deux composantes fondamentales : la vente internationale d'une offre (produit-service) par un exportateur qui s'effectue en échange d'un paiement de la part de l'importateur. **Ainsi, la transaction n'est pas terminée une fois le produit livré, mais une fois le paiement effectué.** La gestion du paiement pose dans son ensemble trois questions : avec quoi le paiement peut-il s'effectuer (paiement en monnaie ou en nature) ? Quand (acompte, comptant, à crédit) ? Et comment (différentes techniques de paiement à l'international) ?

Décomposition du risque

Le risque de change se définit comme **le risque lié à l'appréciation d'une devise dans laquelle on paie un fournisseur étranger et/ou à la dépréciation d'une devise dans laquelle on est payé par un acheteur étranger** (l'entreprise internationale occupant souvent simultanément les deux positions). Il se décompose en risque de change :

- **Comptable.** Il existe entre le taux au comptant futur et le taux au comptant actuel : c'est le risque de devoir débourser plus de monnaie nationale pour un acheteur (et de devoir

j. Voir chapitre 8 (p. 323-325).

recevoir moins de monnaie nationale pour un vendeur) que ce qui était contractuellement enregistré. C'est la composante du risque la plus communément utilisée.

- **Économique.** Il existe entre le taux au comptant futur et le taux au comptant corrigé du différentiel d'inflation, l'inflation dans une économie produisant une dépréciation naturelle de la monnaie par rapport aux autres.
- **En opportunité.** Il existe entre le taux au comptant futur et le taux à terme, c'est le risque de perdre « en opportunité » en achetant des devises à terme plus cher qu'en se couvrant au comptant.

Dans tous les cas, le risque de change est lié à l'incertitude de l'évolution des parités entre devises entre le moment de la signature du contrat (émission de la facture) et la date de paiement prévue avec l'acheteur. C'est le risque lié également au choix de la devise de facturation : celle-ci est négociée en fonction de la législation locale et des avantages et inconvénients de chaque solution selon la position dans l'échange (exportateur ou importateur) et les prévisions d'évolution des cours (à la hausse ou à la baisse). On peut ainsi représenter la séquence d'interrogations et de décisions dans la gestion du risque de change (voir figure 2.1).

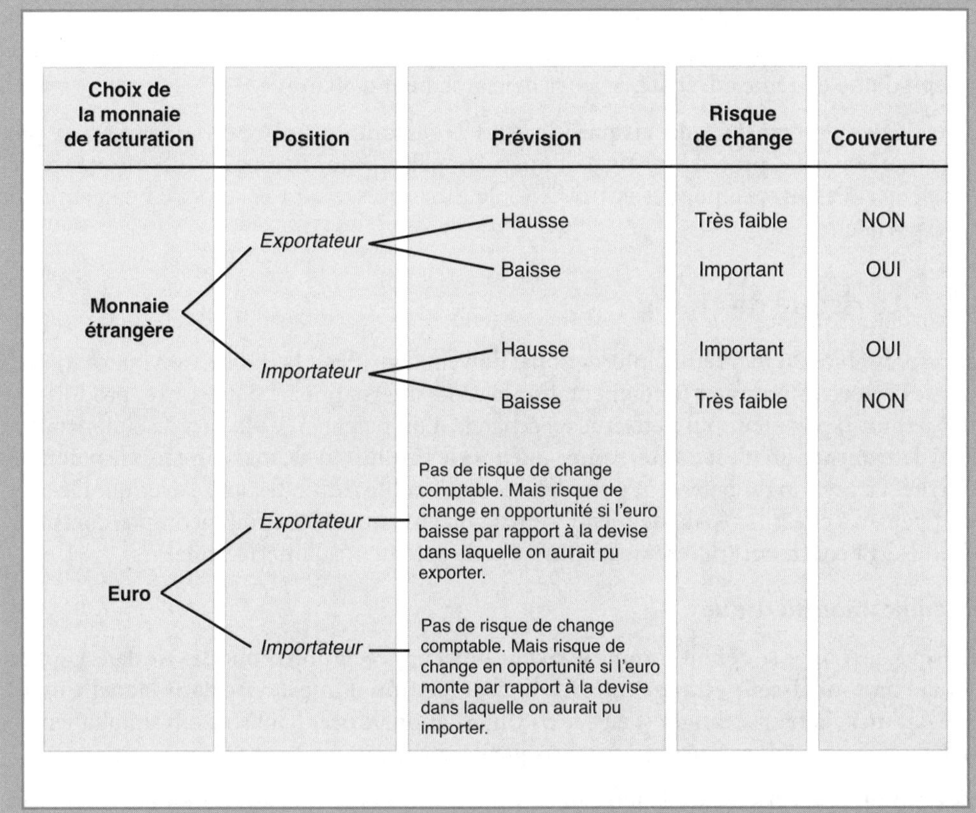

Figure 2.1 –Séquence de décisions dans la gestion du risque de change pour un Européen.

En Europe, le passage à l'euro a eu des conséquences profondes pour les entreprises travaillant dans la zone, la première étant naturellement la disparition du risque de change à l'intérieur de celle-ci, et donc des frais de couverture du risque et des commissions de change bancaires. Pour les banques, cela a signifié une baisse de leur activité de change, mais pour les entreprises, une simplification immédiate de la gestion de leurs opérations et des gains sur la marge. Cet avantage est encore plus prononcé sur les marchés du sud de l'Europe où les monnaies étaient plus faibles. Il s'agit donc théoriquement d'un réel gain de compétitivité potentielle, même si l'intégration de cet impact dépend en dernier ressort de la stratégie commerciale mise en œuvre par les entreprises.

Couverture

Plusieurs techniques de couverture contre le risque de change peuvent être envisagées :

- **Mises en œuvre par le trésorier de l'entreprise.** Il détermine la position de change de l'entreprise en surveillant l'évolution des cours des devises. En fonction des montants à couvrir et du risque estimé, il met en œuvre une couverture partielle ou totale, et plus ou moins systématique auprès des banques. Les principales techniques sont de nature financière, comme les options qui permettent de couvrir le risque tout en ayant une possibilité de faire un bénéfice de gain (ou une perte) ou, plus généralement, de nature comptable, comme la couverture à terme et l'avance en devises. Les financiers consacrent des sommes colossales d'un argent très mobile à anticiper et à couvrir les risques de taux de change et d'intérêt, bien plus qu'il n'en est besoin pour régler les échanges de biens et services. Le trésorier pourra aussi s'assurer contre le risque de change auprès de la Coface pour les flux réguliers d'exportation ou pour des opérations ponctuelles.
- **Techniques dites « naturelles ».** Elles consistent à envisager des moyens de paiement qui minimisent l'incidence des fluctuations monétaires. Ainsi le paiement cash (rare), qui supprime le risque de change, ou la négociation d'un paiement dans sa propre monnaie pour transférer le risque sur son partenaire, ou encore la négociation du contrat en monnaie relativement stable et utilisée comme réserve de compte au plan mondial (dollar américain, euro, et demain certainement yuan). Dans le cas des grands projets internationaux (grands contrats réalisés sur plusieurs années), le contrat prévoit souvent une indexation monétaire des prix sur un panier de devises dont les fluctuations se compensent dans le temps. Enfin, d'autres transactions internationales se fondent sur un paiement « en nature », selon des schémas dits de compensation (*countertrade*), c'est-à-dire lorsqu'une entreprise exporte des produits sur un marché étranger et que l'entreprise cliente transmet des marchandises en contrepartie venant compléter ou remplacer le règlement pécuniaire. D'une manière générale, la compensation se définit comme une opération commerciale liée, puisque le vendeur prend l'engagement de réaliser dans le pays de son client des achats, des transferts, des services ou toute autre opération en échange d'une vente qui n'est obtenue qu'à cette condition[24] (voir approfondissement 2.1).

Approfondissement 2.1

L'essor des accords de compensation

Les opérations internationales effectuées avec des mécanismes de compensation sont en plein essor (les estimations varient énormément mais on peut sans doute, sans trop se tromper, retenir le chiffre de 25 à 30 % du commerce international). La compensation se traite avec des spécialistes de ce type d'opération (associations professionnelles spécialisées, banques, grands négociants) qui procèdent à des montages plus ou moins complexes utilisant, conjointement ou séparément, trois types différents[25] :

- **Compensations commerciales (troc ou contre-achat).** Le troc (*barter*) est l'opération – très rare – qui consiste à échanger directement et simultanément des quantités déterminées de marchandises sans transfert financier et sans mentionner la valeur globale de la transaction, ni le prix unitaire des produits. Le contre-achat, cas le plus fréquent , engage l'exportateur à acheter ou à faire acheter les produits de compensation pour un montant correspondant à un pourcentage déterminé du contrat principal d'exportation.
- **Compensations industrielles (achat en retour – *buy-back* – et les accords d'offset).** Elles se fondent sur une implantation locale le plus souvent avec transferts de technologie. L'achat en retour engage l'exportateur à acheter tout ou partie de la production issue des installations et des équipements exportés ou de la licence cédée dans le cadre du contrat principal (l'importateur est assuré d'écouler une partie de sa production sur les marchés étrangers sans devoir prospecter). Dans l'offset, le pays importateur participe lui-même à la production du bien qu'il achètera. L'offset se traduit par des opérations de coproduction, de sous-traitance et de transferts de technologie (le pays importateur améliore ses capacités technologiques). Les offsets concernent particulièrement les grands contrats des groupes industriels de secteurs à haute valeur ajoutée technologique (aéronautique, armement…).
- **Compensations financières (accords de *clearing* et mécanismes de *switch*).** Ces formes de compensation généralement conclues d'État à État ont le plus souvent pour objectif d'aider les pays surendettés à éteindre une partie de leur dette (cessions de créances) en échange d'achats de matières premières ou de produits manufacturés. Un accord de *clearing* est un accord bilatéral entre deux États qui se fonde sur l'échange de leurs marchandises sans transfert de devises pendant une période déterminée. En fin de période, les deux parties établissent la balance entre les livraisons réciproques. Il est possible de réaliser des opérations de *switch* sur ces *clearing*. Par le mécanisme du *switch* financier, l'État qui dispose d'une créance en monnaie *clearing* sur l'autre pays peut vendre à un pays tiers sa créance contre un paiement en devises fortes et convertibles. Par le mécanisme du *switch* commercial, ce même État créancier peut céder sa créance contre un approvisionnement en marchandises.

Les entreprises des économies émergentes ont souvent recours à la compensation car elles disposent généralement de peu de devises étrangères pour payer leurs importations ou sont déjà endettées. Ce mécanisme permet de rétablir l'équilibre des termes de l'échange au profit du pays acheteur. Mais les entreprises de la Triade y ont également souvent recours, avec leurs clients des secteurs publics ou privés des marchés émergents, difficiles d'accès et aux besoins d'équipement néanmoins importants (par exemple entre la France et l'Algérie). Si les échanges compensés minimisent les effets négatifs de l'évolution des taux de change des devises les unes par rapport aux autres, ils ne sont pas exempts de certains critiques (triple risque de l'exportateur en tant que vendeur, acheteur de produits de compensation et revente de ceux-ci, risque lié au transfert de technologie, risque financier en cas de non-réalisation par l'importateur de ses obligations).

2.4 Le risque juridique international

Le risque juridique est lié à l'hétérogénéité de l'environnement juridique international car **il n'existe pas, pour l'entreprise qui exerce ses activités dans plusieurs pays, de règles ou de juridiction supranationales qui lui permettraient d'évoluer dans un cadre juridique unifié**[k]. Malgré une intégration juridique progressive, observable notamment en Europe, le droit international privé reste en général propre à chaque pays, de sorte que chaque marché géographique présente ses particularités légales en matière de conditions d'activité des firmes étrangères[26].

Parmi les principaux problèmes juridiques (hors réglementation douanière), on trouve la diversité du droit des sociétés, du droit du commerce et de la concurrence, du droit fiscal, du droit social et du droit de la propriété industrielle. La rédaction des contrats internationaux doit appeler une grande vigilance notamment sur deux points : quelle langue utiliser ? Que faire en cas de litige commercial international (retard de livraison, non-conformité des marchandises, non-respect des garanties…) ? Le recours à des cabinets d'avocats d'affaires spécialisés (par secteurs, par pays) est indispensable dans ce domaine.

Le risque lié aux litiges industriels et commerciaux internationaux.

La prévision du risque juridique lié à la gestion des conflits est fondamentale lors de la rédaction des contrats internationaux. Le risque juridique lié à la rédaction des contrats est globalement très élevé, en particulier aux États-Unis en raison du formalisme juridique poussé et de l'omniprésence des avocats. Il faudra procéder graduellement en évitant un recours au tribunal tant que cela est possible et pour de nombreuses raisons : discrétion, longueur, nationalismes juridiques, coûts financiers. L'entreprise doit prévoir successivement dans le contrat international :

- **Une clause de médiation.** Il s'agit d'une solution négociée où les parties s'entendent pour désigner un médiateur devant lequel le litige sera porté. Désintéressé et professionnel, celui-ci recherchera une conciliation à l'amiable. La médiation est d'ailleurs le choix culturel spontané pour régler les conflits de faible importance de la majorité des cultures non occidentales (il y a plus d'avocats dans la seule ville de Washington que dans l'ensemble du Japon[27]).
- **Une clause d'arbitrage ou clause compromissoire.** Un « juge privé » est chargé du règlement du litige. De nombreux organismes d'arbitrage internationaux existent, mais le plus sollicité est sans doute la commission d'arbitrage de la Chambre de commerce internationale (la CCI, créée en 1919 et dont le siège a été situé à Paris par les milieux d'affaires internationaux), ou les centres d'arbitrage de New York ou de Londres. Assuré par des

k. Voir chapitre 1 (p. 19-22).

professionnels réunis dans un tribunal arbitral, l'arbitrage garantit la discrétion des procédures, neutralise les systèmes juridiques nationaux pour promouvoir peu à peu des pratiques uniformes. Il se révèle souvent plus rapide et moins coûteux que le recours au tribunal, malgré sa complexité parfois. En 2009, la CCI a reçu 817 demandes d'arbitrage, concernant 2 095 parties originaires de 128 pays ou territoires indépendants différents. Le lieu de l'arbitrage était situé dans 53 pays différents à travers le monde et les arbitres de 73 nationalités différentes nommés selon le règlement d'arbitrage de la CCI ont finalement rendu 415 sentences[28].

- **La définition dans la clause d'arbitrage de la clause d'attribution.** Elle spécifie d'une part le droit applicable à l'arbitrage, et d'autre part le fond du litige, et la juridiction compétente en cas d'échec de l'arbitrage. En pratique, le choix des droits applicables s'appuie sur le principe juridique de « l'autonomie de volonté des parties » dans les limites de l'ordre public. Reconnu par la plupart des États, ce principe confère une grande liberté pour choisir le droit qui régira l'accord : celui du pays exportateur, celui du pays de l'importateur, un droit tiers comme celui du siège social du banquier dans le cas d'un accord de prêt ou de garantie… Aucun lien n'est nécessaire entre l'objet du contrat et la loi applicable.

À défaut d'indication du droit applicable, deux conventions internationales (La Haye, le 15 juin 1955, et surtout Rome, le 1er avril 1991) prévoient qu'aucun contrat international ne peut être conclu avec les pays qui les ont ratifiées (comme la France) s'il ne se conforme pas à leurs dispositions : principe de l'autonomie de la volonté, sinon, contrat régi par la loi du pays avec lequel il présente les liens les plus étroits, c'est-à-dire du pays qui fournit la prestation la plus « caractéristique » (sans que ce terme soit défini). Enfin, l'exécution des décisions judiciaires dans l'UE est garantie par la Convention de Bruxelles (27 septembre 1968) qui prévoit la reconnaissance mutuelle des jugements.

Le risque lié à la protection de la propriété industrielle

À côté des risques de litige, **un deuxième volet du risque juridique est lié à l'hétérogénéité des droits de protection de la propriété industrielle au plan mondial**. Les pays de la Triade disposent d'une législation très précise permettant de protéger les brevets d'invention, les droits d'auteur, les marques, les dessins et les reproductions (les *copyrights*). Ils disposent également d'une palette de conventions internationales facilitant la reconnaissance mutuelle de la protection entre pays signataires. À l'opposé, les économies émergentes d'Amérique latine (Brésil, Mexique par exemple) et d'Asie (d'est en ouest) disposent en général d'esquisses de législation et sont régulièrement l'objet de sanctions commerciales, de la part des États-Unis et de l'Europe. Les cas de conflits commerciaux y sont très nombreux, dont certains peuvent infléchir la politique de développement de l'exportateur (voir illustration 2.11).

Les droits de la propriété industrielle (DPI) sont extrêmement importants pour le commerce international des entreprises aux biens et aux services ayant une forte composante en DPI. La recherche de pratiques juridiques plus homogènes constitue aussi un volet du cycle de négociations commerciales multilatérales du cycle de Doha. En attendant, les industries qui dépendent fortement des DPI (télécommunications, informatique, chimie, biotechnologies, pharmacie, etc.) n'ont d'autre recours que d'effectuer les dépôts possibles et de recourir à l'arbitrage par l'Organisation mondiale de la propriété intellectuelle en cas de conflit[29]. L'OMPI propose par ailleurs l'accès par un portail unique, *The IP Advantage database*, à de nombreuses études de cas, expériences d'inventeurs, de créateurs, d'entrepreneurs et recherches à travers le monde. L'entreprise peut aussi se garantir davantage contre les imitations par des réponses fondées sur l'innovation continue et des stratégies de marketing international adaptées (par exemple dans l'industrie du jeu vidéo, le lancement massif et simultané des produits dans le plus grand nombre de pays pour s'assurer de capter légalement la plus grande part possible du marché, car de toute façon, les jeux seront copiés).

Illustration 2.11

Danone/Wahaha – sortir d'un litige lié à la propriété industrielle en Chine

L'engagement de Danone en Chine a commencé en 1987 et s'inscrit à long terme avec la mission d'apporter la santé par l'alimentation au plus grand nombre. Danone et le groupe Wahaha, numéro 1 chinois des boissons non alcoolisées, ont annoncé le 30 septembre 2009 la signature d'un règlement à l'amiable, fruit d'efforts renouvelés de la part des deux parties pour mettre fin à leur litige vieux de deux ans à travers des négociations impliquant les gouvernements chinois et français. Au terme de cet accord, Danone et Wahaha mettent fin à leur relation de partenariat initiée en 1996. Par un « accord amiable » au terme duquel il se retire de la coentreprise, Danone a vendu ses 51 % de Danone-Wahaha à ses partenaires chinois. Au centre de la discorde entre les deux groupes figuraient une quarantaine de sociétés montées par Zong Qinghou, le fondateur de Wahaha, accusées de copier des marques de Danone sous sa propre marque. La séparation des deux entreprises symbolise un abandon quasi irrémédiable du marché des boissons non alcoolisées par Danone en Chine puisque l'entreprise aura beaucoup de mal à trouver un nouveau partenaire sur le marché et qu'il lui est pratiquement impossible de se développer indépendamment. Or avec Wahaha, Danone contrôlait pas moins de 20 % du marché des soft drinks. Ce conflit reflète malgré tout le recentrage opéré depuis la cession de la branche biscuit en octobre 2007 autour de quatre pôles avec, par ordre d'importance, les produits laitiers frais, les eaux embouteillées, l'alimentation infantile et la nutrition clinique. Ce sont ces mêmes activités que Danone continuera à développer en Chine. Car s'il a abandonné 39 usines à Wahaha, le groupe français en conserve 41 dans le pays où il opère à travers 4 entreprises contrôlées à plus de 92 %[30].

2.5 Le risque culturel

Le dernier risque systématique à considérer dans tout développement marketing international naît de la diversité culturelle externe et interne[1]. C'est le risque lié au *Self Reference Criterion* (SRC[31]) qui se manifeste dans nos prises de décisions et qui est identifié comme l'un des premiers obstacles pouvant entraîner l'échec des opérations internationales[32]. Par le recours inconscient (bien que nécessaire), et surtout exclusif, à notre propre héritage culturel quand nous prenons des décisions (système de valeurs, attitudes, perceptions et interprétations, comportements, expériences, connaissances), nous pouvons avoir des difficultés à analyser les marchés et les comportements étrangers sous un jour « localement juste ». **C'est donc le risque lié à l'incapacité à prendre en compte la diversité culturelle interne et externe à l'entreprise dans l'analyse (concepts et méthodes) et dans l'action managériale internationale.**

---

1. Voir chapitre 1 (p. 6).

L'ethnocentrisme en affaires internationales

On peut observer le risque d'ethnocentrisme dans une très large variété de situations de marketing international. Tout d'abord, il n'est pas inutile de rappeler le prisme occidental, sinon américain, des approches marketing : le SRC est au cœur de l'analyse des phénomènes de marketing car les principaux outils intellectuels le concernant (vocabulaire, sources d'information et de réflexion) sont largement d'origine nord-américaine. Et les théories du marketing, pas plus que celles du management au sens large, n'échappent à l'*a priori* d'une valorisation culturelle de la société par qui et pour qui elles ont été produites[33]. En fait, il est essentiel d'admettre que plusieurs valeurs américaines, sinon occidentales à des degrés variables, en fondent la discipline : le consommateur est un individu qui privilégie la consommation et la propriété individuelle, le matérialisme et le progrès sont valorisés positivement, l'univers temporel est celui du court terme, voire de l'instant à l'image de la publicité, la décision et l'action sont rationalisées et séquentialisées dans une conception linéaire du temps, le monde est conçu comme quantifiable ce qui explique l'accent mis sur la mesure des phénomènes et leur analyse statistique. Les outils intellectuels et opérationnels du marketing international doivent être validés au préalable dans l'environnement culturel du pays étranger (voir illustration 2.12).

Illustration 2.12

Les indicateurs statistiques sont souvent contingents

Prenons l'exemple des logiques culturelles qui sous-tendent l'utilisation de certains indicateurs comme la densité de l'équipement en téléviseurs, nécessaire pour savoir si on peut faire de la publicité télévisuelle. En Inde, comme dans la plupart des pays en voie de développement, cette densité est relativement faible (bien qu'en augmentation). Pourtant, toutes les grandes entreprises ont recours à la publicité télévisée pour communiquer sur leurs produits car l'accès à la télévision est important dans les villages, les communautés, les lieux de loisirs… Le problème ici n'est donc pas de se référer au taux de possession de téléviseurs (logique occidentale de propriété individuelle des biens), mais à la possibilité que les consommateurs potentiels ont d'accéder à la télévision (logique de pays à faibles revenus, de propriété et d'activités communautaires – on regarde la télévision ensemble). Il faut donc chercher les indicateurs appropriés à chaque environnement spécifique qui permettent d'assurer l'équivalence plutôt que l'égalité en référence au marché d'origine.

Pour le décideur, le risque culturel résulte des projections de ses propres normes, valeurs et autres habitudes sur son environnement extérieur. C'est un processus psychologique par lequel la perception de l'étranger se fait à travers le prisme interprétatif du groupe socioculturel auquel on se rattache. L'ethnocentrisme tend logiquement à survaloriser son *in-group* et à diminuer l'autre (les *out-groups*) dans des perceptions négatives qui ne permettent pas de profiter des avantages possibles de la diversité culturelle[m]. En croyant que « ce qui est bon pour soi est bon pour les autres », que « ce qui est vrai chez soi est vrai partout », et que « ce qui marche chez soi marchera forcément ailleurs », le risque culturel procède par simplification plutôt que par reconnaissance de la complexité portée par la diversité culturelle externe et interne.

m. Voir chapitre 10 (p. 409-410).

Au niveau des entreprises et des marques, l'ethnocentrisme s'observe souvent dans les excès de la standardisation de l'offre, dans la surestimation de l'influence de la marque et dans la confiance en soi excessive, voire dans une certaine arrogance (on va « éduquer le marché ») forcément plus prononcée chez les multinationales ayant réussi (l'incitation à la remise en cause étant plus faible). L'exemple tragique de Vodafone au Japon fin 2004 est révélateur du risque d'ethnocentrisme, voire de corpocentrisme, dans de grandes entreprises expérimentées (voir illustration 2.13).

Illustration 2.13

Vodafone au Japon pénalisé par excès de mondialisation surstandardisée

Vodafone avait acquis le numéro 3 japonais, J-Phone, en 2003. Le groupe avait tenté de se battre sur le marché du mobile multimédia entre les mains de ses principaux concurrents locaux, NTT DoCoMo (premier opérateur au Japon), et KDDI (numéro 2). En décembre 2004, le groupe décida de lancer des téléphones portables « convergents » simultanément dans 13 pays, espérant 165 millions de souscripteurs dans le monde et des économies d'échelles importantes. Mais le marché japonais est particulier (et c'est notoire) : des options acceptables aux États-Unis ou en Europe sont déjà primitives au Japon qui utilise des technologies très avancées (écrans couleur haute définition, caméras à 2 millions de pixels, accès total à Internet... Cela représente, en moyenne, un à deux ans d'avance sur les deux autres pôles de la Triade). Les résultats ont été brutaux avec une perte de 200 000 clients sur les cinq premiers mois de 2005[34]. Parmi les revers liés à la 3G, on compte aujourd'hui la branche japonaise de Vodafone. En mars 2006, le britannique décide de revendre sa filiale japonaise rebaptisée Vodafone KK à Softbank pour 12,7 milliards d'euros.

La prise en compte du risque culturel

Le risque culturel est d'autant plus fort que la mondialisation des échanges économiques dans un contexte de libéralisme souvent trop radical conduit, dans de multiples occasions, à l'exacerbation des identités nationales[n]. Les échanges industriels et commerciaux internationaux sont autant de ces occasions qui provoquent la confrontation des systèmes de valeurs dans un rapport de force. Il est urgent pour l'entreprise internationale d'apprendre à maîtriser ses cadres de référence culturels, condition nécessaire (bien que non suffisante) pour saisir la formidable opportunité qu'offre aussi la mondialisation d'apprendre des autres cultures, d'améliorer ses compétences interculturelles et donc sa performance internationale dans un espace de plus en plus multipolaire[o].

Pour minimiser le risque culturel (il est probable que l'on ne peut jamais s'en départir totalement puisque modes de pensée et identité sont intrinsèquement liés à notre culture d'origine), plusieurs axes doivent être combinés :

- **Identifier ce risque culturel dans les stratégies et pratiques de l'entreprise.** Cela suppose de développer la première des compétences interculturelles, c'est-à-dire la faculté de « voir

n. Voir chapitre 1 (p. 12).

o. Voir les chapitres 9 et 10 qui abordent en détail ces grandes questions du management des hommes à travers les cultures au sein des équipes dans l'organisation marketing internationalisée.

selon des perspectives multiples ». Il n'est possible d'identifier le SRC que par comparaison entre la situation définie selon des traits culturels (reflets des valeurs, normes et autres comportements habituels), de la culture du pays d'origine et de celle du pays hôte. En redéfinissant alors la situation à la lueur du SRC, il est possible de voir la question à traiter sous des perspectives multiples (par exemple les représentations de la qualité aux yeux du marché local, du respect mutuel dans les relations commerciales, de l'éthique des affaires à promouvoir au sein des équipes…).

- **Offrir des réponses relevant de la gestion des ressources humaines internationales** (la GRHI). Elles permettent de faire tomber les filtres ethnocentriques ; c'est le cas des opportunités de travail synergique entre des équipes de marketing locales et internationales (dans des structures *ad hoc* à la suite de certaines opérations ou permanentes quand cela fait partie de la culture d'entreprise). Les politiques de mobilité internationale au sein de l'entreprise contribuent aussi, selon des modalités temporelles variées (expatriation de longue durée ou mobilité permanente entre quelques pays proches) à rapprocher les équipes.
- **Appliquer des approches de** *knowledge management* (KM) entre équipes marketing des différentes implantations internationales. Cela permet d'échanger des bonnes (et mauvaises) pratiques, dont certaines sont susceptibles d'être transposées (ou non) d'un marché à l'autre[p].

Résumé

La compréhension de l'environnement international par l'entreprise permet d'identifier, sous l'angle des décisions d'internationalisation sur les marchés étrangers, les principales incitations favorables à leur développement de même que les facteurs limitatifs liés aux risques naissant de la transaction internationale. Les opportunités sont très variées et généralement combinées entre elles, comme la recherche d'opportunités naissant de la déréglementation des marchés, de la croissance des marchés émergents, des similarités et différences entre marchés, de la proximité de ressources bon marché, de conditions d'activités privilégiées voire de la nécessité de suivre l'internationalisation de ses clients ou le souhait de diversifier les risques dans l'espace. Face à cela, cinq risques systémiques doivent être évalués et faire l'objet de stratégies de couverture adaptées : les risques commercial, politique, de change, juridique et enfin culturel. Dans l'ensemble, une approche intégrée du couple opportunités/risques dans les décisions de développement des marchés étrangers permet un meilleur ajustement aux conditions de l'environnement international pour l'entreprise.

p. Voir chapitre 10.

Questions

1. Quels sont les principaux bénéfices procurés théoriquement par la déréglementation des marchés : pour les pays ? pour les nouveaux entrants ?
2. Quelles sont les principales sources du risque commercial ? Comment s'en prémunir ?
3. Quelles sont les limites des modèles multicritères d'évaluation du risque politique ? Pourquoi ? Vous prendrez un exemple.
4. Un exportateur européen travaille en monnaie locale avec des pays dont on prévoit une hausse / une baisse par rapport à l'euro à terme de deux mois. Dans chaque cas, quel est son risque de change et doit-il le couvrir ?
5. Pourquoi le risque culturel est-il intrinsèquement fort en marketing international ?

Cas d'entreprise : Sineo – un modèle exportable[1] ?

Sineo est une société d'origine lilloise fondée en 2004 par Olivier Desurmont qui propose des services et des produits de nettoyage de véhicules en utilisant très peu d'eau, mais grâce à des huiles essentielles et des lingettes réutilisables. Elle s'est développée par la franchise. Le concept de Sineo repose sur trois valeurs fondamentales : le respect de l'environnement, l'engagement social et l'innovation (produits/services). En quelques chiffres, Sineo c'est plus de 300 salariés dont 70 % sont en contrat d'insertion, un chiffre d'affaires prévisionnel 2010 de 8 millions d'euros, plus de 120 000 véhicules nettoyés en 2009 (soit 450 véhicules jours en France). Sur le plan environnemental, Sineo a reçu de nombreux prix en développement durable : elle produit zéro déchet et utilise moins de 5 litres d'eau pour le nettoyage d'une voiture contre 150 litres en moyenne. La société a ainsi économisé plus de 40 millions de litres d'eau potable depuis sa création. Elle propose une gamme complète de plus de 20 produits (lingettes, produits auto, produits moto) qui sont tous d'origine naturelle et biodégradables. Ils bénéficient tous du label Écocert qui est un organisme de contrôle et de certification, agréé par l'Institut national de l'origine et de la qualité et reconnu dans plus de 80 pays. Le site de Lille, le premier ouvert en 2005, est certifié ISO 14001 depuis février 2007.

Mais cette innovation, qui réduit très fortement l'impact environnemental des activités de nettoyage, est également fondée sur une innovation sociétale. Sineo propose un accompagnement social qui permet à des personnes en difficulté de remettre un pied dans le monde du travail et d'établir un projet professionnel cohérent. Laver des voitures n'est pas une finalité et une majorité des salariés Sineo quittent ainsi l'entreprise au bout de deux ans pour un emploi stable en CDI. L'entreprise est agréée par l'État comme entreprise d'insertion.

1. Ce cas a été rédigé par Ganaël Bascoul (Ernst & Young, Climate Change & Sustainability Services) à partir d'un entretien réalisé avec Olivier Desurmont, fondateur et gérant de Sineo.

Certains salariés gravissent même les échelons au sein de la société. Les personnes concernées par ce type de contrat sont des chômeurs de longue durée, des bénéficiaires du RSA, des personnes reconnues travailleurs handicapés, des jeunes de moins de 25 ans sans ressources, etc. Ainsi, grâce à un management original et dynamique, un encadrement social important et des partenariats avec les organismes sociaux locaux, Sineo apporte une stabilité financière, aide à la définition de projets professionnels (écriture de CV, mise en relation avec employeurs), donne des outils pour s'épanouir (respect des autres, règles de travail en communauté, priorité au travail d'équipe, etc.), veille à l'égalité homme-femme, accompagne le montage de dossiers financiers (logement, etc.) et propose une écoute et un soutien psychologique. Les aides de l'État sont utilisées pour créer une cellule de réinsertion. Cette équipe développe des partenariats avec les collectivités locales, le monde associatif et d'autres entreprises afin de les faire participer tout au long du cycle de réinsertion. L'évaluation de la cellule n'est pas quantifiée en termes financiers mais en nombre de « sorties positives ».

À l'été 2007, preuve de la solidité de son modèle, Sineo a procédé à une première augmentation de capital avec l'entrée de Norauto au capital et avec la création d'Eonis (filiale spécialisée dans la distribution de produits de nettoyage). Fin 2008 a eu lieu la deuxième augmentation de capital et l'inauguration du premier centre Sineo en Belgique. En juillet 2009, c'est la troisième augmentation de capital où Mobivia devient actionnaire majoritaire. Sineo compte désormais 35 sites répartis sur tout le territoire français et prévoit l'ouverture de 10 nouveaux centres en 2011. Acteur national de tout premier ordre, Sineo poursuit son important développement. Olivier Desurmont (OD), fondateur et gérant de Sineo, partage ses préoccupations stratégiques avec Ganaël Bascoul (GB).

GB : Quand on parle du développement durable, on insiste sur l'aspect environnemental, et, dans votre démarche, on comprend que l'impulsion initiale est de trouver cette solution de nettoyage des voitures avec très peu d'eau. Quand est venue chez Sineo l'idée d'intégrer la dimension sociale avec l'insertion de personnes en difficulté ?

OD : Le désir d'aider des personnes « en galère » est là dès le départ, la question sociale est au centre du projet à son début. Dès la création à Lille, j'ai souhaité embaucher des personnes en difficulté : RMIstes, chômeurs de longue durée, etc. L'étape la plus importante, celle qui consiste à donner un statut social à des personnes momentanément ou durablement exclues, me semblait réalisée. Mais très vite, je me suis rendu compte que cela ne suffit pas forcément. En effet, les salariés que j'ai embauchés avaient du mal à venir travailler : sans domicile fixe, surendettement, violence familiale, parcours de vie chaotiques. Donc, j'ai étoffé mon projet sur le plan social au fur et à mesure. Il est maintenant mieux structuré et on va aider les salariés pour les problèmes de logement, de surendettement, de suivi psychologique... Dans chaque centre, il y a un accompagnateur social qui gère ces problèmes sociaux avec les salariés, sans jamais se substituer aux associations, personnes et structures en place qui font un travail remarquable.

GB : Est-ce que vous mettez en avant ce volet social de travail pour l'insertion en plus de l'aspect environnemental, quand vous présentez votre offre aux entreprises ? En deux mots, est-ce que c'est un argument de vente ?

OD : Au départ, nous avons évité de mettre en avant le côté social, en effet, il y a des raccourcis qui sont faits (emploi de repris de justice) et qui ne servent pas forcément l'entreprise.

Actuellement, c'est précisé. Les valeurs de l'entreprise sont affirmées, les entreprises sont informées (ne serait-ce que par obligation d'emploi par exemple d'un salarié handicapé pour aménagement du poste de travail) sans mise en avant particulière.

*GB : Au niveau de l'aspect environnemental du produit, votre démarche s'*étend-elle à tous *les impacts environnementaux potentiels en amont et en aval du cycle de vie du produit (sourcing, transport, usage, fin de vie des produits et des emballages) ?*

OD : Oui, on travaille d'autant plus sur le processus de fabrication que l'on est présent depuis le début de la chaîne. Le laboratoire a été racheté, et le directeur de recherche ne fait aucune concession sur l'environnement, ni sur sa démarche, ni sur provenance des huiles essentielles utilisées, ni sur « l'hydrosolubilisation » des huiles essentielles qui est le procédé employé. Notre process utilise trois fois moins d'eau que les process issus de la pétrochimie ordinaire. Concernant le packaging, l'ensemble des parties métalliques ont été remplacées par des pièces en plastique. Des audits ont été réalisés par Norauto et Auchan sur les procédés de fabrication, et la note attribuée en termes de développement durable est très élevée. Mais des améliorations sont toujours possibles et nous y travaillons.

GB : Sur l'aspect environnemental, souvent les produits dits « bio » qui jouent sur la fibre développement durable, génèrent des craintes chez les consommateurs qui peuvent se dire « c'est moins efficace et c'est plus cher » ?

OD : Auprès des constructeurs et concessionnaires, les réticences étaient fortes, peur de rayer les voitures, pas d'efficacité sans le jet d'eau. Par exemple : un test demandé chez un constructeur de voitures de luxe a mal tourné, et on nous a mis dehors ! Aujourd'hui, avec de la persuasion, des démonstrations, les mentalités avancent et même ce constructeur fait partie de nos clients. Donc, la première barrière a plutôt été le lavage avec presque pas d'eau. La deuxième barrière sur le produit a été contournée grâce à une communication efficace. La commercialisation en grande distribution a beaucoup aidé, chez Auchan et Norauto. *Autoplus* a fait plusieurs articles sur Sineo et des tests comparatifs, qui concernaient l'efficacité, l'ont placé en tête pour les véhicules « à jantes » (en dehors des qualités environnementales). Et au niveau des prix, le produit n'est pas plus cher que les autres (2e ou 3e prix le moins cher pour un produit de marque nationale).

GB : Ce sont des solutions qui fonctionnent sur une petite échelle en général, mais comment assurer une croissance avec les mêmes valeurs ?

OD : Garder nos valeurs fondatrices sur la durée est un impératif. Pour les personnes qui sont engagées dans l'entreprise, le projet est moteur, les personnes sont fortement impliquées. Et dans le contrat de franchise, il y a un suivi, une clause d'« économie sociale et solidaire », qui si elle n'est pas respectée peut entraîner la rupture du contrat. Actuellement, nous avons mille demandes de pays étrangers (Corée, Dubaï, États-Unis…) et beaucoup de « master franchises » sont refusées, parce que les entrepreneurs ne veulent pas valider le volet social.

GB : Quelles sont les évolutions prévues ?

OD : Les principales évolutions concernent trois axes : a) la commercialisation des produits en grande distribution commencée en 2008 (Auchan, Carrefour), où stockage et livraison sont gérés par des personnes en insertion (fidélité aux principes) ; b) le développement au niveau international en adaptant notre mode de fonctionnement et le projet social au pays. En effet, dès que le salarié est réinséré et formé, il repart souvent vers une autre entreprise au bout de quelques mois. Cela demande beaucoup de pédagogie et d'adaptation aux difficultés du pays. Par exemple au Maroc, les problématiques sociales sont différentes : tous les salariés sont déclarés, ouverture d'un compte en banque pour tous, émancipation de la femme… ; c) l'évolution vers le nettoyage des bus, trains, et surtout des bateaux (ouverture de centres spécialisés dans le nettoyage des bateaux en lien avec les capitaineries et les constructeurs de bateaux).

Sources : http://sineo.fr/ ; http://www.creativ-entrepreneur.com/?page_id=313 ; référence intéressante : ISO 26000 : *2010, Guidance for social responsibility.*

Questions

1. Quelles sont les opportunités majeures du développement de Sineo à l'international ?
2. Quels sont les risques associés ?
3. Que pensez-vous des trois axes de développement futur annoncés ?

Chapitre 3

Les décisions stratégiques en marketing international

Objectifs

1. Inscrire le marketing stratégique international dans la stratégie de développement international.
2. Structurer les principales décisions stratégiques de marketing international en fonction des phases de l'internationalisation.
3. Insister sur les nécessaires compromis entre décisions d'adaptation et de standardisation de l'offre internationale.
4. Introduire les spécificités des stratégies de marketing international dans les marchés émergents.

Introduction

Le but de la stratégie de marketing international est la conquête, le développement et la coordination des marchés étrangers. Ce processus se fonde sur un échange mutuellement profitable (généralement d'une offre contre un paiement) entre des acteurs de plusieurs pays dans un environnement de plus en plus complexe et concurrentiel. À la base de cet échange se trouve le désir de satisfaire les besoins des consommateurs hors du marché d'origine, de le faire mieux que la concurrence (locale et internationale) et dans le cadre des contraintes de l'environnement global et des ressources de l'entreprise. Ainsi, la recherche de l'avantage concurrentiel est au cœur de tout marketing stratégique dans un environnement ouvert. À l'international, il se jouera dans chaque marché local en fonction des données – toujours en partie locales – de la concurrence, mais aussi, au fil de l'internationalisation de l'entreprise, sur plusieurs marchés simultanément, à l'échelle régionale voire mondiale.

La stratégie se définit comme l'art de coordonner l'ensemble des actions nécessaires à la réalisation d'un objectif. Penser la stratégie de marketing international consiste donc fondamentalement à réfléchir aux choix de direction et de route à suivre pour développer des avantages concurrentiels sur les marchés internationaux en tirant parti au mieux des différents types de bénéfices de l'internationalisation. Dans la réalité, les stratégies effectivement réalisées résultent de deux processus liés :

- L'analyse stratégique et les choix qui en découlent définissent l'ensemble des prescriptions stratégiques, parfois dans le cadre très formalisé de la planification stratégique.
- Les stratégies émergentes qui résultent d'initiatives de réaction face à l'environnement puisque l'action a lieu dans un milieu.

Pour conduire l'analyse stratégique, **plusieurs questions fondamentales définissant la configuration de l'engagement de la firme sur les marchés internationaux sont posées** aux responsables des opérations sur les marchés étrangers[a] :

- Quels avantages l'entreprise peut-elle tirer de l'internationalisation ?
- Quels sont les marchés qui doivent être pénétrés en priorité (choix de pays et de marchés), comment les pénétrer (choix de modes de présence) et où situer les sources de production ?
- Comment présenter l'offre par rapport aux marchés par rapport au marché d'origine (choix du mix-marketing) ?
- Comment développer l'implantation de la firme à l'étranger dans le temps (dynamique d'évolution des stratégies marketing en fonction de l'évolution de la présence sur les marchés internationaux) ?

La réponse à toutes ces questions n'est évidemment pas simple. C'est pourquoi, dans la première partie, nous présentons les grandes lignes de l'évolution des théories de l'engagement international. Ces apports ont un contenu marketing souvent faible, voire inexistant, car ils traitent de la justification des opérations internationales des firmes en général (stratégie d'ensemble de l'entreprise) plus que de l'internationalisation de la fonction marketing en tant que telle. La deuxième partie montre en quoi ils sont utiles à l'analyse stratégique menée spécifiquement en marketing international, dans sa méthodologie comme dans ses principes directeurs. Les principales décisions stratégiques de marketing international sont alors développées dans la troisième partie en matière de degré d'adaptation-standardisation de l'offre, au fur et à mesure du développement de la maturité du marché et dans le contexte spécifique des marchés des économies émergentes.

1. Les fondements de l'analyse stratégique en marketing international

La quasi-totalité des réflexions qui fondent les théories de l'engagement international (commerce et production) peut être reliée à la formule célèbre selon laquelle l'échange international est une « demande de différence », car « là où tout se révèle identique il est inutile de rien échanger[1] ». Par un glissement du niveau d'analyse[2], limité d'abord aux nations (niveau macro), les théories classiques de l'engagement international se sont enrichies dans la période contemporaine d'approches centrées sur la firme en interaction avec son environnement d'ensemble (niveau méso de l'entreprise dans son milieu, industrie et société). L'internationalisation de l'entreprise, notamment dans son volet concurrentiel (modalités internationales de la concurrence), s'explique alors par la recherche de la combinaison non seulement des avantages de coûts de production les plus bas, mais de *tous* les avantages possibles liés aux pays, aux firmes dans leur milieu *et* aux modes de pénétration des marchés étrangers, en particulier à l'investissement direct à l'étranger (IDE).

a. Nous laissons temporairement de côté les conséquences organisationnelles des stratégies de marketing international qui seront abordées au chapitre 10 (p. 378-379).

1.1 Tirer profit des avantages comparatifs des pays

Les théories classiques

Formulée initialement en termes d'avantages absolus (Adam Smith, *Recherche sur la nature et les causes de la richesse des nations*, 1776), c'est Ricardo (*Des principes de l'*économie politique et de l'*impôt*, 1817) qui élabore la théorie des avantages comparatifs dans laquelle il suffit qu'un pays bénéficie d'un avantage comparatif (c'est-à-dire qu'il soit relativement plus efficace dans la production de certains biens) pour qu'il ait intérêt à exporter et à importer des produits, même s'il détient un avantage absolu pour chacun de ces produits (principe de spécialisation). Le principe de l'avantage comparatif a été étendu au début du XXe siècle dans le modèle HOS (Heckscher, Ohlin et Samuelson) : un pays a intérêt à se spécialiser dans la production des biens qui utilisent des facteurs (travail, capital, terre, matières premières, énergie…) qu'il possède en abondance par rapport aux autres pays et donc à exporter ces biens et à importer ceux qui utilisent des facteurs qui lui manquent. C'est le principe de dotation de ressources (d'abondance initiale) d'un pays par rapport aux autres dans la production d'un produit. Ces avantages de localisation dits *Country-Specific Advantages* (CSA) expliquent l'existence du commerce international dans un contexte de libre-échange. L'avantage comparatif des pays les uns par rapport aux autres naît de la différence de leur dotation factorielle initiale (quantité disponible des facteurs) et de la supériorité du rendement de production (produire en moins de temps augmente la richesse des nations).

La théorie classique de l'avantage comparatif présente deux limites essentielles au regard de la configuration de l'économie globale contemporaine.

- Elle explique mieux les schémas du commerce international entre pays pour les facteurs dont la localisation est effectivement fixe (à l'origine, les ressources naturelles et le travail physiquement rattachés à une localisation particulière) que pour les facteurs de production mobiles. Or, l'économie globale consacre la mobilité des facteurs de production de tous types (capitaux, main-d'œuvre qualifiée ou non, information, technologie, matières premières mobiles). De plus, d'autres avantages spécifiques de localisation ont été identifiés, comme la proximité des marchés finaux (qui favorise la connaissance approfondie de la demande), la capacité à traiter avec un environnement légal et commercial complexe ou à contourner les barrières tarifaires[3].
- Elle suppose que le commerce international a lieu dans un espace de libre-échange aux marchés parfaits (sinon chaque pays a intérêt à augmenter son autosuffisance et à se spécialiser le moins possible). Or, malgré la forte libéralisation des échanges internationaux depuis la fin de la Seconde Guerre mondiale, les barrières à la libéralisation totale du commerce international sont nombreuses : interventions positives et négatives des États, pays spécialisés dans les produits de base inégaux face aux pays industrialisés dont ils doivent importer les produits manufacturés plus chers que leurs exportations, mouvements d'intégration régionale, organisation industrielle mondiale en réseau des FMN.

Les approches contemporaines de la compétitivité des nations

Les approches contemporaines de la compétitivité des nations proposent l'idée nouvelle que la prospérité nationale est davantage créée qu'héritée. Elle dépend de la capacité des industries à innover (à créer et à assimiler des connaissances dans une perspective de développement économique) et chaque pays présente des spécificités en terme de compétitivité dues à la culture nationale, aux structures économiques, aux institutions et à l'histoire. Les nations réussissent dans certaines industries parce que l'environnement domestique est plus dynamique et stimulant. Cela pousse à la recherche permanente de l'innovation, de « l'amélioration continue » de la qualité, de « l'excellence ».

Dans **la théorie du diamant** de Porter (1990), les avantages spécifiques de localisation dont profitent les firmes d'un pays dépendent de la force du pays sur chacune des quatre catégories de facteurs (les pointes du diamant) qui constituent des déterminants des avantages compétitifs des nations (facteurs de base, conditions de la demande, tissu environnemental, intensité de la rivalité du jeu concurrentiel). Ces facteurs sont interdépendants et expliquent la capacité de développement international des petits pays qui font de la surcompensation de leur handicap de départ : modèles scandinaves, de Singapour ou de Hong Kong.

Dans la même veine, **la théorie de la nouvelle économie géographique** (*new trade theory*), développée par Krugman (1991), montre que les formes de l'échange entre nations dépendent des avantages de localisation créés par les organisations dans un processus de création de connaissances[4]. Il montre aussi que le commerce international moderne est moins fondé sur l'échange de biens complémentaires que de biens très similaires entre pays du Nord. C'est le penchant des consommateurs pour la diversité et l'effet des économies d'échelle de production (rendements d'échelle croissants) qui expliquent que les régions économiques ayant beaucoup de production vont devenir plus compétitives et attirer plus d'entreprises. Cela explique pourquoi, plutôt que de se répartir également sur toute la surface du globe, la production a tendance à se concentrer dans quelques pays, quelques régions ou même quelques villes qui deviennent densément peuplées et bénéficient de revenus plus élevés (des centres *high-tech* dans la Silicon Valley au sud de San Francisco, à Bangalore au sud de l'Inde ou dans la région de Stuttgart – Munich en Allemagne)[b]. Les approches contemporaines de la compétitivité des nations montrent ainsi comment les entreprises développent en réalité de nouvelles ressources par l'apprentissage organisationnel (*learning organization*). Un pays peut devenir efficient dans la production de marchandises pour lesquelles il ne dispose à l'origine d'aucun avantage comparatif[5].

1.2 Tirer profit des avantages spécifiques internes à la firme dans son secteur

Les approches précédentes avaient pour unité d'analyse privilégiée le niveau macro le plus large du pays ou des nations. Les théories de l'entreprise multinationale et les approches de l'économie industrielle se situent à un niveau intermédiaire (« méso ») et considèrent la firme en interaction avec son environnement sectoriel, c'est-à-dire son industrie.

---

b. Voir chapitre 1 (p. 46-48).

La stratégie fondée sur les ressources et les compétences

Pour Hymer[6], l'entreprise multinationale possède des avantages comparatifs propres, dits *Firm* (ou *Ownership)-Specific Advantages* (FSA), qui ne doivent pas être accessibles à la concurrence. Ils peuvent être de nature diverse (tangible ou intangible) et correspondent à la possession par la firme de ressources et de compétences spécifiques : un brevet, un nom de marque déposée, le contrôle de matières premières essentielles à la production du bien ou celui de la distribution physique, les capacités et talents managériaux, une technologie avancée, etc. C'est l'existence de ces avantages et la recherche de leur utilisation optimale qui expliquent largement l'engagement multinational.

Les ressources (ou actifs) sont les attributs de l'entreprise qui lui permettent, en les combinant (*bundle of resources*), de concevoir et de mettre en œuvre des stratégies de création de valeur. Elles couvrent trois catégories :

- **Les ressources physiques.** Elles peuvent en général être achetées : technologie physique, équipements et usines, localisation géographique, accès aux matières premières.
- **Les ressources humaines.** Il s'agit de la formation, de l'expérience, du jugement, des relations, etc., des employés individuels de la firme.
- **Les ressources organisationnelles.** Elles couvrent les structures formelles et informelles de *reporting* et de planification, les systèmes de contrôle et de coordination, les relations informelles entre entreprises (au sein d'un groupe et avec l'extérieur), la culture d'entreprise.

S'est ainsi développée une vision de la stratégie fondée sur l'exploitation des ressources internes à l'entreprise (*resource-based strategy*[7]). Pour que les ressources deviennent stratégiques, c'est-à-dire qu'elles soient la source d'un avantage concurrentiel, l'entreprise doit les détenir sous quatre conditions (méthode VRIN). Elles doivent être : à forte valeur ajoutée (*Valuable*, V), rares (*Rare*, R), non imitables (*Imperfectly Imitable I*) et non substituables (*Non Substituability*, N).

Les compétences représentent des ressources d'un type particulier. Bien que les ressources soient à l'origine du développement des compétences, elles ne sont pas en elles-mêmes fondamentalement productrices d'avantages concurrentiels : les concurrents directs, nécessaires à l'activité sur le marché, ne sont souvent pas trop différents de ce point de vue. Les ressources sont donc des conditions nécessaires mais non suffisantes (même si elles peuvent créer des barrières à l'entrée très utiles). Leur développement et leur qualité dépendent autant de l'assortiment des ressources disponibles que des capacités spécifiques de la firme à intégrer et contrôler ces ressources, capacités qui se développent et s'améliorent avec l'expérience organisationnelle. Parmi l'ensemble des compétences, seules quelques-unes sont véritablement considérées comme stratégiques (*core competencies).* Les compétences marketing spécifiques dont la nature est stratégique sont variées et dépendent des secteurs d'activités (voir illustration 3.1).

Illustration 3.1

Les compétences marketing clés

Les compétences marketing clés sont centrées sur les savoir-faire accumulés dans la connaissance et la satisfaction des marchés face à la concurrence élargie. Par exemple, les grands fabricants de produits de consommation (les « lessiviers » comme Procter & Gamble, les sociétés agroalimentaires, comme Nestlé, ou encore de production cosmétique comme L'Oréal) disposent d'une expérience accumulée depuis longtemps dans de nombreux pays et de talents divers qui leur procurent une longueur d'avance sur les concurrents : la maîtrise des techniques avancées d'analyse et de segmentation des marchés, la capacité de développement rapide et multipays de programmes promotionnels et de campagnes publicitaires, la gestion du lancement simultané sur plusieurs pays de nouveaux produits... D'autres compétences spécifiques liées au marketing qui sont souvent stratégiques incluent : des noms de marques mondiales (Coca-Cola, Levi's, Google, les marques du luxe, les marques des grands lessiviers, Sony...), la pointe technologique dans les produits (Intel, Microsoft, Audi...), la publicité (Gillette, Unilever...), la distribution (Kodak), la culture d'entreprise (Ikea), le design (Apple, Bang et Olufsen) ou encore la combinaison de plusieurs compétences clés. Si ces avantages peuvent résulter de caractéristiques liées aux pays (comme des institutions politiques ou réglementaires favorables aux entreprises locales), le point essentiel est qu'ils ne peuvent être utilisés que par l'entreprise qui peut les posséder ou les intégrer (par exemple, grâce à la nationalité de l'entreprise qui pourra accéder à de telles institutions qui lui sont favorables). La capacité à développer la mobilité des ressources stratégiques est une compétence clé en marketing international puisque l'entreprise pourra les transférer dans d'autres lieux par export ou investissement direct international (les marques régionales puis globales, les leviers publicitaires, l'organisation de la logistique ou les talents humains par la gestion des hauts potentiels). D'autres compétences stratégiques ne sont pas transférables facilement, par exemple celles qui sont déployées pour satisfaire des exigences particulières et en évolution d'une demande locale (casse-tête de la gestion standardisée des grands comptes mondiaux dans les industries IT des technologies de l'information, par exemple), ou les modalités des relations avec la distribution (en particulier son contrôle et les relations de confiance bâties avec les intermédiaires locaux).

Les avantages tirés de l'industrie de la firme

Parmi les approches récentes les plus utilisées en marketing stratégique figurent celles de l'analyse concurrentielle et de la chaîne de valeur développées par Porter dans le champ de l'économie industrielle.

L'analyse concurrentielle. Dans l'analyse concurrentielle, la concurrence ne se résume pas à la lutte entre les entreprises présentes. Elle comprend aussi les concurrents potentiels ou la menace de produits de substitution. La dimension internationale de l'analyse sectorielle ou concurrentielle dépend du degré de globalisation dudit secteur mais, dans tous les cas, cinq forces peuvent peser sur la concurrence : la rivalité entre les entreprises existantes, le pouvoir de négociation des fournisseurs, le pouvoir de négociation des clients, la menace de produits substituts et celle de nouveaux entrants. Porter définit alors **trois stratégies concurrentielles** de base au sein d'un secteur en fonction du ciblage (cible large ou étroite) et de la source de l'avantage concurrentiel ou compétitif (coûts moins élevés ou différenciation). Ainsi l'entreprise pourra choisir :

- **La domination par les coûts** qui permet de maximiser le chiffre d'affaires et la part de marché.
- **La différenciation de l'offre** au sens large par son positionnement et l'offre produit-services, prix, communication, distribution.
- **La concentration** (pour les cibles étroites) : stratégie de niche fondée sur la domination par les coûts ou sur la différenciation.

Si l'entreprise parvient à cumuler les avantages de la domination par les coûts et de la différenciation par rapport à la concurrence, elle profite d'un avantage dit « total » qui lui garantit une position concurrentielle très difficile à imiter (fortes barrières à l'entrée) et un avantage concurrentiel durable. Cette stratégie, dite du *Blue Ocean*[8], rejette l'arbitrage de la stratégie conventionnelle entre la valeur et les coûts (choix entre différenciation et coûts les plus bas) par la poursuite des deux objectifs simultanément. Plusieurs exemples emblématiques dans différents secteurs existent, depuis l'automobile (de la Ford Model T jusqu'à la Logan de Renault), en passant par les ordinateurs (le système Dell de *mass-customization*), les montres (Swatch), l'ameublement (Ikea), les produits cosmétiques (The Body Shop) ou les activités culturelles (le Cirque du Soleil).

L'analyse de la chaîne de valeur. Poursuivant ses travaux, Porter propose le concept de « chaîne de valeur » (*value chain*) qui suggère que les activités de l'entreprise, depuis la transformation des matières premières et autres intrants jusqu'au produit fini, sont une suite de tâches complémentaires et séquentielles, chacune ajoutant de la valeur au produit. Certaines sont des opérations (achat, design production, marketing), d'autres des soutiens aux opérations (finance, R & D, personnel). La chaîne de valeur représente donc la séquence d'opérations « internalisées » conduites par la firme. Les firmes intégrées ont des chaînes de valeur longues (comme Zara dans le secteur textile habillement), d'autres se concentrent sur certaines opérations seulement pour lesquelles elles sont mieux placées que leurs concurrents (comme Nike ou H&M dans le même secteur) et peuvent devenir des entreprises virtuelles au taux exceptionnellement élevé d'externalisation (comme Benetton[9]). De nombreuses entreprises, par exemple les grands réseaux de services, soumises à la déréglementation de leurs marchés d'origine en partie ouverts à la concurrence (transports, courrier, électricité), procèdent ainsi par « déconstruction » de leur chaîne de la valeur, c'est-à-dire par externalisation des activités susceptibles d'être conduites de manière plus efficiente par d'autres (en termes de coûts notamment). Cela n'est pas sans entraîner des risques importants (coûts cachés du contrôle, risque stratégique si l'activité sous-traitée redevient stratégique, remise en question de la mission de service public…)[10].

La recherche de l'avantage concurrentiel peut donc se faire par **l'optimisation sur un ou plusieurs maillons de la chaîne, ainsi que par la coordination entre plusieurs maillons de cette même chaîne.** En milieu international, les activités de la chaîne de valeur sur lesquelles se concentrer peuvent être différentes dans l'espace et dans le temps. La configuration de la chaîne dans le marché d'origine et les marchés étrangers peut varier et, pour les multinationales, la question clé sera celle de la localisation optimale des activités dans le cadre de la stratégie d'ensemble. Ainsi, McDonald's, aux États-Unis, a externalisé les achats et franchisé tous les points de vente alors qu'en Europe, les achats sont également externalisés, mais certains points de vente stratégiques (comme sur les Champs-Élysées à Paris) sont possédés par l'entreprise. En Russie, elle a développé ses propres fournisseurs pour garantir des approvisionnements conformes à sa charte de qualité[11].

1.3 Tirer profit de la combinaison de tous les avantages

Les premières approches de la stratégie d'entreprise se fondent sur la recherche des avantages liés aux conditions des pays et de l'industrie de la firme (optimisation du rapport au marché, ou *market-based strategy*) et aux avantages liés à la firme elle-même (optimisation de ses ressources et compétences, ou *resource-based strategy*). Quatre théories additionnelles sont utiles à considérer dans une perspective de développement des marchés étrangers. Leur niveau d'analyse reste l'entreprise dans son milieu (méso).

Les avantages tirés du cycle de vie international du produit

Les modèles du cycle de vie international du produit sont très populaires en marketing international et identifient quatre phases en fonction de l'évolution de la demande et du lieu de production. Ces modèles, dont la référence est le produit et non le pays, reconnaissent la mobilité des schémas de spécialisation internationale à travers le monde et montrent que l'entreprise internationale compétitive doit savoir concilier le développement du cycle de vie international du produit et son lieu de production optimal dans le temps. Cette théorie explique comment certains produits sont d'abord fabriqués dans des pays innovateurs (à l'époque les États-Unis) et exportés, et comment, en fonction du développement du cycle de vie dans chacun des pays, ceux-ci développent leurs capacités de production locale[12]. En phase de maturité du produit, les autres pays industrialisés commencent à produire ces biens et à les réexporter. En phase de standardisation, la production se concentre dans les pays moins industrialisés qui réexportent vers le reste du monde. Ainsi, **l'avantage comparatif des pays en termes de production et d'exportation évolue en fonction du cycle de vie international du produit**. L'avantage comparatif du pays initialement exportateur est celui de la technologie, l'avantage comparatif des pays moins industrialisés est celui des coûts de production faibles.

La théorie du cycle de vie international du produit explique bien le développement des filiales à l'étranger des multinationales américaines dans les années 1960 et 1970, mais il ne rend pas suffisamment compte des effets de la mondialisation de la concurrence et de l'intégration des marchés, qui favorisent des schémas de développement international plus diversifiés. L'internationalisation suit souvent un processus « pas à pas » qui met en œuvre un ensemble d'engagements progressifs de différentes natures sur les marchés étrangers (depuis une présence par simple exportation jusqu'au montage de filiales à l'étranger), plutôt que des investissements massifs et systématiques en systèmes de production à l'étranger[13]. Néanmoins, le modèle du cycle de vie international du produit montre la pertinence des données liées à ce dernier et au degré de maturité de marchés dans la définition des stratégies de développement international des entreprises.

La recherche de minimisation des coûts de transaction

Les coûts de transaction représentent le prix du face-à-face sur un marché entre deux agents économiques (un vendeur et un acheteur) qui, à l'international, sont situés dans deux pays différents. C'est-à-dire que le recours au marché n'est pas gratuit, ce qui explique que des entreprises ont intérêt à s'organiser en interne (en internalisant une partie de leur production) pour ne pas avoir à recourir au marché[14]. Les coûts de transaction comprennent : les coûts liés à la recherche de l'information (notamment au temps passé à découvrir les bons prix), les coûts qui sont propres au contrat (coûts de négociation et de conclusion d'un contrat pour chaque transaction, de recherche de partenaires ou de modalités pour résoudre les conflits) et les coûts liés à l'incertitude ou aux transactions difficiles à spécifier (R & D, conseil, etc.).

L'entreprise va chercher continuellement à minimiser ou à économiser ses coûts de transaction par divers moyens d'internalisation des activités, qui permettent le contrôle par possession ou intégration (en assurant certaines fonctions elle-même par intégration verticale en amont ou en aval). Dans le cas de la possession d'actifs constituant des avantages spécifiques (une marque ou un brevet par exemple), le recours à l'organisation devient souhaitable. Pour Williamson[15], en fonction du degré de spécificité des actifs et de la fréquence des transactions, on va prendre la décision soit de faire au sein de l'entreprise (hiérarchie), soit de faire faire (marché), soit de faire avec (contrat avec arbitrage de type sous-traitance, franchise, joint-venture, etc.).

La théorie de l'internalisation[16] et la théorie des coûts de transaction ont donné naissance à une branche de l'analyse économique importante en marketing international, l'économie des coûts de transaction. L'unité d'analyse est la transaction plutôt que la firme. **L'analyse de l'économie des coûts de transactions appliquée à l'internationalisation des entreprises explique l'impératif d'internalisation à l'origine des IDE** et a été appliquée au choix des modes de pénétration des marchés qui vont de l'export pur et simple à la création ou à l'acquisition d'une filiale à 100 %[17]. Face aux coûts de la transaction internationale, les avantages de l'internalisation (organisation hiérarchique de la production) sont la facilitation de la prise de décision, la réduction de l'incertitude et, globalement, l'internalisation des avantages propres aux entreprises. Par exemple, la possession d'un nom de marque reconnu mondialement poussera la firme à internaliser la production *via* des IDE si possible à 100 % pour maintenir un contrôle de qualité conforme à cette image de marque qui réduit les coûts de transaction pour les acheteurs (confiance, réduction des coûts de recherche de l'information). Elle gardera ainsi le contrôle sur son actif (sa marque mondiale) et en retirera un bénéfice (la reconnaissance mondiale) qui justifie les lourds investissements (et les risques) de lancement et de gestion des marques mondiales.

La recherche des contraintes institutionnelles favorables

La théorie institutionnelle[18] trouve ses sources en économie (qui met l'accent sur la dimension de performance) et en sociologie (qui met l'accent sur la dimension de légitimité). Les institutions :

- Constituent « les règles du jeu de la société ou, plus formellement, les contraintes conçues par les sociétés qui modèlent l'interaction humaine[19] ».
- Représentent « les structures et les activités cognitives, normatives et réglementaires qui apportent stabilité et significations au comportement social[20] ». Les institutions cognitives émanent du système social (comme les normes éthiques ou l'attitude par rapport à l'entrepreneuriat). Les institutions normatives renvoient au système politique (comme la

corruption ou la transparence). Les institutions réglementaires enfin touchent le système économique (comme la libéralisation économique ou le système réglementaire en vigueur).

Les institutions interagissent avec l'entreprise dans la définition des choix qui seront acceptables et supportables, c'est-à-dire qu'elles réduisent l'incertitude pour l'organisation. Elles se présentent sous forme de contraintes formelles ou informelles. Les premières incluent les règles politiques, les décisions légales, les contrats économiques. Les secondes incluent les sanctions sociales des normes de comportements qui sont enrobées de culture et d'idéologie.

Quand les contraintes formelles ne sont pas totalement efficaces (notamment dans le cas des économies émergentes, dont l'environnement en transition est composé d'institutions elles aussi en transition), les contraintes informelles entrent en jeu pour réduire l'incertitude. L'approche institutionnelle est donc particulièrement utile pour expliquer la stratégie d'entreprises dans les économies émergentes, notamment en Asie[21]. Ainsi, la stratégie des fournisseurs japonais des entreprises japonaises met l'accent sur les contraintes informelles du consensus fondé sur la confiance, plutôt que sur des contrats formels. Ou encore, l'essor de l'industrie indienne dans les domaines IT du *Business Process Outsourcing* s'explique largement par des changements politiques, réglementaires et sociaux comme l'accroissement des investissements dans l'éducation supérieure des élites et les réformes d'ouverture du marché indien.

La théorie éclectique

Finalement, une dernière théorie importante en marketing international est la théorie dite éclectique[22] du fait de la diversité de ses sources d'inspiration. Sous le terme générique du paradigme OLI (*Ownership, Location, Internalization*) se combine la prise en compte simultanée des trois grands domaines d'avantages spécifiques de type O (*Ownership*), L (*Location*) et I (*Internalization*) dont l'entreprise peut tirer parti en s'internationalisant. Dunning propose une typologie simple des stratégies de pénétration du marché en fonction de ces trois types d'avantages :

- la cession de licence : avantages de type O ;
- l'exportation : avantages de types O et I ;
- l'investissement direct : avantages de types O, L et I.

On voit donc que l'internationalisation impose inévitablement l'existence pour l'entreprise d'au moins un avantage significatif (O). De plus, l'investissement direct en unités de production n'est envisageable que si les trois types d'avantages se conjuguent positivement. Enfin, l'exportation ou la cession de licence peuvent s'envisager quand les avantages de localisation sont insuffisants (voir illustration 3.2).

En pratique, le choix entre exportation et IDE dépend de très nombreux facteurs, notamment des barrières tarifaires et non tarifaires au commerce international. Selon les avantages spécifiques de localisation du pays du marché lui-même, mais aussi des pays voisins envisagés pour leur proximité par rapport au marché final, un pays tiers pourra approvisionner le marché final dans des conditions plus avantageuses que si la production y était réalisée. Ces conditions proviennent notamment des avantages procurés par les zones intégrées (par exemple le Mexique pour approvisionner les États-Unis, ou l'Irlande pour approvisionner l'Europe continentale). En définitive, la localisation de la production dépendra des avantages spécifiques de localisation et des barrières au commerce existant à l'entrée d'un marché étranger. L'exportation simple depuis le pays d'origine n'est qu'un cas particulier où les avantages spécifiques de localisation du pays d'origine et les avantages spécifiques de l'entreprise sont suffisamment importants pour compenser les désavantages de la localisation sur le marché d'origine (comme les coûts de transport ou la moindre familiarité avec le marché étranger).

Illustration 3.2

Le paradigme OLI et la production de Renault dans les marchés émergents

La stratégie de croissance internationale de Renault sur les marchés émergents qui tirent la croissance de l'industrie automobile impose de pouvoir industrialiser, rapidement et sous différentes formes, la même plateforme partout dans le monde dans des conditions optimales[23]. La plateforme est la base technologique ou la référence technique du véhicule comprenant le châssis, le moteur et la transmission ; seulement après seront intégrées les adaptations de produits en fonction du résultat des études des normes réglementaires et sociologiques. Cette ingénierie globale de production pour répondre d'emblée à un marché mondial représente 38 sites industriels dans 17 pays, pour une production au plus près des marchés. Des principes de standardisation sont mis en place dans chaque site, garantissant un même niveau de qualité partout dans le monde ; en 2010, Renault n'a assemblé que 25 % de ses voitures sur le sol français. Au Maroc, l'usine inaugurée début 2012 travaillera à 95 % pour l'exportation sur les véhicules économiques de la gamme Dacia. L'application du paradigme OLI suggère que Renault valorise ici : (1) ses avantages spécifiques (*Ownership-specific advantages*), tangibles (comme la R & D, l'organisation industrielle) ou intangibles (comme son expérience internationale ou sa culture d'entreprise), dont les bénéfices sont démultipliés par les possibilités de transfert offertes par l'internationalisation ; (2) les avantages spécifiques de localisation (*Location-specific advantages*) des activités à Tanger au Maroc (coûts de main-d'œuvre représentant 20 % de ceux de la France, exonération de TVA liée à l'implantation dans la zone franche Tanger Méditerranée, présence locale de fournisseurs partagés avec l'autre usine du pays à Casablanca, et futur port promis comme très efficace) ; (3) les avantages d'internalisation (*Internalization advantages*) fondés sur le contrôle des activités clés permettant la création de valeur la plus proche des attentes des marchés émergents (qualité aux standards mondiaux, adaptation aux goûts et usages toujours locaux) à partir d'une production optimisée grâce à une structure multinationale (dans les domaines de la *supply chain*, du *design* de produit international, et des études marketing internationales très poussées).

Les décisions de production locale ont des conséquences marketing importantes. La production locale rapproche l'entreprise de ses clients, de ses distributeurs, de ses fournisseurs ce qui est toujours positif. En revanche, l'investissement direct à l'étranger est susceptible de subir les foudres des concurrents locaux, voire des consommateurs dans des campagnes en faveur de la protection des industries locales. Il faut aussi prendre en compte les effets liés à la perception (négative) des *made in* qui peut contrebalancer les effets (positifs) liés à la marque quand la production est transférée dans des pays à faibles coûts salariaux, mais parfois peu capables de garantir les niveaux de qualité initiaux obtenus dans le pays d'origine[c].

c. Voir chapitre 5 (p. 194).

2. La formulation des stratégies de marketing international

Les développements théoriques qui précèdent permettent de dégager plusieurs implications pour la formulation des stratégies de marketing international, tant en termes de démarche méthodologique que de principes directeurs.

2.1 La démarche méthodologique

La démarche d'analyse en marketing stratégique international est classique. C'est celle de l'analyse « confrontative »[24] qui est en réalité à la base de tout processus de décision et se fonde sur le modèle dit « de Harvard » ou analyse SWOT (*Strengths, Weaknesses, Opportunities, Threats*). **Le processus de décision résulte de la mise en regard des données externes et des données internes à l'entreprise selon un processus itératif de confrontation permanente et de diagnostics successifs** (voir figure 3.1).

Le diagnostic externe vise à identifier les opportunités et les risques associés à l'environnement de la firme. Le niveau d'analyse retenu peut être :

- Le secteur d'activité. Quand l'analyse est conduite à l'échelle d'un secteur d'activité, ou à celle des domaines d'activités stratégiques (DAS) si l'analyse est affinée aux différents domaines clés de l'activité de l'entreprise.
- Le marché (les acheteurs). Quand l'analyse est conduite à l'échelle d'un marché cible.

Cette configuration externe de l'environnement permet de définir l'attrait d'un secteur ou d'un marché spécifique et de mettre au jour les facteurs clés de succès ou les prérequis pour réussir qui sont valables pour l'ensemble de la concurrence.

Le diagnostic interne vise à identifier les ressources, compétences et modes de fonctionnement de l'entreprise sous la forme de ses principales forces et faiblesses. Cette configuration interne définit un profil d'atouts et son degré de maîtrise des facteurs clés de succès. Quand l'entreprise maîtrise mieux les facteurs clés de succès que la concurrence, elle peut espérer développer les bases d'un avantage concurrentiel sur ces facteurs.

Le diagnostic d'ensemble concluant l'analyse résulte de la confrontation des facteurs clés de succès (« ce qu'il faudrait faire ») avec les atouts de l'entreprise (« ce que l'on peut faire »). Sont ainsi mises en évidence les compétences distinctives (qu'il faudra optimiser) ou manquantes (qu'il faudra acquérir) à la source de l'avantage concurrentiel recherché. Une fois le diagnostic d'ensemble obtenu, la formulation de la stratégie de marketing international s'articule généralement autour de **l'identification de quelques « options » ou « solutions alternatives stratégiques »** qui seront évaluées (avantages et inconvénients) au regard des contraintes de leur mise en œuvre (en terme de faisabilité financière, d'implication temporelle, de moyens humains, etc.) et de leur contribution aux objectifs retenus. Ces derniers sont évidemment variés mais ils se structurent :

- au fil des phases de l'internationalisation (décisions pour s'implanter, développer le marché, coordonner les opérations marketing entre marchés) ;

- autour des questions clés de l'engagement pour servir les clients étrangers (décisions de choix de pays de modes de présence et de politique d'offre).

Enfin, au fur et à mesure de son engagement international croissant, l'entreprise devra faire face à des décisions unitaires par pays, mais aussi de plus en plus à des problématiques de gestion internationale de portefeuille de pays, de marchés, de produits, de marques, de modes de présence, etc.

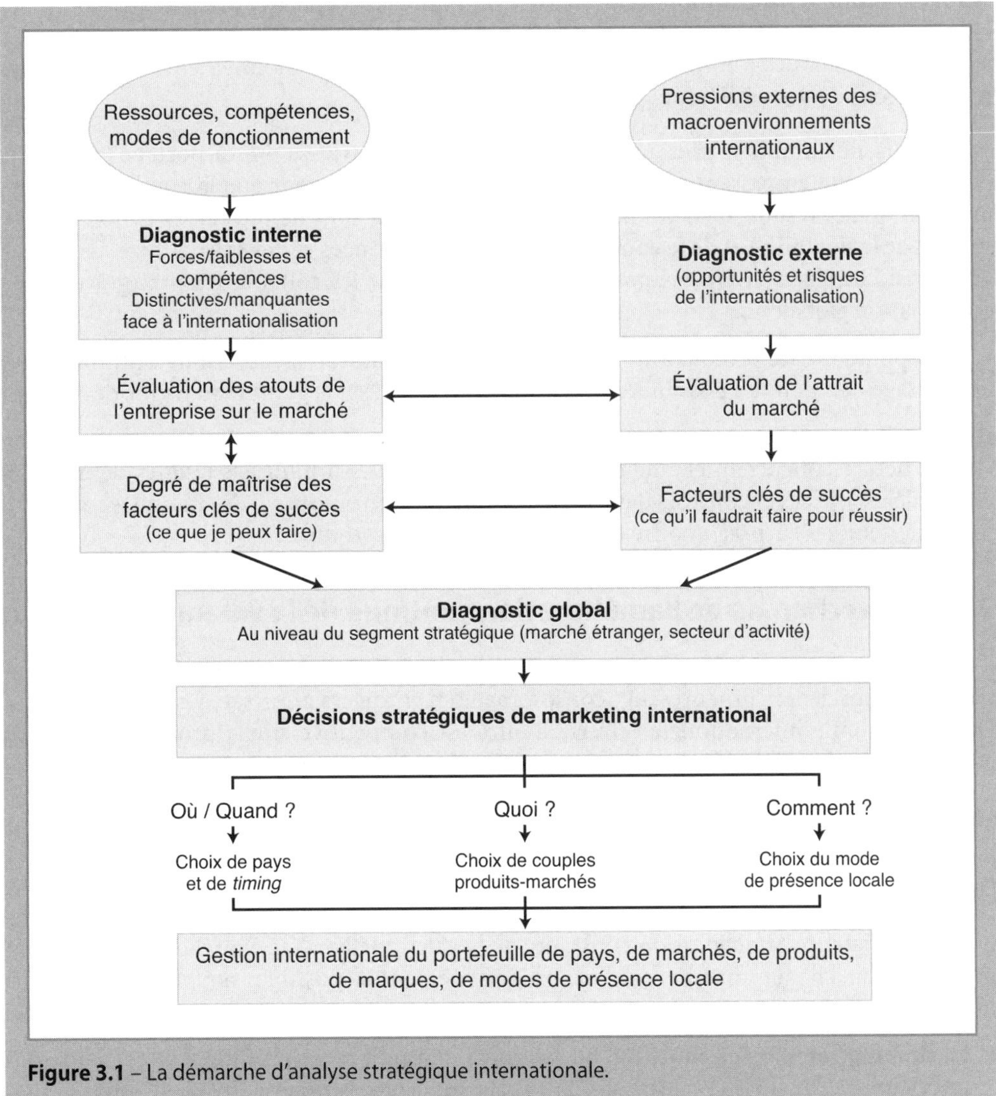

Figure 3.1 – La démarche d'analyse stratégique internationale.

2.2 Une orientation stratégique élargie : marchés et ressources

Un premier principe directeur dans la formulation de la stratégie de marketing international est que la recherche de l'avantage concurrentiel doit tenir compte simultanément des avantages tirés des opportunités de marché (*market-based strategy*), et des possibilités de levier sur les avantages spécifiques (*resource-based strategy*). En marketing, ces derniers peuvent varier selon les pays car les consommateurs, les concurrents et l'environnement seront chaque fois différents par rapport au marché d'origine. Les capacités de standardisation des offres au plan mondial sont donc limitées par le caractère plus ou moins homogène des avantages spécifiques à travers les pays, ce qui explique les positionnements différents des mêmes produits dans différents pays.

Par ailleurs, de nombreux exemples (cela est vrai de l'industrie du prêt-à-porter à l'industrie pharmaceutique en passant par l'industrie automobile) montrent que la compétitivité des multinationales résulte, dans les marchés turbulents (qui sont de plus en plus nombreux), surtout de **la flexibilité et de la coordination des compétences et des savoir-faire**. Elles peuvent ainsi changer souvent les produits tout en baissant les coûts et les prix grâce à une coordination globale[25] :

- des opérations de production : gestion de portefeuilles de localisations optimisant les avantages des pays, les possibilités d'économies d'échelle et la gestion du risque de change ;
- des leviers marketing : exploitation des possibilités de différentiels de prix en fonction de la structure concurrentielle de chaque marché (dans les limites des risques de marchés parallèles[d]), accès et contrôle des canaux de distribution associés à des marques fortes qui permettent des surprix, et offre d'une large gamme de produits.

2.3 La recherche de l'amélioration continue de la valeur des offres

L'offre marketing internationale est une combinaison de produits, de services, d'informations et d'expériences procurés aux consommateurs étrangers pour satisfaire leurs besoins. Dans l'économie internationale ouverte, l'offre est compétitive si elle procure une valeur et une satisfaction aux acheteurs supérieure à celle des concurrents. Cette valeur reflète la perception par l'acheteur de la capacité globale de l'offre à satisfaire ses besoins en termes de bénéfices (fonctionnels, sociaux, personnels, expérientiels…) et de coûts (monétaires, temporels, psychologiques…). La satisfaction résulte de la perception d'une valeur supérieure à la concurrence et détermine les chances de fidélité du client.

Dans la recherche d'amélioration constante de la valeur délivrée au marché, deux axes sont privilégiés sur chaque marché local et, progressivement si possible, sur plusieurs pays en même temps :

- **La domination par les coûts** quand les coûts cumulés pour produire cette valeur sont inférieurs à ceux de la concurrence. L'évaluation de la position relative de l'entreprise en termes de coûts implique d'identifier les coûts associés à la chaîne de valeur des principaux concurrents (locaux et internationaux) à partir de la connaissance des facteurs qui les affectent : effets de la courbe d'expérience (tirés de l'apprentissage et de la part de

d. Voir chapitre 6 (p. 237-240).

marché conquise), de l'innovation de la production, du degré d'utilisation des capacités de production, du degré d'intégration des activités, du moment de la pénétration d'un marché (au bénéfice souvent des pionniers, mais pas toujours), de la localisation de la production, des contraintes légales…

- **La différenciation par rapport à la concurrence** (locale, internationale) sur un ou plusieurs aspects du mix-marketing offert. La valeur perçue est susceptible de varier fortement selon les conditions d'environnement (demande et concurrence) des différents marchés (par exemple, les bénéfices attendus par rapport à la concurrence ne seront pas identiques pour une même offre dans les marchés matures ou en émergence). Les études marketing permettent de déterminer quels sont les attributs de l'offre où il convient d'être plus compétitif en valeur délivrée. La valeur étendue[26] ou la valeur partagée[27] remplacent de plus en plus la valeur ajoutée aux yeux d'entreprises et de clients soucieux de leur responsabilité sociale et environnementale dans leur production et consommation (voir illustration 3.3).

Illustration 3.3

RSE – De la valeur ajoutée à la valeur étendue

« La RSE est devenue une priorité inévitable des dirigeants d'entreprise partout dans le monde[28]. » Potentiellement, toutes les étapes de la chaîne de valeur ont un impact sur la RSE et il convient de transformer les activités de celle-ci pour en faire bénéficier la société dont la stratégie consistera à se saisir de nouvelles occasions où elle pourra développer des avantages concurrentiels. Le cadre conceptuel de la valeur étendue combine les trois étapes de la vie du produit (avant, pendant et après) et les deux environnements, écologique et social, où des externalités négatives peuvent avoir lieu et détruire à plus ou moins long terme de la valeur créée par l'échange à court terme. On obtient donc six dimensions couvrant tout le champ de la valeur étendue de manière synthétique et systématique au sein d'une *scorecard* hexagonale (Eco/Ante, Eco/Péri, Eco/Post, Socio/Ante, Socio/Péri, Socio/Post). Chaque dimension se décline en un ensemble de sous-dimensions caractéristiques du secteur analysé. Leur poids peut également varier d'un secteur à l'autre. On peut mesurer les scores sur chacune d'elles par trois critères : le niveau d'attentes des consommateurs pour la catégorie de cette marque, le niveau perçu par les consommateurs pour cette marque et le niveau réel de cette marque par rapport à sa catégorie. Une différence positive (négative) entre le niveau d'attentes et le niveau perçu peut être considérée comme une faiblesse (une force). Une différence positive (négative) entre le niveau perçu et le niveau réel peut être considérée comme une menace (une opportunité). Cet outil permet le diagnostic puis l'élaboration d'offres marketing socialement responsables pour chacune des variables d'action marketing. La Prius de Toyota par exemple utilise une approche intégrée de la valeur étendue sur les six dimensions prises simultanément.

Dans la quête de la différenciation comme de la domination par les coûts, de nombreuses entreprises créent de **la valeur à partir d'innovations** technologiques plus que des demandes des consommateurs. Cela est vrai des industries aux contenus *high-tech* (télécommunication, biotechnologies, électronique de pointe) comme de nombreuses industries aux produits banalisés (alimentation, couches pour bébés, cosmétiques, produits de nettoyage…).

L'introduction de nouveaux produits répond alors aux progrès technologiques que l'entreprise réalise en développant ses compétences de recherche et développement pour faire face aux nouveaux produits de la concurrence, lancés selon le même paradigme de la recherche du produit meilleur, plus rapidement et à moindre coût. Mais l'innovation créatrice de valeur n'est plus limitée (et pourrait l'être de moins en moins) au développement de l'offre produits-services, elle joue un rôle élargi dans la recherche de modèles économiques inédits pour satisfaire de manière durable et performante de nouveaux clients, dans de nouveaux pays, face à une nouvelle concurrence (par exemple les segments des clients à faibles revenus[29]).

2.4 Le ciblage des couples produits-marchés / pays : entre concentration et diversification

Les choix de ciblage international des couples produits-marchés (quels produits pour quels clients) / pays se font selon l'alternative stratégique de la concentration / diversification (voir figure 3.2). La concentration sur quelques couples produits-marchés / pays signifie la concentration des ressources marketing et le développement en profondeur de quelques segments du marché. La diversification impose une pénétration rapide sur un grand nombre de segments et la répartition des ressources entre eux.

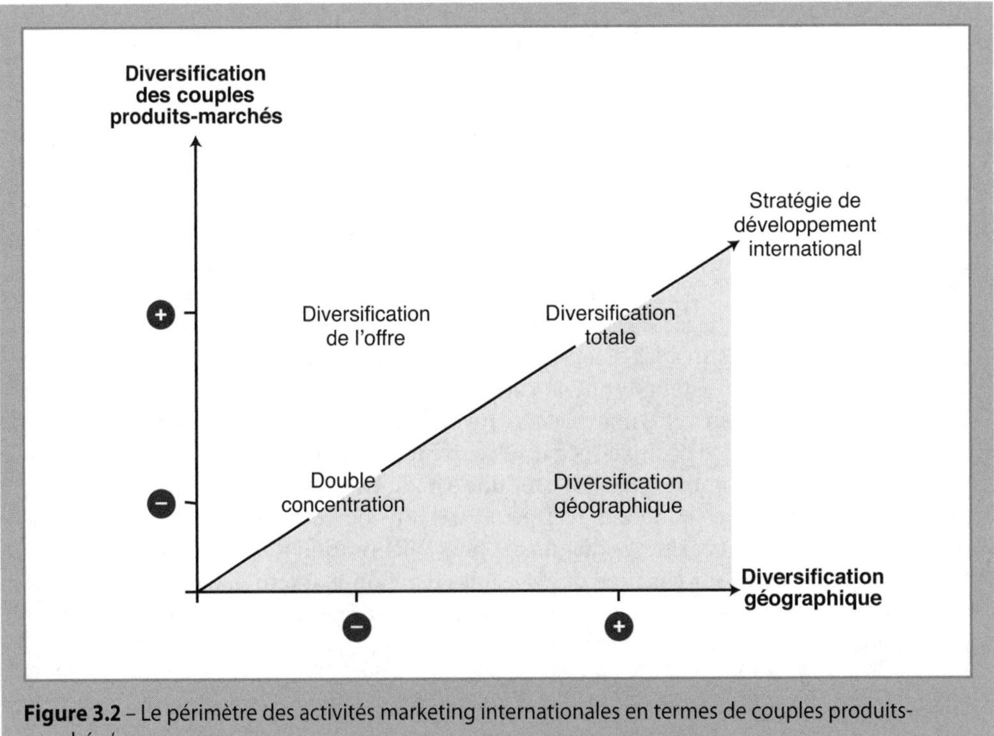

Figure 3.2 – Le périmètre des activités marketing internationales en termes de couples produits-marchés / pays.

La combinaison de ces deux dimensions (concentration *versus* diversification) permet d'identifier quatre stratégies génériques d'offre et de ciblage international :

- **La double concentration sur peu de pays avec une offre produits-marchés concentrée.** Elle s'observe souvent en phase initiale d'internationalisation (pour des raisons de minimisation des risques et des investissements, et de besoin d'apprentissage) ou en phase de repli stratégique à la suite d'une situation de vulnérabilité de l'entreprise face à une modification de son environnement (par exemple une concurrence nouvelle plus agressive).
- **La concentration sur quelques pays avec une offre diversifiée sur l'ensemble des couples produits-marchés de l'univers de besoins en question**. Cette stratégie n'est pas dominante en marketing international du fait des pressions favorables à l'internationalisation émanant de l'environnement (et poussant à la diversification géographique).
- **La concentration sur peu de couples produits-marchés répartis sur un grand nombre de pays.** C'est la stratégie de diversification géographique qui se fonde surtout sur la recherche des avantages procurés par une offre à dominante standardisée (économies d'échelle notamment) ciblant des segments dits « transnationaux » à qui on peut s'adresser de manière relativement homogène même s'ils sont localisés dans différents pays (par exemple Coca-Cola pour le marché des colas, ou Ikea pour l'équipement de la maison).
- **La diversification totale quand elle couvre l'ensemble des besoins d'un univers de besoins et le maximum de pays possible.** C'est l'option stratégique qui conduit à une mondialisation progressive de l'entreprise et qui caractérise la politique d'offre marketing des multinationales (voir illustration 3.4).

L'analyse des degrés de diversification des couples produits-marchés (spécialiste *versus* généraliste) / pays (diversification géographique) permet de délimiter le périmètre du portefeuille d'activités marketing internationales et son évolution souhaitée.

Illustration 3.4

Accor et la diversification totale des couples produits-marchés / pays[30]

En 2010, Accor devient un *pure player* hôtelier après quarante-cinq ans d'histoire. Premier opérateur hôtelier mondial de 145 000 collaborateurs, Accor propose un large portefeuille de marques complémentaires et attractives, représentant un portefeuille de 4 100 hôtels et 500 000 chambres. Ces marques couvrent tous les segments de l'hôtellerie pour s'adapter aux besoins de chacun des clients d'affaires et de loisirs. Cette stratégie multimarque, qui couvre tous les couples produits-marchés répartis dans 90 pays, confère à l'entreprise un positionnement unique face à des consommateurs de plus en plus exigeants.

	Standardisé		Non standardisé		Longs séjours		Expertises associées	
	International	*Régional*	*International*	*Régional*	*International*	*Régional*	*International*	*Régional*
Luxe			Sofitel, Sofitel Legend					
Haut de gamme			Pullman, MGallery			Grand Mercure Asia	Thalassa Sea & Spa	
Milieu de gamme	Novotel, Novotel suite		Mercure		Adagio			
Économique	Ibis, Etap, Formule 1 Ibis budget	Hotel F1 Motel 6	Ibis styles all seasons			Studio 6 (aux US et au Canada)		

http://www.accor.com/fr/marques.html

Illustration 3.4 (suite)

Accor, de moins en moins propriétaire des murs de ses établissements, s'affirme comme un fournisseur de services à forte valeur ajoutée pour ses partenaires. Quatre axes stratégiques majeurs ont été définis dans le projet d'entreprise du groupe afin de porter ces objectifs de développement ambitieux :

- Un portefeuille de marques fortes, en réponse à la segmentation de la demande et qui offre à la fois des produits standardisés et non standardisés.
- Une excellence opérationnelle, liée aux équipes reconnues et à une politique de distribution dynamique avec un système de réservation unique (« TARS 1 »).
- Un modèle économique unique (stratégie d'« Asset Right » engagée depuis 2005) qui consiste à adapter les modes de détention des hôtels en fonction du segment de marché et du pays d'implantation pour profiter des avantages procurés par la complémentarité des atouts respectifs de chaque modèle.
- Un plan de développement soutenu, avec un objectif de 35 000 à 40 000 ouvertures de chambres par an en rythme de croisière, essentiellement sur le segment économique en Europe et sur les pays en forte croissance.

2.5 Des liens multifonctionnels nombreux à prendre en compte

Un dernier principe directeur fort des stratégies de marketing international, en particulier dans les multinationales, est lié au fait qu'elles s'insèrent dans les stratégies de base du cercle de la décision d'internationalisation qui lie stratégies et fonctions[31]. En retour, les décisions stratégiques en marketing international ont un impact largement multifonctionnel sur l'ensemble de l'entreprise :

- **Le management de la technologie et la politique de propriété industrielle.** Les brevets mondiaux la protègent d'une concurrence sur les prix.
- **La logistique globale.** Le réseau logistique mondial permet de raccourcir les délais d'approvisionnements et de livraison, d'optimiser la gestion des stocks et la gestion de la relation clients (*Customer Relationship Management*, CRM).
- **La production à l'étranger.** Des sites de production dispersés au plan géographique permettent de s'approvisionner au meilleur coût et de serrer les prix pour gagner des parts de marché.
- **La finance.** La couverture centralisée du risque de change permet de limiter ce risque associé aux transactions commerciales internationales.
- **La gestion comptable et l'optimisation de la politique fiscale.** On tire profit des prix de transfert entre filiales pour localiser le bénéfice là où la taxation est la moins forte.
- **La structure d'organisation.** Une organisation décentralisée ou matricielle favorise le contrôle et l'équilibre entre réactivité locale et intégration globale, et le recours à un système d'information mondial sur les marchés, indispensable dans la gestion des grands comptes mondiaux (*global account management*).

- **Les partenariats dans le cadre de la stratégie concurrentielle.** Les partenariats stratégiques avec les concurrents peuvent permettre de mieux répondre aux forces du marché.
- **Le personnel.** Les mouvements de personnel expérimenté dans les nouveaux marchés permettent de transférer de la technologie et des savoir-faire et favorisent une certaine standardisation de l'expertise déployée tout autant qu'un apprentissage organisationnel.
- **Le management des risques internationaux.** L'entreprise peut mieux répartir les différents risques internationaux (politiques, juridiques, de change, concurrentiels...) à travers les couples produits-marchés × pays où elle se déploie.

3. Les principales décisions stratégiques de marketing international

Les stratégies de marketing international ont pour but général de satisfaire les besoins des consommateurs hors du marché d'origine, mieux que la concurrence (locale et internationale), dans le cadre des contraintes de l'environnement global et des ressources de l'entreprise. L'étude détaillée des caractéristiques de la demande internationale sera abordée au chapitre 5, les caractéristiques de l'environnement international ont été présentées au chapitre 1. Les développements précédents ont insisté sur les aspects de la décision du choix des marchés à pénétrer en priorité, de la localisation de la production et des modalités de présence à l'étranger (qui seront approfondies au chapitre 7). **Pour développer les marchés étrangers, trois décisions stratégiques clés doivent être prises : comment leur présenter l'offre ? Comment les développer dans le temps ? Quelles sont les spécificités du marketing dans les économies émergentes ?**

3.1 La présentation de l'offre aux marchés étrangers

La question de savoir s'il est préférable d'adapter (localiser) ou de standardiser son offre marketing (offre complète autour du produit, du prix, de la communication et de la distribution) sur les marchés étrangers est centrale compte tenu de la multiplication des contextes géographiques. Elle sera systématiquement posée pour les décisions stratégiques et tactiques qui portent sur le management de ces quatre variables de l'offre marketing (voir chapitres 5 à 8). Nous rendons compte ici du débat général et moins simple qu'il n'y paraît, sur les décisions d'adaptation et de standardisation de l'offre en marketing international.

La recherche de la standardisation internationale

La stratégie d'offre standardisée signifie que **l'entreprise commercialise un produit à l'étranger avec un seul positionnement et un seul mix-marketing**. La recherche de la standardisation se fonde sur une vision des marchés internationaux conçus comme homogènes[32] et sur un certain nombre d'hypothèses à caractère universaliste[33] : l'homogénéisation croissante des besoins mondiaux qui remet en cause la nécessité d'un mix-marketing ajusté à chaque marché, la préférence universelle pour les produits à bas prix et de qualité acceptable, la nécessité d'optimiser les économies d'échelle en production et en marketing en partageant les coûts sur plusieurs pays ou la nécessité, quand l'entreprise atteint le stade de la globalisation, de rechercher les synergies et une meilleure coordination des activités marketing internationales. Les avantages procurés par une stratégie d'offre à dominante standardisée sont nombreux (voir tableau 3.1).

Tableau 3.1 : Avantages comparés de la stratégie d'offre internationale standardisée *versus* adaptée

Avantages de la standardisation	Avantages de l'adaptation
• pour les produits *culture-free*	• pour les produits *culture-bound*
• pour les standards internationaux en matière technique, d'hygiène, de sécurité	• pour les standards locaux en matière technique, d'hygiène, de sécurité
• pour les produits exotiques ou ethniques	• l'automatisation permet des séries de production courtes à bas coût
• pour les consommateurs « mobiles »	• flexibilité de production entre marchés
• pour les segments produits-marchés transnationaux	• flexibilité de tarification (*pricing*) entre marchés
• efficacité opérationnelle due aux économies d'échelle (coûts de production, marketing et légaux inférieurs) et effets d'expérience	• possibilités d'apprentissage des marchés locaux
• limite la fragmentation des marchés	• exploite la fragmentation des marchés
• simplifie la prise de décision et la mise en œuvre	• meilleure identité locale du produit
• facilite le *reporting* et le contrôle	• communication plus signifiante

La standardisation est préférable si l'entreprise cherche la simplicité et des coûts bas. Dans l'ensemble, elle élargit les possibilités de rationalisation mondiale en amont de la chaîne de valeur : production, approvisionnements, logistique[34]. Et puisque le mix-marketing est au maximum inchangé, la mise en œuvre de la stratégie marketing est facilitée : le *reporting* et le contrôle sont simplifiés, comme le management de la distribution, de la promotion et de la communication de l'offre à l'international. Du fait de la recherche de standardisation, les coûts du marketing international (depuis les coûts d'études jusqu'aux budgets alloués aux variables du mix-marketing) ne souffrent pas de l'existence de « doublons ».

Cette option est aussi préférée quand l'entreprise propose un produit uniforme qui peut s'appuyer sur une image de marque mondiale uniforme (par exemple Benetton ou Levi's), ou quand il n'est pas vraiment possible de modifier les caractéristiques physiques du produit, par exemple dans le cas des produits artistiques (enregistrements musicaux, peintures, livres, cinéma). Il peut être aussi nécessaire d'apporter un service consommateur uniforme et homogène, comme dans le cas des produits qui satisfont les clientèles mobiles (cartes de crédit corporate, réparation de camions de transport international…).

Enfin, l'achat et l'usage de certains produits transcendent les différences culturelles et sont dits *culture-free*. Ils peuvent donc être proposés de manière uniforme régionalement, voire mondialement (produits industriels et technologiques, produits de consommation de masse qui ciblent des segments homogènes de consommateurs transnationaux comme celui des juniors, des adolescents, des seniors ou des élites dans les pays de l'Union européenne par exemple).

Les nécessités de l'adaptation internationale

La stratégie d'offre adaptée s'appuie sur un certain nombre de constats qui nuancent les possibilités et les bénéfices associés à la standardisation[35] :

- **L'hétérogénéité du cadre juridique** international rend tout simplement impossible la standardisation totale de l'ensemble du mix-marketing. Chaque pays dispose en règle générale d'un droit spécifique du commerce et de la concurrence (réglementations concernant les prix, la qualité, l'emballage, l'étiquetage, les ententes concurrentielles, les méthodes promotionnelles, les garanties…) ou de la propriété industrielle (protection des brevets, marques, copyrights sur dessins et modèles dans plusieurs pays).
- **L'argument des économies d'échelle de production est atténué par les évolutions technologiques**, comme l'automatisation et la conception modulaire des produits (modules de base polyvalents qui peuvent donner naissance à une variété de produits finis destinés à satisfaire des segments différents). On sait aujourd'hui (contrairement aux années 1970) comment produire à bas coûts des séries limitées de produits finis différents à partir de modules de base communs. La différenciation terminale ou retardée le plus tard possible dans la chaîne de production permet aussi d'affiner les niveaux d'adaptation en aval tout en bénéficiant en amont des économies d'échelle sur les séries longues de production des modules qui sont optimisés dans leur conception et leur nombre[36].
- **Enfin, l'argument de l'universalité des besoins mondiaux est souvent contredit par l'observation des différences culturelles**, en particulier quand elles portent sur les niveaux de culture implicites (la partie cachée de l'iceberg : normes, valeurs, processus cognitifs, représentations, significations). Même dans le cas de produits dont la demande est effectivement mondiale, il faut resituer l'offre et le processus d'achat et de consommation dans le cadre et les termes de l'environnement culturel local[e] : observation « en contexte » des traditions, des significations et fonctions du produit, des attentes et des freins spécifiques à l'achat, des processus d'achat, etc. L'hypothèse de l'universalité des besoins mondiaux est sans doute plus idéologique que réellement fondée et elle tend à confondre l'universalité des besoins avec l'universalité des moyens de satisfaire ces mêmes besoins dans une optique standardisée de qualité moyenne à bas prix (voir illustration 3.5).

Illustration 3.5

Ikea contraint d'adapter 50 % de sa gamme aux Américains

Le cas de l'expansion internationale d'Ikea est particulièrement instructif pour comprendre les dangers de la standardisation excessive[37]. Depuis sa création en 1947 en Suède, l'entreprise s'est développée pas à pas en Scandinavie, puis en Europe continentale avec succès en proposant le même concept standardisé à tous ses marchés dans un secteur (celui de l'habitat au sens large) pourtant très réputé pour ses différences culturelles (produits *culture-bound*). La philosophie qui consiste à « offrir une large variété de produits d'équipement de la maison, fonctionnels, à une qualité et un prix recherchés par la majorité des gens » a donné naissance au « style Ikea », caractérisé par un positionnement, une gamme de produits, une distribution, des prix et une communication uniformisés à l'échelle européenne.

e. Voir chapitre 5 (p. 181).

Illustration 3.5 (suite)

Si la standardisation a porté ses fruits et a permis à Ikea de profiter d'un positionnement concurrentiel unique fondé sur un avantage de domination par les coûts et de différenciation, le marché américain a été le cadre de son premier échec et l'occasion d'une évolution fondamentale de la stratégie marketing internationale du groupe. Aujourd'hui, 50 % de la gamme offerte aux Américains leur est adaptée et est produite aux États-Unis. Pour satisfaire la demande américaine, il a fallu adapter les produits, par exemple la taille des lits (jusqu'au *King Size* américain) ou des verres (pour contenir des glaçons), la taille des cuisines (plus grandes aussi), revoir l'aménagement des espaces (par exemple pour les frigidaires américains ou les plats à pizza), la couleur des canapés (pas de jaune qui connote la mauvaise qualité en ameublement), la qualité des tissus (pour le lavage plus froid qu'en Europe). Les services ont aussi évolué : nouvelles caisses plus rapides, services de livraison et montage… Enfin, le sacro-saint principe de management des magasins par des Suédois n'a pas résisté non plus aux nécessités d'avoir un encadrement américain sur place.

Au-delà de l'adaptation obligatoire au cadre réglementaire de chacun des pays visés, **les avantages procurés par une stratégie d'offre internationale adaptée sont nombreux** (voir tableau 3.1). Celle-ci est mieux adaptée aux produits dont la symbolique et l'usage sont très dépendants de l'environnement culturel (produits *culture-bound*). Elle permet de tenir compte des particularités des attentes qualitatives et quantitatives des marchés étrangers et, souvent, débouche sur une plus grande part de marché. Elle conduit à proposer une offre qui a une meilleure identité locale, soutenue par une communication elle-même locale, facilitant le réachat. Du point de vue tarifaire, l'adaptation procure une flexibilité qui permet de mieux exploiter les différences encore bien réelles de pouvoir d'achat entre marchés, tout en limitant les risques d'importations parallèles[f]. Enfin, elle laisse la place aux possibilités d'observation de produits locaux dont certains pourront être de bons candidats pour innover dans d'autres marchés (approche L'Oréal de la marque de produits ethniques SoftSheen Carson d'origine américaine ciblant les populations afro, radicalement relookée et massivement internationalisée en Afrique subsaharienne).

Les stratégies mixtes

L'opposition entre la logique économique d'uniformisation ou la logique culturelle adaptative ne fonctionne que de manière caricaturale puisqu'en pratique standardisation et adaptation doivent être combinées. Le marketing interculturel mondial n'est pas contradictoire avec la recherche de l'efficacité économique, pourvu qu'il contribue à la stratégie d'ensemble en proposant des programmes de marketing qui combinent la recherche de la satisfaction des consommateurs dans le cadre de l'efficacité organisationnelle de l'entreprise.

On peut ainsi formuler une démarche pas à pas de la décision d'offre internationale :

1. **Adaptation obligatoire au cadre réglementaire** (mise en conformité légale).
2. **Adaptation nécessaire aux spécificités** naturelles (géographie physique et humaine), culturelles (attentes qualitatives et quantitatives de la demande) et économiques (concurrence et niveaux de pouvoir d'achat).

f. Voir chapitre 6 (p. 237-240).

3. **Alignement du marketing avec la production** pour définir les limites de l'adaptation imposées par l'économie de la production. L'entreprise pourra utiliser une variété de techniques, comme la différenciation terminale (au plus loin dans le processus de production, modèle Benetton qui adapte la couleur au dernier stade de production de la teinture), la production modulaire (économies d'échelle sur les modules dont l'assemblage donne pourtant des versions de produits adaptées, modèle des cockpits d'Airbus, du restaurant chinois ou de la fabrication de camions par Scania, mass-customization, économies d'échelle sur les composants dont l'assemblage donne des versions uniques du produit[38]) et design international de produit (conception dès le design d'une plateforme produit susceptible de répondre au plus grand nombre de normes légales et sociales, modèle Ikea ou de la Logan).
4. **Prise en compte du volet organisationnel des décisions d'adaptation-standardisation** : dans quelle mesure ces décisions doivent-elles / peuvent-elles être centralisées ou décentralisées, à quel niveau (pays, région, monde), avec quelles conséquences pour le contrôle, la motivation des équipes marketing locales et la capacité à travailler ensemble ?

La décision d'adaptation-standardisation se fera donc systématiquement au niveau de chacune des composantes de l'offre (« les 4 P » du mix-marketing) et de leurs attributs (les attributs du produit, du prix, de la distribution et de la communication). L'offre marketing sur les marchés étrangers est donc essentiellement hybride. La question clé est de savoir où, quand et pourquoi il est préférable d'adapter ou de standardiser telle composante sur tel attribut de l'offre (voir illustration 3.6).

Illustration 3.6

McDonald's, le standard très adapté

Le géant américain de la restauration rapide McDonald's a de nouveau réalisé des résultats records en 2010 avec un bénéfice de 4,94 milliards de dollars (+ 9 % par rapport à 2009) pour un chiffre d'affaires de 24,07 milliards (+ 6 %). Le groupe sert quotidiennement plus de 62 millions de clients, dispose d'un réseau de plus de 32 000 établissements, emploie 1,7 million de personnes dans 117 pays et prévoit de poursuivre son expansion (ouverture de 1 100 nouveaux points de vente en 2011). Il faut dire que la croissance du secteur de la restauration rapide, en particulier dans les marchés émergents, est particulièrement porteuse. L'enseigne est souvent perçue comme très standardisée mais une analyse rapprochée du marketing international de McDo suggère une stratégie bien plus adaptative qu'il n'y paraît. C'est peut-être même là que réside l'une des clés de son succès dans un secteur très *culture-bound* (la restauration) pour une entreprise de taille mondiale qui doit tirer avantage de la standardisation et de l'adaptation en même temps. Ainsi :

- La standardisation porte sur le concept autour de la marque (dans sa partie verbale et non verbale) et des normes (qualité de service, propreté et valeur délivrée) au cœur du modèle, la formation des responsables aux États-Unis (nécessaire au déploiement du modèle), l'organisation du travail et diverses méthodes de management (la distinction des meilleurs employés), le modèle commercial de la franchise appliqué dans 75 % des cas (permettant une forte standardisation du savoir-faire transféré), et le cœur de cible, maintenu autour des jeunes qui achètent davantage des valeurs occidentales (l'individualisme, le temps rapide, le matérialisme, le progrès) que de la nourriture américaine.

Illustration 3.6 (suite)

- Quasiment tout le reste est adapté aux contextes locaux : la législation des pays (emplacements autorisés des points de vente, horaires d'ouverture ou droit du travail), les relations avec les franchisés locaux (hommes d'affaires locaux), la décoration intérieure (concept de « restaurant »), et enfin (ou surtout), une large proportion des produits offerts (des Prosperity Burger pendant le nouvel an chinois en Malaisie, à la viande halal dans les pays musulmans, en passant par le McVeggie pour les végétariens en Inde, le McLobster au Canada, ou le burger au riz à Hong Kong). Il en est de même pour les boissons et les sauces. Le prix est très adapté, au point de servir d'indice du pouvoir d'achat à travers le monde (le BigMac Index produit par *The Economist* chaque année[39]). La communication enfin (publicité, marketing direct, promotions, relations publiques) est nécessairement adaptée aux différents styles de communication et langues locales, aux degrés de maturité des marchés et aux conditions concurrentielles. Seules les opérations de sponsoring global pour les plus grands événements sportifs sont réellement mondiales. Cette offre adaptée constitue un vecteur de popularité important dans chaque marché, mais aussi d'apprentissage et d'innovation pour l'entreprise dans son ensemble[40].

3.2 Le développement des marchés dans le temps

La stratégie de marketing international, en tant que moteur de la stratégie d'internationalisation, est directement liée à la phase de développement des marchés étrangers dans laquelle se trouve l'entreprise. Trois phases clés peuvent être utilement distinguées qui correspondent aux trois grands moments du développement international, impliquant des stratégies de marketing international contrastées[41].

Les trois phases du développement international et les questions de marketing stratégique associées

Il s'agit de la « phase 1 » (*first landing*), du marketing d'implantation initiale, de la « phase 2 » (*go native*) du marketing d'expansion locale, et enfin de la « phase 3 » (*go global*) dominée par la recherche d'un marketing global (voir figure 3.3).

À ces trois phases de développement international correspondent des contextes stratégiques très différents : taille et périmètre des activités de l'entreprise (couples produits-marchés/pays), expérience acquise par l'entreprise, orientation stratégique dominante (marché, ressources). Les facteurs (internes et externes) qui déclenchent le passage au stade supérieur d'internationalisation évoluent entre les phases (déclencheurs liés aux opportunités et risques perçus à un moment donné), ainsi que les priorités et leviers d'action marketing, et donc les décisions de marketing international à prendre. En pratique, la complexité du marketing management est logiquement la plus forte dans le cas des multinationales : celles-ci « repartent » en phase 1 quand elles pénètrent de nouveaux marchés et pays (ainsi des années 1980 à la fin des années 1990 pour leur implantation initiale dans les marchés émergents juste ouverts), et doivent gérer la phase 2 de développement local dans les marchés existants, pour finalement intégrer les priorités du marketing global résultant d'une présence élargie (portefeuille de marchés). La différence par rapport aux entreprises qui s'engagent pour la première fois à l'international (phase 1) ou aux entreprises internationales (phase 2) est que la multinationale prendra ses décisions de phases 1 et 2 dans le cadre des contraintes et ressources de la phase 3 qui pèsent sur l'ensemble de l'organisation. L'approche ressources tend donc à prédominer en phases 1 et 3, tandis que l'approche marché est primordiale en phase 2.

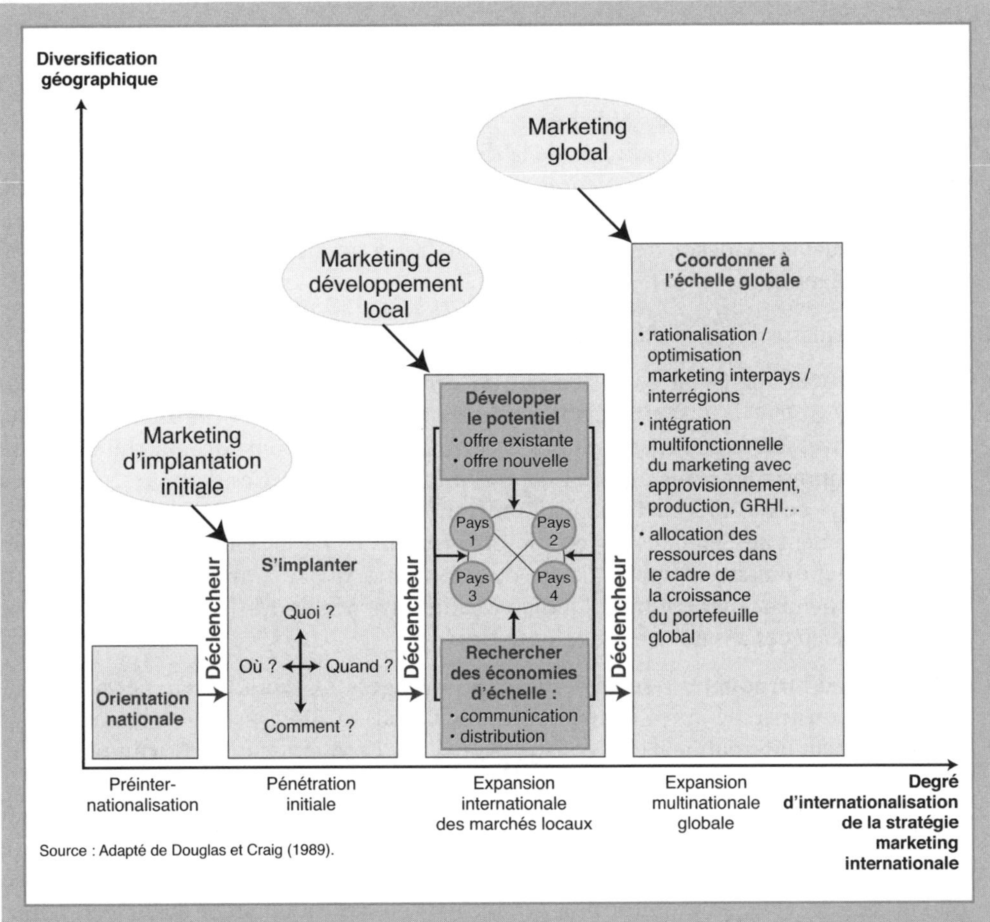

Figure 3.3 – Les trois phases du développement sur les marchés étrangers et les stratégies marketing associées.

La stratégie de marketing international est donc un processus évolutif qui est adapté au degré d'expérience et de développement sur le marché étranger. Les priorités, les décisions clés, les moyens d'action varient tout au long de ce processus : l'entreprise déploie *des* stratégies qui s'ajustent aux conditions de développement des marchés et à ses impératifs d'efficacité internes à chaque stade de son internationalisation. Les personnes chargées de mettre en œuvre ces différentes stratégies n'ont d'ailleurs pas les mêmes profils : pionnier en phase 1 (responsable export), développeur en phase 2 (responsable de filiales) et orchestrateur en phase 3 (*Global Marketing Officer*).

S'implanter sur des nouveaux marchés à l'étranger

La phase initiale d'internationalisation est cruciale en ce sens qu'une mauvaise décision ou une mauvaise performance à cette étape peuvent déboucher sur un échec et un désengagement qui sera souvent coûteux pour l'entreprise (coûts financiers, temporels, d'image, coûts psychologiques pour les décideurs...). C'est pourquoi il est important d'abord de connaître les raisons (déclencheurs et objectifs) qui poussent l'entreprise à s'internationaliser[g]. En phase 1, les efforts de celle-ci sont surtout dirigés vers l'identification de marchés potentiels à l'étranger pour des produits-services existants. On cherche logiquement à offrir ce que l'on sait faire le mieux pour minimiser les coûts (c'est-à-dire à utiliser des avantages acquis) et on n'effectue que les adaptations obligatoires imposées par l'environnement juridique et les adaptations nécessaires aux conditions de la distribution locale. C'est-à-dire que l'on s'appuie sur les capacités et les compétences distinctives clés développées initialement sur le marché domestique (ou sur d'autres marchés, quand l'entreprise est par ailleurs déjà en phase 2 ou 3 quand elle découvre un nouveau marché) et qui peuvent être exportées avec le minimum d'adaptation vers le nouveau marché.

À ce stade, les quatre domaines de décisions stratégiques principales sont :

- **Les pays à pénétrer (« où ? »).** L'entreprise privilégie généralement les pays dont les marchés présentent la distance d'affaires (distance géographique, culturelle, politique, administrative, juridique, économique) la plus faible par rapport au marché d'origine (afin de minimiser les coûts des transactions internationales)[h]. Ces dernières années, les choix de pays de certains champions des marchés émergents suggèrent aussi que s'attaquer directement aux marchés les plus lointains (dans ce cas les plus matures) peut être un accélérateur puissant d'apprentissage de l'international par le niveau de plus exigeant de l'environnement (par exemple, l'indien Mahindra et Mahindra Tractors ou le chinois Haier au milieu des années 1990 aux États-Unis).
- **Le rythme d'introduction sur les marchés étrangers (« quand ? »).** Le lancement séquentiel (un marché après l'autre) permet l'allocation progressive des ressources au développement international et la construction d'une expérience qui s'enrichit peu à peu. Cependant, le lancement simultané sur plusieurs marchés en même temps peut être préféré si les ressources le permettent, quand la similarité entre eux est suffisante (stade du cycle de vie du produit notamment), ou quand on cherche à préempter la concurrence grâce à l'établissement d'une tête de pont sur tous les marchés en même temps (jeux vidéo ou logiciels de sorte à capter une plus grande part possible du marché avant le développement inévitable des copies).
- **Le mode de pénétration du marché étranger (« comment ? »)[i].** Il faut savoir quel sera le mode d'entrée le plus adapté (application du paradigme OLI notamment).
- **L'offre à proposer aux clients et aux consommateurs.** On pense à la standardisation de l'offre produit-marque pour optimiser les leviers marketing dont on dispose déjà et pour pallier le manque d'expérience sur le nouveau marché. La phase initiale se fonde généralement sur la reconnaissance des différences nécessaires, mais pour finalement mettre

g. Voir chapitre 2 (p. 55-66).

h. Voir chapitre 4 pour les approches de choix de pays (p. 141-147).

i. Voir chapitre 7 (p. 252-254).

l'accent sur les similarités par rapport au marché d'origine. L'orientation dominante de la stratégie d'offre est la recherche de la valorisation des ressources marketing déjà existantes (voir illustration 3.7). Quand les moyens le permettent, il est aussi possible de racheter des marques locales fortes qui favorisent une pénétration rapide par acquisition d'une part de marché installée.

Illustration 3.7

L'implantation de MSN en France

En 2003, MSN (portail éditorial de Microsoft) estime que la France dispose d'un potentiel anticipé en termes de nombre d'internautes (en 2009, Médiamétrie l'évalue à 33 millions d'internautes de 11 ans et plus, soit 62 % de la population). Le développement international du portail vise également les économies d'échelle. Les risques découlent d'un marché historiquement tenu par l'opérateur télécom national, Wanadoo devenu Orange, et des différences culturelles entre les pays en termes d'attentes éditoriales locales. Le mix-marketing d'implantation initiale propose :

- pour le produit : une plateforme MSN corporate (US) avec des adaptations locales minimes (langue, fil d'information) et des services disponibles *via* les partenaires américains (Match.com pour la rencontre, Expedia pour le voyage, Monster pour l'emploi…) ;
- pour les prix : la gratuité pour l'internaute (modèle économique de financement par la publicité) et un prix fixé aux annonceurs en fonction du niveau local du CPM (coût pour 1 000 impressions) ;
- pour la distribution et la communication : aucun effort particulier au-delà de l'adossement à l'URL de téléchargement et de mise à jour des produits Microsoft (http://www.microsoft.com/fr-FR/default.aspx).

La phase de « go native » est déclenchée par le taux de croissance des usages d'Internet qui s'accompagne d'un fort taux de croissance des revenus publicitaires du portail MSN (croissance à deux chiffres). Il s'agira alors pour l'entreprise de développer le potentiel du marché (en commençant à acheter du contenu éditorial plus local dans ces pays, en lançant de nouveaux services, mais aussi en cherchant les économies d'échelle relatives au produit, à la communication et à la distribution avec des partenaires américains et internationaux des produits-services de MSN). Le développement des marchés locaux les plus importants se poursuivra dans le cadre d'une stratégie de marketing global où la dimension organisationnelle et multifonctionnelle augmente. Le déclencheur date de 2007, quand les revenus hors USA dépassent les revenus du marché d'origine (presque un milliard de dollars, soit 5 % du revenu total de Microsoft). Le marketing global a alors vocation de coordination marketing interpays / interrégions en fonction de la segmentation par pays et régions : la région Europe est composée de trois zones phares en potentiel de revenus – 1 (UK), 2 (FR-GER) et 3 (autres pays) –, une gestion des budgets qui s'opère dans le cadre du portefeuille de pays)[42].

Développer les marchés étrangers locaux

En phase 2, l'objectif général de la stratégie marketing est le développement des marchés locaux pénétrés en phase 1, tandis que l'introduction sur de nouveaux marchés continue éventuellement. En effet, il faut généralement faire face à l'évolution de la concurrence locale et des autres contraintes du marché, ou à celle des opportunités liées à l'évolution de la demande locale. Ainsi, pour alimenter la croissance des marchés, il faut identifier des opportunités supplémentaires pour les activités établies. Pour cela, les leviers de l'expansion du marché sont liés à une meilleure utilisation des ressources et des compétences clés grâce à l'organisation mise en place dans chaque pays pour développer l'offre produit : ressources tangibles (comme les réseaux de production ou de distribution) ou intangibles (comme les connaissances de R & D ou la familiarité avec le marché).

De manière significative, le management évolue vers une participation locale plus importante car pour développer les marchés, le personnel local est bien souvent le mieux placé grâce à son expérience et à sa compréhension « de l'intérieur ». Il faut analyser en permanence l'évolution de la demande et répondre aux jeux concurrentiels locaux, de sorte que l'orientation stratégique dominante est celle du marché (même si la puissance des ressources conditionnera le type de stratégie de développement du marché possible – par exemple la possibilité de s'engager dans une guerre des prix). On cherche plutôt à privilégier les différences d'offre par rapport aux similarités avec le marché d'origine sans négliger les possibilités d'économies d'échelle. Tous les moyens marketing pourront concourir à développer l'entreprise :

1. **La politique produit, d'abord.** Modifications ou adaptations de produits, lancement de variantes du produit, élargissement des portefeuilles de marques, extensions de gammes ou développement de nouveaux produits adaptés aux marchés locaux.
2. **La politique de prix, ensuite.** Stratégie de pénétration des marchés locaux (baisse des prix souvent).
3. **La politique de communication.** Promotion des ventes et publicité optimisées au niveau local.
4. **La politique de distribution, enfin.** Renforcement de la présence et de la performance locales (voir illustration 3.8).

Illustration 3.8

Le marketing d'expansion locale de Citroën en Chine

Après un démarrage difficile en mai 1992 à Wuhan (capitale très industrialisée du Hubei, au centre de la Chine, qui compte 55 millions d'habitants), la société mixte DCAC a gagné 9,2 % du marché automobile chinois et elle est devenue bénéficiaire en 1999. Pour en arriver là, elle s'est mobilisée sur tous les fronts d'une implantation initiale lourde : transfert complet de la technologie de fabrication de la ZX (il faut dix ans pour transmettre ce type de savoir-faire) et signature d'accords de coopération avec les équipementiers français et chinois (130 à 140 accords, dont une bonne centaine créant des sociétés mixtes). Du point de vue de l'offre, le mix-marketing d'implantation initiale était caractéristique d'un « prémarché » automobile : un seul modèle (la ZX Fukang), un prix de 89 000 francs (niveau européen), une distribution dans les magasins d'État (10 concessions pilotes seulement), et une communication centrée sur le rallye Paris-Pékin et la publicité télévisée.

Le marché automobile chinois décolle seulement en 2002-2003 quand il augmente de 80 % (libéralisation du crédit à la suite de l'adhésion à l'OMC). À partir de 2004, les cartes se redistribuent et Citroën passe d'un mix-marketing d'implantation initiale à celui du développement local. Désormais, tous les grands constructeurs mondiaux sont présents en Chine sans parler de la montée en puissance des constructeurs locaux publics et privés. La stratégie de développement local s'appuie sur les composantes de l'offre :

- **Produits-services.** La gamme offerte s'élargit pour capturer des parts de marché (nouvelles plateformes de production, compléments de gamme en importation, un groupe / deux marques), renforcer l'image de la marque (pionnière, innovante, familiale), ou lancer constamment des nouveaux produits.
- **Prix.** Cela consiste à répercuter les acquis des économies d'échelle pour baisser un peu les prix, et surtout favoriser l'accès au financement (en direct avec PSA finance, ou en partenariats).
- **Communication.** Elle a pour but de continuer à développer la notoriété et à asseoir l'image de la marque (publicité), sans oublier d'accompagner les mutations de l'espace urbain chinois (relations publiques), de s'insérer dans l'espace politique chinois (lobbying), et de pousser les produits dans certaines occasions (promotion).
- **Distribution.** Elle vise à développer la distribution numérique pour couvrir les zones de chalandise plus étendue à l'échelle du pays (développer les zones urbaines, à l'est).

En 2009, Citroën a enregistré un record en Chine (avec 165 000 véhicules livrés, soit + 57,5 %, dans un marché devenu le premier au monde et le deuxième pour la marque) et elle entend poursuivre cette dynamique de développement local, dont le signal le plus fort est la présentation de la Metropolis, son premier prototype à motorisation hybride entièrement conçu dans son centre de design de Shanghai. Pour poursuivre sa croissance, Citroën renforce son développement local avec une nouvelle joint-venture pour accroître ses capacités de production (objectif 200 000 véhicules par an), l'accroissement de son réseau de points de vente et l'extension de sa gamme (elle couvre désormais 70 % du marché chinois, après le lancement en début d'année de la C5 dans le haut de gamme, qui complète les familles C-Élysée et C-Quatre de milieu de gamme)[43].

Coordonner les marchés au niveau global

La phase 3 commence généralement quand plus des deux tiers des ventes sont réalisées à l'étranger et qu'il devient nécessaire de limiter la fragmentation des marchés qui résulte logiquement de la phase d'expansion adaptée à chacun d'eux. Cette dispersion naturelle est source de difficultés de coordination interpays et aussi de coûts additionnels (coûts des « doublons » et de la complexité). La phase 3 se déclenche également avec l'apparition d'opportunités de transferts plus systématiques de produits, de marques ou d'idées d'un pays à l'autre. La stratégie de marketing global cherche donc l'efficacité optimale liée au champ régional-mondial des activités de marchés, et l'identification des possibilités d'expansion et de croissance à ces échelles (régionale-mondiale). Les marchés sont considérés comme interdépendants, et l'allocation des ressources se fait dans le cadre du portefeuille d'ensemble des marchés étrangers.

Les leviers sur lesquels l'entreprise pourra s'appuyer sont d'abord liés aux effets de synergie potentielle résultant du caractère multinational de ses opérations : affirmation des méga-marques (générant plus d'un milliard de dollars de chiffre d'affaires), transferts de produits et de services, transferts des meilleures pratiques (*best practices*) d'un marché à l'autre, transferts des talents par une gestion du réservoir de HiPo (*High Potentials*). Les produits ou les idées utilisés en communication avec succès dans un pays peuvent être transférés à d'autres pays, ou les profits ou le cash d'un pays peuvent être utilisés pour financer la croissance ou développer une politique concurrentielle agressive dans un autre marché. Les matrices stratégiques classiques peuvent ainsi être appliquées pour traiter le cas de la diversification géographique (comme le modèle BCG 1 fondé sur l'analyse des taux de croissance du marché et de la part de marché relative de l'entreprise, les pays étant positionnés dans la matrice). L'entreprise s'appuiera en parallèle sur des mécanismes organisationnels d'intégration, de coordination globale et de contrôle de sa stratégie marketing[j], preuve que la dimension organisationnelle de la stratégie marketing s'accroît considérablement.

Les principales décisions en phase de globalisation portent sur :

- **L'amélioration de l'efficacité marketing.** Sont visés les mécanismes de coordination et de rationalisation des opérations entre pays et entre domaines fonctionnels de l'entreprise. On peut pour cela centraliser, au moins à l'échelle régionale, les fonctions stratégiques de R & D, d'approvisionnement, de design ou de gestion de trésorerie internationale, ou mettre en place des réunions de coordination marketing périodiques entre les principales implantations.
- **La formulation d'une stratégie de développement globale.** Cela recouvre la vision globale dans les objectifs, la segmentation, le ciblage, le mix-marketing international, l'allocation des ressources entre pays, marchés, modes d'opérations à l'échelle mondiale, l'intégration des activités entre les marchés et la consolidation des capacités de réponse optimale aux différents marchés locaux. L'offre devra satisfaire aux conditions d'économies en limitant les adaptations et en recherchant les synergies globales (transfert des meilleurs produits et pratiques entre les pays). L'offre devra aussi favoriser le développement d'opportunités à l'échelle mondiale (innovation). Ainsi, au stade le plus avancé de l'internationalisation, le marketing international de l'entreprise compétitive sait articuler les nécessités de la standardisation et celles de l'adaptation dans une perspective mondiale. L'orientation stratégique dominante est celle de la combinaison de la maximisation des ressources (*resource-based strategy*) et d'une approche coordonnée et synergique au plan mondial (*market-based strategy*) [voir illustration 3.9].

Illustration 3.9

Le marketing global de Procter & Gamble

Sur le marché mondial où s'affrontent les grands lessiviers, Procter & Gamble rappelle les fondamentaux du succès de son marketing global qui en font la société possédant plus de marques leader que toute autre firme de grande consommation. La stratégie globale qui s'applique à toutes les catégories de produits et se fonde sur trois piliers pour développer la croissance[44] : *more consumers in more parts of the world, more completely* (p. 2).

j. Voir chapitre 10 (p. 376-392).

Illustration 3.9 (suite)

Elle dispose de plusieurs ressources pour y parvenir : un portefeuille de 23 mégamarques qui génèrent chacune plus d'un milliard de dollars de chiffre d'affaires dont la dernière est Ace (et une réserve de marques qui peuvent prétendre à ce statut), une capacité d'innovation sur toute la chaîne de valeur (de la R & D jusqu'à la conception des produits et à la distribution électronique), un schéma organisationnel dont la mise en œuvre achevée en 2005 a permis d'augmenter la diffusion de l'innovation au plan mondial et la rapidité de réactivité locale. La force principale de l'entreprise est sa capacité à innover grâce à des investissements décuplés du fait de sa taille mondiale, qui en font le fabricant de produits de grande consommation le plus créatif des dix dernières années. Le programme de recherche se déploie pour toucher plus de consommateurs (innovations pour satisfaire tous les segments du haut et bas de la pyramide économique), dans plus de pays (innovation et expansion géographique dans les nouveaux marchés encore non explorés), de manière plus complète (innovation pour améliorer les produits existants en créant des catégories adjacentes et en élargissant les portefeuilles produits). Enfin, la posture mondiale impose une attention particulière accordée à la dimension multifonctionnelle du marketing international : réduction des coûts par la simplification (objectif de réduire les 16 000 formulations produits de 30 % et les 4 000 couleurs de packaging de 50 à 75 %), digitalisation (développement de systèmes d'information standardisés pour améliorer l'information et la rapidité de prise de décision), accroissement de la productivité par utilisation du levier stratégique de la taille de l'entreprise (si les catégories, marques, pays et fonctions apportent leur propre contribution, au niveau de l'ensemble du groupe, l'efficience est décuplée par une allocation des ressources de manière globale).

3.3 Les stratégies de marketing international dans les économies émergentes

En marketing, un « marché » est l'expression d'une « demande », c'est-à-dire d'un « vouloir d'achat » (censé refléter des besoins), couplé d'un « pouvoir d'achat » (permettant le paiement de l'objet de l'échange). C'est pourquoi la Chine ou l'Inde ne sont pas des « marchés au milliard », même si leur population dépasse cette taille. La segmentation par la distribution des revenus reste en effet la première sur les marchés émergents, même si d'autres critères ne sont pas exclus. Comme partout, à l'échelle de chaque pays, la segmentation par les revenus doit souvent être complétée par d'autres critères : segmentation géographique et culturelle (régions dans le cas des très grands pays), en fonction de l'habitat (rural *versus* urbain, le monde rural étant encore majoritaire dans de nombreux pays), en fonction du statut social lié à l'origine d'appartenance dans les pays de grande diversité (par exemple en Inde, il faut tenir compte des différences entre hindous et musulmans, puis entre Dalit – hors castes – et Adivasi – population aborigène d'origine[45]), ou en fonction de la répartition des dépenses de consommation ou de revenus en fonction des classes sociales (*SocioEconomic Classes*, SEC) qui combinent des indicateurs d'éducation, de revenus ou d'habitat.

La segmentation par la distribution des revenus

Face à la segmentation des marchés émergents, les stratégies de marketing seront, comme dans les pays industrialisés, différentes en fonction des cibles de la pyramide économique : les segments du TOP (*Top of Pyramid*), du MOP (*Middle of Pyramid*) et enfin du BOP (*Bottom of Pyramid*). Mais la question de l'évaluation statistique de la répartition de la « richesse » (et donc de la « pauvreté ») nécessaire à l'existence d'un pouvoir d'achat est extraordinairement complexe, à l'échelle de chaque pays et *a fortiori* à l'échelle comparative. Elle fait l'objet de recherches qui en font évoluer les concepts et leur mesure vers une multidimensionnalité accrue.

Globalement (c'est-à-dire en moyenne et dans la plupart des pays), la pauvreté absolue ou extrême tend à diminuer selon les critères de la Banque mondiale : 1,3 milliard de personnes en 2005 vivaient avec moins de 1,25 dollar par jour, contre 900 millions en 2010 et peut-être 600 millions en 2015[46]. La répartition des revenus à l'échelle du monde a donc évolué vers le haut, créant ainsi une pyramide (ou une coupe de champagne en sens inverse) dont la base (la coupe) se réduit (augmente), faisant apparaître une certaine « classe moyenne » : en 2003, 62 % de la richesse mondiale revient aux 20 % les plus riches (contre 82,7 % en 1989), puis 15,9 % au quintile suivant (contre 11,7 %), suivis de 11,4 % (contre 2,3 %), de 7,1 % (contre 1,9 %), et de 3,6 % (contre 1,4 %)[47]. La santé et la richesse par habitant se sont partout améliorées en moyenne[48].

Pourtant, par pays, et en considérant seulement l'indicateur de l'inégalité monétaire (qui ne prend pas en compte la pauvreté multidimensionnelle, les autres privations aggravant davantage les conditions de vie des ménages en situation de pauvreté monétaire), l'indice Gini se dégrade[49]. Il mesure la distribution desdits revenus par pays, sorte d'« altitude » de la richesse nationale, en dépit de la difficulté habituelle rencontrée lors de l'évaluation des « revenus » dans des pays où la composante informelle de l'économie est très dominante et où la taille du foyer peut varier. Par conséquent, si le gâteau global a grossi et sa répartition s'est améliorée un peu en faveur de la classe moyenne mondiale, l'inégalité tend quant à elle à augmenter dans la plupart des pays. La part des revenus des pays est de plus en plus inégalement distribuée entre le quintile ou le décile des plus riches par rapport aux plus pauvres. C'est pourquoi le dernier rapport du PNUD sur le développement humain enrichit la mesure de l'IDH par celle de l'IDH-Inégalité (IDHI), qui affecte les pays d'un malus à l'IDH en fonction des inégalités qui y sont observables sur plusieurs indicateurs, l'écart entre les deux étant plus fort dans les pays très inégalitaires. À l'échelle d'un pays (au Nord qui affronte le « déclassement » dénoncé sur toute la planète par les mouvements d'Indignés, comme au Sud), on remarque que la distribution des revenus disponibles par ménage ou par habitant est de plus en plus inégalitaire, ce qui segmente fortement la population en dépit de « la croissance ».

En marketing, **cela signifie que les marchés des économies émergentes, comme ceux des pays industrialisés, sont de plus en plus segmentés, avec ici aux extrêmes quelques très riches et beaucoup de très pauvres, en dépit d'une classe intermédiaire qui augmente**. L'analyse des marchés en valeurs (dépenses de consommation) ne peut donc se faire réellement que sur une base nationale, en tenant compte des difficultés de collecte des données statistiques dans nombre de nations et en intégrant le fait que les pays, notamment les grands, ne se laissent pas facilement « moyennisés » (voir illustration 3.10).

Illustration 3.10

L'émergence de la classe moyenne en Inde

Le très sérieux NCAER (*National Council for Applied Economic Research*) a publié les données les plus récentes en 2010 sur la répartition des revenus des foyers indiens[50]. Ils sont composés en moyenne de cinq individus et, en prix de 2001-2002, les foyers à faibles revenus sont ceux qui gagnent moins de 40 000 roupies par an, tandis que ceux qui gagnent plus de 1,8 lakh appartiennent à la catégorie des revenus élevés (1 roupie valait environ 0,017 euro en mai 2010, et 1 lakh vaut 100 000 roupies, soit environ 1 728 euros). Ceux qui gagnent entre 45 000 roupies et 1,8 lakh sont considérés comme des foyers à revenus intermédiaires. En 2010, ils étaient 140,7 millions sur un total de 228,4 millions. Ainsi, l'enquête du NCAER confirme que 62 % des foyers indiens appartiennent à la classe moyenne qui représente la cible des sociétés de biens de consommation (*Fast Moving Consumer Goods*, FMCG). Pour la première fois, les foyers disposant de revenus permettant la consommation moderne dépassent ceux à bas revenus et cette tendance devrait se poursuivre compte tenu de la croissance de l'économie indienne. Les données montrent qu'en dix ans les standards de revenus se sont profondément améliorés puisqu'en 2001-2002, sur un total de 188,2 millions de foyers, les familles à hauts revenus représentaient seulement 13,8 millions, et la catégorie à faibles revenus, 65,2 millions de foyers. Ce constat devient encore plus parlant quand on étudie les taux de possession des produits de grande consommation : presque 49 % des voitures appartiennent à la classe moyenne contre 7 % pour les riches. De la même manière, la classe moyenne possède 53 % des appareils à air conditionné et 46 % des cartes de crédit.

Enfin, il faut analyser les marchés émergents de manière particulièrement dynamique et à long terme. Les scénarios sont multiples, l'idéal se présentant comme une transformation en deux temps conduisant en 2050 à une planète de 9 milliards d'individus sortis de la pauvreté dans le cadre des ressources limitées de la planète[51]. Du point de vue de la pyramide économique :

- **À moyen terme (2020)**, la pyramide économique évoluerait en diamant dont le centre serait constitué du MOP élargi, la pointe supérieure du TOP étant à peu près constante et la pointe inférieure du BOP réduite.
- **À long terme (2050)**, le diamant évoluerait en une pointe supérieure élargie, où le MOP se serait enrichi et en une base d'où le BOP aurait disparu au profit d'une large classe moyenne.

Les marchés du TOP et du MOP

Dans l'immédiat, les riches des économies émergentes (appelés parfois « élites » et occupant le sommet de la pyramide économique de leur pays) ont tout naturellement (pour des raisons de minimisation des risques et des coûts d'adaptation) été la cible initiale des multinationales de la Triade en phase d'implantation initiale dans ces pays au cours des premières années de décloisonnement politico-réglementaires des années 1980 jusqu'à la fin des années 1990. Dans les secteurs de biens de consommation, ce sont les produits et marques de luxe qui sont concernés par cette demande de consommation ostentatoire, avec l'émergence récente d'un nouveau consommateur de luxe – russe, chinois ou indien – exigeant plus d'adaptations. À partir des années 2000, à mesure que se développent les entreprises locales performantes et le pouvoir d'achat moyen, on voit apparaître dans de nombreux pays une classe moyenne essentiellement urbaine qui intéresse les multinationales et qui requiert des adaptations plus nombreuses (*think global, act local*) dans un contexte hyperconcurrentiel. Pour les multinationales de la Triade, cela correspond à un marketing de développement local (phase 2) qui exige davantage d'adaptation pour développer la demande en profondeur (et pas seulement atterrir sur le marché des élites). Entre le TOP et le BOP, la vision la plus large de cette classe moyenne procède à une sous-segmentation entre classe moyenne supérieure, intermédiaire ou inférieure[52].

Pour les cibles du MOP, la création de valeur par la stratégie marketing doit affirmer une orientation d'adaptation de l'offre fondée sur le constat que s'il y a développement d'une classe moyenne dans les économies émergentes, ses revenus disponibles, ses attentes et ses conditions d'usage sont loin d'être comparables à ceux des homologues des pays industrialisés. En particulier, les revenus disponibles qui caractérisent la classe moyenne dans les pays industrialisés n'existent que pour une toute petite fraction de la population totale de ces pays. Ainsi, les modèles économiques standardisés qui étaient encore valides pour le haut de la pyramide mondiale ne fonctionnent plus pour la classe moyenne[53] (stratégie « globale » traditionnelle ciblant le haut de la pyramide mondiale, incluant les quelques dizaines de millions de très riches des économies émergentes les plus accessibles[54]). Il faut donc penser adaptation, voire souvent innovation, mais en gardant à l'esprit que la taille potentielle des plus grands marchés émergents rend possible l'atteinte d'économies d'échelle en dépit des coûts initiaux associés aux adaptations requises sur les points suivants.

- **Le produit et la marque.** On vise une réduction de l'écart entre la qualité des produits étrangers et des produits locaux, et une prime au produit étranger de marque réelle mais qui diminue face à une concurrence locale de type *me too* à prix plus bas, une demande croissante de gammes, une augmentation des attentes des consommateurs en faveur d'une meilleure qualité, une demande de design ajustée aux conditions d'usage et de distribution.

- **Le prix ou l'équation prix-performance.** Les consommateurs sont toujours très sensibles au prix, notamment si les produits sont importés et donc plus chers, ce qui peut conduire à privilégier l'implantation locale et, dans tous les cas, oriente la réflexion sur la réduction des coûts à toutes les étapes de la chaîne de valeur.

- **La communication.** Elle est en lien avec l'environnement légal et culturel spécifique, la disponibilité et la spécificité des médias, avec une publicité intensive ayant pour objectif la notoriété puis progressivement l'image.

- **La distribution.** En voie de modernisation dans les zones urbaines, plus avancée dans certains pays que d'autres, mais c'est toujours le nerf de la guerre puisque c'est l'accès au client qui déterminera les possibilités physiques de l'achat.

Le développement du MOP concentre aujourd'hui l'essentiel des ressources des multinationales de la Triade dans les plus grands marchés émergents (les BRIC). L'introduction d'un nouveau produit ou d'une nouvelle catégorie exige des efforts à long terme et l'allocation de ressources plus importantes que dans les marchés industrialisés. C'est particulièrement vrai quand l'entreprise entend changer les habitudes des consommateurs en introduisant une nouvelle catégorie de produits (voir illustration 3.11).

Illustration 3.11

L'Oréal rachète la petite et future grande marque d'origine chinoise Yue Sai

L'Oréal, qui a acheté en 2004 la marque de cosmétique Yue Sai inconnue hors de Chine, lui promet une grande carrière. En phase 3 d'internationalisation d'ensemble, et procédant selon une démarche bien rodée dans d'autres marchés fondée sur la puissance en R & D et en marketing du groupe (par exemple avec la reprise de Maybeline d'origine américaine en 1996), L'Oréal réinvente la marque chinoise pour l'imposer sur le marché chinois et la conduire à la conquête des marchés internationaux. La « Denise Fabre » des écrans chinois, Yue Sai Kan, qui a créé sa marque en 1992, réalise des émissions sur la beauté qui réunissent 400 millions de téléspectatrices chaque semaine. Elle a dû trouver un partenaire pour financer une croissance démesurée quand L'Oréal cherchait à intégrer absolument dans son portefeuille une marque chinoise susceptible d'être mondialisée. Après avoir longtemps plébiscité le luxe exotique, les Chinoises redeviennent patriotes et il faut respecter l'ADN de la marque. Cela n'exclut pas de la rajeunir et de la repositionner vers le haut de gamme car 80 % des acheteuses de produits de luxe ont moins de 45 ans (et 2 % plus de 50 ans). Ainsi, le cœur de cible est-il représenté par les 9 millions de consommatrices trentenaires les plus aisées. La recherche du groupe a également redéfini les formules en y intégrant de nouveaux ingrédients puisant dans la médecine chinoise (ginseng et ganoderma pour revitaliser la peau). Les textures aussi ont été adaptées pour être moins grasses et favoriser l'hydratation, et les senteurs trop violentes ont été évitées. Pour le soin du cheveu ou le maquillage, le groupe a également pris le temps d'imaginer les produits les mieux adaptés aux Asiatiques. Amatrices avant tout de produits de soin, avec une obsession du naturel et de la santé, les consommatrices n'utilisent le rouge, le blush ou le fard à paupières que très parcimonieusement. L'Oréal a par exemple découvert que les Chinoises qui adorent le mascara ne se brossaient les cils que 10 fois par œil contre 80 à 100 fois pour les Japonaises. Pour s'internationaliser à termes, la marque doit donc être profondément chinoise (« Yue Sai oblige ») mais également très occidentale (« L'Oréal oblige »). La qualité, la texture et la sécurité ne suffisent plus, il faut aussi faire rêver les consommatrices chinoises à coups de budgets de communication dignes des grands noms comme Lancôme. Et pour en finir avec l'image autrefois associée aux femmes mûres, le groupe a choisi pour égérie Du Juan, la Kate Moss de l'empire du Milieu, adulée par toutes les *fashion victims*. Métamorphosée, Yue Sai a pris la troisième place de la division Luxe derrière Lancôme et Armani. L'arrivée de L'Oréal en Chine en 1997 coïncide avec le début de l'explosion économique de pays. Aujourd'hui, en phase 2 sur le marché chinois, L'Oréal est devenu n° 2 derrière Procter & Gamble avec 11,7 % de parts de marché. Le groupe a multiplié ses ventes par 20 en dix ans et compte déjà plus de 60 millions de clientes, chiffre qu'il entend doubler d'ici peu. Au niveau mondial, le pari consiste à gagner un milliard de nouveaux clients d'ici à dix ans. À elle seule, la Chine devrait lui en fournir 250 à 300 millions[55].

Les marchés du BOP

On observe un intérêt croissant pour ceux qui constituent l'écrasante majorité des habitants des économies émergentes, c'est-à-dire les populations à faibles revenus qui répondent à l'attrait de la combinaison possible de l'action sociale et du profit (*doing good and doing well*). Or satisfaire les besoins du bas de la pyramide économique (BOP), ou marchés de subsistance[56], exige bien autre chose que de l'adaptation. On parle d'innovation radicale ou de rupture, guidée par la recherche de nouveaux modèles économiques, engageant tous les éléments de la chaîne de valeur, et des activités marketing en particulier.

Les données statistiques les plus complètes sont publiées par le *World Resource Institute* (WRI)[57] qui utilise les statistiques des revenus et des dépenses des ménages de 2005 en dollars courants, tandis que les classes de revenus sont mesurées en parité de pouvoir d'achat (PPA) en dollars de 2002. Selon cette étude, le monde est dominé par un océan de pauvreté qui présente des opportunités négligées de création de marchés dans de nombreux secteurs économiques qui échappent à l'économie moderne. **Le BOP est estimé à 4 milliards de personnes, soit 72 % des 5 575 millions d'individus recensés sur la planète en 2005**, qui vivent dans les pays en voie de développement économique d'Afrique, d'Asie, d'Europe centrale, d'Amérique latine et des Caraïbes, aux revenus inférieurs à 3 000 dollars par an en PPA (soit l'équivalent de 8 dollars par jour environ aux États-Unis). Le MOP se situe entre 3 000 et 20 000 dollars, et le TOP au-delà de 20 000 dollars, ce qui conduit à un marché BOP mondial estimé à 5 000 milliards (5 trillions) de dollars. Le BOP se scinde lui-même en six segments bien distincts (revenus inférieurs à 500, 1 000, 1 500, 2 000, 2 500 et 3 000 dollars), dont la proportion varie fortement selon les pays, mais qui est généralement (hors Europe centrale et orientale) dominé par les segments inférieurs[58].

D'autres approches appellent à mesurer le pouvoir d'achat du BOP en fonction des revenus, de la taille de la population et des dépenses selon l'index de pouvoir d'achat (*Buying Power Index*, BPI) qui montre que le pouvoir d'achat du BOP représente globalement plus de 50 % de celui des économies émergentes, la part la plus importante se situant dans le tiers inférieur des revenus (moins de 1 000 dollars)[59]. Enfin, on peut distinguer au sein du BOP les zones de conflit, les zones rurales reculées et les bidonvilles urbains[60]. Le BOP rural d'Amérique latine en particulier devrait être traité avec spécificité en raison d'une demande pour des produits modernes et marqués analogues aux attentes de la classe moyenne[61].

Au-delà de la diversité des approches de caractérisation du BOP, les segments à faibles revenus possèdent plusieurs caractéristiques communes :

- **Le BOP représente un marché compte tenu des volumes cumulés, malgré la pauvreté.** Les dépenses recensées par le WRI dans divers secteurs intéressent l'alimentation (2 895 milliards de dollars, soit 58 % des dépenses totales), l'énergie (433 milliards de dollars, soit 9 %), l'habitat (332 milliards de dollars, soit 7 %), le transport (179 milliards de dollars, soit 4 %), la santé (158 milliards de dollars, soit 3 %), la technologie et l'information (51 milliards de dollars, soit 1 %, mais avec des taux de croissance fulgurants), l'eau (20 milliards de dollars, soit 0,4 %) et une catégorie « autres » (932 milliards de dollars, soit 18 %, comprenant un panier de biens ou de services dont les services bancaires et d'assurance, ou l'éducation).
- **La dépendance vis-à-vis de l'économie informelle et des marchés de subsistance.** Ces derniers sont dominés par l'exploitation par les intermédiaires locaux et la destruction de l'environnement écologique. Les pauvres sont pris dans les pièges de la pauvreté (*poverty traps*).
- **Le BOP est victime d'une prime à la pauvreté.** Autrement dit, les pauvres paient bien plus cher que les consommateurs riches et pour une qualité très médiocre (cela est vrai

du prix de l'eau, de l'accès aux soins médicaux ou du prix de l'argent emprunté à des taux usuraires).

Même s'il ne faut pas « idéaliser les pauvres »[62] (les coûts d'entrée sont élevés, le pouvoir d'achat surestimé, les populations pauvres sont vulnérables…), il est certain que la création de ces marchés ne peut être négligée à terme compte tenu de la part de ces populations dans les marchés émergents. Que ce soit pour des raisons économiques pragmatiques (toute progression de la pauvreté est une menace indiscutable à l'existence d'opportunités de marchés) ou éthiques (dans le cadre de la RSE de l'entreprise[63]), les entreprises internationales ne peuvent pas ignorer la situation. Celle-ci trouve d'ailleurs un début de résonance dans les pays riches où les entreprises doivent faire face à l'augmentation des clients pauvres et à la nécessité de proposer des offres « sociales »[64]. Savoir comment s'y prendre les place en revanche dans une posture inédite de découverte (voir illustration 3.12).

Illustration 3.12

Quel protocole pour développer les segments du BOP ?

Une stratégie de développement du BOP doit être fondée à la fois sur la recherche d'opportunités de marchés (*market-based strategy*) et d'optimisation des ressources (*resource-based strategy*). Mais dans un cas comme dans l'autre, les méthodes conventionnelles ne marchent pas pour créer de tels marchés. Les premières démarches adoptées par les multinationales (Unilever en Inde et au Brésil, Danone en Afrique du Sud…) ont suivi le protocole dit du « BOP 1 »[65] et un marketing des « 4 A » (*Acceptability*, *Awareness*, *Affordability*, *Accessibility*[66]). Puis elles ont évolué vers le protocole du BOP 2[67] qui promeut une logique d'innovation radicale par cocréation par et pour la communauté, seule garante d'une démarche responsable à long terme. Les évolutions les plus notables concernent :

- **le rôle attribué au BOP :** du consommateur au partenaire (*business partner*) ;
- **l'approche de la relation** : de la relation indépendante avec médiation des ONG aux relations directes et personnelles facilitées par les ONG (elles ont plus de compétences dans ce domaine), prouvant que l'entreprise veut s'engager ;
- **l'étude du marché** : de l'étude de marché par méthodes ethnographiques au dialogue en profondeur avec les parties prenantes de la communauté (il faut accepter les idées de produits et d'usage de la communauté, accepter de se laisser étonner et être attentif aux *feed-backs* du terrain) ;
- **l'approche de l'équation prix-performance** : de la réduction systématique des causes du prix au recours à l'imagination ;
- **l'approche du produit et de la distribution** : de design revu et corrigé et de l'extension de la distribution au mariage des compétences et à la construction d'un engagement mutuel.

L'entreprise doit donc développer des modèles économiques fondés sur une relation de confiance authentique (*business model intimacy*) entre les parties prenantes de l'écosystème du BOP[68]. L'identité de l'entreprise doit être confondue avec celle de la communauté, et la colle qui relie les deux est une vision construite ensemble d'une meilleure vie dans la communauté.

Illustration 3.12 (suite)

On n'est plus dans une création de valeur transactionnelle mais relationnelle, où l'entreprise affirme sa responsabilité sociale et environnementale. Et il n'y aura pas de confiance sans humilité, et pas de résultats sans engagement à long terme. Sur le terrain, une nébuleuse d'exemples de ces expériences de nouveaux modèles économiques existe (de la Grameen Bank créée au Bengladesh à Mondragon Corporacion Cooperativa en Espagne). Certaines multinationales (S. J. Johnson au Kenya, Dupont/Solae en Inde, The Water Initiative au Mexique, l'Ascension Health aux États-Unis, Danone Communities et ses projets associés à l'eau et aux produits laitiers de santé…) sont engagées dans des démarches d'expérimentation qui, si elles ne dépassent pas encore vraiment le stade de la duplication à grande échelle (*scalability*), sont toujours significatives en termes d'apprentissage et positives pour l'entreprise et pour la société. De façon surprenante, les multinationales d'origine japonaise ne se sont pour l'instant pas autant ouvertes aux problématiques du BOP que leurs homologues occidentales, en dépit de certains traits culturels japonais qui en font de très bons candidats pour satisfaire les besoins du BOP[69]. Il faudra néanmoins ne pas oublier, au-delà des appels à une révolution « dans notre code génétique »[70], que certains principes économiques s'appliquent à tous les contextes d'activité de l'entreprise privée (comme la création de valeur pour l'actionnaire) par opposition au social business (qui ne cherche qu'à couvrir le coût de ses opérations) ou aux ONG (vivant des donations et redistribuant la richesse)[71]. Les intentions des acteurs doivent donc extrêmement claires.

Les stratégies de marketing sur les marchés émergents, en particulier à destination du BOP, ont globalement un impact multifonctionnel beaucoup plus fort que sur les marchés de la Triade. Qu'il s'agisse de développement de produits, de collaboration internationale entre centres de R & D, de la recherche et de la fidélisation des talents locaux, de la composition multiculturelle des groupes, des investissements marketing, en capacités de production locale et en *supply chain*, ou des transferts de connaissance entre filiales de l'entreprise réseau, tout concourt au développement de relations plus systématiques et plus fortes entre économies de la Triade et économies émergentes. Enfin, traversant les impacts multifonctionnels, **les problématiques éthiques sont au cœur du marketing à destination du BOP**[72] :

- Quels sont les produits appropriés pour les populations à faibles revenus ?
- Le marketing ne crée-t-il pas de faux besoins ?
- Quel est le prix juste ?
- Qu'est-ce qu'une communication honnête ?
- Comment ne pas adopter de pratiques manipulatrices dans la promotion ?
- Faut-il dépenser dans le management de la marque ?
- Les conditionnements de taille réduite – sachets individuels – sont-ils réellement moins chers et ne polluent-ils pas l'environnement (plastique) ?
- Où va la marge de l'entreprise ?

Résumé

L'analyse stratégique internationale qui conduit à la formulation de la stratégie de marketing international permet de comprendre, par un glissement progressif du niveau d'analyse des nations vers celui de la firme en interaction avec son environnement d'ensemble, que l'engagement des entreprises sur les marchés étrangers s'explique par la recherche de la combinaison de tous les avantages possibles liés aux pays, aux entreprises dans leur milieu et aux modes de pénétration des marchés étrangers. Les stratégies de marketing international sont alors définies selon trois phases d'engagement progressif qui viseront la conquête de marchés étrangers nouveaux (marketing d'implantation initiale), leur développement local (marketing d'expansion locale) et enfin la coordination des ressources et des marchés à l'échelle élargie (marketing global). Chacune de ces phases du marketing international conditionne les décisions de politique d'offre en termes d'adaptation-standardisation. Par ailleurs, le développement des marchés émergents suggère l'importance de stratégies fortement adaptées, notamment pour les segments des bas revenus (*Bottom of Pyramid*) qui exigent des postures expérimentales de découverte favorisant les innovations radicales et multifonctionnelles.

Activités

Questions

1. Pourquoi peut-on dire que la prospérité des nations est davantage créée qu'héritée ?
2. Quelle est la différence entre ressources et compétences ? Quelles sont les propriétés des ressources dites stratégiques ?
3. Quels sont les bénéfices comparés de la standardisation ou de l'adaptation de l'offre sur les marchés étrangers ? Quand, pourquoi et comment optimiser le compromis entre les deux options ?
4. Quels sont les critères de segmentation les plus pertinents des marchés émergents ? Pourquoi est-il difficile de définir une segmentation par les revenus comparable à travers les pays ?
5. Quelles sont les caractéristiques quantitatives et qualitatives des segments du TOP, MOP et BOP ?

Cas d'entreprise : Club Med à la conquête du marché chinois[1]

Après avoir inventé la formule des vacances « tout compris » dans les années 1950, le Club Méditerranée développe le concept des clubs de vacances dans de nombreux pays. Dans le passé, l'entreprise a proposé une gamme diversifiée de services, s'adressant à plusieurs segments de clientèle : des séjours dans des villages de vacances avec des niveaux de prestations variés (2 à 4 tridents), des croisières sur le bateau Club Med 2, l'organisation de séminaires et de soirées événementielles (Club Med World), des abonnements dans des clubs de sport (Club Med Gym), etc. Compte tenu de l'évolution du marché du tourisme, l'entreprise choisit de se recentrer sur l'activité clubs de vacances et de repositionner son offre vers le haut de gamme et le luxe. Ce virage stratégique se traduit par l'augmentation du nombre de villages 4 tridents et par l'ouverture de plusieurs villages 5 tridents. En 2010, les villages 4 et 5 tridents comptent pour 54,8 % de la capacité hôtelière du groupe (contre 20 % en 2001 et 25 % en 2004) et leur part respective devrait représenter 66 % de l'offre en 2012. La cible est constituée par les personnes qui disposent de revenus élevés, notamment par des cadres supérieurs, des professions libérales et des professions intermédiaires. Il s'agit d'une cible relativement homogène au niveau mondial qui se caractérise par une forte mobilité géographique.

Aujourd'hui, le Club Méditerranée possède 75 villages de vacances répartis dans 25 pays. En 2010, l'entreprise a accueilli 1,2 million de « gentils membres ». La clientèle est principalement européenne (et notamment française), même si le nombre de clients a tendance

1. Ce cas a été rédigé par Sylvie Hertrich (EM Strasbourg, université de Strasbourg) et Ulrike Mayrhofer (IAE Lyon, université Lyon 3). Club Méditerranée, communiqué de presse, 13 juin 2010 ; Club Méditerranée, documents internes, 2011 ; Hertrich S. et Mayrhofer U., *Club Med. Tous les bonheurs du monde*, Paris, Centrale de cas et de médias pédagogiques, 2010.

à reculer dans la majorité des pays européens. Il en va de même pour les autres pôles de la Triade (Amérique du Nord et Japon). À l'inverse, le nombre de clients chinois a augmenté de manière régulière durant la période 2006-2010, passant de 8 000 à 32 000, soit une multiplication par quatre (voir tableau 3.2).

Tableau 3.2 : Évolution du nombre de clients du Club Méditerranée par pays et par zone géographique (en milliers)

Pays/zone géographique	2006	2007	2008	2009	2010
France	568	560	594	531	504
Belgique	100	101	107	95	92
Italie	68	63	59	47	42
Grande-Bretagne	27	28	31	35	39
Suisse	29	30	32	27	27
Pays-Bas	24	26	28	23	19
Israël	23	21	23	19	19
Allemagne	21	20	19	18	17
Afrique du Sud	7	7	13	13	13
Russie	8	9	11	10	11
Turquie	10	8	9	8	6
Portugal	9	6	6	5	4
Espagne	4	7	5	4	3
Autres	12	14	18	13	15
Europe et autres zones	**910**	**900**	**955**	**848**	**811**
États-Unis/Canada	122	119	118	102	104
Brésil	64	68	70	68	68
Argentine	12	15	15	11	13
Mexique	20	11	5	9	8
Autres	4	4	3	2	3
Amériques	**222**	**217**	**211**	**192**	**196**
Chine	8	16	18	23	32
Asie du Sud-Est	66	66	70	72	83
Japon	81	82	60	51	48
Australie	21	23	27	25	27
Corée du Sud	17	19	17	15	20
Autres	3	1	3	2	2
Asie-Pacifique	**196**	**207**	**195**	**188**	**212**
Total	1 328	1 324	1 361	1 228	1 219

Sources : Club Méditerranée (2010, 2011).

En raison de cette évolution qui est liée à l'accroissement de l'offre touristique dans les pays matures, y compris dans le domaine des clubs de vacances, et aux effets de la crise économique, le Club Méditerranée cherche à diversifier sa clientèle sur le plan géographique, en privilégiant les marchés à forte croissance. La Chine constitue le marché prioritaire. En effet, le potentiel est considérable, notamment pour une offre haut de gamme et luxe. Ainsi, les 2 % des consommateurs chinois aux revenus les plus élevés représentent un potentiel de 12 millions de clients. Une étude marketing réalisée par l'entreprise montre que 74 % des Chinois à hauts revenus apprécient le type de vacances proposé par le Club Méditerranée. Le groupe vise à atteindre 200 000 clients chinois en 2015, ce qui ferait de la Chine le deuxième marché derrière la France.

Dans cette optique, le Club Méditerranée a engagé un partenariat stratégique avec le groupe chinois Fosun, une entreprise très diversifiée (immobilier, médias, etc.). La coopération porte sur la construction et l'exploitation de clubs de vacances haut de gamme et luxe. Elle est accompagnée d'une prise de participation financière de 7,1 % du groupe Fosun dans le capital du Club Méditerranée.

Lors de la signature de l'accord de coopération, Henri Giscard d'Estaing, président-directeur général du groupe Club Méditerranée, a déclaré : « *Depuis 2004, le Club Med s'est fixé comme stratégie de devenir le spécialiste mondial des vacances tout compris haut de gamme et multiculturelles. Il a transformé en profondeur son business model et fait évoluer radicalement son positionnement. J'ai indiqué au cours des derniers mois que l'Asie représente un atout majeur dans la réalisation de la mise en œuvre de la stratégie et que la Chine y jouera un rôle prépondérant. C'est pourquoi je suis profondément heureux que nos discussions avec Fosun aient permis d'aboutir à ce partenariat stratégique qui nous permettra d'*écrire une nouvelle page de l'*histoire du Club Med.* »

Guo Guangchang, le président du conseil d'administration du groupe Fosun commente : « *Le partenariat stratégique conclu entre Fosun et le Club Med est parfaitement en ligne avec la stratégie de Fosun visant à investir dans des secteurs porteurs pour l'*économie chinoise. Cet accord représente pour Fosun une étape importante dans le développement à l'*international de ses activités. Doté d'un portefeuille d'activités très diversifiées, Fosun sera en mesure de soutenir pleinement l'expansion du Club Med en Chine. Fosun soutiendra la stratégie mondiale du Club Med et tirera profit des opportunités de développement offertes par la Chine. Il saisira aussi cette occasion pour se positionner par rapport aux marques et normes internationales afin d'améliorer sa capacité à optimiser ses ressources et ses investissements.* »

En décembre 2010, un premier village 4 tridents est inauguré à Yabuli, la principale station de ski dans le nord-est de la Chine. Le contrat signé avec Fosun prévoit que le Club Méditerranée en assure la gestion et la commercialisation. Les deux groupes envisagent d'ouvrir cinq villages de vacances à l'horizon 2015. À moyen terme, ils chercheront à identifier d'autres possibilités d'ouverture de nouveaux clubs de vacances, soit par la création *ex nihilo* de villages, soit par la reprise d'établissements existants.

Pour couvrir un marché large et complexe, le Club Méditerranée s'appuie sur ses représentations commerciales dans plusieurs grandes villes chinoises (Shanghai, Pékin, Canton, Chengdu, etc.). Il a aussi décidé de créer plusieurs agences de voyages Club Med (la première agence est ouverte à Shanghai dès 2010) et des « corners Club Med » dans les grandes agences de voyages des principales villes du pays. Un site Internet Club Med en chinois accompagne le dispositif commercial mis en place.

Dans les années à venir, le Club Méditerranée vise à renforcer sa présence sur d'autres marchés porteurs tels que l'Afrique du Sud, la Russie, le Mexique et l'Inde. L'objectif est de s'imposer parmi les acteurs incontournables du marché du tourisme au niveau mondial.

Questions

1. Le Club Méditerranée poursuit une stratégie de diversification géographique et s'adresse désormais à une cible relativement homogène au niveau mondial. Quels sont les principaux avantages et risques associés à ce choix ?
2. La Chine constitue le marché de développement prioritaire pour le Club Méditerranée. Quelles sont les raisons qui expliquent la décision du groupe d'investir sur ce marché ?

Chapitre 4

Études marketing internationales

Objectifs

1. Analyser les liens entre la prise de décision sur les marchés étrangers au fil de l'internationalisation et la diversité des environnements locaux.
2. Présenter les principales études marketing internationales utilisées pour sélectionner les marchés étrangers, comprendre le comportement des consommateurs locaux et prendre des décisions spécifiques de nature stratégique et tactique.
3. Prendre en compte les contraintes méthodologiques propres aux études multipays, multilingues et plus généralement aux études comparatives (cross-cultural).
4. Aborder les aspects organisationnels des études marketing internationales en termes de responsabilité et de compétences à développer par les analystes.
5. Insister sur l'effet de la révolution des outils Internet, en particulier du Web 2.0, sur la conduite des études marketing internationales.

Introduction

Les études et les recherches en marketing international ont pour vocation d'aider les responsables marketing à résoudre des problèmes spécifiques, à contrôler leurs performances et à planifier le développement sur les marchés étrangers. Le recours à ces études est nécessaire pour plusieurs raisons :

- L'ignorance de l'entreprise, l'absence d'expérience sur le marché et la non-familiarité en général avec l'environnement, la demande, la concurrence et la distribution hors du marché d'origine.
- La diversité internationale des environnements marketing au sens large : macroenvironnements, comportement des consommateurs, jeu concurrentiel et systèmes de distribution locaux.
- L'importance du poids des actionnaires face aux enjeux liés aux décisions de marketing international (enjeux financiers, temporels, humains, d'image…) à mesure que croissent l'engagement international et la nécessité de limiter les sources d'erreurs liées à une information insuffisante ou négligée.
- La naissance de nouveaux risques, notamment commerciaux, financiers, politiques, juridiques ou culturels dont la prise en compte entraîne des besoins en information élargis.

- La diversité des modes d'entrée ou de présence et d'opérations sur les marchés étrangers qui influent sur les modes de relation avec le marché *cross-border* et le marché final *into-market.*
- L'évolution des objectifs de marketing international à chaque phase du développement international de l'entreprise.

Les études internationales ont ainsi deux particularités. D'une part, elles couvrent un champ très élargi qui ne se résume pas à l'étude du comportement du consommateur et de la concurrence dans un pays (une « étude de marché »), elles s'intéressent aussi aux spécificités des différents contextes d'activité des multinationales (type d'environnement marketing, phases du développement international, décisions de marketing stratégique et tactique qu'elles doivent prendre). D'autre part, une partie d'entre elles (les études et recherches sur les marchés locaux) se multiplie avec l'augmentation du nombre de pays cibles. Leur dimension comparative s'accroît aussi en fonction du portefeuille d'implantations internationales de l'entreprise.

Les responsables marketing se posent plusieurs questions dès lors qu'il s'agit de réaliser des études marketing :

1. Quelles sont les principales études nécessaires, pour quelles décisions et dans quel environnement ?
2. Quel est le degré de sophistication possible (et souhaitable) en fonction de la diversité des environnements d'études ?
3. Quelles sont les difficultés méthodologiques et les sources d'erreurs dans les comparaisons de données entre marchés ?
4. Quels sont les aspects organisationnels de la mise en œuvre des études marketing internationales ?

Dans la première partie, nous définissons le champ des études marketing internationales en fonction des environnements marketing locaux (contraintes externes) et des situations de décisions qui se présentent lors de la conquête des marchés étrangers (contraintes internes). Nous identifions ainsi l'évolution des besoins en études selon le degré d'internationalisation de l'entreprise et la nature de l'environnement local. La deuxième partie est consacrée à la présentation d'études classiques, depuis celles de sélection des marchés étrangers jusqu'à celles de développement local et de coordination internationale conduites dans les différents marchés. La dernière partie du chapitre traite des aspects pratiques de leur mise en œuvre et de leur exécution : méthodologies des études comparatives, responsabilité des études et compétences nécessaire, recherche d'informations secondaires et primaires, développement d'un système d'information marketing international.

1. Le champ des études marketing internationales

1.1 La diversité des problématiques d'études pour développer les marchés étrangers

Les études marketing internationales peuvent être définies d'un point de vue technique (ensemble des techniques d'étude de la demande, de la concurrence, de l'environnement) ou d'un point de vue managérial (processus systématique de collecte et d'analyse de l'information nécessaire à la prise de décision de marketing international).

L'angle technique

Dans le premier cas, les études internationales ne sont *a priori* pas spécifiques, tout au moins en ce qui concerne les motivations de recherche : il s'agit partout de mieux décrire, comprendre et, si possible, prévoir à partir de travaux fondés sur des méthodologies rigoureuses. Il reste que les méthodologies classiques développées à l'origine sur les marchés industrialisés se heurtent, sur certains marchés internationaux, à des contraintes d'environnement qui peuvent empêcher l'application de techniques de recherche sophistiquées destinées aux marchés matures. Les méthodologies de collecte de données efficaces dans les économies en voie de développement nécessitent en général dialogue, immersion dans les communautés et de longues durées d'études. C'est d'ailleurs vrai aussi pour l'étude des couches de population paupérisées croissantes au sein des pays riches comme le montrent des travaux menés aux États-Unis sur le comportement de consommateurs qui ne savent ni lire, ni écrire et rarement compter[1].

L'angle des problématiques

D'un point de vue managérial, les études de marchés étrangers sont de deux types, en fonction de la nature des problèmes marketing qu'elles contribuent à résoudre :

- **Approche d'un nouveau marché.** Sélection d'un nouveau marché, décisions marketing liées à l'introduction initiale puis au développement local.
- **Problèmes liés à la prise de décision simultanée sur plusieurs niveaux** (régional, international et parfois global), dans une perspective d'optimisation des ressources et de la rentabilité d'ensemble. Il s'agit, par exemple, de décisions relatives au lancement simultané ou séquentiel de produits, de campagnes de communication, de campagnes promotionnelles dans plusieurs pays, de décisions de gestion des portefeuilles internationaux de marchés, de produits, de marques…

Ainsi, à l'échelle des pays, les études marketing internationales comprennent-elles celles sur un pays ou sur plusieurs, examinés de manière indépendante, séquentielle ou simultanée en fonction du degré d'internationalisation de l'entreprise[52].

L'angle managérial

Enfin, par rapport aux études traditionnelles conduites dans les marchés d'origine (des pays industrialisés), les études internationales présentent des caractéristiques dans leur design et leur conduite qui rendent difficile la standardisation des approches de compréhension des marchés à travers les pays. Trois niveaux de spécificités sont particulièrement significatifs :

- Le degré de sophistication de leur design, qui varie en fonction des caractéristiques de l'environnement marketing local.
- L'évolution des problèmes de marketing international et, en conséquence, des problèmes d'étude et des besoins en information qui changent au cours des différentes phases de l'internationalisation de l'entreprise.
- Les problèmes de comparabilité des résultats entre marchés lorsque les études sont conduites sur plusieurs pays.

1.2 Hétérogénéité des environnements et conséquences sur les études

Les niveaux de développement des pays et des marchés

S'il n'est jamais aisé de classer les pays (sur quels critères ? dans quel but ?), il reste que l'adoption d'une approche marketing, et la réalisation des études en particulier, suppose tout un environnement que l'on ne retrouve pas à l'identique partout[2]. Le *Human Development Report* (HDR), publié chaque année depuis 1990 par le Programme des Nations unies pour le développement (PNUD), répartit les pays en quatre classes : très développés, développés, moyennement développés et en développement. Depuis les travaux d'Amartya Sen, prix Nobel d'économie 1998, les classements fondés sur l'unique critère du niveau de vie économique (PNB/habitant) sont complétés par l'intégration de facteurs de société liés au niveau de vie des populations dans le domaine de l'éducation et de la santé. Fondamentalement, le développement, c'est la liberté, et pas la somme de nos richesses matérielles seulement[4].

En termes opérationnels, trois types d'environnement caractérisant les marchés-pays et indirectement les marchés-produits sont suffisamment contrastés selon leur stade de développement économique (cycle de vie) : les environnements matures, en forte croissance et en voie de développement (voir tableau 4.1). Cette classification ne concorde pas toujours avec celle des grandes agences internationales ou des entreprises mondiales[5]. Le terme « émergent » fait parfois référence à tous les marchés en dehors de la Triade, et la croissance est forte pour certains marchés-produits dans des marchés géographiques d'économies matures (pour les industries de haute technologie par exemple). **Ces trois situations imposeront néanmoins des contraintes particulières aux études marketing**, qu'il s'agisse des infrastructures d'études disponibles au sens large ou liées aux problématiques d'études qui seront différentes dans les trois cas.

Tableau 4.1 : Environnement des marchés locaux et études marketing internationales

	Niveaux de développement des économies		
Caractéristiques	**Naissance**	**Croissance**	**Maturité**
1) Environnement d'affaires			
Cycle de vie	Introduction/ Croissance	Croissance/ Maturité	Maturité/ Innovation
Barrières tarifaires	Fortes	Fortes/Moyennes	Faibles
Barrières non tarifaires	Fortes	Fortes	Moyennes
Risque politique	Moyen/Fort	Moyen	Faible
Risque juridique	Fort	Moyen/Fort	Moyen
Risque culturel	Très fort	Très fort	Moyen
Infrastructures marketing (distribution, transport, consommation, média, études…)	Faible	Moyen	Saturation
2) Demande			
Marchés BtoC	Embryon	Croissance	Saturation
Marchés BtoB	Introduction/ Croissance	Croissance	Maturité/ Innovation

Caractéristiques	Niveaux de développement des économies		
	Naissance	**Croissance**	**Maturité**
3) Concurrence			
Locale	Faible	Croissante	Exacerbée
Internationale	Croissante	Forte	Forte
4) Études marketing			
Infrastructures d'études (sources, données, instituts locaux…)	Embryon	Moyen/Fort	Saturation
But principal des études	Besoins et faisabilité	Aspirations et rentabilité	Satisfaction et segmentation
Segmentation	Revenus	Démographie	Styles de vie
Sources d'informations secondaires	Pénurie relative	Croissance forte	Surabondance
Besoin en informations primaires	Très fort	Très fort	Fort
Fiabilité des informations	Faible	Faible/Moyenne	Forte
Nécessité d'adaptations méthodologiques	Très forte	Forte	Faible

L'ajustement des études marketing internationales au degré de maturité économique

Dans les pays industrialisés. La conduite des études marketing y est très développée et est majoritaire dans le marché mondial des études (en raison de la taille de ces marchés) en dépit d'une forte demande en études dans les pays en forte croissance sur les dernières années[6]. Dans la Triade, on est face à une surabondance de données liée à l'existence ancienne de systèmes d'informations marketing qui ont accumulé ces informations par le biais des réseaux publics de soutien aux entreprises exportatrices et au sein des firmes multinationales elles-mêmes.

Dans les environnements matures, la surabondance pose la question de la pertinence de l'information. Si Internet a élargi les possibilités techniques d'accès, la question du filtrage n'est pas résolue. Les problèmes d'évaluation des sources et de leur fiabilité peuvent être importants. Apparaît enfin le problème de l'usage efficace des TIC (plus que de leur présence dans l'absolu), c'est-à-dire de leur organisation (utilisation, actualisation) dans un système d'information performant et dynamique.

Dans les pays moyennement développés et en voie de développement. Les obstacles pratiques au marketing et à la conduite des études y sont toujours forts, malgré des transitions économiques notables dans nombre d'entre eux ces dernières années (dans le groupe des BRIC par exemple). Subsistent des obstacles typiques liés à la conjonction des facteurs de sous-développement ou d'économie en transition. C'est vrai des mentalités peu habituées à recourir à l'information des études pour décider, comme des composantes déficientes de l'environnement tangible (les infrastructures, la distribution) et de la prédominance d'une économie informelle et prémonétaire, notamment dans les campagnes. L'analphabétisme, en particulier, gêne tous les aspects de la communication écrite en marketing. La pénurie de données secondaires, les aléas techniques et culturels pour collecter des données primaires, les difficultés à croiser toute information à partir d'au moins deux sources indépendantes, ou l'absence relative de cabinets d'études bien implantés imposent créativité et flexibilité (ce qui ne veut pas dire absence de rigueur) pour ajuster les techniques et croiser les approches méthodologiques. Ces contraintes ont un effet de sous-optimisation de la recherche[7].

Les pays émergents, du fait de la phase d'introduction ou de croissance du cycle de vie du produit, sont caractérisés par de nombreuses études de faisabilité répondant à l'existence de barrières et de risques plus importants. On y voit aussi se développer, pour les zones urbaines plus avancées au plan économique, des études de segmentation qui suggèrent que ces marchés (produits et pays) sont beaucoup plus segmentés qu'il n'y paraît à première vue. Ainsi la Chine où on doit distinguer *a minima* les zones côtières, qui ont bénéficié des réformes économiques, et les zones intérieures[8]. Dans les NPI (Corée du Sud, Taïwan, Singapour…), les marchés sont dominés par une forte croissance et un gain de maturité rapide, et les études s'élargissent aux possibilités d'accroître la rentabilité ; enfin, dans les pays industrialisés aux marchés-produits matures, les études de segmentation sont de plus en plus fines et vont rechercher les possibilités d'innovation marketing (de produit, distribution, communication…).

Il convient donc d'adapter la stratégie d'étude aux particularismes du marché concerné. Malgré les différences d'environnement, les études de marché fournissent toujours une image du marché (elles ne sont que des images de la réalité, pas la réalité en tant que telle), mais leur design doit être ajusté au contexte local et ce pour deux raisons. La première, que nous venons de voir, est liée aux conditions de réalisation de l'étude qui varient selon de degré de développement du marché. La seconde est que les décideurs n'utilisent pas exactement la même information pour prendre une même décision selon leur origine culturelle. La culture influence la nature et la largeur de l'information « nécessaire », ainsi que l'intégration des résultats de cette information dans la prise de décision effective. Par exemple, l'observation des pratiques d'études au sein des marchés de la Triade suggère une opposition assez nette entre l'approche occidentale et l'approche orientale (voir illustration 4.1).

Illustration 4.1

Hakuhodo et la compréhension du marché japonais : du consommateur au *sei-katsu-sha* (*living person*)

Le Japon joue un rôle central dans l'économie mondiale comme pôle non occidental de la Triade, mais aussi du fait d'un *soft power* récent et qui s'appuie sur la capacité à diffuser des tendances mondialement appréciées (depuis les restaurants japonais aux mangas en passant par la mode et le design). C'est un marché très mature, peut-être le plus mature si l'on tient compte de ses caractéristiques démographiques extrêmes (vieillissement massif de la population à court terme). Pour comprendre le marché japonais, la troisième agence de publicité mondiale japonaise, Hakuhodo[9], et son institut de recherche (la Hakuhodo Institute of Life and Living, HILL, *think tank* établi en 1981) développent une perspective holistique de la compréhension du consommateur transformé en *sei-katsu-sha*, ou « personne vivante ». Des équipes pluridisciplinaires composées de créatifs, de marketeurs, de sociologues travaillent à identifier le moment où la vie « se produit » et à proposer des offres innovantes pour y répondre. On étudie le consommateur moins par le biais d'informations statistiques qu'en contexte de vie, notamment le consommateur âgé et la génération des 40-60 ans. Les innovations qui doivent être développées par les entreprises en faveur du bien-être quotidien des *sei-katsu-sha* sont nombreuses et touchent tous les secteurs de l'économie.

1.3 Phases d'internationalisation et conséquences sur les études

Le processus d'internationalisation de l'entreprise[a] impose une succession de phases dont les décisions appellent des besoins en information et des types d'études différenciés. La nature progressive du développement international conditionne aussi l'expansion des ressources et des compétences en études internes à mesure que s'accroît l'engagement international. Malgré la diversité des contextes d'études, on peut tout au long du développement international isoler quelques décisions stratégiques et tactiques principales, ainsi que les études types qui s'y rattachent.

S'implanter sur de nouveaux marchés à l'étranger

Dans la première phase d'internationalisation (*first landing*), l'entreprise est peu familière de l'environnement international. Quand elle aborde ses premiers marchés, elle doit définir une stratégie marketing d'implantation initiale (voir tableau 4.2). Le besoin en information est alors très large, depuis la connaissance globale du marché aux informations plus fines concernant la mise en œuvre du plan de lancement pour chacune des variables du plan (segmentation, ciblage, positionnement, mix-marketing).

Tableau 4.2 : Les études types en phase d'entrée initiale

Problème de marketing international	Problème d'études : évaluer…	Études types
Sélectionner un nouveau marché à l'étranger	L'attractivité (potentiel), l'accessibilité (barrières), la stabilité (risques) des marchés possibles	Étude globale au niveau des pays : macroéconomique, économique, sectorielle
		Étude de potentiel au niveau du marché-produit : évaluation de la demande (quantitative et qualitative) et de la concurrence
		Étude de faisabilité au regard des ressources et compétences (*Go-No go*)
Lancer un produit à l'international	Le degré d'adaptation obligatoire et nécessaire de l'offre	Étude de mise en conformité légale
		Étude d'acceptabilité par la demande au niveau du mix-marketing
	Les possibilités de circuits de distribution *into-market*	Étude comparée des circuits possibles (performances, coûts, image, contrôle)

Les premières décisions – choix de pays, choix d'implantation commerciale ou industrielle – nécessitent donc une collecte d'informations très large[b]. Vient ensuite le choix du mode de présence dans les pays sélectionnés (mode de pénétration *cross-border*[c]). Si l'option export est retenue, l'étude portera sur les barrières tarifaires et non tarifaires (contraintes diverses

a. Voir chapitre 3 (p. 110).

b. Voir paragraphe 2.1 pour une présentation détaillée des choix de pays (p. 141-147).

c. Voir chapitre 7 (p. 252-270).

d'acheminement des produits du pays de production vers le client final), sur la recherche des intermédiaires auxiliaires de l'exportation, et sur la négociation interculturelle des accords avec les distributeurs locaux. Lorsque la démarche intermédiée est privilégiée, les besoins en information sont liés à la connaissance de ces intermédiaires, à la négociation d'accords, à leur formalisation juridique et à l'établissement des modalités de contrôle. Enfin, l'option d'investissement direct, la plus risquée pour la firme, nécessite un besoin en information très large (faisabilité juridique, économique, politique, fiscale, logistique, humaine, technologique...) puisqu'il s'agit de créer sur place une présence *ex nihilo* ou par rachat, avec partenaire (joint-venture) ou sans, une société de droit local (filiale de production et/ou de commercialisation).

Enfin, l'entreprise doit effectuer des choix en matière d'offre[d]. On se situe ici à un niveau plus tactique, et les besoins en information se concentrent autour de la recherche des adaptations nécessaires de la présentation de l'offre au marché nouveau selon le cadre juridique local (droit de la consommation et de la concurrence) et des caractéristiques quantitatives et qualitatives de la demande. Ce sont ces études qui permettront d'évaluer les possibilités de standardisation de l'offre marketing – caractéristiques produit, prix, distribution, communication – en fonction du marché d'origine.

Développer les marchés locaux

Au cours de la phase d'expansion locale (*go native*) , les besoins en information évoluent avec les décisions marketing puisque les marchés sont supposés connus (même si le suivi permanent des évolutions, en particulier dans les marchés émergents à changement rapide, est nécessaire). Il s'agit surtout de développer l'action marketing pour développer les marchés (voir tableau 4.3).

Lors de cette phase, l'entreprise cherche premièrement à étendre sa base de clientèle (augmentation du nombre d'acheteurs et des quantités achetées) dans le jeu concurrentiel local. Les informations clés sont alors de nature locale : l'amélioration de la connaissance précise de la demande et de son évolution, de la concurrence (*benchmarking*), et de l'environnement.

Deuxièmement, l'objectif d'expansion locale impose d'élargir les portefeuilles de produits et de marques (par rachat local ou transfert international depuis d'autres marchés), ce qui suppose dans ce dernier cas des études spécifiques d'acceptabilité au sens large (tests de concept, de nom, de marque, de prix...).

Troisièmement, l'expansion locale implique de développer les études sur la cohérence entre l'image du produit et les circuits de distribution, ainsi que sur le suivi des performances des circuits. Enfin, l'insertion dans le contexte local requiert une bonne familiarité avec les pratiques d'affaires, de consommation et de management.

d. Voir chapitre 5 (p. 187-196).

Tableau 4.3 : Les études types en phase d'expansion locale

Problème de marketing international	Problème d'études : évaluer…	Études types
Développer les ventes sur les marchés étrangers	Les moyens d'optimisation de l'action marketing locale	Étude de réceptivité de l'offre (bénéfices associés aux attributs de l'offre) auprès de la demande, des filières d'importation, des distributeurs Étude de segmentation de la demande Étude des réponses de la concurrence locale (*benchmarking*) Étude comparée de la performance des circuits (volumes, valeurs, motivations, contrôle…)
	Les possibilités d'extension de gammes – de marques	Étude de contribution interne d'ensemble des produits-marques Étude d'acceptabilité de nouveaux produits ou de nouvelles marques
	Les moyens d'optimiser la compréhension et la pénétration du contexte local	Veille de l'environnement Étude des pratiques d'affaires locales (consommation et management)

Marketing global

En phase de régionalisation et de globalisation (*globalization*) (présence sur les marchés de la Triade et les marchés en forte croissance, cercle fermé des cinq cents plus grandes entreprises mondiales, opérant majoritairement en milieu BtoB[10]), il faut optimiser l'action marketing dans les différents marchés, mais aussi *entre* eux : on cherche les synergies marketing, la cohérence, l'efficience entre marchés dans le cadre d'une démarche stratégique globale qui vise l'optimisation de la performance sur les marchés étrangers en parts de marché et en rentabilité mondiales. Les décisions n'ont plus seulement une portée locale (intrapays), mais multinationale (inter et multipays). Elles sont propres au marketing global et appellent des besoins en information au niveau de l'ensemble des activités (voir tableau 4.4).

À ce stade, il est nécessaire de disposer d'informations comparatives sur les marchés (opportunités et risques relatifs) et sur la concurrence (positionnement concurrentiel à l'échelle mondiale) afin de définir les meilleurs critères de gestion du portefeuille international de marchés (croissance des marchés, part de marché relative…). Les industries IT et télécommunications illustrent bien ces questions d'études qui transcendent les frontières[11] : quels sont les rythmes de migration d'une technologie à une autre ? En quoi les services à valeur ajoutée permettent-ils d'accroître la rentabilité des clients ? Des questions similaires se posent dans d'autres secteurs comme le transport, la logistique ou la finance d'entreprise. Le secteur des sociétés d'études a connu une consolidation importante aboutissant à quelques acteurs majeurs qui ont créé un réseau de relais mondiaux (par partenariats ou rachats) et ont développé des équipes de responsables de grands comptes qui s'occupent des opérations mondiales d'études marketing de leurs clients.

Tableau 4.4 : Les études types en phase de mondialisation

Problème de marketing international	Problème d'études : évaluer...	Études types
Optimiser la rentabilité des leviers marketing au plan mondial	Les possibilités de déployer des stratégies mondiales fondées sur des transferts de produits, marques, méthodes, outils de communication, *supply chain* ; systèmes d'information et ressources humaines marketing	Étude des performances des différents marchés ou zones (contributions aux ventes, à la rentabilité, à la part de marché, à l'image globale) Études de faisabilité, d'image et d'acceptabilité multimarché pour des clients globaux (*tracking* international de notoriété et d'image de marque, de satisfaction clients distributeurs et clients finaux) Études de fidélisation (*data mining et CRM*) Étude de segmentation stratégique globale
	La meilleure configuration de la chaîne de valeur marketing	Étude de la valeur du point de vue des consommateurs (bénéfices-coûts) Étude d'optimisation de la chaîne de la valeur (partenariats)
	Les modalités temporelles optimales des lancements de produits multipays	Étude de planification des actions marketing dans le temps et sur plusieurs marchés (lancement séquentiel *versus* simultané)
	Les moyens d'optimiser la compréhension, la prévisibilité des marchés et la pénétration des contextes locaux dans le cadre d'une vision globale	Étude de veille stratégique (macroenvironnements, concurrence, technologie…) Étude de capitalisation des connaissances (*knowledge management*) Étude de l'impact de la diversité culturelle Étude d'organisation du système d'information marketing international (*data warehouse*)

Dans le cadre des décisions stratégiques, l'entreprise doit connaître les possibilités (et les limites) d'optimisation des actifs marketing par transferts entre marchés (transferts de produits, de marques, de systèmes d'information et de méthodes, de créations publicitaires…)[e]. Les études marketing visent à tester ces possibilités dans chacun des marchés : par exemple, les tests de produits ou publicitaires qui conduiront à l'acceptation par les différentes filiales de la version « internationale » ou au maintien d'une approche spécifique recommandée

e. Voir chapitre 3 (p. 115-117).

d'après les tests menés sur place ; ou les tests de marques (tests de notoriété et d'image) dans le cadre de la consolidation des activités autour de quelques marques mondiales fortes.

La phase de mondialisation appelle aussi des études liées au développement des partenariats nécessaires pour optimiser la chaîne de valeur (recherche, sélection et gestion des partenariats). Enfin, les entreprises multinationales ont de forts besoins d'études dans le domaine des systèmes d'information commerciale et marketing dont l'optimisation au plan mondial est un avantage concurrentiel.

2. Étudier les marchés internationaux : les questions clés

Le champ des études de marketing international est large et évolutif en raison de la diversité des environnements d'affaires des différents marchés-pays et marchés-produits étrangers, comme des phases du développement international de l'entreprise. Nous examinons ici quelques études clés : celles de sélection des marchés, du comportement du consommateur local (même si les clients sont globaux, les usages de la plupart des produits et services sont *in fine* locaux) et celles de marketing stratégique et tactique.

2.1 Sélectionner des marchés étrangers

En phase de développement initial, il est important de fonder le choix des pays sur une méthodologie « pas à pas » qui formalise du mieux possible une succession de « choix raisonnés ». C'est une démarche en entonnoir, où il s'agit successivement d'éliminer (et donc de retenir) les pays potentiels, en fonction de plusieurs facteurs considérés simultanément. Grâce à une méthodologie multicritère de l'attractivité d'un pays[12], on définit les bénéfices et les risques liés à la pénétration d'un marché étranger avec un produit déjà connu. La méthode distingue trois étapes :

- l'identification des pays à considérer et l'étude préalable générale ;
- l'étude en profondeur ;
- la sélection finale.

L'identification des pays à considérer et l'étude préalable générale

En général, l'entreprise s'intéresse d'abord à une zone commerciale particulière (l'Europe, l'Amérique latine, l'Asie du Sud-Est…) envisagée pour des raisons de population, pouvoir d'achat, croissance, d'ouverture du cadre des échanges internationaux, mais aussi de présence des concurrents suggérant des opportunités dont on pourrait peut-être aussi profiter. L'identification des pays se forme en général très en amont de toute procédure d'évaluation. Une fois la zone de référence choisie, il s'agit de procéder à **l'étude préalable générale de l'attractivité d'un pays** pour l'entreprise. Celles-ci doivent intégrer plusieurs paramètres macro, répartis en trois grandes catégories, indépendamment des secteurs, des entreprises et des marchés :

- facteurs de demande : potentiel et taux de croissance du marché, distance géographique, réceptivité aux produits étrangers, pouvoir d'achat… ;

- facteurs d'offre : structure et évolutions de la concurrence (locale, internationale, globale)… ;
- facteurs d'environnement : développement économique, risque politique, cadre juridique, environnement technologique, logistique, monétaire.

D'un point de vue technique, on peut pondérer les différents facteurs et catégories qui les composent en fonction de leur importance pour le succès de l'entreprise, avant de les évaluer sur une échelle donnée (comme une échelle à 5 points selon le degré d'attrait du facteur : faible – fort). Par exemple, le critère « inflation » (facteur d'environnement) peut être pondéré plus fortement si on travaille dans le secteur de la distribution de détail qui a besoin d'une stabilité minimale des prix pour garantir les siens dans la durée. L'évaluation de la valeur des critères macro se fait typiquement au cours d'un processus itératif qui engage tous les responsables du marketing international en vue de parvenir en interne à une évaluation partagée minimale de ce que représente un pays pour l'entreprise (choix des critères, de leur pondération en fonction de leur importance pour l'activité de l'entreprise, et enfin de leur évaluation). La synthèse de l'évaluation du pays conduit au calcul, par pays, d'une note pondérée globale sur les facteurs retenus. La comparaison des mesures d'attractivité entre différents pays potentiels avec cette procédure standardisée permet d'effectuer un classement pour les hiérarchiser par ordre d'attractivité (voir approfondissement 4.1). À ce stade, certains pays seront retenus, d'autres éliminés pour attractivité insuffisante.

Approfondissement 4.1

L'attractivité des marchés émergents pour la grande distribution moderne

Le GRDI (*Global Retail Development Index*) développé par le cabinet A. T. Kearney[13] depuis 2002 fournit aux entreprises du secteur de la distribution moderne un baromètre annuel de l'attractivité des marchés émergents candidats à une modernisation de leur système distributif. La méthodologie suivie est standardisée et consiste à sélectionner trente pays de départ (ils doivent avoir certaines caractéristiques en termes de risques pays) et à les classer selon quatre catégories de critères comptant pour 25 % chacune (elles-mêmes définies par des batteries de critères mesurables) : l'attractivité du marché, le risque pays, la saturation du marché et l'urgence à s'y développer. La crise a renforcé l'attractivité des pays émergents qui en sortent plus vite que les autres. En 2010, les dix premiers pays (sur le radar) sont la Chine, le Koweït, l'Inde, l'Arabie Saoudite, le Brésil, le Chili, les Émirats arabes unis, l'Uruguay, le Pérou, la Russie. Le GRDI permet aussi de positionner les pays sur leur fenêtre d'opportunité : celle-ci est ouverte quand le gouvernement libère l'accès au commerce de détail pour les étrangers, quand l'acquisition immobilière est encore abordable, quand les consommateurs commencent à dépenser dans les produits de marque une partie de leur revenu disponible qui augmente, et quand la concurrence n'est pas encore forte. Par exemple, le Vietnam, évalué en première position en 2009 (adhésion à l'OMC en 2006), rétrograde brutalement en 2010 à la quatorzième place. Sa fenêtre d'opportunité est proche de la maturité, comme l'étaient l'Inde et la Russie en 2006. Cela ne signifie pas une absence d'opportunités, mais que la stratégie d'entrée et de développement sera ajustée en conséquence, de même que les choix de matière de ressources humaines (étrangère-locale).

L'attractivité d'un pays dépend aussi très largement des coûts d'accès au marché que l'on doit globalement estimer à cette étape en fonction des contraintes financières et d'autres ressources de l'entreprise. Ces principaux coûts comprennent le transport, l'assurance, la douane, le stockage, la distribution physique et le soutien au développement du produit (prospection, promotion, communication).

La distance psychique entre l'entreprise exportatrice et le marché export joue un rôle de filtre dans l'interprétation de l'attractivité des pays par les décideurs. « La distance psychique est un phénomène interne non observable, qui résulte de la perception par la firme des problèmes de type culturel (modes de pensée, langue, modes de comportements) ainsi que de problèmes dans la pratique des affaires et l'environnement étranger. La distance psychique rend difficile la compréhension du marché et la conduite des opérations sur ce marché[14]. » Cette désorientation cognitive filtre la perception de l'environnement des affaires des pays considérés par les décideurs, les plus « proches » étant perçus comme plus accessibles.

L'étude en profondeur

Pour les pays retenus en analyse générale, l'étude en profondeur représente l'essentiel de l'évaluation de l'attractivité d'un pays pour l'entreprise. Les données sont externes (propres à l'industrie, aux produits et aux marchés de l'entreprise) et internes (atouts de l'entreprise sur les différents pays pour les marchés-produits considérés). Le but est d'évaluer, pour chaque pays, le marché-produit actuel et son potentiel (en valeur, volumes et taux de croissance), les forces et faiblesses des principaux concurrents dans le pays, l'importance des barrières à l'entrée. Face à ces données externes, les contraintes de l'entreprise sont intégrées pour s'assurer de la faisabilité de la pénétration des marchés-produits envisagés et de la possibilité d'y développer des avantages concurrentiels.

Les principaux indicateurs externes. L'étude en profondeur dans son volet externe mobilise les indicateurs suivants utilisés par les nouveaux entrants dans un pays :

- **La taille du marché.** Estimation de la demande fondée sur une mesure directe (production locale moins exportations plus importations) et une mesure indirecte (calculs à partir de données disponibles : PNB, taille de la population, importations d'un produit donné).
- **L'évolution du marché.** Donnée à partir des taux de croissance de la taille du marché sur plus ou moins longue période, intégrant les effets de la saisonnalité qui existent dans de nombreux secteurs d'activité (de l'acier aux fruits et légumes).
- **Le jeu et l'intensité concurrentielle.** Niveau de concurrence mesuré par le nombre de concurrents, leur nature (concurrents locaux, internationaux, mondiaux), leur taille relative, la répartition des parts de marché, les principales forces et faiblesses des acteurs, sachant que la concurrence est d'autant plus dure qu'il existe quelques grandes entreprises locales dominant le marché et pour qui l'importance stratégique de celui-ci est cruciale (en Inde par exemple).
- **Les barrières tarifaires (douanes, taxes, coûts de transport).** Liées aux spécifications exactes du produit, elles sont évaluées une fois que sont précisées les intentions de la firme d'exporter un produit fini ou des produits intermédiaires.

Les problématiques complexes d'estimation de la demande. Elles sont réellement centrales aux études en profondeur dans l'évaluation de l'attractivité d'un pays, sachant qu'il est d'autant plus difficile d'estimer la demande que l'étude est conduite dans un environnement de pays émergent ou en voie de développement, ou bien quand il s'agit de la demande de nouvelles technologies ou de nouvelles catégories de produits. Il est alors nécessaire de combiner les techniques de calcul dont les résultats ne sont pas toujours convergents.

Par exemple, l'estimation de la demande dans les pays en développement nécessite la combinaison de plusieurs méthodes, notamment[15] : la méthode des analogies (par rapport à un autre marché considéré comme proche), les enquêtes macro (inférences à partir d'une étude générale de l'environnement), l'utilisation d'indices multicritères (qui reflètent la taille et les caractéristiques qualitatives du marché), la méthode de la chaîne des ratios (réduction progressive de la taille du marché à partir de critères de segmentation), l'utilisation d'indicateurs d'approximation (*proxy indicators*), les audits des filières (importateurs, grossistes, distributeurs, détaillants), ou l'analyse des tendances de production et d'importation. Ces méthodes ne donnent pas toujours de résultats similaires ni même convergents, et les études dans ces pays imposent inévitablement une part d'improvisation créative par rapport à l'orthodoxie méthodologique, une part de simplification nécessaire des méthodes de recherche, d'improvisation par l'usage de données d'approximation ou *guesstimates* pour remplacer les données manquantes ou non disponibles.

L'estimation de la demande des technologies émergentes dans les pays de la Triade pose des difficultés similaires (voir illustration 4.2).

Illustration 4.2

L'estimation de la demande des technologies émergentes

Il est très difficile d'estimer la demande potentielle et ensuite la part de marché envisageable dans le cas des technologies qualifiées d'émergentes, comme les nanotechnologies. Une étude menée pendant deux ans par une équipe multidisciplinaire d'experts, composée d'économistes, de chercheurs en sciences sociales, d'ingénieurs et de chimistes, à la fois en Allemagne et dans un contexte international, montre que la combinaison des approches de collecte de données, qualitatives et quantitatives (une revue de littérature scientifique, des entretiens exploratoires d'experts, des études sectorielles, une analyse des brevets, la validation et l'enrichissement par des groupes successifs d'expert selon la méthode Delphi et analyse SWOT), permet de mieux anticiper les futurs développements et la diffusion des technologies émergentes. Les résultats de l'ensemble de ces approches de recherche combinées chiffrent à plusieurs milliers de millions de dollars toutes applications confondues le volume du marché en 2006 pour les principaux produits nanotechnologiques et les industries utilisatrices (nanomatériaux, produits intermédiaires, nanosenseurs, médecine-pharmacie et cosmétiques)[16]. Il reste néanmoins très difficile de prévoir le marché mondial des nanotechnologies…

Les principaux indicateurs internes. En parallèle du volet externe de l'étude en profondeur, les principales données internes à intégrer visent à **évaluer les atouts de l'entreprise sur les marchés.** Un pays peut être attractif mais l'entreprise n'a peut-être pas les atouts nécessaires pour exploiter ce potentiel. Il faut donc compléter ce travail par la mesure des atouts de l'entreprise face au développement dans ce pays.

La mesure des atouts internes la plus retenue est le degré de maîtrise (« ce que je peux faire ») des facteurs clés de succès (FCS), résultant eux-mêmes du diagnostic externe permettant la compréhension « de ce qu'il faudrait faire » pour réussir dans le marché[f]. Les FCS sont identifiés et varieront selon les pays et les secteurs d'activité. On peut aussi pondérer l'impact de tel FCS par rapport à tel autre, et on calcule finalement une note globale pondérée des atouts de l'entreprise pour les différents pays et marchés-produits. À ce niveau, certains seront rejetés parce que l'entreprise ne dispose pas des atouts prérequis pour y réussir (voir tableau 4.5).

Tableau 4.5 : Mesure des atouts de l'entreprise sur les pays considérés comme attractifs

Degré de maîtrise des FCS (1)	Poids (2)	Évaluation (3)	Note pondérée (4)
Connaissance du marché • Dispose d'une bonne connaissance • A une expérience sur ce marché • A un ou plusieurs relais sur le marché			
Compétitivité de l'offre produit de l'entreprise • Le produit, la production • Degré d'adaptation du produit • Capacités techniques à réaliser les adaptations • Niveau de service offert (délais, assistance, SAV) • Offre de coopération ou de contreparties			
Le prix et l'offre de financement • Position prix-marché • Offre de financement attractif • Prise en charge du risque de change			
Pénétration des circuits de distribution • Efficacité de la force de vente pour ce marché • Capacité à mettre en place une voie d'accès au marché • Pénétration des circuits de distribution les plus importants • Coopération avec les circuits			
Politique de marque • Utilisation d'une marque connue sur le marché • Possibilité de mettre en place une politique de communication			
(… / …)			
SYNTHÈSE	**100 %**	**X**	**Score sur le pays**

(1) Ces facteurs clés de succès sont adaptés en fonction du pays et du secteur d'activité, ils jouent pour toutes les entreprises qui les maîtrisent plus ou moins (une meilleure maîtrise des FCS conduisant à la possibilité d'exploiter un avantage concurrentiel).

(2) Cette pondération résulte directement de l'identification de l'impact relatif des facteurs clés entre eux pour l'activité de l'entreprise dans le pays. Le total des poids fait 1 ou 100 %.

(3) Chaque variable est notée sur une échelle à 5 points (1 : atouts faibles ; 5 : atouts forts).

(4) La somme des notes pondérées pour chaque facteur clé de succès donne le score des atouts de l'entreprise dans le pays sur ces facteurs.

f. Voir chapitre 3 (p. 99).

L'évaluation de la position concurrentielle. Enfin, la troisième étape de l'étude en profondeur pour les pays retenus qui sont suffisamment attractifs et dans lesquels l'entreprise dispose d'atouts considérés comme suffisants pour développer le marché-produit, consiste à évaluer la position concurrentielle anticipée de l'entreprise sur ce marché. En effet, si tous les concurrents ont une maîtrise similaire des FCS, il sera très difficile à l'entreprise de pouvoir développer un avantage concurrentiel.

La comparaison des profils concurrentiels (c'est-à-dire des degrés comparés de maîtrise des FCS) de l'entreprise avec ses principaux concurrents locaux et étrangers sur place permet d'identifier ses avantages concurrentiels qui pourront servir de levier pour pénétrer le marché. Elle permet aussi d'identifier les domaines dans lesquels les concurrents sont meilleurs (leurs avantages concurrentiels) et qui devront appeler une surveillance stratégique particulière. Dans le cas précédent (tableau 4.5), une entreprise peut, par exemple, compenser une inexpérience sur le marché par de meilleures capacités d'adaptation du produit. Ou bien un avantage des concurrents déjà implantés en matière de prix peut être contrebalancé par une offre de financement plus attractive par l'entreprise, ou par l'innovation technologique.

La sélection finale

L'internationalisation va toucher toutes les fonctions de l'entreprise, et pas seulement le marketing. La décision finale de développer ses ventes sur les marchés internationaux est donc toujours une décision de la direction générale qui s'appuiera sur ces études en profondeur. C'est le cas dans les grandes entreprises, où la nécessité de rationalisation globale et d'arbitrages pour l'investissement des ressources marketing entre les filiales (pays) pousse à leur utilisation. Dans les PME, en revanche, on constate que les choix de pays à pénétrer sont souvent motivés par des facteurs moins rationnels qui sont liés surtout aux caractéristiques des dirigeants comme le fait de parler des langues étrangères (qui incite à travailler dans certains pays plus que d'autres), les pays visités (à l'occasion de vacances ou de déplacements professionnels), les modes, ou la réponse à des commandes spontanées (à la suite de la participation à un salon, par exemple).

La sélection finale demande **de revenir aux objectifs de l'internationalisation** pour l'entreprise, laquelle doit comparer les coûts et les bénéfices potentiels pour déterminer le pays qui correspond à la meilleure utilisation des ressources disponibles. Ici, la pénétration des pays proches de ceux où exerce déjà l'entreprise est en général moins coûteuse, moins risquée et plus rapide. Les objectifs de la firme permettent aussi d'affiner la pondération de certains critères décisionnels en fonction de leur degré d'importance :

- Si l'objectif est la maximisation des ventes et la conquête rapide de parts de marché, les critères d'acceptation du marché pour le produit et d'intensité concurrentielle seront considérés comme très importants.
- Si l'objectif est plutôt de développer la rentabilité, les coûts d'entrée seront fortement pondérés.
- Si le but est de faire du marché un banc d'essai préalable à un développement international plus important (apprendre sur un marché), la distance d'affaires (géographique et culturelle notamment) sera privilégiée afin de minimiser les risques d'échec.

La prise de décision finale ne peut se faire sans une visite dans le pays qui permet aux responsables marketing d'acquérir une expérience directe absolument fondamentale pour accéder à des connaissances de première main qui viennent confirmer – ou infirmer – les résultats des études, voire les enrichir par l'identification de nouvelles opportunités. Une curiosité personnelle lors de voyages permet aussi d'en savoir plus (et de manière directe) sur les habitudes en matière de service dans les hôtels ou les magasins, sur les produits concurrents dans les points de vente que l'on visite, ou sur les facilités de transport. À l'ère du virtuel, les effets de halo sont nombreux dans la perception que nous avons des « réalités » étrangères (en l'occurrence d'un marché), et l'expérience directe n'en est que plus nécessaire (contrairement au mythe de l'information totale procurée par les outils électroniques). Les possibilités de travail à distance et en temps réel et continu ne suppriment pas les nécessités du face-à-face : on se déplace moins, mais davantage pour les choses les plus importantes, comme la sélection finale d'un marché.

2.2 Étudier le comportement des consommateurs locaux

Pour mieux comprendre le comportement des consommateurs locaux, tant les spécificités des comportements que la nature de l'environnement d'étude doivent être considérées. En pratique, les études en comportement du consommateur peuvent s'appuyer soit sur le contact direct des consommateurs (c'est le cas le plus fréquent dans les marchés développés), soit sur des données indirectes comme les informations fournies par les distributeurs et l'observation des produits existant sur le marché. On définira d'abord les principaux aspects à étudier, l'impact de la culture sur ces composantes, et enfin les types d'études marketing locales qui peuvent être conduites en fonction des trois catégories classiques d'objectifs de recherche (exploration, description, explication du comportement du consommateur).

Les composantes universelles du comportement du consommateur

Les études en comportement du consommateur portent sur les processus par lesquels les individus ou les groupes choisissent, achètent, utilisent des produits au sens large (produits, services, idées) qui satisfont des besoins. La consommation, où qu'elle ait lieu, est aussi un processus qui comprend plusieurs phases types (préachat, achat, postachat) et plusieurs intervenants (l'acheteur en magasin ou magasineur, le consommateur proprement dit, les prescripteurs, les divers intervenants de l'achat familial ou du centre d'achat chez le client industriel). Il est utile de distinguer les différentes variables qui influent sur le comportement du consommateur et qui devront être remises en contexte en fonction de la culture et de l'environnement locaux[17]. Ainsi, le consommateur peut-il être considéré en tant que :

- **Individu.** Cela renvoie aux variables individuelles de perception, d'apprentissage et de mémoire, de motivations, de valeur et d'implication, d'attitudes et de concept de soi.
- **Décideur.** Cela entraîne l'étude des grandes étapes du processus d'achat (reconnaissance du besoin, recherche d'informations, évaluation des alternatives, choix, achat et postachat) et l'étude des sources d'influence sur ce processus (influence des groupes, des leaders d'opinion, schémas de diffusion des innovations).
- **Membre d'une culture** nationale (traditions et styles de vie) et de sous-cultures (liées aux revenus et aux classes sociales, aux appartenances ethniques et religieuses, aux classes d'âge, aux types d'industrie et d'entreprise…).

Les révolutions technologiques en cours (croissance de l'*open-source*, émergence du Web 2.0, émergence d'un paysage social fondé sur les médias sociaux, combinaison d'outils de *social computing*) rendent cruciale la compréhension du contexte social dans lequel l'individu évolue pour comprendre comment les messages marketing sont diffusés par les actions publicitaires, le bouche à oreille et les relations publiques. Chacun est connecté à différents réseaux choisis, ce qui se traduit par des communautés puissantes[18].

Les significations locales du comportement du consommateur

La consommation est en soi un acte culturel, et tous les aspects du comportement du consommateur sont influencés par les phénomènes culturels locaux[19], spécifiques, convergents ou hybrides[g]. Il convient donc de faire une étude, ne serait-ce que minimale, pour évaluer les possibilités de transposition d'un marché à l'autre des connaissances existantes sur le comportement du consommateur comme :

- les modalités de la perception sensorielle : des couleurs, des formes, des odeurs et leurs significations associées ;
- les motivations d'achat : Qui achète et utilise ? Quoi ? Combien ? Où ? Quand ? Comment ? Pourquoi et pourquoi pas ? À quels prix ?
- les processus d'apprentissage et de mémorisation, résultant de la familiarité avec la classe de produits et de l'éducation ;
- les influences de la famille et des sous-groupes sociaux : classes sociales, classes de genres (sexe), classes d'âge, industries, castes, tribus, réseaux sociaux, régions… ;
- les attitudes vis-à-vis du changement en fonction des valeurs traditionnelles ;
- les processus de décision d'achat : orientations de valeurs, risque perçu, implication, influence relative des rôles masculins et féminins (Qui achète quoi ? Qui intervient plus à quel moment du processus d'achat ? Quelles sont les décisions familiales ? Quelle est l'influence relative des enfants ?) ;
- les attitudes et comportements au cours de l'achat et postachat : perceptions de la qualité des produits et des services, comportement d'insatisfaction, comportement de plainte suite à une insatisfaction, consumérisme en général.

Si certaines macrotendances de la consommation sont communes à la majorité des pays industrialisés (par exemple le rôle croissant des enfants dans de nombreux achats, la composition de la famille nucléaire et la recomposition des familles monoparentales en Europe, la diminution des dépenses d'alimentation et l'augmentation des dépenses de santé et de loisirs, le vieillissement des populations, etc.), les modes de consommation et les concepts qui les décrivent doivent être redéfinis lorsqu'on aborde des pays en développement d'une part, et des pays industrialisés ou nouvellement industrialisés situés hors de la civilisation occidentale d'autre part (voir approfondissement 4.2). Dans ce dernier cas, **il est important de ne pas confondre occidentalisation et modernisation :** la modernisation européenne est une mutation sociale originaire de l'Occident, mais qui ne signifie pas (en tout cas à court terme) l'assimilation des racines culturelles occidentales (de toutes ses valeurs notamment) par le plus grand nombre dans la plupart des occasions de la vie locale. Autrement dit, on

g. Voir chapitre 5 pour une présentation détaillée des comportements de consommation *culture-bound* et du débat sur l'évolution des modes de consommation avec la mondialisation économique des entreprises et des marques (p. 172-187).

peut être moderne sans être occidental (le Japon ou les Émirats arabes unis qui sont les premiers acheteurs de produits de nouvelles technologies ne sont pas pour autant occidentaux dans leurs systèmes culturels).

Approfondissement 4.2

Occidentalisation ou modernisation ?

L'Asie est plus hétérogène que l'Europe sur le plan culturel et se caractérise par la présence et la permanence de valeurs millénaires qu'un siècle de modernisation ne saurait effacer. Le collectivisme en particulier s'exprime de multiples façons qui influencent le comportement profond du consommateur : l'appartenance qui relaie au second plan les désirs individuels, la réciprocité qui permet le positionnement social de la personne dans son réseau relationnel, l'importance du statut soulignée dans les attitudes et comportements, et la conformité au groupe qui encadre les possibilités qu'ont les individus de se distinguer de leur groupe de référence. La théorie occidentale de la diffusion des nouveaux produits est souvent modifiée en Asie où l'on observe une proportion nettement plus faible d'innovateurs (qui prennent un risque social de marginalisation) mais aussi de retardataires (qui prennent le même risque, mais en sens inverse de peur d'être à la traîne). L'engouement en Asie s'appuie sur le désir de conformité, et une fois l'aversion pour le risque surmontée, la vitesse de diffusion est exceptionnelle (notamment au Japon où les cycles de vie des produits peuvent être extrêmement courts). La consommation ostentatoire (recherche du statut) est importante et modifie la hiérarchie des besoins de Maslow par rapport au consommateur occidental désacralisé et animé par des préoccupations individualistes : ainsi, le temple Tirupati en Inde accueille les pèlerins qui dépensent davantage que dans tout autre lieu (le « chiffre d'affaires au mètre carré » dépasse celui des meilleurs lieux de vente de détail à l'échelle mondiale !). L'ordre des besoins de Maslow peut aussi se voir modifié quand les habitants des bidonvilles ont un réfrigérateur (vide, mais source de statut) et un téléphone portable (qui, s'il ne les fait pas manger directement, procure une adresse, de meilleures opportunités de travailler et la possibilité de communiquer à distance).

Les principales études du comportement du consommateur local

En fonction du problème, les techniques et les objectifs sont différents dans les études exploratoires (documentaires et qualitatives), les études descriptives (enquêtes consommateurs, distributeurs, observation directe) et les études explicatives (expérimentations, modélisations).

Les études documentaires. Le développement exponentiel de l'information disponible sur les marchés étrangers et sur les comportements des consommateurs en particulier facilite considérablement la collecte de données secondaires, dans les pays industrialisés en tout cas où l'on dispose d'informations sur mesure (consommation par catégories de produits, habitudes d'achat, d'exposition aux médias…) fournies par les services publics d'aide à l'exportation ou par les cabinets d'études. Dans les marchés émergents aussi, les grandes entreprises et les grands instituts internationaux de sondage et d'étude des marchés développent des bases de connaissances locales sur les consommateurs. La phase documentaire doit évidemment être la plus approfondie possible pour minimiser les coûts de collecte de données primaires.

Les études qualitatives (le quali). En particulier l'utilisation de focus groupes, faciles à réaliser et peu coûteux, qui permettent l'exploration du comportement des consommateurs vis-à-vis du produit (fonctionnalités, noms…) et de certains outils de promotion (adéquation d'une campagne publicitaire par exemple). Non représentatives du marché total, les études qualitatives doivent être sérieusement réalisées (choix des grandes agglomérations incontournables, modérateurs professionnels locaux et spécialisés dans la catégorie de produits). Elles sont très intéressantes dans le cas des marchés en développement[20] parce qu'elles permettent de réduire la distance psychologique entre celui qui a besoin de la recherche et son marché en fournissant des informations « en contexte » (sur l'utilisation des produits notamment), parce qu'elles suppléent le manque de données secondaires, et qu'elles sont plus faciles à réaliser que les grandes enquêtes par questionnaires (meilleur rapport qualité/prix). Dans les marchés développés, les études qualitatives apportent beaucoup de valeur ajoutée dans la résolution des problèmes d'innovation (produits et positionnements) et de revitalisation des marques. Elles apportent aux multinationales des éléments d'audit des marques quand il s'agit de rationaliser les portefeuilles de marques, éléments qui peuvent varier d'un pays à l'autre. Dans les pays en voie de développement et émergents (Asie du Sud-Est, Amérique latine), le quali a un rôle de défrichage permanent, compte tenu de la rapidité d'évolution des marchés, et, en particulier, un rôle d'exploration des usages et attitudes au plan local. Les études qualitatives ont aussi pour mission de tester des mix-marketings existants et performants dans d'autres marchés.

Les enquêtes consommateurs par questionnaires. Conduites sur de grands échantillons aléatoires ($n = 500$ répondants et plus), elles ne sont pas aisément transférables dans les contextes de pays en voie de développement ou de pays émergents. Les problèmes méthodologiques sont nombreux (traductions, administration, interprétations), de nature culturelle et technique[h].

Les enquêtes distributeurs. C'est la façon la plus simple, la plus rapide et la plus utilisée pour en savoir plus sur les consommateurs (Qui ? Quoi ? Où ? etc.). Dans les pays en développement, c'est souvent la seule information dont on peut disposer spontanément. Les intermédiaires sont souvent moins nombreux et plus stables que dans les pays industrialisés, ils parleront aussi « au nom » d'un plus grand nombre de consommateurs. Les visites aux points de vente pour observer les consommateurs et leur parler directement, l'analyse des ambiances de magasins, la collecte d'informations sur les ventes fournissent autant d'informations sur le marché. Les entreprises japonaises sont très sensibles à cette approche[21].

La recherche explicative. Elle vise à étudier les liens entre une variable de décision (comme le prix ou la promotion) et une variable de résultat (comme la préférence pour la marque ou l'intention d'achat). Suivant des techniques scientifiques, les recherches explicatives sont surtout utiles pour les marchés matures où il est important de connaître précisément l'impact de telle action marketing sur tel résultat. Fondées sur l'utilisation d'informations scannées en magasin ou vendues par les panels, ces études de *tracking* sont disponibles dans tous les grands marchés industrialisés.

L'observation directe. Elle est très utile à la fois dans les marchés matures et en développement. Dans le premier cas, elle renseigne sur l'utilisation en contexte des produits, sachant que, vu la disponibilité de nombreuses offres concurrentes sur le marché, ces achats sont

h. Voir partie 3 de ce chapitre (p. 156-161).

révélateurs d'un certain état de préférences des consommateurs. Dans le cas des pays en développement, les méthodes ethnographiques (par analyse de documents vidéo par exemple qui filment l'environnement et les situations de consommation de certains produits) permettent la compréhension en profondeur des comportements d'usage locaux. Par exemple, l'observation des habitudes de lavage dans les pays en développement ou émergents peut révéler non seulement les contraintes imposées par l'accès à l'eau (où et quand et combien de temps par jour est-elle disponible ?) et par sa qualité, mais aussi les types d'utilisateurs en fonction des classes sociales (classes aisées disposant d'un personnel domestique *versus* classes pauvres vivant dans des conditions matérielles difficiles et qui font en partie la lessive des premiers). Ces consommateurs auront des attentes différentes concernant le produit : rapport qualité/prix, capacité de nettoyage de certaines salissures fréquentes, facilité de rinçage avec peu d'eau… De telles informations sont propices à l'amélioration de la définition des produits proposés aux consommateurs locaux (voir illustration 4.3).

Illustration 4.3

Les études qualitatives pour comprendre les usages du BOP

Le Brésil, avec ses 180 millions d'habitants vivant essentiellement sur la côte est, un territoire quasiment aussi grand que celui des États-Unis, et une croissance économique importante, reste un pays parmi les plus inégalitaires. Le segment des consommateurs à faibles revenus (*Bottom of Pyramid consumers*) représente pour des marques très établies comme Unilever un potentiel de croissance qui ne peut plus être négligé[22]. La segmentation du marché de la lessive montre l'impact des variables de revenus et d'origine régionale (le Nord et le Sud) sur les habitudes de lavage. Le Nord-Est (Recife) a des pratiques très différentes de celles du Sud-Est qui sont plus proches des habitudes européennes et nord-américaines (possession de machines à laver, faible usage d'eau de Javel). À partir d'une démarche proche du registre ethnographique (observation participante du chef de projet dans les quartiers pauvres, photographies, entretiens), Unilever a déterminé en préalable au lancement d'une lessive conçue pour le BOP du Nord-Est (la lessive Ala) les caractéristiques des pratiques de lavage du linge : a) le lavage à la main conduit à utiliser plus de savon et moins de lessive ; b) le lavage est plus fréquent (on possède moins de vêtements et on a plus de temps pour la lessive) et se fait en commun à la laverie publique (points d'eau urbains), à la rivière ou à la mare ; c) la propreté est perçue comme un indicateur de l'attention que la mère accorde à sa famille ; d) en plus du prix, les différents attributs valorisés dans le choix d'une lessive sont : le pouvoir lavant (déduit de la quantité de mousse), une odeur forte et agréable associée au pouvoir adoucissant sur le textile et les mains), et la capacité à détacher sans savon ni eau de Javel.

2.3 Les études pour la prise de décisions marketing spécifiques

Les études liées à la prise de décisions marketing sur les marchés étrangers se situent à deux niveaux :

- **Stratégiques.** Définition de la segmentation des marchés étrangers (c'est-à-dire de la « microsegmentation », puisque le pays est déjà choisi), des stratégies de ciblage possibles (couples produits-marchés ciblés) et du positionnement à définir pour les cibles retenues.

- **Tactiques.** Il s'agit ici des études liées aux aspects de mise en œuvre (déclinaison des moyens) et d'exécution (réalisation effective) de la stratégie marketing sur un marché local.

Prendre des décisions stratégiques

Comprendre la segmentation des marchés dans chaque pays. Les études de segmentation des consommateurs, telles qu'elles se pratiquent dans les marchés de la Triade, sont moins sophistiquées dans les marchés moins développés pour des raisons évidentes de coûts et de difficultés de mise en œuvre de techniques avancées. Un segment utile à la décision doit être identifiable (critères de différenciation des segments), mesurable, accessible (solvable ? Comment distribuer et communiquer auprès du segment ?)[23].

Dans les marchés matures, de nombreux outils de segmentation ont été développés par les instituts d'études internationaux qui couvrent un ou plusieurs pays avec des données de *tracking* socioéconomique et démographique de sous-groupes de la population. La segmentation est définie en activités, intérêts, opinions, valeurs, usage des produits, sur une base longitudinale. Les approches de styles de vie sont très développées[24] aux États-Unis (comme VALS, *Value and Life Styles*, ou LOV, *List of Values*) et en Europe, notamment en France (comme les approches du Centre de communication avancée, CCA, ou de la COFREMCA[25]). Longtemps réservée aux marchés matures, la segmentation par les styles de vie se développe désormais dans les marchés émergents (voir illustration 4.4).

Comprendre la segmentation des marchés commune à plusieurs pays. Les études de segmentation multipays permettent d'identifier des segments de consommateurs « transnationaux », c'est-à-dire aux besoins similaires à travers plusieurs pays[26]. Ces segments sont particulièrement recherchés pour les possibilités qu'ils offrent de pratiquer un marketing différencié aux plans nationaux, mais standardisé à l'échelle de ces pays : ainsi les « jeunes de tous âges » en Europe (cible d'Ikea), la *global youth culture* à travers le monde (musique, mode)[27], ou les « nouveaux riches du luxe » dans les marchés émergents (Chine, Inde, Russie, Émirats arabes unis…).

Plusieurs segments de consommateurs transnationaux sont ainsi identifiés qui font l'objet d'un marketing ciblé mais indifférencié au plan international :

- **Les consommateurs aspirant à une vie d'élite.** Ils se tournent vers des produits ou des services de prestige : la Mercedes Benz, le fait de boire du Perrier, d'utiliser une carte American Express Gold et de porter des vêtements Ralph Lauren. Ces consommateurs sont des hommes et des femmes riches, des cadres supérieurs, des professionnels d'un haut niveau d'éducation qui partagent des valeurs d'opulence, de succès, de statut, de matérialisme. Ils seront ciblés dans le monde d'une façon identique.
- **Les consommateurs adolescents et jeunes.** Dans les pays matures et chez les riches urbains des pays nouvellement industrialisés, ce segment se développe sous la pression de l'exposition croissante aux médias internationaux, de l'expérience d'un séjour d'études à l'étranger et de la mobilité liée à des voyages fréquents et à des familles expatriées dans plusieurs pays. Des entreprises comme MTV, Coca-Cola, Swatch, Sony, Pepsico, ou Benetton satisfont les besoins et les valeurs de la culture ado mondiale.
- **Les consommateurs « verts ».** Ils sont sensibles aux différentes facettes du développement durable (économique, environnementale et sociale) et qui s'exprime par un certain

militantisme face aux désastres écologiques (biodiversité, ressources fossiles, effets collatéraux variés…) dont on est de plus en plus informé par les médias, les voyages, l'éducation. Les produits verts bénéficient d'un positionnement écologique (label « bio ») qui apporte des bénéfices produits liés au mode de fabrication, d'emballage et à la composition (des produits alimentaires, de jardinage, de nettoyage, paramédicaux, d'habitat, d'habillement…).

Illustration 4.4

La segmentation selon les styles de vie en Russie

Les agences de publicité en Russie ont récemment fait évoluer leur approche de la segmentation. Celle-ci, fondée initialement sur les variables classiques sociodémographiques et de revenu disponible, évolue vers la prise en compte de variables psychographiques comme les styles de vie[28]. Sept segments d'acheteurs consommateurs russes peuvent être distingués en fonction de leurs attitudes : a) les innovateurs, moins de 30 ans travaillant dans les affaires ou occupant des positions intellectuelles élevées, groupe des consommateurs avancés qui recherchent le meilleur du meilleur (l'unique, l'exclusif, l'exotique, le super-luxueux, le customisé) et qui représentent 18 % des familles de Moscou mais seulement 8 % des familles du pays ; b) les acheteurs impulsifs (8 % à Moscou, 12 % pour le pays), bénéficiant d'une éducation secondaire, qui progressent vers la catégorie précédente à mesure que leurs revenus augmentent et qui voient la possibilité de consommer comme une source de fierté, d'amusement, de récompense ; c) les motivés (15 % à Moscou, 11 % en Russie), aux revenus beaucoup plus modestes, qui vivent plutôt dans les grandes villes industrielles et qui sont sensibles à la publicité et aux influences collectives (régions, famille, communauté) ; d) les discriminants (8 % à Moscou et 12 % en Russie), plus conservateurs et matures, qui rejettent la publicité et s'intéressent aux produits et services en rapport avec la santé ; e) les indifférents (21 % à Moscou, 25 % en Russie), aux revenus moyens, qui sont satisfaits de leurs choix de produits et services – leur consommation est guidée par l'habitude plus que par la nécessité – et difficiles à influencer par la publicité qui les rend sceptiques ; f) les traditionalistes (20 % à Moscou et 16 % en Russie) sont généralement retraités ou proches de l'être, leurs revenus sont misérables, ils n'achètent pas dans les magasins modernes, ne subsistent que grâce aux efforts des amis et membres de la famille et leur sélection de produits est limitée et exprime la nostalgie pour les bons vieux jours de l'Union soviétique ; g) les *Kholkhozniki*, anciens membres des fermes collectivisées (1 % à Moscou, 11 % en Russie) qui habitent des villages ou des petites villes, ont de faibles niveaux d'éducation scolaire, sont autonomes en production de légumes grâce à leur *datcha* et ne s'approvisionnent dans les magasins modernes qu'en cas de promotion.

Définir le positionnement adapté au marché local. Les études qui suivent logiquement celles de segmentation portent sur le positionnement des produits sur les segments ciblés. Hormis dans le cas particulier des segments transnationaux précédemment évoqués, la place qu'occupent les produits dans l'esprit des consommateurs par rapport à la concurrence est variable d'un pays à l'autre en fonction des perceptions des produits et marques d'origine étrangère, comme de leurs différents attributs (physiques, de service, symboliques).

Bien connaître les processus d'évaluation des produits étrangers est donc essentiel, en particulier :

- **Les effets de la production multinationale.** Il s'agit de la différence de perception d'un produit entre le pays qui est à l'origine de sa conception et de la marque (*country of origin*) et le pays où il est produit (*made in*). Si ce dernier souffre d'une mauvaise réputation au plan mondial pour la qualité, l'image du pays de production peut dégrader l'image de la marque (par exemple un ordinateur portable Sony produit en Chine). Il existe aussi des phénomènes d'animosité (situationnelle ou stable, due à l'histoire douloureuse) envers le pays d'origine de produits[29]. On a ainsi pu trouver une relation négative entre les consommateurs chinois et des produits japonais, et ce indépendamment des évaluations de qualité des produits[30].
- **Les effets liés aux composantes signifiantes du produit**[i]**.** Ce sont les images nationales diffusées par l'origine du produit et par le nom de marque résultant des mécanismes d'évaluation des produits par les consommateurs en fonction de l'origine du produit (cœur d'image standard, perceptions spécifiques, risque perçu, effet de la production multinationale, impact de la catégorie de produits et des variables démographiques sur les attitudes des consommateurs vis-à-vis d'un produit étranger). Le transfert de significations dans le positionnement des marques doit être particulièrement étudié dans le choix de stratégies de communication publicitaire internationales. Trois stratégies génériques peuvent être utilisées en fonction de critères culturels[31] :
  - Positionnement de culture globale (*global consumer culture positioning*, GCCP) : la marque est associée à des significations culturelles globales (« My First Sony », « The United Colors of Benetton »).
  - Positionnement de culture locale (*local consumer culture positioning*, LCCP) : la marque est associée à des significations culturelles locales (la bière Budweiser est associée à la culture d'une petite ville américaine).
  - Positionnement d'une culture étrangère (*foreign consumer culture positioning*, FCCP) : Singapour Airlines utilise l'image d'une jeune femme de Singapour dans ses publicités globales.

Études de décisions tactiques

Les études qui sont utilisées dans le cadre des décisions tactiques concernent les conditions de l'offre aux marchés étrangers.

- **Au niveau du produit.** Il faut déterminer les contraintes d'usage local qui imposeront une adaptation des caractéristiques du produit et évaluer les bénéfices de l'adaptation aux yeux des consommateurs locaux. L'observation est une technique efficace pour les produits existants et des batteries de tests de nouveaux produits ou concepts sont réalisées pour l'introduction de ces derniers. Les entreprises japonaises utilisent souvent l'analyse des marques et produits leaders dans une perspective *me too plus* qui consiste à fabriquer un produit qui présente les caractéristiques des leaders moins leurs faiblesses : Lexus de Toyota, ou consoles Nintendo.

i. Voir chapitre 5 (p. 194).

- **Au niveau du prix.** Il faut évaluer l'élasticité de la demande aux changements de prix (par exemple, à la suite des tendances inflationnistes fortes dans les marchés émergents), exercice difficile dans les nouveaux marchés à cause de l'inexistence de données historiques des ventes. Le niveau des prix doit être en cohérence avec le positionnement du produit qui est variable souvent selon les pays (les prix de la lessive Omo d'Unilever sont élevés au Brésil mais bas en Europe). Dans les nouveaux marchés, il faut tenir compte d'un fort impact de l'image sur le prix (l'effet *made in France* favorable à une politique de prix premium dans le domaine alimentaire au Japon). Enfin, ces études portent sur l'encadrement des importations parallèles par des ajustements de prix pour mieux les différencier entre marchés limitrophes, quand les différentiels de taux de change à eux seuls ne favorisent pas ces phénomènes[j].
- **Au niveau de la distribution.** Lors de la pénétration d'un nouveau marché, il s'agit d'avoir une première idée (souvent par observation directe) des circuits, de la concurrence et des pratiques locales de distribution. Des informations sur les pratiques de rabais, ristournes diverses et habitudes de paiement devront être collectées[k]. Lors du développement des marchés, les études portent sur la performance comparée des différents circuits utilisés (distribution numérique et valeur), et l'élargissement des différents circuits de distribution envisageables pour développer le marché.
- **Au niveau de la communication locale.** Il s'agit de déterminer le mix de communication pour favoriser l'acceptation d'un produit ou d'une marque. Les ratios qui comparent les parts des budgets de communication des concurrents en fonction du chiffre d'affaires (sur la base d'évaluations d'experts ou de distributeurs), ou le niveau d'activités promotionnelles en magasins, renseignent sur le montant des investissements qui devront être réalisés pour exister en termes de communication. Les études porteront aussi sur le media planning, sur la perception des créations avec test des différents story-boards possibles et analyses de mémorisation, ou sur la combinaison optimale des médias dans chaque pays[l]. Le fonctionnement et l'importance relative du bouche à oreille dans différents pays peuvent aussi faire l'objet de recherches qui montreront la nécessité plus ou moins forte de travailler la communication au sein des réseaux d'influence des acheteurs, sur les médias sociaux par exemple.

Finalement, et quel que soit le degré de maturité du marché, les études dans les domaines tactiques concernent **les marchés-tests** développés à l'étranger sur quelques points précis du territoire afin d'obtenir des données de première main sur les consommateurs et la concurrence, et d'adapter ensuite le mix-marketing. Il s'agit souvent de grands pays dont la conquête s'effectue pas à pas (États-Unis, Chine, Inde, Brésil, Russie…), pour intégrer progressivement les spécificités du marché et limiter les coûts d'approche.

---

j. Voir chapitre 6 pour une présentation des problématiques de prix en rapport avec les importations parallèles (p. 237-240).

k. Voir chapitre 2 pour cette question des habitudes en matière de délais de paiement dans la prise en compte du risque commercial (p. 67).

l. Voir chapitre 8 (p. 294-297).

3. La mise en œuvre des études marketing internationales

À mesure que s'accroît la taille de l'entreprise à l'international, disposer de connaissances comparatives sur les marchés, qui faciliteront la prise de décisions marketing de plus en plus globales, devient nécessaire. **La mise en œuvre des études appelle trois questions** : comment faire face aux difficultés méthodologiques croissantes ? Quels sont les apports d'Internet pour la conduite d'études marketing internationales, et aussi ses limites ? Comment répartir les responsabilités, de manière centralisée ou décentralisée, et quel système d'information marketing développer ?

3.1 Besoin croissant d'études comparatives et problèmes méthodologiques associés

Quand les études de marketing international portent sur la comparaison de données entre pays, il est important, très en amont de la recherche, de s'interroger sur la validité comparative des données collectées dans différents contextes culturels en surveillant les risques de non-équivalences multiples qui peuvent invalider le processus de comparaison. **La question centrale qui est posée est celle de la recherche de l'équivalence**, c'est-à-dire le niveau où la comparaison est faite (équivalence des construits à travers les cultures, équivalence des échelles de mesure, etc.).

La recherche de l'équivalence

Sans équivalence, pas de comparabilité entre pays et cultures car, à moins que les concepts et les instruments de recherche ne fassent l'objet d'une compréhension similaire dans tous les contextes étudiés, les résultats sont fondamentalement biaisés s'ils comparent des choses incomparables[32].

Les recherches en méthodologie des études cross-culturelles (ou comparatives) ont d'abord été développées dans le champ de la psychologie comparée[33] et plus récemment par les auteurs de marketing[34] et de management international. La recherche d'équivalences doit se faire dès la définition du cadre conceptuel de l'étude (choix théoriques, choix et expression des construits), étape qui suppose une prise de position sur l'impact des contextes. La position « etic » (par analogie avec la phonétique qui étudie les sons universels des langues) présuppose que le cadre conceptuel est *culture-free*, donc applicable universellement à toutes les cultures. La position « emic » (par analogie avec la phonémique qui étudie les sons propres aux langues) présuppose que le cadre conceptuel est *culture-bound*, donc influencé par le contexte local. Pour éviter le biais « pseudo-etic » (les théories et construits développés dans un contexte culturel – généralement les États-Unis – sont supposés universels alors qu'ils sont *a priori* emic), il est nécessaire de s'interroger sur leur pertinence locale (existence, significations). Si l'approche etic facilite la comparaison, l'approche emic favorise l'expression des nuances locales. Dans tous les cas, une décentration du chercheur s'impose pour lui permettre d'identifier ses propres bais conceptuels et méthodologiques.

La non-équivalence est une source de biais importants qui mettent en danger la validité des études internationales. Tout au long du processus d'étude, sept catégories d'équivalences appellent une surveillance particulière (voir tableau 4.6).

Tableau 4.6 : Les catégories d'équivalence cross-culturelles en marketing international

Catégories d'équivalences	Questions à se poser
1. Conceptuelle	Les concepts – utilisés dans les études, généraux et de nature marketing – ont-ils le même sens dans toutes cultures ?
2. Fonctionnelle	Les concepts utilisés (produits, résultats d'activités, pratiques, rituels, règles, actions, relations) ont-ils la même fonction dans toutes les cultures ?
3. Traduction	Les mots utilisés ont-ils un équivalent dans toutes les langues ? Les idiomes utilisés sont-ils équivalents dans toutes les cultures ? La construction des phrases est-elle équivalente dans toutes les cultures ? La signification des mots et des phrases par rapport à l'expérience de tous les jours des répondants est-elle équivalente ?
4. Mesures	Quelle est la perception (ou l'interprétation) sensorielle locale ? Les échelles d'évaluation utilisées (sens des items, distance cognitive entre les points d'échelle) sont-elles équivalentes ? Les étalons de mesure (classes d'âges, de revenus, de professions, mesures de poids, distances, volumes…) sont-ils équivalents ? Les étalons de mesure du temps (dates, séries longitudinales) sont-ils équivalents ?
5. Échantillonnage	Le répondant pertinent par rapport au problème étudié est-il le même dans toutes les cultures ? Les techniques d'échantillonnage utilisées conduisent-elles à un niveau de fiabilité équivalent dans toutes les cultures ? Les échantillons représentent-ils effectivement les mêmes populations dans toutes les cultures ?
6. Collecte de données	Les motivations des répondants face à l'enquête sont-elles équivalentes ? La familiarité avec les techniques de collecte est-elle équivalente ? Les styles de réponse sont-ils équivalents (résistance à répondre, biais liés à la relation avec l'enquêteur, biais de courtoisie, biais de non-réponse, style de réponse moyen, style de réponse extrême) ?
7. Interprétation	Les chercheurs et les utilisateurs des études comparatives peuvent-ils interpréter les résultats indépendamment de leur origine culturelle ?

Les catégories de l'équivalence cross-culturelle

L'équivalence conceptuelle. Elle consiste à vérifier que l'on mesure bien les mêmes concepts (les mêmes construits) dans différents marchés. Les catégories de produits ne sont pas toujours conceptuellement équivalentes selon les pays (par exemple, le café lyophilisé est-il du vrai café ? Les Anglais diront oui mais pas les Italiens). Les concepts de qualité, de temps, de confiance, de fidélité… sont susceptibles de signifier aussi des choses en partie ou radicalement différentes dans des cultures différentes (la qualité en automobile est d'abord associée au confort aux États-Unis, mais à la sécurité en Allemagne). La notion même de satisfaction (et d'insatisfaction) si centrale au marketing n'est pas la même dans les pays industrialisés ou en voie de développement. Par exemple, dans le domaine des services bancaires, la satisfaction des clients des marchés émergents d'Afrique de l'Est se fonde en partie sur des dimensions spécifiques que l'on ne retrouve pas dans les études menées sur les marchés industrialisés et qui sont en rapport avec le paysage technologique local. Les clients sont satisfaits du service bancaire par la disponibilité et le bon fonctionnement de la technologie aux distributeurs de billets (attributs de l'offre considérés comme prérequis dans les pays industrialisés mais pas acquis en Afrique de l'Est), l'aspect physique du distributeur, la facilité d'acquisition d'une carte ou d'ouverture d'un compte, et enfin un mix de services considéré comme complet[35]. Les enquêtes par questionnaire qui imposent un cadre fermé aux répondants, par rapport notamment aux entretiens en profondeur ou à l'observation directe, favorisent par nature les biais d'équivalence conceptuelle. Elle est particulièrement difficile à réaliser pour les concepts à connotation morale, comme les valeurs. Chercher des traductions aux concepts dans plusieurs langues révèle souvent des nuances essentielles et montre les limites d'une simple traduction littérale des concepts, même quand la traduction « existe » dans les dictionnaires (voir illustration 4.5).

Illustration 4.5

Marketing durable et langage de la responsabilité

La notion de responsabilité est au cœur de celle de développement (et de marketing) durable[36]. Or, les langues non occidentales n'offrent pas d'équivalent symétrique à la notion occidentale de responsabilité[37]. Donc, même si l'idée de responsabilité résonne partout, elle est exprimée par plus d'un terme selon les différentes conceptions des relations entre êtres humains et formes de vie non humaines. Hors du monde occidental par exemple, on a souvent la recherche d'un équilibre entre responsabilité envers la famille (les anciens par exemple) et les différentes entités sociales d'appartenance (communauté, profession…) et la responsabilité envers l'État-nation. Dans les langues non occidentales, le mot responsabilité ne signifie pas seulement « charge » (comptes à rendre aux autres) mais est aussi synonyme de « fardeau » sans qu'on y trouve toujours la connotation négative que le mot « charge » a dans ce cas en Occident (où assumer une charge est le résultat d'un choix le plus souvent volontaire). En Occident, au contraire, le principe de gouvernance démocratique contribue à l'indivisibilité des deux aspects du pouvoir, « être en charge » et « avoir des comptes à rendre », qui en découlent. Enfin, même si les langues occidentales sont toutes profondément influencées par l'héritage judéo-chrétien, grec et romain, il existe des différences subtiles entre elles. Le mot « responsabilité » en français renvoie à trois notions anglaises : *responsibility*, *accountability* (devoir rendre des comptes, surtout pour les dirigeants politiques et d'entreprises) et *liability* (avec le sens juridique d'avoir à verser des dommages et intérêts). Ces différences de conception de la responsabilité, au-delà d'un socle relativement commun exprimé autour « d'être en charge », suggèrent des nuances importantes en termes de conception et d'exécution de l'action responsable (éthique de la consommation responsable, définition de l'irresponsabilité, hiérarchie des devoirs respectifs de l'entreprise et des consommateurs…). Ces nuances constituent des obstacles à la mise en place d'approches de la consommation responsable commune entre pays.

L'équivalence fonctionnelle. Elle concerne des concepts similaires mais dont les fonctions sont différentes. Par exemple en marketing, les produits du fait de leur utilisation en contexte local peuvent avoir des fonctions tout à fait différentes (par exemple, la consommation des produits alimentaires et des boissons comme le vin ou le thé varie beaucoup du point de vue des usages des produits et de la fonction que leur assignent les modes de consommation locaux). L'équivalence fonctionnelle est aussi très importante dans les études de management interculturel[m] qui portent sur les concepts d'autorité, la fonction des leaders, le rôle des diplômes, les relations d'amitié, l'organisation des réunions, les modalités du contrôle, etc.

L'équivalence des traductions. Quand il s'agit de traduire des questionnaires dans plusieurs langues, ce n'est jamais parfait (*traduttore traditore*) et cela renvoie aux problèmes d'équivalence conceptuelle. La traduction influence aussi les réponses fournies[38] : si des personnes interrogées répondent en anglais alors que ce n'est pas leur langue maternelle, elles peuvent être plus proches de répondants anglophones que de ceux de leur propre groupe linguistique, ce qui suggère un effet d'ajustement à la culture par l'intermédiaire de la langue. Plusieurs techniques (voir tableau 4.7) permettent de minimiser les risques de non-équivalence des traductions, parmi lesquelles l'élaboration du questionnaire conjointement par des natifs des cultures étudiées et la rétrotraduction, la traduction parallèle en aveugle et la combinaison de ces techniques[39]. Les prétests de l'instrument de mesure traduit dans la culture cible seront déterminants jusqu'à ce qu'un niveau satisfaisant de fiabilité soit atteint[40].

Tableau 4.7 : Les techniques de traduction des questionnaires pour assurer l'équivalence de traduction[41]

Technique	Traduction directe	Rétrotraduction	Traduction parallèle	Techniques mixtes
Processus	S → C	S → C ; C → S′ Comparer S et S′ Version finale Cf	S → C ; S → C′ Comparer C et C′ Version finale Cf	S → C ; S → C′ C → S′ : C′ → S″ Comparer S′ et S″ Décentration de S Version finale Cf
Avantages	Facile à mettre en œuvre	Met à jour la plupart des écarts	Plus facile à mettre en œuvre dans le pays S avec traducteur en C	Garantit le meilleur ajustement entre versions S et C
Inconvénients/ contraintes	Erreurs de traduction et écarts entre S et C	Disponibilité de trois traducteurs, en S et C	Bonne formulation en C, mais pas de garantie en S	Coûteux (traducteurs) et nécessité d'accepter de changer la version S

S : version source, C : version cible et Cf : version cible finale.

Les problèmes d'équivalence des mesures utilisées. Ils sont liés d'abord aux perceptions et aux significations attachées aux objets perçus (couleurs, odeurs, formes, matières…) qui peuvent ne pas être équivalentes dans toutes les cultures car elles sont largement influencées par l'environnement naturel et culturel[42] : toutes les couleurs ou les odeurs ne sont pas perçues par tous les peuples de la même manière, n'ont pas la même symbolique partout (qu'est-ce qui sent bon ou mauvais par exemple ?). Les études produits (liées à leur composition, au packaging, à la communication) devront veiller à permettre l'expression des perceptions locales (plutôt que demander à des consommateurs s'ils aiment l'odeur

m. Voir chapitre 10 (p. 392-408).

de lavande, il vaut mieux leur demander d'abord de reconnaître l'odeur et de commenter ensuite ce qu'elle évoque pour eux). L'équivalence des catégories d'étalonnage couvre aussi les catégories décrivant les âges, le statut marital (par exemple comment comparer le statut polygame et monogame, la polygamie existant dans de nombreux pays), les unités monétaires (comparaisons de prix et des pouvoirs d'achat surtout entre pays aux forts différentiels d'inflation), les professions (par exemple la catégorie française des « cadres » n'est pas strictement équivalente à celle de « manager »), et les étalons divers (poids, distances, volumes, temps). De même, la comparaison internationale des salaires est un exercice périlleux du fait de la diversité des fréquences du paiement (heure, jour, semaine, mois) et de l'adjonction de bénéfices divers ou de bonus (par exemple le bonus semestriel au Japon).

L'équivalence d'échantillonnage. Il faut identifier l'unité qui sera sondée, le répondant pertinent n'étant peut-être pas le même dans toutes les cultures. Qui est la personne pertinente ? Les enfants ont un rôle plus important dans la consommation des pays riches, où ils sont moins nombreux et plus autonomes et parmi les classes riches des pays émergents. Dans de nombreux pays, ce sont les hommes qui font les courses, tandis que la famille élargie, par exemple en Asie du Sud-Est et en Chine, influence souvent les décisions individuelles. Dans les transactions BtoB et les achats publics, le rôle des différents intervenants du centre d'achat n'est pas identique dans tous les pays. Il faut veiller aussi à s'assurer de la représentativité des échantillons par rapport à chaque population nationale, l'adoption d'une procédure standardisée de collecte (comme l'utilisation de bases de sondage identiques, listes électorales ou téléphoniques par exemple) ne garantissant pas une fiabilité identique par pays des échantillons finalement constitués en raison de différences de contextes : par exemple, la sélection d'un échantillon sur la base des listes électorales pourra avoir tendance à sous-représenter les femmes qui ont tendance à voter moins. Elle peut aussi être impossible dans les pays où il n'y a pas de recensement officiel de la population. Le critère final de choix des échantillons devra être la comparabilité des résultats obtenus entre pays en termes de fiabilité : la représentativité et la comparabilité d'échantillons cross-culturels peuvent être meilleures si on utilise des échantillons et des techniques d'échantillonnage différents mais qui conduisent à des niveaux de fiabilité équivalents.

L'équivalence de la collecte de données. Elle est liée à l'inévitable contexte culturel des questions (thèmes sur lesquels les cultures s'expriment plus ou moins facilement, familiarité avec les techniques de questionnaires à choix multiples) et aux styles de réponses biaisés (tendances culturelles à utiliser certaines parties des échelles de mesure – comme l'accentuation du haut, de la médiane ou du bas des échelles –, les biais liés à la relation avec l'enquêteur – biais de courtoisie ou de désirabilité sociale – *yea-saying* –, et les biais de non-réponses sur certains sujets) [voir illustration 4.6]. La standardisation des données au niveau des échantillons nationaux est souvent employée (utilisation des scores standardisés ajustés pour qu'ils soient normalement distribués, l'hypothèse étant qu'en l'absence de biais de réponse, les scores moyens des différents groupes devraient être égaux), avec le risque néanmoins d'écraser des différences importantes *ex post*.

Illustration 4.6

Les différences culturelles dans les styles de réponse au cours des projets d'études multipays

Le téléphone et les entretiens web peuvent être très difficiles à réaliser en Chine avec des répondants des milieux industriels bien que de bons résultats soient possibles en BtoC. Les managers sont réticents à discuter des questions importantes sans l'assurance d'un contact en face à face. Ailleurs en Asie du Sud-Est, le téléphone donne d'excellents résultats mais les entretiens web sont moins concluants et s'accompagnent de multiples relances par téléphone et par mail avant que des taux de réponse satisfaisants soient atteints. De bons résultats ont été obtenus contre toute attente pour une enquête au Japon, conduite depuis le Royaume-Uni, mais une durée d'entretien supérieure due aux règles d'étiquette japonaises en préalable à toute discussion (l'équivalent au téléphone des mouvements de la tête et la discussion d'éléments de contexte d'affaires ou personnel). En Europe du Sud, les répondants exigent d'être rassurés sur la confidentialité et la sécurité de l'information. Des références sont exigées après le premier contact par téléphone. Les biais de réponse sont souvent observés dans l'utilisation des échelles : un Indonésien qui donnera 8 sur une échelle à 10 points pour un niveau de performance serait évalué ailleurs à 6 ou à 7. Il est alors nécessaire de procéder à des explorations qualitatives des raisons possibles de scores élevés ou bas[43]. Dans tous les cas, il est préférable à tous les stades des études comparatives de veiller à l'équivalence du sens que l'on cherche à produire, plus que de s'imposer des contraintes de similarité au sens strict entre les processus effectivement conduits dans les différents pays. Il ne faut pas oublier que le but de la comparaison est d'évaluer les possibilités d'extrapolation des connaissances existantes en marketing qui sont encore largement occidentales (américaines) et que, de ce fait, il ne faut pas que la méthodologie « écrase » les différences possibles que l'on cherche justement à mettre au jour.

3.2 La recherche d'informations

Identifier les sources d'informations secondaires

Une fois le problème d'étude défini, il est nécessaire d'identifier les diverses sources d'informations secondaires disponibles, en commençant par les sources internes à l'entreprise. Ces informations proviennent des systèmes de production, des ERP ou des systèmes de pilotage. Elles peuvent être difficiles à comparer compte tenu de la diversité des systèmes de comptabilité et des systèmes fiscaux nationaux imposés aux filiales à l'étranger dans le formatage de l'information (notamment linguistique) relative à l'activité dans le pays. D'autres données internes incluent les rapports d'activité des vendeurs, des distributeurs ou des filiales étrangères. Leur accessibilité entre filiales n'est possible que sur la base d'un intranet commun et de face-à-face réguliers entre responsables de filiales (lors des universités d'entreprise ou de projets conjoints), chose que la plupart des grandes entreprises n'ont pas encore mise en place de façon systématique (*international marketing knowledge management*[n]).

n. Voir chapitre 10 (p. 416) .

Les principales sources externes d'informations secondaires sur les marchés étrangers dans le pays d'origine, privées et publiques, sont très nombreuses dans tous les pays industrialisés et les principaux acteurs du commerce international. En France, le dispositif de soutien aux exportateurs fédérés par la DREE (Direction des relations économiques extérieures[44]) apporte une aide en matière d'information grâce à un réseau d'organismes fournissant de l'information souvent gratuite ou à coût modéré. La mise à disposition de ces informations sur Internet a conduit à un élargissement de l'offre des services publics ou à des partenariats privé-public (voir illustration 4.7).

Illustration 4.7

Veiller sur Internet

UBIFRANCE (les missions économiques françaises) : www.ubifrance.fr.

Michigan State University (Center for International Business) : http://globaledge.msu.edu/ibrd/ibrd.asp.

INPI (Institut national de la propriété industrielle) : www.inpi.fr.

UCCIFE (Union des chambres de commerce et d'industrie françaises à l'étranger) : www.uccife.org.

ADIT (Agence pour la diffusion de l'information technologique) : www.adit.fr (informations scientifiques et techniques internationales).

GFII (Groupement français de l'industrie de l'information) : www.gfii.asso.fr.

COFACE (Compagne française d'assurance du commerce extérieur) : www.coface.com (services à forte valeur ajoutée).

L'Union européenne : www.europe.eu.

L'OCDE (Organisation de coopération et de développement économique) : www.oecd.org.

La Banque mondiale : www.worldbank.org.

Intelligence consommateurs, pays et secteurs : www.euromonitors.com.

L'Organisation internationale du travail : www.ilo.org.

L'Organisation mondiale du commerce : www.wto.org.

L'Organisation des Nations unies : www.un.org.

Le Fonds monétaire international : www.imf.org.

L'Organisation mondiale des douanes : www.wcoomd.org.

La Commission des Nations unies pour le droit commercial international : www.uncitral.org.

Le Programme des Nations unies pour le développement (PNUD) : www.undp.org.

L'Organisation des Nations unies pour l'alimentation et l'agriculture : www.fao.org.

La Conférence des Nations unies sur le commerce et le développement : www.unctad.org.

Etc.

L'entreprise peut aussi utiliser des sources nationales étrangères, comme les publications gouvernementales très nombreuses sur l'économie, les opportunités et les risques dans de nombreux pays (Département du commerce américain, Organisation du commerce extérieur japonais ou Jetro...), les publications des grandes banques commerciales et grands cabinets conseils (McKinsey, PwC...) sur les principaux pays industriels et émergents, ou les publications des instituts de statistique et des organismes professionnels. Les sources supranationales sont très nombreuses et accessibles en ligne gratuitement (Nations unies et organisations rattachées : OMC, CNUCED, OIT, OMS, FAO, BM, FMI, etc.).

Des centaines de banques de données sont accessibles par Internet, les plus intéressantes étant payantes sur abonnement (Euromonitor, Xerfi...). La situation de la production d'informations secondaires dans les marchés émergents s'améliore malgré des disparités assez fortes, par exemple entre les deux « marchés au milliard » : l'Inde grâce à sa démocratie dispose d'un système de collecte et d'analyse de données marketing tout à fait performant en comparaison du niveau de développement général du pays par ailleurs (voir illustration 4.8).

Illustration 4.8

Les sources d'information marketing en Inde

Les agences d'études de marché en Inde comme ailleurs fournissent soit un service sur mesure (service d'études *ad hoc*), soit le résultat d'études conduites pour plusieurs clients à la fois (*syndicated research*), dont certaines sont réalisées une fois et d'autres conduites sur une base longitudinale. Le nombre de produits disponibles dans cette seconde catégorie est relativement large et diversifié :

- **Information sur les médias** (études, sur de grands échantillons dans les principales zones urbaines et rurales, de l'exposition aux différents médias et des investissements médias). Elles sont publiées par le *National Readership Studies Council* (NRSC) qui réunit trois associations (*Advertising Agencies Association of India*, AAAI ; *Indian Newspaper Society*, INS ; *Audit Bureau of Circulation*, ABC), par *l'Indian Market Research Bureau* ou par ORG-MARG (*Operations Research Group*).
- **Audits sur la distribution.** Par exemple, le service *ORG retail audit* qui se base sur un panel de détaillants consultés chaque mois sur tout le territoire et qui donne des informations classiques de panels de distributeurs sur de nombreuses catégories de produits et variables de magasins.
- **Information spécifique par catégories de produits.** Études omnibus (surtout auprès des femmes au foyer pour les produits ménagers et non durables dont la consommation évolue rapidement) et panels de consommateurs (services du NRSC par exemple), notamment ruraux (service de ORG-MARG).
- **Information sur les caractéristiques des consommateurs.** Plusieurs études sont disponibles à une fréquence régulière sur les caractéristiques sociodémographiques et de styles de vie des foyers (par exemple le *PSNAP, Survey on National Attitudes and Psychographics*) qui consomment toutes sortes de produits (durables, non durables, services, alimentation).

Le principal inconvénient des informations secondaires sur les marchés étrangers est qu'elles se situent typiquement au niveau d'analyse du pays ou du secteur (données « macro »). Elles devront donc en général être complétées par des données primaires (collectées directement en lien avec le problème marketing étudié), qui viendront les affiner en tenant compte des objectifs de l'entreprise et de ses moyens.

Internet : ses possibilités et ses limites

Depuis la fin des années 1990, c'est en fait tout un champ de recherche nouveau qui s'est ouvert sur les méthodes de collecte de données par Internet : échantillonnage, taux de réponse, taille du questionnaire, impact des moyens multimédias, facteurs contrôlables et non contrôlés dans la conduite des études en ligne… Internet marque aussi la naissance de nouveaux acteurs, comme des agences spécialisées dont l'activité est en forte croissance, et qui ont développé des connaissances et des méthodes spécifiques d'intermédiation entre l'information professionnelle et l'entreprise (les « infomédiaires »).

L'essor récent de la nouvelle génération d'outils et services disponibles sur le Web 2.0 a fait exploser les possibilités de collecte d'informations tant secondaires que primaires. Le Web 2.0 désigne une nouvelle génération d'outils et de services qui autorisent des individus privés à publier, à échanger et à collaborer en ligne de manière inédite et avancée par les blogs, les wikis, les forums podcast, les échanges de fichiers P2P, les mondes virtuels et les réseaux sociaux. Le Web 2.0 crée une « architecture de participation » sous différentes formes : des communautés volontaires où chacun combine des échanges *one-to-one* (l'e-mail et la messagerie instantanée), *one-to-many* (pages web et blogs) et *many-to-many* (réseaux sociaux)[45].

Pour les données secondaires, Internet procure des résultats exceptionnels : quasi-immédiateté, ubiquité d'accès, possibilités de récupération des données sous forme numérique. Mais le problème du contrôle de la qualité des données est sérieux et rend cruciale l'identification des sources d'informations, l'évaluation de leur crédibilité, et le croisement des informations en général. Le problème de la quantité est tout aussi important et renforce le besoin de vérifier la valeur d'usage de l'information (une information n'est utile que si elle est produite en lien avec les décisions).

La collecte de données primaires par Internet comprend les enquêtes quantitatives et qualitatives, sur la demande ou sur la concurrence. Les possibilités de veille concurrentielle des entreprises qui ont développé une activité e-business (en BtoB notamment) sont particulièrement importantes : catalogues, plaquettes, annonces de nouveaux produits sur les sites, opinion des utilisateurs sur d'autres sites, prix et promotions… Les études de la concurrence sont aussi facilitées par le développement de partenariats entre les fournisseurs traditionnels d'informations internationales (par exemple la COFACE) et les places de marché virtuelles (qui concentrent une part de plus en plus grande des transactions BtoB), les bourses d'affaires ou les sites de veille sur les appels d'offres mondiaux.

Les études qualitatives sur Internet s'appuient sur des sites web qui ont des groupes de discussion et de participation en ligne (*chat rooms*, forum, réseaux sociaux, blogs…), ou sur des réunions de groupe interactives en temps réel et des entretiens individuels.

Les enquêtes quantitatives auprès des consommateurs utilisent différents modes de collecte, notamment le courrier électronique et le web (questionnaire HTML logé sur un site) assisté par ordinateur (*Computer Aided Web Interviewing*, CAWI). Il n'est pas recommandé de faire des extrapolations en dehors de la population du Net. Du point de vue des répondants, les enquêtes par e-mail ou à partir de sites web ont un certain nombre d'implications, notamment le besoin de facilité de réponse (temps court), la nécessaire familiarité avec les techniques du questionnaire et les techniques Internet, des questionnements légitimes sur la protection de l'anonymat, des coûts pour l'enquêté (facturation du temps de connexion ou impression du questionnaire).

Pour l'ESOMAR[46], association professionnelle internationale aux 4 000 membres dans 100 pays, les atouts d'Internet pour les études sont : un usage est mondial, des coûts d'entrée faibles, une utilisation bon marché, des équipements nécessaires relativement simples d'utilisation, un média interactif. C'est un moyen rapide de recueillir des données internationales, on peut utiliser une large gamme de matériels visuels. Mais les problèmes sont encore importants, qu'ils soient éthiques ou techniques et propres au média Internet : la protection du droit des personnes interrogées (problèmes liés à l'utilisation des *cookies*), la mesure de la pénétration d'Internet (encore incertaine mais en tout cas non représentative de la population totale), la mesure de l'audience des sites, la qualité des données fournies spontanément par les enquêtes sur Internet.

3.3 La dimension organisationnelle des études marketing internationales

Le système d'information marketing international

Un système d'information marketing (SIM) est « un ensemble structuré et interactif de personnes, de machines et de procédures, destiné à produire un flux ordonné d'informations pertinentes, issues de sources intérieures ou extérieures à l'entreprise, servant de bases à la prise de décision dans les domaines de responsabilité spécifique de la direction marketing »[47]. Un SIM comprend donc plusieurs modules de recueil des données (à partir de grilles précises de collecte de l'information), modules de transfert-stockage-manipulation des données (codification, accumulation et transformation des données avec des gestionnaires de bases de données), et modules de communication (dimension technologique des échanges entre les différents éléments du SIM).

La dimension internationale. À l'international, le SIM a pour but l'aide à la décision marketing à l'échelle locale (pays) et mondiale (marketing multipays et global). **Le SIM doit donc être international** (SIMI) et il présente deux spécificités par rapport à un SIM en contexte purement domestique : la largeur du champ (multipays) et les niveaux d'informations (locale et comparative). Le SIMI se nourrit donc des SIM par pays quand les informations fournies permettent l'aide aux décisions de contrôle organisationnel ou de planification stratégique à long terme[48].

Le SIMI est un système décisionnel qui intègre grâce aux nouvelles technologies des données disparates, les met en cohérence et les organise au regard des axes d'analyse souhaités (décisions locales, multilocales, globales). En fait, si l'accès à l'information s'est élargi, les entreprises souffrent souvent d'un déficit d'information pertinente lié à la surcharge d'informations (surcharge physique et cognitive) : beaucoup de données sont disponibles, mais elles ne sont pas organisées (stockées, analysées, interprétées, communiquées) d'une manière efficace pour la prise de décisions. C'est le cas notamment des données tirées des réseaux internes (commerciaux et responsables de salons…) et externes (clients, fournisseurs, partenaires, agents…) de l'entreprise. De plus, les informations peuvent ne pas être disponibles partout, au même moment, avec le même niveau de détail ou d'agrégation. Elles peuvent être dispersées et incohérentes (pas de définition claire pour une même donnée, formats et nomenclatures différents). Elles peuvent être manquantes à certains moments, ce qui empêche de faire une mise en perspective historique. Enfin, elles n'ont pas toujours le même niveau de fraîcheur.

L'enjeu : la connaissance des clients et le partage des connaissances sur les marchés étrangers. Le SIMI joue un rôle de première importance au niveau de la compréhension des clients internationaux. Il fournit l'information permettant d'acquérir de nouveaux clients ou d'augmenter le rendement des actions de prospection et des actions marketing à l'étranger (aide à la phase d'implantation initiale par exemple), d'augmenter la valeur du client et des services qui lui sont offerts (aide à la phase de développement local quand il s'agit de grandir sur le marché), ou de fidéliser la clientèle voire de reconquérir des clients passés à la concurrence (*win-back*) [aide en phase de maturité notamment].

Le développement des bases de données clients (*data warehouse*) et l'utilisation des techniques sophistiquées de traitement des données (*data mining*) s'appuient sur l'idée qu'il est crucial de pouvoir mettre en cohérence toutes les informations client disponibles dans l'entreprise afin d'en avoir une vision transversale à travers les pays (clients locaux ou clients grands comptes internationaux). La mise en place de tels systèmes d'information impose souvent à l'entreprise une réorganisation profonde. Le SIMI participe ainsi fortement au management rationnel des connaissances de l'entreprise, connaissances qui constituent l'un des tout premiers actifs d'une entreprise internationale apprenante (*learning organisation*).

Internet en tant que plateforme d'accès à l'information générale et ciblée des clients permet évidemment de collecter plus vite des informations clés. La tendance à la décentralisation de la production de l'information et de son accessibilité est favorisée par les TIC, et les outils Web 2.0 en particulier, mais aussi du fait des structures d'organisation en réseau qui doivent se doter de systèmes d'information puissants et bien répartis dans toute l'entreprise.

La responsabilité des études marketing internationales

À qui confier la responsabilité de la conduite des études marketing internationales ? Il est difficile d'expliquer le mode d'acquisition de l'information sur les marchés étrangers et les modalités de la gestion de ces études. En pratique, la réponse varie en fonction du poids des activités de l'entreprise à l'étranger, de sa taille (de ses moyens financiers, techniques, humains), des caractéristiques locales de l'environnement d'étude et surtout des problématiques posées par son degré d'internationalisation (locales *versus* multipays)[49]. Il est possible de confier les études à un institut étranger basé dans les pays cibles (par exemple un institut vietnamien), ou à une agence d'origine nationale (par exemple française) qui dispose de filiales à l'étranger et gère des clients grands comptes (par exemple TNS au Vietnam). En France et dans les autres pays industrialisés, il est possible aussi de s'appuyer sur le réseau public de soutien aux exportateurs qui a beaucoup évolué ces dernières années et qui propose aux entreprises des gammes élargies de services de veille à valeur ajoutée de plus en plus forte (de l'information secondaire standardisée à la recherche de partenaires locaux)[50].

Il est aussi possible de conduire la recherche en interne (dans le cas des multinationales qui ont des services études pour les marchés internationaux) en y associant souvent l'aide de services externes. Le service études a alors pour clients internes les pays, le marketing central, les directions du développement. La question clé dans le cas des études multipays est de savoir s'il faut centraliser l'exécution ou travailler avec un réseau de partenaires locaux, sous-traitants et bureaux locaux qui fournissent les instituts locaux relais pour la collecte des informations primaires à l'aide d'enquêteurs qui ne peuvent qu'être locaux.

Centralisation *versus* décentralisation. L'organisation centralisée de la collecte de données favorise la cohérence donc la qualité de l'information obtenue. Par exemple dans le secteur automobile, les services des études internationales des constructeurs mondiaux vont coordonner les enquêtes multipays selon des méthodologies standardisées, et dont les résultats sont centralisés : on pourra ensuite comparer dans l'ensemble des pays étudiés (les principaux marchés actuels et potentiels) les variables clés du comportement d'achat que sont les critères sociodémographiques de l'automobiliste dans le pays, les caractéristiques de la voiture possédée, le processus d'achat, la satisfaction vis-à-vis de la voiture actuelle et les attitudes à l'égard de l'automobile et de la marque. Les clients internes de ces services études vont des pays au marketing central en passant par les directions du développement.

On observe aussi une tendance à la décentralisation de la fonction recherche. Les analystes locaux sont mieux à même de fournir une information précise, rapidement, et de contrôler le déroulement des études locales. L'idéal est de disposer de relais locaux d'un même institut (qui s'est lui-même développé à l'étranger pour suivre ses clients) dans chaque pays. En effet, le recours direct aux sociétés d'études locales peut poser des problèmes de mauvaise communication avec les équipes centrales ou tout simplement de compétences locales jugées insuffisantes (à tort ou à raison). Cela implique alors une forte coordination entre l'entreprise cliente et les instituts locaux tout au long du processus de recherche. Cette coordination fine permet de minimiser le risque d'ethnocentrisme grâce à l'intervention conjointe de personnel local et étranger dans la conception, la réalisation et l'interprétation des études.

Structure et culture. *In fine*, la culture d'entreprise influe sur le choix de la structure d'organisation (centraliser ou décentraliser la conduite des études). Dans tous les cas (conduite en interne ou en externe), les changements radicaux de l'environnement (aujourd'hui multipolaire et multiculturel) associés aux avancées technologiques continues en matière de collecte, d'analyse et de diffusion de l'information, imposent aux analystes de développer des compétences nouvelles. Pour concevoir, conduire et interpréter les études marketing internationales, des capacités d'analyse supérieures (au niveau de plusieurs pays) et des compétences interculturelles éprouvées sont désormais nécessaires[o] (linguistiques, sensibilité interculturelle, gestion de l'incertitude, leadership international, travail en équipes distantes).

---

o. Voir chapitre 10 (p. 417-423).

Résumé

Le champ des études marketing internationales se présente d'emblée par sa largeur en fonction de la diversité des problématiques d'études posées par le développement des marchés étrangers. Celles-ci dépendent largement du type d'environnement du marché pays et produit (phase de naissance, croissance ou maturité), comme du degré d'internationalisation de l'entreprise (implantation initiale, expansion locale, coordination mondiale). Par-delà cette diversité, les études clés portent sur les thématiques suivantes : comment sélectionner un marché étranger nouveau ? Quelles sont les composantes universelles et locales du comportement des consommateurs ? Quelles sont les études qui aident à prendre des décisions stratégiques (segmentation, ciblage, positionnement) ou tactiques (mix-marketing local) à l'étranger ? La mise en œuvre des études marketing internationales nécessite de bien évaluer les sources d'informations disponibles avec leurs qualités et leurs défauts, notamment les possibilités et les limites offertes par Internet pour la collecte de données secondaires et primaires. La réalisation des études comparées multipays invite également à prendre des précautions méthodologiques importantes pour assurer la validité des résultats. Enfin, la dimension organisationnelle et managériale de la conduite des études marketing internationales pose la question importante des compétences nécessaires aux analystes et de savoir à qui confier les études, en interne ou en externe, en central ou en local.

Questions

1. Qu'est-ce qui justifie de recourir aux études marketing sur les marchés étrangers ?

2. Dans quelle mesure et comment l'environnement local du marché dans le pays impacte-t-il sur les études marketing qui y sont menées ?

3. En quoi le degré d'internationalisation de l'entreprise influe-t-il sur les études marketing internationales ? Citez des études types de la phase de pénétration initiale d'un marché, de développement local de ce marché et de coordination globale.

4. Analysez l'équivalence fonctionnelle des produits et expériences de consommation suivants. Vous choisirez des pays ou des cultures qui vous sont familiers et vous penserez aux bénéfices qui sont particulièrement accentués dans certaines cultures : a) une bicyclette, b) la bière, c) le vin rouge, d) une montre.

Cas d'entreprise : Le Petit Marseillais[1]

Les laboratoires Vendôme, créés en 1981 à Dijon, proposent dès l'origine des produits d'hygiène et de soin en grande distribution. Le rachat de la marque « Le Petit Marseillais » à un pharmacien du sud de la France est un coup de génie qui fait décoller les ventes. Les consommateurs en manque de produits authentiques ont l'impression d'avoir toujours connu cette marque qui vient pourtant d'être lancée. Le Petit Marseillais est élu « marque du siècle » en 1997.

L'export démarre alors par les pays francophones : le Maghreb, la Belgique francophone et la Suisse romande. Il s'agit essentiellement d'export d'opportunités, c'est-à-dire de réponses à la demande d'importateurs-distributeurs étrangers. En 2005, un responsable export est recruté pour développer activement les marchés étrangers.

Thierry, un des actionnaires principaux de Vendôme, accueille ainsi Frédéric, le jeune responsable export :

« Bonjour Frédéric. Nous sommes ravis de votre arrivée à la tête du service export. Le succès du Petit Marseillais en France nous amène à vous confier son développement à l'international. Nous nous sommes réunis cette semaine et d'un commun accord, nous avons choisi l'Allemagne comme première implantation : en effet, la France est un marché de 60 millions d'habitants et on y fait 100 millions d'euros de chiffres d'affaires. L'Allemagne, elle, est un pays de 80 millions d'habitants. Si on s'y lance, et même si on n'y travaille pas comme en France, on doit bien pouvoir y faire 20 à 30 millions d'euros. Par ailleurs, c'est pratique d'un

1. Ce cas a été rédigé par Florence Gervais, IDRAC Lyon.

point de vue logistique et nous avons déjà des contacts là-bas. Franchement, nous ne pensons pas qu'une étude soit nécessaire et nous souhaiterions que vous preniez directement contact avec les enseignes de grande distribution pour envisager un référencement. »

Question

En vous mettant à la place de Frédéric, que répondez-vous aux actionnaires du groupe Vendôme ?

Chapitre 5

Décisions produits sur les marchés internationaux

Objectifs

1. Identifier les illusions d'optique qui conduisent à confondre globalisation et standardisation.
2. Analyser les composantes de la culture moderne de la consommation et les schémas de leur évolution.
3. Proposer une démarche pas à pas pour optimiser les décisions d'adaptation et de standardisation des attributs du produit.
4. Identifier les spécificités de la politique internationale de produits à destination des marchés du BOP.
5. Étudier le passage des frontières linguistiques dans l'internationalisation des marques et le développement des portefeuilles de marques à l'étranger.

Introduction

Ikea, une entreprise souvent invoquée en exemple de la globalisation des marchés, s'étend dans un nombre de plus en plus important de pays. Pourtant, les habitudes en matière d'habitat restent très nettement différentes : l'utilisation de couettes ou de draps, la taille des draps ou encore des taies d'oreillers, les armoires ou les placards, ou encore le style de matériaux de salles de bains. On commence à distinguer là un paradoxe de la globalisation qui devient évident lorsque l'on rentre un peu dans le détail des situations : la coexistence assez complexe du local et du global. Ainsi, Ikea réussit mondialement en maintenant pourtant une image suédoise, en servant du glögg à ses clients (s'ils en veulent), en habillant certaines hôtesses en costume traditionnel suédois, et en proposant des meubles dont les noms ont une consonance fortement nordique.

Le paradoxe de la globalisation, c'est qu'il y a coexistence d'entreprises de plus en plus globales avec des consommateurs qui le sont toujours assez peu. Or les illusions d'optique importantes peuvent conduire à des décisions de politique internationale du produit qui surestiment les similarités tout en négligeant les bénéfices possibles des différences. La première partie du chapitre tente ainsi de donner une idée des limites de la globalisation économique du point de vue de la consommation, et donc des limites pratiques des stratégies de marketing global standardisé du fait des éléments uniques de sens investi par les consommateurs dans leurs expériences de consommation qui se définissent toujours « en contexte ». La deuxième partie pose le problème de la tension entre adaptation et standardisation et montre les compromis possibles sur les différents attributs du produit entre une production relativement standard et les contraintes de l'adaptation locale. Enfin, la troisième partie est centrée sur le management international de la marque, attribut symbolique essentiel (du produit, de l'entreprise).

1. Une lecture marketing de la consommation dans la globalisation

La décision standardisation-adaptation de l'offre doit s'appuyer sur une démarche pas à pas rigoureuse[a]. Déclinée à la politique internationale de produit, elle doit clarifier l'ensemble des données de l'analyse des similarités et différences entre marchés. Dans une lecture marketing, on peut distinguer plusieurs formes de globalisation et approfondir les caractéristiques de la consommation dans la « culture moderne ». Car les cultures évoluent, le changement rapide représentant un marqueur fort des sociétés modernes résultant des contacts interculturels. On y observe des convergences, des divergences et des possibilités d'hybridations multiples des comportements de consommation. Les théories de l'acculturation facilitent l'identification de ces dynamiques complexes de la consommation et permettent de poser les bases d'une décision raisonnée, du point de vue du consommateur au moins (et pas uniquement des offreurs), entre adaptation et standardisation pour chaque composante des attributs du produit.

1.1 Globalisation, niveaux d'analyse et illusions fréquentes

Les trois globalisations

La globalisation des marchés est une tendance de fond, dont la réalité apparaît lorsque l'on fait une analyse macroéconomique sur des bases quantitatives et sur une longue période. Ainsi, en se fondant sur des données liées à la consommation en Europe[1], on peut comparer la consommation de bière (produit typé Europe du Nord) et de vin (produit typé Europe du Sud) sur une période de cinquante ans. La consommation de vin en Europe du Sud décroît régulièrement mais augmente tout aussi régulièrement en Europe du Nord. La convergence prend une allure différente pour la bière : la consommation de l'Europe du Nord croît puis se stabilise tout en étant en partie rattrapée par l'Europe du Sud. La convergence quantitative est impressionnante : de 9 fois plus de bière au Nord qu'au Sud en 1950, le ratio baisse, en presque un demi-siècle, à seulement 2,2 fois. De façon encore plus nette, le ratio pour le vin est passé de 11,7 fois « en faveur » du Sud en 1950 à seulement 1,8 fois plus au Sud qu'au Nord à l'heure actuelle.

De nombreux exemples de convergence mondiale viennent appuyer l'idée de la globalisation des modes de consommation, sinon du consommateur lui-même et de ses motivations : utilisation des céréales (riz et blé), pratiques de lavage du linge vers des températures plus basses et une fréquence plus élevée, consommation de viande et de poisson, demande de produits écologiques, etc. En comparant les pays de l'OCDE à un groupe de pays en voie de développement économique sur une longue période, on observe la convergence générale des pays pour de nombreuses catégories de produits (nourriture, habillement, logement,

a. Voir chapitre 3 (p. 105-110).

biens d'équipement du foyer, consommation médicale, transport, loisirs, et une catégorie « autres »)[2]. Les élasticités au revenu sont assez similaires entre les deux groupes de pays et entre les catégories de biens et services, sauf le transport et la nourriture (cela confirmant largement la loi d'Engel suivant laquelle la part de la nourriture dans le budget total décroît lorsque le revenu croît).

Cette approche très macroscopique offre un appui – pourtant assez douteux – à la thèse dite de « l'homogénéisation des goûts » et de la convergence. Tout d'abord, l'analyse macro considère seulement des groupes de pays et non chaque pays individuellement (sans parler des consommateurs individuels), et l'hétérogénéité peut augmenter lorsque l'unité d'analyse se réduit. C'est très exactement ce qui fait la différence (considérable) entre marketing et économie. Le premier observe les phénomènes de très près (la consommation en contexte ou *in situ*), la seconde les observe de loin avec des catégories très larges. En second lieu, les biens sont considérés en tant que catégories agrégées alors qu'il serait raisonnable, à nouveau, d'attendre plus d'idiosyncrasie et d'hétérogénéité pour des biens définis plus étroitement (voir illustration 5.1).

Illustration 5.1

Le marché du vin en Chine : global ou local ?

La Chine est le plus gros consommateur de vin en Asie. Oui, mais quel type de vin ? Pour qui ? Dans quel contexte ? À quel prix ? La consommation s'effectue majoritairement dans les cafés, hôtels et restaurants lesquels représentent 65 % des ventes. Elle est caractérisée par une importante saisonnalité avec des événements populaires comme le nouvel an chinois et la Fête nationale. D'une manière générale, les buveurs de vin sont des personnes à fort pouvoir d'achat et qui ont suivi des études supérieures. Même s'il y a plus d'hommes que de femmes, ces dernières jouent un rôle de plus en plus important dans ce secteur : le Salon du vin de Shanghai est organisé par une femme, Mme Hao Yanming. Il y a une certaine émancipation de la femme qui passe par l'image du modèle féminin français, synonyme du bon goût, du luxe et de la mode. C'est aussi un symbole d'indépendance. De plus, le vin rouge tend à être préféré car le rouge est la couleur porte-bonheur pour les Chinois. Assez logiquement, le vin se consomme essentiellement sur les côtes et dans les métropoles chinoises (Pékin, Shanghai, Canton). Les Chinois continentaux consomment en moyenne 0,6 litre de vin chaque année alors que les Hongkongais en boivent 2,9 litres, et les Français 60 litres. Le gouvernement a incité la population à délaisser le baijiu (alcool blanc), boisson traditionnelle. C'est pour cette raison que le vin bas de gamme a un franc succès car la plupart des Chinois n'ont pas beaucoup d'exigences en matière de vin. La consommation de grands vins reste élitiste, contrairement à la consommation de masse de bière. Elle est réservée à des occasions particulières : dîners d'affaires, banquets, grande réception. Dans le haut de gamme, les Chinois apprécient énormément les vins français, synonymes de qualité et de grands domaines. Ces vins ont une image noble, due à leur côté inabordable et à leur réputation mondiale. Mais il existe aussi de plus en plus de vrais amateurs chinois de vin qui sont prêts à acheter des vins au rapport qualité/prix plus accessible[3].

Le mot « globalisation » a connu un grand succès. La globalisation des marchés[4] est une expression qui se réfère au plan mondial :

- **À une évolution de la demande.** Les goûts, les préférences des consommateurs, leur sens du juste prix tendraient à devenir universels.
- **À une standardisation croissante de l'offre.** Les produits et les services deviendraient de plus en plus standardisés, et la concurrence à l'intérieur de certains secteurs se ferait à l'échelle du globe.
- **À la manière dont les entreprises, principalement des multinationales, essaient de construire leurs politiques de marketing** et leurs systèmes de contrôle de l'action marketing. C'est-à-dire, finalement, comment ils tentent de mettre en correspondance l'offre et la demande avec des produits globaux, vendus à des consommateurs réputés globaux.

En fait, l'apparente tendance vers l'homogénéisation s'éclaire davantage si on distingue trois formes de globalisation[5]:

- **La globalisation au plan du comportement du consommateur.** Ce qui la façonne est complexe : il s'agit de la présence dans tous les pays d'une « culture moderne » commune et d'une convergence dans la modernité. Celle-ci serait due à l'ampleur toujours croissante de la communication internationale au sens large et au fait que la plupart des économies en développement souhaitent acquérir la culture matérielle moderne pour les bénéfices évidents qu'elle peut leur apporter.
- **La globalisation des organisations (concurrence, clients, fournisseurs).** Il s'agit du remplacement progressif d'industries « multidomestiques » (protégées par des barrières réglementaires et techniques, et centrées sur un ensemble de marchés nationaux) par des industries « globales », suivant les termes de Porter. Cette évolution est largement façonnée par la libéralisation progressive des règles du commerce international (OMC) et par l'intégration régionale[b].
- **La globalisation des produits offerts.** Elle est liée aux convergences technologiques, à la pression exercée sur les coûts, à la transportabilité des biens et aux possibilités d'économies d'échelle à condition de respecter les contraintes réglementaires, culturelles (goûts et préférences des consommateurs), naturelles (climats) et économiques (pouvoir d'achat, substituts)[c].

On doit toujours faire une distinction entre le produit, le consommateur et l'univers concurrentiel lors de toute évaluation du phénomène de globalisation. Chacun de ces éléments apporte une certaine contribution au processus de globalisation dans sa totalité, mais c'est surtout l'offre qui est à l'origine de la dynamique de globalisation, et non le comportement du consommateur qui, d'un point de vue quantitatif, se mondialise sous la double pression de la technologie et de la concurrence. Les consommateurs ne sont certes pas forcés, mais ils sont au moins conduits vers la globalisation qu'ils accompagnent dans la mesure où elle leur apporte plus qu'elle ne leur retire.

---

b. Voir chapitre 1 (p. 16-18).

c. Voir chapitre 3 (p. 108).

Les niveaux d'analyse de la globalisation

Dans chacune de ces trois formes de globalisation, **il est fondamental de ne pas mélanger les niveaux d'analyse, local et global**. D'un point de vue anthropologique, la circulation des biens à l'échelle mondiale est un fait de communication[6], incluant des boucles de rétroaction émises par les récepteurs qui ne sont jamais totalement passifs. L'analyse complète de la mondialisation, si on considère chacun de ces niveaux, conduit à des observations très différentes :

- Si on observe la circulation des produits au niveau mondial (position macrosociologique : on isole les produits de leur contexte notamment culturel en les agrégeant par catégories et en quantifiant leur production et leur commercialisation à l'échelle planétaire), le point de vue global n'a pas accès à la manière dont ces produits sont reçus, décodés, recodés, domestiqués, réappropriés. Cette position macrosociologique est adoptée aussi bien par la plupart des économistes ou des spécialistes des médias (qui constatent la convergence vers une économie libérale sur le modèle américain), que par les opposants de la globalisation de la « pensée unique » (qui détruit les cultures traditionnelles).
- Si, en revanche, on observe la circulation des produits au plan mondial à partir de la manière dont ils sont reçus au niveau local (position micro-ethnologique de l'anthropologue qui séjourne longtemps dans une communauté), on replace les produits dans le contexte local des activités multiples et quotidiennes de cette communauté. On constate alors le foisonnement des recontextualisations des produits de la modernité (notamment importés) par les activités de tri et de brassage qu'effectuent les institutions médiatrices (famille, communautés locales, leaders politique ou religieux, chamans et féticheurs, Églises, clubs et associations, école…).

Cette question méthodologique de l'échelle d'observation est réellement essentielle car en observant les comportements de façon très locale, on voit apparaître des phénomènes invisibles autrement[7]. « Le débat sur la mondialisation de la culture est donc victime d'une illusion d'optique qu'il faut révéler et dénoncer. Tant que des observateurs patients, nombreux, ne se seront pas mis en situation d'interaction bienveillante dans des communautés locales, en se donnant du temps, nous ne disposerons pas des éléments nécessaires au débat. Les prises de position macrosociologiques ou macroéconomiques abondent. Du fait qu'elles ne tiennent pas compte de l'échelle locale, elles sont généralement invérifiables, infalsifiables, en un mot idéologiques[8]. »

Les barrières à la globalisation standardisée de la consommation

La convergence quantitative (des volumes, des quantités par habitant pour des catégories larges de produits ou de services, des espaces internationaux, et sur une longue période) cache une convergence qualitative beaucoup plus faible. Les produits précis et le sens que les consommateurs investissent dans leur consommation continuent à différer sensiblement.

Au-delà des barrières réglementaires persistantes (du fait de décalages entre ce qui est supposé être fait, par exemple à travers les directives, réglementations et normes européennes, et ce qui se produit dans le monde réel), **il existe quatre limites importantes aux marchés globaux standardisés**.

1. L'adoption de la culture de la modernité n'est pas synonyme de convergence des cultures nationales. D'abord, on confond l'adoption croissante de la culture de la modernité, notamment matérielle, avec la convergence des cultures nationales. Mais la culture ne relève que pour partie de la sphère marchande et de celle des biens et services « exposés » à la mobilité. À côté de la mégaculture mondiale qui se dessine continuent de subsister beaucoup de cultures nationales[9]. Certains éléments constitutifs des cultures nationales sont encore bien intacts et très visibles dans le paysage mondial pour tout observateur impartial : ce sont principalement la langue, le système d'écriture, la religion et les systèmes relationnels.

Chacun d'eux a une influence sur l'action marketing et sur le comportement du consommateur, mais le plus fort est sûrement la langue[10]. Les différences culturelles nationales restent importantes sur un plan interprétatif, qui est essentiel pour n'importe quelle politique marketing qui tente se rapprocher des réalités humaines. Ainsi, en dépit d'une convergence européenne en matière de consommation de vin au Sud et au Nord, si le vin est blanc plutôt que rouge et bu en apéritif plutôt qu'en accompagnement d'un repas, alors cela change tout ! Derrière le raccourci des chiffres globaux, ce ne sont pas les mêmes produits, les mêmes circonstances et motivations de consommation, et la même expérience du consommateur qui se cachent (voir illustration 5.2).

Illustration 5.2

Chaque pays a sa version préférée du repas rapide et bon marché

Malgré le mouvement de convergence au sein des pays industrialisés occidentaux en faveur du repas rapide et déstructuré, les particularismes qualitatifs s'observent dans la diversité des visions du repas rapide et bon marché[11]. La concurrence est surtout composée de fabricants locaux ancrés dans les habitudes du pays. Rien que sur le pourtour méditerranéen, l'Espagne affectionne les *tapas* traditionnelles ou le *bocadillo* à base de veau mangé dans du pain. En Grèce on préfère le *souvlaki*, brochette à la viande de mouton, de bœuf ou de porc, garnie d'oignons et de tomates. En France, le traditionnel sandwich est souvent préféré au fast-food modèle américain quand il s'agit de manger vite (car un « restaurant » ne peut pas servir une *food* qui est *fast*). D'autres lui préféreront le croque-monsieur (jambon et gruyère entre deux tranches de pain de mie grillé au four). Au Portugal, on trouve le croissant français mais garni d'une tranche de jambon, tandis qu'en Italie le *milano* est un sandwich au gros saucisson, sans beurre, mais dans un petit pain, lui aussi dit « français ». À côté de ces préférences locales, la pizza, d'origine napolitaine (certains disent new-yorkaise ?), reste l'archétype du produit de restauration rapide en Occident.

2. Les produits globaux standards n'existent pas. Une autre illusion est l'existence de produits réellement globaux (au sens d'absolument identiques quel que soit le pays où ils sont disponibles). C'est rarement le cas, même le Coca-Cola est adapté aux différents marchés nationaux, qu'il s'agisse de taille de bouteille, de degré de sucre et, surtout, de gazéification : les consommateurs d'Extrême-Orient ne sont pas amateurs de boissons trop gazeuses et il faut donc « mettre moins de bulles ». Des produits réputés globaux sont en fait le plus souvent gentiment transformés, voire largement éloignés du sens donné dans le contexte d'origine : produit différent avec un sens identique ou même produit avec un sens différent.

On trouve facilement ces exemples de « faux-vrais » produits, faussement authentiques, comme ces pains de mie « goût anglais » décevants car trop épais, trop « secs » et peu moelleux par rapport au pain de mie anglais qui ne trouve pas vraiment d'équivalent en France. Les raisons sont techniques : farines, levures, méthodes de pétrissage, de cuisson, absence d'autres ingrédients. Le nom a été transféré, pas la recette réelle, probablement parce que l'on n'a pas cherché à comprendre comment se fabriquait le produit en Angleterre. Au total l'imitation est bien pâle. L'ethnocentrisme des producteurs, prisonniers de leurs composants et de leurs techniques de fabrication habituelles, explique leur incapacité à faire une imitation techniquement correcte d'un produit pourtant apprécié ailleurs et dont l'image est favorable.

3. Les consommateurs peuvent résister à la globalisation standardisée des marchés. Le troisième aspect qui limite la globalisation est la résistance des consommateurs qui contredit une autre hypothèse implicite de la globalisation des modes de consommation : les consommateurs en seraient forcément contents car elle leur apporterait des produits à prix raisonnable et de bonne qualité. Ils n'auraient donc aucune raison de s'opposer à ce processus. Pourtant, c'est oublier qu'ils peuvent être des individus contradictoires, sur le plan cognitif et du comportement. Par exemple en achetant des couches Pampers de Procter & Gamble pour leur bébé, et en se révoltant en même temps contre l'américanisation de la société. Ils peuvent aussi résister à différents niveaux : comme citoyen votant en faveur de gouvernements qui prennent des mesures protégeant la culture, ou en participant aux mouvements de consommateurs, ceux qui s'opposent aux fast-food*s* par exemple.

La résistance des consommateurs est largement liée au fait que ceux-ci auront naturellement tendance à recontextualiser leurs rapports avec la culture moderne. Que ce choix se porte sur les soins de santé (partout dans le monde on constate des itinéraires thérapeutiques qui font la navette entre le dispensaire et le devin-guérisseur) ou sur l'acquisition de biens matériels, le choix est complexe mais se fera toujours en contexte. Prenant l'exemple des téléviseurs : « C'est un objet désirable. Le poste de télévision permet de voir le monde, il est prestigieux, il donne du statut, il est emblématique de la modernité fantasmée. Mais comment le domestiquer dans les liens sociaux existants ? L'observation des pratiques télévisuelles sur place, dans les ménages, révèle la multiplicité et l'ingéniosité des modalités de la domestication[12]. » Dans les pays en voie de développement économique, la culture du consommateur est attirée par l'attraction hédoniste qui favorise la consommation pour l'apparence et le clinquant, alors même que les besoins utilitaires de base ne sont pas toujours satisfaits. Une solution dans de telles circonstances est de sacrifier les dépenses de consommation courante à d'autres domaines de manière à acquérir des produits de luxe (réfrigérateurs, téléviseurs, motos ou automobiles…). Une réduction de la consommation de nourriture pour pouvoir se payer un réfrigérateur est une situation qui ne manque pas d'ironie[13].

4. Et les produits globaux font toujours l'objet d'une appropriation locale. Enfin, sans arriver à une résistance consciente et organisée des consommateurs, la quatrième limite est la créolisation, c'est-à-dire l'appropriation locale de biens globaux et leur modification ou simplement la reconfiguration du sens qui leur est donné de façon à obtenir un meilleur ajustement à la culture locale[14]. Les séries télévisées nord ou latino-américaines sont ainsi perçues et positionnées différemment suivant les pays, de même que de très vieux produits nationaux se créent une nouvelle jeunesse à l'étranger en changeant de catégorie (par exemple, le fromage Vache-qui-rit créé en 1921 par Léon Bel est aux États-Unis un alicament recommandé par les diététiciens pour maigrir[15]). Les raisons de l'appropriation locale sont liées au fait que les motivations des consommateurs ne sont pas elles-mêmes globales, comme le confirment les spécialistes de publicité multinationale qui font face à la diversité des réponses des consommateurs de différents pays à des offres de produits globaux. Ainsi, à partir d'un ensemble de cas vécus[16], l'agence J. Walter Thompson constate que :

- Les consommateurs eux-mêmes ne sont pas « globaux » : la variance nationale et culturelle reste tout à fait significative.
- Les consommateurs n'achètent pas particulièrement des produits « globaux » ou des marques « globales ». Ce n'est pas vraiment leur problème de savoir si la marque est disponible ailleurs dans le monde.
- Les consommateurs laisseront naturellement leur individualité influencer leurs évaluations des marques qu'ils achètent parce qu'ils donnent du prix à ce qui est personnel et individuel ; ainsi la personnalité et le caractère de la marque sont redéfinis par rapport à leur propre situation.

Ces deux derniers arguments sont réellement importants. Les consommateurs reconstruisent toujours l'identité des marques, même pour les produits globaux. Et ils le font presque uniquement sur la base de la culture locale et de leur identité personnelle. Derrière la créolisation se profilent les questions d'équivalence conceptuelle et fonctionnelle des produits[d] : les concepts de produits (en particulier dits « globaux », car très mobiles) ont-ils le même sens à travers les cultures ? Les usages et les fonctions desdits produits sont-ils équivalents ? (voir illustration 5.3).

Illustration 5.3

La fréquentation des fast-foods : produit global et consommations locales

La circulation des produits à l'échelle internationale élargie peut donner lieu à toute une gamme de réactions dans la culture de consommation locale. Entre la résistance (qui s'exprime quand on brûle littéralement les icônes de la mondialisation que représentent les magasins fast-food, ou que les parents en limitent la consommation), et l'adoption mimétique de la consommation venue d'ailleurs, il existe toute une gamme de possibilités guidant l'emprunt culturel d'un produit étranger. Le cas du succès des chaînes de restauration rapide dans les zones d'affinités culturelles très éloignées de la culture nord-américaine d'origine est particulièrement instructif. Les pays du Golfe qui sont soumis à une pression sociale très conformiste en faveur du soutien aux Palestiniens face à Israël et aux États-Unis, n'en sont pas moins parmi les consommateurs les plus avides de fast-food. L'ambivalence entre fast-food et Islam (modernité séculière *versus* traditions religieuses, *food is fuel* versus *food for soul,* matérialisme *versus* spiritualité) a été résolue en positionnant les fast-foods non pas comme des produits américains, mais comme des fast-foods halal. Dans le domaine alimentaire, la norme la plus forte des « vrais » musulmans est représentée par le halal qui impose un ensemble de prescriptions en matière d'élevage, d'abattage, de service et de consommation des produits. En permettant aux « vrais » musulmans de consommer dans ces restaurants, l'emprunt culturel se fait une place dans la culture traditionnelle. Et si le moindre événement politique entre Israël et la Palestine entraîne la baisse de fréquentation des enseignes halal mais néanmoins d'origine occidentale (McDonald's, Pizza Hut, etc.), la livraison à domicile continue de fonctionner, à l'abri relatif du regard de la communauté[17].

d. Voir chapitre 4 (p. 157-159).

1.2 La culture « moderne » et la consommation

Si les barrières à la globalisation standardisée doivent être reconnues, il est également nécessaire de creuser les liens entre culture moderne et consommation dans un contexte international élargi. Les ouvrages contemporains reprenant des études postcoloniales se sont beaucoup penchés sur ce thème de « la » modernité pour mettre en avant qu'il existe « des » modernités[18]. Le Japon fut la première société moderne et non occidentale. Aujourd'hui, les sociétés des économies émergentes sont particulièrement dynamiques car à la transition économique correspond une transition culturelle qui n'aboutit pas à transformer ces sociétés en sociétés « occidentales ». L'Occident et sa culture ne fascinent plus autant et il est important de voir, comme point de départ pour comprendre l'évolution des cultures dans la mondialisation, que la parenthèse d'hégémonie occidentale qui a duré quatre siècles, est en train de se refermer au profit de modernités métisses, de l'Iran à la Chine, de la Turquie à l'Inde[19]. Il faut donc en finir avec l'européanocentrisme.

En marketing international, on peut retenir la notion de modernité dans son acception la plus simple, à savoir que **ce qui est moderne, c'est ce qui est nouveau dans une société par rapport à l'ancien (la tradition)**, la nouveauté pouvant résulter de l'importation de l'objet nouveau (produit, service, idée, expérience) ou de l'invention endogène. Comprendre le comportement du consommateur exposé à la globalisation économique impose de saisir les modalités du nouveau résultant de la mise en contact avec ce qui vient de l'étranger. On constate alors simultanément des phénomènes de convergence, favorables à une offre à dominante standardisée, et de maintien de différences persistantes, imposant l'adaptation des produits.

Les orientations de valeur en expansion

La « culture moderne », largement liée aux évolutions technologiques rapides connues au cours du dernier siècle en commençant par l'Europe, a pour principales caractéristiques : (1) une orientation vers l'individualisme ; (2) une orientation vers le faire (*doing*) plutôt que l'être (*being*) ; (3) un temps fortement économique, réifié, « commodifié » ; (4) une tendance à réduire l'orientation vers le passé, à (sur)développer l'orientation vers le futur, mais aussi à ressentir une frustration de ne pas vivre assez dans le présent ; (5) un degré d'utilitarisme assez élevé accompagné d'une relative laïcisation des sociétés modernes[e]. Le développement spectaculaire de l'industrie du fast-food est emblématique de la diffusion de valeurs américaines, sinon occidentales, dans le reste du monde (voir approfondissement 5.1).

D'une façon générale, les machines que nous utilisons tendent à individualiser les tâches, l'achat s'affirme aussi en tant que liberté individuelle. Un certain affranchissement des contraintes collectives est une manifestation des plus évidentes de l'individualisme exalté de la culture moderne. Une vie de plus en plus urbaine et l'évolution vers une famille nucléaire (contrôle de la natalité, éducation et travail des femmes) et souvent éclatée sont d'autres facteurs d'influence. Désormais, les personnes sont plus orientées vers la tâche, le contrat, la réalisation (*doing*) et moins vers le statut et l'idée que seul compte ce qu'ils sont (*being*). Les caractéristiques individuelles (sexe, groupe ethnique, langue, culture, etc.) tendent en partie à s'effacer en tant que différences substantielles, surtout chez les jeunes.

e. Voir chapitre 9 (p. 344-359).

Approfondissement 5.1

La restauration fast-food : le produit-magasin porteur de valeurs

L'industrie de la restauration rapide est emblématique de la globalisation. Elle est animée par une poignée de leaders mondiaux qui ont fondé leur développement sur la déclinaison de leurs produits-magasins dans le monde. Si le fast-food est un symbole du *soft power* de la culture américaine moderne, sinon de la culture occidentale, ce n'est pas tant par les catégories de produits alimentaires proposées, lesquelles sont largement adaptées aux goûts locaux (l'alimentation est une catégorie très *culture-bound*). C'est surtout parce que la restauration rapide transpire de valeurs de la modernité (européenne au départ) à travers les composantes suivantes de l'offre :

- **L'individualisme.** Les portions individuelles sont difficilement partageables.
- **La gratification immédiate.** Signe du temps économique (*Food is fuel*).
- **La liberté.** On choisit dans une large gamme, on s'émancipe des modes de consommation alimentaire traditionnels, le restaurant lui-même est un espace culturel hybride (entre adaptation et standardisation).
- **Le succès, le travail, l'entrepreneuriat.** Les employés sont jeunes, ont des horaires de travail difficiles, le franchisé est un entrepreneur local.
- **Le matérialisme.** Acquisition de jouets et autres gadgets jetables (qui peuvent être davantage désirés par les enfants que la nourriture elle-même).
- **Le progrès et les innovations technologiques.** La simple présence du magasin est une innovation dans l'environnement local de la restauration hors domicile par son caractère inédit dans la culture locale, la cuisine et les machines de préparation, en métal propre et brillant, qui sont exhibées au regard des clients (dans un restaurant, on cache normalement la cuisine).
- **La jeunesse.** Elle est véhiculée par la nouveauté, le personnel jeune, les choix d'ambiance musicale, les opérations de *cobranding* avec les producteurs de films ou les médias musicaux.
- **La richesse financière.** Le cœur de l'offre est composé de sandwichs à base de viande.

On note aussi une convergence :

- des environnements économiques et démographiques (distribution par âge de la population comptant de plus en plus de personnes âgées malgré une jeunesse encore très importante dans nombre d'économies émergentes, taille des foyers en décroissance constante à peu près partout, concentration dans les villes) ;
- des environnements socioculturels (égalisation progressive de la condition des hommes et des femmes, souci croissant de l'environnement et de la santé)[20].

Cela induit une convergence dans le comportement du consommateur à un niveau macroscopique dans les marchés matures : la consommation de services s'accroît au détriment des biens de consommation durables tandis que la demande de produits de santé, de produits verts, ou tournés vers la distraction (*fun*) ou la commodité (*convenience*) est croissante partout sur la planète. Des cultures mondiales ont émergé, susceptibles de consommer les mêmes produits et marques dans toutes les régions du monde : celle des enfants et des adolescents urbains, aisés, éduqués, ou celle des hommes d'affaires internationaux et autres familles cosmopolites (« élites *offshores* »). Ces cultures mondiales s'appuient sur des espaces internationaux plus nombreux et largement homogènes (aéroports, grands hôtels, quartiers d'affaires), marqueurs de la fluidité des échanges où on évolue dans une langue (l'anglais) et un style vestimentaire assez communs.

Des différences persistantes dans les habitudes de consommation

Malgré tout, la consommation reste en grande partie une réalité locale, même au sein d'un monde qui se globalise, car ce « facteur local » est loin d'être uniquement lié à la culture. Il reflète aussi le climat et le fait que beaucoup de choses restent expérimentées, partagées, perçues et interprétées avec des personnes proches. Il s'agit de la notion même de connaissance locale (*local knowledge)* au sens geertzien[21] : l'expérience est locale, *in situ* et partagée intersubjectivement, en contexte ; elle n'est pas globale. L'esprit du lieu, des gens qui peuplent ce lieu et des produits qu'ils utilisent, s'incarne dans certains modes de vie dont le sens est partagé selon des catégories culturelles[22].

Culture et habitudes. On peut considérer la culture non pas seulement comme un système de valeurs, mais aussi comme un ensemble d'habitudes partagées et comme le sens donné en commun à certaines expériences en contexte. La culture peut alors – en partie – s'envisager comme un simple système d'habitudes partagées ramenées à un *common sense* (sens partagé pour les Anglo-Saxons, sans qu'il soit nécessairement bon), qui devient un « bon sens », avec un jugement de valeur net en français et en allemand (*gesunder Menschenverstand*) qui exprime que cette solution est « saine » (par rapport aux autres qui ne le seraient pas nécessairement). L'habitude est centrale car elle réduit l'univers des façons de faire possibles permettant de privilégier une attitude, une interprétation, ou une solution comme celle qui s'impose « de soi ».

L'habitude est nécessaire car elle structure *a priori* nos choix dans une multitude de circonstances de la vie quotidienne où il serait harassant de passer en revue toutes les solutions alternatives possibles, sans compter les hésitations qu'engendrerait un tel processus. L'habitude nous rend sûrs de nous, elle nous désangoisse. Un proverbe chinois dit que « L'habitude commence la première fois », dès qu'elle trouve des points d'appui dans l'histoire collective, les systèmes d'éducation, et tout le système de sanctions et de récompenses qui font les beaux jours du jeu social. Les habitudes sont aussi les manières de faire et d'être qui ont été autorisées et gratifiées, de telle sorte qu'elles finissent, une fois ces programmations oubliées, par apparaître spontanément comme légitimes à travers des attentes fondées (*expectations*). Le produit est réinséré dans un univers de sens partagé qui varie suivant les pays, et diffère beaucoup même si ce n'est que sur des détails – mais le diable est toujours dans le détail ! (voir illustration 5.4).

On voit qu'il s'agit de bien comprendre la notion d'« expérience unique » (produit enraciné dans les traditions, contenu linguistique, produit ethnique) qui rend difficile l'équivalence conceptuelle et fonctionnelle des produits. Une « expérience de consommation » conduit un consommateur à attribuer certaines formes de sens au produit ou service en contexte, ce qui signifie le désirer, l'acheter, le consommer, le partager, le donner, ce que signifie la dépense, l'investissement, etc. Cette expérience du consommateur est façonnée par les autres acteurs du marché (producteurs, distributeurs) autant que par le lien social et le contexte humain de la consommation[23].

Illustration 5.4

La consommation de bière en contexte

La forme du verre, par exemple, autant que sa contenance ont de l'importance et le *Krug* bavarois ne donne pas la même « saveur » à la bière que le demi français ou la *pint* anglaise. La bière est certes sujette à des différences de goût au plan national, suivant qu'elle est plus ou moins amère, qu'elle mousse, qu'elle a des bulles, qu'elle est plus ou moins sucrée, alcoolisée, et suivant aussi que c'est une bière à fermentation haute ou pas. En Allemagne, la bière est consommée dans une *Kneipe* ou achetée dans une *Getränkeshop*, une annexe d'un supermarché destinée uniquement aux boissons. Les marques locales jouent un rôle essentiel dans l'univers allemand de la bière. Par exemple dans la région de Cologne, de Bonn à Düsseldorf, les Kölsch (raccourci de Kölnisch, originaire de Cologne) – pas moins d'une dizaine de marques pour la ville – sont consommées par référence à l'endroit, un peu comme les vins en France. Dans les îles Britanniques (y compris donc, et surtout, en Irlande), boire une bière dans un pub en *pint* (0,57 litre) ou *half pint* est une expérience différente ; le pub est un lieu fait pour y séjourner et si l'on veut tenir le coup et boire la bière en plus d'un demi-litre, il faut que celle-ci soit assez peu alcoolisée (ce qui est le cas comparé à la bière française qui est presque deux fois plus alcoolisée). On peut donc boire relativement beaucoup sans risquer la cuite surtout si cela est étalé dans le temps ; l'endroit est fait pour passer du temps confortablement ; rien à voir avec le café-bar français, avec son carrelage au sol et son décor le plus souvent assez froid – les habitués, en France, rhabillent le lieu de leur propre sens du confort et de la chaleur humaine et n'ont pas vraiment besoin que cela soit investi matériellement dans le lieu. Mais les non-habitués ne trouveront jamais dans un café-bar le confort souvent immédiat qu'ils trouvent dans un pub.

Culture et quête d'authenticité. Les pratiques de consommation dans les sociétés industrielles contemporaines montrent aussi que l'on retrouve la trace des comportements profonds dans une quête d'authenticité par la recherche de racines et de terroirs, et que c'est un facteur important d'invention de la tradition[24]. En France par exemple, la consommation de chaque ménage, analysée par le Crédoc, s'est scindée en deux : celle consacrée au tout-venant de la consommation (acquis en grande distribution), et celle consacrée à la consommation de produits ou de services fortement identificateurs. Ces derniers sont achetés dans les boutiques, les brocantes, chez les artisans et producteurs et sont liés à des pratiques collectives ou de loisir qui relèvent de la conservation du patrimoine. Elles aboutissent à des relances ou à l'émergence de sous-cultures singularisées et différenciatrices (même si ces activités ne sont le plus souvent pas de l'ordre du spectaculaire). L'appétence des sociétés industrialisées de la Triade pour les produits artisanaux, et ce malgré de forts contrastes entre ces pays, est particulièrement remarquable[25]. Même le Japon, pays de la Triade peut-être le plus mature, redécouvre ses traditions (voir illustration 5.5).

Quand les Japonais se mettent au style japonais

L'importation massive des produits de la culture occidentale au Japon conduit de plus en plus de Japonais, notamment des jeunes, à rechercher le contact avec des produits authentiques japonais. Ainsi, à Harajuku, quartier branché des jeunes Tokyoïtes, on trouve des salons de thé traditionnels spécialisés dans la dégustation du matcha (thé vert utilisé en général pour la cérémonie du thé), décliné sous des formes traditionnelles (boissons et pâtisseries à base de thé au goût amer, mousse au matcha) et nouvelles (comme le matcha au lait, un mélange totalement inhabituel). D'autres boutiques à la mode proposent des vêtements traditionnels, comme les yukata (kimono d'été en coton) et les jinbee (ensemble léger d'été pour homme). Mais l'offre de produits authentiques va au-delà des produits de la culture culinaire ou vestimentaire. Ainsi en témoigne le succès des maisons anciennes développées par les constructeurs immobiliers, des aménagements intérieurs traditionnels (comme la pièce pour le thé proposée par Mitsui Home en association avec un spécialiste de la cérémonie du thé), de la vaisselle traditionnelle (céramiques, laques, ustensiles en fonte…), et même des divertissements traditionnels (comme admirer les feux d'artifice ou la forêt lorsqu'elle prend des couleurs automnales). Cet engouement est favorisé par une occidentalisation à outrance, tandis que rares sont les Japonais à avoir été quotidiennement en contact avec des produits aussi authentiques. La majorité n'en a vu qu'à la télévision ou au cinéma et beaucoup d'entre eux sont aujourd'hui pour la première fois en contact avec des produits authentiquement nippons. Comme ce jeune homme à l'oreille percée qui confie un jour à la gérante d'un salon de thé traditionnel : « Quelle chance d'être japonais ! Le thé vert, c'est tellement bon[26] ! »

Illustration 5.5

1.3 Les stratégies d'acculturation des consommateurs dans la mondialisation

On l'aura compris, **l'évolution des cultures et des styles de consommation dans la mondialisation est particulièrement dynamique et multiforme**. On observe simultanément des phénomènes de contamination culturelle, de pluralisme culturel et d'hybridation[27]. Les théories de l'acculturation élaborées en psychosociologie se révèlent particulièrement utiles en marketing pour positionner les consommateurs modernes dans leur référentiel culturel chahuté, et affiner la compréhension des stratégies identitaires contextuelles déployées dans la consommation de produits d'ici et d'ailleurs.

Le phénomène d'acculturation

L'acculturation traduit les phénomènes de changement dans les modèles culturels de chaque entité (groupes ou individus de différentes cultures) lors de leur mise en contact[28]. C'est « le processus général, et ses résultats (à la fois culturels et psychologiques), du contact interculturel[29] ». Ce phénomène se concentre donc sur les points de contact entre cultures plutôt que sur leur centre. Il montre la complexité des liens entre le moi et l'identité, et les réactions face à l'expérience de l'incertitude (sortie de la zone de confort associée à la situation monoculturelle)[30]. Il résulte en changements sur les différentes dimensions de l'iceberg culturel, langues, comportements habituels, artefacts, institutions sociales, normes, valeurs et autres représentations fondamentales.

L'acculturation est normalement tirée vers un objectif d'adaptation, c'est-à-dire vers la possibilité de faire face aux défis de vivre au milieu d'une ou plusieurs cultures. On peut donc organiser ses modalités selon l'importance relative accordée à la culture d'origine (First culture, F) et à la culture de contact ou d'accueil (Contact culture, C). Quatre formes idéales types de l'acculturation en découlent : a) – F + C ; b) + F – C ; c) + F + C ; d) – F – C. Ce qui signifie : a) la culture de contact est privilégiée (assimilation) ; b) la culture d'origine est privilégiée (ségrégation) ; c) les deux cultures sont privilégiées (intégration) ; d) les deux cultures sont négligées (marginalisation).

Au total, l'application des théories de l'acculturation suggère différentes stratégies identitaires à travers les pratiques de consommation contemporaines (voir tableau 5.1). Ce tableau (construit du point de vue des marchés émergents contemporains surtout, puisque leur exposition aux dynamiques de changement est à la fois plus récente et plus forte) résume les dynamiques de changement concernant le lien passé/futur et les implications en termes de transformation sociale et d'opportunités de consommation. Trois critères sont isolés qui décrivent **les quatre stratégies d'acculturation possibles** (marginalisation, ségrégation, assimilation, intégration) et leurs associations avec :

- le rapport à la transformation sociale : exclusion, résistance, acceptation et adaptation ;
- la stratégie identitaire suivie par le consommateur : anomie, divergence, convergence et hybridation ;
- et la forme générale dominante de consommation pour des catégories de produits données : anticonsommation, consommation traditionnelle, consommation hypermoderne et consommation écologique.

Tableau 5.1 : Stratégies d'acculturation et consommation contemporaine

		Valeur du lien avec la culture d'origine (le passé, la tradition, le prémoderne)	
		Faible	**Forte**
Valeur du lien avec la modernité venue de l'étranger (le futur, le nouveau, l'Occident)	**Faible**	**Marginalisation** • Exclus de la transformation sociale • Anomie • Anticonsommation (présentéisme)	**Ségrégation** • Résistent à la transformation sociale • Divergence (nostalgie) • Consommation traditionnelle (purisme)
	Forte	**Assimilation** • Acceptent la transformation sociale • Convergence (occidentalisation) • consommation hypermoderne (toujours plus, sur mesure, nouveauté)	**Intégration** • Adaptent la transformation sociale • Hybridation (modernisation) • Consommation écologique (produits du développement durable, harmonie)

L'acculturation des consommateurs locaux

Les populations migrantes sont privilégiées dans l'étude de l'acculturation, mais on peut aussi appliquer les théories de l'acculturation aux situations de consommation de produits venus de l'étranger (puisque le contact résulte de la circulation accrue des produits plus que de la mobilité généralisée des individus). L'acculturation des consommateurs est propre aux situations d'achat et de consommation. En effet, les possessions jouent un rôle puissant dans la construction et préservation de l'identité[31] et l'acculturation des consommateurs a donc lieu dans l'achat et l'usage de produits dont la possibilité émane du contact interculturel (produits importés ou achetés à l'étranger). Ce processus implique l'attribution de catégories de sens à ces produits[32].

La perspective moderne de l'acculturation contredit l'idée d'un processus linéaire au profit d'une vision où l'identité ethnique (du migrant, du consommateur exposé à la globalisation) se négocie à travers les situations de consommation[33], conduisant à des trajectoires identitaires avec permutations culturelles (*culture swapping*[34]) : à certains moments (pour certaines catégories de produits), la consommation peut suggérer l'assimilation tandis qu'à d'autres moments (pour d'autres catégories de produits), elle renforce les liens avec la culture d'origine (ségrégation). Les implications marketing des différentes formes d'acculturation sont importantes, comme le montre le cas des produits cosmétiques en Russie (voir approfondissement 5.2).

Approfondissement 5.2

Stratégies d'acculturation des consommateurs russes de produits cosmétiques et d'hygiène personnelle

Historiquement parlant, l'apparence est très importante en Russie puisqu'elle détermine le statut social de l'individu. Quand une femme sort, on s'attend à ce qu'elle ait l'air soigné, et la plupart des Russes aiment se maquiller. Treize catégories de produits composent le marché hygiène et beauté qui a crû de 71 % au cours de la dernière décennie[35]. Le développement des produits de luxe en particulier place la Russie dans les cinq marchés les plus attractifs au monde. En parallèle, la crise économique a redonné un nouveau souffle à des producteurs locaux, comme la marque Kalina Koncern sur le segment des bas prix. Les multinationales dominent néanmoins fortement ce marché et font surtout face aux contraintes de modernisation de la distribution spécialisée pour leurs produits. Les consommateurs se distinguent quant à eux par leur stratégie d'acculturation dans la consommation[36] :

- **Assimilation.** Consommation des produits proposés par les multinationales qui vendent du rêve, une inspiration et la vision d'un « moi idéal ». La consommation de produits occidentaux représente une occasion de différenciation et de libération de l'ancienne emprise soviétique, tout autant que d'identification au style de vie occidental. La plupart des produits cosmétiques disponibles en Russie répondent à ce besoin d'assimilation (produits premium des marques du *mass market* comme L'Oréal Paris, Colgate ou Gillette). Les bénéfices vantés, les ingrédients et le packaging sont standardisés au maximum dans le monde, dont la Russie. Les clients sont les consommateurs jeunes, urbains, instruits, exposés aux médias, avec des revenus supérieurs

Approfondissement 5.2 (suite)

à la moyenne (le revenu moyen mensuel à Moscou se situant vers les 550 dollars en 2007). Ils préfèrent les produits et la culture occidentale à ce qui vient de Russie.

- **Ségrégation.** Les producteurs locaux russes s'appuient, en plus de leur avantage de prix bas, sur la tendance à la nostalgie, en particulier du rapport à la nature. La Russie est le premier pays au monde pour les recettes de cosmétiques fabriqués maison transmises d'une génération à l'autre. Les attributs qui évoquent cette nostalgie (ingrédients naturels, expertise bien connue) s'adressent à des consommateurs exhibant une forte préférence pour le local et au pouvoir d'achat réduit. Par exemple, la marque russe « 100 recettes de beauté » de Kalina présente ses produits comme de simples recettes de la grand-mère traditionnelle, apportant santé et beauté physique. Le site web de la marque et son récent slogan publicitaire associant la beauté et la datcha (« Beautiful me, beautiful datcha ! », en russe) s'appuient sur une évocation émotionnelle très forte chez la plupart des Russes (la datcha, maison saisonnière typiquement russe, en pleine nature, pour échapper à la ville et faire son potager et du sauna).
- **Intégration.** Cette catégorie d'acculturation traduit la valorisation positive et simultanée de la production locale et étrangère. L'origine du produit n'est pas déterminante. De nombreuses marques locales qui suivent des tendances mondiales, notamment celle de la consommation bio, occupent ce segment. Ainsi le positionnement végétal de Chistaya Linia positionnée comme « les cosmétiques à base d'herbes russes » (la publicité insistant sur les herbes de la steppe), ou de la marque globale Garnier, qui combine dans le mix russe des attributs de la culture occidentale et russe, en ajustant notamment les formats, les packagings et les représentantes de la marque.

L'acculturation des consommateurs ethniques

Dans le cadre spécifique de la consommation ethnique croissante (celle des populations immigrées à l'étranger), de très nombreux facteurs influencent l'acculturation des individus dans le pays d'accueil[37]. Ces facteurs aident à comprendre la contextualité de la consommation des groupes ethniques. En plus de l'âge, du niveau d'éducation, de l'ethnicité, du genre et du cycle de vie familial, d'autres facteurs favorisent l'apprentissage par les immigrés de la consommation des produits et services du pays d'accueil :

- **La langue.** C'est l'influence la plus importante sur le processus d'acculturation du consommateur car elle affecte la capacité à communiquer et à apprendre les pratiques de consommation et les valeurs associées aux produits et services.
- **Les valeurs culturelles attachées à la consommation.** Les valeurs d'individualisme *versus* du communautarisme, d'action *versus* de passivité, d'orientation temporelle présent *versus* futur.
- **L'intensité de l'affiliation.** Elle dépend de la préférence des consommateurs pour une culture ou une autre (la culture d'origine, du pays d'accueil ou une culture tierce).
- **Les facteurs environnementaux.** Le contexte et l'environnement immédiats qui affectent le désir et la possibilité effective des immigrés d'apprendre et de présenter certaines

attitudes et certains comportements de consommation, ce qui est plus probable s'ils sont bien acceptés dans le nouveau pays.

- **La génération.** Les premières générations d'immigrés présentent souvent des degrés moindres d'assimilation au pays d'accueil que les deuxième et troisième, dont les croyances et les structures cognitives sont davantage reliées à la culture d'accueil.
- **Les agents de l'acculturation de la consommation.** Les sources d'information comme la famille, les pairs, les médias.

2. Intégrer le local unique et le global standard

Pour résumer, la globalisation « qualitative » est un processus plus complexe et à plus long terme que ce que l'on appelle un peu vite globalisation des marchés en examinant le phénomène à un niveau trop agrégé pour l'action marketing (question de l'échelle d'observation). Les développements qui précèdent mettent également au jour une exigence méthodologique forte pour comprendre les consommateurs étrangers en combinant les données macro (évolutions quantitatives sur une longue période de la consommation de larges catégories de produits) et microscopiques (consommation *in situ* de produits locaux ou étrangers, mais toujours domestiqués et souvent hybridés).

Cette forte granularité dans l'observation se traduit dans l'approche des décisions d'adaptation et de standardisation de l'offre proposée aux marchés étrangers. Car entre forte segmentation des marchés locaux *et* recherche d'efficacité globale (notamment en phase 3), les décisions d'adaptation et de standardisation se feront toujours pas à pas, sur les différents attributs du produit.

2.1 Les principes directeurs de la déclinaison internationale des attributs du produit

Décomposer les attributs du produit

Un produit est constitué de trois catégories principales d'attributs (physiques, de service et symboliques), chacune d'elles comprenant les attributs clés de l'offre. Après avoir réalisé la cartographie (*mapping*) des composantes et des attributs du produit, on choisira l'adaptation ou la standardisation de chaque composante et attribut. Au bout du compte, le profil des produits globaux en termes d'adaptation-standardisation apparaît toujours comme une combinaison d'attributs adaptés quand d'autres sont standardisés[f]. Dans la stratégie globale, l'adaptation et la standardisation ne constituent pas deux choix opposés, mais les deux options de la même alternative de solutions pour définir le choix de l'offre internationale (voir tableau 5.2).

f. Voir chapitre 3 (p. 108).

Tableau 5.2 : Les facteurs d'influence de l'adaptation ou de la standardisation des produits

Attributs du produit	Arguments en faveur de l'adaptation	Arguments en faveur de la standardisation
Physiques	1. Adaptation de réduction des coûts Standards locaux Réglementations d'hygiène, de sécurité… Comportement du consommateur *culture-bound* Environnement marketing et physique	2. Effets d'expérience Économies d'échelle Standards internationaux Produit d'usage *culture-free*
De service	3. Possibilité limitée d'économies d'échelle Particularités locales en matière de services, distribution et maintenance	4. Effets d'apprentissage significatifs Clientèle « mobile »
Symbolique	4. Image défavorable des produits importés, de l'entreprise, de la nationalité ou du nom de marque Sens inapproprié véhiculé par les caractéristiques symboliques d'attributs physiques (couleurs, formes…)	5. Image favorable des produits importés, de l'entreprise, de la nationalité ou du nom de marque Pouvoir d'attraction des produits ethniques ou exotiques Demandes universelles

Valoriser les avantages du local pour le global (think local, act global)

Le slogan *think global, act local* paraît un peu usé. En réalité, **les expériences et les interprétations locales sont, au moins à trois égards, un avantage pour une stratégie globale** :

- Dans la plupart des cas, les produits « en tant que tels » ne nécessitent pas « vraiment » d'adaptation. C'est plus la manière dont ils sont « mis en scène » à travers leur positionnement, leur emballage, la publicité, la promotion et les arguments de vente, qui doit être adaptée car la communication reflète et véhicule le sens qui leur est donné localement.
- Des produits locaux avec des sens locaux sont des candidats pour circuler à une échelle plus large. Par exemple les « bières blanches » (Weissbiere, essentiellement allemandes, faites avec du blé plutôt que de l'orge et avec une fermentation en bouteille) ont été transférées vers d'autres marchés. Il s'agit d'un point très important, surtout en phase 3 de l'internationalisation qui voit la recherche des effets d'optimisation de l'offre locale-globale.
- Des produits hybrides comme le burkini (combinaison de bain religieusement correcte, entre burka et bikini), le sari-zip (sari cousu avec une fermeture éclair pour gagner du temps) en passant par la cuisine, la mode ou la musique fusion, sont une source de richesse élargissant le champ des possibles par la créativité qui s'en dégage, tant pour l'entreprise que pour les consommateurs (voir illustration 5.6).

Illustration 5.6

Le bon mix franco-japonais

Les tables japonaises à Paris s'ouvrent aux saveurs françaises *via* de jeunes chefs nippons formés dans les grandes cuisines de l'Hexagone[38]. Leur présence, surtout à Paris, s'est beaucoup développée cette dernière décennie. Ils exercent dans des restaurants où on peut découvrir les mille facettes de la gastronomie traditionnelle japonaise, mais aussi dans des établissements japonais en quête de modernité et qui intègrent les apports d'un savoir-faire technique acquis en France. Ainsi le restaurant *Kura* qui mélange ce qui est japonais et l'empreinte française, grâce à Kura Kazu (ancien de chez Nobu Londres), et Yoshita Taganayagi (qui a longtemps travaillé aux côtés de William Ledeuil – *Ze Kitchen Galerie*). Dans le menu Kaiseiki, le cube de fois gras et sa purée de fruits, les ris de veau sauce arachide et le moelleux macaron et kumquat portent la signature de Yoshita. Le reste – maki de nouilles de sarrasin, boulettes de canard haché dans un bouillon sushi, sashimi et espadon sauce soja salé-sucré marmite de fruits de mer – porte la signature de Kura. Chez Kei, Kobayashi Kei (chef formé au *Plaza Athénée* et au *Crillon* par Jean-François Piège), la cuisine française se nourrit subtilement de sa culture japonaise. Ainsi, sa soupe de maïs (les Japonais adorent cette céréale), petit sablé et lamelles de truffe, ou le bouillon de champignons présenté dans une marmite en fonte nipponne et accompagnée d'un *ochoko* (tasse) de saké. Le homard en cocotte et condiment porte l'empreinte d'Alain Ducasse et l'agneau de lait – sa peau croustillante travaillée à la manière d'un cochon de lait –, celle du savoir-faire technique d'autres belles cuisines françaises (le chef a fait ses classes en Alsace avant de venir à Paris).

Intégrer la dimension organisationnelle des décisions très en amont

La décision d'adaptation et de standardisation des attributs du produit intègre une dimension organisationnelle fondamentale, d'autant plus forte que l'entreprise atteint la phase 3 (multinationale globale) de son internationalisation : le dilemme entre la flexibilité de la production et la tendance (naturelle) du marketing de particulariser les produits à la demande de plus en plus diversifiée de différents segments. Les directeurs de production préfèrent être (assez) inflexibles, pour diminuer les coûts, alors que les équipes marketing préfèrent varier les offres pour les adapter aux besoins de segments de marchés divers.

Pourtant, il a été montré que différenciation et avantage de coûts de production étaient des visées stratégiques que l'on pouvait rendre compatibles en marketing international par **une bonne adéquation de la stratégie de marketing et de la stratégie de production**[39] :

- Les développements dans l'automatisation des unités de fabrication (conception, dessin et fabrication assistés par ordinateur, ateliers flexibles, machines-outils à commande numérique, etc.) permettent aujourd'hui d'adapter les produits sans implications majeures de coût.
- La conception modulaire des produits permet de regagner les économies d'échelle au niveau des composants, tout en diversifiant le produit fini.
- La différenciation retardée maintient une échelle de production importante aussi longtemps que possible dans le processus de production et permet d'organiser une par-

ticularisation finale en fonction des désirs du consommateur, soit à l'usine, soit dans le circuit de distribution.

L'important est que la politique internationale du produit soit conçue très en amont, et qu'elle intègre les besoins spécifiques des marchés locaux très tôt. Dans cette recherche, la mise au point des produits de série intégrant tous les besoins d'adaptation possibles, c'est-à-dire si possible dès le design (*international product design*) ou la présérie, est une stratégie gagnante (cas de la Logan de Renault Dacia par exemple). De cette manière, on peut apprécier le coût des adaptations, en adopter certaines et en éviter d'autres, et garder un potentiel de flexibilité de la production. Cela est impossible lorsque la production a été conçue au départ exclusivement en fonction du marché domestique et que la découverte tardive des adaptations nécessaires pour les marchés étrangers se traduit par des surcoûts inacceptables sur le plan concurrentiel.

2.2 Adapter et standardiser les attributs physiques

Les attributs du produit physique sont la taille, le poids, les matériaux utilisés, les fonctionnalités du produit et tous les attributs qui sont liés à la production. La standardisation de ces attributs recèle le plus grand potentiel d'économies d'échelle réalisées principalement à l'étape de la production.

Le standard, mais lequel ?

Certains produits ont atteint un réel « usage international » comme les bagages utilisés dans le transport aérien (Samsonite ou Delsey), les ordinateurs portables, les produits *duty free*… Chez les tenants de la standardisation maximale[40], ce credo se combine souvent avec l'idée de la vocation missionnaire de *l'American Way of Life* (ce qui est bon pour l'Amérique est bon pour le reste du monde), conduisant à une « mcdonaldisation » de la société[41]. En réalité, le mot « standard » comprend trois dimensions :

- le même pour tous ;
- le même partout dans le monde ;
- le même de façon permanente dans le temps.

Les Japonais ont exploité de manière moins idéologique les vertus des effets d'expérience et ont fait les compromis nécessaires de façon aussi pragmatique que possible, contrairement aux firmes américaines au sein desquelles le standard est souvent imposé aux filiales comme un signe fort de l'autorité centrale de la maison mère.

En fait, stratégiquement, **les avantages de coût ne sont pas les seuls** et il faut savoir profiter aussi des aspects favorables de la différenciation. La globalisation uniforme, ou « stratégie du rouleau compresseur », correspond à la recherche d'effets d'expériences maximaux à travers une standardisation totale, en misant sur une très forte tendance à l'uniformisation culturelle. Pourtant, même en prenant la stratégie de globalisation d'une manière froidement comptable, ses avantages ne sont pas toujours évidents. Si les entreprises veulent être concurrentielles sur une base élargie et durable, elles doivent développer, dans la plupart des cas, un avantage de coût de production fondé sur les volumes et une sensibilité aux contextes locaux de la consommation sur chaque scène compétitive.

Les nombreuses limites à la standardisation des attributs physiques

Les limites à la standardisation des attributs physiques sont partout importantes et sont d'abord d'ordre réglementaire. La mise en conformité du produit physique avec le cadre réglementaire du pays n'est pas une décision mais un prérequis qui engendre des coûts (en frais de consultation des organismes locaux d'aide à la mise en conformité et de modifications de la chaîne de production, en temps). Certains pays semblent utiliser les standards et réglementations nationales en matière technique comme de véritables barrières non tarifaires. L'Allemagne est connue pour ses 30 000 standards industriels (DIN) et les progrès en matière de démantèlement des « barrières techniques » et de promotion de la standardisation européenne sont réels mais encore lents (c'est le travail de trois commissions européennes basées à Bruxelles : le CEN, Comité européen de normalisation ; le CENELEC, Comité européen de normalisation pour les produits électriques et électroniques ; l'ETSI, *European Telecommunications Standard Institute*).

Les standards qui affectent les attributs physiques des produits sont :

- Les standards industriels de fourniture d'électricité : voltages, fréquences du courant alternatif, forme des prises, etc.
- Les standards de sécurité : du nombre de cycle de tests imposés localement aux standards propres à certaines industries (automobile par exemple).
- Les standards d'hygiène : l'agroalimentaire, la chimie et les industries pharmaceutiques doivent s'y conformer strictement. Même un produit comme le Coca-Cola fait face à différentes réglementations visant les sucres artificiels acceptés ou la date de péremption à mentionner sur l'emballage (comme en France, mais pas en Hollande).

Après la mise en conformité réglementaire, les besoins d'adaptation des attributs physiques doivent être considérés dans deux domaines :

- **Les modes de consommation.** Quand ils diffèrent et quand les consommateurs ne font pas de compromis parce que cela correspond à des habitudes profondément ancrées dans l'inconscient collectif (Qui achète / consomme ? Quoi ? Où ? Quand ? Comment ? À quel prix ? Pourquoi ou pourquoi pas ?). La globalisation standardisée des produits dont l'usage est très *culture-bound* est difficile (domaines de l'alimentation, des arts visuels, de la musique, de l'architecture, des relations sociales, des vêtements). Les adaptations sont aussi nécessaires aux conditions locales d'illettrisme ou de connaissances techniques pour utiliser les produits comme il faut.
- **Le climat et l'environnement physique.** Ces facteurs sont souvent négligés pour un grand nombre de catégories de produits. Ainsi des produits alimentaires ou pharmaceutiques périssables devront être emballés différemment dans un pays à fort degré d'hygrométrie, cependant que le gel et les conditions climatiques exceptionnelles devront être pris en compte pour un grand nombre de produits. Dans des domaines aussi divers que le béton, les yaourts ou les enrobés routiers, on perçoit un frein des cultures et des climats.

2.3 Adapter et standardiser les attributs de service

Le secteur des services est très vaste (de la distribution au conseil en passant par la banque), comme l'ensemble des attributs de service qui sont essentiels pour la vente de nombreux produits BtoB et BtoC : réparation et maintenance, installation, temps d'attente et livraison, instructions d'installation et autres services associés (démonstrations, assistance technique), garanties (réparation et maintenance), disponibilité des pièces détachées, retour des marchandises (défectueuses ou pas), conditions financières et de paiement. **Ces attributs sont en général difficiles à standardiser** dans la mesure où les attentes et les circonstances de délivrance varient fortement à travers les pays en termes juridiques ou culturels. Enfin, le potentiel pur d'économies d'échelle est bien plus limité que pour les attributs physiques.

Ainsi, des différences culturelles ont été observées entre pays en matière d'achat de service :

- Les attentes vis-à-vis des services (points de référence pour juger la performance) et de leur évaluation varient à l'international[42]. Elles comprennent des dimensions présentes dans plusieurs cultures (perspective etic qui inclut les cinq dimensions de l'outil SERVQUAL[43] que sont le caractère tangible, la fiabilité, l'assurance, la réactivité et l'empathie) mais aussi des dimensions spécifiques (perspective emic) comme la personnalisation, la formalité et la sincérité dans les cultures non occidentales[44]. D'une façon générale, les consommateurs américains ont des attentes plus élevées en matière de service du fait de leur environnement général (très orienté vers le service) et de l'individualisme.
- Les réactions face à un défaut dans la qualité de service : les cultures occidentales sont plus enclines à se plaindre que les cultures orientales[45].
- Les acheteurs japonais en contexte BtoB par rapport à leurs homologues américains utilisent significativement plus des sources d'information personnelle de type bouche à oreille[46].
- La notion du temps d'attente (dans un restaurant, dans une file au supermarché, de délai de livraison de pièces détachées) dépend des expériences culturelles du temps et impose des adaptations importantes : les Occidentaux (culture nord-américaine en particulier) font une expérience plus douloureuse de l'attente que les Orientaux car ils lui associent des émotions négatives[47].
- L'orientation de valeurs de type « doing » ou « being »[g] conditionne aussi la capacité des offreurs à bien servir leurs clients et la perception des clients à être bien servis : dans les cultures personnalistes (orientation de type « being », caractéristique des cultures latines par opposition aux cultures anglo-saxonnes), le client est d'autant mieux satisfait qu'il est connu car il fait l'objet d'une plus grande attention et d'un service plus amical tandis que les clients inconnus peuvent être négligés[48] !

D'autres facteurs environnementaux induisent aussi de forts besoins d'adaptation des attributs de service : les niveaux d'expertise technique, les différences de coûts de main-d'œuvre pour arbitrer entre durabilité et réparabilité (les Africains savent réparer à peu près tout et le recyclage est essentiel dans ces marchés), le niveau d'illettrisme (qui influe sur la

g. Voir chapitre 9 (p. 357-358).

transmission des instructions), les différences climatiques (qui peuvent compliquer la maintenance), l'éloignement (qui complexifie le service après-vente), et les différences religieuses qui conditionnent les diverses manières de réaliser un service apparemment identique (par exemple pour les musulmans du monde entier, l'organisation du pèlerinage à La Mecque sous contraintes islamiques pour le transport, le paiement, l'hôtellerie sur place, la nourriture, etc.)[49].

Pour les entreprises en phase 3 opérant dans le secteur des services, laisser les innovations locales émerger grâce à une forte adaptation permet de garantir une meilleure croissance, notamment dans les activités très *culture-bound* (voir illustration 5.7).

Illustration 5.7

McDo se réinvente en France

Les établissements McDo France (pays au poids très lourd dans le groupe américain) se réinventent en permanence[50]. Le restaurant McDonald's du centre commercial Okabé (au Kremlin-Bicêtre dans le Val-de-Marne) est un des plus beaux établissements du groupe avec son salad bar, son McCafé, ses bornes électroniques, sa caisse *easy order* et sa décoration chic et moderne qui rappelle plus les salons business d'un aéroport qu'un fast-food. On y sert le P'tit Charolais, dernier best-seller de la marque, véritable steak haché de bœuf charolais astucieusement mis en vente au Salon de l'agriculture auquel participe l'enseigne (elle est la seule) depuis onze ans dans le hall 1, celui de l'élevage ! Tout comme les burgers au chèvre et au cantal AOC lancés en même temps, le P'tit Charolais est un vecteur d'image et d'intégration locale pour se faire mieux accepter dès l'amont de la filière agricole française. Ces fortes adaptations locales connaissent un franc succès commercial pour relancer la marque dans un marché saturé. L'enseigne explore même l'opportunité du service à la table, plus cohérent avec la perception des Français pour lesquels le « restaurant » est synonyme d'un certain confort et s'oppose au concept de nourriture rapide.

2.4 Adapter et standardiser les attributs symboliques

Les attributs symboliques comprennent tous les attributs du produit qui représentent ou dénotent quelque chose, c'est-à-dire qui véhiculent du sens en créant des associations (symboliques). Ainsi en est-il des composantes de la marque (partie verbale et non verbale, marque déposée), du prix dans ses liens avec la qualité (rapport qualité/prix), des composantes symboliques des attributs physiques (formes, couleurs, odeurs…) ou de l'origine des produits (différents niveaux de *made in*).

Identifier les niveaux d'image des produits

Il existe des relations entre attitudes symboliques et images nationales du produit qu'il faut bien appréhender. Le recours à certaines images nationales peut être utile lorsqu'elles sont congruentes avec des attributs positifs inférés pour le produit, et un nom de marque même trompeur peut constituer un sérieux atout : Häagen Dazs n'est pas de la crème glacée danoise ou hongroise mais une marque de glaces américaine. Les images nationales (*country of origin*) sont diffusées par :

- **La catégorie de produit (produit générique).** Un nom à consonance allemande sera positif pour des biens d'équipement, cependant qu'un nom à consonance française sera adapté à la catégorie générique des parfums.
- **Le nom de marque de l'entreprise productrice (marque *corporate*).** Si la catégorie de produit est associée avec une certaine origine, le nom de marque d'entreprise doit être défini de la même manière (un fabricant de machines-outils ne devrait pas hésiter à adopter un nom à consonance allemande en raison de l'évocation forte de fiabilité-robustesse qui en découle).
- **Le nom de marque du produit (marque produit).** Le parfum Shalimar de Guerlain crée une association avec l'Inde ou l'Orient (c'est le nom d'un gros diamant) tandis que le produit Coca-Cola est fortement ancré dans la culture américaine (même si la catégorie de produit générique du cola est internationale).
- **Le nom du pays de production.** Le *made in China* est synonyme de mauvaise qualité (comme le *made in Japan* l'était dans les années 1980…).

Les recherches sur les effets des origines nationales (les COO, *Country Of Origin effects*) sont très abondantes depuis une quarantaine d'années. Elles montrent que l'effet des origines nationales sur le processus d'achat :

- Est plus fort dans les phases initiales du processus que sur le choix, et qu'il est plus fort pour la perception de la qualité de la marque que pour les attitudes vis-à-vis du produit[51].
- Agit plus souvent pour inférer la qualité de la marque que la qualité elle-même[52].
- Varie selon l'origine nationale des consommateurs en fonction des relations entre pays (similarité de culture et de langue, liens dus au passé colonial, etc.) de sorte que l'image d'un pays (en termes politiques, économiques, culturels) peut influencer la volonté du consommateur étranger à acheter des produits indépendamment de la qualité perçue des produits. Ainsi, l'animosité à l'encontre d'une culture (l'antipathie résultant des événements militaires, économiques ou politiques, actuels ou passés) peut agir sur l'intention d'achat et non les évaluations de la qualité[53].
- Varie en fonction du niveau de développement économique des pays, le risque perçu associé à l'achat étant plus élevé quand il existe un fort écart de développement économique entre le pays d'origine de fabrication et celui d'origine de la marque, en particulier pour les produits implicants et de nature hybride (dont les étapes de la chaîne de valeur se situent dans différents pays) : ainsi pour un iPod (*country of design made in USA*) produit en Chine (*made in China*), il est important de renforcer le pouvoir de la marque dégradé par la perception du pays d'origine de la fabrication (on insiste alors sur la conception en Californie par des mentions spécifiques sur le produit ou dans la communication).
- Évolue dans le temps comme l'attestent les évolutions notables en matière de perception des produits originaires de pays d'Asie comme le Japon, puis la Corée (associées il est vrai à une amélioration significative de la qualité) ou de tendance à l'animosité (antiaméricanisme, francophobie)[54].
- Est modéré par les caractéristiques individuelles des consommateurs, en particulier leur connaissance et familiarité de la catégorie de produits, leurs tendances ethnocentriques, c'est-à-dire la croyance dans le fait qu'il est moralement préférable d'acheter des produits

de pays étrangers[55]. Les consommateurs plus âgés sont en général plus ethnocentriques que les plus jeunes pour qui l'achat de produits fabriqués à l'étranger peut constituer une revendication de changement social forte (voir illustration 5.8).

Illustration 5.8

Les *soap operas made in* Turkey dans le monde arabe

Les séries turques connaissent un tel succès dans le monde arabe que la presse parle d'addiction, d'aliénation télévisée et même « d'hégémonie turque »[56]. Le 30 août 2008, pas moins de 85 millions de téléspectateurs arabes (dont 50 millions de femmes) sont restés collés à leur petit écran pour l'épisode final de *Noor*, dont les deux acteurs principaux (Kivanç Tatlitig – le Brad Pitt du Moyen-Orient – qui incarne le beau Muhannad, et Sungul Oden qui campe la jolie Noor) sont devenus de véritables icônes dans l'ensemble du Machreq et du Maghreb. Quel que soit le succès des *musalsalat* (feuilletons) arabes, la région a toujours accordé beaucoup d'importance aux productions étrangères (Hollywood, Bollywood, *telenovelas* latino-américaines). Mais c'est en 2007 que le géant des médias MBC (Middle East Broadcasting) commence la diffusion par satellite de feuilletons turcs doublés en arabe dialectal syrien et s'adressant à un public féminin et jeune dans des pays essentiellement composés de moins de 30 ans. Du dénuement des camps de réfugiés du Darfour à l'enfermement des villas de Riyad, ces tendances sont partagées dans l'ensemble du monde arabe et les produits dérivés sont multiples (des noms donnés aux bébés aux T-shirts en passant par les chips et les débats télévisés ou sur les réseaux sociaux). Les femmes s'identifient aux héroïnes des feuilletons turcs, mères et épouses modèles, financièrement indépendantes dans des sociétés musulmanes, devant lutter pour l'amour de leur mari mais aussi s'imposer dans le monde du travail et la haute société. Ce ne sont pas des *desperate housewives*, contrairement à l'image qui a longtemps dominé les feuilletons égyptiens des années 1990. Ce sont des femmes actives et modernes, qui revendiquent une plus grande part au romantisme et au respect mutuel, et qui parviennent à surmonter les violences dont elles sont victimes dans leur couple et à concilier vie familiale et professionnelle. La série *Noor* est un détonateur de tensions matrimoniales et sexuelles latentes dans une région régie par un code moral strict. Elle possède la *Turkish touch*, c'est-à-dire qu'elles véhiculent une identité et des valeurs culturelles qui permettent à la spectatrice arabe de s'identifier tant à la série qu'à ses protagonistes. Le modèle oriental de la famille, présidé par un chef, est central dans la mise en scène. Enfants, petits-enfants, frères, sœurs et cousins se retrouvent souvent autour d'un café turc à l'occasion de rencontres familiales. Le doublage en arabe syrien est le détail qui fait toute la différence. Cela permet aussi de redécouvrir un voisin que les différends culturels avaient isolé, le nationalisme arabe s'étant construit contre l'hégémonie culturelle de l'empire Ottoman. Les *soap operas* turcs ne se contentent pas d'ailleurs de traduire, mais sont aussi adaptés dans la durée des épisodes et à la censure de scènes érotiques incompatibles avec les mœurs de la région. Les condamnations de certaines voix officielles n'empêchent pas les femmes de les suivre car c'est justement la proximité culturelle avec la Turquie qui leur permet de faire abstraction du contenu non conforme aux mœurs de la région. Les personnages sont avant tout perçus comme musulmans : les images de mosquées ou de versets coraniques sur les murs, la présence de personnages jeûnant pendant le ramadan ou portant le voile rendent acceptable ce qui ne le serait pas dans une série mexicaine.

Être attentif aux interprétations symboliques des attributs physiques

Une série d'autres attributs du produit sont à l'origine d'interprétations symboliques qui diffèrent suivant les contextes nationaux et culturels. Ils sont liés à des caractéristiques physiques du produit et de son emballage : formes, couleurs, nombres et odeurs. Ainsi le vert, une couleur qui suggère la fraîcheur et la santé dans de nombreux pays du Nord, est souvent associé avec la maladie dans des pays où existent des forêts vierges. Le noir est la couleur du deuil en Occident, alors que c'est le blanc dans beaucoup de pays asiatiques. La couleur de la pureté en Occident est le blanc et c'est le safran en Inde. Le rouge suggère la chance en Chine mais la mort en Turquie[57]. La couleur d'un produit peut être représentée différemment suivant le contexte, comme la couleur du papier recyclé et naturel en Allemagne et en France. En examinant la couleur des filtres à café, on découvre qu'ils sont principalement blancs en France et brun marron en Allemagne, les mouchoirs en papier sont blancs ou verts en France et beiges ou légèrement marron en Allemagne. Quant au papier toilette qu'on trouve dans le supermarché moyen, il est blanc ou rose en France et grisâtre en Allemagne (couleur indéfinissable). En fait, les Allemands expriment à travers l'achat de produits à couleur « recyclée » la certitude que l'environnement est respecté par un recyclage manifeste (« ça » a vraiment la couleur typique du recyclé sans produits chimiques, surtout ceux à base de chlore pour blanchir). Il en est de même pour le papier de photocopie, les papiers de correspondance allemands, et même le papier toilette grisâtre qui apparaîtraient en France à beaucoup comme « sales », alors que le papier WC rose à la française est pratiquement inconcevable pour les Allemands[58].

Finalement, les chiffres (importants dans le prix, les références industrielles, les numéros d'appel…) peuvent évoquer la chance (le 8 en Chine) ou la malchance, ainsi au Japon le 4 a le même sens de chance/malchance que le 13 en Occident. Certaines formes peuvent évoquer des attributs symboliques essentiels comme la solidité, la fiabilité ou la modernité. En matière d'attributs symboliques, la seule solution est de faire un test de produit, ou de réunir localement des focus groupes de consommateurs. Il s'agira d'évaluer en contexte, avec des consommateurs locaux, comment ces attributs sont interprétés sur le plan symbolique.

2.5 Politique internationale de produits et marchés du BOP

Les spécificités des marchés du BOP[h], sur le plan quantitatif et qualitatif, impliquent un travail en profondeur sur le produit. Il faut d'abord écouter ces nouveaux consommateurs, ce qui suppose de déployer de gros budgets aux études marketing avec des méthodologies proches du registre de l'ethnographie pour avoir un regard rapproché et minimiser les biais ethnocentriques (posture emic justifiée)[i].

Des produits pour quels besoins ?

Les études existantes suggèrent que la consommation du BOP s'explique par des motivations qui ne suivent pas strictement la pyramide de Maslow, ni dans leur ordre d'apparition, ni dans le sens spécifique que leur donne le contexte particulier de consommation. La hiérarchie des besoins du BOP s'explique souvent plus par d'autres concepts, comme la contribution de la consommation à accroître le capital social – des systèmes familiaux en particulier – ou

h. Voir chapitre 3 (p. 121-124).

i. Voir chapitre 4 (p. 156).

l'existence de la consommation ostentatoire : des études dans 13 pays en voie de développement économique montrent que leurs populations du BOP dépensent en moyenne 10 % de leurs revenus en loisirs et festivités (comme le mariage des filles en Inde)[59].

Quatre catégories de besoins et de motivations peuvent être identifiées[60]. Des produits qui sont à l'interface de différents besoins ont plus de chances de devenir pérennes :

- les besoins élémentaires (motivation de survie) : produits liés à l'alimentation, l'énergie, le logement, l'accès à l'eau, les systèmes de traitement des eaux usées ;
- les besoins en services élémentaires (motivation de sécurité) : les services de transport, de santé, d'éducation spécialisée, de formation professionnelle, les services bancaires, financiers et d'assurance ;
- les besoins en amélioration du quotidien (motivation d'estime de soi) : les produits d'hygiène personnelle, de beauté, les vêtements, les produits nocifs (alcool et tabac), les biens durables, les loisirs ;
- les besoins liés aux relations avec le monde (motivation d'interaction sociale dans un monde moderne) : les produits liés aux technologies de l'information et de la communication, les canaux de distribution pour écouler leurs produits ou vendre leurs compétences.

Si le design des produits à destination du BOP doit être pertinent, multifonctionnel et adaptable, les barrières sont nombreuses à leur développement puis à leur essor (*scalability*). Dans le domaine des services IT pour le BOP en Chine[61], les défis à relever (simultanément) sont élevés :

- **La société :** faible niveau d'éducation, absence de collaboration entre entreprises et État.
- **La culture :** technologies IT nouvelles d'où peur d'être le premier (conformisme), résistance au changement (et donc « satisfaction » d'avoir une vie « simple » par rapport à celle des gens des villes).
- **L'économie :** revenus disponibles (les familles les plus pauvres ne peuvent même pas payer l'électricité), prix élevés (conçus pour les segments urbains), et manque de capital (l'essentiel du budget, après la nourriture, va au logement et à l'éducation des enfants).
- **L'industrie :** absence d'incitations à explorer les marchés potentiels du BOP, de différenciation (par exemple dans les milliers de sites web à destination du BOP rural), et d'expertise sur le BOP.
- **Le consommateur :** absence d'utilisateurs (les forces vives quittent la campagne pour travailler, il ne reste souvent que les grands-parents et les enfants qui ne sont pas bancarisés), absence d'intérêt (les générations des plus de 40 ans sont peu intéressées par les ordinateurs et autres équipements IT), difficultés à distribuer et à assurer un service après-vente (pour des populations éloignées des axes de transport).
- **La technologie :** adaptabilité de la technologie aux milieux d'usage hostiles, connectivité souvent mauvaise.

Questions éthiques

Des questions éthiques nouvelles, inscrites dans le cadre de la RSE, se posent aux multinationales notamment quant à leurs pratiques marketing dans les pays en voie de développement économique[62]. La théorie économique défend que c'est au consommateur de déterminer quelle utilité il retire de son achat et combien il est prêt à payer pour y accéder. **Mais les populations de BOP sont particulièrement vulnérables du point de vue économique, écologique, identitaire.** Les exemples célèbres de la crème blanchissante pour le teint, Fair & Lovely, d'Unilever, ou de tous les systèmes de vente à crédit (Casas Bahia pour l'équipement de la maison au Brésil par exemple) soulèvent des questions éthiques importantes pour l'entreprise[63].

Si on prend en compte l'avis des consommateurs, l'Index BEI (*Business Ethics Index*[64]) entre l'Inde et la Chine montre que les Chinois sont très optimistes quant à l'évolution des comportements d'affaires vers davantage d'éthique, tandis que les Indiens ont les scores les plus bas de BEI et expriment leur inquiétude non seulement vis-à-vis des produits mais aussi de leur prix. Il est certain que les scandales du lait chinois à la mélamine ou des jouets à la peinture au plomb montrent que le contrôle de la chaîne logistique est aussi un enjeu majeur pour les entreprises fabriquant en Chine, et qui ne recherchent souvent que le prix bas sans s'intéresser suffisamment à l'ensemble des conditions de production de leurs produits. Des chartes sociales et environnementales sont de plus en plus imposées aux fabricants des économies émergentes dans certaines filières (le textile par exemple), même si les contrôles effectifs peuvent être difficiles à réellement mettre en place[65]. Et si les fournisseurs trichent, c'est aussi à cause des prix trop bas (et des marges trop fortes prises par les donneurs d'ordre, pas seulement étrangers).

Un changement de paradigme en matière de produit

Développer une politique produits responsable sur les marchés du BOP exige de se départir assez fortement des caractéristiques du système capitaliste occidental : le déploiement rapide de nouveaux produits, l'innovation produits continue (mais souvent minimale), et l'obsolescence programmée, c'est-à-dire accélérée volontairement, ne conviennent pas aux consommateurs des marchés émergents. « Ici, ils détestent les produits qui évoluent trop rapidement, qui rendent les achats récents obsolètes – à la place, les besoins se concentrent sur ce qui est fonctionnel et durable[66]. »

Par ailleurs, les populations du BOP sont particulièrement résilientes, éveillées, rapides à apprendre, et c'est avec elles qu'il est possible d'élaborer les innovations dont elles ont besoin selon l'approche du protocole du BOP2 de la cocréation par les multiples parties prenantes associées[j]. Pour le marketing produit, deux fonctions doivent travailler en étroite collaboration dans l'élaboration des produits à destination du BOP : les études et le design (voir approfondissement 5.3).

j. Voir chapitre 3 (p. 123).

Approfondissement 5.3

Le design responsable à destination du BOP

Responsable devant qui ? Et de quoi ? Telles sont les deux questions premières que pose un professionnel du design[67]. Quatre parties prenantes doivent trouver satisfaction dans le design à destination du BOP :

- **Les consommateurs.** Le design doit aider à la prise en compte des systèmes sociaux et des traditions culturelles qui composent les environnements de consommation.
- **Les clients.** Comment faire des marchés du BOP un segment clé dans l'ensemble de l'activité de l'entreprise ? Comment se différencier suffisamment de la concurrence ?
- **La société.** Concentration du design sur les aspects profonds des besoins humains, en contexte d'usage, des sociétés du BOP.
- **Le moi.** Satisfaction des designers de faire bien en faisant le bien (*doing well by doing good*), ce qui n'est pas négligeable !

Le principal et premier défi est de concevoir des produits qui améliorent la vie des utilisateurs du BOP, avec la technologie appropriée et des exigences environnementales élevées. En termes de politique de produit, si de nombreux attributs du produit sont définis par sa nature même, certaines demandes spécifiques du BOP doivent être satisfaites. Le coût d'acquisition et d'usage doit être bas – très bas, comparé aux prix que nous avons en tête en Occident. Mais paradoxalement, le produit ne doit pas être « cheap » du fait de compromis sur les attributs de durabilité et de fonctionnalités. En fait, dans les marchés du BOP, des attributs de produits permettant de multiples usages ou applications sont très valorisés car ils rendent le prix plus abordable (*Affordable*, l'un des 4 A du mix-marketing à destination du BOP). De même, la durabilité et la robustesse sont des attributs très importants car on ne peut envisager des réparations ou des remplacements fréquents. Pour la technologie à incorporer dans le produit, les conditions environnementales peu efficientes (infrastructures de base) imposent des technologies très peu chères, simples et robustes (*bug free*). Cela demande paradoxalement des technologies pointues capables de fonctionner dans de tels environnements. C'est vrai dans le secteur des téléphones portables, celui des panneaux solaires ou de la fabrication personnelle, sorte de customisation ultime élaborée par le Massachusetts Institute of Technology (MIT) (la fabrication personnelle est la capacité à concevoir et à produire ses propres produits, à la maison, avec une machine qui associe l'électronique des produits de grande consommation et les outils industriels)[68]. La prise en compte de l'environnement concerne enfin la gestion des déchets dont les populations du BOP sont exclues. Les produits pour le BOP doivent donc concilier grands volumes, prix abordable et éco-efficience maximale.

Le marketing à destination du BOP ne peut qu'être responsable, c'est-à-dire socialement conscient des effets potentiellement négatifs des actions marketing sur la société et engagé dans l'amélioration écologique[69]. En particulier, une compréhension du comportement du BOP en matière d'événements, de décisions et d'émotions associées au fait de jeter (autre pôle du cycle de la consommation) est nécessaire. Il est important de comprendre la variété de ses motivations et de ses attentes, dont l'origine peut être économique ou culturelle, dans ce domaine[70].

- Garder le produit. Le consommateur peut continuer à l'utiliser selon l'usage initial, ou le convertir pour servir à autre chose (les machines rapidement défectueuses mais à fonction ostentatoire d'affirmation de l'identité), ou encore ils peuvent le garder pour s'en servir peut-être plus tard.
- Jeter définitivement le produit. Le consommateur peut le jeter ou l'abandonner, le donner, le vendre ou l'échanger.
- Se débarrasser temporairement du produit. On peut le prêter ou le louer.

3. Le management international des marques

Dans cette troisième partie, nous nous centrons sur le management international des marques. La marque commerciale est l'un des principaux attributs des produits car pour le consommateur elle remplit plusieurs fonctions importantes : repérage, mémorisation, praticité, personnalisation… Pour le producteur aussi, la marque a une fonction de positionnement dans l'univers du consommateur par rapport à la concurrence, et de capitalisation de la notoriété et de l'image sur la longue période[71]. Du point de vue management international, la plupart des marques ont été conçues initialement au plan national et sont liées à un contexte linguistique donné. Même parmi les marques américaines, un nombre très limité a connu une expansion internationale[72]. Le pouvoir d'évocation des marques est souvent dépendant de la langue du pays où elles ont été lancées initialement, même si certaines ont été lancées dès l'origine pour leur capacité internationale (Toyota, Sony par exemple). **Pour transférer des marques au plan international, plusieurs aspects doivent être examinés** : prononciation et écriture, sens évoqué par la marque et aspect visuel de la marque. Autant que possible, il faut essayer de transférer du sens, ce qui n'est pas toujours facile.

3.1 Le passage des frontières linguistiques

Contraintes de prononciation

Souvent la marque est liée au nom du fondateur de la firme et il semble difficile d'y renoncer. Une marque comme Peugeot pose des problèmes de prononciation hors du contexte francophone :

- Le « EU » est une diphtongue typiquement française.
- Le « G » qui suit doit être prononcé « J » parce que suivi d'un « E »…
- Le « O » est particulièrement ouvert.
- Le « T » est muet : il faut le savoir.

Cette marque est difficile à prononcer et à mémoriser dans de nombreux pays. Les entreprises dont la marque corporate est difficile à prononcer ont souvent eu recours à la solution du « clipping » : Hewlett-Packard (HP), Procter et Gamble (P & G) ou BDF (Beiersdorf). Une règle d'or assez simple pour créer une marque internationale *ex nihilo* serait de ne retenir que deux ou trois syllabes, de préférence avec une simple succession consonne voyelle, en essayant d'éviter les répétitions de consonnes ou de voyelles, et en utilisant des consonnes et des voyelles dont l'assemblage se prononce facilement dans un grand nombre de langues (par exemple : Bata).

Plusieurs possibilités de transposition d'une marque créée à l'origine pour un contexte national donné sont possibles :

- **La traduction pure et simple.** Pampers deviendrait ainsi en français quelque chose comme « les câlines » (*to pamper* : choyer, dorloter).
- **La transparence.** Une marque passe partout, au-delà de tout problème de traduction. La marque Sony est partie d'un véritable « catapultage » du nom de l'entreprise par celui de ses produits[73]. Le nom original de l'entreprise (Tokyo Tsuhin Kogyo, Compagnie industrielle des télécommunications de Tokyo) a été transformé en Sony, lorsque la marque de ses produits s'est affirmée comme ayant une notoriété plus forte.
- **La translittération.** Reconstitution dans la langue cible, celle du pays où on veut implanter la marque, du sens connotatif qui existait dans la langue source. La translittération demande un travail en profondeur de la dimension connotative du produit comme dans le cas du nom des différents personnages du jeu vidéo des Pokémon (Poket monsters) de Nintendo. Par exemple en français, le nom du gros ectoplasme Grotadmorve a été retenu pour garder le sens connotatif du nom japonais (*betobeto*) qui signifie le bruit que fait le doigt trempé (par mégarde ou par jeu) dans quelque chose de sale (comme quelque chose qui colle à l'évier dans lequel se trouve la vaisselle de la veille). D'autres personnages avaient un sens mythologique qui a été respecté, comme Articodin (arctique : l'élément froid du Pokémon, et Odin : en référence au dieu nordique), Sulfura (sulfur : le feu, élément de ce Pokémon, et Râ : le dieu du soleil), ou Elector (dont l'élément est électrique et Tor, dieu de la foudre)[74].

Contraintes de connotation

Pourtant, de très nombreuses marques perdent leur sens d'origine lors du passage d'un contexte linguistique à un autre. Ainsi la lessive Tide perd son sens original américain (la force de la marée) et n'aurait sûrement pas gagné à être traduite en français où la marée n'évoque pas nécessairement la propreté. Alors que certaines marques s'appuient sur des référents locaux comme Uhu (colle de Beiersdorf) qui veut dire hibou en allemand, certaines s'appuient sur des référents linguistiques assez universels comme Nivea (également de Beiersdorf) qui évoque la blanche pureté de la neige.

Des marques nationales ont parfois un sens fâcheux lorsqu'elles sont utilisées trop directement comme marques internationales. Les exemples abondent, de la laque pour cheveux allemande Caby-Net à la Chevrolet Nova en Amérique latine (« no va » en espagnol signifie « ne fonctionne pas »), en passant par les Bran Buds de Kelloggs qui ont dû changer de nom en Suède, afin de ne pas laisser croire qu'on allait servir du « fermier grillé » dans les bols du petit-déjeuner[75]. Le type de recherche à effectuer en amont dans les pays où la marque va être implantée est simple (focus groupes locaux). Il faut ensuite s'appliquer à opérer les modifications, si nécessaire.

La capacité de connotation des marques est aussi portée par la liaison marque-dessin qui est assez intime, au point qu'on peut envisager des marques dénuées de support linguistique et donc de prononciation et de sens verbal. Certains droits nationaux séparent les marques d'une part, les dessins et modèles d'autre part. D'autres mettent les deux sur un même plan. Ainsi plusieurs marques de Mars utilisent un fort support visuel – Suzy Wan, Bounty, Whiskas – de même que IBM[76] : ces éléments iconiques passent en général bien les frontières, et le visuel de la marque en est le meilleur support global.

Travailler la capacité connotative

Différentes figures linguistiques peuvent également être utilisées pour donner du relief, de la capacité connotative à une marque, de manière cohérente avec la connotation symbolique que l'on veut communiquer. Les figures linguistiques le plus facilement transposables sont phonétiques (sonores et perçues par l'ouïe) et orthographiques (écriture originale, perçue par vision). Ainsi, l'allitération de Coca-Cola, l'assonance (répétition de voyelle comme dans Kal Kan, Vizir, Omo) ou la consonance (répétition de consonnes avec des changements des voyelles comme dans Weight Watchers) sont assez translinguistiques.

En revanche, des figures morphologiques (ajouter des morphèmes au nom comme dans Jell-O ou Tipp-Ex, ou les mots composés comme Janitor-in-a-drum, Vache-qui-rit) passent mal, tout autant que les figures sémantiques. Ces dernières sont par exemple la métaphore (procédé de langage qui consiste en un transfert de sens par substitution analogique comme dans Heads & Shoulders), la métonymie (expression d'un concept par un autre comme dans Midas, Ajax, ou Uncle Ben's), la synecdoque (substitution de la partie au tout), ou la juxtaposition inhabituelle de termes (Easy-Off, Crème de Peinture). Elles passent mal parce qu'elles produisent un sens qui n'est souvent décodable qu'à travers le filtre de la langue source. De plus, elles peuvent être dénuées d'attraits aussi sur le plan sonore dans la langue du pays de destination.

Le cas particulier des écritures idéographiques

Nous sommes restés jusque-là dans le cadre limité de l'alphabet romain, alors que des marques qui veulent atteindre le marché chinois ne peuvent l'utiliser. Même Coca-Cola n'est pas connu exactement sous ce nom en Chine : il est translittéré en « ké kou ké lé », sur le plan sonore, et les trois caractères qui la composent en chinois connotent une combinaison de sens positifs : bon goût, délicieux, amusant. En outre, les caractères chinois sont prononcés différemment suivant la langue (mandarin, cantonais, hokkien, etc.), et il y a un grand nombre d'homonymes (les caractères sont différents mais se prononcent de manière identique) ce qui offre des possibilités multiples pour la transposition en caractères chinois de marques écrites suivant l'alphabet romain.

En Extrême-Orient et particulièrement en Chine, la calligraphie et le sens sont beaucoup plus importants qu'en Occident. Ainsi, une marque doit offrir une connotation positive qui résulte d'une combinaison de caractères qui[77] :

- peuvent être prononcés de manière similaire dans autant de régions que possible tout en évitant les pièges des différences de tonalité, sachant que les Chinois préfèrent les tons hauts (aigus) parce qu'ils sont plus sonores ;
- véhiculent un sens favorable, représentent des connotations positives (souvent des animaux et éléments de la flore), de préférence en liaison avec les qualités de la marque (en chinois, tous les noms ont un sens) ;

- offrent un équilibre entre caractères yin (nombre de traits pair) et yang (nombre de traits impair) et surtout un contenu favorable de chiffres porte-bonheur comme le 8 ;
- ont une calligraphie qui correspond à l'image de la marque comme dans le cas de la Volkswagen Cheep où un caractère a été utilisé pour représenter une pente imaginaire que la Jeep grimpe fièrement.

Ainsi, Pepsi-Cola est transposé en chinois avec le sens de « cent choses agréables » et Mercedes-Benz se change en « *Ben chi* » sur la base de deux caractères qui signifient « qui va de l'avant très vite ». Moët & Chandon en chinois est « *Ming yue* » (le plaisir de déguster un grand vin) et la traduction de Veuve Clicquot est « *Kai ge* » (le chant du triomphe) ce qui explique sa présence dans les repas d'affaires. La traduction de Carrefour en chinois « *Jia le fu* » (le bonheur de la famille) est aussi un excellent exemple de réussite. Cependant, ce n'est pas possible pour toutes les marques. Il peut être difficile de trouver une suite de caractères qui rendent à la fois le son et le sens, sans parler des aspects calligraphiques : dans certains cas, il faut choisir, et la transposition sonore se fait au détriment de la transposition du sens (voir approfondissement 5.4).

Approfondissement 5.4

Le transfert des noms de marques cosmétiques en Chine

Cinq grandes méthodes peuvent être utilisées pour transférer des noms de marques occidentales sur le marché chinois : la traduction phonétique avec alphabet romain (méthode dite pin yin), la traduction littérale (encore faut-il quelque chose à traduire), la translittération avec imitation phonétique (transfert du sens connotatif et imitation sonore), la transparence (avec le risque d'absence de sens connotatif) et la création d'un nom spécifique pour le marché chinois (approche du *coining*). Le choix final se fait sur des critères de partage avec la marque occidentale d'éléments phonétiques, sémantiques ou graphiques, les décideurs pouvant privilégier un ou plusieurs critères de pertinence (phonétique, sémantique ou graphique)[78]. L'adaptation des noms de marques internationales de cosmétiques au marché chinois utilise plus souvent la translittération et l'imitation phonétique avec reconstitution dans la langue chinoise du sens connotatif existant dans la langue d'origine, ou création d'un sens connotatif adapté à la culture chinoise dans son rapport au produit. Par exemple :

- Lancôme est devenue « *Lan Kou* » : le nom d'une fleur (orchidée) qui reflète une personnalité élégante et distinguée.
- Nivea est devenue « Ni Wei Ya » : des mots qui ressemblent à un prénom de jeune fille étrangère.
- Maybeline est devenue « *Mei Bao Lian* » : ce qui signifie « un lotus (*Lian*) joli (*Mei*) et précieux (*Bao*) », sachant qu'en Chine le lotus est symbole de pureté et d'arrogance de l'individu.
- L'Oréal est devenue « O Lai Ya » : trois mots, *O* (Europe), Lai (pas de sens) et *Ya* (élégant).

Dans la pratique produit et de communication (emballage, publicité…), toutes les marques étrangères utilisent le nom de marque sinisé à côté du nom de marque d'origine avec le logo (partie non prononçable de la marque) mondial standardisé.

Au Japon, la question est à la fois plus et moins compliquée parce que les Japonais ont un bon niveau de familiarité avec l'alphabet romain (romaji). Mais ils utilisent aussi des caractères chinois (kanji), et deux syllabaires, les hiragana pour les mots japonais, et les katakana pour les mots empruntés aux langues étrangères ; il s'agit des mêmes syllabes que pour les hiragana, mais avec une calligraphie un peu différente, pour signaler l'origine étrangère. **Ces systèmes d'écriture alternatifs véhiculent des associations différentes** qui doivent être maîtrisées pour optimiser le message de la marque. Ainsi, en ce qui concerne le transfert de l'origine du produit, kanji et hiragana font plus japonais, et romaji et katakana plus étranger. Pour la catégorie de produit, les produits *high-tech* seront mieux perçus en katakana qui connotent la modernité, cependant que les produits traditionnels sont mieux mis en valeur par les kanji. Enfin, les hiragana ont une image féminine et sont fréquemment utilisés pour des produits de beauté, les cosmétiques, ou les produits de la mère et l'enfant.

3.2 Développer des marques à l'étranger

Le principal problème de la marque est de constituer progressivement un capital de notoriété élargie (les marques originaires de la Triade ont ici une longueur d'avance à l'échelle mondiale), surtout là où les produits ont des caractéristiques et des performances très similaires. Une marque bien mise en valeur peut faire la différence par la réputation qu'elle a auprès des clients et consommateurs, et par la fidélité qu'elle engendre. Procter & Gamble a des marques de plus d'un siècle (le savon Ivory par exemple) et le savon Camay a plus de quatre-vingts ans (la marque, pas la formulation du produit qui a été régulièrement renouvelée). Les marques internationales sont donc le plus souvent des marques qui ont été assises par un investissement publicitaire cumulé considérable. Elles s'appuient souvent sur l'histoire d'entreprises prestigieuses (dans l'automobile : Mercedes, Jaguar, Ferrari, etc.). Ce capital de notoriété n'a aucunement été constitué en un jour. Créer une marque internationale est donc une opération à envisager sur très longue période.

Qu'est-ce qu'une marque internationale ?

Pourtant, il est difficile de définir ce que représente une marque « internationale », compte tenu des acceptions différentes du terme, tant dans la recherche que dans les mots des entreprises. Une analyse des sites Internet permet de voir que les appellations diffèrent selon les entreprises[79] : Valvert est classée comme une marque locale alors qu'elle est présente dans plusieurs pays, Nestlé Aquarel est classée en marque globale alors qu'elle n'est présente qu'en Europe, et Perrier est une marque internationale alors qu'il s'agit d'une marque globale… **On peut considérer qu'une marque internationale se définit par deux critères au moins** :

- le degré de couverture géographique de la commercialisation : la marque locale sur un seul pays, la marque régionale sur une zone, et la marque globale sur la Triade et les marchés émergents phares ;
- le degré de standardisation dans la gestion des composantes de la marque (identité visuelle, valeurs) à travers les pays.

Les marques globales sur ces deux dimensions (couverture géographique maximale et forte standardisation des composantes de la marque) sont par nature des exceptions car, cognitivement, il ne peut y avoir qu'un nombre limité (quelques dizaines, peut-être quelques centaines) de marques qui sont connues des consommateurs dans plusieurs paysdu monde simultanément et qui, en plus, partagent une reconnaissance de leurs codes clés.

En réalité, les marques globales constituent un concept flou et même, probablement, en partie trompeur. Comme nous l'avons souligné, dans chaque pays les consommateurs « rhabillent » la marque de leurs propres images, et les marques globales pourraient bien n'être finalement que des portefeuilles d'actifs marketing locaux fédérés sous un nom unique, lexicalement équivalent[80]. Il n'est même pas certain, compte tenu de fortes différences de prononciation, que ce nom soit équivalent d'un point de vue sonorité (ce qui est entendu) ou sémantique (ce qui est dit et entendu). Or, cela peut se révéler essentiel pour une publicité télévisuelle. Danone, par exemple, est orthographié Dannon aux États-Unis pour préserver la stricte équivalence sonore. Même Coca-Cola ne s'appelle pas de ce nom en Chine, où cela aurait eu une connotation négative. Le Coca sans sucre, produit très peu calorique, s'appelle « Diet Coke » aux États-Unis et dans beaucoup de pays du monde, mais en France ou au Japon, il s'appelle « Coca Light », car le mot « diète » évoque la disette.

Deux conditions supplémentaires à la diffusion géographique de la commercialisation et au degré de standardisation s'imposent pour appartenir au club très étroit des marques globales :

- Avoir construit un capital d'image sur un important nombre d'années et avec une dépense publicitaire considérable, fondée sur des thèmes centraux communs à la fois dans le temps et dans tous les pays. La valeur d'actif des trois plus grandes marques en 2010[81] s'élève à 70,452 milliards (Coca-Cola), à 64,727 milliards (IBM), et 60,895 milliards (Microsoft). L'investissement publicitaire demeure l'élément clé dans le développement de la notoriété des marques, même si certaines se sont développées par l'événementiel, le sponsoring et le commerce de détail (par exemple Body Shop ou Häagen Dazs[82]).
- L'image de marque a été travaillée avec un degré élevé de sophistication en termes de « management du sens » du point de vue du consommateur (qu'est-ce que cela signifie de consommer telle ou telle marque ?). On note ici que beaucoup de ces marques internationales ont une crédibilité de base qui est fondée sur une image nationale : ainsi Zara est une marque espagnole, Chanel n° 5 est fondé sur une image de luxe français, Buitoni est une pâte italienne et Johnnie Walker est un whisky originaire d'Écosse (scotch whisky) ; de même, les marques originaires des économies émergentes pâtissent d'une image qui nécessitera encore plusieurs années d'investissements (en notoriété puis en image)[83].

La gestion du portefeuille de marques au plan mondial

La gestion des marques à l'international est complexe et coûteuse. Les entreprises ayant une stratégie multimarque (en phases 2 et surtout 3) doivent gérer différents types de marques sur les marchés étrangers (beaucoup de locales, quelques régionales, peu de globales). La marque globale, comme la campagne publicitaire globale, nécessite beaucoup de temps créatif et d'investissement. La gestion des portefeuilles de marques doit viser un certain équilibre entre ces différents types car chacun contribue à des objectifs différents. Deux questions centrales se posent lorsque l'entreprise dispose d'un très vaste portefeuille de marques locales, régionales et internationales.

Décider des niveaux de *branding*. Lorsqu'on multiplie les niveaux (produit, catégorie de produit, marque corporate), les coûts, en particulier publicitaires, s'accroissent et il y a risque de dilution d'image sur un ensemble trop large de marques. C'est ce qu'ont fait traditionnellement les entreprises européennes alors que les multinationales américaines ont plutôt mis l'accent sur la marque-produit et évité la marque par catégorie et la marque corporate. Les marques Ariel, Vizir ou Pampers, sont ainsi l'objet focal des investissements publicitaires de Procter & Gamble, alors que la marque P & G n'est pratiquement pas mise en valeur, au moins pour la communication avec les consommateurs.

Les grandes firmes européennes ont réduit récemment leur portefeuille de marques, souvent gonflé par des acquisitions dans de nombreux pays. Nestlé a ainsi renoncé au nom Chambourcy, qui bénéficiait pourtant d'un capital de notoriété important en Europe et en Amérique latine, pour le remplacer par Nestlé lui-même pour la catégorie produits laitiers frais. Le nom Chambourcy ne pouvait être translitéré en chinois de manière satisfaisante et l'augmentation de la demande primaire en Chine est un objectif important de Nestlé. De même, Unilever ne met pas du tout en valeur le nom de ses filiales locales de crèmes glacées (Ola, Langnese, Glaces Motta…) mais appuie et investit sur le nom de produit qui est devenu une référence transnationale (Magnum, Viennetta) que toutes ses filiales locales doivent développer.

Remplacer des marques locales ou régionales par des marques à vocation globale. Chaque option (privilégier les marques locales ou globales) présente des avantages et des inconvénients :

- **Développer des marques globales.** Les avantages sont la recherche d'économies d'échelle, l'exploitation des segments mondiaux, le renforcement du pouvoir de négociation vis-à-vis des fournisseurs, l'augmentation de la valeur financière de la marque ou encore l'intégration de l'organisation élargie par l'internationalisation). Mais les coûts (communication et juridiques en particulier) sont élevés, c'est complexe au plan organisationnel (qui gère quel niveau de marque ?). Les marques globales sont en majorité originaires des multinationales de la Triade dont les marchés sont matures (faible croissance, clients exigeants, concurrence exacerbée, actionnaires très gourmands).
- **Développer des marques locales.** Elles apportent en général (c'est pour cela qu'on les acquiert) la confiance et la proximité, le lien émotionnel durable, une part de marché existante, une relation à la distribution locale et une occupation des linéaires et catalogues. Ce sont des marques de second rôle (en poids) dans la gestion du portefeuille de marques, mais ce ne sont pas des marques secondaires (elles répondent à des objectifs tout aussi stratégiques de perspectives de croissance à long terme). Les marques locales constituent aussi un réservoir de « joyaux » comme l'atteste le choix de la marque locale Bonux (dans la restructuration du portefeuille de marques locales de P & G en France) pour ses niveaux d'image, de confiance et de liens affectifs avec les consommateurs[84].

Remplacer une marque locale par une marque régionale et, *a fortiori*, globale est une opération est à mener avec prudence car cela conduit souvent à remplacer une marque fortement reconnue par les consommateurs locaux, et à laquelle s'identifient les responsables et le personnel de la filiale locale, par une marque imposée par le siège et sur laquelle il faut investir car elle n'a aucune notoriété et encore moins d'image sur place. Ainsi Danone en rachetant un important fabricant argentin de biscuits a hérité de la marque Bagley, très connue dans le sud de l'Amérique latine et historiquement la première marque déposée en Argentine. Plutôt que de lui substituer Lu, une marque à vocation globale, Danone a finalement préféré garder le nom Bagley.

En outre, il faut envisager la complexité du droit des marques, au niveau international. S'il existe quelques conventions internationales, les législations sont encore largement fondées sur des textes nationaux. L'Union de Paris accorde, aux bénéficiaires après un premier dépôt dans un pays de l'Union européenne, un délai de six mois pour l'enregistrer, période durant laquelle ils sont prioritaires. Mais les dépôts se font en général par pays, suivant des règles et des modalités d'enregistrement particulières à chacun. L'Organisation mondiale de la propriété industrielle (OMPI, située à Genève) centralise les formalités d'enregistrement pour les vingt pays signataires de l'Arrangement de Madrid. Cela ne constitue pas un abandon de principe des dépôts nationaux mais une simplification de la procédure entre un nombre limité de pays. Quant à la marque européenne, elle commence juste à se mettre en place. Les coûts et la complexité juridique de la gestion d'une marque globale restent très élevés.

Aspects organisationnels du management des marques internationales

La déclinaison organisationnelle et managériale des décisions de gestion internationale des marques est comme toujours déterminante du succès des actions marketing. Il est bien évident, en particulier dans les opérations qui visent à imposer un degré croissant de globalisation dans la gestion des marques (imposition de marques mondiales et d'outils de communication de plus en plus communs), que cette décision marketing (stratégie) a une composante organisationnelle (structure) et culturelle (d'organisation). **Cela peut être l'occasion de fortes tensions entre formulation et exécution stratégique.**

C'est un problème classique des multinationales qui cherchent à maintenir une pertinence locale élevée des programmes marketing tout en bénéficiant d'économies d'échelle et de partage de bonnes pratiques. Savoir comment faire passer de telles décisions nécessite du temps et une démarche organisationnelle dédiée[85] :

- Le responsable marketing mondial (*Chief Marketing Officer*) doit assumer moins un rôle de développeur (nécessaire en phase 2 dans chaque implantation) qu'un rôle de chef d'orchestre (nécessaire en phase 3 pour amener un groupe diversifié à suivre une partition commune – les aligner – tout en assurant la contribution unique de chacun à l'ensemble).
- C'est un travail d'équipe où la responsabilité et l'apprentissage sont partagés (approche réseau) : des groupes *ad hoc* où le CMO réunit les managers de filiales incitent à partager les bonnes pratiques et à identifier des idées qui pourraient être déclinées dans d'autres pays. L'accent est mis sur la similarité.
- Dans ce travail d'équipe, la définition de ce que représente « la marque globale » doit être précisée. Elle doit être disponible dans le monde avec un cœur d'identité semblable malgré des versions différentes possibles entre pays, ce cœur d'identité représentant les composantes non négociables de la marque qui doivent être standardisées (le nom et le

style, une base de couleur ou des standards de qualité). D'autres attributs pourront être sous la responsabilité des managers locaux en fonction de leur contexte spécifique (prix, sélection de couleurs locales, stratégie de distribution).

- Proposer une discussion entre le central et le local fondée sur une analyse des bénéfices et des coûts de l'adoption d'outils de communication globaux : pour les responsables locaux, quelle est la valeur apportée par un attribut mondial de l'offre (un outil de communication par exemple) à une marque locale ? Quel budget supplémentaire pourra être investi en programmes locaux du fait des économies réalisées sur le programme mondial ?

Ainsi, une initiative de marketing global (sur la marque ou les outils de communication ou de vente) demande du temps pour qu'une stratégie claire et partagée (alignement organisationnel) soit imaginée ainsi que de la flexibilité dans l'exécution. Les outils organisationnels pour bâtir des marques globales sont une culture d'entreprise forte mais ouverte pour soutenir une telle stratégie (et des compétences interculturelles des équipes), des structures formelles favorisant l'alignement progressif (de la vision à l'exécution) et des systèmes de mesure des performances comparant approches locales ou mondiales pour convaincre les managers locaux et les directions générales des bénéfices des marques globales (voir illustration 5.9).

Illustration 5.9

Dirt is Good (DIG), le potentiel global d'OMO

Unilever vend à travers le monde une constellation de marques de lessives connues sous le nom d'OMO, Persil, Skip, Ala et autres[86] Avec le lancement de la marque ombrelle unique et sous proposition globale *Dirt is Good* (DIG), c'est tout un travail d'alignement de la vision de la marque à travers les marchés qui a été mené pour :

- **Permettre aux similarités d'émerger et de se connecter.** Une enquête interne adressée à toutes les parties prenantes de la marque a permis d'identifier les opportunités de développement de DIG par rapport à d'autres marques de classe mondiale et de favoriser une atmosphère de collaboration.
- **Inspirer un positionnement porteur d'une forte vision** (« libérer le potentiel humain », *Unleashing Human Potential*). Cette idée se fonde sur l'observation que, lorsque les enfants grandissent, ils se salissent souvent et certains parents le regrettent. La marque leur dit que la saleté s'en va, mais que l'apprentissage reste. Le développement de l'enfant est le bénéfice ultime promis par DIG.
- **Organiser des événements mondiaux autour du partage de la marque DIG** et de la déclinaison sur le terrain de son positionnement (en Afrique du Sud en 2007, puis en Turquie en 2008), permettant à la fois de fédérer les équipes internes et de créer du bouche à oreille local.
- **Concentrer les moyens sur le développement d'une seule stratégie** tout en reconnaissant les différences de niveaux de développement de la marque à travers les marchés (et donc les ajustements nécessaires pour atteindre les objectifs d'ensemble). Un document stratégique a été élaboré résumant la vision et orientant les priorités pour chaque élément du mix-marketing, aux niveaux local, régional et mondial.

- **Développer les compétences nécessaires à une exécution maîtrisée.** Pour cela s'appuyer sur des outils traduisant la vision de la marque globale en activités marketing concrètes et forte communication externe et interne sur les résultats de la marque (podcasts, vidéos, e-mails).

Au total, la croissance à deux chiffres de DIG et ses gains de parts de marché dans les marchés clés ont positivement contribué à la performance globale d'Unilever et en ont fait l'une de ses mégamarques. Sa communication peut être en partie différente entre les marchés mais, dans ce cas, c'est un choix raisonné motivé par le souhait de refléter les différences de niveau de maturité entre marchés, catégories et marques. L'alignement interne des équipes marketing réparties dans différents pays a également été considérablement amélioré.

Illustration 5.9 (suite)

Résumé

La politique internationale de produit a pour but de définir, déployer et contrôler l'ensemble des actions marketing relatives aux produits proposés aux marchés étrangers. Dans cette démarche, il est fondamental d'observer les évolutions de la consommation d'un double point de vue – macro (l'économie) et micro (le marketing) – pour éviter les illusions d'optique qui conduisent à confondre globalisation et standardisation. La culture moderne de la consommation s'exprime en matière de valeurs en expansion mais aussi d'habitudes culturelles bien ancrées qui restent souvent dominantes. Les théories de l'acculturation permettent de comprendre comment les consommateurs évoluent au contact de produits et de modes de consommation nouveaux. Du point de vue de l'action marketing, une démarche pas à pas d'optimisation des décisions d'adaptation et de standardisation apparaît nécessaire sur les attributs du produit (physiques, de service et symboliques). Cette démarche doit faire l'objet de spécificités fortes pour les produits à destination des marchés du BOP. Enfin, la politique internationale de produits concerne le management international des marques, dont le passage des frontières linguistiques est complexe, en particulier dans le cas des langues idéographiques. Le développement des portefeuilles de marques à l'étranger est aussi un enjeu majeur de compétitivité des entreprises à l'international.

Activités

Questions

1. Analysez dans quelle mesure les industries / marchés suivants sont globaux ou multidomestiques : la bière, les microchips (composants électroniques, microprocesseurs), les plats préparés à base de viande et les services d'audit (comme KPMG). Vous pouvez distinguer différents sous-ensembles de l'industrie ou différents segments de marché à l'intérieur de celle-ci. Vous devez considérer trois aspects de chaque industrie : 1) selon que le produit/service et ses caractéristiques sont plus ou moins standard au plan mondial ; 2) selon que le comportement du consommateur diffère entre marchés nationaux ; 3) selon que les modèles concurrentiels qui prédominent dans cette industrie (taille des acteurs, étendue géographique de la concurrence...) correspondent à une industrie global ou multidomestique.

2. Pourquoi la culture de la modernité n'est-elle pas synonyme de convergence des cultures nationales ?

3. Identifiez une catégorie de produits (le shampoing, la bière, le pain, le café, le thé...) et faites une analyse de l'équivalence conceptuelle et fonctionnelle de ces produits dans différents pays.

4. Comment les consommateurs modernes peuvent-ils résister à la consommation standardisée ?

5. La marque de détergent *Mr. Propre* produite par Procter & Gamble s'appelle *Meister Proper* en Allemagne, *Mr. Clean* aux États-Unis et *Don Limpio* en Espagne. Détaillez et commentez cette stratégie d'internationalisation. Quels sont les avantages et les inconvénients ?

Cas d'entreprise : Speedia – L'alimentation santé pour les musulmans[1]

Ghazal est une femme d'affaires franco-iranienne qui a quitté l'Iran il y a plus de trente ans pour s'établir en France. Elle dirige la société Speedia qui fabrique divers produits agroalimentaires. En particulier, elle produit des boissons rafraîchissantes à base de concentré dont les ventes représentent 40 % de son chiffre d'affaires. Récemment, le marché français des sodas traditionnels s'est ralenti. Sensible aux préoccupations de santé nées du style de vie moderne, Ghazal s'interroge en ce début 2012 sur l'opportunité de lancer une nouvelle boisson rafraîchissante aux bénéfices santé.

En France[2], le chiffre d'affaires des boissons rafraîchissantes atteint 2,5 milliards d'euros. Cependant, la consommation n'est que de 60 litres/habitant/an, déjà bien inférieure à la

1. Ce cas a été rédigé par International Consultant Shahla Ameri de Rinaldi (université de Toulouse, Toulouse Business School) et Nathalie Prime (ESCP Europe).
2. http//panorama-iaa.alimentation.gouv.fr/Production-de-boissons,350 (17 septembre 2008).

moyenne européenne. La croissance est due au développement de produits innovants à visée diététique, et à celui de nouveaux conditionnements plus petits pour encourager la consommation. Les industriels développent de nouveaux produits pour diversifier leur gamme et surtout renouveler l'intérêt des consommateurs. Les moteurs de cette expansion sont : le développement de boissons pauvres en sucre, le recours aux édulcorants, la diversification des emballages et une communication axée sur le lien avec la nature. Les deux catégories investies par le « light » sont les colas et les sodas. En France comme dans les autres pays, la part des boissons avec édulcorants s'est accrue (les colas), et pour les boissons gazeuses aux fruits, la part du light représente un quart des ventes. Pour les boissons non gazeuses aux fruits, la consommation est plus stagnante, le jus de fruits naturellement sucré posant la question de la teneur en sucres avec moins d'acuité. La multiplication des formats et, notamment des petits, a ouvert une consommation plus régulière. Le nombre de références s'est accru pour les boissons énergisantes commercialisées en petits volumes.

Parallèlement à ces évolutions du marché, des tendances sociétales fortes se dessinent au plan alimentaire. L'inflation, le chômage et la récession économique conduisent à une diminution du pouvoir d'achat dans la plupart des pays, ces difficultés touchant de nombreuses fractions de la population, notamment les étudiants. Certains ne peuvent manger qu'une seule fois par jour et ils ont tendance à acheter la nourriture en petites quantités. Par ailleurs, le mode de vie urbain, le travail des femmes et le manque de temps ont conduit à un désintérêt croissant pour la préparation des repas à la maison. La qualité des aliments à laquelle les anciennes générations étaient habituées a également changé. L'alimentation constituée d'ingrédients frais, produits de façon naturelle, n'est plus disponible qu'à un prix élevé, celui des segments « bio ». La fatigue et le stress poussent les jeunes en particulier à fréquenter la restauration rapide dont les prix sont raisonnables mais qui présente des défauts diététiques (sucres, sel, goûts artificiels, présence de conservateurs ou de graisses saturées). Le snacking, la nourriture congelée ou les fast-foods sont en plein essor.

Ces tendances sont observables dans les sociétés industrialisées comme chez les populations urbaines des économies émergentes attirées par la modernité. Elles se combinent, dans le cas des populations musulmanes (dans les pays musulmans et parmi les immigrés d'origine musulmane à l'étranger), avec la prise en compte plus ou moins variable de règles alimentaires venant surtout de la religion définie comme un style de vie : le *halal way of life*. Sont ainsi formulées les prescriptions, les recommandations et les interdictions (*haram*) qui s'imposent aux consommateurs comme allant de soi. La religion peut être définie comme « la croyance en Dieu qui s'accompagne d'un engagement à suivre les principes définis par Dieu[3] », la religiosité se traduisant par « le degré d'observance des valeurs, croyances et pratiques religieuses dans la vie de tous les jours[4] ». À l'étranger, quand ils voyagent dans des pays non musulmans, certains musulmans rejettent la nourriture non halal, tandis que d'autres s'habituent un peu mais sont pétris de questionnements sur ce qu'ils mangent. Manger de la nourriture non halal les conduit à se sentir coupables et à implorer le pardon de Dieu. Les musulmans immigrés ayant fait leur vie dans de nouveaux pays (aux États-Unis ou en Europe) présentent ainsi une variété de comportements alimentaires en fonction de leur

3. McDaniel S. W. et Burnett J. J., « Consumer religiosity and retail store evaluative criteria », *Journal of the Academy of Marketing Science*, 18/2, 1990, p. 101-112.

4. Worthington E. L., « The religious commitment inventory: development, refinement and validation of a brief scale for research and counseling », *Journal of Counselling Psychology*, 50/1, 2003, p. 84-96.

degré de religiosité (plus ou moins fort), de leur âge (première, deuxième, voire, comme en France, troisième génération), ou des occasions d'achat (ramadan par exemple ou occasions régulières).

Forte de son expérience européenne et de ses attaches dans le monde musulman, Ghazal souhaite développer une nouvelle boisson pour cibler simultanément les consommateurs musulmans en France et dans des pays musulmans. Ce produit se positionnerait sur le segment des boissons rafraîchissantes aux bénéfices santé. Ghazal souhaiterait lui donner le goût de la grenade qu'elle adorait dans son enfance et qui est cultivée dans de nombreux pays du Moyen-Orient (Iran, Azerbaïdjan, Afghanistan, Pakistan, Irak), de la Méditerranée ou du sous-continent indien. La grenade est très appréciée et réputée aussi pour ses effets antiviraux et de réduction des risques de cholestérol.

Ghazal pense que les révolutions arabes en Tunisie, en Égypte et en Libye comme les sanctions économiques contre l'Iran et la Syrie sont des indicateurs importants du désir des peuples musulmans de changer. Ces pays connaissent une urbanisation croissante, la jeunesse y est éduquée, les femmes travaillent de plus en plus à l'extérieur du foyer et ces pays sont engagés dans la transition démographique limitant le nombre des naissances. Par-delà ces évolutions caractéristiques d'une modernisation sociale, ces pays sont connus pour leurs valeurs culturelles traditionnelles, comme l'importance accordée à l'unité familiale, à l'hospitalité, à la loyauté envers les amis ou leurs valeurs plus strictement religieuses liées aux cinq piliers de l'Islam (la foi, la prière, le jeûne, la charité et le pèlerinage).

Questions

1. Comment la religion affecte-t-elle le comportement du consommateur dans le domaine alimentaire ? Prenez des exemples tirés des grandes religions mondiales.
2. Les Français d'origine musulmane sont nombreux. Quelles sont les différentes formes d'acculturation possibles de ces consommateurs en matière alimentaire ? Quelles sont les principales influences de ces formes d'acculturation sur la consommation ethnique ?
3. Que recouvre le concept de « santé » pour les consommateurs musulmans ? Quels sont les ingrédients qui devraient être utilisés pour ce nouveau produit ?
4. Quelles seraient vos recommandations en matière d'attributs symboliques du produit : son nom et le packaging de la bouteille ? Quels seraient les attributs du produit qui pourraient être standardisés entre la France et les pays musulmans ? Quels attributs du produit devraient être adaptés en France et dans les pays musulmans ?
5. Que pensez-vous du nom de marque Speedia pour développer cette nouvelle boisson ?

Chapitre 6

Décisions de prix à l'international

Objectifs

1. Distinguer les principales problématiques locales et de coordination mondiale dans la fixation des prix à l'international.
2. Repérer la diversité des facteurs de détermination du prix sur les marchés locaux.
3. Présenter les principales stratégies internationales de prix en fonction des objectifs possibles, des contextes économiques et des contraintes réglementaires particulières.
4. Insister sur les aspects organisationnels et éthiques associés aux problématiques de coordination internationale des prix.

Introduction

Dans un monde où les marchés fonctionneraient de façon parfaite, où il n'existerait ni droits de douane, ni coûts de transport, ni obstacles non tarifaires aux échanges internationaux, les prix de biens similaires convergeraient au plan international. Cette prédiction, appelée par les économistes « loi du prix unique », est rarement vérifiée en pratique. Il existe encore de nombreuses variantes locales liées aux préférences des consommateurs, aux structures de marché, ou à la réglementation des prix et la fiscalité de la consommation qui entraînent des différences substantielles de prix entre marchés nationaux pour des biens similaires. Celles-ci sont d'autant plus frappantes que les taux de change tendent à s'éloigner de leur parité à long terme, c'est-à-dire de leur rôle d'équivalence de pouvoir d'achat d'un pays à l'autre. Ainsi, lorsque l'euro est fort contre le dollar, le tourisme aux États-Unis apparaît comme peu cher aux Européens, cela plutôt à cause du change que de la structure des prix relatifs dans l'économie américaine.

L'entreprise internationale n'est pas tentée *a priori* par l'harmonisation internationale de ses prix de vente. Assez logiquement, elle préfère maximiser ses recettes en faisant une politique de prix adaptée à chaque marché national ; cela, sous condition qu'ils soient complètement isolés les uns des autres. Mais ce n'est pas le cas : l'intégration régionale, la contiguïté géographique, la capacité d'arbitrage des distributeurs et des consommateurs, la baisse des coûts de transport font que les aires nationales de marchés communiquent de plus en plus, et qu'il devient donc difficile d'y maintenir durablement des écarts de prix qui vont attirer l'attention des acheteurs.

Par ailleurs, dans une économie mondialisée, personne ne semble plus avoir de contrôle des mécanismes de prix[1]. La Bourse, soumise aux anticipations et surréactions, s'est éloignée de la valeur des entreprises cotées (au plus fort de la crise économique et financière de 2007-2008, PSA était valorisée à peine le montant de ses stocks automobiles !) et la sphère financière renvoie une image de plus en plus déformée de l'économie réelle, faisant « mentir les prix ». La consommation n'y échappe pas, les tarifs d'un même produit ou service varient en fonction de l'heure et du lieu d'achat, faisant croire au consommateur qu'il est l'artisan de ce qu'il va payer et qu'en y consacrant du temps, on peut toujours trouver moins cher (l'impulsion ou la dernière minute se paient très cher). Entre promotions généralisées, prix *low cost*, *yield management*, soldes, déstockage, e-commerce ou modèle du « gratuit », le prix comme indicateur de la confiance se trouve largement déboussolé.

Pourtant, le prix est la seule variable du mix-marketing qui impacte directement les profits de l'entreprise, et son rôle est encore plus critique en contexte international pour nombre de raisons[2] :

- La maturité croissante des marchés de la Triade (comme l'hyperconcurrence sur les marchés émergents) fait de la compétitivité des prix l'une des principales armes concurrentielles utilisables.
- Les technologies de la communication imposent des approches de tarification dynamiques pour répondre à la transparence accrue des prix.
- Les cycles de vie réduits des produits impliquent l'établissement de modèles de prix plus sophistiqués pour assurer un retour sur investissement plus rapide.
- La libéralisation des échanges internationaux et l'intégration économique croissantes rendent les approches traditionnelles du prix obsolètes.

En pratique, les décisions à prendre et les problèmes à résoudre en matière de prix à l'international diffèrent en fonction des choix de stratégie *cross-border* de l'entreprise pour servir les marchés étrangers et de son stade d'internationalisation. Si elle choisit l'exportation, ses prix sur le marché local sont exposés au risque de change et au risque commercial[a], à l'escalade du « prix de revient export » due aux barrières tarifaires et non tarifaires entre pays d'origine et pays cible, et à des décisions de fixation des prix pour la pénétration initiale où le produit est inconnu et le marché dominé par une myriade de facteurs imposant l'adaptation. Si l'entreprise a déjà atteint une phase d'internationalisation multipays, elle continuera d'exporter dans certains marchés (prix d'implantation initiale et de développement local), mais à partir d'une organisation plus complexe constituée également de filiales et d'autres points d'implantation à l'étranger (réseaux de franchisés ou de licenciés par exemple). La firme déjà bien internationalisée (en phase 2) et *a fortiori* globale (en phase 3) aura donc, en sus des problèmes de prix afférant à l'export, à prendre des décisions liées aux prix de transfert (fixés aux filiales pour les produits, fournitures et autres achats à la maison mère) et à la coordination des prix optimale entre marchés géographiques. Les facettes organisationnelles et managériales du management du prix à l'international iront d'un poids croissant avec le développement international de l'entreprise[b].

---

a Voir chapitre 2 (p. 67-69 et 73-77).

b. Voir chapitre 3 (p. 110).

1. Facteurs de détermination du prix sur les marchés locaux

Cinq catégories de variables ont une influence majeure sur la détermination du prix :

- **les facteurs internes de l'offre :** divers coûts associés à la mise sur le marché, de la production à l'intermédiation locale et aux autres coûts marketing ;
- **la demande :** structure et la forme des préférences, la contrainte budgétaire ;
- **la concurrence :** structures de marchés, formes de la compétitivité ;
- **la réglementation :** existe partout sur les prix des produits, quand elle ne les fixe pas par des mécanismes de prix administrés ;
- enfin, lorsqu'il s'agit de fixer le prix d'une transaction particulière, **la relation interpersonnelle et la négociation commerciale**, autrement dit le marchandage s'il s'agit du prix (au moins au sein d'une certaine fourchette déterminée par les conditions de marché et la pression exercée par la réglementation).

1.1 La prise en compte des coûts

Une méthode classique est celle des « prix de revient export ». Il s'agit de calculer un coût complet, incluant le coût de revient départ usine, les frais de transport, d'assurance et de dédouanement, aussi bien que les frais locaux de distribution (marge des intermédiaires et des canaux de distribution qui varient beaucoup d'un pays à l'autre) et de marketing, ainsi qu'une marge de profit espérée. Rien n'indique cependant que la demande finale locale absorbera avec enthousiasme le produit étranger ainsi « chargé ». La barque risque d'être un peu lourde, et cette méthode est tout sauf une bonne façon de déterminer un prix de vente optimal sur un marché donné. L'escalade des prix (*price escalation*), si elle s'explique parfois par des taux de marge excessifs, trouve sa cause dans le renchérissement de nombreuses matières premières (qu'il faut importer pour produire) et dans tous les coûts ajoutés entre marché d'origine de la production et marchés cibles.

Ainsi, suivant les cas, elle peut conduire aussi bien à un niveau très supérieur aux prix locaux, ou bien, plus rarement, lorsque l'entreprise exportatrice a un prix départ usine extrêmement compétitif (*made in China* par exemple), à un prix final inférieur à ce qu'il pourrait être. Il ne s'agit donc au plus que d'un point de repère, utile pour faire des comparaisons avec les prix locaux, et pour corriger, le cas échéant, si les offres concurrentes observées sont légèrement différentes (par les spécifications techniques, le service, etc.). Le repérage de compétitivité peut être affiné par des analyses de sensibilité si certaines composantes du coût complet diminuent avec le volume.

En tout cas, **il ne peut jamais s'agir que d'une première approche** car la théorie économique enseigne que le coût marginal (correspondant approximativement aux coûts directs en comptabilité analytique) doit servir pour déterminer les prix et non pas le coût moyen unitaire (coût complet en comptabilité analytique). La tarification sur la base du coût marginal est beaucoup plus fréquente dans les politiques internationales de prix car elle permet plus de souplesse dans l'adaptation au niveau de prix particulier à chaque marché national.

Les contributions à l'amortissement des coûts fixes de l'entreprise seront ainsi différentes suivant le niveau de prix de chaque marché.

Par-delà la meilleure approche de prise en compte des coûts dans la fixation du prix export, la recherche de la réduction des coûts de production (du COGS, *Cost of Goods Supplied*) par les faibles coûts de main-d'œuvre associés à une forte productivité et sans réduction des contours du produit (c'est-à-dire sans simplification comme dans le modèle *low cost*), est dans nombre de secteurs aujourd'hui la voie d'une réponse au défi de la rentabilité (voir illustration 6.1).

Illustration 6.1

Le modèle *offshore*, entre optimisation des coûts de production et valeur ajoutée croissante

L'organisation *offshore* et ses variantes (comme le modèle des sociétés de services *Anyshore* de Bearing Point ou *Rightshore* de Cap Gemini) se sont développées ces dix dernières années comme une réponse d'externalisation sélective (l'activité reste dans le giron de l'entreprise) adaptée aux besoins des multinationales. L'objectif premier est une réduction des coûts pour baisser les prix grâce aux faibles coûts salariaux des pays *offshore* pour les activités répétitives et très encadrées par des processus standardisés, et ne conserver à la maison que les activités à forte valeur ajoutée. De nombreux pays offrent aujourd'hui infrastructures et compétences locales à moindres coûts. A.T. Kearney dans son classement des meilleurs centres *offshore* en 2009[3] propose trois critères : financier (poids de 40 %) tel que les coûts de l'infrastructure, les tarifs, les taxes, le taux de change ; compétences (poids de 30 %) comme la disponibilité des ressources, le niveau de connaissances, la productivité, les langues parlées et l'environnement économique et politique ; et soutien du gouvernement (poids de 30 %). Sur les 59 pays étudiés proposant des centres de compétences de gestion d'activités délocalisées, les 10 meilleurs centres *offshore* se situent par ordre décroissant en Inde (qui occupe systématiquement la première place chaque année dans le classement), en Chine, en Malaisie, en Thaïlande, en Indonésie, en Égypte, aux Philippines, au Chili, en Jordanie et au Vietnam. L'essor des télécommunications et la diminution constante de leurs coûts soutiennent ce phénomène dans le domaine des services notamment. Aujourd'hui, la valeur intrinsèque des centres *offshore* a augmenté en raison de ressources humaines de plus en plus qualifiées, encadrées par des managers locaux bénéficiant d'une forte expérience dans la gestion de contrats délocalisés. Ces centres multiplient les certifications (CMMI, ITIL, ISO), assurent une formation continue et créent des pools de professionnels aux niveaux d'expertise très prisés (experts Java, Cisco, Master Black Belt…). En augmentant ainsi la qualité et la productivité, les centres *offshore*, par-delà la réduction des coûts de production répercutée sur les prix, diminuent un certain nombre de risques et limitent certains coûts cachés (moindre gestion des risques, réduction du travail en doublons, moins de besoins de management local par la maison mère).

Si les entreprises des économies émergentes disposent sur leurs marchés d'origine d'avantages de localisation (faibles coûts de production favorisant l'établissement de prix export parfois radicalement bas), leur enjeu, face aux marchés internationaux, est désormais de

pouvoir capturer une part croissante de la chaîne de valeur transnationale sans perdre leurs compétences en matière de production à bas coûts. Il leur faut ainsi déterminer les compétences à acquérir, dont certaines prendront du temps, comme le développement de la valeur de marque ou des réseaux de distribution[4].

1.2 Les facteurs liés à la demande locale

Le volume de la demande est un facteur important car il se traduit, toutes choses égales par ailleurs, par une tendance à des prix plus bas sur les marchés à fort volume (c'est-à-dire lorsque la fréquence de consommation est élevée et que la part dans le budget d'un acheteur local moyen est significative). Ainsi les vinaigres, moutardes et condiments, sont très consommés en France et les prix sont en conséquence assez bas par rapport à d'autres pays d'Europe. La demande peut être également plus ou moins élastique au prix en fonction du pouvoir d'achat local : McDonald's adapte sensiblement ses prix en fonction des pays d'Europe[5]. Cela n'est possible que parce que le produit-service ne voyage pas et que ces différences de prix ne créent pas les problèmes de coordination internationale des prix locaux que nous examinons dans la quatrième partie de ce chapitre.

La sensibilité des consommateurs au prix varie suivant les marchés nationaux, pas uniquement en termes classiques d'élasticité-prix mais aussi d'utilisation du prix comme variable d'inférence de la qualité, en particulier quand d'autres signaux sont absents. L'utilisation du prix comme signal de la qualité est un phénomène assez universel[6], même s'il s'agit partiellement d'une illusion, car les liens entre qualité objective et prix sont plutôt faibles quel que soit le pays considéré[7]. Pour les produits d'expérience, la qualité se révèle vraiment à l'usage, c'est-à-dire dans la phase postérieure à l'achat plutôt que par des informations le précédant. Pourtant, le fait que les consommateurs soient rationnels et tentent d'évaluer aussi objectivement que possible le rapport qualité/prix paraît également une idée assez universelle.

Les perceptions des prix incluent des aspects :

- **Monétaires.** Impression simplifiée en comparaison d'un prix de référence : « c'est cher » ou « ce n'est pas si cher, après tout ».
- **Non monétaires.** Autres sacrifices acceptés par le consommateur, comme le temps consacré à la recherche du produit, à l'achat, à la préparation, ou le risque psychologique de se tromper.

Ces perceptions du prix sont variables selon les cultures car les consommateurs procèdent à leurs évaluations en fonction de leur environnement culturel quotidien chargé de représentations locales : un sacrifice « coûteux » dans un pays peut représenter un certain « plaisir » dans d'autres. Unilever, dans son étude des consommateurs brésiliens à faibles revenus dans le nord-est du pays, a ainsi découvert que l'activité de lavage du linge, pratiquée à la main et en communauté dans les rivières ou points d'eau disponibles, représentait à la fois une corvée et une activité sociale appréciée car permettant d'échanger et de passer aussi un bon moment avec la communauté[8]. De même, par rapport aux consommateurs américains, les consommateurs chinois accordent plus d'importance au sacrifice monétaire que non monétaire[9]. La norme sociale chinoise de la frugalité et de la sophistication associée à l'argent est en cause, alors qu'aux États-Unis la norme du temps économique (le temps, c'est de l'argent) prévaut dans l'achat de petits produits d'épicerie « prêts à l'emploi ». Les produits « gains de temps » qui se développent aujourd'hui dans toutes les zones urbaines industrialisées des économies émergentes, quand ils remettent en cause les rôles sociaux traditionnels, doivent prendre soin de déculpabiliser les consommateurs (ainsi les machines à laver le linge en Inde dont la publicité Whirlpool insiste sur le fait que le linge sera lavé « comme à la main » et que c'est toujours une tâche contrôlée par les femmes et enseignée aux filles).

La perception du rapport qualité/prix varie en fonction des cultures. Une récente méta-analyse sur la relation entre prix et qualité perçue suggère des différences internationales intéressantes[10]. En dépit d'une relation faible partout, l'Europe montre une relation positive plus forte entre prix et qualité perçue par rapport à l'Amérique du Nord, ce qui est aussi le cas pour l'Inde ou la Chine. On peut décliner l'idée de la recherche du meilleur rapport qualité/prix sous des formes diverses. Par exemple en y ajoutant des seuils de qualité (minimale) ou de prix (maximal), en dessous ou au-dessus desquels les consommateurs ne prendront pas en compte les produits dans leur processus de comparaison et de classement (voir illustration 6.2).

Illustration 6.2

Les perceptions culturelles du rapport qualité/prix

Ainsi, on est frappé dans les magasins d'Europe du Nord de la relative cherté des produits, mais également de l'impression de solidité et de robustesse de construction et de durabilité qu'ils dégagent. Une explication avancée est qu'il s'agit de pays luthériens, où l'on se sent obligé de garder une certaine austérité par rapport aux possessions matérielles. Elles doivent être chères car il faudrait en limiter la consommation. Par contre les gens veulent du durable, ce qui fait partie d'une mentalité économe, non frivole et soucieuse de ne pas afficher d'apparences tapageuses. De ce fait, pour de l'ameublement par exemple, ils vont plutôt rechercher le durable dans le meilleur rapport qualité/prix, mais avec un seuil de qualité minimale assez élevé, qui va donc éliminer à la base toutes les fabrications d'un niveau de qualité jugé insuffisant (même si par ailleurs leur prix est suffisamment bas, pour que leur rapport qualité/prix soit finalement excellent). Le positionnement qualité/prix d'Ikea correspond à cette orientation culturelle. Dans le sud de l'Europe, où le pouvoir d'achat est inférieur et où on vit davantage à l'extérieur pour des raisons climatiques, la vie sociale matérielle est moins austère. L'attraction de la mode, avec toute sa saisonnalité, et du goût pour l'apparence est importante. De plus, la tradition catholique du rapport à l'argent est très ambiguë et n'affecte pas le rapport qualité/prix. En effet, l'Église catholique ne s'est jamais préoccupée, explicitement ou implicitement, du prix ou de la qualité des possessions matérielles. Si elle ne valorise pas l'argent, elle ne dévalorise pas la dépense (c'est-à-dire les plaisirs de l'argent). C'est l'exact opposé du paradoxe protestant qui considère la dépense comme le catalyseur d'une basse moralité mais favorise l'accumulation de la richesse.

Enfin, les facteurs de demande à prendre en compte dans la détermination du prix de vente local ne doivent pas négliger **les effets d'affichage du prix** qui peuvent être soumis à des perceptions culturelles liées aux superstitions. Ainsi, dans le monde chinois, les superstitions attachées à certains chiffres correspondent à leur usage ou non de ces chiffres dans les prix affichés dans la publicité[11]. Le 8 (*ba* en chinois), associé à la prospérité et à la chance (car il a la même prononciation que *fa* qui signifie « s'enrichir »), est surreprésenté dans les finales de prix. Au contraire, le 4, qui se prononce exactement de la même façon que « mourir » (hormis le ton utilisé), est sous-représenté.

1.3 La scène concurrentielle locale

La concurrence dépend des situations de marchés, c'est-à-dire de chaque scène concurrentielle nationale. Le degré de concurrence par les prix et les possibilités d'entrée d'*outsiders* étrangers peuvent être limités par l'existence d'un faible nombre d'offreurs (cas des oligopoles) assez largement cartellisés, au moins lorsqu'il s'agit de se protéger des intrus. La concurrence elle-même ne se maintient pas nécessairement : sa dynamique peut conduire à la concentration de l'offre parmi un nombre limité d'entreprises. Les États-Unis ont été assez réalistes pour introduire une législation antitrust assez tôt ainsi que des institutions pour les mettre en œuvre (la FTC, *Federal Trade Commission)*, ce que l'Union européenne a fait avec les articles 85 et 86 du traité de Rome qui sont destinés à empêcher les ententes et les abus de position dominante.

La concurrence idéale n'est pourtant pas toujours la concurrence réelle. Si la théorie économique classique favorise l'hypothèse que le prix dans l'échange reflète un équilibre objectif entre les parties (la main invisible du marché s'appuyant sur la tendance de la nature humaine à la concurrence), il ne faut pas négliger qu'il peut aussi incarner, au moins dans certains cas, un instrument de relation sociale entre les parties (la préférence allant donc vers des accords de répartition de territoires, même s'ils peuvent être limités dans le temps). Sur le marché mondial des produits d'entretien ménager, cinq firmes seulement se font une concurrence sévère : Procter & Gamble, Colgate-Palmolive, Unilever, Henkel et Kao Corporation au Japon. Ils sont pied à pied pour les parts de marché sur certains segments, marques et marchés nationaux, tandis que pour d'autres marques ou zones, des armistices sont tacitement « signés ». Le degré et les formes de la concurrence doivent donc être appréciés pays par pays et en fonction du secteur d'activité considéré. Le slogan « il faut être compétitif » doit être nuancé car, à des degrés divers, concurrence et ententes se produiront toujours.

La concurrence domestique peut être une source de force comme l'a montré l'exemple des sociétés japonaises dans de nombreux secteurs, comme celui des deux roues, avec un historique de concurrence acharnée entre Honda et Yamaha[12]. Néanmoins, la tendance naturelle des entreprises n'est pas forcément d'apprécier la concurrence par les prix, et il peut exister de véritables alliances entre firmes nationales pour empêcher l'entrée de concurrents étrangers. La forte concurrence entre groupes nationaux n'exclut pas les formes de domination par ententes, ainsi les *zaibatsu* japonais (comme Mitsui and Company, Mitsubishi Group ou Sumitomo Group) qui existent depuis des siècles. Typiquement, une famille élargie contrôle des groupes d'entreprises sur un modèle conglomérat diversifié (activités immobilières, bancaires, de production automobile, de *trading*, de construction navale…). Si les Américains ont imposé la dissolution des *zaibatsu* en 1945, ceux-ci ont simplement évolué en *keiretsu*…

La concurrence est finalement imposée par l'ouverture des frontières, par les législations sur la concurrence et, de façon ultime, par le dynamisme concurrentiel des entreprises elles-mêmes. Von Stackelberg (1940) a combiné les situations d'offre et de demande pour construire une typologie des formes de marché[13] (voir tableau 6.1).

Tableau 6.1 : Situations de marché

Offreurs/Demandeurs	Un	Quelques-uns	Nombreux
Un	Monopole bilatéral	Monopsone contrarié	Monopsone
Quelques-uns	Monopole contrarié	Oligopole bilatéral	Oligopsone
Nombreux	Monopole	Oligopole	Concurrence parfaite

Chaque scène concurrentielle locale a encore quelques monopoles (ils deviennent de plus en plus rares au fur et à mesure de l'intégration et de la libéralisation des marchés mondiaux), quelques industries où l'on se rapproche de la concurrence pure et parfaite et un très grand nombre de situations oligopolistiques (biens de consommation courante, bien de consommation durable), ainsi que d'oligopsones et d'oligopoles bilatéraux (pour des biens d'équipement industriels spécifiques par exemple). Il existe une grande diversité du degré d'approbation sociale, dont bénéficient certains monopoles, et de consensus implicite sur le fait qu'un monopole puisse être souhaitable pour la collectivité malgré les limitations qu'il impose à la concurrence. On observe ainsi souvent des débats entre Européens et Américains sur ce thème, ces derniers considérant que tout doit être ouvert au jeu concurrentiel alors que les Européens estiment (de plus en plus contre leurs gouvernements, dit-on, contraints à négocier l'ouverture des marchés nationaux) que le monopole de service public assure des missions d'intérêt collectif qu'un équivalent privé n'assurerait pas.

1.4 Le contexte économique et réglementaire

D'une façon générale, les politiques internationales de prix sont affectées par **la variation des taux de change** entre contexte de départ (celui où le bien est produit) et contexte d'arrivée (celui où il est consommé). Par exemple début 2000, avec un euro faible et une livre forte, les usines allemandes de BMW tournent à fond pendant que Rover doit être revendue pour 10 livres symboliques parce qu'elle n'est pas compétitive. C'est pourquoi les grandes entreprises internationales sont relativement soucieuses de stabilité monétaire : des décisions d'investissement majeures peuvent être rendues caduques par des évolutions erratiques des taux de change. Nissan, dont l'usine de Sunderland en Écosse est l'une des plus productives du monde (120 véhicules par employé et par an), est obligé, à cause de la surévaluation de la livre sterling de transférer une partie de sa production européenne vers son usine de Catalogne ou vers celles de son partenaire, Renault.

Dans la plupart des pays de la Triade, l'inflation est relativement sous contrôle, mais dans les économies en transition et en voie de développement, **il existe généralement des contextes fortement inflationnistes.** L'accélération de la hausse des prix résulte du dynamisme de l'activité dans ces pays, de l'envolée des prix alimentaires et des matières premières (+ 25 % en 2010) et de l'afflux des capitaux étrangers. Les taux annuels d'inflation sont parfois à deux chiffres, ce qui peut signifier plusieurs pour cent par mois[14]. En novembre 2010, l'inflation a franchi le seuil des 5 % en Chine, des 7 % en Russie et en Turquie, et approche des 10 % en

Inde. Cela constitue une contrainte décisive pour une politique de prix, car ils ne peuvent être ajustés au même rythme que l'inflation. L'inflation et l'instabilité du cours de change conduisent nombre de pays à des mesures administratives sévères (inconvertibilité de la monnaie, contrôle des changes, taxation des prix, arrêt du crédit, etc.), dont l'influence est étudiée en détail dans la troisième partie de ce chapitre. Pour l'entreprise, cela signifie que l'offre commerciale, son prix, n'est plus valable au-delà de périodes très courtes (dans les cas extrêmes, à la semaine ou au jour le jour).

Enfin, dans la plupart des pays, les gouvernements interviennent dans **la réglementation des prix** au-delà des politiques de contrôle de l'inflation. Pour réguler les prix, ils peuvent établir les marges, définir des prix plancher et plafond, restreindre les évolutions des prix, ou offrir des subventions aux prix (comme le soutien des prix agricoles en Europe et aux États-Unis). Une façon de contourner les limitations imposées sur l'évolution des prix est d'introduire régulièrement de nouveaux produits ou de faire évoluer les conditions de paiement et d'autres conditions de vente comme les discounts ou les crédits. On peut aussi utiliser à profit les différences de législation entre pays dans une stratégie de pénétration géographique séquentielle. Ainsi, en Europe, l'industrie pharmaceutique est très régulée, mais elle l'est moins au niveau des prix au Royaume-Uni et en Allemagne, contrairement à la France et à l'Italie. Le Royaume-Uni est donc souvent considéré comme le premier pays à pénétrer du fait de cet avantage de flexibilité sur les prix[15].

1.5 Aspects pratiques : tarification et négociation de prix

Pratiquement, l'entreprise annonce la plupart du temps un prix « tarif », qui correspond à une liste officielle de prix pour un ensemble de références, souvent assez vaste. La réalisation de tarifs par pays se fait souvent sur la base de cours de change standard pour toute une année car il est impossible d'ajuster le tarif en fonction des évolutions du change à court terme. Ces prix sont plus ou moins considérés comme une simple base pour une négociation finale. Suivant les pays, et surtout suivant que les pratiques de marchandage y sont encore plus ou moins répandues, il peut paraître légitime ou illégitime de « discuter le bout de gras » (voir approfondissement 6.1). Ici, le prix est plus « relationnel » qu'« économique », même si un faible pouvoir d'achat accroît l'importance du marchandage. Le lien entre marchandage et affichage des prix est par ailleurs toujours fort : là où la loi fait obligation au vendeur d'afficher ses prix, les pratiques de marchandage vont rapidement se réduire et les acheteurs perdent leurs habitudes de relations personnalisées.

Il faudra de toute façon prévoir du « grain à moudre » pour une négociation finale du prix, sous une forme ou sous une autre. Le prix international est un thème qui ne se prête pas à des généralisations faciles et son établissement doit d'abord prendre en considération la nature unique de l'entreprise cliente ou de l'acheteur individuel avec lequel se fait la négociation finale. Ainsi, le cas de Regal Ware au Moyen-Orient, producteur d'appareils et d'ustensiles ménagers, qui utilise une liste de prix plus élevés dans ces marchés de manière à se laisser une marge de manœuvre[16]. Le marchandage s'insère évidemment au sein de conditions économiques de marchés – il existe par exemple un prix de base pour la centrale nucléaire de 1 300 mégawatts –, et il faudra que le vendeur sache sensibiliser un acheteur très concerné par la négociation de prix sur ce qui est possible et ce qui ne l'est pas.

Approfondissement 6.1

Les pratiques de marchandage sur les prix

L'importance du marchandage est souvent sous-estimée car, dans les pays industrialisés, les consommateurs sont habitués depuis l'avènement de la distribution moderne (fin du XIXe siècle) à des prix affichés. Le marchandage est interdit en principe dans beaucoup de pays, même s'il a lieu y compris dans les pays industrialisés dès que les prix atteignent des niveaux élevés (pour l'achat d'une voiture ou d'un terrain, la construction d'une maison, la fourniture des équipements industriels[17]…). Il se produit aussi dans le cas des marchés informels (marchés aux puces, vide-greniers), où la valeur est souvent insignifiante pour le vendeur et l'acheteur, et se trouve motivée par le sentiment de pouvoir, pécuniaire et psychologique, que chacun peut exercer sur les prix grâce à ses connaissances des produits et ses talents de négociateur[18]. Le marchandage est fondé sur un ensemble de conditions et usages, en particulier le fait que le vendeur n'annonce pas ses prix d'office (l'étiquetage des prix n'est pas obligatoire ou l'obligation n'est pas respectée). Il est alors nécessaire de procéder à une véritable exploration, sur fond de tissu relationnel supposé, l'amitié et la fraternité accompagnant le discours du vendeur – et de l'acheteur –, au moins en tant qu'encouragement de façade à la bonne volonté réciproque. Même lorsque les prix sont clairement affichés par un vendeur provenant d'un contexte à faible marchandage, l'acheteur fortement habitué à marchander s'attendra plutôt à ce qu'ils aient été surévalués et verra sa performance de négociation surtout en terme de rabais obtenu (ce qui compte est moins le prix final que l'ampleur de l'écart entre prix annoncé et prix obtenu). Le vendeur provenant d'un contexte à fort marchandage et le plus souvent d'un pays à monnaie faible pourra utiliser diverses tactiques pour réduire la perception du prix par l'acheteur étranger. Par exemple, si on négocie en roupies indiennes ou en euros, l'effet psychologique n'est pas du tout le même car on peut avoir l'impression de faire une affaire en euros (et c'est peut-être vrai, par rapport au prix que l'on obtiendrait chez soi pour la même chose) alors que le prix proposé est en réalité bien trop élevé en monnaie locale (il faudrait donc toujours négocier en monnaie locale). Enfin, le marchandage est toujours consommateur de temps économique, ce qui induit les Occidentaux (au-delà du trouble cognitif et du sentiment de suspicion résultant de l'absence d'affichage) à souvent refuser de s'y engager contrairement à des cultures au temps plus abondant. Avoir le temps est toujours une force en négociation, faire connaître ses limites temporelles une faiblesse absolue.

2. Stratégies internationales de prix

La distinction entre les utilisations tactique et stratégique du prix est plutôt artificielle. L'intégration de tactiques de prix sur des marchés nationaux se fait au sein d'une stratégie mondiale de domination par les coûts, de différenciation ou des deux (*Blue Ocean*)[c]. Pour la firme globale, la recherche d'économies d'échelle et d'effets d'expérience est, dans tous les cas, une préoccupation stratégique centrale qui souvent passera par la conquête de volume,

c. Voir chapitre 3 (p. 93).

le prix étant toujours maintenu au niveau minimal compatible avec l'image du produit et les objectifs de marge.

2.1 Les objectifs marketing de la manipulation des prix

Le prix est une variable très importante de l'action marketing, aussi bien dans la relation avec les consommateurs qu'avec les concurrents : c'est une variable directe d'exécution des stratégies, beaucoup plus directe dans ses effets que la politique de communication par exemple. Les prix peuvent ainsi être manipulés et distordus entre marchés nationaux, dans la mesure où les consommateurs ne peuvent pas aisément effectuer d'arbitrage (coûts de transformation, complexité des opérations de commerce international pour les particuliers, douane, réglementation et normes techniques). Dans ce cas, les distributeurs sont souvent tentés de le faire pour eux, ils peuvent amortir les coûts de transaction et gagner rapidement l'expérience de ces transactions d'arbitrage. Par exemple, certains intermédiaires se spécialisent dans la réimportation sur leur marché national de véhicules dont le prix est nettement inférieur sur des marchés proches.

L'entreprise possède une marge de manœuvre sur les prix. Pour appliquer certaines politiques marketing et interagir efficacement avec leur marché, les vendeurs peuvent faire varier les prix pour essayer d'obtenir différents résultats. **Trois grandes catégories d'objectifs de prix sont possibles** :

- Certains, traditionnels, visent le profit (objectif de profit *corporate et* pour certains segments).
- Certains visent plutôt à accroître la puissance par les ventes (accroître le volume unitaire, réaliser un chiffre d'affaires, développer les *cash-flow*).
- Certains visent l'interaction avec d'autres acteurs du marché (développer de nouveaux marchés, maintenir la fidélité des clients, atteindre une plus grande stabilité de la position de marché, maintenir une certaine parité de prix avec les concurrents, éliminer la concurrence, promouvoir l'image de l'entreprise, de ses marques, de ses produits).

La stratégie de prix bas (ou stratégie de pénétration) s'oppose à la stratégie de prix élevés (ou stratégie d'écrémage). Celle-ci est possible quand les clients sont peu nombreux et peu sensibles au prix ou quand l'offre est restreinte, typiquement pour le TOP des marchés émergents. La stratégie de pénétration est nécessaire pour les segments sensibles au prix, lesquels justifient alors de gros volumes de production et de vente. C'est le cas pour les marchés du BOP où cela peut aussi stimuler la croissance du marché, en tant que tactique concurrentielle, et capturer de la part de marché avant l'arrivée inéluctable d'une concurrence élargie. D'ailleurs, le développement d'une stratégie de différenciation de type *low cost* permettant des prix bas (mise sur le marché d'un produit simplifié, recentré sur l'essentiel de la valeur d'usage, le juste utile, voire le seul indispensable, généralement sans services ou presque) n'est pas l'apanage des pays à faibles revenus moyens (voir illustration 6.3).

Illustration 6.3

Le *low cost* – Prix les plus bas ou garantie de dépenser le moins possible ?

Pour que le consommateur arbitre en faveur du *low*, il faut qu'existe un *high*, voire un *middle*. Le *low cost* a été créé dans un environnement de crise et d'économie mondialisée[19]. Les économies de la Triade ont trouvé l'opportunité de faire fabriquer à moindres coûts pour séduire des consommateurs avisés qui, malgré leurs difficultés de baisse de pouvoir d'achat, sont à même de jouer sur cette variable d'ajustement. Le juste milieu, en Chine comme en Inde, n'existe pas encore vraiment, et la voiture Nano de Tata qui affichait l'objectif d'un million de ventes en novembre 2010 est un échec cuisant car les commandes spectaculaires (200 000 en quelques semaines en mars 2009) n'ont pas été honorées (500 auraient été vendues en novembre 2010). Les Indiens se sont tournés vers les concurrents asiatiques, coréens notamment, qui produisent plus cher mais sensiblement plus fiable et avec une meilleure image de marque. En fait, s'il n'existe pas de traduction satisfaisante du terme anglo-saxon *low cost*, c'est d'abord que le « coût bas » renvoie inévitablement au « coup bas », au sens peu incitatif surtout dans un contexte où la relation entre l'offre et la demande est tendue[20]. Aussi, pourquoi parle-t-on de *low cost* et pas seulement de *low price* comme le fait Wal-Mart depuis des décennies avec sa signature célèbre *Every Day Low Price* ? Le *low cost* est un concept moderne, différent du bas prix. Il ne s'agit plus de démontrer que l'on pratique le prix le plus faible possible, mais d'assurer au client qu'il dépensera le moins possible, ce qui est très différent. Plus que le prix de vente, c'est le prix d'achat qui compte, on passe de la logique de l'offreur à la logique du consommateur. On rassure donc le client quant aux conséquences pour lui (et son budget) de son achat. Le *low cost* est donc une promesse très contemporaine auprès de consommateurs susceptibles de faire des arbitrages (consommer ou pas, acheter dans tel canal de distribution ou tel autre). Finalement, on observe dans les marchés matures une tendance à la bipolarisation de l'offre, avec une concentration sur les deux extrêmes des prix : élevés ou « premium » *versus* prix bas, premiers prix ou *low cost*. Entre les deux, le milieu de gamme se restreint car les produits ne sont plus facilement identifiables par le consommateur qui ne fonde plus tant son achat sur le rapport qualité/prix que sur l'estimation, consciente ou non, d'un rapport valeur/coût.

Mais les stratégies de prix les plus volontaristes à l'international portent sur le développement de la demande primaire dans des pays où le produit est encore peu utilisé. Une stratégie de pénétration peut se faire sur des prix bas, néanmoins, il faudra être attentif à continuer de diffuser une certaine image de l'entreprise et de ses produits et à maintenir la fidélité du consommateur, ce qui peut à terme être incompatible avec le maintien de prix bas. La lessive Ala d'Unilever à destination des consommateurs du BOP du Nord-Est brésilien, grâce à une politique de prix bas (résultant d'une chasse aux coûts et d'innovations marketing) mais associée à une forte valeur perçue par les consommateurs, a permis une création nette de volume de 41 % dans les six mois ayant suivi le lancement[21].

2.2 Marché national, marché export et dumping

Lorsqu'on a différents marchés nationaux et que l'on dispose d'une faculté de discriminer entre eux par les prix sans qu'il y ait arbitrage par les acheteurs, la question se pose de la place de l'export et du marché national sur la courbe de coût. La théorie microéconomique de base nous enseigne que l'entreprise pour maximiser ses profits doit vendre dès qu'un acheteur est prêt à payer un prix égal ou supérieur au coût marginal. En pratique, on a tendance à se référer au « prix de revient » (coût complet) et à ne l'abandonner que difficilement en faveur du coût direct. Le coût direct peut devenir (à la limite) une version opérationnelle du coût marginal, qui correspond aux frais directement engagés dans la production, les coûts variables. Plus précisément, pour que l'on puisse parler de coût marginal, il s'agit des frais engagés pour l'accroissement de production de la dernière unité, autrement dit du coût direct d'une unité supplémentaire produite.

Lorsqu'on lance un nouveau modèle d'avion (ou de voiture), dont les frais fixes de développement initial ont été de 5 milliards de dollars, la question se pose de savoir à qui l'offreur va essayer de faire « payer » l'amortissement de ces coûts fixes. Cette question opérationnelle n'en fait pas moins appel à des considérations en partie subjectives. Faut-il faire payer sa fidélité au marché national (ou plus généralement à des marchés « captifs ») ou au contraire le faire bénéficier de coûts moindres précisément pour le récompenser de sa fidélité et la prolonger ? Le graphe ci-après montre le doute où sont respectivement le marché national et l'export dans la courbe de coût. Comme les ventes se font en même temps, ce n'est qu'une conception subjective (mais une représentation stable) qui conduit à considérer la partie décroissante de la courbe de coût comme correspondant aux volumes vendus à l'export. C'est cette conception qui débouche directement sur l'idée (et la pratique) de dumping (voir figure 6.1).

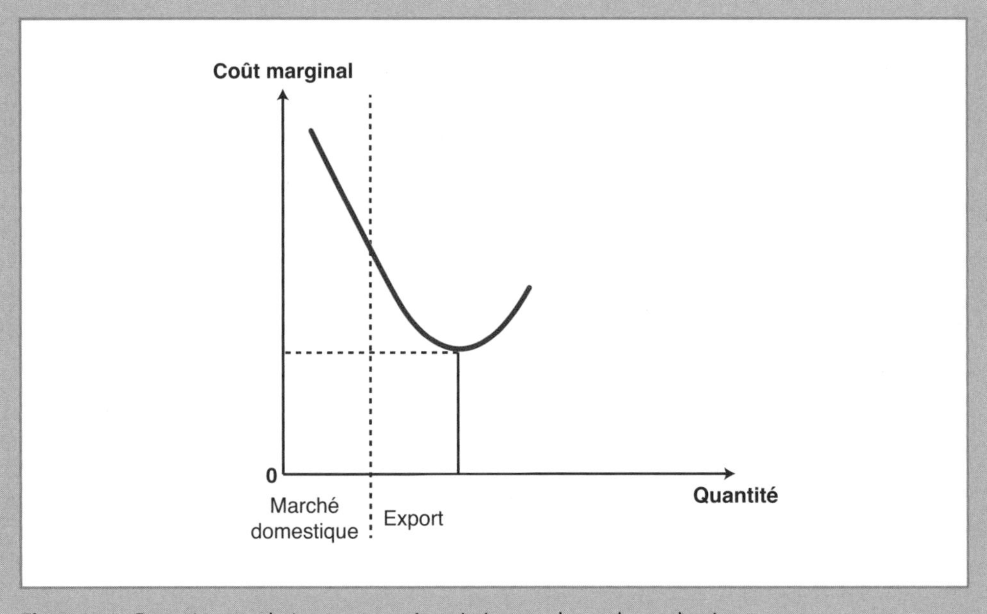

Figure 6.1– Dumping et relations entre coût unitaire et volume de production.

Le *dumping* se fonde sur l'idée que le marché national (ou plus généralement les marchés « captifs ») est là pour contribuer prioritairement à l'amortissement des frais fixes. Il va donc être « placé » dans la partie de la courbe des coûts (en fonction des quantités produites, Q, en abscisse). En plaçant le marché national dans cette zone, on dégage la portion suivante, où le coût marginal est fortement décroissant. On peut vendre alors sur les marchés étrangers (« non protégés ») à des tarifs sensiblement inférieurs. Certaines industries à capacité de production fixe à court terme (sidérurgie, chimie lourde) s'engagent très facilement dans des politiques de tarification au coût marginal à l'exportation et donc dans des pratiques de dumping. Le résultat n'est pas toujours brillant : si chacun pratique le dumping depuis son marché domestique, cela aboutit à de graves dépressions des prix et à une forte cyclicité de l'industrie, les prix étant rééquilibrés de manière brutale par des fermetures d'usines existantes ou au contraire par la création de capacités nouvelles en cas de sérieuse pénurie.

Derrière le dumping, il y a une idée (et une pratique) de marchés internationaux « poubelles ». Sauf si le but – et là encore, la conception et les intentions sous-jacentes sont essentielles – est de jouer le rôle de prédateur et de s'emparer provisoirement des marchés par l'intermédiaire du dumping pour y remonter ensuite les prix. Le dumping est condamné par l'article VI de l'Accord général sur les tarifs douaniers et le commerce (GATT), s'il crée un préjudice à la production d'une partie contractante. Il permet aussi à certains États de prélever des droits antidumping sur les produits importés à des prix de dumping. Ce dont les États-Unis ne se privent pas, par exemple sur les produits sidérurgiques en provenance des pays européens. Enfin, il ne faut pas oublier, dans une lecture institutionnelle du dumping, que les entreprises étrangères sont le plus souvent discriminées par les règles du jeu formelles dans de nombreux pays (voir approfondissement 6.2).

Approfondissement 6.2

La discrimination des entreprises étrangères dans les enquêtes antidumping

Les cas de litige portés au tribunal le sont par des firmes nationales avec l'appui de leur gouvernement. Les autorités gouvernementales envoient de longs questionnaires aux sociétés étrangères mises en accusation, exigeant, dans le cas des États-Unis, des informations complètes, détaillées et confidentielles sur leurs structures de coûts, en anglais, s'appuyant sur les principes comptables des US GAAP (*Generally Accepted Accounting Principles*), le tout sous quarante-cinq jours. La plupart de ces entreprises n'ont pas le temps de fournir de telles informations parce qu'elles ne sont pas familières des normes comptables américaines. Quatre issues sont alors observées. Si aucune information n'est fournie, ce sont les plaignants qui fourniront les preuves et gagneront le procès. Si l'entreprise apporte les informations, la firme locale peut toujours arguer du fait que ces coûts ne sont pas réels et que les étrangers ont donc menti (« il est impossible que leurs coûts soient si bas »). Troisièmement, même si ces informations sur les coûts très bas sont vérifiées, les lois antidumping américaines et européennes permettent au plaignant d'opposer le fait que ces coûts ne sont pas justes (*unfair*) en raison des interventions des gouvernements (comme en Chine) sur l'économie qui est une « non-économie de marché ». Il convient

Approfondissement 6.2 (suite)

alors de calculer une augmentation de ces coûts en prenant pour base de référence une économie de marché (l'Espagne peut être choisie dans un cas de plainte contre une entreprise chinoise). Cette économie aura vraisemblablement une structure de coûts proche de celle du pays du plaignant, et l'entreprise sera condamnée (ici pour avoir vendu en dessous des coûts espagnols aux États-Unis). Alors, entre 110 et 123 % de droits d'importation seront appliqués aux entreprises du secteur et du pays incriminé dans le cas. La quatrième possibilité est que l'entreprise accusée gagne son procès, mais c'est rarissime en pratique[22].

2.3 Gagner des parts de marché en s'implantant par les prix

Sacrifier les prix à court terme peut apparaître comme une tactique séduisante pour gagner de nouveaux clients, en fidéliser d'autres et, finalement, accroître rapidement sa part de marché. Cela peut même aboutir à piéger le client, si l'on remonte les prix ensuite, et que les concurrents dont la part de marché s'est réduite sont satisfaits de ne plus connaître la guerre des prix. Les sociétés japonaises dans les années 1990 sont passées maîtres dans l'art de rentrer sur un marché national en cassant les prix initialement pour gagner rapidement des parts de marché. Elles ont ainsi conquis une place importante dans de nombreux pays d'Afrique en offrant des voitures moins chères que les marques européennes, aussi fiables et dotées de l'air conditionné, que les Japonais maîtrisent mieux que les Européens. Comme le but n'est pas d'étouffer la concurrence, les Japonais ont laissé une place aux marques européennes après s'être taillé la part du lion. Elles l'ont fait en remontant leur prix avec un triple avantage : calmer des concurrents aux abois, accroître leurs marges et, enfin, éviter que des prix trop bas viennent durablement influencer négativement l'évaluation de leurs produits. Les firmes chinoises ont partout des stratégies d'implantation par les prix, en BtoC comme en BtoB, particulièrement en Afrique (voir illustration 6.4).

Illustration 6.4

Les politiques de prix des entreprises chinoises en Afrique

L'Afrique est considérée comme le dernier Far West de la planète dans la course des entreprises chinoises à l'international pour regagner le rang légitime dû à la Chine et dépasser le plus vite possible les États-Unis. La pratique des prix bas pour entrer sur un marché se justifie dans une conception de la présence comme un « investissement » à long terme. La pénétration n'a donc pas comme objectif de prix l'obtention d'un profit à court terme, comme dans une approche de *skimming*[23]. Dans le domaine du pétrole, mais aussi dans des secteurs plus fondamentaux (infrastructures, télécoms, textile, tourisme, industrie alimentaire…) et dans des activités BtoC (l'automobile aux marques Geely, Chery ou Zhonghua, comme la pacotille), les entreprises chinoises emploient une version de la stratégie de prix fondée sur une combinaison imbattable d'avantages concurrentiels optimisés : les économies d'échelle et la courbe d'expérience, la main-d'œuvre chinoise importée à très bas prix, la réduction des « faux frais » (parcimonie généralisée y compris aux cadres dirigeants), l'importation de machines chinoises moins chères – jusqu'à quatre fois – et mieux adaptées technologiquement aux standards africains souvent anciens, le rachat de dettes, l'octroi de nouveaux financements et de facilités de paiement.

Illustration 6.4 (suite)

Dans les secteurs très gourmands en capitaux du BTP et des biens d'équipement, c'est cet accès quasi illimité à un financement facile qui permet aux entreprises chinoises de pratiquer des prix 20 à 50 % inférieurs à leurs concurrentes[24]. Ces *packages* ont un prix relativement faible, censé conduire à un volume important et à une future baisse des coûts. Il est ainsi devenu évident que les marchés individuels ne sont pas vus comme des « centres de profit » mais plutôt comme les pièces d'un grand puzzle global. Cette stratégie de prix, malgré le faible rendement à court terme, génère des fonds suffisants sur le marché domestique et dans quelques pays où les parts de marché sont fortes. Elle peut donc être soutenue sur une période relativement longue.

2.4 Autres objectifs des politiques internationales de prix

L'éducation du consommateur peut passer par une forte accessibilité du produit, liée à un prix faible. L'accroissement de la demande primaire ne doit pas cependant être attendu exclusivement d'une politique de prix attractive. Par exemple, des compagnies d'assurances qui veulent accroître le nombre de polices d'assurance vie vendues dans un pays où ce produit est virtuellement inconnu doivent vaincre certaines réticences de base par la communication, mais aussi par un réseau d'agents. Les prix attractifs ne viendront qu'accompagnés d'un effort d'information des consommateurs, afin de les transformer en cotisants réguliers.

L'objectif de **faire respecter le positionnement d'un produit en termes de prix**, à travers un ensemble de pays, est une question qui peut être difficile à résoudre. En effet, dans certains pays les distributeurs peuvent être contraints de pratiquer le prix que leur indique le producteur, alors que la législation d'autres pays considère ces pratiques comme contraires au bon fonctionnement de la concurrence. C'est ce que l'on désigne par les *resale price maintenance laws*. Elles correspondent au fait d'interdire des pratiques de prix imposés par le producteur au distributeur (qui pourtant peuvent se justifier sur un plan strict de politique de marketing, en particulier pour maintenir une image forte). Dans nombre de pays, cela est contourné par la pratique des « prix conseillés », qui permettent d'exercer un contrôle sur le distributeur. Celui-ci peut par exemple être tenté de revendre le produit à un prix d'appel (qui constitue en fait une promotion pour l'ensemble de son magasin), qui peut se retourner contre la stratégie marketing du fabricant.

Enfin, parmi les autres objectifs de prix, **les techniques de vente par compensation**[d] **et en *leasing*** permettent de contourner les prix élevés et les forts besoins en capitaux nécessaires à l'achat des équipements lourds. Les exportateurs industriels en *leasing*, sur des périodes de cinq ans en général, proposent un paiement mensuel ou annuel, qui comprend le service, la réparation et la maintenance des équipements. Les avantages sont nombreux pour l'acheteur comme pour le fournisseur : ouverture de marchés inaccessibles sans disponibilité de cash, diminution du risque perçu par l'acheteur dans le cas de matériel nouveau, voire encore expérimental, garantie d'une meilleure maintenance de l'équipement à l'étranger, revenus plus stables dans le temps comparé à ce qu'ils seraient dans un système de vente directe. Les contraintes d'application du *leasing* sont liées aux contextes inflationnistes fréquents dans

d. Voir chapitre 2 (p. 76).

les pays intéressés et qui peuvent conduire à de lourdes pertes. Les risques de change et les risques politiques sont également plus importants que dans le contrat de vente classique.

3. La prise en compte des contextes économiques et réglementaires locaux

Outre la prise en compte des caractéristiques locales de structure de préférences (par exemple la répartition moyenne des dépenses des ménages par grandes catégories d'achats) et de pouvoir d'achat (contrainte budgétaire des acheteurs, notamment pour les segments du BOP), l'entreprise qui fixe son prix devra également tenir compte de trois effets qui influent sur sa politique de prix : l'inflation, lorsqu'elle est forte, la réglementation des prix, lorsqu'elle impose le prix au lieu de le laisser libre, et le taux de change de la monnaie locale, lorsqu'il fluctue rapidement.

3.1 Contextes d'hyperinflation et de contrôle des prix

Le pays à forte inflation typique est en voie de développement avec un régime assez autoritaire et centralisé, et doté d'une réglementation économique et financière contraignante et bureaucratique. Il s'agit d'abord d'un arsenal de contrôle des prix sur beaucoup de produits, ensuite d'un système de contrôle des changes, et enfin d'un contrôle strict sur les importations, accompagné de droits de douane élevés. Des pays comme l'Argentine, la Bolivie, le Brésil, Israël ont connu des contextes d'hyperinflation par le passé. En 2007, le Zimbabwe a été le pays le plus inflationniste depuis longtemps avec un taux de plus de 7 500 % d'inflation sur le seul mois de juillet. Depuis la fin 2010, les économies émergentes d'Asie ont enregistré une accélération de l'inflation, dans un contexte de hausse des prix alimentaires et énergétiques mais aussi de dynamisme de la demande intérieure. Dans la zone euro, l'inflation a atteint 2,4 % en taux annuel en février 2011, et elle est à nouveau source d'inquiétude, mais c'est une inflation importée (hausse des prix du pétrole et des produits alimentaires) qui ne réside pas dans la surchauffe de l'économie[25]. Deux types de mesures peuvent être adoptés par les États :

- **Macroéconomiques.** Elles incluent le resserrement monétaire (hausse des taux d'intérêt) et l'appréciation du taux de change de la devise.
- **Microéconomiques.** Elles dépendent du poids des produits alimentaires et énergétiques dans le panier de consommation des ménages (préférences et pouvoir d'achat) et portent sur les marchés et les mécanismes de formation de prix (la fiscalité et les subventions spécifiques jouant un rôle dans la transmission de l'inflation)[26].

L'inflation très élevée aboutit à une faiblesse systématique de la monnaie locale contre les grandes devises convertibles, à cause de la dégradation constante de son pouvoir d'achat nominal. Du fait de la faiblesse des réserves de change, la monnaie locale est souvent inconvertible (sauf aux importateurs déclarés et aux voyageurs) et son cours de change est maintenu à une parité souvent artificielle. Cela conduit à l'existence d'un marché de change parallèle, illégal mais globalement toléré, qui remplace le système bancaire défaillant auprès d'acheteurs de devises très demandeurs (pour régler leurs transactions à l'étranger ou localement compte tenu de la facturation en monnaie étrangère couramment pratiquée par la plupart des opérateurs malgré la loi). Par comparaison avec le change officiel, le change parallèle offre des taux favorables aux vendeurs de devises étrangères les plus puissants qui peuvent les acheter au taux officiel (favorable car surévaluant la monnaie locale) et les revendre beaucoup plus cher. Ils encaissent une prime de change égale à la différence entre taux de change parallèle et officiel, qui représente le surcoût supporté par l'acheteur de devises (et le bénéfice reçu par le vendeur) non satisfait par le système bancaire. Cette prime diminue quand les réserves de change augmentent.

Le contrôle des prix (imposition d'un prix maximal) est l'un des moyens les plus couramment utilisés pour lutter contre l'inflation et qui exprime le pouvoir des autorités de régulation sur les entreprises. Même si les augmentations de prix sont vitales pour les compagnies locales à cause du climat de forte inflation, les autorités publiques ont tendance à essayer de les retarder au maximum dans l'espoir de réduire l'inflation. **Cela signifie que les prix ne peuvent être changés aussi fréquemment que nécessaire**, et l'érosion des ventes est difficile à éviter. On assiste ainsi à des augmentations de prix « en marches d'escalier », l'industrie vendant le moins possible tant que ses prix n'ont pas été réajustés, alors que les consommateurs ont tendance à repousser leurs achats après les ajustements de prix. Au lieu d'être guidées par la demande de fond, les ventes se forment en fonction des ajustements de prix et de leur annonce.

Les entreprises dépendent beaucoup plus de la négociation avec les autorités publiques pour définir leur stratégie de prix que des consommateurs et de la concurrence. Elles vont alors surestimer l'écart creusé par l'inflation et essayer d'obtenir un peu de marge pour que le nouveau prix négocié résiste un peu. À l'occasion, l'obtention d'une augmentation du prix par l'administration est la clé qui permettra de la justifier comme directement liée à l'augmentation des coûts, et qui entraînera un peu d'accompagnement sous forme de dessous-de-table aux fonctionnaires chargés des contrôles de prix, illégal mais parfois nécessaire. Malgré tout, en contexte très inflationniste, il est peu probable que la seule augmentation des coûts puisse justifier l'augmentation des prix. Quant aux consommateurs, ils ont tendance à repousser leurs achats juste après les augmentations des prix, et à acheter en plus grandes quantités juste avant une hausse pressentie.

3.2 Contrôle des changes et fausses facturations

Au-delà de la législation des prix, qui peuvent être plus ou moins contrôlés (au détail, au stade de gros, bloqués…), un autre type de législation a encore plus d'influence sur les prix internationaux : la législation des changes. De façon un peu caricaturale, mais pas complètement fausse, on peut dire que les systèmes de contrôle des changes sont souvent mis en œuvre par des pays à situation économique et politique instable, qui disposent de faibles réserves de change, ont une monnaie inconvertible, qui ne suscite ni la confiance locale, ni celle des investisseurs internationaux. Le but du contrôle des changes est à la fois d'empêcher les sorties de devises autant que faire se peut mais aussi de vérifier que les exportateurs rapatrient bien le produit de leurs exportations. Si le cours de change est maintenu à un niveau irréaliste (surévalué par rapport aux grandes devises convertibles), les exportateurs sont pour le moins peu motivés à faire revenir dans leur propre pays des sommes qu'ils souhaitent garder à l'étranger. Ils seront donc tentés de ne pas rapatrier ce qui, en outre, leur ferait subir la pénalisation due au cours trop élevé de la monnaie locale. Dans ces conditions se constitue très rapidement un double marché des changes, cela d'autant plus que les milieux d'affaires locaux ont besoin de devises pour leurs voyages à l'étranger ou l'achat d'équipement, et que le contrôle des changes les soumet à une forte pression bureaucratique (dépôt préalable à l'importation, justification du besoin, etc.) pour l'obtention de ces sommes.

Dans le double marché des changes, le marché parallèle (interdit mais plus ou moins toléré) a un cours relativement réaliste, cependant que les taux officiels surestiment généralement la valeur de la monnaie locale. Dans ces situations, le système de contrôle des changes sert en partie à enrichir les puissants car ils peuvent, par influence et parfois corruption, obtenir les autorisations nécessaires pour acheter au cours de change officiel et favorable. En revanche, le cours officiel restreint la capacité des exportateurs locaux à obtenir le prix réel de leurs transactions avec l'étranger car ils sont obligés de changer leurs recettes d'exportation à un cours défavorable contre monnaie locale. **Une série de motivations va alors conduire à manipuler les prix, par le biais de sous- ou surfacturation**. Lorsqu'un pays présente un degré de risque politique élevé, ce qui est le cas de nombreux pays en voie de développement économique, les entrepreneurs locaux souhaitent placer une partie de leur fortune à l'étranger, car ils ont une confiance limitée dans la sécurité de leurs biens et avoirs personnels dans leur pays d'origine. Un entrepreneur local peut souhaiter sortir de l'argent, par le biais d'une sous-facturation, simplement parce qu'il a besoin d'avoir de l'argent pour acheter un produit interdit (ou très difficile à obtenir) à l'importation, qui lui est pourtant nécessaire pour fabriquer un produit qu'il exporte (voir approfondissement 6.3).

Approfondissement 6.3

Fausses facturations en commerce international

Les opérations de fausses facturations dans le commerce international varient en fonction de différents niveaux de convertibilité de la monnaie nationale[27]. La totale convertibilité d'une monnaie traduit la possibilité de l'utiliser librement dans toute opération commerciale et financière internationale, quels que soient l'objet, le lieu et le montant des transactions concernées. C'est la non-convertibilité des devises, limitée ou totale (davantage que les restrictions quantitatives dont découlera plutôt la contrebande), qui est à l'origine des fausses facturations. Et si ce phénomène est répandu, c'est qu'une trentaine de pays tout au plus peuvent entrer dans la catégorie des pays à monnaie totalement convertible. Ainsi « des marchés noirs des devises existent dans les pays à monnaie non convertible. Les cours parallèles peuvent être très éloignés des cours officiels. L'exportateur, obligé de céder les devises au cours officiel de change, perd en fait l'essentiel de la valeur réelle de la transaction. Il a alors intérêt à effectuer une sous-facturation, moyennant laquelle son client étranger (en qui il a toute confiance ou, alternativement, sur lequel il doit disposer de moyens de pression le cas échéant) lui versera une partie du prix réel sur un compte dans un pays à monnaie convertible et à faible risque politique »[28]. De façon relativement symétrique, on assiste à des phénomènes de surfacturation à l'importation. Lorsque l'importateur local obtient une licence d'importation de la part des autorités de son pays, il a intérêt à faire en sorte que son fournisseur étranger surfacture, puis qu'il lui reverse une fraction de ce montant sur un compte en monnaie convertible à l'étranger et/ou pour maximiser son gain dans son pays même.

Approfondissement 6.3 (suite)

Ainsi : « Une licence autorisera celui-ci (l'importateur) à passer commande à un fournisseur étranger de marchandises pour un certain montant en devises étrangères que les autorités s'engagent à payer pour son compte. En retour, cet importateur devra rembourser le montant en monnaie locale, au cours officiel, et payer également des droits de douane à l'entrée des marchandises. Obtenir une telle licence est une aubaine car cela permet de se procurer des produits étrangers à un bien meilleur prix qu'au marché libre du fait de l'écart entre les cours officiels et parallèles de la monnaie locale... Elles [les licences d'importation] peuvent parfois être transférables, c'est-à-dire que le titulaire pourra la céder à un autre commerçant. Les licences font alors l'objet d'un véritable commerce et parfois même d'enchères. À tel point que, l'ayant constaté, certains gouvernements organisent eux-mêmes ces enchères[29]... »

3.3 Taux de change et compétitivité internationale

La crise de la dette dans la zone euro au printemps 2010 a paradoxalement eu une conséquence positive car, en dépréciant la monnaie unique, elle a apporté une bouffée d'air à la croissance européenne. **La fluctuation des taux de change impacte quotidiennement les prix et les ventes dans les marchés étrangers et peut réduire la performance des filiales locales.** Une menace majeure est celle d'une dévaluation comme celle décidée par le gouvernement argentin en 2002. Dans des cas moins extrêmes, les fluctuations des taux de change ont des effets asymétriques :

- Conformément à la théorie économique, une dépréciation monétaire conduit souvent à la capacité à baisser ses prix à l'étranger et à une compétitivité accrue de l'exportateur. Le cas de la sous-évaluation du yuan (estimée de 20 à 30 % par rapport à une parité d'équilibre), à laquelle s'ajoutent (il est vrai) un bas niveau de salaires (même si ce paramètre est susceptible d'évoluer) et l'agressivité commerciale, constitue une formidable machine de guerre à l'export.
- L'appréciation d'une devise ne conduit pas nécessairement à des prix plus élevés et à une diminution de la compétitivité puisque l'entreprise (multinationale) peut modifier ses circuits d'approvisionnement (pour limiter les dégâts de l'appréciation monétaire) et investir dans la production à l'étranger. La décision peut aussi être prise de déplacer les zones principales de marchés où le rapport de change est plus favorable avec la monnaie du pays d'origine. Pour autant, les prix ne peuvent être modifiés du jour au lendemain comme les taux de change. Ils sont négociés longtemps à l'avance et doivent être maintenus pendant des périodes contractuelles fixes. Démarrer une activité dans un pays étranger est également coûteux. Les entreprises qui réalisent des transactions dont le prix est libellé en devise étrangère utilisent donc des couvertures contre le risque de change[e].

Dix ans après sa naissance, **l'euro occupe une place importante parmi les monnaies mondiales**[30]. Il n'a pas rattrapé le dollar, ni comme monnaie de financement (31 % de la dette internationale était libellée en euros en 2009, contre 46 % en dollars), ni comme monnaie de facturation dans le commerce international, mais il constitue la deuxième monnaie de

e. Voir chapitre 2 (p. 73-77).

réserve quand même, et ce malgré un potentiel limité par la faible croissance de la zone (1,9 % en moyenne sur la zone en 2010). Par exemple, la France facture en euros tout juste la moitié de ses exportations hors zone euro. C'est surtout dans l'environnement proche de la zone que l'euro joue un rôle central. Parmi les monnaies convertibles utilisables dans les échanges internationaux, les principales sont l'euro (zone euro de l'Europe), le dollar (États-Unis), le yen (Japon), le yuan (Chine) au vu de l'importance de ces pays. Sur le marché des changes (FOREX), il est possible de les acquérir. Seule la monnaie chinoise est déterminée à un prix fixé par l'État chinois. Pour une monnaie convertible partout dans le monde, le dollar ou l'euro sont des monnaies de référence. L'euro subit comme les autres monnaies les effets de l'instabilité très forte sur le FOREX, que l'évolution du système monétaire international vers un polycentrisme monétaire ne devrait pas arranger. La crise de l'euro menaçant l'Europe monétaire de sa dissolution fin 2011 marque une étape importante de la construction européenne aux issues incertaines.

Pour le consommateur européen, le passage à l'euro a été un bouleversement tout aussi important que pour les entreprises de la zone. Retrouver des prix psychologiques en euros a été un vrai problème de marketing pour les firmes qui vendent des produits de consommation courante en Europe. Il est évident que le prix d'un jean à 199 francs n'a plus aucune signification à 30,61538 euros. Le passage à une monnaie à forte valeur faciale a écrasé les écarts de prix, beaucoup moins sensibles quand ils se traduisent par quelques dizaines de cents d'euro, et non par quelques francs. La proximité de la valeur faciale de l'euro avec le dollar a laissé penser que les prix psychologiques devaient se terminer en neuf (1,19 par exemple ou 1,99 euro). Un autre aspect de taille a concerné la gestion des arrondis dans la tarification : « En décidant d'arrondir le prix de produits de très faible valeur, comme des flûtes à champagne en plastique ou des cahiers d'écolier, en suivant la règle édictée par Bruxelles (arrondir au moins à la troisième décimale, en arrondissant à l'unité inférieure quand cette décimale est en deçà de 5, à l'unité supérieure à partir de 5), on peut diviser ou multiplier par deux son chiffre d'affaires. Comme dans l'histoire du fabricant de rondelles à deux centimes pièce qui voit le prix de chaque rondelle tomber à zéro une fois converti en euros et son chiffre d'affaires passer également à zéro. Ou alors il relève le prix de la rondelle à un cent d'euro et triple d'un coup sa recette annuelle[31]. »

Les entreprises se sont ajustées à ce nouvel environnement monétaire européen en faisant **évoluer leur stratégie de prix dans le sens d'une meilleure coordination paneuropéenne.** Dans la zone euro, les stratégies de tarification ont des conséquences différentes selon que l'entreprise aura opté pour une production standardisée ou bien diversifiée dans les différents marchés cibles. Dans le premier cas, elle sera tentée par la concentration de sa production là où les coûts sont les moins chers pour répercuter les économies d'échelle sur ses prix. Ainsi une stratégie de standardisation entraîne une harmonisation des prix à travers l'Europe. Si, au contraire, l'entreprise choisit de diversifier ses produits en les adaptant aux spécificités de chaque marché, elle tend à en multiplier le nombre et à les vendre à des prix différenciés. C'est la stratégie de Nestlé par exemple, quand il multiplie les marques de Nescafé pour mieux les adapter aux goûts qui s'expriment sur le marché européen, ou d'Unilever dans le marché du thé.

3.4 Tarification pour les marchés du BOP

Le BOP peut se définir sur la base des revenus, de la taille de la population et des dépenses selon l'index de pouvoir d'achat (*Buying Power Index*, BPI) qui montre que le segment des populations à faibles revenus représente globalement plus de 50 % du pouvoir d'achat des économies émergentes[f]. Du fait de revenus bas et irréguliers, souvent gagnés au jour le jour, et de la difficulté à épargner qui en résulte (même si l'épargne est étonnamment présente malgré tout pour les jours difficiles liés à la maladie ou la « retraite »), le prix représente un critère de décision d'achat prépondérant. Pourtant, si les consommateurs du BOP ne peuvent envisager qu'une fraction limitée de produits ou de services qui leur sont accessibles (*affordable*), dans ces limites, ils montrent une préférence affirmée pour payer plus cher des produits qui apportent une valeur réelle à leurs besoins (par exemple une nourriture saine, des téléphones portables qui améliorent leurs conditions de vie et leurs opportunités de travail, des services d'éducation pour les enfants…). Cette préférence est notamment liée au fait que le risque perçu de l'erreur d'achat (un produit non satisfaisant à faible performance) a un coût beaucoup plus fort pour le BOP que pour des consommateurs aisés. Ainsi, la notion de « valeur » est plus saillante. Elle peut aussi être très différente de ce que l'on observe chez les consommateurs plus aisés valorisant l'épargne de temps ou d'efforts[32]. Cela signifie que si l'offre doit être tarifée à un prix abordable, **le positionnement le plus efficace doit plutôt se centrer sur la *value for money*.**

Sur la base de ce principe, qui suppose une connaissance approfondie de la psychologie des consommateurs du BOP et de leurs attentes concernant les attributs de l'offre apportant de la valeur, la contrainte de prix abordable peut être satisfaite de plusieurs manières. D'abord, il est nécessaire d'établir le prix dans le contexte du pouvoir d'achat de ces consommateurs et pas en fonction de standards internationaux. Les taux de change en parité de pouvoir d'achat (PPA) estiment la valeur d'une monnaie en fonction d'un panier de produits que celle-ci permet d'acheter (comparée avec le coût d'un panier similaire dans un pays et une monnaie de référence). Si on estime qu'en Chine il existe trois millions de consommateurs dans la tranche de revenus entre 10 000 et 40 000 dollars US, cette proportion grimpe à 80 millions en PPA. Pour autant, l'existence de ces 80 millions de consommateurs potentiels (demande et pouvoir d'achat) ne devient réelle que si le prix est également établi en fonction de ce pouvoir d'achat local. **Il convient donc de partir de la PPA** (*Reverse Purchasing Power Parity*) pour fixer les prix locaux à destination du BOP[33]. La brasserie South African Breweries (SAB) est l'une des rares qui réalisent des profits en Chine. Son approche est très différente de celle de la cinquantaine d'autres brasseries étrangères dans le pays. Elle brasse et vend des marques locales de bière, destinées au marché de masse, tout en évitant le segment premium hyperconcurrentiel. Le prix de ses marques est 70 % moins cher que celui des autres marques étrangères (Budweiser ou Carlsberg), mais sa stratégie de conquête de parts de marché par les prix (5 % de part de marché acquis) lui confère le troisième rang en Chine et la place de marque dominante dans chaque province chinoise.

L'équation prix/performance doit donc être calculée en fonction d'un modèle économique où le profit n'est pas tiré de taux de marges élevés mais de volumes importants. Les prix seront tirés vers le bas, sans nuire à la valeur, à chaque poste de coût (décisions de produit, de packaging, de distribution et de communication). En Inde, Cadbury vend

f. Voir chapitre 3 (p. 121-124).

à l'unité pour 0,01 dollar ses barres chocolatées qui obéissent à un achat d'impulsion. Si 10 % de la population achetaient une barre par semaine, les ventes annuelles excéderaient 60 millions de dollars. La marque de savon Lifebuoy d'Unilever, si populaire en Afrique et en Asie, est proposée à un prix très bas avec une composition à base d'ingrédients locaux : elle est la marque de savon la plus vendue au monde. Au Brésil, Unilever a particulièrement bien réussi le lancement de la lessive Ala, à destination du marché BOP du Nord-Est sur la base d'une équation prix/performance exceptionnelle en comparaison avec la concurrence (voir illustration 6.5).

Illustration 6.5

Value for Money et équation prix/performance dans les marchés du BOP

Le Brésil, avec ses 180 millions d'habitants vivant essentiellement sur la côte, est un territoire quasiment aussi grand que celui des États-Unis mais une croissance économique importante. Ce pays reste parmi les plus inégalitaires au monde, et le segment des consommateurs à faibles revenus (*Bottom of Pyramid consumers*) représente pour des marques très établies comme Unilever un potentiel de croissance qui ne peut plus être négligé[34]. La lessive Ala a été lancée sur la base d'une compréhension approfondie des besoins de ces consommateurs concernant les attributs recherchés dans le lavage du linge. En plus du prix, il s'agit du pouvoir lavant (déduit de la quantité de mousse), d'une odeur forte et agréable (associée au pouvoir adoucissant sur le textile et les mains) et de la capacité à détacher sans savon ni eau de Javel. Renonçant à un positionnement bas prix (*buy the poor guy's brand*, favorable à l'infidélité) ou premium (*buy the riche guy's brand*, non crédible), l'entreprise a décidé d'un positionnement par la valeur (*Buy the brand that offers the best value for your needs*). La marque Ala a été choisie dans le portefeuille de marques latino-américaines d'Unilever pour sa bonne *value for money*. Chaque décision du mix-marketing a fait l'objet d'une analyse détaillée de l'impact sur les profits. L'innovation a guidé le développement à moindres coûts de la formulation du produit, ses conditions de production et son packaging. Le processus de production est tel qu'il ne nécessite pas de chaleur, l'usine a été installée à proximité de grands sites de production de chlorure de sodium pour remplacer l'importation coûteuse de sulfate de sodium, des économies ont été réalisées sur la consommation d'électricité en recourant à la ventilation naturelle de l'usine et à la lumière du jour, et certains procédés ont été automatisés en dépit des coûts de la main-d'œuvre locale bon marché. Le packaging en plastique a été retenu car moins cher que celui en carton, tout en apportant un bénéfice consommateur important de conservation du produit. La communication hors média a utilisé 60 % du budget (contre 40 % autrement) dans des opérations peu coûteuses et très efficaces sous la forme de bouche à oreille, d'opérations de promotion par ciné-vans et sur les points de vente, de sponsoring d'événements festifs ou de peinture des devantures des petits magasins de proximité aux couleurs de la marque. Au final, Ala est devenu la lessive la moins chère et la plus efficace (pouvoir lavant perçu) du marché avec des performances commerciales exceptionnelles (création de 41 % de demande nette).

Le financement peut devenir une clé de la vente, pour le BOP comme pour les marchés plus traditionnels. En Amérique latine, en dépit de différences nationales importantes, les institutions financières sont nombreuses à explorer les possibilités de financer les consommateurs du BOP. **Trois modèles de financement dominent** qui dépendent de la maturité économique du pays, de la volonté des distributeurs de développer des partenariats et de la possibilité de caper les prêts[35] :

- **Les partenariats avec les distributeurs.** Il s'agit pour les banques d'accéder à un grand nombre de consommateurs, de réduire le coût de leur conquête, d'obtenir des données sur leur comportement, de définir des profils de risque et d'élargir aussi leurs réseaux de distribution. Sont ainsi financés les achats en magasin grâce à des cartes de crédit de distributeurs et la mise en place de prêts directement sur les points de vente. En Amérique latine, trois entreprises dominent dans ce modèle : Fininvest, Losango et Taii, toutes les trois situées au Brésil. Au Chili, les principaux distributeurs ont directement construit leur offre de services financiers et dans certains cas possèdent des banques. Le Mexique est un cas spécifique intéressant puisque les deux chaînes de distribution principales, Coppel et Elektra, se retirent de leurs relations avec des banques pour développer ces services en direct. La Banco Azteca d'Elektra a particulièrement bien réussi dans ce modèle.
- **Les magasins de financement (*financial stores*).** Ces points de vente distribuent des produits financiers, généralement des avances en prépaiement, des prêts en urgence, des produits d'assurance à bas prix (par exemple des assurances pour financer les frais funéraires). Fininvest, IBI et Pan Americano (au Brésil) et Banco Nova de Bci et Santander Banefe (au Chili) ont choisi ce modèle. Ces réseaux de magasins de financement sont en forte concurrence avec les banques de détail et les financements de distributeurs qui ciblent les consommateurs du BOP.
- **Les cartes de crédit.** Elles connaissent une forte croissance et sont très profitables sur la région. Les banques offrent aux consommateurs du BOP non bancarisés des cartes de crédit à vocation générale, et des produits liés (ces méthodes de vente sont aussi utilisées pour le MOP et le TOP). Creditcard, OCA et Tarjeta Naranja sont des entreprises très connues de ce secteur. Les détaillants opèrent aussi un transfert de leurs cartes de paiement d'enseigne en cartes de crédit générique. La chaîne de magasins Liverpool au Mexique a ainsi opéré cette migration en offrant une carte Visa à ses consommateurs les plus aisés détenteurs de la carte de fidélité. Au Brésil, Casas Bahia a lancé une carte de crédit en partenariat avec Banco Bradesco.

4. La coordination internationale des prix

Les approches locales de la politique internationale de prix peuvent conduire à des problèmes importants si aucune coordination n'est mise en place entre marchés géographiques et entités des entreprises multinationales. Du point de vue externe des marchés, des différentiels importants peuvent être exploités par les acheteurs et les distributeurs grâce aux importations parallèles. Du point de vue interne, la fixation des prix des produits et des services transférés entre unités de production et de commercialisation situées dans différents pays influe sur le profit, à la fois des filiales et de l'organisation dans son ensemble. La politique internationale des prix inclut ainsi des dimensions organisationnelles et éthiques très importantes, d'autant plus marquées que l'entreprise atteint le stade multinational (phase 3).

4.1 La question des importations parallèles

Les marchés nationaux ne sont souvent que faiblement séparés géographiquement, par exemple en Europe, mais aussi en Afrique de l'Ouest, ou en Amérique latine. Dès que des différences de prix sont faites entre deux marchés proches (pour des raisons de différences de revenus, de systèmes fiscaux ou de valeur des monnaies notamment), des consommateurs, et plus vraisemblablement des distributeurs, vont aller s'approvisionner à la meilleure source, mettant en concurrence avec elle-même l'entreprise qui produit les biens. De nombreuses entreprises du secteur des produits électroménagers ou des biens de consommation durables ont ainsi des problèmes de contrôle de leurs flux de produits. Par exemple, les distributeurs français, installés dans les villes qui sont à proximité de la frontière allemande, achètent auprès de grossistes allemands, au lieu de se fournir auprès de la filiale française, quand elle est plus chère. Ces politiques, si elles instaurent des prix particuliers à chaque marché national, doivent donc tenir compte de ces possibilités d'arbitrage des consommateurs et des distributeurs s'approvisionnant sur des « marchés gris » (l'expression de *grey markets* est utilisée pour désigner le développement de marchés non contrôlés sur la base d'importations parallèles) [voir illustration 6.6].

Illustration 6.6

Importations parallèles en Europe

Le problème existe pour des produits où la nouveauté est un argument de vente important, par exemple l'album d'un chanteur ou d'un groupe qui sort en Grande-Bretagne un mois avant l'Italie. On évitera difficilement un commerce parallèle de ces disques car ce petit segment de consommateurs, fanatiques de ce chanteur, sont informés de la sortie du disque et prêts à payer une prime élevée pour pouvoir *tout de suite* l'écouter. La marge anormale (prix de l'urgence) va dans la poche des « petits malins » qui établissent le commerce parallèle, mais qui, ce faisant, savent aussi ce que vaut une demande *urgente*. Les ventes de la maison de disques en souffrent car celle-ci va se trouver en rupture de stock en Grande-Bretagne, et quelque temps plus tard, elle n'arrivera peut-être même pas à écouler son excédent de stock en Italie. Les accords de distribution exclusive sur des marchés nationaux, solution auparavant efficace à ces problèmes de commerce parallèle, sont désormais d'une utilité toute relative. La législation européenne de la concurrence limite beaucoup ces clauses de distribution exclusive. De fait, ces accords sont en principe considérés comme une infraction potentielle au principe de libre circulation des marchandises fixé par le traité de Rome. Les arrêts de la Cour de justice de Luxembourg ont toujours légitimé les « importations parallèles » de distributeurs ou de clients qui, au lieu de se fournir auprès de l'agent exclusif pour leur propre territoire national, font fonctionner la concurrence par les prix en s'approvisionnant dans un autre pays de l'Union à meilleur prix. Les accords de distribution exclusive ne sont valides que sous des conditions particulières (exemptions par catégories en suivant les règlements européens contrôlés par la DG IV de la Commission européenne). Il est difficile d'empêcher les acteurs de base de jouer leur rôle d'arbitragistes. D'où le développement en Europe de commerces parallèles destinés à déjouer les barrières non tarifaires assez nombreuses, lorsque les différentiels de prix entre marchés nationaux le justifient. Des mécanismes très similaires fonctionnent en Amérique du Nord, où l'ALENA ne peut admettre que les accords de distribution exclusive viennent contribuer à fermer des marchés que le traité de libre-échange vise précisément à ouvrir.

Les importations parallèles sont donc des flux de produits authentiques, fabriqués à l'extérieur et importés dans un pays sans l'autorisation de l'agent autorisé de la marque. Contrairement aux produits du marché noir, les produits des marchés gris ne sont pas illégaux mais seulement vendus en dehors des canaux de distribution normaux par des sociétés qui n'ont pas de relations avec le producteur ou les fabricants de produits (voir figure 6.2).

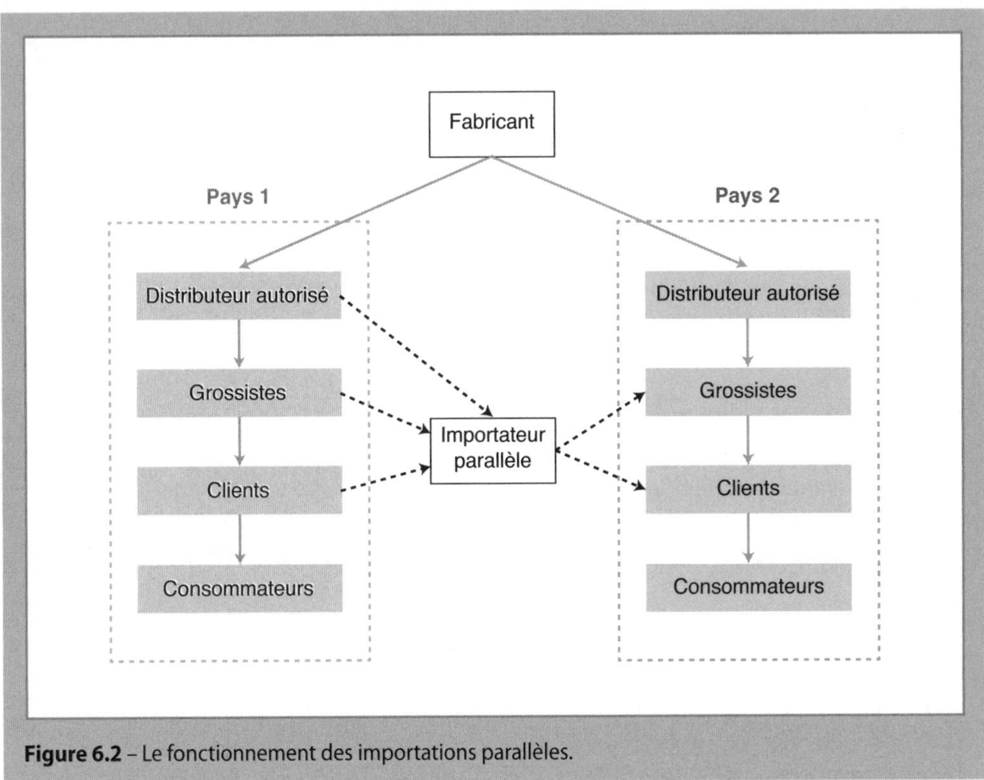

Figure 6.2 – Le fonctionnement des importations parallèles.

Les principales raisons des importations parallèles qui influent sur les niveaux de prix sont externes et internes :

- **Externes.** Les différences de niveaux de vie conduisant à des adaptations locales des prix, les politiques fiscales des pays (TVA, taxes sur les alcools, les médicaments…), valeur des monnaies (dépréciation d'une monnaie qui diminue la valeur du bien vendu au niveau international), abaissement des obstacles tarifaires et développement des moyens de communication et d'information qui donnent une plus grande transparence aux marchés, degré d'évolution technologique rapide exigé par la demande.
- **Internes.** Il s'agit de la politique de prix (de ses écarts forts entre marchés), du degré de contrôle de la chaîne de distribution et d'intégration des canaux (importations parallèles favorisées en cas de faible degré de contrôle et d'intégration), de l'image et de la notoriété de la marque (créant des demandes fortes), du degré de standardisation des produits (par exemple, le jean 501, produit icône et par définition standard de la marque Levi's, fait l'objet d'importations parallèles énormes), de la durée du cycle de vie (marchés gris

favorisés quand elle est courte) et de la disponibilité des produits (si un distributeur autorisé n'est pas présent alors qu'il existe une demande, celle-ci pourra être satisfaite par des importateurs parallèles). Enfin, des caractéristiques liées au fabricant peuvent entrer en ligne de compte, comme sa stratégie de croissance (les marchés gris pourront alors être utilisés à profit) ou les ressources allouées au développement et au contrôle des canaux de distribution.

Les raisons des importations parallèles sont donc nombreuses mais, en général, la différence de prix d'un même produit entre deux pays est suffisante pour que l'intermédiaire couvre ses frais de transport et dégage une marge satisfaisante. Par ailleurs, l'achat électronique est une méthode d'importation parallèle apparue avec Internet. Des grossistes et des consommateurs peuvent acheter leurs produits dans des catalogues appartenant à des grossistes locaux ou situés dans d'autres pays. N'importe qui possédant une carte de crédit et une connexion internet peut acheter des CD, des livres, des appareils numériques, etc., de fournisseurs étrangers et recevoir sa commande à domicile. Pour un consommateur averti de ces différences – ce qui pour le moment reste un cas rare –, tout achat sur son marché national devient délicat lorsqu'il prend conscience de la surévaluation des prix (« ce produit coûte moins cher ailleurs »). On suppose encore que les consommateurs sont peu informés des différences internationales de prix, et que, s'ils les connaissent, ils se font à l'idée d'être en quelque sorte « prisonniers » du niveau de prix national imposé par des barrières tarifaires et non tarifaires suffisamment stables. Il n'est pas certain que, dans le futur, ces deux hypothèses continuent à tenir, compte tenu des possibilités croissantes de comparaison de prix notamment en Europe et d'achat à distance que va offrir de plus en plus le réseau Internet.

L'effet direct de ce système parallèle est que des produits similaires sont présents sur un même marché à des prix de vente différents. La plupart du temps, les prix pratiqués par l'importateur parallèle sont inférieurs à ceux pratiqués par l'agent autorisé. Il existe plusieurs solutions, cependant aucune n'est une panacée :

- Baisse du prix dans le marché national où il est trop élevé et/ou augmentation là il est trop faible, de manière à éliminer non pas tout le différentiel de prix mais suffisamment au moins pour que l'importation parallèle ne soit plus rentable. Cela peut se faire cependant aux dépens de la cohérence globale de la stratégie marketing dans l'un ou l'autre des pays, ou même les deux. Les distributeurs agréés, du moment qu'ils ont encore un avantage de coût et une marge suffisante, devraient être encouragés à engager une guerre des prix avec les importateurs parallèles de manière à les mettre hors marché[36]. Une autre méthode est d'autoriser les distributeurs agréés à diminuer de façon substantielle leurs dépenses de promotion de manière à regagner du terrain sur les prix par rapport aux distributeurs parallèles.
- Une solution plus radicale est de changer le produit de telle sorte que le produit « officiel » soit différencié favorablement par rapport à celui qui est importé de manière parallèle. Tant que les changements ne sont que superficiels, les importateurs aussi bien que les consommateurs ne seront pas dupes de ces petits artifices. Si ces changements sont beaucoup plus significatifs, on risque de perdre en économies d'échelle. D'autres possibilités sont de changer des attributs mineurs, mais pas sans importance : des garanties étendues peuvent être accordées uniquement aux distributeurs agréés de telle manière que les importateurs parallèles n'offrent que des produits pratiquement sans service après-vente

ni garantie. Un label *Not for export* ou *For domestic sale only* peut être placé sur le packaging (qui de plus identifie clairement l'origine nationale). Cela peut retenir quelques distributeurs indélicats de procéder à des réexportations, mais l'efficacité de ces labels est très limitée, car dans la plupart des pays du monde, la réglementation n'autorise pas une entreprise à interdire la vente à l'export de ses propres produits.

- L'entreprise peut essayer de faire coexister pacifiquement ses distributeurs agréés et les importateurs parallèles à partir du moment où elle les considère *tous les deux* comme des sources de volume intéressantes[37]. On peut ainsi envisager qu'ils ciblent des segments de marché différents en termes de risque perçu et d'aversion au risque ; le distributeur non autorisé (mais en fait toléré) peut alors baisser la qualité de son offre (produit, garantie et service).
- Une solution est de tenter d'« éduquer » le distributeur[38]. Les distributeurs les plus faibles (en structure financière) sont des cibles privilégiées pour des attaques d'importations parallèles ; ils peuvent éprouver, dans un premier temps, une certaine colère à l'idée que la marque qu'ils distribuent fait un profit sur leur dos, en leur vendant son produit à un prix anormalement élevé (« regardez donc le prix des importations parallèles ! »). Il faut alors expliquer le pourquoi de telles différences de prix et faire en sorte que cela soit perçu comme crédible par le distributeur.
- Mettre un terme à l'accord de distribution (ou plus simplement menacer de le faire) quand le distributeur achète le produit en provenance de sources parallèles non autorisées. Ainsi, Apple imprime sur ses produits la déclaration suivante[39] : *Any Apple dealer or VAR (Value Added Retailer) found to be in violation of the mail-order or transshipping prohibitions will be stripped of its authorized status* (tout distributeur agréé agissant en violation des règles d'approvisionnement se verra retirer son agrément).
- Une solution provisoire et radicale pour arrêter le flux d'importations parallèles est de procéder au rachat systématique des produits venant du « marché gris ». Ce type d'opération est très bien perçu par les distributeurs agréés qui se sentent activement protégés par le propriétaire de la marque. De façon générale, cette voie n'est possible que si une solution permanente au problème des importations parallèles a été trouvée, qu'elle ne peut être mise en œuvre immédiatement et qu'elle l'est après une période courte – et coûteuse – de rachat des produits.

4.2 Les prix de transferts internationaux

Une part importante du commerce international a lieu entre filiales d'une même entreprise multinationale. La politique internationale de prix et sa coordination portent donc ici non pas sur le marché final, mais sur le « marché interne » aux multinationales qui est estimé entre 50 et 60 % des échanges internationaux de marchandises et de services des plus grosses entreprises mondiales[40]. **Un prix de transfert international est un prix de cession interne** : c'est le prix payé par une unité importatrice d'une firme à une unité exportatrice de la même firme. Par exemple, la filiale commerciale française d'un fabricant taïwanais d'ordinateurs paiera un prix de transfert pour les machines reçues de la filiale de production chinoise, ce prix pouvant être négocié entre ces deux unités, française et chinoise, du groupe ou décidé par le siège central de l'entreprise à Taïwan. Compte tenu des implications fiscales pour les États, les gouvernements, y compris des marchés émergents, ont récemment renforcé leur souhait de limiter les abus du passé et disposent de moyens plus sophistiqués qu'avant pour repérer et récupérer les taxes évadées[41]. Certains États ont également adopté des accords plus ou moins formels sur les prix de transfert comme ils l'ont fait sur les accords de non double imposition. Pour les entreprises, les prix de transfert sont une préoccupation majeure et procurent des opportunités bien comprises (voir illustration 6.7).

Illustration 6.7

Enjeux et avantages des prix de transfert

Selon les enquêtes de 2007-2008 portant sur 850 entreprises multinationales dans 24 pays, les prix de transfert les affectent de manière variée :

- Pour 40 %, c'est leur principale question fiscale.
- 52 % ont été soumis à des contrôles des administrations fiscales depuis 2003, dont 27 % ont conduit à des mesures de réajustement.
- 87 % considèrent les prix de transfert dans le cadre de la gestion du risque financier.
- 65 % estiment que la documentation s'est renforcée, même si un tiers seulement produit la documentation requise quotidiennement et coordonnée au niveau mondial.

Les avantages des prix de transfert sont nombreux pour l'entreprise d'un point de vue global[42] :

- Réduction des coûts associés aux barrières tarifaires en vendant les produits à un prix de transfert minimal dans les pays à forts tarifs douaniers de sorte que la base de calcul et les droits de douane finalement acquittés soient faibles.
- Réduction de l'impôt sur le bénéfice des sociétés dans les pays où les taux d'imposition sont élevés (en fixant des prix de transferts élevés aux produits vendus aux filiales de ces pays, ce qui en limite les quantités) tandis que les profits sont « éliminés » et transférés vers les pays où les taux d'imposition sont bas. De tels transferts de profits sont aussi susceptibles d'être utilisés pour maquiller les états financiers en augmentant les profits réalisés dans les paradis fiscaux.
- Facilitation du rapatriement des dividendes quand celui-ci est limité par le cadre réglementaire. Les bénéfices deviennent invisibles s'ils sont extraits du pays sous la forme de prix de transferts élevés pour des produits ou des composants vendus à la filiale dudit pays.
- Modulation du niveau de bénéfices à certains moments stratégiques, par exemple quand un gouvernement change les règles du jeu, pour plaire aux actionnaires ou démontrer la bonne performance du management (le précédent, le nouveau).

Puisque le transfert n'a pas lieu entre sociétés indépendantes (*the arms-length principle*), son prix n'est pas celui du marché, et **l'entreprise sera tentée de le fixer en réponse à des objectifs stratégiques** de minimisation des risques ou de l'incertitude et d'optimisation des opportunités offertes par les conditions différentes de fiscalité et de tarifs d'import-export entre pays. En pratique, les multinationales peuvent fixer leurs prix de transfert selon différents mécanismes (vente au prix du fournisseur local plus marge, vente au prix du fournisseur interne le plus efficient plus marge, vente à un prix négocié, vente au prix qui serait appliqué à des clients indépendants…) pour se rapprocher du prix « de marché » fixé entre firmes indépendantes. Mais elles doivent le faire de surcroît dans des environnements compétitifs et d'évolution des taux de change très diversifiés, ce qui oblige à élaborer des stratégies de prix de transfert pour différents marchés-pays à différents moments. Il est particulièrement difficile d'atteindre le prix de marché quand il n'y a pas de substitut sur le marché (pour une production très intégrée de produits très spécialisés ou la fourniture de produits intangibles uniques et de services spécialisés[43]). Il reste que l'utilisation des prix de transfert par les multinationales est souvent exagérée et abusive[44].

Finalement, du point de vue du management international, les prix de transfert obéissent à des objectifs qui peuvent être conflictuels, entre le souhait d'optimisation globale des profits et taxes, et la performance des filiales. Car au-delà de l'optimisation fiscale, **ils constituent des mécanismes de contrôle puissants de la performance des filiales au sein de l'entreprise multinationale** . Par exemple, la filiale dont les profits ont été artificiellement réduits peut se trouver en difficultés. Il peut être ardu de motiver les équipes si les bonus liés à la performance financière sont supprimés. Il faudra donc intégrer dans la lecture de la performance des filiales l'impact des prix de transfert. De plus, l'allocation des ressources par l'entreprise peut perdre en pertinence, voire induire des coûts qui compenseront les gains de rentabilité précédemment acquis (allocation de ressources à des filiales dont la performance a été gonflée artificiellement, et inversement, refus de ressources à des filiales dont les profits ont été induits à la baisse mais ayant besoin de ressources pour se développer). Un système de prix de transfert doit donc se fonder sur des techniques comptables saines au plan global et de chaque unité, tout en respectant les cadres réglementaires propres à ses différents pays d'opérations.

4.3 Aspects organisationnels et éthiques de la politique internationale de prix

La politique de prix est une question essentielle pour la relation entre filiales et maison mère. L'orientation des entreprises internationales face aux stratégies internationales de prix a été décrite par comme relevant de trois positions possibles en respectant les cadres réglementaires imposés au prix[45] :

- **Extension/ethnocentrique.** Le prix doit être le même partout dans le monde sur une base « sortie usine », le consommateur « absorbant » les différences de prix dues au fret, à l'assurance et à la douane. Cette position n'est tenable que s'il n'y a pas de différences locales de pouvoir d'achat et d'influence des cours de changes, donc rarement. C'est le système de tarification typique des biens industriels à très forte valeur unitaire (par exemple dans l'aéronautique ou les systèmes informatiques). C'est aussi l'approche dominante d'une entreprise en phase 1 de développement international (*first landing*).
- **Adaptation/polycentrique.** Les filiales locales fixent leur prix librement en fonction des conditions de leur marché. Cette position semble la plus raisonnable, mais, dans un monde de plus en plus ouvert, elle génère très facilement des perturbations dues aux importations parallèles et des conflits de territoire entre filiales géographiques, celles qui ont des prix élevés reprochant à leurs voisines de venir « casser les prix » sur leur territoire. Ce genre de conflit, s'il perdure, devra être arbitré par le siège. L'adaptation polycentrique

est dominante pour les entreprises en phase 2 (*go native*), l'adaptation du prix constituant l'un des piliers de l'adaptation de l'offre.

- **Inventive/géocentrique.** Elle est intermédiaire : elle reconnaît la concurrence locale et cherche à maximiser les revenus globaux de l'entreprise par une coordination internationale des tactiques de prix en utilisant un standard défini au plan global ou régional, plus ou moins un certain écart variable entre les pays. La principale difficulté apparaît dans la tarification des lignes de produits composées d'éléments qui sont confrontés à des situations de demande ou de concurrence différentes selon les pays, et dont les prix varieront, par rapport au « prix international », plus ou moins au sein d'un même pays. En phase de globalisation (phase 3), l'entreprise vise la création de « corridors de prix » définis conjointement par les chefs de produits ou de marques à l'aide de méthodes d'analyse de données sophistiquées, et qui maximisent les ventes du portefeuille de marques et le profit globaux, plutôt que la performance des marques prises isolément. Le corridor de prix définit les marges de variations à l'intérieur desquelles les arbitrages entre filiales sont peu probables. Sa largeur dépend d'éléments comme les coûts de transport ou la structure de la clientèle : plus celle-ci est fragmentée (au contraire des grandes centrales d'achat européennes), mieux elle absorbera les différences de prix.

Sur le plan organisationnel, le prix est étroitement lié aux objectifs de profit des managers locaux. Toute demande de la maison mère visant à faire baisser les prix de vente de tel ou tel produit risque de se traduire pour eux par une diminution globale des profits, un élément essentiel de leur évaluation. Les managers locaux sont donc très attentifs à l'influence du siège sur leurs prix de vente comme ils le sont aux prix de transfert quand une partie importante de leurs achats se fait à d'autres filiales pour revente sur le marché local ou pour des composants achetés au sein du groupe. La négociation des prix de cessions internes déterminant en partie le transfert du profit global (c'est-à-dire réalisé sur l'ensemble de la chaîne de valeur) vers une unité ou l'autre, une approche trop hiérarchique et centralisée en matière de fixation des prix de transfert peut donc être désastreuse car elle place les managers de filiales en situation de double contrainte : l'objectif de profit qui leur est fixé est élevé, mais en même temps on leur impose des prix d'input hauts et des prix d'output bas. La négociation et la coordination sont préférables afin d'assurer la cohérence de la politique internationale de prix avec la politique de l'organisation dans son ensemble. Il faut donc mettre en place des systèmes de coordination assez souples qui permettent de laisser une marge d'autonomie importante aux directeurs de filiales et aux responsables marketing locaux, et leur assurent que les décisions de prix qui leur sont éventuellement imposées se traduiront par une révision de leurs objectifs de profit.

Enfin, il faudra prendre en compte **la question du contrôle du prix final** (le *street price*) que paie effectivement le client final et qui n'est généralement pas le prix auquel vend l'entreprise. Le prix final varie en particulier quand plusieurs réseaux de distribution coexistent et qu'on ne peut le contrôler qu'en partie. Dans certains marchés très opaques du point de vue culturel et organisationnel, les marchés industriels au Japon par exemple, il peut être difficile même de connaître le prix final. Tant que les différents marchés nationaux étaient relativement séparés, les problèmes de politique internationale de prix étaient d'ampleur limitée. Désormais, ils deviennent cruciaux : on peut ainsi se renseigner de façon claire par Internet sur le prix dans différents pays et comparer. Il est probable que consommateurs et distributeurs deviendront de plus en plus arbitragistes, facilitant la convergence vers un prix mondial sinon unique, en tout cas de plus en plus homogène. La question de la coordination internationale se posera donc dans le futur de façon accrue.

Pour conclure ce chapitre sur les politiques internationales de prix, **il est urgent d'évoquer les problèmes de nature éthique**. Dans la gestion des prix de transfert, il est certain que les abus seront de plus en plus chassés par les gouvernements et que l'éthique organisationnelle devra se développer sous la contrainte de la loi. Du point de vue des consommateurs, notamment du BOP, les problèmes éthiques sont immenses car des entreprises privées multinationales guidées par une logique de recherche de maximisation du profit ont une démarche qui rentre forcément en conflit avec une attitude éthique, laquelle veut que les consommateurs, notamment les plus pauvres, doivent pouvoir accéder aux produits et aux services leur permettant d'améliorer leur quotidien aux prix les plus bas possible. En dépit de la chasse aux coûts permettant de réduire les prix proposés au BOP, les taux de profit avancés par certains (par exemple dans le domaine des services financiers des microcrédits) suggèrent que le prix payé (en l'occurrence le taux d'intérêt de ces prêts) aurait pu être encore réduit compte tenu des taux de profit ou de retour sur investissements affichés par les sociétés (dans le secteur du microcrédit aux mains de banques privées, le ROI est d'environ 50 % contre la moitié pour les prêts habituels[46]).

Le statut de l'organisation qui sert le BOP, *social business* (sans distribution de dividendes) *versus* entreprise capitaliste pure (soumise à la demande des actionnaires), ou encore modèle hybride comme Danone Communities au sein du groupe Danone, est un critère important de fixation du cadre éthique des prix proposés au BOP. Mais dans tous les cas, le statut des marchandises ou des services proposés est déterminant de la position éthique du producteur. Les approches récentes de l'économie des biens publics (comme les médicaments, l'eau, l'air, les graines…) donnent lieu à des réflexions éthiques essentielles où il faut savoir **faire la différence entre la légalité et la légitimité** dans la commercialisation de ces produits (voir approfondissement 6.4).

Approfondissement 6.4

Le prix des traitements contre le sida, de la légalité à la légitimité

Le sida et le virus VIH font à la société ce qu'ils font au corps humain. Ils tuent la population active, causent la perte d'expérience et de talents de valeur, entraînent une chute de la productivité dans la production, les services et l'agriculture, et réduisent l'investissement et les revenus de l'impôt alors que le gouvernement doit augmenter ses ressources en matière de services de santé. Les travailleurs les plus productifs (15-49 ans) sont affectés de pathologies multiples, de handicaps et meurent prématurément. Les enfants sont laissés orphelins aux mains des anciennes générations. Une conséquence sociale à court terme est la réduction des capacités des familles à se nourrir et, à long terme, apparaît le risque de malnutrition, voire de famines. Pour toutes ces raisons, l'impact du sida et du VIH est dévastateur pour la croissance du PIB des pays pauvres.

Pour les Big Pharma, le simple fait que la prescription de médicaments ne soit pas une prestation de marché standard devrait être pris en compte dans leur éthique organisationnelle. Au-delà de la recherche de profits, elles ont une responsabilité particulière qui est d'améliorer la santé du plus grand nombre. Elles ne vendent pas des produits de commodité contre de l'argent à des acheteurs dans un marché, elles produisent dans une large mesure un bien public.

Approfondissement 6.4 (suite)

L'amortissement des dépenses de R & D et de dépôt des brevets et marques est une bonne raison expliquant un prix relativement élevé qui assure la continuité de la recherche et la découverte de nouvelles molécules et principes actifs. Pour autant, si le prix est trop élevé, les entreprises pharmaceutiques sont accusées d'abus de position dominante fondée pour l'essentiel sur la technologie propriétaire et les droits d'exploitation des marques. Ce refus de l'accès au plus grand nombre peut être considéré comme un abus des droits de propriété, une vision limitée à l'aspect de la diffusion commerciale et une exagération de la commoditisation des traitements de santé. Cet argument est particulièrement fort dans le cas du sida et du VIH car il y a un grand écart entre les coûts de production directs et le prix final au patient. La limitation de l'usage des génériques consiste à priver les patients d'un traitement existant ; il s'agit d'un sujet lourdement discuté dans la société et les médias ce qui en fait un problème public, une cause sociale plus qu'une maladie « privée » ou un problème de *business*. Il est donc essentiel que l'éthique organisationnelle évolue de la simple légalité vers la légitimité aux yeux de la société en général. Les firmes pharmaceutiques devraient donc faire ce qu'elles peuvent légitimement faire, compte tenu de ce qu'elles dégagent comme bénéfices. Les taux fréquents de 25 % de rentabilité laissent à penser qu'un long chemin reste à faire. Il faudra trouver un équilibre entre droits et responsabilités de sorte que le plus grand bien commun soit atteint en enfreignant au minimum les droits privés. Il faudra aussi repenser les modèles économiques, allant vers des modèles où la rentabilité est générée par les volumes plus que par la marge[47].

Résumé

Le prix est la seule variable du mix-marketing qui impacte directement les profits de l'entreprise et son rôle devient encore plus critique dans un contexte international diversifié où se combinent des problématiques locales et mondiales à la fois. En partant d'une perspective plutôt locale du prix, on repère les facteurs à prendre en compte et les méthodes pour la détermination internationale du prix de vente pour un marché national donné. Les tactiques internationales sont ensuite développées qui visent à répondre à des objectifs marketing précis qu'il s'agisse de marge, de parts de marché ou de stratégie concurrentielle. Mais les contraintes économiques et réglementaires peuvent être déterminantes pour la politique de prix : faible pouvoir d'achat, voire marchés du BOP, forte inflation, taxation et contrôle des changes. De plus, les approches locales de la politique internationale de prix peuvent conduire à des différentiels importants exploités par les acheteurs. Il faut donc identifier les risques d'importations parallèles, où une partie des produits n'est plus vendue à travers les canaux officiels au « prix officiel », mais à un prix beaucoup plus bas, et comment l'entreprise internationale peut essayer de limiter ce phénomène en coordonnant ses prix au plan international pour en empêcher ces développements. La coordination est également essentielle en matière de gestion des prix de transfert au sein des multinationales. Les principales postures stratégiques de gestion des prix sont enfin présentées, qui dépendent en particulier du stade d'internationalisation de l'entreprise. Les questions spécifiquement organisationnelles et éthiques pour la multinationale, en particulier dans ses pratiques tarifaires dans les économies émergentes, sont finalement évoquées comme un ordre du jour important pour sortir de la crise de légitimité de la fonction marketing.

Questions

1. Quels sont les facteurs de demande à intégrer dans la détermination du prix local ?
2. Dans quelle mesure le marchandage des prix implique-t-il de l'amitié?
3. En quoi les niveaux de prix en Europe reflètent-ils les valeurs protestantes ou catholiques ?
4. Les surfacturations et sous-facturations sont-elles légales ? Pourquoi n'est-il pas possible parfois de faire autrement ?
5. Définissez les importations parallèles et les voies de solution possible pour l'entreprise.

Cas d'entreprise : La stratégie mondiale de Zara[1] – La mode globale au prix local

Les origines et la stratégie de Zara. En un temps relativement court, Zara est devenue l'une des grandes marques mondiales. C'est la principale marque et le premier format d'Inditex, groupe espagnol du secteur du prêt-à-porter. Leader européen, il emploie plus de 100 000 personnes à travers le monde. Avec d'autres marques et formats de vente tels que Bershka, Massimo Dutti, Oysho, Pull & Bear et Stradivarius, Zara a contribué au succès du groupe qui est coté en Bourse, tout en restant néanmoins une entreprise sous contrôle familial. Le fondateur et ancien P.-D.G. de l'entreprise, Amancio Ortega, détient la majeure partie des parts, en partie grâce à l'investissement de l'entreprise Gartler. Zara a ouvert son premier magasin en 1975, elle s'est implantée dans les pays voisins, tels que le Portugal, à peine dix ans après. La première implantation hors d'Europe a eu lieu en 1989 avec l'ouverture d'un magasin aux États-Unis. En 2011, Zara compte plus de 1 500 magasins dans plus de 75 pays.

Zara offre ce qui a été appelé « mode rapide », « mode instantanée », « mode sur demande » ou encore « mode que tu portes 10 fois ». Ce n'est pas l'initiateur de nouvelles tendances dans le monde de la mode, mais un suiveur de la mode qui répond au plus vite aux besoins des consommateurs. L'entreprise est connue pour son modèle d'intégration verticale : elle contrôle tous les produits, depuis les décisions portant sur le design en passant par la production (majoritairement réalisée en Espagne), la logistique et le marketing jusqu'au point de vente. Zara est ainsi plus réactif à la demande dans le développement et la commercialisation de nouveaux produits : la durée totale nécessaire serait de quatre semaines, la modification d'articles déjà existants prendrait deux semaines. Finalement, la stratégie de communication de Zara est assez unique. Au lieu des classiques publicités, Zara veut attirer les consomma-

1. Source : ce cas a été adapté par Stefan Schmid (ESCP Europe). Schmid S. et Kretschmer K., « Zara. Globale Mode zu lokalen Preisen », in S. Schmid (éd.), *Strategien der Internationalisierung. Fallstudien und Fallbeispiele*, 2e édition, Oldenbourg Verlag, Munich-Vienne, 2007, p. 207-218.

teurs par d'autres moyens, comme les façades et les vitrines attrayantes des magasins situés dans des emplacements de choix, et conçus selon un design soigné d'où se dégage une certaine impression de rareté obtenue grâce au niveau bas des stocks et à leur rotation rapide.

Un des facteurs clés du succès de l'entreprise réside dans la gestion de sa chaîne d'approvisionnement fondée sur le principe du *just-in-time*. Contrastant avec la tendance majeure de l'industrie vestimentaire, Zara maintient toujours environ 75 % de sa production en Europe (principalement en Espagne et au Portugal), le reste étant basé en Asie et en Afrique. Pour environ la moitié de sa production, Zara s'appuie sur ses propres usines plutôt que sur des sous-traitants. La principale stratégie d'entrée de marché est la filiale étrangère de commercialisation. Mais d'autres modes d'entrée ont été choisis aussi, comme la franchise (en Islande, en Israël, au Liban, en Pologne ou en Arabie Saoudite) ou les joint-ventures (en Allemagne avec le groupe Otto, en Italie avec le groupe Percassi, en Inde avec le groupe Tata ou en Corée avec le groupe Lotte). Les filiales étrangères représentent 80 % des implantations étrangères, les franchises et joint-ventures une dizaine chacune.

Les politiques internationales de produit et de prix de Zara. Zara produit environ 11 000 articles par an qui sont créés par des équipes de designers et non par des designers individuels. Les produits sont à la mode, mais abordables en termes de prix. Alors que la plupart des concurrents ont deux collections (automne-hiver et printemps-été) ou quatre collections (automne, hiver, printemps, été), Zara renouvelle habituellement sa collection tous les mois. Environ 85 % à 90 % sont identiques à travers le monde ; les directeurs des filiales et les partenaires locaux (franchisés, joint-ventures) représentant la marque dans un pays ne sont pas obligés de commander tous les produits pour leurs magasins. Chaque pays peut choisir ses articles au sein de la gamme de produits disponible en fonction de ce qui plaira aux consommateurs locaux. En même temps, le siège en Espagne possède des systèmes d'information sophistiqués afin de décider de la répartition commerciale finale des produits dans tous les pays. Par exemple, la centrale à La Coruña reçoit quotidiennement les chiffres de ventes de tous les magasins du monde entier ce qui permet d'anticiper la demande future. Zara ne crée ni ne produit jamais de vêtements ou d'accessoires pour un seul pays. La création et la production sont toujours menées dans le but de servir le marché mondial. Bien que les produits soient identiques, le positionnement des marques varie selon les pays.

Pour chaque produit, le prix final se situe dans une fourchette de prix plafond et de prix plancher. D'abord, Zara a une stratégie déterminée par le marché où elle s'ajuste aux prix de la concurrence. Dans chaque pays, son prix plafond est fondé sur le prix le plus bas des concurrents pour un produit similaire. Le prix plancher correspond aux coûts de fabrication et aux coûts de transport et logistique. Comme la marque cible les consommateurs sensibles au prix, ce positionnement est particulièrement efficace. Il permet aussi dans chaque pays de prendre en compte les spécificités de l'environnement au sens large, au-delà des caractéristiques locales de la demande et de la concurrence. Par exemple, les produits de Zara sont vendus relativement peu cher en Espagne, plus cher en France ou en Allemagne, et bien plus encore aux États-Unis et au Japon. Particulièrement dans de nombreux pays d'Asie où Zara est positionnée comme une marque haut de gamme, les prix sont plus élevés qu'en Europe.

Les prix varient ainsi fortement selon les pays (voir tableau 6.1). Jusqu'à l'introduction de l'euro, chaque article portait une étiquette avec les prix des différents pays. Le tableau 6.1 présente les prix indicatifs pour un T-shirt de l'année 2007 à travers le monde.

Tableau 6.2 : Prix indiqué sur l'étiquette d'un T-shirt Zara

Pays	Prix en monnaie locale (avant introduction de l'euro)	Prix en euro	Comparaison avec le prix du pays d'origine (Espagne)
Espagne	995,00 Pts	5,98 €	(100 %)
Portugal	1 290,00 ESC	6,43 €	108 %
Mexique	89,00 N$	6,89 €	115 %
Allemagne	15,00 DM	7,67 €	128 %
Australie	109,00 AT	7,92 €	132 %
Turquie	5 250 000,00 TL	8,05 €	135 %
France	55,00 FF	8,38 €	140 %
Pays-Bas	19,00 NLG	8,62 €	144 %
Belgique	355,00 BF	8,80 €	147 %
Arabie Saoudite	35,00 SR	8,85 €	148 %
Pologne	35,00 PLN	9,11 €	152 %
Danemark	69,00 DKK	9,29 €	155 %
Royaume-Uni	6,00 £	10,31 €	172 %
Canada	14,00 CAN$	11,02 €	184 %
USA	11,00 US$	13,05 €	218 %
Japon	1 400,00 Yen	15,28 €	256 %

Adapté de Schmid & Kretschmer (2007).

Questions

1. Décrivez brièvement les politiques internationales de produit et de prix de Zara.
2. Quels en sont les avantages principaux ?
3. Concernant les modes d'entrée de Zara, pour quelles raisons préférer s'implanter sur les marchés étrangers grâce à des filiales en propriété exclusive ? Grâce à d'autres modes d'entrée dans certains pays ?

Chapitre 7

La distribution internationale

Objectifs

1. Intégrer les décisions de distribution internationale et locale.
2. Distinguer les multiples formes de distribution internationale et examiner les contrats d'intermédiation.
3. Identifier les critères de choix de canaux de distribution locale, notamment liés à l'environnement local de distribution.
4. Illustrer la difficile standardisation des politiques de distribution internationale.
5. Introduire les problématiques spécifiques de la gestion internationale des forces de vente, de l'internationalisation des distributeurs et de la distribution pour les segments du BOP.

Introduction

Si le produit n'est pas disponible pour le consommateur, ce dernier pourra difficilement l'acheter. La distribution, en tant que variable clé du mix-marketing, est donc fondamentale en ce qu'elle permet la rencontre effective entre l'acheteur et le produit, qui seule peut conduire à la possibilité opérationnelle d'acheter (alors que la communication ne permet la rencontre avec le produit que sur le plan de la notoriété ou de l'image). Le rôle de la distribution dans le succès de l'entreprise doit donc être évalué avec la plus grande attention, qu'il s'agisse de l'impact de l'intensité de la distribution (Coca-Cola), de l'expérience en magasin (Starbucks) ou de l'offre de service après-vente (automobiles). De plus, à l'international, les phénomènes de distance géographique entre le lieu de production et le point de vente confèrent à la variable distribution une importance encore accrue et en partie spécifique, et ce en dépit des réels progrès qui facilitent la logistique et les capacités de communication globale. La distribution est souvent un facteur clé de succès dans de nombreux secteurs, et l'expansion sur les marchés étrangers peut être difficile et coûteuse en raison de difficultés à y reproduire le modèle de distribution, ou à coordonner les canaux et les contrôler.

Il existe de très nombreuses possibilités pour franchir les distances parfois considérables qui séparent l'entreprise de son client final. Tout est possible, depuis aller voir directement le client final à plus de 10 000 kilomètres jusqu'à déléguer à une firme spécialisée, située dans le même immeuble de bureaux, qui va s'occuper de la distribution internationale. Mais cela ne correspond pas aux mêmes situations, qu'il s'agisse de types de produits, d'industrie et de clientèle finale. Se pose également la question de l'expérience internationale qui va ici être cruciale : une entreprise peut rarement se payer le luxe de griller les étapes et de commencer par des formes d'internationalisation sophistiquées dans un pays très distant (par exemple monter un réseau de distribution en Chine pour une PME primo-exportatrice), sans être passée au préalable par un processus graduel d'apprentissage international et de construction d'une base de savoir-faire en commençant par la simple exportation, puis le développement d'un réseau d'agents, pour continuer par des filiales de distribution.

En pratique, deux questions essentielles se posent en matière de distribution internationale au sens large :

- Comment atteindre dans de bonnes conditions le pays de destination nécessitant le passage des frontières ? C'est l'étape d'intermédiation internationale, qui consiste à passer du contexte d'origine au pays de destination par une distribution dite *cross-border* et toujours BtoB (correspondant au mode d'entrée dans le pays étranger).
- Comment y « capillariser », c'est-à-dire comment y atteindre au mieux les clients finaux surtout lorsqu'ils sont très nombreux, comme pour les produits de consommation courante, ou lorsque le territoire du marché étranger est important, voire immense ? C'est l'étape de la distribution finale, au sens étroit et local (mais parfois sur de très grands territoires), qui consiste à assurer la distribution physique et la promotion auprès des clients finaux au sein du contexte local de destination (distribution dite *into-market*, BtoB ou BtoC selon les cas). Souvent, la distribution internationale au sens large est une combinaison des deux ; par exemple, l'intermédiation *cross-border* est assurée par un agent à l'étranger et la distribution finale *into-market* par un réseau local indépendant, ou bien l'entreprise possède une filiale commerciale à part entière, laquelle gère un réseau de distribution local intégré.

1 Les formes de distribution à l'international

1.1 Les modes d'entrée des marchés étrangers

Un mode d'entrée se définit comme un accord qui permet à une entreprise de mettre en œuvre sa stratégie marketing dans un pays cible, seule ou en partenariat, en assurant les opérations marketing seulement ou les opérations associées de production et de marketing. Le choix d'un mode d'entrée est l'une des décisions les plus importantes du processus d'internationalisation car il influe sur la performance de l'entreprise à l'étranger[1]. En particulier, ce choix détermine si l'entreprise peut prétendre au contrôle de sa présence à l'étranger ou si elle devra le partager avec un partenaire. De plus, une fois établi le mode d'entrée, cette décision est difficile à modifier en raison des implications à long terme du choix initial[2].

Typologies des modes d'entrée

Il est important pour l'entreprise d'avoir en tête les différentes solutions possibles pour pénétrer un marché étranger. Celles-ci ne se laissent pourtant pas classer facilement compte tenu de leur diversité. Mais elles peuvent être définies sur deux dimensions qui traduisent les possibilités de contrôle par l'entreprise, d'autant plus stratégiques que l'international crée de nombreuses distances entre l'entreprise et les marchés étrangers (distance géographique, mais aussi culturelle, juridique, administrative, etc.). Or on contrôle mieux ce que l'on sait faire (contrôle par le savoir-faire) et on contrôle mieux ce que l'on possède (contrôle par la propriété).

- Le contrôle par le savoir-faire se fonde sur un transfert de savoir-faire qui peut porter sur des composantes commerciales et marketing (nom de marque, concept de vente), industrielles (brevets, normes de production) ou managériales (système de gestion).
- Le contrôle par la propriété repose sur un transfert financier dans des structures de droit local.

La production internationale aujourd'hui ne passe plus exclusivement par l'investissement (IDE), d'un côté, et le commerce, de l'autre. On obtient ainsi une typologie à quatre catégories de modes d'entrée à l'étranger (voir tableau 7.1). Des modes de production internationale sans participation au capital (SPC) jouent un rôle croissant, avec un chiffre d'affaires de plus de 2 000 milliards de dollars en 2010, la plus grande partie réalisée dans des pays en développement. Ces modes de production SPC concernent la sous-traitance manufacturière, l'externalisation de services, l'agriculture contractuelle, le franchisage, la concession de licences, les contrats de gestion et autres types de relations contractuelles par lesquelles les STN coordonnent leurs activités au sein de leurs chaînes mondiales de valeur et influent sur la gestion des entreprises des pays d'accueil sans détenir de participation au capital de celles-ci[3].

Tableau 7.1 : Une typologie des modes d'entrée à l'international

Transfert de savoir-faire / Transfert de propriété	Faible	Fort
Faible	• Agent • Portage (*piggy-back)* • Société de commerce international (*General trading company*) • Bureau d'achat à l'étranger	• Licence • Franchise • Contrat de gestion (*management contract*)
Fort	• Prise de participation minoritaire dans une entreprise locale • Prise de participation majoritaire dans une entreprise locale	• Filiale à l'étranger (commerciale, industrielle, mixte) sans ou avec partenaire local (joint-venture)

On peut aussi distinguer suivant que la distribution cross-border se fait avec ou sans intermédiaire et que celui-ci est situé dans le pays d'origine (celui de l'exportateur) ou dans le pays de destination (celui du client étranger), ce qui donne les formes suivantes d'exportation :

- exportation directe ;
- exportation intermédiée par un intermédiaire du pays d'origine (par une société de commerce international, une entreprise d'ingénierie, par le portage, par un bureau d'achats, etc.), ce dernier pouvant dans certains cas être établi à l'étranger ;
- exportation à l'aide d'un représentant dans le pays d'exportation (agent, concessionnaire, représentant salarié ou succursale) ;
- exportation à l'intérieur d'un groupe multinational qui vend à travers un réseau de filiales commerciales et s'occupe localement de gérer la distribution au consommateur final.

Chacun de ces modes d'entrée présente finalement un double caractère, managérial (décisions de gestion) et juridique (formalisation de ces décisions par le droit local). Le choix pour l'un ou l'autre des modes de présence dépend des intentions stratégiques de l'entreprise selon de multiples critères et sera formalisé localement selon le cadre juridique du pays. Par exemple, un contrat d'agence ou de joint-venture, au-delà des clauses types que l'entreprise devra surveiller, sera toujours soumis aux spécificités de l'environnement juridique local très hétérogène au plan international[a].

Les principaux critères de choix des formes de distribution

Les formes d'intermédiation choisie doivent permettre de contrôler et de savoir ce qui se passe dans la relation avec le client final. Cela pose un problème général de délégation aux intermédiaires et aux réseaux de distribution de la politique marketing. Quelques critères de base – sur lesquels nous revenons lors de l'explication détaillée de ces formes d'intermédiation – permettent de choisir une forme plutôt qu'une autre :

- **L'origine de la production.** Si on produit sur le marché d'origine, on peut utiliser les techniques d'exportation directe ou indirecte ; dans le cas contraire, selon les possibilités de production locale, on cherchera un contrôle par le savoir-faire et/ou par la propriété.
- **Le coût total de l'intermédiation.** Coûts financier et temporel (investissements requis plus importants dans le cas de l'implantation de filiales), coûts marketing induits (charges administratives et coûts de management des différents modes de présence, moins importants dans le cas de l'exportation directe), coûts en personnel (qui augmentent en fonction de l'implication).
- **L'existence de certains avantages spécifiques** (ressources et compétences) qu'on ne veut pas laisser fuir : brevets, marques…
- **La liaison avec le client final** en termes de connaissance de ses besoins et de fidélisation. Les modes de présence indirects sont moins performants au niveau du degré d'écoute du marché.
- **Le degré de délégation marketing à l'intermédiaire** (et de contrôle des opérations marketing) pour la fixation du prix, la facturation, la communication, le droit à la marque, etc.
- **La répartition des tâches de service.** Qui prend en charge les fonctions de stockage, de fourniture de pièces détachées et de service après-vente en général ?
- **La répartition de la logistique.** Qui s'occupe de l'acheminement physique des produits ?
- **La responsabilité contractuelle vis-à-vis du client final** (l'exportateur ou l'intermédiaire). Qui supporte le risque de non-paiement, et comment est rémunéré l'intermédiaire (par une marge achat/vente, ou à la commission) ?
- **La nature des liens avec l'intermédiaire.** Ils induisent la couverture produit, l'exclusivité géographique et la possibilité de se dégager éventuellement du lien contractuel.

---

a. Voir chapitre 1 (p. 19-22).

- **La qualité de la distribution locale** et sa capacité de pénétration du marché. La question est de faire parvenir le produit jusqu'aux clients finaux, ce qui n'est pas aisé dans les grands pays d'une façon générale, mais surtout dans les économies émergentes, notamment de grande taille dans les BRIC, encore largement rurales.
- **L'exposition aux problèmes internationaux.** Elle augmente avec l'implantation de filiales à l'étranger et le degré de risques internationaux acceptés (de crédit, politique, de change, juridique, culturel…).
- **L'expérience internationale** (le degré d'internationalisation) qui pousse à la multiplication des implantations, et par là même à un apprentissage organisationnel favorisant l'implication croissante de l'entreprise sur les marchés étrangers par le biais de voies d'accès plus lourdes (filiales).
- **L'évolution de la présence dans un pays donné** (de la phase d'implantation initiale à la phase de développement local) conduit aussi le plus souvent à une évolution des modes de présence dans le pays en faveur d'un élargissement des possibilités de distribution (voir illustration 7.1).

Illustration 7.1

La montée en puissance de la maison Montagut en Chine

La marque de tricots Montagut, bien connue en France dans les années 1960, s'est fait une nouvelle jeunesse par sa réussite sur le marché chinois[4]. Créée en 1880 en Ardèche, cette société 100 % familiale entame son parcours chinois en 1979 à Hong Kong par une distribution dans les grands magasins alors que l'import-export se développe entre la Chine et Hong Kong. Les polos Montagut, célèbres pulls en « fil lumière » *made in* France, y sont rapidement adoptés, la marque imposant sa ligne masculine, avec pour cible le jeune cadre dynamique chinois. Le nom de marque chinois signifie « rêve charmant » et son logo en forme de fleur (rouge) a ajouté au sentiment romantique (et de réussite sociale). Le réseau de points de vente se développe avec une grande liberté commerciale. La cible évolue vers les 20 à 30 millions de foyers chinois qui ont « un bon niveau de vie », et les vêtements sont maintenant présents dans de nombreux points de vente sur l'ensemble du territoire, dont nombre de centres commerciaux stratégiques. Début 2006, la stratégie d'implantation se renforce par la création des premières boutiques phares de magasins ouverts en nom propre, pour promouvoir la marque et stimuler la création d'un réseau de franchisés. Celle de Hong Kong (100 m^2) est stratégiquement placée dans le quartier de Causeway Bay. À Canton, la boutique se situe à l'entrée du prestigieux centre commercial Grandview Mall ; à Pékin, elle est placée sur Wangfujing Street, l'une des rues piétonnes du cœur de la capitale aux loyers faramineux. À Macao, la boutique est placée dans le Venetian Casino, immense zone commerciale où les architectes ont recréé l'atmosphère de Venise à l'image des réalisations de Las Vegas. Montagut a aussi décidé de soutenir particulièrement une trentaine de distributeurs régionaux franchisés qui ouvrent de belles boutiques, réparties sur l'ensemble du pays, en leur accordant des conditions particulières d'approvisionnement et des aides à la carte. L'idée est de créer un réseau national de franchisés dynamiques. Parallèlement, plusieurs filiales sont mises en place pour un approvisionnement plus direct des clients. L'entreprise est ainsi devenue acteur de sa distribution.

1.2 L'exportation depuis le pays d'origine

A priori, exporter est une activité simple. Il s'agit de vendre un produit ou un service à l'étranger, d'y trouver un client et de s'occuper d'expédier la marchandise et de s'assurer du paiement. En fait, ce n'est pas si simple et les définitions de l'exportation pourraient être très nombreuses. Nous nous limitons à son sens général : **le client final se situe à l'étranger mais il n'y a pas d'implantation stable et durable à l'étranger sous la forme d'une succursale ou d'une filiale.**

Exportation sans représentant dans le pays de destination

L'exportation directe est souvent le premier stade d'une action commerciale vers l'étranger. On voyage dans différents pays, on visite les clients et on reçoit leurs ordres dans le pays d'origine. On peut aussi recevoir des commandes à la suite d'une participation à une foire commerciale. C'est une formule qui nécessite peu d'investissement, mais qui ne peut s'appliquer de façon durable qu'à des produits industriels, assez techniques, dont les marchés sont bien identifiés, les clients connus et en nombre limité (quelques dizaines au plan mondial). Quand on travaille sur commande, en étroite collaboration technique avec le client, cette formule peut être judicieuse (voir illustration 7.2).

Illustration 7.2

Tôles hyperlourdes

Il s'agit d'une entreprise de la région lyonnaise qui dispose d'un laminoir pouvant fabriquer des tôles en acier spécial très épaisses, jusqu'à six cents millimètres d'épaisseur. La clientèle potentielle est fort peu nombreuse et très spécialisée. Les utilisations finales se font dans les centrales nucléaires et les usines pétrochimiques pour des réacteurs, des générateurs de vapeur ou d'autres pièces de grosse chaudronnerie qui ne sont fabriquées que par une quinzaine d'entreprises dans le monde, situées essentiellement en Europe, aux États-Unis et au Japon. L'exportation peut se faire de manière directe : les cadres export visitent les clients, cependant qu'un(e) assistant(e) export trilingue gère la logistique, la facturation et le contact par fax, Télex ou téléphone lors de leurs absences. Les clients viennent même régulièrement à l'usine pour suivre directement avec le laboratoire les essais mécaniques des tôles correspondant à leur commande. Il est vrai que l'usine est située juste à côté d'un restaurant qui a deux étoiles au guide Michelin…

Parfois l'exportation directe est une façon d'exploiter les marchés marginaux, avec une formule proche de ce que certains auteurs anglo-saxons nomment *open distribution*, et qui consiste à être disposé à vendre sans nécessairement mettre en œuvre les moyens nécessaires pour le faire savoir. Souvent, il s'agit d'un moyen pour une entreprise débutant à l'exportation, qui va ainsi recevoir des ordres de l'étranger par fax ou par e-mail, sans avoir décidé *a priori* de vendre sur ces marchés. Imaginons le cas d'une PME qui vend des produits pour cultures bactériennes, destinés aux hôpitaux. Bien qu'elle ne vende qu'en France, les médecins hospitaliers parlent de ses produits à des collègues étrangers lors de colloques médicaux internationaux. Elle reçoit alors des demandes de prix et se lance dans des exportations, par exemple vers Israël ou le Maroc, sans connaissance des clients finaux, ni des procédures, ni des obstacles culturels, ni des problèmes de paiement. Parfois les premières expériences malheureuses d'exportateurs directs et débutants se termineront par une impression négative et le refus d'aller plus loin dans la vente sur les marchés étrangers.

Exportation intermédiée depuis le pays d'origine

Lorsque nous parlons d'exportation intermédiée ici, **l'intermédiaire se situe dans le pays de l'exportateur et va trouver un interlocuteur « sur place »**. Les solutions que nous allons examiner varient depuis des formules presque involontaires d'exportation (la sous-traitance à l'export par exemple) jusqu'à des formules plus volontaristes comme le *piggy-back* (portage) ou le commissionnaire à l'export. Pourtant, toutes partagent un défaut de taille pour le marketing international : l'absence de contact pour l'exportateur avec le contexte du marché étranger et le client final.

Sous-traitance à l'exportation. Souvent, l'exportation est intermédiée sans que véritablement l'entreprise en ait conscience : de nombreux sous-traitants industriels, qui reçoivent des commandes de sociétés d'ingénierie, travaillent en fait pour l'exportation de façon principale. Certes, ils connaissent, le plus souvent, formellement la destination finale des pièces ou des équipements qu'ils fabriquent, mais ils ignorent aussi qui est le client final, quelles sont les conditions géographiques, climatiques et techniques du site de montage, etc. Cette situation peut être dangereuse car les petites et moyennes entreprises industrielles au mieux sont isolées de la mise en œuvre finale de leur produit sur le chantier et, au pire, ne savent pas bien à quels pays sont destinées leurs fabrications. Elles sont donc dans l'incapacité d'évaluer leurs risques et d'effectuer un apprentissage.

Piggy-back. La solution du *piggy-back*, c'est-à-dire la commercialisation par une entreprise solidement implantée sur un marché étranger des produits d'une autre entreprise qui ne dispose pas de moyens de vente sur ce marché, est aussi appelée « exportation kangourou » ou « portage ». Cette solution est pratiquée par de grandes firmes qui disposent de réseaux commerciaux internationaux multiproduits. Souvent, il peut s'agir de PME, fournisseur ou client de ces grands groupes, qui proposent de produits performants sur des niches de marché mais n'ont pas les moyens de les exporter. L'avantage, pour l'entreprise qui recourt au *piggy-back*, est alors de pouvoir disposer d'une infrastructure commerciale importante sans investir. Pour le grand groupe, il s'agit de pouvoir proposer des gammes complètes.

Néanmoins, cet avantage est contrebalancé par deux risques :

- Celui de se voir traiter de façon un peu marginale, le produit du *piggy-backé* étant noyé au milieu d'un très grand nombre d'autres références.
- Lorsque le produit *piggy-backé* se vend très bien, existe le risque d'exciter la convoitise de l'entreprise qui possède l'implantation commerciale. Celle-ci cherchera alors à prendre le contrôle de l'autre, d'autant plus facilement qu'elle est généralement d'une taille beaucoup plus importante et qu'il existe un lien de dépendance par le biais des exportations. D'où l'intérêt de fixer très clairement dans le contrat de *piggy-back* les clauses liant les partenaires. Un exemple est donné ci-après dans le cas de deux grandes entreprises (voir illustration 7.3).

Illustration 7.3

Piggy-back pour ulcère à l'estomac

Le groupe pharmaceutique américain SmithKline disposait d'une molécule, le Tagamet, qui était presque sans rivale pour lutter contre l'ulcère à l'estomac. Le marché américain, avec plusieurs millions d'ulcéreux (cette maladie est en partie chronique, d'où un marché de renouvellement), était évidemment une vache à lait pour lui. Un de ses concurrents, Glaxo, le numéro 1 anglais de l'industrie pharmaceutique, inventa une molécule concurrente, le Zantac. Après avoir obtenu l'autorisation de mise sur le marché de la FDA (*Food and Drug Administration*), c'est-à-dire après une bonne année de tests pour évaluer l'efficacité et les effets secondaires du médicament, Glaxo se posa la question de la vente. Comme il y a plusieurs centaines de milliers de médecins aux États-Unis, les visiteurs médicaux de sa filiale locale ne suffisaient pas pour promouvoir ce médicament sur prescription (ce qui suppose avant tout de convaincre le corps médical). Glaxo eut donc recours en *piggy-back* au réseau américain de visiteurs médicaux du groupe suisse Hoffmann-Laroche. Le contrat de *piggy-back* stipule évidemment les modalités de rémunération du groupe suisse, mais aussi comment ses visiteurs médicaux feront la promotion du Zantac, quels documents seront utilisés, etc. En 2000, Glaxo a fusionné avec Smithkline donnant naissance à GlaxoSmithKline, groupe britannico-américain parmi les plus grands leaders pharmaceutiques mondiaux.

Commissionnaire à l'exportation. Le rôle d'un commissionnaire à l'exportation est de représenter une entreprise exportatrice sur quelques marchés étrangers bien ciblés. Il procède aux démarches commerciales, trouve les clients, s'occupe en partie du suivi de la commande, mais c'est l'exportateur qui facture et expédie les produits au client étranger. Comme son nom l'indique, le commissionnaire touche une commission calculée en pourcentage sur les ventes qu'il permet d'effectuer.

Il s'agit souvent d'un individu ou d'une petite entreprise qui possède des contacts privilégiés et une connaissance approfondie de certains pays. Ainsi, une personne qui s'intéresse à l'Inde et au Népal peut vendre des produits d'équipement de ski (planches, fixation, anoraks…) en tant que commissionnaire, non exclusif le plus souvent, de firmes de cette industrie. Le marché se réduit pratiquement à la clientèle militaire compte tenu de la quasi-absence de stations de sports d'hiver dans la zone himalayenne. Cela explique pourquoi ces firmes n'ont pas intérêt à exporter par un moyen qui exigerait des investissements commerciaux significatifs. Quant au commissionnaire, il jouera souvent un rôle dans les deux sens : à l'export et à l'import. Dans l'exemple précédent, le commissionnaire d'équipements de ski va rechercher des fournisseurs de petits articles cadeaux (napperons, bagues et bijoux de faible prix) pour de grandes maisons de vente par correspondance qui utilisent ces articles à titre promotionnel.

Le rôle de commissionnaire à l'export a une valeur générale : les sociétés de commerce international que nous allons examiner ensuite peuvent jouer ce rôle. Elles se différencient néanmoins de l'intermédiaire situé dans le pays d'origine par le fait qu'elles résident à la fois dans le pays de l'exportateur et dans les marchés finaux, par l'intermédiaire de leurs bureaux à l'étranger.

Sociétés de commerce international et bureaux d'achat à l'étranger

Les sociétés de commerce international. La fonction des sociétés de commerce international est de jouer le rôle d'export-import, avec des bureaux de représentation et de vente dans les pays étrangers. Souvent, elles agissent en tant que simples commissionnaires, mettant en relation acheteurs et vendeurs potentiels, souvent sur des affaires ponctuelles mais de grosse valeur unitaire (l'achat de matériel par une administration publique par exemple). L'exportation intermédiée par ces sociétés est fréquente vers certaines zones, particulièrement les pays en voie de développement économique. Ainsi, dans le cas de la France, les plus importantes sociétés françaises de commerce international sont de fait dirigées vers nos anciens territoires coloniaux, particulièrement l'Afrique francophone (Compagnie française de l'Afrique occidentale…).

Une société de commerce international combine souvent les modes d'intervention : elle peut agir en tant que bureau d'achat, commissionnaire à l'exportation, ou encore en tant que concessionnaire d'une marque automobile dans l'un des pays où elle est implantée. Cette formule ne connaît cependant dans aucun pays industriel le succès et l'extension qu'elle a au Japon où les grandes sociétés de commerce extérieur (les *sōgō shōsha*) réalisent une part très importante des exportations et importations du pays (voir illustration 7.4).

Illustration 7.4

Les *sōgō shōsha* japonaises

Parmi les centaines de sociétés de commerce international japonaises, certaines sont généralistes (*general trading companies*), d'autres sont spécialisées par type de produits. Les plus grandes d'entre elles (Mitsubishi Shoji, Mitsui Busan, C. Itoh, Marubeni et Sumitomo Shoji) disposent de plus de 200 bureaux de représentation dans les grandes villes du monde. Il s'agit avant tout d'un gigantesque système d'information et système financier (offre de crédit aux partenaires[5]). L'ensemble des opportunités d'affaires relevées localement, dans les domaines les plus divers, sont envoyées au centre nerveux de la *sōgō shōsha* à Tokyo, à Osaka ou à Kobe. Ces données sont ensuite dépouillées et analysées par des équipes qui répercutent ces offres sur des entreprises japonaises, mais aussi qui peuvent s'adresser à des entreprises étrangères. En fait les *sōgō shōsha* fonctionnent aussi sans repasser par le Japon et peuvent être utilisées par des firmes non japonaises qui souhaitent faire du commerce triangulaire. Dans les quinze à vingt dernières années, leur part dans le commerce extérieur et intérieur japonais a néanmoins sensiblement décru. En effet, les grandes firmes japonaises, comme Sony, Toyota, et bien d'autres ont développé leur propre réseau de distribution à l'étranger. Une des limites des sociétés de commerce international est précisément leur nature généraliste et le caractère souvent au coup par coup des affaires qu'elles font. Pour aller jusqu'aux clients finaux, lorsqu'ils sont nombreux, comprendre leurs besoins finement et appliquer des politiques de communication et de promotion, les sociétés de commerce international ne sont pas forcément le mode de distribution international, au sens large, le mieux adapté.

Les bureaux d'achat. La plupart des grands magasins (*department stores*) ou des sociétés de vente par correspondance (*Mail order houses* ou *Catalog sales*) recherchent systématiquement des fournisseurs à l'étranger, soit parce qu'ils ne trouvent pas de tels fournisseurs dans leur pays d'origine, soit beaucoup plus fréquemment parce qu'ils recherchent des prix très compétitifs. Il s'agit souvent d'équipes de plusieurs dizaines d'acheteurs spécialisés qui sillonnent le monde à la recherche d'importations avantageuses et sont installés sous forme de bureau d'achat dans les pays où se trouvent les fournisseurs potentiels.

De grands magasins japonais (tels que Mitsukoshi ou Daimaru), américains (comme Sears), ou européens (Ikea), figurent parmi les distributeurs qui disposent de bureaux d'achat. Dans les pays d'Europe centrale, de nombreux exportateurs de meubles ou de vaisselle travaillent ainsi par l'intermédiaire de bureaux d'achat. De même au Brésil, deux villes situées l'une près de Sao Paolo, l'autre près de Porto Alegre, sont spécialisées l'une en chaussures masculines, l'autre en chaussures féminines. Ce sont des centaines de petites et moyennes fabriques de chaussures qui se côtoient et se concurrencent, l'acheteur étranger apportant souvent le modèle exact de la chaussure qu'il souhaite fabriquer et discutant principalement du prix, de la qualité et des délais. L'avantage de cette formule est qu'on peut exporter depuis son usine sans frais apparents, le produit étant acheté départ usine et acheminé par le bureau d'achat. Cela peut être utile pour démarrer à l'export.

Par contre, l'inconvénient majeur de cette formule, qui revient à une sous-traitance internationale (fréquente au Brésil, au Mexique, au Maroc, en Tunisie, en Chine, en Inde…, et dans les pays d'Europe centrale), est que l'exportateur n'a aucun contrôle du prix final, de la marque, de la politique marketing, c'est-à-dire du marketing international. Certains articles (un secrétaire par exemple) vont ainsi être achetés 30 euros en Bulgarie pour finalement figurer à 300 euros dans un catalogue de vente par correspondance. Même si l'exportateur prend conscience de la nécessité de connaître le client final, de maîtriser la distribution de ses produits, se pose pour lui le problème du passage d'une phase (très passive) à une autre (plus active), et de la reconquête progressive du contrôle de la politique marketing et de la chaîne de valeur s'il souhaite adopter une posture plus proactive dans son développement marketing international.

Distribution directe internationale : vente par correspondance et commerce électronique

Le marketing direct international a connu une expansion mondiale très rapide au cours des trente dernières années, soutenue notamment par l'e-commerce qui est techniquement une forme de vente directe. Dans la vente directe internationale, les clients étrangers passent leurs commandes directement à des fournisseurs étrangers disposant d'un site de vente (*click-and-mortar*, comme Dell), venu parfois compléter des magasins physiques (*brick-and-mortar*), à des fournisseurs étrangers qui ont développé un canal de vente directe (Levi's, Nike), à des distributeurs nés de l'e-commerce (*pure players* ou *e-tailers*, comme Amazon.com), ou à des entreprises de vente par catalogue (comme La Redoute en France).

L'e-commerce est plus développé dans les marchés de la Triade du fait du fort taux d'équipement informatique, de la qualité des infrastructures électroniques (bande passante) et de la bancarisation généralisée des clients. Mais Lands'End, l'une des plus grosses sociétés de marketing direct américaines, a des activités commerciales dans plus de 170 pays, tandis que les grandes entreprises de vente par correspondance européennes (Otto Versand, Quelle, Bertelsmann et La Redoute) ont développé leurs activités *cross-border*, notamment à l'échelle européenne. L'e-commerce est utilisé pour vendre à des utilisateurs finaux toutes sortes de produits et services de consommation courante ou industriels à travers Internet bien que les services (la banque, l'éducation, le conseil, la distribution, les jeux…) soient idéalement adaptés à ce type de vente directe.

Le développement des cartes de crédit internationales et la facilitation des paiements internationaux ont massivement réduit la complexité et les coûts des transactions, aussi bien pour les consommateurs que pour les distributeurs. Des législations restrictives sur les heures d'ouverture des magasins ont constitué une incitation à l'achat par correspondance, comme en Allemagne et en Autriche, deux pays à horaires d'ouverture traditionnellement limités par comparaison avec d'autres pays industrialisés. Pour l'acheteur, l'e-commerce réduit également les coûts de recherche et de comparaison des prix et des offres pour identifier le meilleur fournisseur. Pour l'exportateur, cette forme de distribution directe facilite aussi le contrôle des stocks.

Mais la distribution internationale directe pose plusieurs problèmes non négligeables :

- **Logistiques.** L'expédition finale peut se faire soit depuis la base domestique, soit depuis le pays de destination, soit encore depuis un pays tiers, l'objectif étant de minimiser les coûts d'envoi tout en gardant une rapidité convenable. Ainsi, alors que la solution la plus simple semble être d'expédier depuis le pays de destination, parce que la langue et la culture locale seront mieux intégrées, il peut être moins cher et plus fiable d'expédier depuis un pays tiers du fait des contraintes dans le système postal local[6].
- **De réglementations postales, fiscales, et de respect des données privées**, qui sont encore largement propres à chaque pays, bien qu'elles tendent à s'homogénéiser, comme dans l'Union européenne où un service postal européen est en train de se mettre en place.
- **De disponibilité de fichiers de prospects**, de leur degré de fiabilité en ce qui concerne les normes et les adresses, le respect des données confidentielles : par exemple, les listes allemandes sont soumises à des règles de confidentialité très strictes (*Datenschutz*).

La distribution directe internationale suppose une adaptation pour des raisons de langue et de culture. Le texte pour les catalogues et les lettres doivent généralement être préparés par des locaux et même souvent réalisés directement dans le pays cible, ce qui facilite largement l'adaptation locale. Certains catalogues de VPC ne sont diffusés qu'en anglais au niveau mondial, comme World's Best de Baltimore ou Shepplers ; ils visent une clientèle anglophone haut de gamme et sont liés à des fichiers internationaux. Le catalogue de Land's End comprend des instructions sur quatre pages, intitulées *Land's End Glossar* et qui expliquent comment commander en allemand, arabe, japonais et espagnol, bon de commande à l'appui.

Désormais, il est possible de se connecter partout dans le monde au réseau Internet et, de fait, la distribution directe internationale utilise de plus en plus ce média, en ouvrant des sites web depuis lesquels tout ce qui se trouve dans le catalogue peut être commandé en ligne, avec vérification instantanée de la disponibilité de l'item, préparation de l'envoi et paiement. Le site de Cisco (www.cisco.com) apparaît en 14 langues et propose un contenu spécifique pour 49 pays. Le site de 3M (www.3M.com) permet l'achat direct et donne des informations sur un nombre croissant de ses 60 000 produits dans une centaine de pays et une quarantaine de langues. Alors que certaines compagnies ont grandi sur Internet, comme le distributeur de livres Amazon.com, le Web permet aussi aux entreprises de présenter une quantité considérable d'informations sur leurs produits : le site de Toyota offre ainsi des écrans avec les spécifications détaillées ainsi que les coordonnées des concessionnaires ; les consommateurs potentiels peuvent tester une variété de couleurs et visionner leur future voiture sous les angles les plus divers.

Mais il existe quelques limites à l'instrument prometteur que constitue le commerce électronique :

- **L'infrastructure.** Initialement construite pour le Pentagone, puis pour les utilisateurs académiques, elle nécessite un accroissement continuel pour répondre aux besoins des utilisateurs commerciaux et les embouteillages à certaines heures montrent que l'infrastructure existante est parfois à la limite de la saturation.
- **La sécurisation des paiements par carte.** Le cryptage et la présence d'intermédiaires entre fournisseurs et clients rendent la fraude moins facile, mais elle est loin d'être impossible. L'usage des portemonnaies électroniques permettra probablement de répondre partiellement à cette question mais la faible bancarisation des économies émergentes restera un obstacle important dans ces marchés.
- **Le nombre limité de produits qui peuvent être vendus.** Parce que le shopping virtuel ne permet pas l'expérience complète du vrai magasinage, particulièrement la possibilité de voir, de toucher le produit réellement et de discuter avec le personnel dans une interaction humaine complète. Cela explique en partie l'échec de certaines galeries virtuelles.
- **Les caractéristiques sociodémographiques des utilisateurs.** Elles sont assez spécifiques : ce sont des personnes plutôt jeunes, qui ont un niveau d'éducation élevé, parlent anglais et sont habituées à l'écran et au clavier. En conséquence, le commerce électronique vend avec succès les produits qui intéressent une telle cible, beaucoup étant liés à l'informatique (des logiciels aux recharges d'encre pour imprimantes), l'éducation (les livres) ou les loisirs (CD, musique).
- **L'essoufflement du modèle économique fondé sur la vente directe exclusive.** C'est le cas quand l'argument prix-délai-personnalisation n'est plus suffisant face à l'évolution sophistiquée de la demande et de la concurrence : ainsi Dell, en 2007, a-t-il mis en place un système de vente indirecte internationale en BtoC, véritable révolution culturelle pour le groupe (voir illustration 7.5).

Illustration 7.5

Quand Dell découvre l'intermédiation internationale

La stratégie de développement originelle de Dell élimine les intermédiaires, ce qui permet une réponse rapide aux clients passant commande par Internet ou par téléphone et concevant leur ordinateur à leur guise (*mass-customization*). Cela permet d'éviter d'avoir des stocks d'ordinateurs et de pièces détachées importants, chaque appareil étant monté sur mesure et les pièces nécessaires à son montage achetées en flux tendu et au meilleur prix. De plus, le client paye son PC immédiatement après l'avoir commandé ce qui diminue très fortement tout risque d'impayé et optimise la trésorerie de l'entreprise. Mais le modèle économique employé par Dell a atteint ses limites et conduit en 2007 la société à perdre sa place de leader mondial du marché au profit de Hewlett-Packard puis d'Acer. Depuis son retour aux commandes de la société, le fondateur, Michael Dell, tente de lui imposer un virage stratégique[7].

Afin de se développer sur le marché grand public, Dell adopte le principe de la vente indirecte – une révolution culturelle – et signe plusieurs accords de distribution avec des grandes chaînes de magasins comme Wal-Mart, Best Buy et Stapples, Carphone Warehouse et Tesco (au Royaume-Uni, en Irlande, en Pologne, en République tchèque et en Slovaquie), Gome (en Chine) ou encore Carrefour (en France, Espagne, Belgique…). De nouvelles usines d'assemblage sont ouvertes en Asie en plus de l'Europe (en Pologne, l'usine irlandaise a été fermée en 2009) et des États-Unis (dans l'État de Caroline du Nord). La conception du système de production et de la chaîne logistique est révisée. Il n'est plus possible de travailler en flux tendus comme auparavant. Il faut fabriquer à l'avance et constituer des stocks, gérer les invendus des distributeurs, etc. Simultanément, le groupe cherche à se distinguer un peu moins de ses compétiteurs quant aux prix, et davantage par l'innovation, l'originalité et la variété des produits. Cette stratégie s'apparente à celle utilisée avec un certain succès par Apple. Dell investit dans des équipes de design en Asie afin de séduire davantage les utilisateurs, notamment sur le marché grand public, par exemple avec de nouveaux ordinateurs portables déclinés en plusieurs configurations et plusieurs couleurs de boîtiers, des améliorations d'ergonomie, etc. Sur le marché des PME et des entreprises, Dell tente de se positionner en tant que fournisseur de solutions complètes, et non plus seulement en tant que fabricant de matériel. Pour cela, il incorpore de nouvelles options technologiques et de prestations de service aux entreprises (par exemple sur le marché des solutions dites de *streaming* basées sur un client centralisé en partenariat avec le fournisseur de logiciels Citrix). Dell se positionne également sur le marché des communications unifiées en annonçant un accord avec Microsoft et Nortel, ce qui lui permet de proposer à ses clients l'ensemble des produits de la gamme télécoms entreprises de Nortel, incluant les équipements de réseaux, les produits de communications unifiées développés dans le cadre de l'alliance « ICA » de Nortel et Microsoft et des prestations de service.

Illustration 7.5 (suite)

1.3 Exportation intermédiée dans le pays de destination

L'agent à l'étranger

Il s'agit de la forme la plus fréquente, l'agent pouvant être un commerçant indépendant ou une entreprise locale, souvent spécialisée dans l'importation de certains types de produits. Cette solution est largement pratiquée, car souple, peu coûteuse et permettant une introduction réelle dans le pays. Il est rare, en effet, qu'une société dispose ou puisse recruter un cadre commercial connaissant bien le pays où elle veut exporter : cette solution plus difficile et plus coûteuse ne peut se réaliser qu'avec un volume d'exportations assez important (un seuil de 5 millions d'euros paraît un minimum raisonnable).

Le choix d'un agent à l'étranger. Quelques critères principaux devront guider l'entreprise exportatrice : les spécialités de l'agent, sa situation financière, ses introductions éventuelles, son niveau général de compétence. Une première réflexion s'impose : choisir un agent qui représente beaucoup de produits différents peut être risqué. Imaginons le cas d'un agent qui importe déjà des articles de sport, des produits alimentaires, des machines-outils. Si une entreprise de cosmétiques lui demande de représenter ses produits, il y a fort à parier qu'il ne le fera pas dans les meilleures conditions : dispersion des clientèles, de son image de marque, etc. Il faut donc préférer en priorité un agent spécialisé dans le type de produits et les segments de marché de l'exportateur. En outre, on doit vérifier ses introductions, sa notoriété, sa connaissance des circuits de distribution, du milieu professionnel et des autorités publiques. Enfin, il doit avoir une certaine assise financière, qu'il soit compétent et pourvu d'un personnel capable d'organiser la passation des commandes, les livraisons, le suivi des stocks. Ces points paraissent tautologiques. Ils ne le sont pourtant pas puisque des entreprises se trouvent assez fréquemment pourvues d'un agent incompétent ou ne s'intéressant pas à leur produit, faute d'une réflexion approfondie au départ.

Délégation de la politique marketing. Les prérogatives de l'agent sont très variables et vont d'un simple rôle d'intermédiaire (le cas le plus fréquent) à une très large délégation de la politique marketing dans le pays concerné. Des décisions marketing importantes (négocier les prix, choisir les produits à promouvoir, définir la politique de communication et les méthodes de promotion…) pourront alors lui revenir. Même en cas de délégation large, il est important que l'entreprise puisse exercer un contrôle sur ces décisions et il faut le prévoir dès la rédaction du contrat.

Les responsables chargés de l'exportation rendront ainsi visite aux agents régulièrement, autant pour les lier à l'entreprise en les informant des nouveaux produits, des investissements et en examinant avec eux les moyens d'une meilleure coordination, que pour observer sur le terrain les résultats de leur action commerciale. Dès le début du contrat d'agence, il est très utile que l'agent ou un de ses salariés puisse visiter l'entreprise exportatrice pour mieux connaître les hommes, les produits, les moyens de production : c'est la condition d'une bonne intégration et de la réussite des relations avec l'agent.

Problèmes de relations avec les agents. La première question est celle des relations éventuelles de l'agent avec un concurrent. La nécessaire spécialisation des agents importateurs fait qu'en réalité il en existe toujours un nombre limité dans un domaine déterminé, et parfois moins que d'entreprises (concurrentes) candidates à être représentées. On peut envisager l'erreur absolue qui consiste à s'en remettre à un concurrent ! Mais les dangers des relations de l'agent avec la concurrence peuvent revêtir des formes plus subtiles. L'agent en Espagne d'une compagnie pharmaceutique anglaise représente des produits d'un géant suisse du même secteur. Les produits sont différents et ne se font apparemment pas concurrence. Pourtant, la firme suisse a un autre agent en Espagne qui représente des produits concurrents de ceux des Anglais et, compte tenu de bonnes relations entre la société suisse et l'agent espagnol commun et d'un volume d'affaires très important, celui-ci bloque le développement des produits anglais.

La seconde question est celle de l'attitude de l'agent vis-à-vis des produits qu'on lui donne en représentation. Il peut faire des discriminations et pousser ceux qui se vendent « tout seuls », évitant toute dépense de promotion, ce qui maximise son gain relatif mais pas celui de l'entreprise. Celle-ci risque en effet de voir sa part de marché restreinte par rapport à un potentiel important. La seule solution, pour une entreprise qui craint de mauvaises décisions marketing de son agent, est de ne pas déléguer ces décisions. Néanmoins, perdant son indépendance et éventuellement une forte partie de sa capacité d'action, l'agent peut également perdre beaucoup de sa motivation.

Le concessionnaire à l'étranger

Le concessionnaire (en anglais *dealer*, une concession étant un *dealership*) correspond à une forme de liaison souvent plus forte que celle avec un agent : le concessionnaire représente la marque pour un territoire déterminé, avec un lien le plus souvent exclusif ; il gère un stock de produits et de pièces détachées ; il achète pour revendre et finance tout ou partie du stock. L'entreprise de matériel de travaux publics Caterpillar a ainsi un réseau de concessionnaires dans le monde entier. Le concessionnaire pour la France, la société Henry Bergerat-Monnoyeur, est une entreprise de plus de mille personnes qui gère les concessions Caterpillar sur l'ensemble du territoire. Une société comme Coca-Cola a longtemps été une adepte du système du concessionnaire quasi exclusivement (voir illustration 7.6).

Illustration 7.6

Concessionnaires à l'étranger, l'exemple de Coca-Cola

The Coca-Cola Company, basée à Atlanta aux États-Unis a pour tradition de recourir à des concessionnaires à l'étranger. Il peut en exister plusieurs pour un même territoire national, comme en Allemagne où ils se répartissent les zones de marché. Coca-Cola n'exporte que le concentré, dont la formule est tenue secrète. Les fonctions des concessionnaires sont de ce fait très larges : préparer le produit à partir du concentré, embouteiller, distribuer. Ils sont associés à la politique locale de communication sur laquelle les services d'Atlanta gardent néanmoins la haute main, le marketing, l'image de marque étant des atouts essentiels de la compagnie. En France, le concessionnaire de Coca-Cola a longtemps été la société Pernod-Ricard, surtout orientée vers les boissons alcoolisées. Les zones de concurrence étaient donc faibles entre les deux entreprises. Mais le jour où Pernod-Ricard a décidé d'augmenter très notablement la part des *soft drinks* dans son chiffre d'affaires, en faisant en particulier la promotion internationale d'Orangina, Coca-Cola a commencé à avoir des difficultés à le garder comme concessionnaire. Finalement, le contrat de concession a été dénoncé. Désormais, Coca-Cola passe progressivement à une politique de filiales commerciales en intégrant plus souvent le réseau de distribution, de façon à gérer plus activement les marchés locaux, surtout lorsque le but est d'accroître la demande primaire de ses produits.

La succursale à l'étranger

Elle peut être assez simple en pratique : disposer d'une personne ou d'une équipe dans le pays vers lequel on exporte. Salarié permanent de l'entreprise, le personnel de la succursale (*branch*) ainsi que ses frais de fonctionnement (location des bureaux, frais de fonctionnement) sont à la charge de l'exportateur. La succursale ne constitue pas une entité juridique distincte de sa maison mère : elle n'est pas une société commerciale autonome enregistrée localement. Ce qui présente le défaut de faire remonter à la maison mère des litiges (en matière de responsabilité du fait du produit par exemple) ou des malversations éventuelles ayant pour origine la succursale.

La filiale commerciale

Fonder une filiale commerciale revient à créer une entreprise à part entière, enregistrée en tant que société de droit local qui devra être dissoute en cas de retrait du pays :

- Elle représente l'entreprise internationale pour le marché local et dispose d'un réseau, de moyens de stockage, d'acheminement et éventuellement de distribution (s'il est intégré à la filiale).
- Elle peut également disposer d'une certaine délégation dans la définition de la politique marketing au sein du pays où elle est installée, suivant la façon dont la société mère conçoit ses relations avec les filiales, leur accordant plus ou moins d'autonomie.

De nombreuses sociétés (en particulier les multinationales) dans les domaines des biens de grande consommation ont des filiales commerciales qui gèrent localement l'ensemble de la politique marketing, avec des directives assez rigoureuses de la maison mère et en rapportant régulièrement au siège. Chargées de la politique de produit, elles suggèrent et négocient avec la maison mère les adaptations qu'elles jugent nécessaires ; elles ont également un rôle dans la définition de la politique de prix et de la communication, et elles exécutent au plan local des directives et procédures fixées par la maison mère[b]. Le choix se traduit souvent par un réseau indépendant de la filiale, mais animé par elle, l'intégration totale du réseau étant souvent trop coûteuse ou peu pertinente : il peut être très coûteux de posséder toutes ses concessions (ce que fait BMW France) ; il serait peu pertinent pour Procter & Gamble d'acheter une grande entreprise de distribution.

Les recherches sur les décisions d'entrée par création de filiales commerciales par opposition à la création de partenariats locaux sont très abondantes et suggèrent l'impact de quelques variables externes clés sur ce choix[8] :

- Une influence significative et positive sur l'établissement de filiales comme mode d'entrée revient au facteur culturel de distance hiérarchique (plus l'entreprise est originaire d'un pays à culture hiérarchique, plus elle choisira la filiale).
- Une influence significative et négative sur l'établissement de filiales est liée à l'incertitude dans le pays cible (risque pays), à l'environnement légal local (restrictions juridiques pour les étrangers) et, ce qui est contraire à la théorie, à l'attractivité du marché en termes de taille et de croissance (une forte croissance et une grande taille de marché conduit plutôt à développer des modes d'entrée fondés sur la coopération).

1.4 Principaux points à examiner dans les contrats d'intermédiation

Nous développons ici une perspective à la fois juridique et managériale. Au-delà des distinctions entre les différentes formes d'intermédiation, il existe une série de points communs qui doivent être abordés dans tous les accords qui, rédigés par des juristes, sont d'abord négociés par les équipes commerciales et marketing. Nous appellerons le mandant « entreprise » et son mandataire « agent ».

Exclusivité, couverture géographique et durée

Les questions d'exclusivité se posent de part et d'autre : il faut savoir si l'entreprise accorde l'exclusivité à son agent (elle s'interdit d'en prendre un autre) et si celui-ci en fait de même (il s'interdit de représenter les produits d'un concurrent direct de son mandant). Évidemment, il faut veiller à définir avec beaucoup de précision les territoires couverts ainsi que les

b. Voir chapitre 10 (p. 388-392).

produits, services, prestations, cessions de droits de propriété industrielle visés par l'accord, tout autant que la durée des droits conférés. Les problèmes d'ambiguïté dans la relation entre entreprise et agent se posent à travers la question de la concurrence indirecte : un agent spécialiste de production et de distribution de spiritueux peut se retrouver en concurrence avec son mandataire non pas sur le produit particulier concerné par l'accord mais sur l'ensemble de la catégorie de produits, ses propres fabrications étant partiellement des substituts du produit de son mandataire.

Les produits concernés par le contrat devront être définis précisément, aussi bien que la couverture géographique : elle doit toujours être proportionnée aux capacités réelles de l'agent. Comme cela a déjà été noté, la question de l'exclusivité se pose de part et d'autre. Néanmoins, quand on parle d'« agent exclusif » pour un territoire déterminé, cela signifie le plus souvent que l'exportateur accordera à l'agent l'exclusivité de la représentation de ses produits. Cela peut poser un problème lorsque l'agent ne couvre pas réellement l'ensemble du territoire dont il a l'exclusivité (voir illustration 7.7). Territoire et exclusivité (ou non-exclusivité) peuvent se découper et se discuter à l'infini, l'imagination des négociateurs et leurs intérêts étant les seules vraies limites. Ainsi, un agent peut être exclusif pour un territoire et des produits bien définis, et non exclusif pour d'autres territoires ou d'autres produits du même exportateur. Il est prudent de prévoir des durées assez courtes, reconductibles tacitement et consécutives à une période d'essai.

Illustration 7.7

Agent, mais pas ambassadeur

Une entreprise de produits industriels accorde à un agent américain un contrat de représentation exclusive pour l'ensemble des États-Unis. Or, cet agent ne dispose que d'un rayonnement commercial limité puisque, installé à Boston, il ne travaille de façon significative que dans le nord-est du pays. Deux ans plus tard, la société française, devant son succès dans cette zone, veut étendre ses activités à la côte ouest. Elle découvre alors que son agent n'a pas la taille, ni les moyens, ni le désir de s'étendre par là. Elle doit donc trouver un autre agent pour cette région. Malheureusement, comme elle a accordé à son agent bostonien une exclusivité pour l'ensemble des États-Unis, elle devra soit racheter ce droit, soit donner une double commission. Souvent, les entreprises commettent l'erreur de confondre le désir d'être présent dans tout un pays avec les capacités réelles de leur agent : elles sont prises à leur propre piège car elles seront obligées par la suite de payer ce qu'elles ont accordé gratuitement.

La délégation des politiques marketing

Parmi les éléments essentiels de délégation marketing, on peut en distinguer quatre : le management de la marque, du prix, de la communication, et du service (stock, service après-vente, etc.). Donner à un mandataire le droit de représenter et d'utiliser une marque ne peut se faire à la légère, c'est-à-dire hors d'une liaison forte et exclusive. Tout accord d'intermédiation peu engageant, par exemple avec un agent qui représente par ailleurs plusieurs dizaines d'entreprises étrangères, ne doit pas engager la marque.

La fixation du prix va avec la responsabilité de la facturation et des démarches commerciales finales : si le mandataire a pour rôle de chercher les clients, mais non de parachever la négociation avec eux, il ne doit pas avoir d'influence sur le prix et sera simplement commissionné. Par ailleurs, le fait de lui avoir concédé l'exclusivité pour un territoire donné entraînera l'obligation de lui verser une commission pour toute vente effectuée sur son territoire *même s'il n'est intervenu à aucun moment* dans l'obtention du contrat. Si on a obtenu des affaires sans son intermédiaire mais s'il vient réclamer sa commission, elle ne peut lui être refusée. Le degré de délégation pour la communication (brochures commerciales en particulier) et le service doit s'appuyer sur des bases réalistes : tout peut être négocié du moment que le mandataire est réellement prêt à le faire et en est capable.

Aspects financiers et juridiques

Quant aux modalités de rémunération, il s'agit généralement d'un pourcentage variable suivant la nature du produit et les prérogatives de l'agent, l'exportateur facturant et l'agent étant commissionné sur les montants facturés. Dans certains cas – les biens d'équipement de forte valeur unitaire par exemple, pour lesquels il peut n'y avoir de vente pendant un an ou plus –, la commission peut être accompagnée d'une rémunération fixe afin d'encourager les efforts de prospection de l'agent. De façon générale, il est cependant préférable d'éviter toute rémunération fixe lorsqu'elle n'est pas justifiée.

Outre la définition des modalités de collaboration financière (achat/vente ou commission), il est important de déterminer qui est responsable en cas de non-paiement par le client final. Il faut également connaître la loi compétente s'appliquant à un contrat de vente, suivant la volonté des parties et les conventions internationales en vigueur, et prévoir le tribunal compétent ou une clause d'arbitrage en cas de litige (par exemple, l'arbitrage de la Chambre de commerce internationale) ainsi qu'une provision pour litiges. En particulier, dans les pays où le transfert de la propriété ne se fait pas en même temps que la conclusion du contrat de vente, il est important de protéger ses arrières par une clause dite de « réserve de propriété ».

Aspects culturels

La probabilité d'accroissement des conflits s'accroît mécaniquement à mesure que se développe le nombre d'accords *cross-border*. Le conflit est un sujet important du management des canaux de distribution car sa gestion appropriée permet d'accroître la performance de tous les acteurs. Un conflit est manifeste quand l'un des partenaires se comporte d'une manière qui empêche l'autre d'atteindre ses objectifs. La tension qui en découle est souvent inévitable, qu'elle résulte de comportements opportunistes ou de perceptions, d'attentes et de préférences différentes en matière de temps, de communication, de motivation, de contrôle, mais elle est généralement maintenue à des niveaux constructifs pour l'empêcher de devenir réellement dysfonctionnelle.

Or la nature interculturelle de la relation entre exportateurs et intermédiaires locaux accroît sensiblement la probabilité d'une tension dysfonctionnelle. Le style de leadership exercé par l'exportateur sur ses intermédiaires locaux devra donc s'adapter à leurs spécificités culturelles très variées. Il n'existe pas de style de management des canaux de distribution internationaux universels[9]. Le management des relations entre sociétés étrangères et représentants locaux en Chine illustre bien cette nécessité (voir illustration 7.8).

Illustration 7.8

Guanxi et gestion des conflits dans les canaux de distribution en Chine

Le *guanxi*, c'est-à-dire « les relations interpersonnelles », représente une caractéristique spécifique et fondamentale de la vie des Chinois, personnelle et dans le domaine des affaires[10]. Ce terme, composé de deux caractères chinois signifiant « barrière » et « lien », représente un ensemble de normes, d'états et de comportements qui permettent d'entrer en relation et d'entretenir ces relations dans la durée. Dans le contexte des relations entre Chinois et personnel étranger au sein des canaux de distribution, le *guanxi* peut être considéré comme la proximité et l'interaction émotionnelle qui relie les partenaires (on s'entend bien, on a des contacts fréquents, on s'apprécie). Il fournit la base nécessaire à la confiance mutuelle, à la relation à long terme, et le Chinois se situera dans des réseaux de *guanxi* comme l'Occidental se situera dans des relations contractuelles. Bénéficier d'un bon *guanxi* permet donc de générer une attention plus importante de la part des partenaires chinois qui seront plus aidants. La proximité émotionnelle favorise aussi la réduction du nombre de conflits et leur gestion sur un mode plus fluide. La coopération des membres du canal, c'est-à-dire les efforts conjoints dirigés vers des buts communs, est également facilitée par un bon niveau de *guanxi*. Au total, une bonne proximité émotionnelle entre le personnel étranger et leurs représentants chinois favorise la réduction du nombre de conflits perçus et l'usage de tactiques de pouvoir non coercitives qui entraînent une meilleure coopération. En contexte chinois, le *guanxi* peut être considéré comme une variable d'action marketing aussi importante que les 4 P. Par exemple, le personnel étranger doit nettement favoriser les interactions avec les représentants chinois, en participant à des activités sociales, en échangeant régulièrement des petits cadeaux à l'occasion des fêtes, en prenant soin (*care*) des autres sur une base quotidienne, en dînant régulièrement ensemble. De cette façon, les conflits (inévitables) seront moins nombreux et moins graves.

La fin et l'évolution des contrats d'intermédiation

Que faire lorsque l'agent est inefficace ou, au contraire, quand il est tellement performant que l'on a envie de passer à d'autres formes d'opérations, par exemple une filiale commerciale à part entière ? Il faut aborder la question de la « terminaison » des contrats. Même si l'on arrive à échéance dans des conditions normales, qu'il n'y ait pas résolution du contrat pour cause d'inexécution, l'agent va souvent avoir droit à une indemnité. En effet, la législation considère dans de nombreux pays que l'agent constitue un fonds de commerce et que la perte ou le non-renouvellement de son contrat de représentation va entraîner pour lui une perte économique qu'il convient d'indemniser. Le montant de ces indemnités de rupture dépend assez largement des tribunaux, et chaque pays est à cet égard un cas particulier. Il importe donc de se renseigner très tôt (avant la signature du contrat et le début de la relation) sur la législation et la jurisprudence locales en la matière. Si un agent a été inopérant, il ne sera protégé que tant que courra son contrat, mais il aura du mal par la suite à obtenir une indemnisation.

Lorsque l'agent réussit très bien, un problème similaire peut se poser si l'on veut développer les opérations sous une forme différente. À moins de faire une joint-venture avec lui (ce qui n'est pas rare en pratique) et donc de l'associer sur les plans capitalistique et managérial dans l'opération commune, le passage vers une autre forme de développement international ne sera pas évident. En effet, en cas de rupture des négociations avec lui, il faudra le dédommager et subir l'effet de bouche à oreille négatif qu'il ne manquera pas de répandre auprès de la clientèle et au sein du milieu d'affaires local.

2. Le management de la distribution locale

2.1 Les caractéristiques des systèmes de distribution locaux

Dans chaque pays et chaque marché, urbain ou rural, à revenus élevés ou faibles, tous les produits industriels et de consommation courante passent finalement à travers un processus de distribution locale, dit *into-market*. Celui-ci inclut la prise en charge et la distribution physique des produits, le transfert de leur propriété (titres de propriété) et la négociation et l'achat effectif entre des producteurs et des intermédiaires, puis des intermédiaires et des consommateurs[11]. Or, ce processus a lieu dans des systèmes de distribution dont la structure est extrêmement variée à travers le monde car ils sont d'abord profondément liés à l'histoire, la géographie et la culture locales. Ils dépendent ensuite du niveau de développement économique du pays qu'ils influencent aussi puisque la distribution est le lien qui relie producteurs et consommateurs. Ils dépendent également du secteur, la distribution de produits courants se faisant dans des chaînes généralement plus longues où le détaillant (*retailer*) est le dernier maillon avant le consommateur-acheteur, tandis que la distribution industrielle se fait typiquement par des grossistes qui revendent aux utilisateurs ou à des détaillants industriels. Aussi, avant de s'interroger sur les critères de choix de canaux de distribution à l'étranger, il est nécessaire d'identifier les possibilités offertes localement. Elles sont distinctes selon que les débouchés sont situés dans les économies matures (marchés de la Triade) ou émergentes.

La distribution mature des économies de la Triade

Dans les pays à économie mature, la distribution est forcément très développée comme rouage essentiel de la société de consommation de masse. Elle désigne le plus souvent le commerce concentré de masse, employant des techniques « industrielles » modernes de commercialisation. Certains grands distributeurs ont ainsi atteint une taille qui les place aux premiers rangs des entreprises en chiffre d'affaires ou nombre d'employés (Wal-Mart est la première entreprise mondiale en termes de ventes). Plusieurs se sont engagés dans un processus d'internationalisation pour échapper à un marché d'origine saturé et profiter de la déréglementation du secteur dans plusieurs économies émergentes.

Cette distribution moderne varie cependant fortement selon les pôles de la Triade :

- **Les États-Unis.** Territoire immense, où de grands distributeurs achètent directement aux producteurs, ces derniers ayant leurs propres canaux.
- **Le Japon.** Système dominé par de très nombreux grossistes de taille moyenne revendant à de nombreux distributeurs de taille moyenne également (marché de la distribution relativement atomisé), avec un contrôle du canal par le producteur qui définit les pratiques d'affaires et procure incitations et outils de support marketing pour ses produits (ce qui tend à exclure les autres producteurs), relations d'affaires à long terme (parfois des siècles), cadre réglementaire protecteur du petit commerce de détail favorable au comportement

de shopping des Japonais (achats quotidiens dans des magasins de proximité aux services inégalés dans le monde). Ces spécificités du système de distribution japonais constituent l'une des principales barrières non tarifaires à l'entrée dans le pays, dont la culture se traduit surtout sur le plan des modes de relations entre membres des circuits de distribution. Ainsi dans le cas des *Keiretsus*, les liens entre détaillants, semi-grossistes et grossistes sont très forts et entretenus par des rapports à la fois amicaux et financiers, appuyés sur des comportements de faveurs réciproques qui rendent le système japonais de distribution relativement difficile à pénétrer pour les entreprises étrangères.

- **L'Europe.** Elle est caractérisée par une population supérieure à celle des États-Unis mais dont la densité est beaucoup plus élevée, par une hétérogénéité juridique et administrative malgré les efforts d'harmonisation poussés par l'Union européenne, par une restructuration récente mais continue en faveur de grands groupes de distribution au pouvoir de négociation croissant, présents à travers l'Europe et pour certains à l'extérieur (Carrefour, Tesco, Ahold, Aldi, Hennes & Maurits, Zara, Ikea…).

La distribution dans les économies émergentes

Dans les économies émergentes, les systèmes de distribution traditionnels (plus forts dans les campagnes que dans les villes) sont encore le plus souvent dominés par une orientation production et import, tant que l'économie locale ne s'est pas suffisamment développée pour servir le marché local. En dépit d'une modernisation certaine et parfois rapide dans certains pays, les acteurs de la distribution doivent en général faire face à un environnement des affaires contraignant[12] :

- L'appareil productif est fragmenté, et les importations coûteuses au plan tarifaire.
- Les barrières non tarifaires sont élevées (normes, licences, réseaux d'influence locaux…).
- L'appareil statistique est pauvre, et les données de marché relativement peu fiables.
- Les canaux de communication sont peu développés.
- Le cadre réglementaire est versatile ou opaque.
- La contrefaçon des produits est très répandue.
- La distribution informelle est forte, voire dominante.
- La corruption est endémique.
- Les conditions d'approvisionnement, de transport et de stockage sont mauvaises.
- Les coûts immobiliers sont élevés, et la formation est insuffisante dans le domaine des métiers de la distribution.

Typiquement, un importateur à la fonction de grossiste (qui acquiert le titre de propriété du produit, contrairement à l'agent, et revend à des détaillants ou à des clients industriels) contrôle l'approvisionnement de quantités rigides de produits vendues à des prix élevés à un nombre restreint de clients aisés. On voit donc apparaître plusieurs contrastes entre distribution mature et émergente, qui, au-delà des spécificités de chaque pays et des produits concernés, donnent une idée des écarts dans le management des canaux de distribution locaux à l'international (voir tableau 7.2).

Tableau 7.2 : Distribution mature *versus* distribution émergente[13]

Caractéristiques	Distribution mature	Distribution émergente
Relations au consommateur		
Revenus par habitant	Élevés mais stagnants et moins dispersés	Faibles mais croissants ; très forte dispersion des revenus ; croissance de la classe moyenne
Valeur de lien	Moyenne à faible	Élevée
Motivation de fréquentation	Besoin de diversité pour répondre à la recherche de surprise et de vécu d'expériences dans un espace de distribution saturé	Besoin de diversité pour répondre à la recherche de choix dans un espace de distribution marqué par la pénurie relative et l'exposition incontournable aux médias internationaux
Relations au point de vente		
Concurrence dans la zone de chalandise	Forte et assez homogène	Forte et hétérogène (tous formats, locaux et internationaux), poids du commerce traditionnel lourd
Localisation des points de vente	Forte concentration urbaine et dispersion rurale	Concentration urbaine croissante
Densité commerciale	Forte	Faible
Relations aux réseaux interne /externe		
Réseaux internes de points de vente	Concentrés / denses et organisés	Fragmentés et atomisés
Relations fournisseurs / distributeurs	Fortement encadrées (logique relationnelle)	Faiblement encadrées (logique transactionnelle)
Achats	Centralisés	Décentralisés
Infrastructures logistiques	Développées et saturées	Embryonnaires et croissantes
Relations aux macroenvironnements	Formation spécialisée	Pas de formation
Formation du personnel aux métiers de la distribution	Atomisée et poids marginal	Fragmentée et poids significatif
Structure et poids de la distribution traditionnelle	Sophistiquée et transparente	Sommaire et opaque
Législation commerciale	Forte	Faible, apparition de leaders locaux
Concurrence de la distribution moderne	Moyennes	Fortes
Relations avec le pouvoir local		
Culture sociétale	Individualiste	Communautaire, clanique
Information sur l'appareil de distribution	Importante et fiable	Partielle et peu fiable

La modernisation de la distribution représente l'un des traits les plus significatifs de la transformation économique des économies émergentes, notamment au sein du groupe des BRIC[14] où les canaux de distribution connaissent un changement radical ces dernières années, caractérisé par des innovations dont certaines sont diffusées dans un grand nombre de pays, comme le self-service (*supermarketization* et autres *convenience stores* comme 7-Eleven), le discount (comme Towers Records ou Virgin), les distributeurs automatiques, les fast-food (McDonald's, Pizza Hut, KFC…) ou les *malls*. Les canaux les plus innovants sur le plan technologique sont liés à Internet (vente directe).

2.2 Les critères de choix des canaux de distribution à l'étranger

Il s'agit de tous les points que l'entreprise doit intégrer dans sa décision lorsqu'elle recherche des canaux de distribution dans un pays étranger. Ils portent sur les variables suivantes.

Variables liées au comportement du magazineur

Le consommateur et ses caractéristiques en matière de shopping (comportement du magazineur) doivent être considérés. Les consommateurs ont généralement l'habitude d'acheter certains produits dans certains endroits, avec certains services, à des horaires déterminés. De ce fait, ces comportements varient beaucoup selon les cultures (voir tableau 7.3).

Tableau 7.3 : Influence de la culture sur la distribution dans ses liens avec l'acheteur

Aspects clés de la distribution touchant au comportement de l'acheteur	Traits susceptibles de différer selon les pays / cultures
(1) Comportement d'achat	• Qui est l'acheteur ? (genre ? âge ? relations de parenté ?) • Quelle est la valeur du temps accordé à l'expérience d'achat ? (temps économique) • Peut-on habituellement retourner la marchandise défectueuse ? (comportement de plainte) • Quel est le degré de fidélité au magasin et au détaillant ?
(2) Horaires d'ouverture	• Arguments d'origine religieuse restreignant les possibilités d'ouverture et le travail (arguments contre l'exploitation du personnel)
(3) Gamme de produits	• Produits bannis en fonction de certaines prescriptions religieuses ou légales
(4) Disposition à servir le client	• Sens profond accordé au service (positif ou dégradant)
(5) Files d'attente	• Respect des règles affichées (universalisme, particularisme)
(6) Vols commis par les employés ou les clients	• Comportement éthique (orientation *in-group versus out-group*)
(7) Self-service ou personnel de contact	• Besoin de relation (communautarisme)

Caractéristiques commerciales du produit et caractéristiques concurrentielles du réseau de distribution

Il est utile de distinguer quelques dimensions clés :

- **Le caractère.** L'image que diffuse le réseau, ses méthodes de vente, la situation, l'achalandage des magasins, leur présentation intérieure et extérieure doivent être congruentes avec le caractère que véhiculent le produit et la marque. Une raison importante du succès international de Louis Vuitton Malletier tient ainsi à l'effort considérable d'investissement dans un réseau mondial de magasins de luxe, situés dans tous les endroits *high touch* de la planète.
- **La concurrence.** La vraie question n'est pas la présence des produits concurrents au sein du circuit de distribution, ce qui en soi est normal, mais le fait que les entreprises déjà installées bloquent l'accès des canaux de distribution à d'autres producteurs, surtout aux entrants venant de l'étranger qui sont perçus comme venant perturber le bon fonctionnement de la scène concurrentielle locale.
- **La couverture.** Géographiquement, il est difficile de couvrir des marchés très épars. Par ailleurs, des marchés très concentrés tendront aussi à concentrer le maximum de concurrence, parce que la demande attire l'offre. La couverture en termes de produits est à examiner également, en fonction des cibles (marché rural *versus* urbain, marché du BOP ou non).
- **Les spécificités du produit.** Elles peuvent conduire à développer des centres de distribution exclusifs sous contrôle de la marque, en particulier quand il faut pouvoir assurer un service après-vente irréprochable (voir illustration 7.9).

Illustration 7.9

Le service après-vente de Toshiba au Vietnam

Toshiba a choisi d'ouvrir dix centres de service après-vente en nom propre (les « Pro Service Centers », SEC) dans dix villes importantes du Vietnam : Ho Chi Minh-Ville, Hanoi, Da Nang, Can Tho, Haiphong, Hai Duong, Vinh, Nha Trang, Bien Hoa et Long Xuyen[15]. C'est l'occasion pour l'entreprise, qui offre des produits électroniques extrêmement variés (des écrans LCD aux ordinateurs en passant par les produits électroménagers), de promouvoir son programme de *Free maintenance – Going with quality*. Les firmes électroniques japonaises doivent en effet faire face à une concurrence forte de la part des Coréens (Samsung, LG), et l'affirmation de la qualité ne peut plus se faire seulement sur le design ou les attributs physiques du produit. Le service devient un élément de différenciation majeur qui oblige à repenser la distribution locale en faveur de centres *one-stop*, qui sont autant de points d'avant-vente où le consommateur peut trouver la bonne information. L'entreprise se rapproche ainsi du consommateur, ce qui vient compléter le système de service après-vente global incluant une hot line gratuite. C'est aussi le moyen de récupérer des informations de première main sur le consommateur (le *Voice of consumer*) et ainsi de faciliter la compréhension de ses besoins très évolutifs.

Variables économiques liées au réseau

Parmi les plus importantes, on considère :

- **La longueur du circuit.** Elle peut varier suivant les pays, l'existence de grossistes et de semi-grossistes venant allonger le circuit de distribution et donc ajouter des marges d'intermédiaires commerciaux au prix final. Il peut être difficile de substituer un circuit plus court si le circuit long est suffisamment établi pour gêner une entreprise étrangère qui voudrait construire un lien direct avec le commerce de détail en développant une chaîne logistique indépendante.
- **Le capital nécessaire.** Les ressources financières qui seront nécessaires pour bâtir le réseau (capital fixe, fonds de roulement, pertes initiales éventuelles).
- **Le coût.** Étroitement lié au précédent, ce critère dépend largement de facteurs liés au rapport de force entre producteurs et distributeurs. Ainsi, au Royaume-Uni, la distribution est aux mains d'un nombre très limité de grandes chaînes de magasins telles que Tesco, Sainsbury's ou Asda. Ces géants font pression sur la grande distribution pour leur transférer une partie des coûts, en particulier ceux de stockage, en leur demandant des livraisons en plus petites quantités avec des références très mélangées et avec une fréquence accrue. Une situation similaire peut être observée en France, où la grande distribution en hypermarchés, très puissante, impose aux producteurs de nombreuses contraintes qui accroissent leur coût : paiement de droits fixes pour être référencés, chargement du rayon par le personnel du producteur, aide directe à la promotion…

Variables d'action et de contrôle sur le réseau de distribution

Il faut envisager :

- **La continuité.** Le canal sur lequel on investit ne doit pas devenir inutilisable pour une raison ou pour une autre (faillite ou difficultés, reprise par un concurrent plus offrant, apparition d'une interdiction réglementaire d'écouler les produits par ce canal, etc.).
- **Le contrôle.** L'idéal est évidemment de créer son propre réseau de distribution, ce qui assure un contrôle maximal tant par la propriété que par le savoir-faire. Il semble que le choix d'intégrer son propre réseau à l'étranger soit fréquent surtout lorsque le produit est hautement différencié (peu de substituts) et que les actifs du réseau sont spécifiques à la transaction, par exemple un produit nécessitant un apprentissage long aussi bien de la part des vendeurs que des consommateurs. L'alternative au contrôle par la propriété est un contrôle établi par un contrat détaillé (base écrite) ou mieux encore par une relation de confiance avec le distributeur établie sur la durée (base orale et personnelle).

Dans l'ensemble, il faut souligner que très souvent les entreprises internationales adaptent leurs choix de distribution à chaque contexte national, car il s'agit d'un aspect de la politique marketing très enraciné dans le contexte social et culturel local. Ainsi, la société allemande Bertelsmann a une formule de distribution de livres qui est fortement adaptée selon le pays européen, même si l'offre de base reste la même (une souscription de deux ans avec un minimum d'achat d'un livre par trimestre), les catalogues sont adaptés à la France, l'Allemagne ou la Grande-Bretagne. En France, la vente se fait par un réseau de 500 vendeurs alors que ce système est totalement inefficace en Grande-Bretagne, où il n'y a d'ailleurs aucun magasin alors qu'en France et en Allemagne existent des chaînes de 200 à 300 magasins[16].

2.3 Gestion internationale des forces de vente

La force de vente a pour rôle principal de procéder à la vente des produits de l'entreprise auprès de clients utilisateurs dans le cas de la vente directe, ou de détaillants qui revendront ensuite aux utilisateurs et consommateurs. De façon générale, il est plus fréquent qu'une multinationale dispose d'un ensemble de forces de vente par pays et souhaite en standardiser, ou au moins en homogénéiser, la gestion, particulièrement pour coordonner les systèmes de rémunération des vendeurs. Se pose alors la question de l'application à des vendeurs locaux de systèmes d'évaluation et de motivation qui sont liés à la culture d'origine de la maison mère. Quant à la multinationale qui vend à une clientèle internationale, par l'intermédiaire de vendeurs internationaux se déplaçant dans le monde entier, c'est la norme dans les marchés industriels de bien d'équipement, de haute technologie, ou de projets ou services clés en main. Cette force de vente est parfois organisée en management de grands comptes ou comptes clés (*Global Account Management*), lesquels posent des problèmes spécifiques, en particulier d'ordre culturel[c].

Systèmes de rémunération des vendeurs et valeurs culturelles

Dans les sociétés communautaires, il est souvent difficile de s'engager dans des systèmes individualisés de fixation d'objectifs et de rémunération à la commission. En Thaïlande, l'origine familiale détermine largement la position sociale, beaucoup plus que l'argent en tant que tel qui ne confère qu'un statut limité. En conséquence, les salaires fixes qui montrent le statut social, la stabilité et l'appartenance au groupe sont beaucoup plus respectés et désirables qu'un revenu plus important qui aurait une forte composante de commission variable, laquelle met l'accent sur l'individualisme et l'instabilité[17]. Dans le cas du Japon : « La tradition est aussi un déterminant important des plans de rémunération de la force de vente au Japon. Parce que le système social s'appuie sur des critères de séniorité, les augmentations de salaires, même pour les forces de vente, sont fondées sur l'ancienneté au sein de la compagnie. De façon similaire, les systèmes de commission sont liés aux efforts combinés de la force de vente tout entière, cela renforçant l'éthique japonaise de travail en équipe et mettant une sourdine aux aspirations financières des individus[18]. » Les récompenses peuvent être :

- **Intrinsèques.** Elles récompensent « ce qui se passe dans la tête ». Elles sont peu monétaires, ont peu d'influence sur la vie matérielle et sont des modalités de reconnaissance de la motivation. Ce sont par exemple des médailles ou des titres (meilleur vendeur pour tel trimestre). Elles peuvent être centrées sur l'individu ou sur le groupe.
- **Extrinsèques.** Elles sont matérielles et généralement se concrétisent en espèces ou en nature. Ainsi, les primes, progressives ou dégressives, linéaires ou déclenchées une fois un seuil objectif atteint, et dont les critères sont variés. Il peut s'agir par ailleurs, et cela est fréquemment pratiqué au Japon, de voyages pour l'équipe de vente, récompense à la fois individuelle et collective, qui contribue à cimenter le groupe. Diverses formes peuvent être envisagées dans un cadre individuel : voyages plus ou moins longs, cadeaux au vendeur ou à ses proches, prise en charge de certaines dépenses, etc.

Certaines récompenses sont à la lisière des deux types : elles combinent reconnaissance (intrinsèque) et rémunération / gratification (extrinsèque). Ce sont par exemple les promotions en grade et salaire.

---

c. Voir chapitre 10 (p. 385).

Il existe donc une très large palette de rémunération/gratification. On peut jouer sur cette palette pour adapter un système de rémunération à la culture locale. Le secteur d'activité a aussi une forte influence : lorsque la vente se fait sur une longue période et porte sur un bien unitaire (par exemple une centrale nucléaire), l'accent sera mis sur la partie fixe alors que pour des petits biens d'équipement (par exemple des photocopieurs), la commission sera prédominante.

Néanmoins, il ne faut pas penser que les vendeurs originaires de pays communautaires vivent nécessairement bien leur système par opposition à la pression qui serait mise sur les individus dans le système nord-américain. Ainsi, la perception d'équité pour la paie, la promotion et d'autres critères liés à l'emploi, est plus élevée chez les vendeurs américains que chez leurs homologues japonais et coréens[19]. Par rapport aux Japonais, les vendeurs américains considèrent leur traitement comme plus juste, notamment l'exigence de rapidité imposée par leur chef de vente dans la réalisation de leurs tâches. Les employés japonais, traditionnellement considérés comme hautement motivés et productifs, subissent aussi une forte pression afin de réaliser de bonnes performances pour maintenir leur place dans le groupe. Pour ce qui concerne les Coréens, les vendeurs ont le sentiment que leur employeur ne se comporte pas de façon équitable avec eux : « Beaucoup d'employés coréens semblent avoir peu de contrôle sur leur destinée dans l'organisation à cause du style de management apparemment autocratique [...] les décisions de management, en ce qui concerne les employés, sont apparemment fondées sur des critères sans rapport avec les performances individuelles » (p. 45).

Attitudes vis-à-vis de la fixation des objectifs et de la mesure de performance

On peut éclairer cette question à partir des travaux de Hofstede[20]. L'organisation doit stimuler les vendeurs et/ou l'équipe des ventes afin qu'ils atteignent des objectifs déterminés (chiffre d'affaires, profit, pousser certains produits particulièrement, prendre des points de part de marché aux concurrents...). On distingue alors plusieurs étapes dans ce processus, où vont intervenir des différences culturelles :

- fixer les objectifs ;
- évaluer, c'est-à-dire mettre en place un système de calcul des écarts et procéder aux « renvois » d'information sur les intéressés (*feedback*) ;
- concevoir un système de récompenses et de sanctions, et le mettre en œuvre.

La fixation des objectifs. Pour la fixation des objectifs, ce sont surtout les différences dans les modes de communication à l'intérieur d'une société déterminée qui vont intervenir[d], comme l'explique Hall[21]. À une société qui communique explicitement avec un contexte faible correspondront des objectifs précis, quantifiés et négociés. Ils auront un rôle d'évaluation réaliste si le vendeur veut mériter son salaire dans une société où les relations ont été relativement dépersonnalisées ; l'objectif, négocié avec l'intéressé, est alors la base (norme) de ce qu'un vendeur moyen peut faire. On a affaire à un processus où seul le résultat compte. Les écarts seront mesurés *a posteriori* de façon claire. Les mesures correctrices, sanctions et récompenses éventuelles découleront logiquement d'une analyse *a posteriori* menée *ensemble*. Ce modèle s'inscrit plutôt dans un contexte de faible distance hiérarchique

d. Voir chapitre 10 (p. 395-398).

et d'individualisme, c'est-à-dire un contexte culturel anglo-saxon et nord-européen. La précision des systèmes d'évaluation des vendeurs sera dans ce modèle d'autant plus forte que la communication est explicite et que les récompenses vont au mérite individuel, l'accent étant placé sur l'individu et non sur le groupe.

À l'inverse, plus la tendance sera à communiquer avec un contexte élevé, dans des pays plutôt communautaires et à forte distance hiérarchique (les pays orientaux par exemple), plus un système fondé uniquement sur le chiffrage apparaîtra pauvre. Les objectifs existeront mais ils n'auront pas la même fonction. Ils auront plus un *rôle de stimulateur* et s'inscriront dans le cadre de sociétés ayant un contrôle de l'incertitude relativement fort, tendant vers une plus forte garantie de l'emploi. Le personnel étant plus stable, des relations plus personnelles s'établissent qui risquent de faire pencher le vendeur vers la sécurité et un certain manque de dynamisme personnel. L'objectif n'est pas vraiment négocié, car la distance hiérarchique élevée implique que c'est plutôt au patron de savoir ce que les vendeurs doivent réaliser qu'à eux-mêmes. L'objectif n'est pas alors nécessairement aussi réaliste que dans l'hypothèse précédente. Le système a intérêt à fixer un objectif exagérément élevé pour qu'il serve de point idéal à atteindre, tout en sachant que le vendeur ne l'atteindra pas mais fera une performance plus élevée qu'en l'absence de cet objectif ambitieux.

Féminité/masculinité et façon de remédier au défaut de performance. Lorsqu'un vendeur apparaît peu performant, il existe différentes manières de traiter le problème, en particulier du point de vue de ses supérieurs directs. La manière masculine (au sens de Hofstede) met en valeur l'absence de résultat assez crûment : dans une société où chacun doit être efficace et performant, le défaut de résultat conduira probablement d'abord à une explication/mise en garde ; puis si le vendeur n'a pas réussi à trouver de bons arguments extérieurs à ses compétences et si le problème se prolonge, cela conduira à son licenciement. Cette méthode « à la dure » ne mène pas nécessairement à des vendeurs plus (ou moins) performants en moyenne que la méthode de traitement des sociétés féminines.

Dans des sociétés à orientation plutôt féminine (les pays d'Europe du Nord, la France), les valeurs sont plus tournées vers la qualité de la vie, une attitude plus protectrice et maternelle de l'organisation vis-à-vis de ses membres – ce qui ne signifie nullement une moindre orientation vers l'efficacité. De ce fait, le vendeur peu performant va avoir droit à beaucoup plus de compréhension. On va d'abord examiner s'il n'y a pas de raisons (mauvaise définition de sa zone de vente qui a un très faible potentiel, concurrence particulièrement forte sur sont secteur...) qui justifient, indépendamment de ses capacités, sa faible performance. Après qu'une analyse des raisons de ses difficultés a été réalisée avec lui (de façon formelle ou informelle), il pourra recevoir une aide de certains de ses collègues ou de l'organisation (formation complémentaire en particulier). C'est seulement lorsque l'organisation aura fait tout ce qu'elle peut pour aider le vendeur à développer ses capacités qu'elle prendra les décisions finales.

Cultures et coordination des forces de vente internationales

Malgré les différences, les programmes visant à améliorer la productivité de la force de vente peuvent être standardisés au plan international. Les premières expériences, régionales, des années 1980 ont rapidement montré la nécessité de préparer avec soin ces programmes par une bonne coordination. Ainsi le cas de Digital Equipment pour les 2 500 vendeurs de ses dix-sept filiales européennes : « Les directeurs commerciaux étaient au départ, comme on s'y attendait, peu enthousiastes quant à l'utilisation du système. Ils le considéraient comme un empiétement sur leur autorité. Ce qui leur fit graduellement accepter le système fut l'attention continue que reçut le programme durant les deux ans qui suivirent son lancement en grande pompe, à travers un examen minutieux des progrès réalisés dans sa mise en œuvre, une coordination des séances de travail parmi les chefs de vente locaux, ainsi que des messages réguliers de soutien de la part de la direction générale… Les séances de coordination entre directeurs commerciaux des filiales s'avérèrent particulièrement utiles, en mettant en valeur les bénéfices du système et en fournissant un forum pour discuter en commun des problèmes[22]. »

Les années 2000 ont vu se poser des problèmes supplémentaires de coordination des efforts commerciaux à travers les différents marchés géographiques en raison de l'internationalisation accrue des entreprises elles-mêmes, mais aussi des distributeurs et des clients. En général, la coordination dans les multinationales peut être formelle et informelle[e] :

- Elle s'appuie d'abord sur des structures transversales en réseau pour atténuer les tensions entre siège et filiales.
- Elle passe aussi par des dispositifs de gestion partagés (outils et standards diffusant des normes et pratiques communes, systèmes d'information homogènes).
- Elle peut enfin s'appuyer sur le partage de valeurs que la maison mère codifie généralement sous forme de charte éthique ou de principes d'action.

Ce besoin de coordination est particulièrement nécessaire au sein des multinationales qui doivent transférer aux filiales étrangères la partie très *culture-bound* de leurs activités grand public pour mieux se rapprocher des clients tout en renforçant le contrôle exercé par le siège dans un contexte financier tendu. Ainsi s'observent des enjeux de pouvoir entre siège et filiales, auxquels s'ajoutent de nouvelles diversités, celles des langues et des repères culturels (voir approfondissement 7.1).

Enfin, les questions de coordination des forces de ventes internationales sont très importantes en contexte de management de comptes clés internationaux (*Global Account Management*, ou GAM), qui pose aussi fortement la problématique interculturelle. Un compte clé doit être international mais également revêtir une importance stratégique pour le fournisseur, rechercher une cohérence internationale dans les produits qu'il achète et aller vers une politique d'intégration et de coordination des achats et/ou de la *supply chain*. Une étude de cas conduite au sein d'une multinationale américaine du secteur des technologies de l'information BtoB suggère de manière générale que le transfert des outils (ici, celui du management de comptes) sans le transfert de l'esprit de l'outil (porté par les valeurs et pratiques américano-centrées sous-jacentes) est une attitude commune où les facteurs culturels sont négligés, au point de constituer l'angle mort du management des grands comptes internationaux[23].

e. Voir chapitre 10 (p. 387-392).

Approfondissement 7.1

La coordination des équipes marketing au sein d'une multinationale française

L'étude au sein d'un grand groupe multinational français de la structure de marketing stratégique chargée d'organiser la convergence des offres de service auprès des clients de différentes filiales européennes suggère les difficultés de nature culturelle de la coordination permettant de développer la fertilisation croisée des offres commerciales[24]. Le travail de cette équipe, jeune et polyglotte, consiste à identifier les besoins des clients finaux à l'échelle du groupe et à favoriser les synergies potentielles entre filiales. Elle est composée (pour des raisons historiques) essentiellement de Français qui coordonnent les équipes situées en France, en Belgique et en Espagne. Les difficultés sont liées d'abord à ce que leurs conceptions d'une construction efficace de la coopération divergent, ce qui influe sur la mise en œuvre des contrats entre clients et fournisseurs internes. Les petites filiales (la Belgique) se sentent injustement traitées car elles doivent se soumettre à la structure de coordination qui n'accepte pas de satisfaire « les demandes » locales indépendamment de l'intérêt général du groupe, vu comme un incontournable principe supérieur commun. Elles tentent alors de faire alliance avec d'autres pays. Par ailleurs, même quand la filiale belge obtient du groupe un accord pour le service qu'elle entend développer, elle ne se satisfait pas des manières d'agir des prestataires français, qui heurtent ses conceptions de la « bonne manière » de traiter un client, fût-il interne. Les entités françaises s'autorisent à « reformuler » la demande et à la satisfaire de manière sélective. Dans le domaine des processus d'ajustements mutuels, la filiale espagnole est particulièrement souple, ce qui contraste avec la lourdeur des formes de coordination auxquelles l'équipe centrale, elle-même insérée dans une métastructure, doit recourir. L'organisation en bureau paysager en Espagne favorise les contacts en face à face pour résoudre les problèmes, tandis qu'au siège français chacun travaille dans son bureau porte fermée. L'intégration est ainsi rendue difficile et la coordination « par la culture groupe » s'éloigne.

3. Le management du produit-magasin à l'étranger

Dans les économies modernes, la distribution locale désigne le plus souvent le commerce concentré de masse, employant des techniques « industrielles » de commercialisation. Les grands distributeurs ont ainsi atteint une taille mondiale qui les place aux premiers rangs des entreprises en chiffre d'affaires (Wal-Mart occupe la première place) ou en nombre d'employés. Dans les économies en voie de développement rapide, et malgré des situations extrêmement variables selon les pays, la distribution est généralement en phase de transition. Des circuits modernisés, créés par des acteurs locaux ou étrangers, se substituent peu à peu aux canaux traditionnels, souvent à dominante informelle. Les systèmes de distribution se complexifient, posant de nouvelles problématiques tant aux acteurs de la distribution à la recherche d'opportunités de croissance à l'international qu'aux producteurs de biens et services dont la croissance est conditionnée par les possibilités de distribuer, associées au développement des distributeurs sur ces nouvelles zones géographiques.

3.1 Le phénomène d'internationalisation de la distribution

La problématique des stratégies de développement international des entreprises de distribution trouve son origine dans les mouvements de ces entreprises hors frontières, initiés dès les années 1970 pour les enseignes européennes et un peu plus tard, du fait d'un marché intérieur massif et dynamique, pour les enseignes américaines. Aujourd'hui, malgré une expansion hors frontières souvent douloureuse[25], **l'internationalisation est devenue l'une des dimensions clés de la stratégie des groupes de distribution**[26]. Les opportunités sont en effet importantes de localiser de nouveaux points de ventes à l'étranger, en particulier dans les économies émergentes (voir figure 7.1).

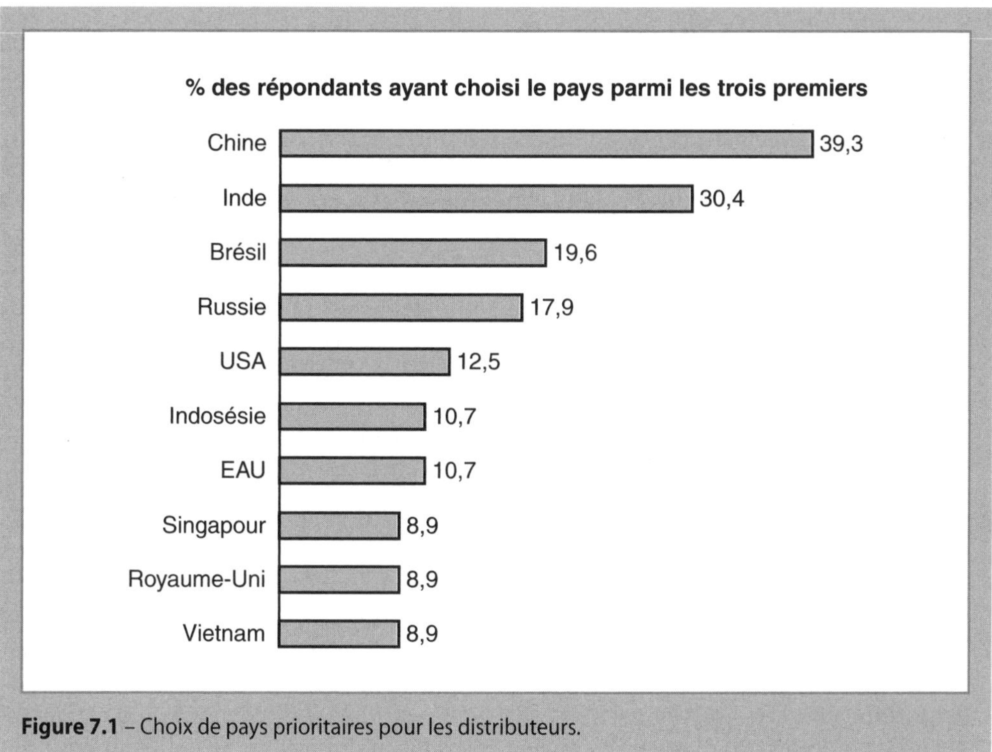

Figure 7.1 – Choix de pays prioritaires pour les distributeurs.

Les distributeurs peuvent aussi bénéficier d'une combinaison puissante d'avantages spécifiques transférés à l'international : une proposition de valeur bien rodée, un savoir-faire très professionnel dans les métiers de la distribution moderne, un approvisionnement international performant, et l'accès à des capitaux pour investir et satisfaire la demande des consommateurs étrangers comme celle de rentabilité pour les actionnaires. Mais, en pratique, le secteur de la distribution est extrêmement varié car on y trouve des entreprises dont la nature conditionne les facilités d'internationalisation des enseignes (voir tableau 7.4).

Tableau 7.4 : Typologie des distributeurs de détail internationaux[27]

Peu de catégories	
(A) Benetton, Ikea, GAP, H&M, C&A, Zara…	(B) Toys « R » Us, Virgin, Spar, Vobis…
Marque de distributeurs	**Marque de fabricants**
(C) Marks & Spencer, Migros…	(D) Carrefour, Makro, Auchan, Wal-Mart, Dairy Farm…
Plusieurs catégories	

Ainsi :

- Il est plus facile aux distributeurs offrant peu de catégories de produits et contrôlant leur marque (A) de s'internationaliser car ils ont moins de problèmes d'approvisionnements à gérer. Leur activité se situe entre la production et la distribution. Leurs surfaces de vente sont généralement petites (à l'exception d'Ikea), ce qui facilite l'acquisition d'emplacements dans des zones commerciales existantes. Il leur faut néanmoins soutenir leur marque par des investissements publicitaires importants, par des innovations produits et des expériences en magasin très différenciatrices.
- Les distributeurs du cadran (B) réussissent plus facilement s'ils visent un segment de marché restreint, comme Marks & Spencer qui vend sous sa marque St Michael à travers plus de 250 magasins et franchisés dans le monde. Les enseignes de supermarchés généralistes qui se concentrent sur leurs marques de distributeurs (comme Sainsbury originaire du Royaume-Uni ou Migros de Suisse) doivent en revanche convaincre les consommateurs étrangers de changer à la fois de magasin et de marque, ce qui représente une difficulté plus importante.
- Le cadran (C) représente celui des *category killers* comme Toys "R" Us qui offrent un assortiment très large et des prix très compétitifs fondés sur un *sourcing* global optimal. Dans les économies émergentes, le défi de ces enseignes est de trouver un marché suffisant en volume et des emplacements de grande taille qui sont rares et très coûteux.
- Enfin, le cadran (D) est celui des chaînes de supermarchés ou d'hypermarchés généralistes faisant preuve d'une grande maîtrise de la *supply chain*. Quand les produits sont disponibles localement, la situation est plus facile que dans nombre d'économies émergentes où les infrastructures compliquent les processus d'approvisionnement et où il faut créer des réseaux de fournisseurs nouveaux.

3.2 Le processus de modernisation de la distribution dans les économies émergentes

L'internationalisation des acteurs de la distribution se transpose au niveau du secteur de la distribution de détail dans les économies émergentes par l'arrivée de formats modernes dans un contexte d'économie en transition. La transition se traduit essentiellement par l'évolution d'une économie planifiée ou essentiellement tournée vers l'intérieur vers une économie de marché et une ouverture sur le monde[28]. Cette modernisation du commerce de détail montre deux facettes que les enseignes doivent bien évaluer :

- **Pour les détaillants étrangers**, elle représente une formidable opportunité de développement en raison des taux de croissance élevés, de l'augmentation rapide de la classe moyenne et de la (relative) faiblesse des détaillants locaux. La modernisation de la vente au détail dans les pays moins développés s'accompagne d'un phénomène de transfert des connaissances qui peut prendre deux formes : les détaillants peuvent décider de transposer un format sans changer ou altérer ses éléments, ils peuvent aussi adapter leur concept et considérer les éléments qui seront affectés par cette adaptation et les niveaux de changement. Dans tous les cas, l'avantage concurrentiel des distributeurs internationaux passe par une approche de leurs compétences clés dans chacun des pays d'implantation[29] : compétences de base (concept d'enseigne, gestion des flux, organisation, compétences relationnelles) et architecturales (intégration à l'échelle nationale, régionale ou internationale, et innovation dans le pays d'accueil).
- **Pour l'environnement local**, le processus de la modernisation de la distribution concerne la réaction du gouvernement, des fournisseurs, des acteurs locaux de la distribution et des consommateurs dans les pays récepteurs. Ainsi, on peut avoir un rôle positif des fournisseurs spécialisés (garantir des volumes de produits plus larges à des prix plus bas) et du gouvernement des pays d'accueil (diminuer les barrières commerciales et faciliter l'accès aux sources d'approvisionnement à prix bas). À la différence des fournisseurs et du gouvernement, l'évolution du comportement des consommateurs semble plus complexe à comprendre. Plusieurs recherches concernant les économies émergentes ont montré que, malgré l'implantation des supermarchés depuis de nombreuses années, les consommateurs maintiennent leurs habitudes d'achat des produits alimentaires frais dans les formats traditionnels. C'est le cas à Hong Kong[30], en Chine[31], au Brésil[32], au Maroc[33] ou au Vietnam (voir illustration 7.10).

Illustration 7.10

Modernisation de la distribution au Vietnam et résistances de la distribution traditionnelle

Le Vietnam est volontiers qualifié de futur dragon asiatique en raison de chiffres macroéconomiques qui témoignent de son dynamisme. Le PIB par habitant est en constante augmentation (1 000 dollars en 2010), la population est considérable (85 millions d'habitants), très jeune (56 % ont moins de 30 ans) et alphabétisée (93 %). Le pays reste majoritairement rural (72 %) mais l'urbanisation est en forte croissante (25 millions d'habitants en 2007, 46 millions prévus en 2020). La transformation radicale de la distribution du Vietnam a débuté avec l'adoption de la politique *Doi Moi* et des premières réformes en 1986. Depuis, reflet de la croissance économique remarquable du pays (autour de 8 % annuels pour les dix dernières années), le marché de la distribution de détail connaît un développement rapide attesté par l'introduction réussie au milieu des années 1990 dans les zones urbaines d'une grande variété de formats. Aujourd'hui, on considère que le secteur entre dans la phase de croissance et l'ouverture politico-réglementaire totale à la concurrence étrangère engagée à compter de janvier 2009 contribue à faire du Vietnam une priorité forte d'investissement pour les détaillants étrangers, selon l'indicateur *Global Retail Development Index* (A.T. Kearney, 2008). Le Vietnam est le deuxième destinataire des investissements directs étrangers en Asie en 2007 après la Chine, et la modernisation de la distribution dans le pays est tirée par la politique de

Illustration 7.10 (suite)

décloisonnement de l'environnement des affaires qui stimule trois dynamiques d'ouverture simultanées : politico-réglementaire, géographique et socioculturelle[34]. Elle a commencé avec l'introduction du format supermarché en 1993, suivi de l'hypermarché à la fin de la même décennie. L'apparition des centres commerciaux remonte au début des années 2000, suivie de près par le lancement des *cash & carry* et l'implantation des magasins de proximité (*convenience stores*) en 2006[35]. Mais malgré l'adhésion du Vietnam à l'OMC en 2007, et l'ouverture à 100 % du marché de détail début 2009, la distribution moderne ne couvre encore qu'une faible part (18 % en 2008) des ventes totales du secteur de la vente au détail contre 60 % en Malaisie, 55 % en Corée, 54 % à Taïwan, 51 % en Chine, 34 % en Thaïlande et 33 % aux Philippines. Elle est concentrée essentiellement dans les zones urbaines du pays, principalement à Hanoï et Ho Chi Minh et les ventes au détail sont largement le fait de distributeurs locaux privés (86 % des ventes en 2008) qui ont acquis et capitalisé les expériences et les connaissances lors du transfert des technologies des formats modernes par des distributeurs étrangers implantés au Vietnam (groupe Bourbon ou Dairy Farm par exemple).

3.3 Adaptation et standardisation dans la gestion du produit-magasin à l'étranger

La question de l'adaptation et de la standardisation est centrale pour les enseignes engagées dans le développement international, comme pour toute entreprise ciblant des marchés étrangers. Le succès dépend souvent de leur capacité à créer un concept fort et reproductible à l'identique ou adaptable à différents environnements, en y associant les décisions suivantes[36] :

- Focalisation ou diversification de formats (aboutissant à la création d'un portefeuille d'activités à l'étranger).
- Intégration des points clés de la filière (on peut ainsi définir des stratégies principalement orientées détail, d'autres qui intègrent la dimension grossiste et achats, d'autres enfin qui intègrent les points stratégiques de la chaîne de valeur).
- *Retailing-mix* (c'est-à-dire les décisions portant sur les différentes composantes du produit-magasin, en particulier celles qui constituent les points de contact direct avec les magazineurs locaux – localisation, assortiment, merchandising, promotion des ventes, services associés…). Et même dans des pays culturellement proches, les besoins d'adaptation peuvent être forts en matière de distribution (voir illustration 7.11).

Illustration 7.11

La Fnac adapte son concept au marché local italien

Il y a vingt ans, la distribution moderne n'existait quasiment pas en Italie. Il s'agissait essentiellement de commerce traditionnel et de supérettes d'un maximum de 400 m². Il n'existait qu'une quinzaine de magasins de type hypermarchés. Depuis la fin des années 1980, la distribution a connu une véritable révolution, sous l'influence des chaînes étrangères, principalement françaises, généralistes (Auchan, Carrefour ou Leclerc) et spécialistes, en particulier pour le bricolage ou les articles de sport (avec Leroy

Illustration 7.11 (suite)

Merlin, Conforama, Decathlon, Kiabi). La Fnac s'est installée en Italie dans les années 2000 avec cinq ouvertures de magasins en trois ans (Milan, Gênes, Turin, Vérone et Naples), puis deux autres en 2007 (Rome et Turin). L'ambition est d'en ouvrir une trentaine, en gardant le concept original et en l'adaptation au marché local. Par exemple, le « panier » d'achats a une valeur identique à celui de la France, mais c'est sa composition qui varie. En Italie, les produits techniques (ordinateurs, téléphones, etc.) représentent 70 % des ventes contre 30 % pour les produits d'édition. La manière de présenter la marchandise en magasin est aussi spécifique car le consommateur italien aime voir un volume important de marchandises pour certains produits. Quant aux téléphones portables, ils doivent être vendus de façon singulière, presque comme des bijoux. Par ailleurs, les ventes de disques continuent à augmenter alors que le marché italien s'effondre sous l'effet de la révolution numérique. Contrairement à la concurrence, la Fnac a en effet continué à investir dans ce segment en proposant un catalogue très complet. Finalement, tout en italianisant son concept, la Fnac a joué à fond sur la différenciation à plusieurs niveaux : des gammes de produits souvent plus importantes, des magasins plus grands et mieux aménagés, le refus de la rémunération des vendeurs en fonction des ventes (comme c'est le cas en pratique en Italie) et la volonté d'en faire des conseillers clientèle, un important effort de formation qui se traduit par une fidélité du personnel[37].

3.4 La promotion des ventes à l'international

La transposabilité internationale des techniques de promotion des ventes pose plusieurs problèmes qui montrent encore l'importance de prendre en compte le contexte local des différents pays (voir tableau 7.5).

Tableau 7.5 : Influence de la culture sur la promotion des ventes

Techniques de promotion des ventes	Traits susceptibles de différer selon les pays / cultures
(1) Coupons	Niveau d'illettrisme, sophistication du système de distribution pour les suivis
(2) Concours et loteries	Prérequis légaux, prix attractifs pour les marchés visés
(3) Réduction de prix	Absence d'affichage des prix, négociations sur les prix
(4) Timbres et collections	Orientation vers le futur, impact de l'inflation, sophistication du système de distribution pour les suivis
(5) Échantillons gratuits	Interprétation de la gratuité, vol des échantillons en magasin (par les distributeurs ou les consommateurs)
(6) Cadeaux sur / dans / à côté du packaging	Prérequis légaux, vol des échantillons en magasin (par les distributeurs ou les consommateurs)

4. La distribution pour les segments du BOP

Il est important de conclure ce chapitre consacré aux décisions portant sur la distribution à l'international par celle des segments du BOP autour de deux questions clés :

- Quels choix de distribution faire pour atteindre les consommateurs du BOP qui souffrent d'une pénalité d'accessibilité ?
- Comment développer plus largement une distribution socialement responsable ?

4.1 Choix de distribution pour les marchés du BOP

Les marchés du BOP ne sont pas homogènes, et cela affecte en particulier les décisions de distribution centrées sur l'accessibilité (*Accessibility*). Le BOP urbain est plus accessible que le BOP rural, qui reste par ailleurs généralement majoritaire dans les économies émergentes et en développement.

Les défis en matière de distribution pour atteindre le BOP rural sont impressionnants[38] :

- Des infrastructures routières, de communication et de fourniture d'électricité mauvaises qui créent des barrières physiques d'accès aux marchés qui vont surenchérir les coûts de fourniture des produits.
- Des problèmes d'asymétrie de l'information qui placent les pauvres (consommateurs et petits producteurs ou fermiers) dans l'incapacité d'évaluer la qualité, la valeur et le prix justes de leurs achats et de leurs ventes.
- L'absence de connaissances et de compétences de ceux qui sont illettrés ou très peu instruits qui les empêche d'accéder aux produits et les rend vulnérables à la contrefaçon.

Dans ces conditions, **les stratégies de distribution qui optimisent d'abord les canaux naturels des environnements locaux** (canaux existants) ont des chances d'être plus efficaces que des stratégies fondées sur la tentative de réplication / standardisation censée minimiser les coûts de la distribution (*efficiency channel model*), mais qui sont plus valides en environnement économique mature. Les décisions de distribution des multinationales en Inde montrent trois démarches possibles pour atteindre l'accessibilité (*distribution reach*)[39]:

- Une approche progressive du développement des marchés, dans le cas des biens de consommation non durables (par exemple Coca-Cola) ou d'un marketing différencié par produit- marchés (par exemple Xerox). Il vaut souvent mieux se concentrer d'abord sur le BOP urbain avant de s'intéresser au BOP rural. Pour les produits de grande consommation, la distribution rurale inclut typiquement une expansion dans les kiosques, les marchés hebdomadaires, les petites épiceries, et par le biais des marchands ambulants.
- Une approche partenariale pour assurer l'accès dans une région, en particulier dans les grands pays. Il s'agit de trouver des partenaires locaux efficaces par région pour distribuer certains produits, solution qui est plus adaptée aux produits de consomma-

tion durables et nécessite le management de relations interculturelles rapprochées (par exemple Ford).

- La création d'une distribution sur mesure dans l'environnement local en optimisant les connaissances acquises en *supply chain*. Pour faire face au sous-développement du commerce de détail moderne en Inde, Procter & Gamble vend directement (après un échec de partenariat avec Godrej) aux grossistes et aux magasins existants, en assurant un distributeur principal au moins par État. De la même façon, Hindustan Lever Limited India (filiale indienne d'Unilever) possède un réseau de distribution extensif qui achemine les produits depuis une centaine d'usines à 7 500 distributeurs grossistes qui livrent ensuite à 3,5 millions de détaillants.

4.2 Distribution et RSE

Les stratégies de distribution socialement responsable ne sont plus évitables. Elles correspondent à des initiatives qui permettent d'assurer aux producteurs et aux consommateurs à faibles revenus l'accès aux produits et services, en les aidant à neutraliser les désavantages dont ils souffrent, résultant des barrières d'accessibilité physique, des asymétries d'information et des pouvoirs de négociation faibles[40]. Ce sont des stratégies nécessairement créatives et qui doivent mobiliser les parties prenantes de l'entreprise localement (gouvernements, société civile et secteur privé). Elles sont fondées sur une vision à long terme par laquelle on investit dans le futur, en particulier pour les acteurs privés qui anticipent un retour sur investissement à long terme, du point de vue financier comme de l'impact social.

Trois objectifs stratégiques restent majeurs pour atteindre le BOP rural en particulier, dans le respect et la promotion de la RSE[41] :

- Combler les vides d'infrastructure de manière sélective. Il s'agit de rechercher les solutions technologiques peu coûteuses qui permettent de résoudre des problèmes spécifiques (fourniture aux fermiers indiens par ITC Group de données grâce à un portail web d'informations accessible avec une connexion par satellite, ou services de télémédecine).
- Identifier et contrôler les coûts (d'investissement et des opérations, fixes et variables, par localisation) de manière drastique et systématique par une distribution différentielle. Par exemple, il peut être préférable d'outsourcer le dernier kilomètre à des entrepreneurs du BOP, talentueux et motivés, plutôt que de le confier à des employés. Les coûts sont aussi optimisés si les canaux de distribution établis sont bidirectionnels (permettent d'acheter et de vendre à l'entreprise et au marché), sont partagés (élargissement des gammes de produits vendus), et *scalable* (atteinte du niveau de volume qui crée la marge).
- Promouvoir le BOP (éducation et information) et gérer les collaborations de cocréation de valeur entre secteurs (privé, public, société civile).

Résumé

La politique internationale de distribution compte deux grandes facettes : les stratégies de pénétration des marchés étrangers (modes d'entrée et de distribution *cross-border*), et le management des canaux locaux de distribution du produitau sens restreint de « place » dans les « 4 P » (distribution *into-market*). Nous examinons les formes de distribution à l'international de type *cross-border* en présentant les solutions qui s'offrent à l'entreprise pour franchir la distance entre le contexte d'origine et celui de destination (exportation depuis le pays d'origine et intermédiation dans le pays de destination). Nous examinons aussi les principaux points à surveiller dans les contrats d'intermédiation internationale. La deuxième partie aborde le management du réseau de canaux de distribution locale par les critères de choix des canaux de distribution à l'étranger dans le cadre des systèmes de distribution existants et de la gestion internationale des forces de vente locales. Le paysage de la distribution dans les économies émergentes se modernise rapidement et pose des questions de management local de formats de distribution en se plaçant du point de vue des entreprises (c'est-à-dire du secteur du *retail*). Ces dernières doivent en effet décider de leur *retailing-mix*, en particulier dans les marchés émergents qui connaissent une modernisation de leur appareil de distribution favorable aux produits étrangers. Enfin, nous distinguons pour leurs spécificités la distribution pour les segments du BOP dans les marchés émergents qui doit travailler en priorité les problèmes d'accessibilité et s'insérer dans une démarche RSE qui soit claire.

Questions

1. Quelle est la différence entre distribution *cross-border* et *into-market* ? Comment se positionnent-elles l'une par rapport à l'autre ?
2. Qu'est-ce qu'un mode d'entrée à l'étranger ? Donnez des exemples en fonction du critère du contrôle (par la propriété, par le savoir-faire).
3. Comment distinguer distribution mature et distribution émergente ?
4. Quels sont les principaux critères de choix des canaux de distribution locaux ?
5. Quelles sont les principales catégories de distributeurs de détail internationalisés ? En quoi leur internationalisation est-elle plus ou moins difficile ?

Cas d'entreprise : UniCredit dans les PECO – Une question de timing[1] ?

Présent dans 22 pays avec plus de 9 600 agences et 162 000 salariés, le groupe UniCredit est l'une des plus grandes banques européennes. Il résulte de multiples fusions successives, dont celle en 2005 entre UniCredit, l'ex-acteur local d'Italie du Nord, et HypoVereinsbank (HVB), la deuxième banque privée allemande. Adeptes d'une stratégie de croissance externe même avant leur fusion, les deux banques opèrent sous le nom d'UniCredit. À la suite de nombreuses acquisitions, le groupe UniCredit détient une position dominante dans les marchés de la région PECO (pays d'Europe centrale et orientale).

L'implantation du groupe UniCredit dans la zone PECO. Lorsqu'on analyse l'expansion du groupe UniCredit dans la zone PECO, le timing et la chronologie des implantations sont très significatifs avec des entrées de marché précoces et réussies dans le secteur de la banque de détail bien avant les plus grands groupes bancaires mondiaux (Citigroup, HSBC ou Bank of America). Le tableau 7.6 présente les dates et pays d'implantation initiaux d'UniCredit d'une part et de HVB d'autre part avant leur fusion.

1. Ce cas a été adapté par Stefan Schmid, Thomas Kotulla et Dennis J. Wurster (ESCP Europe) ; Schmid S. et Kotulla T., « UniCredit Group. Vom Local Player aus Norditalien zum Marktführer in Osteuropa », in S. Schmid (éd.), *Strategien der Internationalisierung. Fallstudien und Fallbeispiele*, 2e édition, Oldenbourg Verlag, Munich-Vienne, 2007, p. 441-472 ; UniCredit Group, *Consolidated Reports and Accounts 2010*, Milan, 2011.

Tableau 7.6 : Dates et pays d'implantation initiaux des groupes UniCredit et HVB avant leur fusion

Dates	Implantations initiales HVB	Implantations initiales UniCredit
1975	HU, BG, CZ	
1990	SI	
1991	PL	
1993	SK	
1997	HR, LV, RO, UA	
1999		PL
2000		SK, HR
2001	BA, EE, LT, RS	
2002		BG, RO, BA, TR
2003		CZ

BA : Bosnie-Herzégovine, BG : Bulgarie, CZ : République tchèque, EE : Estonie, HR : Croatie

HU : Hongrie, LT : Lituanie, LV : Lettonie, PL : Pologne, RO : Roumanie, RS : Serbie, RU : Russie.

Par sa filiale, Austrian Creditanstalt, le groupe HVB a pénétré le marché hongrois dès l'année 1975 devenant ainsi le premier entrant sur la zone PECO par rapport à ses concurrents étrangers, y compris son futur partenaire UniCredit. En 1987, après une pause de dix ans, il s'est installé en Bulgarie, en République tchèque et en Russie. Ces implantations ont eu lieu en peu de temps sur la base d'une stratégie de timing séquentielle. Depuis, le groupe HVB a continué à se développer pas à pas en Slovénie, en Pologne et en Slovaquie, puis par deux vagues séquentielles de quatre entrées en 1997 et en 2001.

À l'opposé du groupe HVB, UniCredit a poursuivi une stratégie de timing légèrement différente pour s'implanter dans la zone PECO. S'il pénètre en premier le marché polonais en 1999, le groupe UniCredit suit HVB dans toute la zone (hors Turquie et Bosnie-Herzégovine) et s'implante sur une période relativement courte de cinq ans. Entre 1999 et 2003, la banque s'est installée de manière simultanée dans huit pays grâce à la mobilisation intensive et concentrée de ressources dans le temps.

Le groupe UniCredit – Un leader du marché affirmant une stratégie européenne. Quand les groupes UniCredit et HVB ont fusionné en 2005, l'opération a donné naissance au plus grand groupe bancaire opérant dans la zone PECO. Vu le pouvoir de marché menaçant de cette nouvelle institution, des agences antitrust, telle la Croatian Competition Agency, ont imposé quelques restrictions à l'approbation de la fusion, comme l'obligation de cession d'actifs détenus dans les banques croates. Malgré cela, le nouveau leader du marché était encore deux fois plus grand que son plus grand concurrent sur la zone, la banque autrichienne Erste Bank. En Croatie, Bulgarie, Bosnie-Herzégovine et Pologne, des parts de marché très élevées ont été atteintes en 2005, et dans certains pays elles s'élevaient à plus de 20 % (voir figure 7.2).

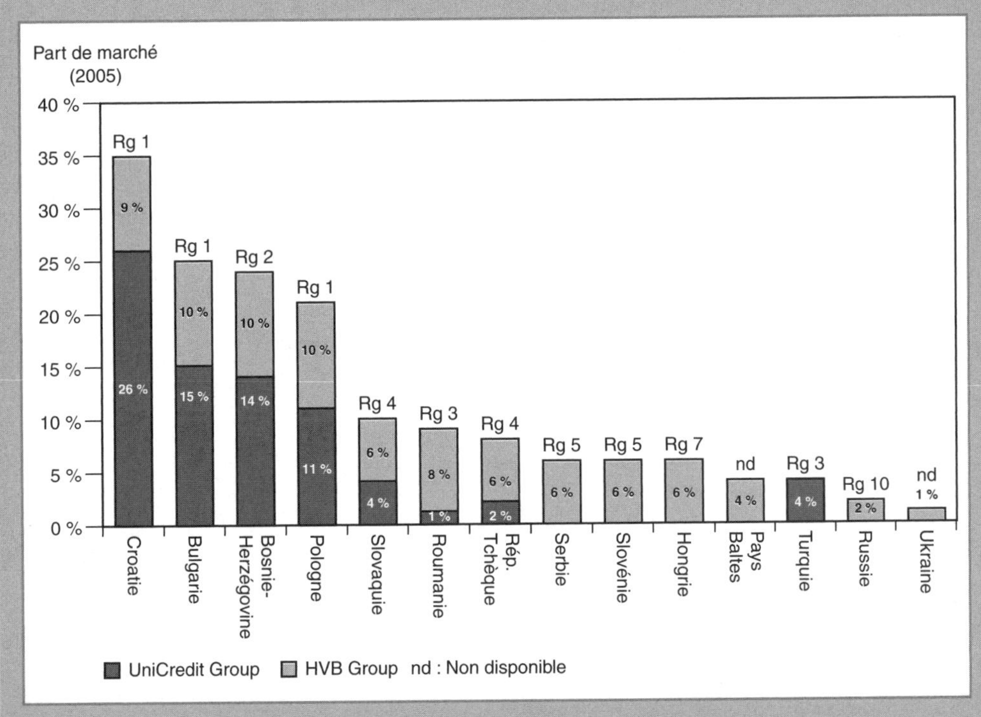

Figure 7.2 – La position concurrentielle du groupe UniCredit dans la zone PECO après la fusion.

La pertinence actuelle de la zone PECO pour le groupe UniCredit. Actuellement, la région PECO représente un pilier important du portefeuille géographique du groupe UniCredit et complète les marchés principaux de la banque en Italie, en Allemagne et en Autriche. Cela s'est révélé vital pendant la crise financière commencée en automne 2008. La Pologne, par exemple, est le seul pays dans l'Union européenne qui n'a pas souffert d'une récession en 2009. L'année suivante, elle a joui d'une croissance de son PIB de presque 4 %, avec une augmentation d'environ 9 % de son PIB. Grâce à la forte reconnaissance de sa marque et une pénétration importante du marché, le groupe UniCredit a réalisé dans cette région un bénéfice avant impôt de plus d'un milliard d'euros en 2010, ce qui représente environ 42 % du bénéfice total consolidé avant impôts du groupe. L'implantation précoce et réussie d'UniCredit dans la région PECO pourrait aussi servir de tête de pont vers d'autres marchés en Asie centrale où le groupe poursuit son expansion (récemment en Azerbaïdjan, au Kazakhstan et au Kirghizistan). Mais en 2011, rattrapé par la crise de la zone euro, le groupe bancaire annonce une réorganisation d'ensemble, avec suppressions d'emplois et besoin d'augmentation de capital entre 4,4 et 7,5 milliards d'euros.

Questions

1. En Europe centrale et orientale, les groupes UniCredit et HVB peuvent être considérés comme les premiers entrants internationaux de la banque de détail. Au-delà de ce cas particulier, quels sont les avantages et les inconvénients inhérents de la stratégie du pionnier par opposition à une stratégie d'entrant suiveur ?

2. Considérant le secteur bancaire et en particulier la banque de détail, pensez-vous que le moment de première implantation sur un marché à l'étranger joue un rôle crucial pour les avantages concurrentiels ?

3. Les décisions de timing suivies par les deux groupes pour pénétrer les nouveaux marchés avant leur fusion en 2005 sont différentes. Quels avantages et inconvénients peut-on voir derrière les stratégies parallèle et séquentielle choisies par les deux banques ? Pensez-vous que poursuivre une stratégie de timing sur plusieurs pays (c'est-à-dire stratégie parallèle ou stratégie séquentielle) influence le choix de la stratégie d'entrée sur le marché (par exemple, exportation, joint-venture internationale, fusion internationale ou investissement *greenfield*) ?

4. Le groupe UniCredit a choisi de nombreux marchés cibles adjacents dans sa conquête de l'Est. Pensez-vous que la proximité géographique peut contribuer à expliquer le succès des implantations successives ?

Chapitre 8

La communication internationale

Objectifs

1. Distinguer les stratégies de communication internationale et leur exécution en fonction de leur portée (nationale, régionale et mondiale).
2. Identifier les implications stratégiques du « plus de global et plus de local » sur la communication internationale.
3. Présenter les principales approches de la communication internationale médias et hors médias, en insistant sur les évolutions d'Internet.
4. Prendre en compte les aspects organisationnels de la politique internationale de communication dans les relations agences/annonceurs, et dans la conduite des campagnes locales et mondiales.

Introduction

Tout comme les autres éléments du mix-marketing, la politique de communication internationale est centrale à la démarche de développement des marchés étrangers. Mais elle présente au moins deux spécificités notables par rapport aux autres leviers de l'action marketing. Premièrement, l'entreprise est par nature « communicante », volontairement ou non : cela va de la publicité à la documentation d'entreprise, de la promotion des ventes à l'architecture intérieure des locaux, des relations publiques au parrainage (*sponsoring*) ou au mécénat, des vendeurs à son site Internet. La panoplie des outils de communication disponibles est impressionnante et elle s'élargit chaque jour des possibilités offertes par les évolutions rapides des nouvelles technologies de l'information et de la communication. Dans un univers de plus en plus mondialisé, l'attention portée à l'image en général, plus universelle que la parole, confère à la communication internationale un rôle fortement stratégique.

En second lieu, la politique de communication est largement fondée sur la langue et donc sur le transfert de significations de l'entreprise à ses différentes parties prenantes, aux employés par la communication interne, aux différents publics externes par la communication d'entreprise, et aux marchés par la communication marketing ou commerciale. Or culture et communication sont intrinsèquement liées car l'une des premières fonctions de la culture est de fournir aux individus les moyens de communiquer entre eux par l'acquisition d'un langage commun, verbal (la langue) et non verbal, qui constitue la spécificité la plus irréductible de l'identité culturelle. De ce point de vue, la politique internationale de communication, en ce qu'elle touche aux langues, est sans doute la variable la plus dépendante des cultures nationales.

La communication internationale est en fait encadrée par deux phénomènes d'apparence contradictoire. La dynamique de mondialisation et les évolutions technologiques brisent certaines résistances culturelles ce qui favorise le développement de campagnes globales standardisées mais, en même temps, ces évolutions (technologiques, économiques, réglementaires) ouvrent la voie à une communication plus fine et plus segmentée qui permet une meilleure expression des subtilités culturelles locales. Dans ce contexte, plusieurs questions sont importantes aux yeux des responsables marketing quand ils entreprennent des actions de communication hors du marché d'origine :

- Jusqu'à quel point peut-on communiquer le même message, de la même manière, dans les mêmes médias dans différents pays ?
- Comment optimiser les divers outils de communication possibles dans et entre les différents marchés géographiques ?
- Quelles sont les conséquences organisationnelles des actions de communication internationale à mesure que s'accroissent l'internationalisation des agences de communications marketing, la panoplie des outils utilisés et le périmètre des activités internationales de la firme ?

1. Communiquer à l'international : plus de global et de local

1.1 Les dimensions universelles et contingentes de la stratégie internationale de communication

Le management de la communication

Le management de la communication ne dépend pas en soi du pays où il se situe. Quels que soient les outils de communication utilisés (médias et hors médias), on retient en général un processus itératif en six phases (voir figure 8.1).

- **Définition des objectifs marketing.** Le souci de communiquer part de la reconnaissance d'un problème marketing pour lequel des actions de communication seront envisagées : développer la notoriété et l'image du produit et de la marque, provoquer l'essai et développer la fidélité à la marque (réachat), augmenter le panier moyen, repositionner le produit, gagner des parts de marché, défendre sa position de leader…
- **Détermination des objectifs de communication et des budgets qui traduisent les objectifs marketing.** Ils sont essentiellement de trois ordres : cognitif (faire connaître pour développer la notoriété, par exemple d'un nouveau produit), affectif (faire aimer pour développer une préférence durable et une fidélité à long terme), et conatif (faire agir pour passer du stade des intentions à celui des comportements, éduquer le consommateur…).
- **Définition de la cible.** Caractéristiques sociodémographiques et psychographiques, habitudes de consommation, habitudes d'exposition aux médias…
- **Conception des messages.** La stratégie créative est définie par la « copy stratégie » (document qui définit la promesse, le ton, la preuve à développer dans la création).

- **Choix des médias.** La stratégie média (*media planning*) vise à l'utilisation optimale des différents médias et supports en fonction des objectifs de couverture et de répétition et des conditions tarifaires négociées avec les différents supports.
- **Exécution et contrôle des campagnes.** Les pré- et post-tests, et l'ensemble des relations organisationnelles agence/annonceur, permettent d'ajuster la communication de manière continue.

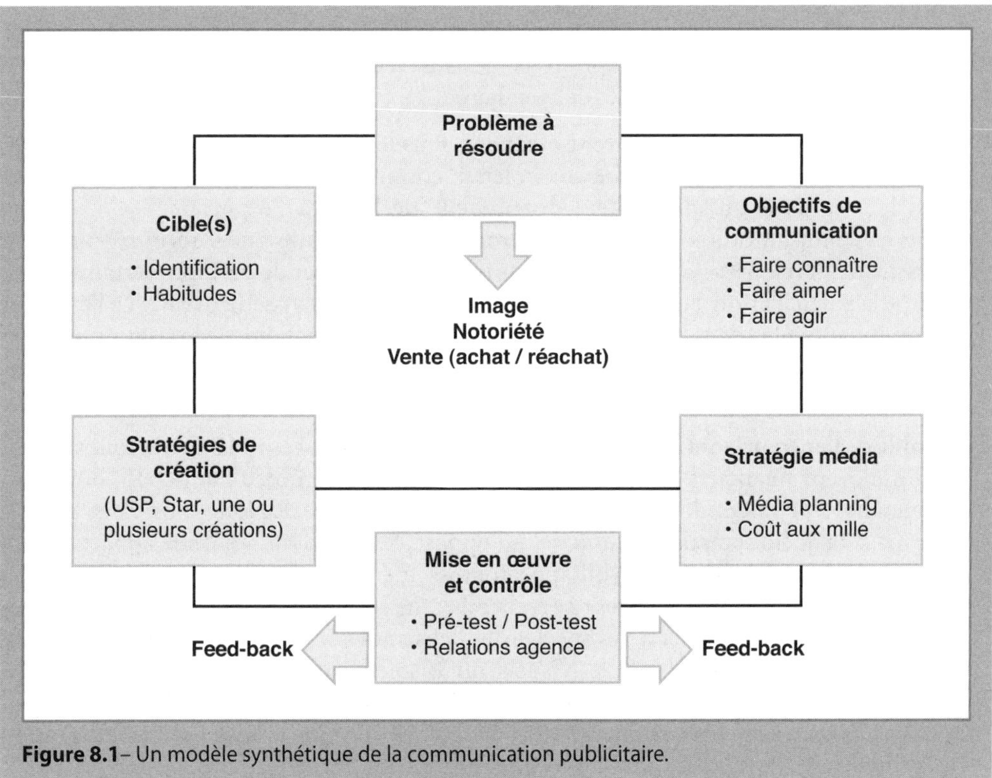

Figure 8.1 – Un modèle synthétique de la communication publicitaire.

Si le processus de management de la communication reste universel dans sa forme, la dimension internationale a une influence sur la mise en œuvre de chacune de ces étapes car de nombreux aspects locaux doivent être pris en compte. Les environnements médias sont hétérogènes et en même temps se caractérisent par l'essor de médias globaux. La stratégie de communication varie en fonction de la diversité des objectifs marketing par marché, particulièrement lorsque le produit est à des phases différentes de son cycle de vie suivant les pays. Les variations de comportement du consommateur selon la maturité des marchés expliquent aussi la diversité possible des cibles pertinentes en fonction des pratiques culturelles locales (Qui achète/consomme ? Quoi ? Où ? Quand ? Comment ? Pour qui ? Pourquoi ?). Les modes de réception des messages dépendent également des caractéristiques culturelles et linguistiques nationales ainsi que de la disponibilité et de l'audience des médias par pays. Enfin, la complexité du contrôle multipays, régional, voire global, sera fonction des recouvrements qui existent entre audiences (existence de segments transnationaux) et supports de communication au plan international.

Les facteurs d'influence des décisions de communication internationale

Les décisions de communication internationale s'appuient sur la prise en compte de contraintes externes et internes, et portent sur une combinaison d'opérations de communication médias (publicité) et hors médias (promotion). **Au plan interne**, plusieurs facteurs conditionnent ces choix, notamment :

- **La nature du produit.** Si les biens de grande consommation nécessitent une forte communication produit-marque, les produits industriels appellent une communication plus informative ce qui renforce le rôle des vendeurs.
- **Le mode de pénétration du marché étranger.** Plus le mode de présence engage l'entreprise, plus elle sera en mesure de contrôler sa communication sur le marché étranger. Ainsi le recours à un importateur-distributeur déchargera l'exportateur d'investissements en communication publicitaire et promotionnelle, tandis que le recours à un agent nécessite de développer sa propre communication (et permet de partager certains coûts, comme la participation à un salon par exemple). Enfin, l'investissement direct à l'étranger des multinationales dans des filiales augmente les moyens potentiels de communication avec le marché, mais impose des contraintes liées à la coordination globale de leur communication.
- **La taille de l'entreprise et son degré d'internationalisation.** Les PME-PMI n'ont souvent pas les moyens financiers ou humains de développer de nombreux outils de communication. Elles s'appuient donc surtout sur la presse spécialisée, les foires et salons, les sites Internet et la documentation technique. À l'opposé, les grands annonceurs appartiennent au groupe des multinationales (voir approfondissement 8.1). Avec l'accroissement de son engagement international, l'entreprise recherche une communication internationale intégrée qui la conduit à confier à des spécialistes l'ensemble de son programme, en utilisant une charte commune pour tous les visuels, qu'ils soient publicitaires, promotionnels ou incorporés à la communication d'entreprise et à ses relations publiques. Cette intégration portera aussi sur la présentation de l'entreprise sur le terrain (le style de communication de la force de vente dans le cadre d'une communication verbale).

Parmi **les facteurs externes**, l'entreprise considère :

- **L'environnement média et réglementaire de chaque pays.** Au-delà de la disponibilité physique des médias, les activités de communication commerciale sont partout très encadrées par la loi.
- **L'impact des cultures nationales sur la communication,** depuis les attitudes générales envers les différents outils de communication (la publicité par exemple) jusqu'à la création qui fait l'objet d'une interprétation culturelle locale.
- **Le cycle de vie du produit dans les différents marchés.** La communication de lancement dans un marché nouveau diffère d'un marché où le produit est en phase de maturité.
- **Les spécificités de la cible**, en particulier quand l'entreprise s'adresse aux segments du BOP.

Approfondissement 8.1

Les principaux annonceurs publicitaires mondiaux

Le classement 2008 des principaux annonceurs mondiaux d'après les dépenses publicitaires montre une grande variété de secteurs d'origine[1] : les cosmétiques, les médias, l'électronique, l'automobile, la pharmacie, les services financiers, les produits de luxe, la grande consommation, les jeux vidéo, l'emballage industriel, la grande distribution… Sans surprise, les pays d'origine sont moins variés, puisqu'il s'agit des pays de la Triade (États-Unis, Japon, Allemagne, Royaume-Uni, Italie, Suisse, France, Belgique, Espagne), auxquels seule la Corée se joint avec deux entreprises (Hyundai Motor puis Samsung). Le classement 2008 donne la première place, et de loin, à l'américain Procter & Gamble (9,358 milliards de dollars de dépenses publicitaires mondiales), suivi de son concurrent anglais Unilever (5,295 milliards). Suivent ensuite L'Oréal (3,426 milliards), General Motors (3,345 milliards), Toyota (3,202 milliards), Ford Motor (2,906 milliards), Johnson & Johnson (2,361 milliards), Nestlé (2,181 milliards), Coca-Cola (2,177 milliards) et Honda Motor (2,047 milliards).

1.2 Diversités et convergences des environnements médias

Des différences persistantes entre pays

Les dépenses publicitaires. Les dépenses publicitaires (dépenses des annonceurs dans les médias, ou *adspend*) accompagnent logiquement le niveau de développement économique d'un pays, mais la diversité des dépenses publicitaires par pays est frappante, même pour des pays à niveaux de développement économique comparables. Cela est partiellement dû à l'espace publicitaire utilisable dans les médias (radio, télévision, presse, cinéma, affichage, internet) : si certains médias sont inexistants, peu disponibles (trop coûteux ou trop réglementés) ou encore peu appréciés, les dépenses publicitaires sont automatiquement limitées (voir approfondissement 8.2).

Le dynamisme de la croissance économique. Dans toutes les économies à croissance rapide, logiquement, le marché de la communication publicitaire l'est également. En Chine, notamment, le marché publicitaire s'est réellement ouvert fin 2005, et toutes les grandes agences publicitaires y sont entrées avec la perspective des Jeux olympiques de 2008. Néanmoins, la publicité est très régulée, le gouvernement tentant d'en réduire ses effets négatifs par de nombreuses lois, certifications ou interventions de la censure, même si les réglementations restent vagues et difficiles à comprendre[2].

Les relations médias/audience. Au-delà du niveau de développement économique d'un pays et de ses habitudes, les représentations sociales sur la relation entre les médias et leur audience conditionnent la disponibilité des médias publicitaires et les ressorts attendus de leur efficacité. Ainsi, on peut envisager les représentations :

- De ce qui est considéré par l'audience locale comme un ratio acceptable entre espace publicitaire et contenu (information et programmes) et comme une séquence appropriée entre publicité et divertissement (par exemple les interruptions des films par des plages publicitaires).

- Des consommateurs des marchés émergents qui doivent changer d'attitude vis-à-vis de la publicité, auparavant bannie et diabolisée, ce qui n'est pas forcément évident : en Chine, nombreux sont ceux qui pensent encore souvent que seul un mauvais produit a besoin de publicité pour se vendre. En comparaison avec les États-Unis, les répondants chinois sont moins nombreux à faire confiance à la publicité et à croire en la réglementation de l'industrie publicitaire[3].
- De l'aspect divertissant de la publicité : s'il est nécessaire de divertir l'audience pour attirer son attention, l'effort créatif doit être consacré au divertissement plutôt qu'à un message publicitaire réduit au simple bénéfice produit. Mais si la publicité est en soi une distraction, cela peut limiter l'efficacité publicitaire (l'attention du public étant accaparée par la dimension créative du message qui « couvre » les bénéfices produit).

Approfondissement 8.2

Les dépenses publicitaires dans le monde

En 2008[4], les dix premiers pays en matière de dépenses publicitaires sont les États-Unis (187,7 milliards de dollars), suivis du Japon (45 milliards), de l'Allemagne (26,15 milliards), du Royaume-Uni (23,45 milliards), de la France (18 milliards), de la Chine (18,38 milliards), de l'Espagne (11,6 milliards), du Canada (10,99 milliards), de la Russie (9,46 milliards) et de l'Australie (9,12 milliards). Mais les dépenses publicitaires ramenées par habitant montrent un classement différent avec l'apparition de marchés émergents (ou la « disparition » de certains, comme la Chine). La Norvège occupe la première place (991,20 dollars par habitant), suivie des États-Unis (616,7), de l'Australie (428,4), du Royaume-Uni (384,4), des EAU (378), du Japon (352,7), de la Hongrie (340,8), de la République tchèque (340,1), du Canada (330,6) et de Singapour (310). Dans les pays africains les plus pauvres, les dépenses publicitaires annuelles par habitant n'excèdent pas un dollar. Les différences entre pays sont également fortes en matière de dépenses publicitaires dans les différents médias possibles selon les habitudes et préférences locales. Dans ce domaine, les moyennes mondiales n'ont aucun sens car certains pays préfèrent[5] :

- la télévision (avec plus de 60 % des dépenses publicitaires au Brésil, au Mexique, en Indonésie , au Venezuela ou au Vietnam, contre 6 % pour l'Arabie Saoudite ou 1,5 % pour les EAU) ;
- la radio (36,9 % au Kenya, 11,6 % aux États-Unis ou 1,6 % en Indonésie) ;
- la presse (80,6 % au Pakistan, 57,1 % en Égypte, 33,7 % en Italie ou 20 % au Venezuela) ;
- le cinéma (6,6 % au Venezuela contre moins de 1,5 % ailleurs) ;
- l'affichage (18,2 % en Russie mais 4,3 % en Inde) ;
- Internet (20,4 % au Royaume-Uni, mais 0,1 % au Vietnam).

L'essor des médias globaux

L'environnement média global a deux facettes : tandis que les médias locaux survivent parce que les différences linguistiques restent fortes et omniprésentes, une offre de médias globaux est en plein essor et favorise à son tour la publicité à l'échelle globale. Les différences internationales sont donc loin d'éliminer certaines similarités et convergences dues aux médias globaux qui ont atteint un niveau de reconnaissance mondial et une audience réellement globale.

La presse. Il existe des journaux tels que l'*International Herald Tribune*, le *Wall Street Journal* et la revue *National Geographic* qui couvrent pratiquement tous les pays du monde. Le magazine *Time* produit plus de 130 éditions différentes ce qui permet de cibler des audiences locales. De nombreux magazines américains comme *Newsweek, Cosmopolitan* et *Playboy*, français comme *L'Express*, *Le Point* et *Elle*, ou allemands comme *Der Spiegel* et *Burda Moden* ont aussi plusieurs éditions internationales. Dans les domaines industriels, il existe des magazines spécialisés à diffusion internationale. Dans la presse spécialisée et magazine à diffusion globale, le *Reader's Digest* apparaît comme le « magazine le plus lu au monde »[6] (voir illustration 8.1).

Illustration 8.1

L'internationalisation du *Reader's Digest*

Le succès incroyable de la formule du *Reader's Digest* aux États-Unis a conduit très tôt son fondateur, DeWitt Wallace, à s'aventurer sur les marchés étrangers. Mais exporter un magazine impose de venir à bout de l'obstacle de la langue d'où des débuts en Angleterre en 1937 qui servirait de tête de pont pour pénétrer l'Europe continentale. La deuxième édition n'apparut pas en Europe en raison de la guerre, mais à Cuba dans une version hispano-américaine. L'objectif à long terme était de se développer en Amérique latine, même si cela se traduisait par peu de profits à court terme (l'édition cubaine fut longtemps vendue à perte). En 1942, une édition portugaise, qui tira jusqu'à 300 000 exemplaires, a vu le jour au Brésil. En 1943, le *Reader's Digest* connut un retour vers l'Europe avec la publication d'une édition suédoise. Le magazine attira l'attention des jeunes Européens avec des chewing-gums et des bas nylon en cadeaux. Après la guerre, en 1947, la *Sélection du Reader's Digest* fut lancée en France sous le management du général Thompson. Le tirage initial de 275 397 copies doubla presque avec la deuxième édition. L'expansion globale ne s'est jamais arrêtée : Allemagne, Italie, Suisse et Belgique, mais aussi Inde, Afrique du Sud, Australie et Nouvelle-Zélande obtinrent leur édition locale. Aujourd'hui, le *Reader's Digest* mérite bien son surnom de « magazine le plus lu au monde » : il dispose de 50 éditions vendues dans plus de 70 pays, dont une édition en braille. Au total, il affiche une circulation de 41 millions d'exemplaires et plus de 100 millions de lecteurs[7].

La publicité dans les supports presse globaux reste limitée à des annonces qui ciblent une clientèle internationale limitée, essentiellement le segment des consommateurs aisés qui voyagent. Les secteurs d'activité qui utilisent les médias globaux sont principalement les compagnies aériennes, les banques et services financiers, l'électronique grand public, les télécommunications, l'automobile, les tabacs et alcools, les parfums et autres produits de luxe. Néanmoins, l'utilisation d'un même média au plan global doit se faire avec précaution puisque la perception des médias en termes de plaisir, d'information, etc., varie selon les cultures et les pays[8].

Internet. Le vrai support « né global » est Internet. Il possède un potentiel encore très incomplètement exploré de communication globale (bannières, moteurs de recherche, petites annonces, e-mails et téléphone mobile). Selon PricewaterhouseCoopers[9], sa part dans le mix-média atteint 14,9 % en 2009 sur le plan mondial et devrait atteindre 21 % en 2014. Il serait alors, avec la télévision, le seul média à dépasser la barre des 100 milliards de dollars de revenus publicitaires. Les revenus publicitaires de Twitter en 2011 atteindraient 150 millions de dollars, et ceux des médias sociaux 8,34 milliards de dollars en 2015[10].

Les supports liés au réseau Internet sont plus attractifs pour toucher la cohorte de la « génération Y », née entre les années 1980 et 2000. Cette génération des *Digital natives* n'a pas connu le monde sans ordinateur ni Internet. Des industries comme les télécommunications, les ordinateurs, les jeux électroniques, les services d'édition, de tourisme, de loisirs, ou les services financiers utilisent le plus Internet en tant que média global.

Les satellites de télévision. Ils sont présents dans le monde entier, avec une couverture régionale ou mondiale. Les États-Unis ont été des précurseurs (33 satellites étaient en service dès 1990) et des programmes comme CNN (*Câble News Network*), MTV, TNT Cartoon, Disney Channel, BBC World ou Al-Jazeera (la chaîne qatarie du monde arabe) touchent des millions de foyers par satellite dans le monde entier. L'Europe dispose maintenant d'une offre considérable de chaînes par satellite. Les satellites africains, asiatiques ou latino-américains, se développent plus lentement car la répartition mondiale du satellite et du câble dépend non seulement du marché, mais de très nombreux facteurs physiques, démographiques et politiques : l'instabilité économique et les législations nationales jouent dès qu'il s'agit de choisir tel ou tel type d'infrastructures et de services[11]. La volonté de contrôler le contenu des émissions venues de l'extérieur est un souci très présent, comme en Iran, par la censure de tout contenu « politiquement inconvenant », à Singapour, qui restreint l'accès au satellite ou encore en Chine, où le développement des chaînes câblées est en partie dû à la volonté de contrôle du gouvernement.

Les évolutions des médias globaux. Dans le recours aux médias globaux, il faut considérer trois évolutions importantes :

- La naissance de géants qui prennent le contrôle des médias globaux, comme Ted Turner, Rupert Murdoch, Berlusconi, Leo Kirsch, Axel Springer, Bertelsmann, Hachette, Vivendi-Universal, et le canadien ITC Group. La plupart de ces groupes sont multimédias et ne se contentent pas de développer les chaînes par satellite (ils interviennent dans les médias et dans la fourniture de contenu). Certains pays du Sud ont tendance à rattraper le retard accusé précédemment par rapport aux pays du Nord, en particulier le groupe des BRIC. Les annonceurs doivent traiter avec d'autres multinationales.

- L'investissement de nombreux pays dans des réseaux de câblage, qui sont une solution concurrente de la télévision directe (*Direct Broadcast Satellite*, DBS). Diverses technologies sont en cause et les standards sont en compétition : télévision haute définition, réseaux utilisant la fibre optique, normes de transmission des données. Ce sont donc des intérêts technologiques industriels, médiatiques, culturels et réglementaires qui s'entrecroisent dans un réseau d'influences complexe, pour développer les réseaux de communication modernes que l'entreprise pourra éventuellement utiliser.

- Certaines réglementations visent une protection culturelle du paysage audiovisuel local. Les Français, particulièrement, sont inquiets de l'envahissement par des programmes américains entraînant une influence accrue de la langue anglaise et du style de vie américain, au détriment de la culture européenne. La directive de l'Union européenne de 2007 (*Télévision sans frontières*) est ici relativement vague : elle impose au moins la moitié des programmes à contenu européen sur les télévisions d'Europe. De même, certains pays d'Asie tendent à protéger leur identité culturelle en interdisant ou en décourageant l'installation d'antennes satellite, ce qui limite le potentiel de couverture des médias panasiatiques.

1.3 Les contraintes locales : réglementations et interprétations de la publicité

L'environnement juridique de la publicité

Tous les pays ont des règles juridiques qui encadrent la publicité à différents niveaux (produits, médias, messages, relations avec les agences, etc.). Par exemple, **la publicité mensongère** (*deceitful advertising*) est condamnée dans la plupart des pays du monde. Si les principes sont les mêmes (l'annonce ne doit pas induire en erreur le consommateur), les détails varient pourtant d'un pays à l'autre et il est important d'examiner la jurisprudence et les textes réglementaires locaux en amont d'une campagne à l'étranger.

Certains produits sont généralement interdits de publicité comme le tabac ou l'alcool (produits addictifs) mais les détails de ces restrictions varient fortement d'un pays à l'autre. Radicalement bannie par certains pays (France, Norvège, Nouvelle-Zélande), la publicité pour le tabac est encore assez libre dans quelques pays du monde (Allemagne, Suisse). Dans certains pays, l'industrie se limite par l'adoption de codes de bonne conduite comme aux États-Unis, alors que dans de nombreux autres pays, c'est la voie législative qui est préférée pour interdire la publicité pour le tabac.

La question de **la publicité comparative** soulève également des attitudes contrastées entre pays. Aux États-Unis, la publicité comparative est légale car perçue comme facilitant l'information des consommateurs et donc la concurrence entre les marques. Les opposants à la publicité comparative renversent l'argument en doutant de l'objectivité réelle des informations données par les firmes, à moins que l'information ne soit produite par des organisations indépendantes procédant à des tests comparatifs. Ainsi, certains pays n'apprécient pas beaucoup la publicité comparative. En France, elle est depuis longtemps considérée comme une forme de dénigrement et son interdiction était fondée sur l'article 1382 du Code civil. Il suffit qu'il y ait comparaison, même si les termes ne sont ni inexacts ni tendancieux, pour que la publicité soit qualifiée de comparative. Une directive de l'Union européenne autorise la publicité comparative sous certaines conditions. Aujourd'hui, elle est souvent utilisée au Royaume-Uni, en Irlande, en Espagne et au Portugal, mais dans les pays européens qui l'interdisaient précédemment (Belgique, France, Italie, Allemagne), celle-ci, une fois légalisée, n'a connu qu'un développement très faible.

Enfin, certains pays appliquent **des taxes à la publicité**, comme l'Autriche, ce qui oriente le choix des médias en fonction de leurs coûts[12]. Dans les États fédéraux, à l'exception du Burgenland et du Tyrol, il y a une taxe de 10 % sur les insertions dans la presse, et de 10 à 30 % sur l'affichage selon les États et les municipalités. La taxe est de 10 % sur la publicité radio, mais de 20 % au Tyrol tandis qu'elle n'existe pas à Salzbourg, en Styrie, en Carinthie et dans le Vorarlberg. La taxe sur le cinéma est de 10 % à Vienne, de 20 % au Burgenland et de 30 % en Styrie, mais elle est nulle ailleurs. Enfin, la taxe sur la publicité à la télévision est de 10 % dans tout le pays.

Les attentes en matière de contenu informatif

La question de la publicité comparative est assez intimement liée à celle des attentes des consommateurs en matière de contenu informatif dans la communication publicitaire. Il s'agit d'une question clé car elle traduit les choix qui seront faits pour le ton de la communication : publicité informative, persuasive (répétition de la marque et arguments « massue ») ou onirique (orienté vers le rêve, l'émotion). Le contenu en information sera naturellement plus fort dans le premier cas.

Cette question a fait l'objet de nombreuses études qui montrent que **le contenu en information (le nombre d'éléments d'information compris dans une publicité) varie selon les pays**[13] :

- Quand on compare les pratiques publicitaires[14], on s'aperçoit que : « Dans les pays développés, comme le Canada et la Suède, la copie publicitaire contient généralement plus d'écrit et plus d'informations techniques… Les pratiques d'achat comparatif en magasins sont limitées en Turquie et le niveau général d'éducation n'est pas élevé. Au contraire du Canada et de la Suède, l'essentiel de la copie publicitaire utilisée par les agences turques est persuasif par nature plutôt qu'informatif. » La publicité s'appelle d'ailleurs en turc *Reklam,* ce qui correspond à une vision traditionnelle plus persuasive (celle du slogan).
- La comparaison des contenus informatifs des spots télévisés[15] montre que les publicités suédoises contiennent moins d'éléments d'information que les publicités américaines. Aux États-Unis, l'ambiance de concurrence extrême pour accaparer l'attention du téléspectateur ainsi que l'attitude de ce dernier, qui cherche à éviter la publicité en profitant des pauses pour examiner les programmes sur d'autres chaînes, jouent un rôle. Une publicité à la télévision qui n'a pas un message clair et simple réduira fortement ses chances d'avoir la moindre parcelle d'attention.
- Les résultats d'une méta-analyse de 59 études portant sur le contenu de l'information[16] suggèrent que la publicité dans les pays industrialisés est plus informative que celle des pays en voie de développement. Bien que le type de produits et d'autres facteurs d'environnement (comme le contexte concurrentiel) aient une influence sur le contenu de l'information, la culture est le facteur explicatif le plus important de la quantité et la nature de l'information présentée. Si certaines audiences nationales préfèrent des éléments d'information tangibles (États-Unis), d'autres ont des attentes émotionnelles et plus « subjectives » vis-à-vis de l'information. Même dans des pays voisins, au niveau de développement économique comparable (France et Allemagne), le contenu en information varie très sensiblement[17]. Parce que l'information réduit l'incertitude, les cultures caractéristiques d'un fort besoin de contrôler l'incertitude (l'Allemagne et la France dans l'étude de Hofstede) auront toujours tendance à demander plus d'informations que celles qui acceptent plus facilement l'incertitude. Dans le cas de l'Allemagne, cela est renforcé par le fait que la communication se fonde sur des messages explicites.
- Enfin les consommateurs seront moins sensibles au contenu en informations s'ils ne l'utilisent pas directement dans leur processus d'évaluation des produits pour éliminer le risque perçu lors de l'achat. Ainsi, une comparaison des consommateurs mexicains et de leurs voisins américains suggère une attitude de moindre perception du risque lié à l'achat chez les Mexicains, cela à cause d'une tradition plus fataliste de leur société[18]. De ce fait les consommateurs mexicains, et plus généralement ceux issus de cultures où prédomine le sentiment de contrôle externe, réagiront plus facilement à des contenus persuasifs (le nom

de la marque répété à de nombreuses reprises) ou encore oniriques (le rêve qui permet de s'échapper d'une vie quotidienne pas toujours rose).

En règle générale, **la stratégie publicitaire doit s'ajuster à l'orientation locale concernant le contenu de l'information et le style de publicité attendus**. Les stratégies publicitaires centrées exclusivement sur la dimension informative, onirique ou persuasive, devront faire l'objet d'une analyse attentive avant toute application hors du contexte d'origine.

Les représentations sociales de la publicité

Les actions de communication, la publicité en particulier, reflètent les comportements sociaux traditionnels mais aussi les changements en cours dans les mœurs. La publicité est un outil majeur d'exportation de modèles culturels par les représentations qu'elle véhicule. En revanche, il est risqué d'ignorer les attitudes générales envers la publicité quand elles se fondent sur les cultures locales profondes, pour des raisons d'acceptabilité par les consommateurs, bien sûr, mais aussi pour faciliter l'ajustement à l'environnement local car les attitudes et représentations dominantes finissent souvent par bâtir la réglementation. Ainsi :

- Dans de nombreux pays européens, en particulier dans les pays scandinaves et en France, subsiste en partie une vision publiphobe (critique et rejet social de la publicité) fondée sur des arguments saint-simoniens et marxistes (la publicité et la distribution sont conçues comme des activités parasitaires et non productives). Faire de la publicité pour des produits comme les médicaments peut être perçu comme immoral car renchérissant le prix (par exemple au Koweït), et la législation impose alors un plafond de dépenses publicitaires pour les médicaments ou l'acquittement de taxes spéciales.
- À l'échelle internationale, l'idée progresse que la publicité peut avoir des conséquences néfastes sur la société (consommation ostentatoire et création de besoins qui ne pourront pas être satisfaits). Des pays pourtant très publiphiles comme le Royaume-Uni ont fait des propositions législatives récentes visant à interdire les publicités pour les cosmétiques fondées sur des photos complètement retouchées de top models ne correspondant pas à la réalité. Le problème de l'obésité des enfants consommant une nourriture de mauvaise qualité et vantée par la publicité (*junk food*) est également de plus en plus reconnu[19].

Le caractère local de l'interprétation

La standardisation complète des annonces magazine entre pays n'est facile ni pour les éléments visuels, ni pour les éléments textuels (nous développons ces aspects dans la deuxième partie). **Chaque pays est unique dans l'interprétation qu'il fait** des caractéristiques visuelles, et cela ne le conduit pas pour autant à ressembler davantage à des pays géographiquement proches qu'à des pays lointains. Ainsi l'utilisation des éléments visuels au Royaume-Uni se rapproche plus des pratiques américaines que de celles de la France, cela entraînant des barrières à la standardisation paneuropéenne de la communication[20]. Une autre limite forte à la standardisation publicitaire est que les images peuvent être comprises partout, mais pas forcément de la même manière car, comme les éléments textuels, les images renvoient à des normes d'associations culturellement spécifiques[21]. Par exemple, si la pluie évoque la fraîcheur dans certains pays, elle peut être associée à la chaleur dans d'autres.

Les réactions attitudinales aux publicités télévisées d'origine étrangère varient selon les pays car les audiences de différentes cultures n'évaluent pas l'information de la même manière[22].

Ainsi, après présentation d'une photo et écoute d'un argumentaire oral pour une nouvelle voiture, des répondants britanniques, allemands, français et suédois expriment des perceptions différentes du produit : le style est très bien noté en Allemagne et en Suède, mais mal noté en Angleterre et en France. La sécurité n'est jugée satisfaisante qu'en Angleterre, et la voiture est considérée comme peu fiable par les Suédois. Même les symboles globaux, comme le cow-boy de Marlboro, ne sont pas investis du même sens partout, témoignant de l'appropriation locale inévitable des objets culturels importés[23].

1.4 Les cibles spécifiques : la communication pour les segments du BOP

Les décisions de communication à destination des consommateurs du BOP nécessitent de s'interroger sur deux aspects au moins :

- Quels choix de communication faire auprès des consommateurs du BOP, en tenant compte au mieux de leur environnement de communication spécifique ?
- Comment développer plus largement une communication socialement responsable ?

Les choix de communication auprès des segments du BOP

Si la communication est très segmentée dans les pays de la Triade en fonction des diverses caractéristiques de la cible (sociodémographiques et psychographiques), elle doit aussi s'adapter dans les économies émergentes aux caractéristiques des principaux segments (*Top of Pyramid, Middle of Pyramid, Bottom of Pyramid*)[a]. L'approche de la communication pour les segments du BOP (avec pour objectif premier l'*Awareness*) nécessite avant tout de prendre en compte les contraintes non seulement matérielles mais informationnelles imposées par les conditions de subsistance minimale. Plusieurs études menées en Inde révèlent **les problèmes posés dans le domaine de la publicité rurale** (voir illustration 8.2).

Illustration 8.2

La publicité à destination de l'Inde rurale

Le levier de communication est central pour pénétrer puis développer le marché rural indien[24] qui représente environ 70 % du pays et se caractérise par une extrême diversité. Théâtre d'influences sociales et culturelles fortes et nombreuses, l'Inde rurale pose en publicité des problèmes d'attention sélective (le message n'est pas perçu), de distorsion sélective (le message est mal interprété) et de mémorisation sélective (une partie seulement du message est retenue). Une étude sur les publicités télévisées menée en 2006 montrait les variations de compréhension entre les urbains et les ruraux. Les marques testées étaient le dentifrice Babool (montrant un jeune homme dans différentes situations et dansant sur un jingle entraînant et accrocheur) et l'huile Navratna (mettant en scène l'acteur Govinda et l'actrice Rambha). Les messages des deux publicités avaient été compris par 100 % de l'audience urbaine contre seulement 30 à 60 % par les ruraux. Ces derniers avaient trouvé que la publicité pour le dentifrice Babool était trop rapide et l'avaient souvent confondue avec de la publicité pour de la poudre de dentifrice ou une crème de rasage.

---

a. Voir chapitre 3 (p. 117-124).

Illustration 8.2 (suite)

Ils trouvaient stupide de croire que quelqu'un puisse danser pour un dentifrice et qu'aucun personnage ne recommande explicitement le produit. Pour le film publicitaire de l'huile Navratna, l'audience rurale du Tamil Nadu (dans le Sud) ne pouvait pas reconnaître Govinda, alors que celle de l'Uttar Pradesh (dans le Nord) ne pouvait reconnaître Rambha. Dans les deux régions, les deux audiences étaient surprises qu'un personnage ayant soi-disant mal à la tête puisse danser si énergiquement. Une autre étude menée sur des spots télé à Purulia dans le Bengale-Occidental, à Erode dans le Tamil Nadu, et à Kheda dans le Gujarat montre que sur la population des moins de 35 ans qui regarde le plus la télévision, 60 à 80 % sont des hommes, 30 à 40 % sont illettrés et la majorité sont paysans ou agriculteurs. Environ 70 % identifient et comprennent le thème principal, 20 à 30 % se souviennent des images mais n'en comprennent pas le sens. 15 % sont capables de comprendre tous les mots, et une faible minorité comprend les programmes en anglais. Enfin, 30 % des téléspectateurs n'apprécient pas les publicités pendant les programmes, ils considèrent que les images montrent en général un monde différent auquel ils sont incapables de s'identifier.

Dans leur ensemble, ces études sur la publicité rurale en Inde montrent que les ruraux ne comprennent pas les publicités trop compliquées, trop rapides ou trop suggestives. L'emploi de symboles, personnages ou icônes sans lien ou rapport clair avec le produit ou la marque provoque de la confusion et de la distance à l'égard de cette offre. Ils attendent un lien explicite entre le problème posé et la solution offerte par le produit ou la marque.

Plusieurs **recommandations** doivent donc être suivies pour une communication efficace auprès des segments du BOP[25] :

- **Encourager l'éducation du consommateur et non simplement son information**, de préférence à partir d'une représentation visuelle. Par exemple, le succès international du produit antibactérien Lifebuoy d'Unilever dans les pays en voie de développement s'appuie sur une communication en faveur du lavage des mains en montrant visuellement les germes, de sorte que l'on puisse « voir » les problèmes qu'ils causent.
- **Prendre en compte l'ensemble du système de parties prenantes** intervenant dans l'échange entre offre et demande, en recourant à des porte-parole reconnus ou à des personnes, susceptibles d'interagir avec les consommateurs, et pouvant incarner la marque de manière plus efficace qu'une démonstration abstraite.
- **S'appuyer sur la vivace tradition orale** grâce à laquelle les communications marketing sont facilitées dans les médias de communication face à face. Contrairement aux pays industrialisés, le face-à-face est souvent plus efficace et moins coûteux que les médias de masse (publicité à la télévision ou dans la presse). Le bouche à oreille et les échanges d'information spontanés dans les réseaux sociaux sont précieux et ces réseaux facilitent le retour d'information du marché vers l'entreprise. Le rôle de la force de vente est accentué quand il s'agit de produits nouveaux dont le consommateur n'a jamais eu encore l'expérience, et la communication peut prendre des formes inédites ayant tous ces avantages (comme les cinévans d'Unilever au Brésil circulant de village en village).

- **Développer le capital social de l'entreprise** auprès de tous ces représentants locaux, et l'entretenir pour permettre une efficacité de la communication à long terme, soutenue par la disponibilité de produits de bonne qualité et à la fourniture d'informations précises.
- **Construire les communications marketing à destination des populations du BOP en fonction de chaque contexte local.** Le recours à des foires de villages et autres marchés temporaires, à des publicités sur les véhicules ou les bâtiments ou à des médias purement locaux, peut se révéler le plus judicieux.

Des questions éthiques importantes

La vulnérabilité des populations du BOP doit contraindre l'entreprise à examiner trois problèmes éthiques majeurs dans sa politique de communication[26] :

- **L'honnêteté dans la publicité.** Ce n'est pas un problème qui est propre au BOP, mais les populations vulnérables souffrent de déficits en matière d'éducation et de compétences pour évaluer les messages publicitaires. Il est donc nécessaire d'éviter « la poudre aux yeux » et de faire un effort pour être explicite sur les caractéristiques et dangers possibles de l'usage du produit.
- **Les tactiques de promotion des ventes.** L'utilisation de techniques promotionnelles courantes (concours, coupons, rabais, enchères ou remises de prix) est coûteuse et la valeur supplémentaire qu'elle est censée apporter au consommateur est douteuse (la promotion vise à accroître les volumes achetés).
- **Le marketing crée la demande.** Le problème se pose pour le BOP quand la publicité et la promotion influencent les consommateurs pour les faire changer en faveur de produits qui ne sont pas vraiment nécessaires et qui ne vont pas améliorer leur condition.

1.5 Implications stratégiques pour la communication internationale

Les développements qui précèdent montrent que la stratégie de communication internationale doit conjuguer plus de global *et* plus de local à la fois, tant dans la formulation stratégique que dans ses nombreuses modalités d'exécution (selon les pays et le mix-média). Le slogan *think global, act local* est définitivement dépassé dans le domaine des communications marketing, et cela conditionne trois aspects de la communication internationale : les décisions adaptation-standardisation, la segmentation et le ciblage des actions de communication ainsi que le *media planning* choisi, et enfin les modalités de transfert international de la copie stratégie au sein de l'organisation.

Adaptation et standardisation internationale de la communication

Les décisions de communication internationale doivent arbitrer entre les aspects locaux et globaux dans le cadre d'un mix-marketing international aux formes variées sur le continuum entre adaptation et standardisation selon les différents attributs de l'offre[b]. **Les avantages d'une approche à dominante standardisée de la stratégie de communication sont évidents** qu'il s'agisse de coûts (on évite leur duplication avec le développement de communications locales), de cohérence de l'image de marque et de ciblage de clientèles transnationales de manière homogène. Plusieurs facteurs influencent positivement ce choix[27] :

---

b. Voir chapitre 5 (p. 187-196).

- des facteurs d'environnement : similarité des consommateurs, de la distribution, de l'infrastructure publicitaire et de la concurrence ;
- des facteurs stratégiques : la recherche de l'orientation mondiale, de réduction des coûts et d'une segmentation multipays, le niveau de centralisation du contrôle.

Mais la standardisation, si recherchée soit-elle, n'est tout simplement pas possible sur l'ensemble des actions de communication déployées dans chacun des pays. **Une stratégie de communication adaptée** est d'abord imposée par la diversité des environnements juridiques locaux en matière de communication d'entreprise (« adaptation obligatoire »). De plus, il convient d'adapter (« adaptation nécessaire ») si on considère les différences de maturité des marchés (cycle de vie des produits) qui obligent à ajuster les objectifs de la communication (notoriété, image…) ou les différences culturelles dont certaines ne sont pas négociables par les consommateurs (nous développons ces aspects ci-après). Il faut également prendre en compte l'influence du stade d'internationalisation de l'entreprise sur la communication internationale[28] :

1. L'accent est mis sur la standardisation au départ (*first landing*) est plus simple et permet de minimiser les ressources avec un management centralisé au siège du pays d'origine.
2. Puis sur l'adaptation (*go native*) qui accompagne l'orientation polycentrique de l'entreprise ayant élargi son portefeuille de pays et devant développer la pénétration locale grâce à un management local plus important.
3. Enfin, sur une combinaison des deux (*globalization*) avec rationalisation globale. L'orientation devient géocentrique et les décisions de communications doivent être coordonnées entre pays pour bénéficier des avantages conjugués de l'adaptation et de la standardisation.

Vers un marketing international encore plus segmenté

Les segments locaux. Certains segments de marchés et audiences publicitaires resteront principalement domestiques. En conséquence, ils seront peu affectés par la globalisation des marchés européens. Les produits alimentaires très *culture-bound* (produits ethniques en général), comme le *Knödel* ou les *Maultaschen* allemands, entrent dans cette catégorie. Un marketing régional et local se développe en parallèle avec un marketing global et l'entreprise dispose d'outils sophistiqués pour cibler des populations très précises et relativement petites à travers des radios locales. La stratégie marketing destinée à de petits segments peut s'appuyer sur l'émergence de médias locaux, par exemple pour des produits culturels comme des événements sportifs, des représentations, etc. En cas de marketing à l'échelle locale, les segments géographiques transnationaux peuvent être définis sur la base de la région, comme le nord de la France regroupé avec la Wallonie. En cas de marketing européen, les marques standard avec création publicitaire et proposition commerciale uniques vont s'imposer de plus en plus largement en Europe, même si on ne voit pas disparaître les deux grandes zones d'affinités culturelles européennes (zone d'influence latine au Sud, zone d'influence anglo-saxonne au Nord)[29].

Les segments transnationaux. Alors que jusque-là les marchés domestiques étaient considérés comme l'unité segmentable par excellence, on assiste nettement à l'émergence de segments complexes pour lesquels le pays n'est pas nécessairement l'unité de segmentation la plus pertinente, cela affectant la communication internationale des entreprises. Sur le plan culturel en particulier, très peu de pays sont homogènes ; les segments transnationaux existent et leurs populations transcendent les barrières nationales[30] et suivent des trajectoires d'acculturation dont l'identification est utile pour comprendre l'évolution du comportement des consommateurs vivant dans une « société globale ouverte »[c]. Par exemple les groupes d'âge, notamment les jeunes qui, pour la musique, traversent les frontières très facilement et sont ciblés par les chaînes de télévision comme MTV qui ne s'y trompent pas dans leur possibilité de parler à la jeunesse du monde. L'ethnicité joue également un rôle de plus en plus important dans des sociétés ouvertes sur l'immigration (voir approfondissement 8.3).

Approfondissement 8.3

Ethnicité et segmentation internationale

En Europe, à l'image des États-Unis et du paysage audiovisuel ethnique déjà ancien (pour les communautés hispaniques par exemple), les segments de marchés paneuropéens peuvent être très significatifs quand ils ciblent des minorités culturelles et linguistiques. Au niveau national, ces minorités ne sont pas suffisamment importantes en nombre pour justifier la création de médias spécifiques, puisqu'elles sont souvent éparpillées à travers tous les pays d'Europe. En parallèle, l'environnement se caractérise par un élargissement de l'espace média international disponible. Ainsi, dans tous les pays européens, existent et se développent des offres audiovisuelles (vendues dans des bouquets accessibles depuis la télévision et Internet, se finançant par la publicité et/ou par péage) qui couvrent les minorités ethniques réparties sur plusieurs pays (pays d'origine et pays d'accueil). Le développement de la publicité ethnique est important dans plusieurs secteurs, ceux où l'ethnicité influence les comportements de consommation : produits alimentaires, produits rituels, services financiers et d'information, distribution, etc.

Les segments médias. Cette segmentation accrue des marchés, aux plans local, régional et parfois mondial, est complétée par une nouvelle segmentation du panorama des médias disponibles pour les actions de communication des annonceurs. Dans une société de consommation où tous les produits et offres de service tendent à se ressembler, les annonceurs doivent désormais construire des « plateformes » composées d'un mélange d'actions impliquant les trois typologies de médias. Dans un souci de simplification pour les annonceurs, les agences proposent une distinction entre[31] :

- **Les médias achetés** (*paid media*). Les annonceurs achètent de l'espace publicitaire aux médias (télévision, presse, radio, cinéma, affichage, bannières Internet, etc.) qui sont clairement positionnés comme des vecteurs de notoriété et d'image.
- **Les médias propriétaires** (*owned media*). Ils s'occupent de la relation avec la marque (site e-commerce des marques, réseau de distribution).
- **Les médias gagnés** (*earned media*). Ils sont intégrés dans les stratégies de communication pour construire une conversation entre les marques et les consommateurs, en utilisant le principe du bouche à oreille (réseaux sociaux tels Facebook, ou relations presse et blogueurs).

c. Voir chapitre 5 (p. 172-187).

Transférabilité internationale de la copie stratégie

Le transfert entre filiales de publicités et de promotions est une pratique fréquente au sein des multinationales à la recherche d'économies et de cohérence dans leurs opérations de communication internationale. Elles subissent néanmoins les adaptations nécessaires de manière pragmatique. Au moment de ces transferts « latéraux » d'annonces, un des points les plus importants consistera à examiner au sein de quels regroupements de pays les transferts sont les plus faciles. Si le transfert a été décidé, les éléments suivants doivent être soigneusement vérifiés pour s'assurer de l'adéquation culturelle de l'exécution finale :

- la légalité d'une annonce comparative ;
- le degré, le type, et le style du contenu en information ;
- la correspondance entre l'annonce et les mœurs et coutumes locales ;
- l'exécution : l'arrière-plan, les thèmes décrits, les couleurs, les mots utilisés (jeux de mots, suggestions, etc.), le type d'humour, de symboles, de personnages et de rôles décrits (âge, sexe, statut social), de situations et de relations ;
- les contraintes de mise en œuvre, surtout ce qui concerne la disponibilité des médias locaux.

2. Mise en œuvre de la communication internationale média

Même si des thèmes communs ont été retenus pour une campagne internationale, c'est-à-dire une stratégie publicitaire commune pour un ensemble de marchés (« ce qui est dit »), il est très difficile d'envisager une standardisation de l'exécution finale de la publicité (« comment cela est dit »). Fondée sur la langue, la perception visuelle et sonore, l'humour, les tabous, **la création ne peut se faire sans un fort degré de contrôle local**. Un message stratégiquement pertinent mais incorrectement communiqué à l'audience locale perdra l'essentiel de son impact : c'est pourquoi on peut parler d'un impératif culturel et linguistique en matière d'exécution des actions de communication en général, et de la publicité en particulier. Certains éléments de la communication au plan local seront non négociables de la part des consommateurs, y compris quand la communication utilise Internet (design de sites web, e-pub, communication dans les réseaux sociaux).

2.1 Les éléments non négociables par les consommateurs locaux

La langue : un facteur essentiel d'adaptation

La langue est l'une des principales ressources d'une communication efficace, car la publicité utilise une langue locale, vernaculaire, très nuancée et précise (accroche, description du produit, slogan), même si cela n'est pas toujours apparent. Le spectateur, l'auditeur ou l'internaute comprennent d'autant plus facilement (et ont l'impression que c'est simple) que le message a été travaillé sur le plan de la langue.

Elle est en revanche une contrainte forte lorsqu'on cherche une campagne globale, avec, par exemple, un slogan unique pour un grand nombre de contextes linguistiques différents. Ainsi, dans un échantillon de publicités pour des marques internationales, 68 % optent pour une stratégie standardisée et 54 % pour une exécution standardisée, mais seulement 11 % pour la standardisation de la langue à travers tous les pays[32]. Les contraintes de la langue sont donc très fortes (voir approfondissement 8.4).

Approfondissement 8.4

Pratiques linguistiques en publicité

En français, l'efficacité impose que 50 % de tous les mots soient des noms et des verbes, que le nombre de mots excédant trois syllabes ne dépasse pas 10 %, que la plupart des longs mots soient familiers, et que les phrases aient une longueur moyenne de 10 à 13 mots[33]. L'anglais est la deuxième langue la plus fréquemment parlée, et l'utilisation d'un vocabulaire en anglais dans la publicité est assez importante en Asie ou en Amérique latine. Puisque la principale fonction de ce vocabulaire est de favoriser un positionnement cosmopolite et un effet du pays d'origine positif, son usage dépend de la catégorie de produit. Les produits qui font l'objet d'un usage similaire partout dans le monde ont souvent une communication plus standardisée, comme les produits *high-tech*, les produits de beauté et de soin, et les parfums. Mais cela n'est pas synonyme de standardisation croissante de la publicité internationale : les Japonais intègrent dans leur langue les expressions anglaises sans modifier leurs propres codes[34]. De plus, l'utilisation de l'anglais dans la publicité peut véhiculer des valeurs de cosmopolitisme[35], mais peut également brouiller les messages puisque la maîtrise de l'anglais est superficielle dans nombre de pays[36]. Seuls quelques éléments, comme le nom de marque ou la catégorie de produit, peuvent le plus souvent être en anglais car ils sont reconnus comme tels, mais il est préférable que le corps de la part textuelle soit en langue locale[37].

Les exemples de problèmes de traduction et d'équivalence abondent lors de la traduction de publicités qui se voulaient trop standardisées. Il s'agit en fait d'une véritable réécriture qui implique une recherche d'équivalence de sens car une bonne traduction d'un message dans les langues des différents pays cibles n'est pas synonyme d'une compréhension uniforme[d]. Les publicités qui se veulent d'emblée internationales évitent le contenu textuel. Cela est tout à fait possible en accroissant la partie visuelle du message et l'utilisation des logos des marques au détriment de la composante textuelle. La même chose vaut pour les publicités en magazines où le texte peut être réduit, voire même conservé dans sa langue d'origine. Il faut alors qu'il soit court, qu'il présente un aspect « ethnique » : par exemple le français pour les parfums, l'anglais pour un grand journal international. Il faut qu'il soit globalement compréhensible, au moins en temps que halo de sens par rapport à la proposition du produit.

d. Voir chapitres 4 (p. 159) et 5 (p. 200-204).

Enfin quand les traductions permettent les associations souhaitées, il est nécessaire de **prendre en compte les questions d'espace dans l'agencement de la création**. Les différences de structure des langues signifient que la part textuelle des publicités augmente d'environ 25 % quand on passe de l'anglais aux langues latines, et de 30 % quand on passe aux langues germaniques[38]. Cela peut affecter la disposition générale de la publicité et compromettre parfois l'impact relatif des éléments visuels.

Les rôles représentés par la publicité

Il faut particulièrement soigner la description des rôles sociaux représentés dans la création publicitaire. Que ce soit l'âge, les vêtements, la coiffure, où les situations dans lesquelles ils sont représentés, rien ne peut être laissé au hasard. Une question importante est de savoir comment ils sont représentés (enfants, hommes, femmes, couples, personnes âgées…).

Ainsi, pour les rôles féminins, la femme est-elle consommatrice, ménagère, femme au foyer, femme au travail, ou encore groupe influent dans la société ? De façon idéale, les femmes doivent être jeunes mais les canons de la beauté représentés dans la publicité varient en fonction des sociétés. On a souvent reproché à la publicité de refléter simplement les rôles sexuels dans la société, parfois même de véhiculer des images un peu anciennes. Si la publicité renforce souvent les modèles sociaux traditionnels, elle joue aussi parfois le rôle de vecteur de changement parce que les innovateurs sociaux sont aussi les leaders d'opinion pour les nouveaux produits et les nouveaux styles de vie. Par exemple en Inde, la publicité procède le plus souvent d'un dosage fin entre éléments de la modernité ou de la tradition pour ce qui concerne les rôles assurés par les femmes : ainsi cette publicité pour la machine à laver Whirlpool réalisée par l'agence FCB-Ulka qui met en scène un couple moderne (urbain, famille nucléaire, équipée d'une machine à laver, femme instruite utilisant un portable), mais dont la femme a la prérogative du lavage du linge (la présence de la fillette assure qu'en dépit de la machine, elle apprend bien son futur rôle social). Pour éviter une culpabilisation de la femme, la machine est présentée visuellement comme lavant à la main (on voit deux mains s'activer dans le tambour) ce qui prouve que c'est une machine, mais qu'elle « lave à la main » ! De même, l'étude de la publicité de la marque de lessive Ariel montre qu'elle communique différemment selon les pays[39] :

- En Inde, on joue sur la tradition. Le message ne porte pas sur le rôle de la ménagère mais sur le problème causé par les taches : la femme, d'une beauté soignée et en sari traditionnel, est en position de salut, les mains jointes, mais celles-ci sont décalées du centre vers la gauche pour masquer les taches persistantes.
- En Chine, l'évolution démographique en défaveur du nombre de femmes et celle des mœurs dans les zones urbaines permettent à Ariel de montrer une entraide entre femme et mari, permettant aux deux d'avoir une activité professionnelle.

L'apparence ethnique des personnages de la publicité montre souvent les spécificités locales en matière de représentations sociales de la couleur de la peau qui ont un rôle essentiel en publicité (voir illustration 8.3).

On voit qu'il est donc essentiel d'étudier pour chaque pays la représentation des rôles masculins et féminins et en fonction de l'âge, dans les situations quotidiennes et dans les relations sociales particulières. Cela pourra être fait par une analyse de contenu d'un échantillon représentatif de messages publicitaires locaux, à la télévision, dans la presse quotidienne ou magazine. La publicité doit toujours être créée en coopération avec des natifs de la culture cible qui peuvent jouer le rôle d'audience test. Dans le cas des publicités internationales standardisées, les messages appliqués à différents contextes linguistiques et culturels devront être ainsi évalués et prétestés par des natifs de chacune des cultures cibles.

Illustration 8.3

La publicité mexicaine s'ouvre à la diversité des couleurs de peau

Au Mexique, on distingue les Mexicains à la peau mate (les *morenos*) de ceux à la peau claire traditionnellement associés aux élites (les *güeros*). Or les publicités représentent rarement les consommateurs qu'elles sont censées cibler, mais plutôt celles auxquelles elles sont censées ressembler[40]. Alors que la plupart des Mexicains ont la peau effectivement mate, l'omniprésence des *güeros* suggère la permanence des stéréotypes. Aux États-Unis, c'est l'inverse, dans les publicités destinées aux Hispaniques, les acteurs ont le type latino, et comme les deux tiers sont d'origine mexicaine, on y trouve des références au Mexique. En fait, le consommateur mexicain a bien changé et l'équation « peau blanche = succès » devient peu à peu ridicule. Au Brésil, l'autre géant économique de la région, les publicités sont plus représentatives de la population. La fascination des Mexicains pour le mode de vie américain a empêché l'industrie mexicaine d'en faire autant. Par ailleurs, les publicitaires craignent qu'en associant les *morenos* à un produit ce dernier pâtisse d'une image bas de gamme et donc qu'il se vende moins bien, y compris chez les *morenos*. Enfin, la suprématie des peaux claires dans la publicité s'expliquerait aussi par le fait qu'environ un quart des spots diffusés au Mexique sont destinés à l'ensemble de l'Amérique latine, d'où cette standardisation des images.

L'influence des mœurs et de la religion

Les mœurs et la religion agissent comme des filtres des messages publicitaires, transformant l'information factuelle perçue (par exemple une femme nue lavant ses cheveux dans sa baignoire) en significations interprétées culturellement (cela incite les gens à la débauche sexuelle). Il est donc nécessaire de choisir les éléments symboliques appropriés par lesquels les significations culturelles du produit ou du service seront communiquées à l'audience. Mais il n'est pas toujours facile de prendre conscience de l'influence des mœurs et de la religion dans les messages publicitaires (voir approfondissement 8.5).

Au-delà des interdits religieux, il faut plus largement **tenir compte des superstitions et des croyances locales** car la plupart des sociétés en ont. La publicité évite de mettre en scène des situations qui sont considérées comme pouvant porter malheur, à moins que ce ne soit à des fins d'humour (par exemple, le fait de passer sous une échelle dans les pays de tradition européenne).

Approfondissement 8.5

L'influence de la religion sur la publicité

Une connaissance des lois fondamentales de la charia contenues dans les injonctions du Coran est nécessaire pour comprendre la législation et le contenu de la publicité dans certains pays. Dans le cas de l'Arabie Saoudite, il faut tenir compte en particulier de trois ensembles de messages coraniques[41] :

- **Les interdictions strictes** (*Haram*). L'alcool, le jeu, la tromperie, l'adoration des idoles, l'adultère et l'exposition de soi (si elle est « immodeste »). Les produits alcoolisés sont donc bannis et les magazines imprimés à l'étranger ne sont autorisés que lorsque toutes les annonces relatives à des boissons alcoolisées ont été censurées. La publicité doit aussi veiller à utiliser des promesses factuelles, fondées sur des avantages réels du produit, plutôt que sur leurs bénéfices perçus en raison du risque d'interprétation de fraude si le vendeur ne réussissait pas à réaliser sa prestation dans les termes promis. Aucune statue ne doit apparaître dans la publicité (symbole d'adoration des idoles), les femmes doivent être couvertes d'un voile, et les publicités pour les cosmétiques en Arabie Saoudite ne présentent pas des femmes sensuelles.
- **Les obligations.** Elles imposent de prier cinq fois par jour, jeûner durant le mois de ramadan, faire la charité aux pauvres (*Zakat*), respecter et s'occuper de ses parents et des faibles. La publicité est exclue pendant les temps de prières (dix à vingt minutes), elle ne peut montrer des enfants irrespectueux de leurs parents ou de leurs aînés mais elle peut en revanche renforcer l'image du produit en soulignant l'avis ou l'approbation des parents dans les annonces.
- **Le rappel au fidèle de la générosité de Dieu.** Cela enjoint de le remercier pour des bienfaits comme la santé, la paix de l'âme, la nourriture, l'eau et les enfants. Il est légal et quelquefois recommandé d'introduire les messages publicitaires avec des mots du Coran : « Au nom d'Allah, le plus Bienveillant et le plus Miséricordieux » ; « Par la Grâce de Dieu » ; « Dieu est Grand ».

L'interprétation des éléments visuels

Les éléments visuels dans l'exécution de la publicité reflètent inévitablement le bagage culturel de ceux qui l'ont créée. Ainsi **l'utilisation des couleurs** s'adapte aux préférences locales[42] :

- Le bleu est la couleur la plus masculine aux États-Unis, mais c'est le rouge en France.
- Le noir représente le deuil en France et aux États-Unis, mais c'est le violet au Venezuela.
- Le vert est associé à l'argent aux États-Unis, et aux pharmacies en France.
- Le noir et le marron sont plus communs en France et aux États-Unis, mais le rouge, l'orange et le vert sont plus fréquents dans les publicités vénézuéliennes.

Les thèmes sous-jacents, les lieux et les personnages retenus sont aussi des aspects importants. Ainsi, **le contenu en éléments visuels** peut varier fortement entre pays. Une étude comparative[43] montre que :

- Les publicités indiennes utilisent plus de représentations des enfants et de noir et blanc.
- Les publicités coréennes montrent le prix trois fois plus que dans les autres pays et significativement plus de personnes âgées, dont la sagesse est respectée en Asie.
- La publicité française est de loin la plus esthétique (cinq fois plus qu'aux États-Unis).
- La publicité américaine est plus comparative (dix fois plus qu'en France).

De plus, les publicités américaines décrivent les enfants de façon plus idéaliste (propres et souriants) contrairement à la publicité française où ils apparaissent plus réalistes[44]. Le visuel reflète aussi les conditions d'utilisation des produits dans les publicités (situations communautaires ou individuelles) : elles varient par exemple sensiblement entre les publicités chinoises et américaines[45] et entre publicités américaines et colombiennes[46].

2.2 La publicité sur Internet (l'e-publicité)

Internet est le média global par excellence. Il représente un réseau de communication entre ordinateurs interconnectés et opérant selon un même protocole (IP). La publicité sur Internet (publicité en ligne) suit le développement de l'économie et du nombre d'internautes dans le monde (voir tableau 8.1).

Tableau 8.1 : La population d'internautes et le taux de pénétration d'Internet[47]

Zones géographiques	Taux de pénétration (%)	Nombre d'internautes (2011)	
		Millions d'utilisateurs	Part dans la population d'internautes
Asie	23,8	922,3	44,1
Europe	58,3	476,2	22,8
Amérique du Nord	78,3	272,1	13
Amérique latine et Caraïbes	37	215,9	10,3
Afrique	11,4	110,9	5,3
Moyen-Orient	30,2	68,6	3,2
Océanie / Australie	60,1	21,3	1
Moyenne mondiale	42,7	2 087,3	

Selon PricewaterhouseCoopers[48], la part d'Internet dans le mix-média atteint 14,9 % en 2009 sur le plan mondial. Comme pour les autres variables du mix-marketing et aussi pour les études, on constate que l'impact d'Internet sur la communication est techniquement majeur, en particulier dans sa dimension de couverture et de ciblage géographique[49]. Mais à l'instar de la publicité sur les autres médias, les différences culturelles déjà évoquées (de langue, de demande de contenu informatif ou de design) peuvent affecter l'efficacité de l'e-publicité.

Par exemple, on ne parle que 10 langues principales sur Internet[50] ! : anglais (536 millions d'internautes), chinois mandarin (444,9), espagnol (153,3), japonais (99,1), portugais (82,5), allemand (75,2), arabe (65,4), français (59,8), russe (59,7), coréen (39,4).

Concrètement, les supports de l'e-publicité (internationale quand elle cible des clients étrangers en particulier) sont la publicité sur le site de l'entreprise ou sur d'autres. On peut y accéder désormais aussi par les téléphones mobiles 3G et 4G. Dans le cas de la publicité sur d'autres sites, on se trouve en présence d'un secteur d'activité jeune, très dynamique et en évolution continue (le secteur de la publicité en ligne), où interviennent trois principaux partenaires : les annonceurs, les vendeurs d'espace (les sites et régies publicitaires en réseaux) et les agences (que nous abordons en quatrième partie).

La publicité sur le site de l'entreprise

Quand un utilisateur veut accéder au site d'une entreprise particulière, il arrive sur son site *corporate* (*Web home page*). **Le site de l'entreprise a plusieurs vocations** en lien avec la politique produit (présentation des produits, possibilités de personnalisation...), la politique de distribution (vente en ligne...) et la politique de prix (offres promotionnelles, tarifs...). C'est aussi un outil de communication important puisque l'internaute y découvre l'histoire de l'entreprise, son logo, ses publicités, ses engagements, ses offres, etc.

En dépit de la standardisation technologique croissante dans le design des sites web, **les différences interculturelles existent dans la valeur que les consommateurs leur accordent**[51]. Une étude portant sur 8 886 consommateurs de 23 pays sur 3 continents et 30 sites web, parmi ceux des plus grandes entreprises de grande consommation, montre que la valeur accordée au site s'ancre sur des attributs différents :

- Les conditions de protection et de respect des données privées dans les pays où le cadre institutionnel réglementaire est faible..
- La congruence entre le site et l'identité culturelle dans les pays où celle-ci est forte.
- Le plaisir, les conditions de protection et de respect des données privées et l'adaptation du site dans les pays les plus individualistes par rapport aux pays communautaires.

En termes de styles de communication, **les contraintes de la communication commerciale digitale tirent la communication plutôt vers les styles explicites** et fondés sur la communication écrite (ou style de communication *low-context* au sens de Hall[e]). Si de nombreuses études attestent l'influence des styles explicites ou implicites sur le contenu et le design des sites, une étude de 597 sites BtoB originaires de 57 pays montre que la communication *high-context* nuit au design performant de sites web, les rendant moins faciles à lire, moins efficaces dans l'usage des couleurs et graphiques, et moins interactifs avec une cible globale[52]. Cette étude montre aussi que les entreprises industrielles, bien que très internationalisées, voire globales, ne proposent pas beaucoup de langues sur leur site web, les sites *low-context* offrant une gamme de langues plus large.

---

e. Voir chapitre 10 (p. 396-398).

La publicité sur les autres sites

La publicité sur Internet a considérablement accru les possibilités de ciblage en fonction des informations disponibles sur les internautes et leurs usages. Les acteurs d'Internet qui collectent toujours plus d'informations sur le comportement des utilisateurs les vendent aux annonceurs pour faciliter le ciblage de leur publicité sur le site.

La publicité au cœur du modèle économique d'Internet. Il est important de rappeler que le modèle économique de nombreuses sociétés phares d'Internet, comme Facebook ou Google, se fonde sur la fourniture de services apparemment « gratuits » à l'internaute, mais financés majoritairement, voire exclusivement, par la publicité. Comme l'objectif est d'affiner toujours plus le ciblage, le modèle classique de la publicité où la rémunération découle du nombre d'affichages (le CPM, Coût pour Mille) est moins rémunérateur que les modèles de facturation au clic (ou à l'achat) [coût par clic] basés sur la fourniture d'une information ciblée aux annonceurs. Ces évolutions expliquent que l'on trouve ainsi aujourd'hui trois types de publicité en ligne[53] :

- La publicité personnalisée « classique », en fonction des caractéristiques connues de l'internaute (âge, sexe, localisation, etc.) et qu'il a lui-même renseignées en s'inscrivant à un service.
- La publicité contextuelle, choisie en fonction du contenu immédiat fourni à l'internaute, par exemple s'il s'agit d'un moteur de recherche, en fonction du mot clé saisi.
- La publicité comportementale, qui est choisie en observant le comportement de l'internaute à travers le temps, c'est-à-dire en étudiant ses actions (visites successives de sites, interactions, mots clés, production de contenu en ligne, etc.) pour en déduire son profil et lui proposer des publicités adaptées.

Dans ce contexte, les systèmes de distribution de la publicité en ligne ont logiquement évolué ces dernières années. On distingue la publicité sur site et la publicité en régie.

La publicité sur site. Le fournisseur de contenu prend techniquement en charge la diffusion des publicités sur son site et garde le contrôle des bases de données associées et cookies utilisés. L'annonceur contacte le site et précise sa cible selon le triplet classique (âge, sexe, pays) et d'autres critères plus fins. Il ne sera mis en contact avec l'internaute que si celui-ci clique sur la publicité.

Bien que cette approche soit aujourd'hui minoritaire, de grands succès existent comme la publicité des marques intégrée au site AuFéminin.com du géant allemand des médias, Axel Springer, avec corédaction des contenus[54]. De même, les grands événements sportifs mondiaux, comme le Mondial de football, retransmis sur Internet par les sites événementiels des télévisions ayant acheté les droits de diffusion, accroissent les possibilités de diffusion publicitaire pour les annonceurs[55]. Certaines marques ont aussi développé directement leur savoir-faire sur Internet, comme Lancôme, filiale de L'Oréal, réputée pour ses pratiques de marketing viral sur Second Life (Lancôme a déposé des échantillons de son parfum pour hommes Hypnôse dans une dizaine d'endroits très fréquentés de l'univers virtuel)[56].

Il faut noter aussi la montée en puissance des sites de réseaux sociaux à large couverture internationale dans les pratiques publicitaires des grandes entreprises[57] : près de 80 % des grandes entreprises utilisent au moins l'un des quatre moyens de communication en ligne (et 20 % le font simultanément) que sont Twitter (65 % des entreprises avec une fréquence de 27 micromessages ou tweets par semaine), Facebook (54 % d'entre elles y postent une moyenne hebdomadaire de 3,6 messages), YouTube (50 % des entreprises y mettent en ligne environ 10 nouvelles vidéos chaque mois) et les blogs d'entreprises (33 % des entreprises en alimentent au rythme de 7 notes par semaines). Les médias sociaux sont devenus incontournables dans le paysage médiatique contemporain[58].

La régie publicitaire. Le fournisseur de contenu délègue l'affichage et le choix des publicités à un tiers (une régie spécialisée) qui est responsable de la diffusion sur un grand nombre de sites (on parle alors de « réseau publicitaire »). Plus la régie est large, plus elle dispose des moyens potentiels pour suivre les internautes et « tracer » leurs comportements. Dans ce modèle, l'annonceur négocie directement avec la régie et n'a pas toujours connaissance de l'identité de l'ensemble des fournisseurs de contenus qui vont diffuser sa publicité. Certaines sociétés sont spécialisées, comme NUGG.AD qui se positionne comme le leader européen du ciblage prédictif (obtenu par inférence sur la base de l'observation des comportements de l'internaute). D'autres sociétés (comme Yahoo ou Google) diffusent les publicités sur leurs sites et ont construit un réseau publicitaire pour élargir leurs possibilités de revenus (voir illustration 8.4).

Illustration 8.4

Panorama des systèmes de publicité en ligne[59]

Les systèmes de publicité en ligne sont variés et certains posent de graves problèmes de protection de la vie privée dans un cadre réglementaire hétérogène sur ce sujet. La couverture internationale procurée par le site est évidemment particulièrement prisée par les annonceurs multinationaux :

- **Amazon** propose depuis longtemps des suggestions d'achat à ses utilisateurs, d'après leurs derniers achats.
- **Google** est le leader de la publicité contextuelle affichée en fonction des mots clés tapés dans le moteur de recherche ainsi que dans certains moteurs partenaires (comme Aks.com et AOL search). De plus, grâce à l'outil Adsense, n'importe qui peut insérer de la publicité sur son site web et partager les revenus générés avec Google. Google affiche aussi des publicités sur sa plateforme de messagerie Gmail, et plus généralement dans tous ses services (Google Maps, Orkut, Blogger, Chrome…).
- **Facebook** propose plusieurs types de publicités, en particulier personnalisées, comme les « annonces sociales » (*Social ads*) où l'annonceur précise sa cible et propose un texte et un lien publicitaires que Facebook affichera dans les pages d'internautes correspondant au profil de la cible, et sans transmettre les données personnelles aux annonceurs. La notion « d'ami » est valable pour la publicité, un internaute s'intéressant à une publicité verra ses « amis » la recevoir aussi.
- **Linked-in**, réseau social professionnel, illustre la publicité personnalisée en réseau et suit une démarche opposée à celle de Facebook. Contrairement à ce dernier, qui contrôle tout son processus de publicité ciblée, Linked-in délègue l'affichage de certaines de ses publicités ciblées à DoubleClick, filiale de Google. De plus, si un utilisateur de Linked-in se rend sur le site du *New York Times*, ce journal américain recevra par un cookie le descriptif de l'activité professionnelle de l'internaute dont le type et la taille de son entreprise.

Illustration 8.4 (suite)

- **Tacoda** est un réseau de publicité comportementale qui prétend couvrir plus de 4 000 sites internet à forte audience grâce à ses partenariats multiples (par exemple aux États-Unis avec Dow Jones, The New York Times Company, NBC Universal, Fox, AOL, Comcast, HGTV.com, FoodNetwork.com, Kelley Blue Book, USAToday.com…). Les annonceurs confient leur publicité et leur demande de ciblage (âge, sexe, localisation…) à Tacoda qui la diffuse aux internautes ayant le profil demandé. Tacoda propose sur son site un *opt-out* pour les utilisateurs ne souhaitant plus recevoir de publicité (celui-ci reposant ironiquement sur un cookie permanent sur le PC de l'internaute !).
- **Phorm.** Cette société illustre la publicité comportementale chez l'opérateur de télécommunication. En effet, l'opérateur a la capacité d'observer la majorité du trafic généré par ses abonnés (la grande majorité des communications sur Internet n'est pas cryptée et donc elle est en théorie interceptable par un tiers). Phorm propose ainsi aux opérateurs des services de publicité comportementale fondés sur cette analyse du trafic réalisée à leur niveau (opérateur). Par exemple, l'offre de profilage « anonyme » des utilisateurs basé sur l'ensemble des sites qu'ils ont visités grâce à des cookies traceurs déposés sur tous les sites en question.

Les évolutions du secteur de la publicité en ligne. Les annonceurs sont aujourd'hui confrontés à des tendances lourdes qui affectent le secteur de la publicité en ligne et qui vont modifier bien des aspects de leur communication publicitaire sur Internet[60] :

- **Une concentration des acteurs de la publicité en ligne avec une tendance au regroupement des réseaux** (fusion de Tacoda et de la régie publicitaire d'AOL, acquisition du réseau RightMedia par Yahoo et de Aquantive par Microsoft). L'acteur majoritaire actuel dans la publicité en ligne est sans conteste Google, qui diffuse 70 % des publicités en ligne aux États-Unis. Cette concentration des acteurs a pour conséquence une convergence entre fournisseur de publicité et fournisseur de contenu. Les leaders du monde numérique Google, Yahoo et Microsoft, se retrouvent dans ce double rôle. Plusieurs questions éthiques liées à l'utilisation de l'information personnelle sur les internautes se posent alors pour ces acteurs à deux casquettes (vendant du contenu et de la publicité) et pour les annonceurs avec qui ils travaillent.
- **La recherche d'une efficacité publicitaire accrue à l'international.** L'efficacité publicitaire passe d'abord par la publicité *cross-media* associant Internet. Une étude Nielsen montre qu'une campagne *cross-media* Internet et TV est deux fois plus efficace à court terme qu'une campagne sur un seul support[61]. Mais elle est aussi favorisée par l'élargissement des réseaux publicitaires qui se traduit par le fait que ces derniers ont de plus grandes possibilités pour suivre, et donc vendre aux annonceurs, des données sur les internautes mondiaux. En parallèle, les évolutions technologiques conduisent à une extension des domaines d'application de la collecte de données sur les internautes (projets de publicité ciblée pour la télévision sous IP par ADSL, usage de plus en plus pointu de la géolocalisation). De même, la convergence des médias de communication que sont Internet, le téléphone et la télévision vers une technologie commune (IP) et fournie par le même opérateur constitue une révolution en marche. Enfin, les capacités informatiques d'analyse et

de stockage des données s'améliorent constamment, ce qui contribue à des actions plus précises.

La publicité sur téléphones mobiles

Selon une étude d'eMarketer en 2008, la publicité sur mobile pèsera 19 milliards de dollars en 2012[62]. Le téléphone mobile est l'étoile montante qui va à nouveau transformer les pratiques de la communication. De nouvelles technologies sont en cours de déploiement sur les nouveaux smartphones, permettant le paiement intégré. Les banques développent actuellement ces applications. Grâce au mobile, l'e-commerce va donc connaître de substantielles évolutions[63].

Les SMS représentent aujourd'hui la grande majorité de la publicité sur mobile, mais la publicité graphique (affichage) va se développer. Le marché de la publicité en ligne par téléphone portable offre des possibilités de *mobile marketing*, c'est-à-dire de communication, d'échange et de livraison auprès de consommateurs utilisant des téléphones mobiles. Que ce soit aux États-Unis[64] ou dans les marchés émergents qui s'équipent rapidement en téléphones portables, la croissance d'Internet accessible par des portables est très forte (voir illustration 8.5).

Illustration 8.5

La société digitale en Inde – Une révolution liée à l'Internet mobile ?

Comment délivrer des services Internet à un prix abordable à une population géographiquement dispersée et relativement pauvre, dans un pays où le développement des infrastructures est insuffisant[65] ? Avec une base de 7 % de sa population connectée au Web (contre 32 % en Chine et 78 % aux États-Unis), le nombre total d'internautes indiens (81 millions) est au quatrième rang mondial. Ceux-ci ne représentent encore que 20 % de la population urbaine (contre 60 % en Chine). Et tandis que la Chine dispose d'une base de 233 utilisateurs d'Internet accessibles par leur mobile (soit 18 % de sa population), l'Inde n'en compte que 18 millions (soit à peine 1 % de sa population). Néanmoins, l'appétit digital en Inde est beaucoup plus fort qu'en Chine avec une consommation quotidienne moyenne de quatre heures et demie. L'Internet mobile pourrait apporter aux consommateurs et citoyens indiens les contenus qu'ils demandent (contenus commerciaux ou liés à la société civile et au développement – e-gouvernement, e-santé, e-démocratie…). Pour parvenir à réaliser le potentiel digital indien, des partenariats public/privé (PPP) devront faire face à de nombreux défis : le coût et la facilité d'accès aux services Internet, de développement des infrastructures, et la disponibilité de contenu pertinent et en langues locales (l'Inde compte 18 langues officielles). Mais on observe tant de développements technologiques, de réseaux, de systèmes opérationnels et de stratégies de la part des opérateurs de téléphonie mobile qu'on peut penser que l'Inde est sur la bonne voie de solution au problème de l'accès Internet facile et pas cher. Le prix des smartphones est en constante diminution (autour de 125 dollars), soit bien moins cher qu'un ordinateur. Les procédés mobiles sont aussi toujours plus simples à utiliser que les ordinateurs et profitent des développements les plus récents dans le domaine des commandes vocales (essentielles dans un pays à fort taux d'illettrisme).

3. Mise en œuvre de la communication internationale hors médias

La publicité est certes l'élément majeur des politiques de communication, mais il existe un ensemble d'autres outils de communication marketing hors médias utilisés à l'international : la promotion des ventes et le marketing direct (traités au chapitre 7 dans le cadre de la distribution internationale), ou la communication directe avec les acheteurs par la force de vente, la participation de l'entreprise à des foires et salons et les relations publiques.

3.1 La promotion des ventes

Les techniques de promotion des ventes (réductions, offres promotionnelles, concours ou collection, etc.) sont assez universelles et visent généralement les objectifs suivants :

- amener le consommateur à un premier essai du produit, à un premier achat, à un achat immédiat, à un réachat, à accroître sa fréquence d'achat, à le rendre fidèle, ou enfin à entrer dans le magasin ;
- accroître la part de l'espace en magasin consacré à la marque (et donc réduire celle des concurrents) ;
- encourager les points de vente à stocker certains produits ;
- entrer en résonance avec les actions de la force de vente et la publicité pour en augmenter l'impact.

En revanche, la fréquence et les modalités pratiques d'utilisation de ces techniques varient en fonction de l'environnement local. D'abord, les contraintes légales fortes vont pousser à l'adaptation, comme pour les concours (où l'obligation d'achat est souvent interdite) et les cadeaux promotionnels, dont le montant maximal et la nature sont encadrés dans la plupart des pays. Une autre difficulté peut provenir des réseaux de distribution et de l'opportunisme des acteurs : ils peuvent ne pas respecter (donc empocher) les réductions de prix, vendre des échantillons pourtant déclarés gratuits, ou encore mal gérer les contraintes liées aux coupons de réduction ou à la remise des objets de collection. Enfin ce sont les consommateurs eux-mêmes qui, faute de familiarité avec les techniques de promotion, peuvent ne pas en comprendre le sens et considérer un échantillon comme de basse qualité parce que gratuit (et donc, ils n'essaient pas), ou au contraire qui peuvent voler systématiquement les échantillons.

Dans tous les cas, il n'est pas facile de mesurer l'impact des promotions sur les ventes. Un tel calcul doit intégrer le coût réel du matériel promotionnel (et de son stockage) et des communications associées, l'anticipation de l'augmentation des ventes attendue mais aussi une estimation des ventes qui auraient été réalisées sans la promotion…

3.2 La communication par la force de vente

Nous avons déjà abordé les aspects de gestion internationale de la force de vente dans le cadre de la politique de distribution au chapitre 7 (recrutement, rémunération, coordination internationale des forces de vente). Ici, nous examinons la force de vente sous l'angle de la communication puisque les vendeurs représentent le point de contact commercial avec les clients locaux, point d'autant plus important que le client est physiquement éloigné du pays d'origine de l'entreprise. De ce point de vue, **trois aspects importants doivent être pris en compte** :

- Quelles sont les représentations locales attachées à la vente ?
- En quoi la participation aux foires et aux salons internationaux (à l'étranger ou dans le pays d'origine) soutiendra les efforts de la force de vente ?
- Comment prendre en compte les risques de corruption particulièrement forts dans le domaine de la vente internationale ?

Statut de la vente et style de communication

Le statut social de la vente. Dans de nombreux pays, la vente bénéficie d'un statut social faible par rapport à l'ingénierie ou à la production, parce qu'elle est associée à des techniques de persuasion un peu trompeuses et au fait que les gens voient la distribution et la vente comme des activités économiquement improductives ou *bassement intéressées*. Les cultures varient dans leur relation à l'argent[66], et la plupart des pays qui ont une relation problématique à l'argent considèrent souvent la vente comme manipulatrice et dégradante à exercer. En conséquence, les techniques de négociation du prix tendent à éviter la référence explicite au prix, les discussions sur le prix arrivent plus tard et se concluent par un prix supposé favorable et rituellement associé à l'amitié.

Le statut de vendeur. Il est parfois associé à l'appartenance à un groupe ethnique, cette minorité adoptant le « statut commercial » : ainsi la tradition commerçante des Libano-Syriens en Afrique de l'Ouest ou des Indiens en Afrique de l'Est, et désormais des Chinois dans toute l'Afrique. En revanche, dans d'autres pays, il paraît absolument nécessaire qu'acheteur et vendeur se connaissent personnellement et souvent qu'ils partagent des caractéristiques personnelles ou de groupe communes. Les représentations sociales en termes d'égalité (ou d'inégalité) entre acheteur et vendeur vont varier suivant les pays, particulièrement selon la distance hiérarchique (au sens de Hofstede) : aux États-Unis, pays à faible distance hiérarchique, on part d'un présupposé d'égalité entre acheteur et vendeur cependant qu'au Japon, pays à forte distance hiérarchique, le vendeur devra communiquer avec révérence et respect vis-à-vis de l'acheteur qui se trouve d'office en position de force[67].

Le style de communication de la vente. Le mode de communication du vendeur va varier de pays à pays, suivant le ton, le style et le niveau d'écoute qui sont attendus par l'acheteur. D'une façon générale, les comportements de négociation commerciale sont très dépendants des cultures[f]. Il ne faut pas que le vendeur soit principalement centré sur le fait de « faire la vente » et de réaliser exclusivement ses propres objectifs (*hard sell*) dans un pays où l'on attend écoute, conseil et orientation forts du vendeur vers les besoins du client (*soft sell*). Les questions suivantes se posent ainsi dans le style de communication du vendeur (qui représente sa compagnie et donc est un vecteur fort d'image *corporate* à l'étranger) :

- Jusqu'où peut aller la persuasion sans devenir insistante et donc irritante ?
- La persuasion peut-elle être construite sur l'écoute ?
- Quels arguments feront mouche et persuaderont rapidement l'acheteur potentiel ?

f. Voir chapitre 9 (p. 363-365).

Les descriptions stéréotypiques des façons de vendre dans différentes régions du monde soulignent le fait que **vendeur *et* acheteur sont convenus que cette façon de procéder est adéquate par rapport aux normes culturelles locales**[68] :

- En Orient, on attire l'attention sur certains points, sans vouloir avoir raison dans la discussion, de telle sorte que l'autre ne perde pas la face.
- En Italie, on argumente pour vaincre ; c'est de cette manière-là que l'on sera pris au sérieux.
- En Suisse, on doit s'exprimer avec précision et les mots sont interprétés littéralement.
- En Grande-Bretagne, on utilise l'approche *soft sell* (vendre, mais ne pas importuner le client par un excès de présence et d'insistance).
- En Allemagne, on utilise l'approche *hard sell* (être très présent auprès du client, lui retéléphoner, lui proposer des essais, des échantillons, des visites, etc.) ;
- Au Mexique, on met l'accent sur le prix des produits.
- Au Venezuela, on met l'accent sur la qualité des produits.

La similarité culturelle entre vendeur et acheteur peut se révéler payante dans la relation car elle facilite les impératifs d'adaptation locale aux styles de négociation performants[69]. Divers secteurs d'activité, en recrutant dans leur force de vente des natifs des cultures de leurs clients, cherchent à mettre face à face « des visages locaux et des clients locaux ». Ces visages locaux sont mieux à même de comprendre les besoins des clients, de parler leur langue et d'être vigilants sur les traditions et comportements culturels typiques des clients. Par exemple, le groupe LVMH recrute des femmes coréennes dans sa force de vente en contact avec les nombreuses clientes coréennes[70].

Les foires et les salons internationaux

En 2011, on pouvait participer à 3 700 foires et salons professionnels (*International Trade Fairs)* dans le monde[71], et ce vecteur de communication est incontournable dans de nombreux secteurs de grande consommation et industriels, pour des PME comme des grands groupes. Y participer plonge l'entreprise dans une relation directe avec ses clients (c'est un marché au sens antique du terme) et donne à la force de vente un levier d'action important.

Mais **les foires et salons offrent aussi la possibilité de viser simultanément plusieurs objectifs importants,** pas seulement dans le domaine de la communication :

- introduire les derniers produits ;
- entretenir une image ;
- accélérer les ventes (les prises de commande du moins) ;
- s'informer sur les tendances de son industrie ;
- recruter des agents et distributeurs locaux ;
- souder les équipes autour d'événements commerciaux forts ;
- obtenir des retombées de la presse.

En plus des foires et des salons annuels, certaines occasions sont exceptionnelles, comme l'Exposition universelle de Shanghai 2010 (voir illustration 8.6).

Illustration 8.6

La planète en vitrine

L'Exposition universelle de Shanghai s'est tenue du 1er mai au 31 octobre 2010. Attirant un public à 95 % chinois, à raison de 200 000 visiteurs par jour, elle a servi de vitrine mondiale tant aux entreprises qu'aux pays désireux de plaire au public local. Dans cette compétition internationale, le pavillon sert de carte de visite. Trois stratégies sont utilisées pour être vu : la démesure des investissements réalisés (170 millions d'euros pour la Chine, 100 pour le Japon, 80 pour l'Australie ou 45 pour la France), la séduction des pavillons par leur qualité et les prouesses architecturales donnant envie de goûter aux spécialités du pays et de le visiter ultérieurement (il y a plus de 50 millions de touristes chinois à l'étranger, et ils seront 100 millions dans dix ans), et l'écologie en phase avec le thème de l'exposition « Meilleure ville, meilleure vie » (à travers le mur végétal et les jardins du pavillon français, ou les technologies propres visibles au pavillon japonais). Certains pays ont aussi créé le buzz sur Internet, comme le Danemark en faisant venir la statuette de bronze de la petite sirène d'Andersen. Pour tous, il s'agit de ne pas s'essouffler en cinq mois et de profiter de la journée dédiée à chaque pays. En ce qui concerne la France, le financement du pavillon par les entreprises n'a pas excédé 10 millions d'euros (le reste provenant de fonds publics), dont Michelin (1,7 million) et plusieurs contributeurs à hauteur de 1,5 million (LVMH, Lafarge, Sanofi Aventis) et d'autres à 500 000 euros chacun (PSA, GDF Suez, ainsi que L'Oréal, par ailleurs seule entreprise française à parrainer l'exposition dans sa totalité). Quant aux rares PME, elles cherchent plutôt une action de visibilité comme Armor-Lux qui a fourni 300 salopettes rayées bleu, blanc, rouge pour le personnel du pavillon. D'autres ont contribué aux animations, comme Aquatique Show qui a créé le spectacle aquatique quotidien sur le site et a réalisé les impressionnants jeux d'eau de la cérémonie d'ouverture. Enfin, d'autres PME ont apporté leur soutien aux quatre pavillons régionaux (Alsace, Paris – Île-de-France, Rhône-Alpes et Lille-Nord – Pas-de-Calais)[72].

Vente et corruption

Un phénomène mondial et multiforme. La corruption est associée à la vente, à l'obtention de faveurs et à la possibilité de faire en sorte que les choses marchent. C'est une pratique qui peut être trouvée dans toutes les cultures à différents niveaux et qui ne peut donc être ignorée. Les Allemands l'appellent *Schmiergeld* (*grease money*), les Français pot-de-vin, les Moyen-Orientaux bakchich, les Italiens *bastarella* (petite enveloppe) et les Mexicains *mordida* (morsure). Bien sûr, chaque pays interdit la corruption officiellement, mais les lois peuvent être violées et, dans certains cas, des juges peuvent être ouverts à l'idée d'accepter un pot-de-vin. Les informations et données sur les paiements illégaux sont difficiles à réunir et souvent fragmentaires car les entreprises ou les gouvernements les gardent évidemment secrètes. Mais des données factuelles existent, collectées par les journalistes financiers[73] et des chercheurs[74], surtout aux États-Unis en conséquence des procès conduits sous l'application du *Foreign Corrupt Practices Act* de 1977[75].

En pratique, la corruption peut prendre une variété de formes :

- des cadeaux, petits et gros : d'un simple cadeau à une personne ou à sa famille aux voyages tous frais payés offerts à des membres officiels dans des hôtels 5 étoiles ;
- des pourcentages calculés sur la valeur des contrats : les paiements illégaux sont ici beaucoup plus importants ;
- des pourboires quand des fonctionnaires complètent des revenus qu'ils jugent insuffisants.

La méthode et les montants illégaux payés dépendent des pays et des secteurs : paiement cash directement aux facilitateurs ou décisionnaires de la vente, paiement par l'intermédiaire d'une entreprise de consultants impliquée dans le projet, ou solutions comptables (surfacturations, enregistrement de transactions fictives).

En dépit (ou à cause) d'une situation extrêmement préoccupante dans nombre de pays, **les efforts pour combattre la corruption existent davantage aujourd'hui qu'hier :**

- Actions des grandes organisations de la société civile, comme Transparency International (www.transparency.org), qui publient plusieurs indices de perception de la corruption dans 180 pays.
- Procès des ex-dirigeants de Tunisie ou d'Égypte dans la continuité des printemps arabes 2011.
- Rôle de la Chambre de commerce internationale (CCI) qui propose un code d'autorégulation de l'entreprise (les *Rules of Conduct to Combat Extorsion and Bribery*). Il concerne les secteurs public et privé et porte sur des aspects clés des négociations internationales (les paiements à des agents et autres intermédiaires, les cadeaux et autres dépenses de divertissement, les paiements aux partis politiques…).
- Codes éthiques de tous les grands groupes qui abordent aujourd'hui en détail cette question de la corruption en définissant ce qu'elle représente et comment la sanctionner. Certaines entreprises (pas toutes) ont de puissants *compliance managers* dans les filiales locales qui veillent à l'application des procédures.

La prise en compte de l'éthique. Les implications éthiques de la corruption constituent un problème central en marketing international. Environ 45 % des multinationales (ayant accepté de répondre à l'enquête) rapportent qu'elles doivent payer des fonctionnaires et 50 % d'entre elles n'ont pas répondu à la question[76]. La corruption d'un point de vue éthique doit s'analyser à trois niveaux :

- **Du point de vue du relativisme culturel.** Dans certains pays, notamment en voie de développement économique, les relations sociales communautaires imposent une redistribution de la corruption tandis que de nombreux facteurs expliquent des pratiques de corruption même s'ils ne les excusent pas (l'inflation, les bas salaires et la mauvaise santé de l'économie). Alors, la corruption n'apparaît pas comme un problème éthique mais comme une question de simple survie et il est parfois difficile de distinguer corruption et cadeaux, qui obéissent à des normes de réciprocité et sont liés à un contexte social local[77].
- **Du point de vue universaliste.** Depuis l'adoption par les États-Unis en 1977 du *Foreign Corrupt Practices Act*, les efforts des pays industrialisés se sont multipliés, par exemple à travers la mise en place en 1997 au sein de l'OCDE de la *Convention on Combating Bribery of Foreign Pubilc Officials in International Business Transactions*, ratifiée par 36 pays. Une

fois les lois du pays modifiées en ce sens, des actions plus coordonnées sont possibles. Pourtant, peu de pays ont appliqué des sanctions jusqu'à présent.

- **Du point de vue personnel.** *In fine*, la perspective éthique à retenir sur la corruption devrait intégrer des éléments tout à fait pragmatiques : celui qui procède à un paiement illégal prend de vrais risques personnels au nom de bénéfices (potentiels) pour son organisation, du fait de sa loyauté à celle-ci ou de son intérêt personnel (commissions). Il en résulte que l'entreprise s'expose au risque d'un scandale, et que le corrupteur lui-même risque d'être impliqué, poursuivi et finalement emprisonné. Ainsi, on ne peut qu'évoquer la responsabilité individuelle de celui-ci qui s'appuie sur des normes toujours personnelles et non organisationnelles.

3.3 Les relations publiques

Les relations publiques consistent en un ensemble d'actions de communication coordonnées (supports écrits ou audiovisuels, organisation d'événements, de réunions, de conférences, parrainage et mécénat) vis-à-vis des publics externes (consommateurs, fournisseurs, distributeurs, pouvoirs publics, actionnaires, médias, communauté financière, groupes de la société civile, etc.) et internes (le personnel), en vue de maintenir, d'améliorer ou de préserver (en situation de crise) l'image d'une entreprise ou de ses produits. **Dans un contexte international, les relations publiques sont plus difficiles** puisqu'il s'agit de communiquer à des parties prenantes nombreuses et variées au-delà des barrières de langue et de culture.

La communication relationnelle et institutionnelle

L'entretien des actifs relationnels avec les différents publics de l'entreprise prend des formes différentes selon les contextes locaux. Le modèle idéal d'une presse libre doit être partiellement abandonné dans certains pays où la liberté d'expression est limitée par les autorités, la plupart du temps par des moyens beaucoup plus subtils qu'une censure officielle. De même, maintenir des bonnes relations avec les groupes ethniques /religieux / claniques / familiaux clés est un élément essentiel des relations publiques dans nombre de pays. Enfin, l'importance de maintenir des relations « pacifiques » avec les concurrents locaux ne doit pas être sous-estimée non plus en l'absence de législation locale contre les ententes et les abus de position dominante. Les responsables de relations publiques peuvent être engagés dans des « dialogues » avec des concurrents qui seraient considérés comme illégaux aux États-Unis ou dans l'Union européenne parce qu'ils constituent des infractions potentielles à la réglementation de la concurrence.

Les relations publiques à l'international doivent éviter de développer des arguments qui ne sont pas compris parce que leur logique de base ne correspond pas à celle du pays hôte. De même, il faut être sensible aux messages qui peuvent être perçus comme négatifs vis-à-vis du pays, de sa culture, de son peuple et de ses manières d'être.

Sur le plan de la communication institutionnelle, la mondialisation offre autant d'occasions de développer la citoyenneté de l'entreprise (globale et locale) que de menaces liées à l'exacerbation des impératifs de compétitivité (dumping social et environnemental)[78]. Une nouvelle génération de responsables du développement durable (RDD) émerge, qui initie une démarche de progrès au travers d'un référentiel sur lequel chaque salarié doit s'aligner. Ce sont des interlocuteurs essentiels des responsables de la communication institutionnelle puisque l'une de leurs missions est de diffuser la démarche de développement durable en interne et en externe. Il reste que communiquer sur sa politique de RSE demeure un exercice difficile (voir approfondissement 8.6).

Approfondissement 8.6

Reporting RSE – Un exercice difficile

Alors que le décret sur le reporting RSE est critiqué par une majorité de parties prenantes qui l'estiment peu exigeant, Capitalcom (agence de communication spécialisée dans l'information extrafinancière) publie son 3e Baromètre RSE des groupes du CAC 40. Ce baromètre est établi à partir des documents d'information publiés par l'ensemble des groupes du CAC 40 en 2010 : documents de référence, rapports d'activité et de développement durable, CDP (*Carbone Disclosure Project*), GRI (*Global Reporting Initiative*), sites Internet, bilans sociaux... Malgré la multiplication de documents divers sur le sujet, il reste difficile de fournir une information utile et fiable pour les parties prenantes sur les politiques sociales et environnementales des entreprises[79]. Cette édition démontre la difficulté d'analyser les stratégies RSE globales des entreprises en l'absence d'indicateurs précis et comparables d'une entreprise à l'autre, ou au sein d'un même secteur. De fait, si certains critères du baromètre appartiennent bien au champ de la RSE, comme l'indexation de la part de la rémunération variable des managers sur des critères extrafinanciers, d'autres en revanche sont discutables, comme celui des « offres vertes » ou des « offres socialement responsables ». Par exemple, L'Oréal qui a lancé une gamme de shampoings à « prix très accessibles » est cité comme exemple de prise en compte des critères sociaux dans ses produits. Or, se fixer des objectifs de vente de voitures électriques ou lancer une offre de produits bon marché ne peut être considéré comme des indicateurs pertinents de stratégies RSE. De même, l'information relative au volet social des politiques RSE, quand elle existe, reste difficile à interpréter à quelques exceptions, dont Danone et Lafarge.

Relations publiques en situation de crise

On peut observer **des différences entre pays quant à la manière dont les entreprises réagissent à des problèmes majeurs** comme des pollutions ou des accidents d'avion. Ces différences reflètent le sens de la responsabilité vis-à-vis de la collectivité aussi bien que de ce qui est privé, voire secret, au sein d'une organisation. La représentation de ce qui est considéré comme approprié face à ces événements conduira suivant les cas à adopter un profil bas et à attendre que la tempête se calme ou, au contraire, à adopter un profil très actif et à plaider, suivant les circonstances, coupable ou non coupable. Dans certains pays comme le Japon, des excuses et des explications formelles sont attendues, et si l'entreprise ne s'en charge pas, ce sera au gouvernement de le faire. Dans d'autres pays, on met l'accent sur le caractère privé et la réticence à parler en public (comme en Suisse), ce qui conduit les entreprises à être discrètes et à peu communiquer même si elles sont indiscutablement responsables.

Un problème particulier concerne toutes les firmes étrangères, celui d'être confronté à **des sentiments nationalistes**. Or être étranger rend toujours tout plus difficile quand une entreprise a un problème public. Elle doit donc, et sans ambiguïté, mettre l'accent sur sa citoyenneté locale qui est aussi un engagement de RSE. La communication par relations publiques peut alors se faire sur les actions tangibles et mesurables développées pour favoriser la citoyenneté locale : les exportations, les efforts réalisés dans le pays dans le domaine de la R & D, de l'aide au développement, du développement durable, l'emploi local, l'incorporation de productions locales, etc.

4. Les aspects organisationnels des opérations de communication internationale

La responsabilité et le contrôle des campagnes sont autant un problème de politique de communication internationale qu'une question organisationnelle et managériale. Les missions des agences vont souvent au-delà de la publicité internationale pour les produits, elles s'étendent vers les communications marketing intégrées, surtout lorsque leur mandat comprend l'image *corporate* et les relations publiques, *a fortiori* à l'échelle internationale. Les relations agences/annonceurs connaissent la même internationalisation que les marchés eux-mêmes, les agences de publicité ayant saisi l'opportunité de suivre l'internationalisation de leurs clients tout en profitant des évolutions juridiques (libéralisation des secteurs) et technologiques liées à leur métier. Il est donc de plus en plus fréquent de voir une firme confier un budget au moins régional, sinon mondial pour une ligne de produits importante à une seule agence, offrant elle-même une présence globale, chaque filiale ou correspondant national de cette agence globale étant en compte, au plan local, avec la filiale nationale de l'annonceur.

4.1 L'internationalisation des agences et des relations annonceurs/agences

Les principales agences sont aujourd'hui très internationalisées. Les plus grandes, comme Euro RSCG, WPP, Publicis, Dentsu, BBDO, McCann-Erickson, JWT, DDB, TBWA, Leo Burnett et Hakuhodo ont bâti depuis trente ans un réseau mondial de filiales, parfois en joint-venture avec des agences locales reconnues. Après une quinzaine d'années de concentration du secteur, le français Euro RSCG Worldwide est aujourd'hui la plus grande agence de publicité mondiale, selon le nombre de comptes gérés (voir illustration 8.7).

D'autres agences, moins importantes, suivent la voie de l'internationalisation de la communication, c'est-à-dire autant des médias que des audiences et des annonceurs. Mais les agences régionales et locales restent fortes pour leur sensibilité aux différences locales dans l'exécution fine des stratégies de communication : elles essaient de combiner l'identité et la connaissance d'un milieu national/culturel, avec la puissance et les opportunités que leur apporte un réseau international. Compte tenu de leurs moyens plus limités que ceux des très grands groupes de communication, elles procèdent le plus souvent par acquisition d'agences dans des pays proches, ou s'allient avec des agences d'importance comparable dans d'autres pays.

C'est en partie à la suite de l'internationalisation de leurs clients que les agences se sont développées à l'étranger. Dans le cas de multinationales qui ont un ensemble de lignes de produits, cela peut conduire à une organisation assez complexe : tous les niveaux de chacune des organisations (l'agence et l'annonceur) doivent être en correspondance aux plans national, régional et mondial.

Plusieurs approches relationnelles sont alors possibles :

- **Une seule agence mondiale.** On a alors centralisation de la communication (pour une division produit, des grandes marques, ou pour maintenir l'image) et du travail en réseau dans la réalisation des campagnes mondiales.

- **Des agences locales (domestiques ou filiales des grandes agences).** Elles permettent un fort ancrage dans le milieu local (connaissance des spécificités médias et des consommateurs) mais cela multiplie les relations d'agence ce qui complique la coordination.
- **Une solution intermédiaire.** C'est la coordination au niveau mondial des éléments stratégiques de la communication combinée avec une exécution localisée. En Europe en particulier, cette approche s'illustre quand l'entreprise recherche une publicité paneuropéenne sur la marque tandis qu'elle dispose d'équipes qui vont adapter les publicités produits aux différentes zones du marché européen.

Illustration 8.7

Profil de la plus grande agence de publicité mondiale

Euro RSCG Worldwide, agence de communication commerciale intégrée de premier plan, comprend 233 bureaux répartis dans 75 pays d'Europe, d'Amérique du Nord, d'Amérique latine et de la région Asie-Pacifique. Elle offre des services de publicité, de marketing et de communication d'entreprise, ainsi que des solutions interactives à des clients mondiaux, régionaux et locaux. Les clients de l'agence sont Airbus, Air France, Aventis, BNP Paribas, Cap Gemini, Charles Schwab, Danone Group, Diageo, IBM, Jaguar, L'Oréal, LVMH Louis Vuitton, PSA Peugeot Citroën, Reckitt Benckiser, Sanofi-Aventis, Schering-Plough, Verizon et Volvo. Euro RSCG Worldwide, qui a son siège social à New York, est la principale division de Havas, un des grands du secteur mondial de la communication (HAV.PA à la bourse Euronext Paris SA). Classée n° 3 dans le rapport 2005 d'Advertising Age, elle a progressé au classement de 2011 en raison notamment d'une expansion considérable de ses activités avec la marque de produits d'entretien britannique Reckitt Benckiser, ainsi que de sa croissance sur les marchés d'Amérique latine et de Chine[80]. Euro RSCG Worldwide gère 75 comptes à travers le monde et 1 346 projets, dépassant Ogilvy & Mather, McCann Erickson Worldwide, Grey Worldwide et BBDO Worldwide, qui constituent les cinq plus importantes avec Euro RSCG. Sur la liste des 100 premières sociétés de marketing mondiales du rapport, consultable à l'adresse www.AdAge.com, Euro RSCG Worldwide gère la publicité des dix marques suivantes : Ford Motor Co., Reckitt Benckiser, Danone Group, PSA Peugeot Citroën, Citigroup, Bayer, Schering-Plough Corp., LG Group, Carrefour et Sanofi-Aventis. Ces responsabilités sont réparties entre plusieurs bureaux de son réseau mondial, en Amérique du Nord, en Amérique latine, en Europe, au Moyen-Orient, en Afrique, en Asie, en Australie et dans les îles du Pacifique. Si les agences de New York, de Londres et de Paris sont les centres d'attention, l'Amérique latine est l'un des points forts de l'agence qui a récolté 25 récompenses internationales et 45 récompenses régionales en 2006. Pour la Chine seule, qui poursuit sa croissance, on trouve la plus grande équipe de marketing sur le terrain au monde avec environ 30 000 employés.

4.2 Mener une campagne locale

Il est important de rappeler que la communication internationale est toujours *in fine* locale car sa diffusion finale s'effectue dans un paysage médiatique utilisable localement. Cela est vrai pour les campagnes locales mais aussi globales, puisqu'il faut bien pouvoir toucher une cible exposée aux médias choisis. La communication locale est destinée, à l'échelle d'un marché dans un pays donné, à accompagner les décisions de marketing international qui se posent au fil du développement dans le pays. Les phases d'internationalisation vont ainsi conditionner les objectifs, les budgets et les modalités du contrôle de la communication :

- **En phase d'implantation initiale.** Il s'agit de lancer le produit en le faisant connaître : la communication vise la notoriété, l'essai, le référencement dans la distribution locale. Pour les produits de grande consommation dans les zones urbaines (des marchés émergents et de la Triade), le mix-média est plutôt en faveur des outils de communication *pull* (la publicité média), bien que les outils impactants, de type *push* (la promotion sur le point de vente, l'événementiel, les partenariats), puissent être privilégiés dans certains marchés du BOP[81].
- **En phase de développement local.** La communication vise à développer la notoriété et à installer l'image : les centres décisionnels se déplacent peu à peu vers les responsables de filiale, on veut continuer d'augmenter le nombre d'acheteurs mais aussi les quantités achetées. Le mix-média est plus équilibré entre le *pull* (installer l'image) et le *push* (développer les ventes en distribution). Il faut optimiser les outils disponibles dans chaque pays (voir illustration 8.8).
- **En phase de marketing global.** La communication articule simultanément des opérations de communication de lancement (dans des nouveaux pays et de nouveaux marchés), des opérations de développement des filiales sur les différents marchés et des opérations globales visant la cohérence et la rationalisation. Ces opérations sont gérées successivement par le siège social depuis le pays d'origine, sur place par les responsables de filiales, et en coordination avec les filiales pour le travail du marketing central pour les opérations globales.

Illustration 8.8

La communication de Maggi au Sénégal

Nestlé s'est implanté dans les années 1960 au Sénégal avec ses différentes marques (lait Gloria, Nescafé, Cérélac…) et l'un de ses produits phares est le bouillon cube Maggi qui est devenu l'ingrédient indispensable des ménagères du pays[82]. Or les Sénégalais sont particulièrement sensibles à la publicité. Des grandes agences mondiales ont pénétré le marché publicitaire (McCann Erikson…) et pas une ville n'a connu le développement des espaces pour communiquer en médias et hors médias. Le secteur agroalimentaire est un gros annonceur et Maggi a choisi une communication multisupport adaptée au Sénégal :

- **Les panneaux d'affichage urbain.** Visibles dans toutes les villes du pays, en bord de route ou sur les grands édifices, avec différents formats d'affiches (4 × 3, 5 × 2,5, etc.) pour toucher un large public avec un message publicitaire réduit à un slogan en wolof et utilisant des personnages locaux et souvent des stars sportives du Sénégal pour promouvoir le produit.
- **Les actions sociales.** Nestlé a offert 850 mètres de tuyaux pour combattre les inondations (6 millions de francs CFA) et des produits alimentaires de secours (pour 2 millions de francs CFA).
- **Les actions promotionnelles.** Nestlé sponsorise beaucoup tout au long de l'année les événements religieux (ramadan, Tabaski [les femmes gagnent des parures en or, des béliers, des voyages…]), les événements culturels (fête des Mères, *Oscar des vacances* [émission de télévision estivale proposant des activités aux jeunes de 8 à 25 ans]). À l'approche des fêtes en particulier, Maggi fait beaucoup de promotions sur les prix et sur les quantités.

4.3 Mener une campagne globale

La communication globale est surtout destinée à **asseoir la notoriété et le capital d'image d'une entreprise-marque** (McDonald's, Goodyear, Michelin, Nestlé, L'Oréal, etc.). Lorsqu'il s'agit d'une communication produit, la contribution régionale et locale est nécessairement plus importante. Mais elle doit être coordonnée et conduite de façon à contribuer au message global, en particulier à travers les valeurs de base que véhicule l'entreprise-marque (par exemple l'excellence technologique, la sécurité, la solidité, l'innovation, une esthétique raffinée, etc.). Il faut aussi déléguer au niveau local la communication avec des segments produits-marchés qui restent particuliers. On ne peut pas tout globaliser. Il faut laisser exister et prospérer des sources de chiffres d'affaires et de profits, même si elles sont actuellement centrées sur un seul marché. Un jour ou l'autre, ces marques pourront être étendues à d'autres pays.

On ne doit pas sous-estimer la complexité réelle de gérer une image au niveau mondial. Contrairement à une idée parfois répandue, l'objectif d'une campagne globale ne doit pas être d'économiser sur les frais de création, mais plutôt de développer une image mondiale cohérente.

Car faire en une campagne le travail de douze nécessite beaucoup d'efforts et de temps créatif, et finalement son coût peut se révéler supérieur à la somme de campagnes isolées. Dean M. Peebles, qui a été durant de nombreuses années directeur de la communication internationale du groupe Goodyear, le numéro 1 mondial du pneumatique, recommande la démarche suivante, pour une campagne globale[83] :

- Choisir une agence mondiale avec un coordinateur du compte au plan mondial, qui rende compte au siège de l'annonceur.
- Établir des réunions de planification multinationale client/agence, ainsi qu'une équipe de création multinationale.
- Les chefs de marque du siège doivent conduire ou superviser la recherche consommateur et les prétests de la communication.
- La campagne globale résultante devrait être un cadre de travail assez fin pour montrer clairement la qualité du produit final, mais aussi assez élastique pour être effectivement transcrite (et non traduite) par rapport aux styles de vie et aux cultures des audiences auxquelles il s'adresse.

Au-delà de la gestion des relations agences/annonceurs, la mise en œuvre pratique d'une campagne globale pour une multinationale est très complexe en interne également, c'est-à-dire dans une organisation très multiculturelle, structurée en réseau et qui, en permanence, implique le siège social du pays d'origine (ou régional) et les filiales du groupe (dont certaines peuvent avoir un poids financier supérieur au marché d'origine) [voir approfondissement 8.7].

Les politiques de communication internationale et *a fortiori* de communication globale ne sont donc pas vraiment faciles à mettre en œuvre. Il faut que l'organisation soit réellement interactive, avec des structures et des processus internes de type verticaux (*bottom-up, top-down*) mais aussi latéraux (*interopérabilité* au sein de l'entreprise réseau).

Approfondissement 8.7

Mener une campagne de marque globale, mais d'abord en interne !

Les multinationales qui possèdent des marques mondiales sont confrontées au double défi de faire levier sur leur dimension mondiale et leurs meilleures pratiques tout en restant pertinentes et légitimes sur les marchés locaux. Sur le plan organisationnel, toute opération de communication sur une marque mondiale entraîne donc une tension entre stratégie et exécution qui ne peut être résolue qu'à partir d'une démarche organisationnelle très structurée et développée par le responsable marketing central (le CMO, *Chief Marketing Officer*, ou GMO, *Global Marketing Officer*) sous le contrôle de la direction générale[84]. Le marketing central doit :

- **Impliquer les équipes locales dans la définition du projet.** Des équipes sont créées qui permettent de partager la responsabilité du projet et de favoriser l'apprentissage entre filiales au lieu d'imposer les idées du centre. Le responsable marketing central réunit les responsables des filiales 3 à 4 fois par an pour qu'ils partagent leurs bonnes pratiques et choisissent des idées que l'équipe globale (ou la région) devrait mettre en œuvre. Se développe ainsi dans les filiales le sens propriétaire des idées qui concernent le Groupe, tandis que la pression qui pourra s'exercer éventuellement sur certaines filiales viendra des pairs et non de la hiérarchie.
- **En amont, avoir bien fait son travail, c'est-à-dire s'assurer que la définition de la « marque globale » est la même partout et pour tous (managers et clients).** On considérera qu'une telle marque est globalement disponible mais qu'elle présente inévitablement des différences entre pays. L'important est que ces différentes « versions » partagent un même objectif et une même identité autour des domaines non négociables pour lesquels la cohérence globale est assurée par la standardisation mondiale (le nom et l'apparence, une base de couleurs, une stratégie de distribution ou des standards de qualité). Il est tout aussi important d'identifier les domaines qui devraient ou pourraient être de la responsabilité des managers dans les filiales de sorte à éviter l'ethnocentrisme et à intégrer les spécificités locales (par exemple les goûts).
- **Pouvoir quantifier les bénéfices et les coûts associés à la recherche de la cohérence mondiale.** Au niveau d'un pays, les responsables devront mesurer la valeur potentielle d'une campagne globale pour la marque localement. Ils seront donc demandeurs d'une comparaison entre le coût de l'exécution locale d'un programme de communication et le coût d'une campagne globale.

Il sera plus facile de convaincre les responsables de filiales si le programme mondial peut permettre de dégager des budgets additionnels pour les opérations locales. Dans le cas d'une filiale refusant l'opération globale, il est important d'accepter que la décision ultime revienne à l'équipe locale pour éviter de couper l'organisation de ses talents (le responsable local sera de toute façon plus motivé à conduire ses opérations locales qu'une opération mondiale imposée). Dans l'ensemble, les opérations de communication sur des marques globales nécessitent du temps, une grande clarté dans la stratégie (ce que l'on veut dire) et de la flexibilité dans l'exécution (comment on le dit). Ces opérations de nature marketing mobilisent des outils organisationnels essentiels dans la construction des marques globales (culture d'entreprise forte et ouverte, structures formelles, systèmes de mesure).

Il ne s'agit pas simplement de faire entériner par la « périphérie » des décisions déjà prises par le siège, avec lesquelles le niveau local fait semblant d'être d'accord. Le problème est d'autant plus complexe que les interactions entre niveaux à l'intérieur de la multinationale (siège mondial, sièges régionaux, filiales par pays) sont doublées par les problèmes de communication et de coordination avec l'agence internationale à chaque niveau.

Résumé

La politique de communication internationale s'appuie sur la définition de stratégies de communication qui sont exécutées à diverses échelles géographiques (locales, régionales, mondiale) dans une très grande diversité d'environnements (réglementaires, médias et socioculturels) et dans le cadre d'un développement international donné (marketing local, de développement et global). L'analyse des principaux facteurs d'influence des stratégies de communication internationale, en particulier de la *stratégie publicitaire* (qui est souvent la partie la plus visible de la politique de communication média) montre que des dimensions universelles mais aussi nécessairement locales doivent être prises en compte. La raison se trouve dans la diversité des environnements d'abord (médias, réglementaire et culturel), mais aussi dans celle des positions du produit sur son cycle de vie dans différents pays, ou dans les spécificités de la cible comme les segments du BOP. Il en résulte « plus de global *et* de local » dans les choix de standardisation-adaptation des attributs de la communication, une approche des communications marketing de plus en plus segmentée à l'international, et la recherche de transférabilité de la copie stratégie. Du point de vue de la mise en œuvre, la communication internationale s'appuie sur une combinaison d'opérations médias (la publicité internationale) et hors médias (la promotion, la force de vente et les relations publiques). Cela pose des problèmes classiques de communication (par exemple son évolution avec le cycle de vie du produit), mais aussi des problèmes nouveaux (en lien avec l'essor de l'ensemble des possibilités offertes par Internet dans les domaines de la communication d'entreprise ou des situations difficiles que rencontre fréquemment l'entreprise internationale – communication de crise, force de vente exposée à la corruption). Enfin, la politique internationale de communication a des répercussions importantes sur le plan organisationnel. Les relations annonceur/agence dans un monde global évoluent rapidement, et la conduite de campagnes locales et mondiales doit être orchestrée aussi du point de vue interne.

Activités

Questions

1. Le mot anglais hair correspond à deux mots totalement différents en français : cheveux et poils. Interprétez cette différence. Quelles peuvent être leurs conséquences sur la communication marketing pour les produits d'hygiène et de beauté ?
2. Décrivez les adéquations possibles entre messages (persuasifs, informatifs et oniriques) et certaines cultures.
3. Pourquoi la publicité comparative n'est-elle pas acceptée partout ?
4. Quelles sont les audiences de la télévision par satellite en Europe ?
5. Quels sont les véritables bénéfices d'une campagne de publicité globale ?

Cas d'entreprise : Burger King – Le marketing viral à tout prix[1] ?

L'aventure Burger King, la chaîne mondiale de fast-food au hamburger emblématique – le Whopper –, a débuté en 1954 avec l'ouverture de quelques restaurants en Floride. En s'appuyant sur un système de franchise qui a porté ses fruits, Burger King est rapidement passée au stade de multinationale comptant presque de 40 000 employés dans 73 pays et un chiffre d'affaires annuel estimé à 2,5 milliards de dollars. La chaîne n'a ouvert son premier restaurant en dehors des États-Unis qu'en 1963 à San Juan à Porto Rico, ouverture suivie en 1969, soit six ans plus tard, par sa première réelle implantation internationale à Windsor, ville canadienne située le plus au sud du pays. Le premier restaurant européen fut ouvert à Madrid en Espagne en 1975. À la fin des années 1970 Burger King étendit son activité à l'Amérique centrale et à l'Amérique du Sud avec une ouverture à Mexico. À partir de 1982, la société commença à investir les pays de l'Est asiatique, comme la Corée du Sud ou Singapour. Elle détient mondialement plus de 12 000 restaurants, dont les deux tiers environ sont situés aux États-Unis, ce qui en fait le numéro 2 mondial des chaînes de fast-food, derrière son concurrent de toujours, McDonald's, qui lui possède 32 000 restaurants dans le monde, dont plus de la moitié hors des États-Unis. Cependant, Burger King occupe la place de leader dans quelques pays importants comme le Mexique et l'Espagne.

Depuis sa création, Burger King a eu recours à différentes campagnes de publicité, qui ont rencontré plus ou moins de succès. Les cibles marketing étant les mêmes que pour McDonald's, c'est-à-dire les familles et les enfants, l'entreprise a rapidement lancé de nombreuses campagnes de publicité comparative soulignant le fait que leurs hamburgers étaient plus gros, plus customisés et meilleurs que leurs équivalents chez McDonald's. On peut par exemple penser à une publicité avec Sarah Michelle Geller à quatre ans (connue dans son rôle de Buffy) proclamant que les burgers de Burger King étaient plus gros que ceux de

1. Ce cas a été écrit par Andreas M. Kaplan, Département Marketing, ESCP Europe, 2011.

McDonald's, ou à un spot télévisé mettant en scène Ronald McDonald, personnage publicitaire imaginaire de McDonald's, faisant la queue à un Burger King. En 2003 pourtant, Burger King a connu une baisse importante des ventes et a perdu des parts de marché au profit de McDonald's. Selon les experts, cette perte a été la conséquence de campagnes publicitaires inefficaces et trop conventionnelles qui ont perdu en popularité alors que les concurrents faisaient des efforts en communication. Ce qui déboucha sur la collaboration avec Crispin Porter + Bogusky (CP+B), une agence de publicité de Miami, qui a revisité la stratégie de communication de Burger King, en recourant en particulier à des campagnes de marketing viral. Durant la même période, Burger King changea son cœur de cible, depuis les familles avec enfants vers les hommes jeunes entre 18 et 35 ans, gros consommateurs de fast-food. Plusieurs de ces campagnes de marketing viral, couplées avec de la publicité traditionnelle comme leur première campagne dénommée « Subservient Chicken », ont rencontré un franc succès. D'autres ont eu très mauvaise presse pour la chaîne de restauration rapide, en particulier pour ce qui touche aux sensibilités culturelles.

La première campagne à l'origine de cette série de controverses était la campagne « Whopper Virgins ». L'objectif était de trouver des « vierges du Whopper », c'est-à-dire des individus qui n'avaient jamais goûté de hamburger auparavant et qui n'étaient pas au courant de la rivalité entre Burger King et McDonald's – deux entreprises dont ils ne connaissaient même pas l'existence. Dans une vidéo de huit minutes au style documentaire, Burger King envoyait une équipe dans les régions isolées de Thaïlande peuplées par les Hmong, dans les régions du Groenland habitées par les Inuits, et dans un village en Roumanie, où elle mènerait des tests à l'aveugle entre le Whopper et le Big Mac – le gagnant étant bien évidemment Burger King. Dans la vidéo, on peut entendre le narrateur dire « C'était très intéressant d'assister à leur réaction face au hamburger car ils n'avaient jamais vu une telle nourriture étrangère et ils ne savaient pas vraiment comment le tenir et ils ne savaient pas vraiment comment – par où commencer pour le manger… C'était très intéressant. Nous avons pu voir ces gens prendre leur première bouchée de hamburger. » Malgré une forte notoriété (242 000 visiteurs uniques en un mois sur le site de Burger King), la vidéo ne fut pas au goût de tout le monde : des critiques venues du monde entier dénoncèrent la campagne comme relevant du « colonialisme commercial », de « l'acharnement culturel » et de « l'américanisme arrogant » du plus mauvais goût. Burger King défendit la campagne dans un communiqué de presse déclarant : « Alors que les consommateurs d'aujourd'hui ont grand besoin d'honnêteté et de transparence, ces deux valeurs sont au cœur de cette campagne. En nous embarquant dans un voyage d'une telle ampleur sans aucune garantie, et qui nous exposait aux vulnérabilités, nous avons fait le pari que notre produit phare saurait conquérir les gens dès la première bouchée. »

Une deuxième polémique surgit autour d'une campagne de publicité pour le « Texican Whopper », un hamburger au chili. Les spots télévisés diffusés en Espagne et au Royaume-Uni montraient un très petit lutteur mexicain avec un drapeau mexicain en guise de cape, à côté d'un cow-boy américain qui faisait deux fois sa taille. Cette publicité suscita de vives réactions de la part des différents protagonistes. Un article nommé « De la publicité dépréciative » accusant le spot de « montrer les Mexicains comme notablement inférieurs à tous les Américains » fit la une d'un journal espagnol. L'ambassadeur du Mexique en Espagne demanda que la publicité soit immédiatement retirée du marché et le gouvernement mexicain finit par porter plainte envers le ministère américain des Affaires étrangères. Un alinéa dans la loi mexicaine interdit d'utiliser ses drapeaux de manière dépréciative – mais les publicités n'étaient pas diffusées au Mexique. Burger King décida de mettre fin à la campagne avec le commentaire suivant : « Burger King a pris la décision de réviser la publicité du Texican Whopper par respect pour le peuple mexicain et sa culture. La nouvelle campagne se concentrera seulement sur le hamburger Texican Whopper et ne mettra en scène aucun personnage ni l'utilisation du drapeau mexicain. » Grâce à YouTube, la publicité fit néanmoins le tour du monde et peut toujours être regardée aujourd'hui.

En plus de ces deux campagnes à l'origine de nombreuses réactions négatives, d'autres publicités de Burger King touchant à la culture firent polémique. À la suite d'une campagne de publicité presse en Espagne représentant Lakshmi, une déesse hindoue, assise sur un hamburger géant avec le slogan « Un snack qui est sacré », Burger King blessa les hindous du monde entier en exploitant un symbole sacré correspondant à un tabou majeur (on ne mange pas de bœuf de toute façon, même si on peut ne pas être végétarien en Inde). Un autre scandale partit d'une publicité d'une agence locale pour le hamburger « Super Seven Incher », accompagné du slogan *It'll blow your mind away* montrant une femme au rouge à lèvres rouge avec la bouche grande ouverte. Bien que conçue pour le marché singapourien « seulement », un État connu pour le strict contrôle du gouvernement sur les comportements des citoyens, cette publicité se propagea dans le monde entier. Même la chaîne télévisée américaine conservatrice Fox News en fit grand cas, alors que Singapour est situé à 15 000 km de là.

Dans l'ensemble, les campagnes créatives de CP+B ont régénéré Burger King et ont obtenu presque toutes les récompenses qui comptent dans l'industrie de la publicité, y compris un Grand Effie en 2009 pour la campagne Whopper Freakout (dans laquelle on avait supprimé des menus les emblématiques hamburgers Whopper, annonce qui avait entraîné la fureur des clients). Cependant, en dépit de tous les succès de Burger King du point de vue de la communication, l'entreprise a perdu des parts de marché au profit de McDonald's. Cette dernière information pourrait expliquer pourquoi, en mars 2011 et après une coopération de sept ans et demi, Burger King et CP+B ont décidé qu'il était temps de mettre fin à leur partenariat.

Questions

1. Les débuts de la stratégie de communication de Burger King furent marqués par l'emploi récurrent de publicité comparative avec son principal concurrent McDonald's. Dans un cadre international, quels problèmes peut poser une telle stratégie de communication ?

2. En étudiant les différentes campagnes de marketing viral de Burger King, soulignez leurs différences en termes de cibles marketing, de cultures qu'elles ont pu offenser et des groupes (potentiellement) critiques vis-à-vis de ces publicités.

3. Pensez-vous qu'une entreprise multinationale comme Burger King doit essayer de mettre en place du marketing viral à tout prix ? Quels sont les avantages, quels sont les dangers d'une telle stratégie ?

Chapitre 9

Marketing international et vie des affaires

Objectifs

1. Développer la sensibilité interculturelle des acteurs du marketing international aux différentes pratiques de marketing et de négociation commerciale dans le monde.
2. Utiliser le cadre d'analyse systématique des orientations de valeurs pour rendre intelligibles les différences observées de modalités de la vie des affaires et des pratiques de marketing international.
3. Intégrer les déterminants culturels de la situation de négociation commerciale internationale jalonnant la conclusion des accords nécessaires au déploiement des stratégies marketing internationales.
4. Illustrer les styles de négociation dans différents pays.

Introduction

La performance des stratégies (de marketing international) dépend des conditions de mise en œuvre des décisions prises dans les environnements locaux, où l'entreprise développe sa présence à l'étranger[1]. On s'intéresse donc ici à la problématique de la place de l'environnement dans ses différentes dimensions en tant que facteur qui influence le comportement stratégique et, *in fine*, la performance des entreprises. Cette perspective organisationnelle de la relation « environnement/stratégie/entreprise » dépasse la vision néoclassique de l'entreprise « boîte noire », et considère que les différences institutionnelles, sociétales et culturelles, impactent sur ses stratégies[2].

Être capable de comprendre l'environnement et les cultures d'affaires des pays d'implantation intègre l'étude des déterminants culturels du comportement des différents partenaires locaux dans les situations de collaborations interpersonnelles (comportements de négociation), mais aussi de collaborations interentreprises (fusions-acquisitions, joint-venture, projets internationaux…). Cela contribue à réduire l'incertitude créée par la perception de distances (écarts, différences, non-familiarité) en matière de culture dans le marché étranger (*cultural distance*) et de différences dans les pratiques d'affaires locales (*business distance*). Ce phénomène – dit « distance psychique » –, bien connu en management international, est une désorientation cognitive qui apparaît dans l'esprit des équipes chargées de l'export, notamment pour les marchés perçus comme très éloignés des marchés d'origine[3]. À défaut d'information appropriée, les différences culturelles et de pratiques d'affaires perçues augmentent la distance psychique qui brouille la compréhension du marché étranger et y rendent difficiles ses opérations[4]. Elle fragilise aussi la survie des collaborations locales, notamment les joint-ventures internationales[5]. Elle favorise le risque d'ethnocentrisme né de l'utilisation de clés de lecture biaisées de la culture des acteurs. Enfin, la lisibilité de l'environnement et des pratiques d'affaires est encore plus nécessaire dans le cas des marchés émergents, caractérisés par des spécificités institutionnelles et culturelles par rapport aux marchés de la Triade[6] et par des dynamiques d'évolution rapides[7].

Pour les responsables du marketing international, expatriés ou non, et aussi pour les acheteurs et les commerciaux qui sont en mobilité constante, comprendre les cultures d'affaires permet d'améliorer la performance dans les situations de collaborations internationales (interpersonnelles, interentreprises) développées au fil de l'internationalisation. Ce sont des situations typiques d'exposition entre cultures qui mobilisent simultanément, et par définition (ces interfaces étant interculturelles), des cultures nationales, d'entreprises, de métiers, de sites, techniques, administratives, juridiques, etc., multiples. Parmi les plus courantes se trouvent :

- **La négociation internationale.** Elle peut être commerciale (vente de produits), d'affaires ou de grands projets (vente de grands contrats), voire sociale (relations avec les syndicats).
- **L'expatriation, l'impatriation et la mobilité internationale régulière.** Elles posent des questions de préparation (au départ et au retour), de performance locale, et de gestion des talents de hauts potentiels internationaux
- **Le management des projets internationaux.** Il se déroule en interne dans la multinationale (projets liés aux systèmes d'information, aux opérations marketing, à la R & D, etc.), comme en externe (implémentation de solutions chez le client, création de filiale à l'étranger, travail avec la distribution, etc.).
- **Les rapprochements d'entreprises.** Ils ont lieu sous des formes variées (fusions, acquisitions, alliances) qui impliquent des processus d'intégration organisationnelle complexes entre les cultures des partenaires (cultures nationales, d'entreprises, de métiers…), et des problématiques de transferts (de pratiques et de valeurs culturelles) à l'international, à l'ensemble du groupe.
- **Les joint-ventures internationales.** Elles sont incontournables dans l'abord de nombre de marchés émergents et sont le théâtre d'influences culturelles multiples.

Dans la première partie, nous revenons sur l'étude des cultures d'affaires dans la mondialisation pour montrer que leur évolution présente à la fois des traits de convergence, de divergence et d'hybridation. Nous proposons un cadre d'analyse de la vie des affaires à partir d'une description en profondeur (*thick description*, au sens de Geertz) de la diversité des grandes orientations de valeurs culturelles (théorie des *value orientations*), lesquelles fondent la vision du monde des peuples et des acteurs engagés dans les échanges internationaux. La seconde partie est centrée sur la situation d'interface spécifique de la négociation commerciale internationale rencontrée quand les responsables de marketing international négocient avec des partenaires de cultures différentes la succession d'accords nécessaires à l'activité (*Marketing by agreement*)[8]. Le chapitre 10 abordera plus précisément les situations d'interfaces culturelles liées au management de l'entreprise internationale.

1. Fondements et évolutions culturelles de la vie des affaires

1.1 L'évolution des liens entre cultures et vie des affaires en contexte de globalisation

Convergence, divergence et hybridation

Comme pour la compréhension de l'évolution des cultures de consommation dans la globalisation[a], l'étude de l'évolution des cultures d'affaires a donné lieu à de très nombreuses recherches dans le domaine du management international. La vie des affaires recouvre au moins deux aspects pertinents en marketing international : l'environnement institutionnel et les comportements des individus dans les organisations.

L'environnement institutionnel des pays d'accueil. Les institutions définissent « les règles du jeu de la société ou, plus formellement, les contraintes conçues par les sociétés qui modèlent l'interaction humaine[9] ». Elles représentent « les structures et les activités cognitives, normatives et réglementaires qui apportent stabilité et significations au comportement social[10] ». Les institutions cognitives émanent du système social (comme les normes éthiques et culturelles au sens large), les institutions normatives renvoient au système politique (comme la corruption ou la transparence) et les institutions réglementaires touchent le système économique (comme la libéralisation économique ou le système réglementaire en vigueur). Les institutions interagissent avec l'entreprise dans la définition des choix qui seront acceptables et supportables, c'est-à-dire qu'elles réduisent son incertitude.

Le courant institutionnel[b] a bien montré l'impact de la diversité institutionnelle entre pays de la Triade et économies émergentes, mais aussi entre pays de la Triade[11] et sur plusieurs aspects de l'activité de l'entreprise à l'étranger. Il s'agit, en particulier, des modes d'entrée choisis[12], de la disponibilité de ressources locales[13], de la distance institutionnelle entre pays d'origine et pays d'accueil comme source potentielle de frictions et des transferts de pratiques stratégiques[14]. Parmi les institutions importantes et relativement peu étudiées figurent les institutions religieuses[15] (voir illustration 9.1).

Le comportement des individus dans les organisations. Le débat sur la convergence culturelle des organisations de taille mondiale a conduit à de nombreuses recherches depuis une trentaine d'années. Leur comparaison[16] suggère que la plupart des études concluant en faveur de la convergence se concentrent sur des dimensions macro (comme la question de la structure d'organisation ou de la technologie), alors que les études concluant en faveur de la divergence analysent des dimensions micro du comportement organisationnel (le comportement des hommes dans les organisations). Dans ce débat de méthode, où il ne faut pas confondre les niveaux d'analyse, on admet aujourd'hui que, si les organisations deviennent de plus en plus similaires dans leurs préoccupations et leurs structures (sous la pression commune des facteurs de mondialisation, notamment

---

a. Voir chapitre 5 (p. 172-187).

b. Voir chapitre 3 (p. 95-96).

de la technologie, ainsi que des exigences concurrentielles et de rationalisation globale), le comportement des individus dans les organisations reste largement dicté par leur héritage culturel. La raison en est simple : la plupart des employés transportent « dans leur tête » leurs bagages culturels au sein de l'entreprise (leur langue en particulier), et les lieux de travail sont toujours physiquement rattachés à un environnement culturel donné (même dans le cas des entreprises virtuelles).

Illustration 9.1

Comment travailler avec les sociétés musulmanes ?

Avec plus d'un milliard d'habitants et cinquante États, le monde musulman est extrêmement divers. Les pays musulmans, arabes, asiatiques ou africains, ou les communautés musulmanes au sein d'autres pays jouent un rôle important dans les relations économiques internationales et présentent des opportunités réelles nées des nombreux programmes de libéralisation économiques. Or la dimension interculturelle et la compréhension de la conception économique de l'Islam doivent impérativement être prises en compte par les entreprises qui souhaitent travailler avec ces pays[17]. En dépit de la grande diversité culturelle locale de ces sociétés, l'essence de la conception de la vie, de l'économie et du social reste la même partout. Quatre volets centraux peuvent être évoqués :

- la conception de l'économie en Islam (la notion de richesse ou de propriété) ;
- les systèmes fiscaux (principes de la *zakat* ou impôt sur la fortune, des dons volontaires et des impôts en général) et les relations de travail (syndicats patronaux, de salariés, travail des enfants) ;
- l'organisation économique et commerciale (en matière de commerce interne et international, et de droit des affaires) ;
- les droits et obligations en matière financière (les opérations financières interdites et les opérations islamiques autorisées).

Ainsi les études conduites sur les comportements au travail des managers concluent à une diversité des pratiques (styles de management composés des modalités de la décision, communication, gestion du temps, motivation, etc.) résultant de différences culturelles persistantes[18]. Même au sein d'une multinationale, des traditions et des valeurs liées à chaque pays montrent une forte persistance, malgré des métiers communs et des niveaux technologiques comparables (voir approfondissement 9.1).

Approfondissement 9.1

Les traditions nationales conduisent à des logiques organisationnelles différentes

Les nombreux travaux de Philippe D'Iribarne au fil du temps confirment l'importance des traditions locales dans le management des entreprises. En 1989, il montre que trois usines similaires de production d'aluminium d'un grand groupe français (Saint-Gobain), situées aux États-Unis, en France et aux Pays-Bas, fonctionnent de manière fort différente selon les expériences sociales et historiques de chaque pays :

- **France.** C'est la logique de l'honneur, du noble et du vil, logique de classe et de rang, de corps et de statuts. Le système est profondément hiérarchique mais il coexiste avec un sens du respect de l'honneur des subordonnés, ce qui se traduit par leur autonomie dans certaines tâches (signe de la confiance accordée au métier). Respecter les droits et les devoirs de chacun est nécessaire pour être jugé digne de l'honneur qui est rattaché à ce que l'on fait (ainsi, la capacité des Français à vérifier que la hiérarchie se montre digne de la fonction qu'elle occupe).
- **États-Unis.** C'est la tradition du contrat qui encadre les relations de travail, lesquelles s'apparentent à des relations fournisseur/client. Les rapports marchands sont la référence et non la dignité du métier ou de l'activité. Le contrat ne préjuge d'aucune hiérarchie et se fonde sur l'égalité.
- **Pays-Bas.** Le management est moins fondé sur des ordres que sur la recherche du compromis et consensus pour convaincre les autres à partir de l'analyse factuelle. Le supérieur est un pair parmi d'autres qui passe du temps à discuter avec les subordonnés pour obtenir leur consentement quand il a une décision à prendre. C'est un univers d'égaux mais la majorité se doit de respecter les positions minoritaires dans une atmosphère conviviale.

Vingt ans plus tard[19], prenant acte d'une internationalisation et d'un personnel anglo-saxon accru, l'auteur a réalisé une étude du rapprochement du style de management porté par des méthodes anglo-saxonnes chez Lafarge : elle montre la persistance d'un étonnant écart de valeurs. En comparant les deux versions des textes managériaux du groupe, l'une originelle en français, l'autre américaine, et même avec une traduction fidèle et une correspondance des deux langues, ces textes d'apparence technique révèlent des conceptions différentes de la société et du rôle qu'y joue l'entreprise. On observe dans la version française bien des manifestations de réticences à l'égard d'une vision marchande de l'entreprise autant que des nuances importantes dans les engagements qu'une entreprise prend vis-à-vis d'elle-même :

- **Dans les rapports de l'entreprise avec ses clients** : « *Provide* the construction industry / *offrir* au secteur de la construction » et « *delivering* the […] products… / proposer les produits ». « Provide », « delivering » mettent en scène un rapport marchand entre un donneur d'ordre (le client) et un prestataire (l'entreprise), dont les intérêts se rencontrent. Les termes « offrir » et « proposer » sont associés au fait que l'attention est dirigée moins vers la phase, peu noble, où les produits sont finalement vendus que vers la phase, beaucoup plus noble, où ils sont conçus. On écarte ainsi toute assimilation à une activité servile.

Approfondissement 9.1 (suite)

- **Dans les rapports avec les actionnaires** : « *Delivering* the value creation that our shareholders expect / *Répondre* aux attentes de création de valeur de nos actionnaires ». Dans la version américaine, l'entreprise se place clairement dans une position de fournisseur qui satisfait une commande (*delivering*). Dans la version française, on affirme plutôt que l'on est sensible à une sorte d'appel auquel on va « répondre » avec une certaine bienveillance. Un voile est mis sur le fait qu'on est largement soumis aux actionnaires.
- **Quand l'entreprise parle d'elle-même** : « With a leadership position in each of our *business lines* / Leaders sur chacun de nos *métiers* » et « developing [...] *other businesses* / en nous développant [...] dans d'*autres activités* ». Contrairement à « business », qui évoque l'aspect marchand de ce que l'on fait, « métiers » oriente plutôt l'attention vers son aspect industriel, avec le savoir qu'il implique.

La distinction évoquée entre niveaux de culture implicites (les normes, valeurs et représentations) et niveaux de culture explicites (les pratiques et comportements) permet de mieux comprendre pourquoi de fortes identités culturelles (au travail) se maintiennent malgré la globalisation des organisations et l'homogénéisation des structures et des technologies[c]. Les valeurs, qui sont ces tendances générales à préférer tel ordre des choses sur tel autre, sont nettement dépendantes de leur origine nationale[20], plus que les pratiques qui relèvent de la sphère sociotechnique et qui sont plus facilement partagées dans les organisations au niveau des *best practices* étendues à l'ensemble de l'entreprise. Les données empiriques permettent de contraster assez clairement les cultures nationales en fonction de l'orientation de leurs systèmes de valeurs. Contrairement à l'idée répandue que des valeurs partagées représentent le cœur des cultures d'entreprises, ce sont plutôt les pratiques communes qui les forgent[21].

Finalement, de nombreuses études suggèrent que de grandes différences institutionnelles et culturelles subsistent, même entre pays animés par l'idéologie capitaliste[22], et que l'on observe un phénomène de *crossvergence* où s'hybrident des influences de cultures (nationales, religieuses...) et d'idéologies économiques dans des systèmes de valeurs métissées. Ainsi en est-il du cosmopolitisme musulman et bourgeois dont Le Caire est une vitrine particulièrement intéressante. C'est « l'Islam de marché »[23], qui ne voit plus l'Occident comme le diable, glorifie la culture d'entreprise, le libéralisme, et conseille d'emprunter à l'étranger certaines valeurs : efficacité, rigueur, excellence, pour contrecarrer « la décadence » du monde musulman. Ces évolutions s'inspirent largement de la culture de consommation et touchent les classes moyennes et supérieures instruites et urbaines. Elles traduisent aussi une montée des valeurs de démocratie politique (révolutions arabes du printemps 2011) qui s'explique par des données démographiques[24] (montée du taux d'alphabétisation, baisse de la fécondité, baisse des unions endogames). L'enjeu n'est donc plus de s'opposer à l'Occident mais de digérer la mondialisation avec une pratique musulmane. Des salons de thé islamiques d'Istanbul à Djakarta, cette *Muslim Pride* s'exprime aussi par des sites Internet, des chants religieux modernisés et par une mode vestimentaire revisitée avec marques, logos et pictogrammes faisant référence à la religion.

c. Voir chapitre 1 (p. 7-8).

Chercher les différences profondes et en contexte

Ainsi, de fortes différences institutionnelles et culturelles restent manifestes (traditionnelles, modernes et hybridées), et différents types de systèmes (*business systems*) coexistent dans le monde[25]. La forme de cette coexistence (pacifique ou non) dépend largement de la question : la modernité occidentale, sous ses multiples aspects, peut-elle continuer à être un phare pour l'humanité, en Occident comme ailleurs ? Du point de vue occidental (qui n'est pas forcément partagé ailleurs), la modernité est trop souvent confondue avec l'occidentalisation. Et si les marchés émergents semblent opposer certaines de leurs valeurs à celles de l'Occident, c'est avant tout pour garantir le *statu quo*, social et politique, qui profite à leurs élites[26]. D'ailleurs, il suffit de voyager un peu et d'être attentif aux aspects immergés de l'iceberg culturel (modèles implicites des normes, valeurs, croyances et représentations) pour s'apercevoir rapidement que le constat d'occidentalisation résulte d'une posture ethnocentrique et d'une forte tendance de l'Occident à projeter ses valeurs et ses catégories sur le reste du monde (voir illustration 9.2).

Illustration 9.2

Formes de l'occidentalisation de la Chine

Il faut d'abord se souvenir que ce n'est pas la Chine qui a choisi de rencontrer l'Occident, c'est l'Occident qui est venu chez elle, après un premier contact établi par Marco Polo, au XIIIe siècle, par deux fois, au XVIe siècle avec les missions, et au XIXe siècle par les canons (buts économiques de la guerre de l'opium). Ce traumatisme initial régit encore en sous-main tous les rapports que le pays entretient avec le reste du monde[27]. Contrairement aux conquêtes des peuples nomades des confins, les peuples européens lui ont imposé aussi leur civilisation, où la supériorité de l'Occident s'imposait (comment rattraper et dépasser l'Occident ?). Ce qui a donné lieu à toute une série de transferts et d'accommodations des modèles occidentaux dans les domaines économique, scientifique et technique. Aujourd'hui, la Chine semble habile à faire coexister l'emprunt fait à l'Occident et la tradition chinoise (il y a deux médecines, deux cuisines, etc.), c'est-à-dire à croiser ces ressources en fonction de leur pertinence à un moment donné. Les Chinois s'accommodent bien de cette « biculturalité », même si elle doit aussi être nuancée. Car pendant plus d'un siècle, la Chine s'est employée à détruire son héritage intellectuel[28]. Aujourd'hui, nous sommes face à une génération post-révolution culturelle née dans les années 1970-1980 qui ne connaît pas la tradition, est totalement ignorante du passé lointain et oublieuse même du passé plus récent. En dépit de petits signes de retour à la tradition (comme la manipulation de Confucius), la jeunesse chinoise urbaine d'aujourd'hui est consumériste, élevée dans un environnement occidentalisé sans lien avec la culture des ancêtres ou l'histoire des parents.

Les différences qui semblent s'amenuiser entre comportements managériaux (et de consommation) dans différents pays ne s'estompent donc le plus souvent qu'en surface : on peut être moderne sans partager tous les présupposés de la culture occidentale. Le monde global multipolaire remet en cause l'organisation historique du monde depuis cinq siècles autour d'un centre européen-américain et d'une périphérie des autres pays. Dans la mondialisation, de nouveaux acteurs du commerce international émergent, dont certains aux cultures millénaires et aux populations massives et en croissance (Chine, Asie du Sud-Est,

Inde) Il serait bien naïf de penser que quelques années d'industrialisation puissent réellement balayer un tel patrimoine historique et culturel.

Il est important de savoir aller au-delà des apparences pour cerner l'impact, implicite et généralement inconscient, de la diversité des normes, valeurs et autres représentations sociales qui imprègnent profondément, et le plus souvent inconsciemment, la vie en général et la vie des affaires en particulier. Il ne faut surtout pas céder ici au mythe de la similarité superficielle, même s'il ne faut pas non plus oublier que tout n'est pas culturel (la culture n'explique pas tout et plusieurs niveaux d'analyse de la réalité humaine doivent être pris en compte si l'on veut cerner dans sa totalité l'être humain au sein des organisations)[29].

Les orientations de valeurs : solutions culturelles aux problèmes universels

S'intéresser aux cultures, c'est regarder ce que les hommes vivent ensemble avant que chacun n'élabore sa propre expérience de la vie et ne se construise un ordre personnel dans le cadre des diverses contraintes qui lui sont propres. Nous nous limitons donc à l'analyse des déterminants du comportement de l'individu liés à l'appartenance et à la participation à différents groupes, dont le mode de fonctionnement peut être considéré comme représentatif de cultures singulières et qui ont un impact significatif sur la façon dont les industriels et les commerçants conduisent leurs affaires, et sur les pratiques de marketing en particulier.

La prise en compte de l'influence des niveaux de culture implicites doit donc être privilégiée dans la recherche d'une explication culturelle au comportement des individus dans les organisations de différents pays. La culture vue comme un univers de significations ou un cadre symbolique permet de rendre intelligibles les comportements observés en identifiant le sens que les gens donnent à leurs conduites et les catégories qu'ils utilisent pour déterminer ce qui se passe. Or cela ne peut être fait qu'à partir d'une analyse dans toute la profondeur ou l'épaisseur de la culture (*thick description* au sens de Geertz)[30] par de nombreuses observations et des entretiens approfondis. Cela peut aussi être fait en élargissant les « horizons du pensable » pour comprendre les pensées d'ailleurs[31]. L'étude comparée des sociétés et des capitalismes suggère trois catégories essentielles[32] :

- Les raisons justifiant l'action (*rationales*) : ensemble des buts, des intentions et des finalités recherchées, et de leurs significations appropriées et légitimes.
- Les façons dont une société répond au problème de l'identité et de l'appartenance dans la vie des individus.
- Les façons dont une société répond au problème de l'autorité.

La théorie des orientations de valeurs (*value orientations*) développé par Kluckhohn et Strodbeck[33] est propice à une telle description en profondeur puisqu'il permet de prendre en compte d'abord l'unité des cultures dans leur diversité (et l'inverse !). Les orientations de valeurs sont « les principes généralisés et organisés concernant les problèmes humains fondamentaux et qui influencent largement et en profondeur le comportement humain ». Il existe un nombre limité de problèmes communs auxquels tous les peuples de toutes les époques doivent apporter des solutions : les humains passent leur temps à essayer de résoudre les mêmes problèmes, mais en y trouvant des solutions différentes (problème de l'universalité). Pourtant, la recherche de solutions n'est ni infinie ni aléatoire, mais variable à l'intérieur d'une gamme de solutions possibles qui font l'objet de préférences différentes selon les groupes humains (problème de l'unité). En pratique, les sociétés peuvent combiner certaines solutions différentes selon les situations et contextes (professionnel, familial, amical, politique, etc.).

Huit problèmes universels constituent une sorte de « charpente culturelle » caractéristique des fondements idéologiques de toute société (voir tableau 9.1).

Tableau 9.1 : Grille des orientations de valeurs et des options culturelles possibles

Problème universel	Réponses culturelles		
Relation entre l'homme et la nature	Domination	Harmonie	Subjugation
Relation au temps	Temps monétaire		Temps événementiel
Relation aux autres	Individualisme		Communautarisme
Relation au pouvoir	Hiérarchie		Égalité
Relation aux règles	Universalisme		Particularisme
Relation à l'espace	Espace privé		Espace public
Relation à l'activité	Faire		Être
Relation aux émotions	Extériorisation		Neutralisation

Note : Cet arrangement en colonnes n'est que le résultat accidentel de la présentation (pas de lecture verticale automatique).

Nous allons examiner chacun d'eux en les illustrant d'exemples tirés de cultures différentes. Nous verrons qu'ils ont de multiples ramifications concrètes en marketing international[34].

1.2 Le rapport à la nature

L'un des premiers problèmes incontournables que les sociétés doivent résoudre est le sens accordé à la nature qui oriente le rapport que les hommes entretiennent avec elle. Trois grands types de relations peuvent être observés.

La domination. Elle est fondée sur le sentiment de pouvoir contrôler la nature pour la soumettre aux exigences fixées par les hommes. Cette vision s'appuie sur l'idée d'un contrôle interne (*internal locus of control*) et domine dans tout le monde judéo-chrétien qui répond ainsi à l'ancienne injonction biblique faite aux hommes de se multiplier et de soumettre la terre et les animaux à leur profit. On la trouve aussi de façon plus large dans tout le monde industriellement développé (Triade et zones de croissance des économies émergentes), où les avancées scientifiques et techniques ont permis une large maîtrise de la nature, mais elle reste, en termes de tradition, caractéristique des cultures occidentales.

L'harmonie. Cette option marque le changement du rapport à la nature qui n'est plus anthropocentré mais cosmocentré. L'homme est conçu comme un élément de la nature parmi d'autres (vision globale systémique), il en fait partie et sa charge (dans le sens noble du terme) consiste à se maintenir en harmonie avec la nature. Ici, l'agriculteur sème la bonne graine au bon endroit au bon moment. Dans les pays industrialisés, en Europe au moins depuis l'explosion des nombreuses crises alimentaires, les produits bio traduisent ce besoin de retrouver un rapport moins agressif avec la nature et ouvrent de nouveaux segments de marché générant des marges plus fortes pour les entreprises agroalimentaires comme pour les producteurs (consommateurs « verts »). Traditionnellement, c'est la vision de nombreuses cultures premières ou des cultures asiatiques, surtout, qui valorisent les situations d'équilibre et d'harmonie, à l'intérieur comme à l'extérieur de soi, où le corps et l'esprit ne sont pas séparables (dans le *feng shui* chinois ou la médecine indienne).

La subjugation. Elle se fonde sur la vision d'un monde où l'homme fait partie de la nature mais est dominé par des forces extérieures qui le dépassent (sentiment de contrôle externe). Ce type de rapport à la nature est de type sacré et caractérise les groupes vivant encore quasiment en autosubsistance, peu ouverts aux échanges avec l'extérieur et la modernité, et peu instruits. Ici, l'agriculteur espère qu'il n'y aura pas de pluie de criquets ou de crue de la rivière, et si cela arrive, « c'est que cela devait arriver ». Pour ceux qui viennent du monde de la domination, la subjugation se confond avec le fatalisme. À l'inverse, les hommes qui entretiennent un rapport de subjugation avec la nature considèrent que ceux de la domination sont des « fous » qui prétendent contrôler l'incontrôlable. La subjugation est souvent religieuse, comme dans le cas de l'Islam où l'expression *inch Allah* (« si Dieu le veut ») est systématiquement ajoutée à la fin de toute phrase impliquant une option sur le futur (pour un rendez-vous, une action, un résultat à venir, etc.). Le culte des ancêtres qui existe en Afrique subsaharienne et dans de nombreux pays d'Asie reflète aussi la soumission à des forces extérieures, qui peuvent être occultes (croire que la promotion résulte du pouvoir du « féticheur » ou du « marabout » sur le chef hiérarchique).

L'illustration 9.3 montre la différence de rapport à la nature et de lecture de l'actualité en Europe et en Inde à l'occasion de la crise de la vache folle en Europe : domination contre subjugation, les positions sont inconciliables.

Illustration 9.3

Maharajah Burger, vaches folles, vaches sacrées

La relation de domination sur la nature dans le monde industriel a atteint un point culminant avec la crise de la vache folle née en Angleterre quand, pour accroître les rendements des vaches, on a augmenté leur quantité de protéines par une alimentation bon marché, composée de farines animales tirées des carcasses de moutons morts. On a donné à manger de la viande à des herbivores. Par contraste, la conception sacrée de la vache en Inde permet d'illustrer une relation de subjugation à l'égard de l'animal dont on prend soin depuis la nuit des temps. Depuis plus de deux mille ans, les hindous recueillent les vaches dans une institution unique au monde : le *gauchala*, hospice pour vaches. On en compte près de six mille en Inde, dont une dizaine dans la ville de Vrindavan, lieu de naissance de Krishna, dieu protecteur des vaches. C'est un devoir religieux, « servir la vache, c'est servir Dieu ». La vache, c'est la mère qui donne tout : le lait, le beurre, la bouse (qui remplace le bois de chauffage ménager et des crémations des morts), l'urine (utilisée au niveau agricole). Réagissant à la crise de la vache folle, les Indiens évoquent la folie des Occidentaux carnivores, le courroux des dieux qui détruira tout, et beaucoup proposent d'accueillir les millions de vaches du cheptel britannique. Profitant de la libéralisation progressive des échanges et de l'existence d'une classe urbaine moderne, aisée et cosmopolite, McDonald's s'est tout récemment implanté dans le pays. Mais l'Inde reste le seul marché au monde où l'on ne sert pas de bœuf et où l'essentiel de l'offre est végétarienne[35].

La prise en compte du rapport à la nature est essentielle en marketing international dans de nombreux domaines :

- **Le comportement alimentaire du consommateur.** Il est difficile de faire manger de la viande à la plupart des hindous, et il sera certainement tout aussi difficile d'inclure des OGM (organismes génétiquement modifiés) partout, au moins en Europe où les résistances des consommateurs et des gouvernements sont assez fortes face aux risques non connus (en dépit du lobbying puissant des firmes).
- **Le domaine médical et la pharmacie.** L'exportation vers les pays en développement des produits de la médecine occidentale ne résiste pas toujours aux pratiques locales traditionnelles de prévention de nombreuses affections, qui sont non seulement plus accessibles (physiquement, cognitivement et financièrement) que les médicaments occidentaux, mais qui ont aussi pu faire preuve d'une certaine efficacité avec le temps[36] (ce qui n'exclut pas, quand on est Chinois ou Indien, d'avoir recours aux techniques occidentales – si elles existent et si les moyens financiers le permettent – pour les affections graves comme la chirurgie). D'une façon générale, le marketing rural dans les pays en développement est très dépendant du rapport sacré à la nature pour la vente des produits « de la domination » : produits agricoles de traitement des sols et des maladies, produits d'hygiène, produits contraceptifs, produits bancaires et d'assurances…

1.3 Le rapport au temps

Parmi les dénominateurs communs à toutes les cultures, le temps est une dimension « quintessentielle »[37]. Très lié au rapport à la nature, le temps n'est qu'une forme subjective de l'expérience. Son sens dépend des diverses représentations, interprétations et valeurs de la société, lesquelles ne sont partagées ni universellement dans l'espace à une époque donnée, ni à travers l'histoire de l'humanité[38].

Le temps est objet de représentations (il est investi de sens) et, à la fois, il en est le cadre. C'est une composante fondatrice de la vision du monde (de la culture) des groupes humains ; pour les expatriés, après les difficultés de langage, l'ajustement au tempo social local par rapport à leur culture temps d'origine est souvent la difficulté principale rencontrée. De fait, les hommes ne vivent pas tous dans la même symbolique du temps, ni dans le même système de mesure : les différents calendriers coexistent souvent, notamment judéo-chrétien occidental, bouddhiste extrême-oriental ou de l'Islam qui, on s'en doute, ne situent pas l'origine au même moment (voir illustration 9.4).

La valorisation culturelle du temps (c'est-à-dire ses différentes significations et ses usages habituels) dépend en dernier ressort du système de valeurs de la société. Ainsi, le développement du temps industriel mathématique coïncide avec l'industrialisation et l'urbanisation, et les valeurs spécifiques des sociétés modernes s'expriment dans la vision économique du temps : la confiance dans la science et la notion de progrès (« demain sera meilleur », rôle des machines), une relation quantitative à la réalité (tout se mesure), le matérialisme (existence sur le mode avoir), le faire (par opposition à l'être)… Enfin, l'analyse culturelle montre qu'un temps n'en a jamais complètement éliminé un autre, chaque temps se superpose en réalité à celui qui dominait précédemment, le temps économique sur le temps des traditions (qui est périodiquement réactualisé au cours des fêtes rituelles ou revendiqué dans le cadre de la quête des produits « authentiques » dans les sociétés industrialisées).

Illustration 9.4

Quand le temps indien domestique le temps occidental importé

L'hindouisme marque la conception traditionnelle du temps, qui est circulaire, détendu et abondant (*kal* signifiant indifféremment hier, aujourd'hui et demain). Le temps humain est lié à la notion de personne (et pas de forme impermanente), qui vit sa vie entre la naissance et la mort dans l'amour de Dieu, à la recherche du chemin qui mènera au salut. En pratique, il faut donc savoir être flexible pour travailler avec des Indiens[39]. La plupart du temps, les délais ne sont pas respectés précisément et il est difficile d'imposer cette discipline. Les réunions dépassent le temps initialement prévu, les interruptions sont fréquentes, certaines personnes peuvent se joindre ou quitter la réunion au fil de son déroulement. Le non-respect des délais représente la difficulté principale que les Français rapportent quand ils évoquent leur expérience indienne. Ils disent que « le temps est notre maître, mais les Indiens sont maîtres du temps ». Face à cette expérience « seigneuriale » du temps (contrairement au temps économique et monétaire qui domine la personne en Occident), l'approche pragmatique consiste à travailler en microprojets, à fixer de nombreux sous-délais et à procéder à une évaluation continue de leur respect. Par ailleurs, le temps n'est pas homogène car il est divisé en périodes fastes et néfastes indiquées par des calendriers liés à la cosmogonie traditionnelle (religiosité, sacralisation et ritualisation omniprésentes), ce qui n'empêche pas les Indiens d'utiliser le calendrier grégorien dans les affaires (les Indiens ne peuvent pas vivre sans calendrier). Si l'Inde a adopté officiellement le calendrier grégorien à l'indépendance, les Indiens utilisent quotidiennement, selon la religion et la région, plusieurs autres calendriers qui rythment la vie domestique et rituelle quotidienne de toutes les couches de la société. Politiciens, hommes d'affaires, pères de famille sollicitent les astrologues pour inaugurer un programme, conclure une affaire ou marier les enfants. Les *pachangs* (almanachs en langues vernaculaires) indiquent les périodes propices de la journée pour faire ceci ou cela. Le recours aux astrologues dans toutes les décisions de la vie, y compris les grandes décisions économiques, est chose courante. Être conscient de ces croyances qui peuvent déterminer le moment propice pour faire ou commencer certaines activités (comme les périodes festives des communautés) permet d'élaborer un planning et un management des opérations plus réaliste et plus fluide. Inversement, les Français ont leurs propres rythmes temporels, le fameux « temps des vacances », dont la sacralisation est laïque, peut être difficile à comprendre pour les Indiens non informés. Enfin, imposer un « planning » est souvent difficile avec les Indiens, à l'exception des industries de la nouvelle économie totalement connectées à leurs clients internationaux en fonction des fuseaux horaires (c'est donc possible mais pas généralisé).

Il faut être particulièrement à l'écoute de la polysémie du temps en affaires internationales (Levine, le sociologue du temps, disait « Le temps parle, mais avec un accent ») tout en restant très vigilant par rapport aux cultures temporelles plaquées et superficielles. Trois questions clés se posent : dans quel monde temporel vivons-nous ? Quelles sont les rationalités de nos choix ? Comment se synchroniser au plan mental et physique quand la vision du temps est différente ? Deux paradigmes temporels contrastés sont utiles dans l'analyse de ces questions : le temps économique et monétaire, et le temps événementiel et abondant (voir tableau 9.2).

Tableau 9.2 : Le modèle implicite de la représentation du temps

Temps économique et monétaire	Temps événementiel et abondant
Le temps, c'est de l'argent	Le temps, c'est ce qui se passe
Temps pénurie, compté et optimisé	Temps abondant, concret et maîtrisé
Temps de la machine (temps newtonien linéaire, homogène et continu)	Temps des hommes dans la nature et la communauté (cyclique, hétérogène et discontinu)
Temps irréversible	Temps cyclique

Le temps monétaire économique a émergé lentement avec la mécanisation (les premières machines furent d'ailleurs les horloges)[40], et a connu son essor avec l'industrialisation et les progrès scientifiques et techniques de masse, d'abord en Occident. C'est le temps de la mesure, temps pénurie par excellence (on passe son temps à courir après le temps – on parle de « famine du temps »). Le temps monétaire est plus fort chez certains que chez d'autres par tradition (les États-Unis et le groupe anglo-saxon / scandinave / germain au sens large et majoritairement protestant) et chez certains moins que chez d'autres par résistance, souvent inconsciente (les pays latins, qui ont tendance à maintenir assez largement une relation plus qualitative au temps dans laquelle la mesure devient plus élastique). En Asie orientale, l'utilisation du temps économique et monétaire a été bien comprise (par les Japonais, puis les Coréens et aujourd'hui par les Chinois, les Malaisiens ou les Vietnamiens). En Inde ou dans de nombreux pays d'Afrique, le poids du temps sacré sur toute la société impose une vision plus hybride, voire plus traditionnelle, comme conséquence d'un certain sous-développement économique[41].

Par opposition, **le temps événementiel** est d'abord le temps dominant du monde non industrialisé, le temps des cultures traditionnelles, plus cyclique et abondant. On parle du temps de ceci et de cela (temps propice), qui permet de rentrer en relation avec les autres, la nature, soi-même…, et que l'on ne mesure pas de manière très précise. Le temps événementiel peut aussi être périodiquement réactualisé dans les pays industrialisés au moment des vacances quand l'individu a le choix du système temporel dans lequel il peut vivre, car c'est un temps généralement plus agréable à vivre (il est lié aux hommes) que le temps monétaire (lié à l'économie exclusive des choses).

Les implications marketing tirées de la vision du temps dominante chez les consommateurs et les différents partenaires étrangers sont nombreuses :

- De quelles ressources en temps dispose-t-on et pour quoi faire ? Ainsi, l'accent mis sur le temps économique a conduit au développement, dès les années 1960 aux États-Unis, de produits et services « gain de temps » : plats cuisinés au four à micro-ondes, services « minute » ou en une heure à la télécommande, produits d'hygiène (« tout-en-un »), transports rapides ou jeux instantanés.

- Dans les contextes où domine une culture temps monétaire, comment se fait l'allocation optimale de cette ressource économique rare ? Ainsi, la mesure pour éviter la dispersion, optimiser les rendez-vous, pour la prévision et la précision, l'utilisation réelle de l'agenda, l'accent mis sur les tâches et leur vitesse de réalisation plutôt que sur les relations. Ce modèle s'est exporté et imposé dans toutes les zones industrielles urbaines, mais il ne faut pas occulter les formes d'appropriation locale dont il fait partout l'objet. Si on dispose le plus souvent d'un temps idéal commun (le temps économique), on en a rarement les mêmes représentations temporelles concrètes : dans la façon de conduire les réunions, les Français, quand ils prévoient un ordre du jour, font tout pour s'en libérer, sont rarement ponctuels (le quart d'heure de retard est classique) et ne savent pas précisément, en général, quand ils sortiront de réunion.

1.4 Le rapport aux autres

On aborde ici la question des interactions entre les individus et leur groupe d'appartenance principal (*in-group*). De nombreuses études comparent les sociétés sur cette dimension, et deux grands systèmes de relations entre l'individu et la collectivité, c'est-à-dire de modes de composition du collectif, ont été identifiés (voir tableau 9.3).

Tableau 9.3 : Caractéristiques des sociétés communautaires et individualistes[42]

Sociétés communautaires	Sociétés individualistes
On naît pour prolonger une famille et renforcer un clan qui nous protégera en échange de notre fidélité.	Chacun doit s'occuper de lui-même et de sa proche famille.
On penche pour le *nous.*	On penche pour *le je.*
L'identité est fonction du groupe social d'appartenance.	L'identité est fondée sur l'individu.
L'implication personnelle dans une organisation est morale.	L'implication personnelle dans une organisation est calculée.
La force vient de l'appartenance à un groupe, en faire partie est l'idéal.	La force vient des initiatives et réalisations individuelles, être le chef est l'idéal.
Le groupe a des droits sur la vie privée.	Chacun a le droit d'avoir une vie privée.
Les convictions dominantes sont celles du groupe.	L'individu forge ses propres convictions.
Les avis, les agencements, les obligations, la sécurité, sont fournis par le groupe.	L'autonomie, la vérité, les plaisirs et la sécurité financière individuelle sont renforcés par la société.
L'amitié est prédéterminée par les relations sociales stables, mais on doit faire preuve d'un certain prestige dans ces relations.	On recherche des amitiés qui nous soient propres.
Nous traitons différemment ceux qui sont dans notre groupe et ceux qui n'en font pas partie (particularisme).	Nous sommes censés traiter tout le monde de la même façon (universalisme).

Note : Ce tableau accentue les différences entre les pays étudiés de façon extrême ; les cas réels tombent souvent entre deux.

C'est d'abord la valeur relative accordée au groupe ou à l'individu du point de vue identitaire (l'individu est-il défini isolément ou en rapport à son groupe ?) qui différencie les sociétés individualistes et communautaires[43]. L'être humain est partout un être social et un être « individué » (il ne faut pas confondre « individuation » et « individualisme »), mais dans les sociétés communautaires, la taille de cette communauté est beaucoup plus importante (la communauté familiale élargie, souvent à partir d'un ancêtre commun) et son rôle est déterminant dans tous les aspects de la vie de ses membres.

Les cultures communautaires. Ainsi la Corée[44], l'Inde[45], la Chine[46] ou le Japon[47] fonctionnent traditionnellement selon des logiques communautaires ; c'est aussi une caractéristique des cultures latino-américaines, africaines ou du Moyen-Orient. Dans les cultures communautaires, l'identité de l'individu se définit par rapport aux groupes dont il relève – famille, clan, entreprise – et le lien avec la communauté (notamment familiale) est permanent. Il renforce les obligations des membres de la communauté vis-à-vis du groupe à mesure que l'on vieillit ou que l'on réussit (le plus souvent, la réussite se partage). Au fur et à mesure qu'un enfant grandit, il commence à se tenir en public (apprentissage des règles formelles de l'étiquette verbale et non verbale – formules d'adresse, de politesse, de cérémonie) et ses obligations envers les communautés sociales auxquelles il appartient iront croissantes, notamment la famille et les parents. Les caractéristiques de l'entreprise indienne sont structurées autour de la *Joint Hindu Family* (voir illustration 9.5).

Illustration 9.5

Famille et communautés d'affaires en Inde

Le modèle normatif de la *Joint Hindu Family* (*JHF*) s'appuie sur trois présupposés essentiels : le groupe prime l'individu, le groupe est hiérarchisé selon l'âge et le sexe, et tout membre a des droits individuels inaliénables sur ses propres acquêts[48]. La famille indivise comprend toutes les personnes qui descendent d'un même ancêtre, avec leurs épouses et leurs filles non mariées, lesquelles rejoindront la *JHF* de leur époux après leur mariage. C'est un milieu culturel commun, orchestré par le chef de famille, ou *karta*, qui est le plus âgé des hommes et à qui revient la gestion des affaires familiales et des revenus mis en commun. La *JHF* n'est pas limitée en nombre ou dans le temps, elle est fondée sur une communauté de patrimoine, de cuisine (commensalité) et de culte. Famille et entreprise sont généralement imbriquées l'une dans l'autre, et le recours à la famille est en général préféré aux institutions financières : on fait appel aux fonds des plus proches parents, puis à ceux des familles alliées par le mariage ; les revenus acquis par un membre mais provenant d'une activité financée par le fonds commun de la *JHF* reviennent à celle-ci ; on a droit à une même allocation personnelle indépendamment de sa performance économique car le statut l'emporte sur la fonction économique. La *JHF* est englobée dans un large groupe de parents divers, définis en termes généalogiques plus que par les interactions de ses membres avec ceux de la *JHF* : on se reconnaît comme membre d'un même clan, lui-même appartenant à un groupe plus large, la caste ou la communauté. Le monde marchand en Inde est ainsi structuré autour d'une vingtaine de castes et de communautés principales réparties géographiquement (le Nord et le Sud), et la compréhension de l'univers sociologique des hommes d'affaires indiens est essentielle pour réussir sur ce marché. Les cinquante premiers groupes familiaux indiens sont rattachés à quelques communautés d'affaires,

Illustration 9.5 (suite)

les *Business Houses* (dans l'ordre du chiffre d'affaires global et du nombre de groupes détenus) : les Parsi (groupes Tata ou Godrej), les Marwari (groupes Birla B.K. & K.M., Bajaj ou Modi), les Punjabi (groupes Ranbaxy ou Thapar L.M.), les Gujarati (groupes Ambani ou Lalbhai), les Chettiar (groupes SPIC-MAC ou Murugappa), les Brahmanes (groupe Kirloskar), et les Sindhi (groupe Jumbo). Malgré une diversification récente des origines communautaires des industriels (dans la nouvelle économie notamment), les hommes d'affaires indiens n'en sont pas moins issus d'une communauté toujours identifiée dans le monde des affaires.

Une question importante concerne la distinction entre **degrés de communautarisme-individualisme**, mais aussi entre natures des communautarismes. Ainsi, certains résultats de Hofstede sont démentis par des auteurs qui trouvent un individualisme plus fort en Corée qu'au Japon[49] : le communautarisme japonais (centré sur la loyauté, la soumission à une autorité politique et économique) est différent du communautarisme coréen (centré sur la piété filiale avec le culte des ancêtres et la sacralisation de la famille), et les Coréens sont plus individualistes (et souvent plus mobiles d'une entreprise à l'autre) parce qu'ils se réfèrent probablement à un groupe plus restreint.

De même, il n'est pas certain que la définition généralement adoptée des caractéristiques du communautarisme soit totalement applicable au cas du communautarisme africain. La majeure partie des recherches portent sur le communautarisme d'Asie qui ne fournit pas d'explication adéquate sur le communautarisme africain, mis à part le fait qu'il est généralement admis que les sociétés traditionnelles africaines se caractérisent par un faible degré d'individualisme[50]. La philosophie *Ubuntu*[51], dominante dans les cultures d'Afrique du Sud, est une orientation donnée à la vie qui s'oppose aussi bien à l'individualisme et au culte de la compétition, qu'au collectivisme et à l'accent mis sur la conception de la personne comme unité du système social, ce qui tend à dépersonnaliser l'individu.

Les cultures individualistes. Par opposition, les sociétés individualistes placent l'accent principal sur la définition autonome et la réalisation individuelle de la personne. C'est l'homme moderne né en Occident, l'individu qui affirme et vit son individualité, posée comme une valeur à l'intérieur du monde[52]. Les États-Unis, en particulier, ont été confrontés à des raisons historiques favorables au développement de l'individualisme. Les premières vagues d'immigration et la conquête de l'Ouest ont contribué à définir les qualités nécessaires pour survivre dans ce contexte et donc les qualités positivement valorisées dans la société américaine, une orientation vers l'action (*make things work*), de l'initiative, de l'entrepreneuriat[53]. Mais la France aussi[54] et les pays européens, bien qu'à des degrés divers, sont aussi individualistes (le Sud étant plus communautaire autour de la famille) et relèvent de cette vision et construction identitaire de l'individu par rapport au groupe. Hofstede[55] trouve une corrélation positive forte entre les scores d'individualisme et le PNB des pays dont la croissance s'accompagne de l'urbanisation qui isole les individus de leurs communautés d'origine.

Cette orientation de valeur, donnant du sens au rapport à soi et aux autres, influence de nombreux aspects du marketing international :

- **Le comportement du consommateur.** Son identité (individuelle *versus* collective), ses processus d'achat et ses modes de consommation (notamment pour les produits destinés à un usage social dans les sociétés communautaires). Le rapport aux autres renforce aussi l'importance de certaines variables du mix par rapport à d'autres (les cultures communautaires donnent en général une place prépondérante aux variables de distribution et atténuent le comportement de plainte et de réclamation en cas de défaillances du produit.

- **Le comportement organisationnel.** Dans les sociétés communautaires (individualistes), le rapport au pouvoir est en moyenne plus hiérarchique (horizontal), le rapport aux règles plus particularistes (universaliste), le rapport à l'espace davantage public au sein du *in-group* élargi (privé et restreint), la communication implicite (explicite), la prise de décision plus collective (individuelle), et la direction plus hiérarchique (plus participative).
- **Le comportement de négociation commerciale** (voir deuxième partie).

D'une façon plus large, le communautarisme des populations immigrées dans les pays occidentaux a conduit au développement, notamment aux États-Unis où les communautés sont plus nombreuses, plus différenciées, et plus revendiquées qu'en Europe en fonction des cultures d'origine, d'un marketing ethnique, où sont ajustées toutes les variables du marketing (produit, distribution, communication et prix). On parle de marketing hispanique ou afro-américain.

1.5 Le rapport au pouvoir

La compréhension des rapports de pouvoir et des modalités de sa répartition est essentielle pour saisir le sens du comportement des individus dans la collectivité. De nombreuses recherches ont identifié cette dimension sous des concepts divers, notamment la relation à l'autorité[56] et la distance hiérarchique[57]. Ainsi, on observe deux grandes façons de répartir le pouvoir entre les individus dans la société, c'est-à-dire de les différencier : la répartition sur une base hiérarchique (verticale) ou égalitaire (horizontale).

La répartition hiérarchique se fonde sur la vision d'une société où le pouvoir se situe de manière verticale et inégalitaire. La distance hiérarchique est dite « longue », et chacun doit avoir une place bien identifiée dans le système hiérarchique. La différenciation sociale peut se faire sur des caractéristiques réelles ou assignées, et il est important d'identifier le critère de hiérarchie le plus opérant selon les cultures : âge, sexe, diplôme, argent, nom et naissance… ou toute combinaison de ces critères. Ces différenciations séparent socialement et psychologiquement les individus, chaque position correspondant à un ensemble de rôles, d'attentes et de normes de comportements.

On peut ainsi contraster l'Orient et l'Occident. Les cultures orientales dans leur ensemble ont un système de relations sociales très hiérarchiques, qui encadrent fortement le comportement des individus dans toutes les situations sociales. Le statut va conditionner la manière d'aborder autrui, le langage verbal et non verbal. Ainsi, dans les cultures qui se sont construites sur les principes confucianistes qui gouvernent les relations interpersonnelles de façon hiérarchique inégalitaire (la Corée ou le Japon) : suivant que l'individu est plus puissant, plus âgé ou d'un rang inférieur à autrui, il doit être traité conformément à sa position. Le respect et la loyauté envers les anciens et les supérieurs sont une règle difficilement négociable en Corée[58]. Les interactions sociales sont gouvernées par les rapports hiérarchiques et le concept d'égalité dans les interactions quotidiennes est par conséquent exclu.

Les cultures africaines sont aussi très hiérarchiques, et les possibilités de mobilité verticale, si elles existent, sont souvent limitées par l'appartenance à certaines catégories (âge, sexe, ethnie, caste) et par l'origine sociale. Les diplômes jouent un rôle important, leur niveau déterminant la tâche à accomplir (ou à refuser d'accomplir). Là aussi, le respect de la séniorité est absolu : un jeune manager africain diplômé aura du mal à imposer son autorité à des collaborateurs plus âgés, en dépit de son expertise, et les jeunes cadres diplômés peuvent difficilement interroger leurs subordonnés sur les connaissances pratiques, au risque de déchoir de leur statut[59].

En Inde, le système religieux d'organisation sociale millénaire fondé sur les distinctions de castes représente un trait unique au monde, en tout cas à cette échelle de temps et de taille de la population concernée (il existe aussi des castes ailleurs, comme certaines corporations en Afrique noire). Il joue encore un rôle vivace malgré son abolition juridique dans la Constitution établie après l'indépendance. Le système de castes reste largement intériorisé, et les noms sont presque toujours révélateurs d'une origine géographique et de la caste à laquelle on appartient par sa naissance. La caste définit le statut et le regard de l'autre, les droits et les devoirs (implicites) de chacun, ainsi que les règles de la communication interpersonnelle et du contact avec autrui. Les castes ne communiquent virtuellement pas entre elles[60].

À l'opposé, dans les cultures occidentales, **le principe d'égalité** des êtres humains est une valeur revendiquée, affirmée dans la Déclaration universelle des droits de l'homme et du citoyen par la Révolution française. Cela ne signifie pas que l'inégalité réelle n'existe pas, mais que l'idéal d'égalité sera plus affirmé chez les individus comme dans la société. Ce tempérament égalitaire s'exprime en particulier dans la capacité des Français à se plaindre de leur classe dirigeante quand ils estiment qu'elles ne sont pas au niveau[61]. Aux États-Unis, la structure sociale est moins hiérarchique qu'en Europe du Sud (au-delà de l'existence de classes sociales bien réelles)[62]. La communication ne sera pas fondamentalement différente selon le rang social de l'interlocuteur, selon qu'il est ou non étranger. Les pays scandinaves, surtout, valorisent l'égalité dans les principes et dans les actes. En France, où le réel se scinde toujours entre « la pratique » et la « théorie », les critères essentiels de positionnement dans la structure du pouvoir des organisations sont toujours la formation et le diplôme obtenu, les plus valorisés étant les diplômes d'ingénieur « des plus grandes "Grandes Écoles" » (Polytechnique, Mines ou ENA [École nationale d'administration])[63]. La nature du diplôme initial et l'établissement fréquenté sont déterminants : deux écoles (X et ENA) produisent une grande proportion des patrons de sociétés mères. En Allemagne, plus d'un quart des dirigeants des sociétés mères viennent de l'apprentissage (la *Lehre*), et plus de la moitié a repris ensuite ses études pour être diplômée de l'enseignement supérieur (ingénieur ou docteur). Le niveau d'entrée dans l'entreprise (dirigeants français « catapultés » de l'extérieur ou « montagnards » allemands ayant commencé leur carrière comme ingénieur ou en dessous) est aussi très différent dans les deux pays.

Le processus de stratification sociale et la répartition du pouvoir qui en découle ont un impact sur de nombreux aspects du marketing international et du management dans les organisations :

- **La décision d'achat.** Qui la prend ? À quelle vitesse ? Comment se met-elle en place ?

- **La communication intra et interculturelle.** Permet de déterminer qui peut parler à qui, de quoi et comment, dans quelles circonstances, ainsi que l'attente des partenaires de la communication (parent/enfant, mari/femme, professeur/élève, acheteur/vendeur, supérieur/subordonné...).
- **La structure d'organisation.** Plus aplatie, elle fonctionne mieux si on valorise plus l'égalité que la hiérarchie.
- **La direction.** Attentes plus ou moins participatives.
- **La promotion.** Interne ou externe, elle s'appuie sur des critères de performance, de séniorité, d'appartenance sociale...

1.6 Le rapport aux règles

Les règles sont des normes formalisées, explicitées ou intériorisées, concernant la voie à suivre en termes de méthode ou de procédure. Elles sont nombreuses et concernent tous les domaines des comportements, le respect des législations (vitesse sur la route, paiement des impôts) ou des codes de bonne conduite (règles dans une file d'attente à la banque ou dans le métro, etc.). La régulation dans la communauté est nécessaire mais la relation aux règles peut être particulariste ou universaliste[64] :

- **Le particularisme.** Il se fonde sur une vision des règles dans laquelle on a tendance à moduler leur application en fonction de la qualité des personnes : on se concentre davantage sur les relations et les situations que sur les règles générales. L'attitude par rapport pourra être différente selon que l'individu concerné par la règle fait partie du *in-group* ou non. La protection de l'individu par le groupe sera généralement prioritaire sur le respect d'une règle universelle et, quand il doit y avoir sanction, ce sera celle du *in-group* plus que celle de la loi générale. On constate une association entre particularisme et communautarisme : les cultures communautaires ont logiquement davantage tendance à être particularistes vis-à-vis des membres de leur *in-group*.
- **L'universalisme.** Il se fonde au contraire sur une vision des règles dans laquelle celles-ci doivent s'appliquer à tous, indépendamment d'autres caractéristiques, et notamment de la qualité de la personne dans le groupe. Il est dominant dans les pays anglo-saxons et scandinaves, notamment dans les milieux d'affaires ainsi que dans les milieux politiques nord-américains, où prévaut la société du contrat. Les règles sont nombreuses, claires et doivent s'appliquer à tous. Celui qui les enfreint est soumis à la sanction du droit par l'application de la loi. Les pays latins, notamment la France, présentent aussi une tendance à l'universalisme, au moins sur le plan des discours, c'est-à-dire dans les principes affichés, mais dans la réalité des comportements, ils sont souvent particularistes.

Le rapport aux règles est indissociable du rapport au pouvoir qui influe sur la production des règles et leur mise en œuvre. Dans une société plutôt égalitaire, où les individus y sont généralement associés d'une manière ou d'une autre, les règles sont souvent mieux appliquées, ce qui contribue à développer le sens de l'équité pour tous. En revanche, dans les sociétés hiérarchiques, les individus sont plus soumis à des règles à l'élaboration desquelles ils n'ont généralement pas participé. Souvent, on remarque que les règles s'appliquent plus fortement à ceux qui ont le moins de pouvoir, alors que les puissants (ou les malins [un proverbe français dit que « Seuls les imbéciles se font prendre »]) se considèrent comme au-delà des règles qui s'appliquent aux personnes ordinaires.

Les implications de cette orientation de valeur sont importantes dans tous les domaines du marketing international, où intervient la notion de régulation :

- **Régulation du comportement individuel** d'abord, par la honte dans les sociétés communautaires particularistes, et par la culpabilité dans les sociétés individualistes et universalistes occidentales.
- **Régulation du comportement d'échange commercial.** Le contrat notamment, qui est une pratique commerciale universelle (on signe des contrats partout dans le monde), ne fera pas l'objet d'une mise en œuvre concrète identique dans tous les pays : en Asie notamment, ils sont en général modifiés au fil de l'évolution de la relation entre les partenaires. Ils ne sont pas gérés avec le souci d'un formalisme juridique, mais représentent plutôt un début de relation qui évoluera. La qualité d'un bon partenaire se mesure beaucoup à sa capacité d'ajustement aux exigences légitimement dynamiques de l'autre dans le temps.
- **Indicateurs de la confiance entre universalistes et particularistes.** Comment se faire confiance quand les premiers « ne défendraient même pas les leurs » alors que les seconds « prendraient toujours le parti de leurs proches » ?
- **La gestion juridique des contrats internationaux** et les modalités de règlement des conflits entre partenaires de cultures différentes sont très liées au rapport aux règles. La médiation s'impose souvent par tradition dans les sociétés communautaires particularistes.

1.7 Le rapport à l'espace

Le rapport à l'espace est, avec le temps, la deuxième dimension dans laquelle se projette la conscience humaine, individuelle et collective. Comme le temps, l'espace fait l'objet de valorisations différentes selon les cultures en fonction de l'axe sacré-profane[65]. Dans la plupart des sociétés industrielles occidentales, on assiste (en tout cas en Europe) à une diminution des pratiques religieuses et à une définition de l'espace comme essentiellement profane, à part les lieux de culte explicites, qui sont peu nombreux. En revanche, tous les peuples qui entretiennent un rapport subjugué à la nature et aussi un rapport d'harmonie auront une relation à l'espace largement sacrée. L'espace est aussi sacré à travers l'existence de lieux précis pour accomplir les obligations religieuses.

Le rapport à l'espace varie également en fonction de son rattachement à **la sphère privée ou publique**. Dans les cultures individualistes, l'espace public n'est pas l'appropriation de tous, et l'espace privé n'est généralement pas partagé facilement par un grand nombre de personnes au-delà du cercle limité de la famille rapprochée (voire nucléaire). Dans les cultures communautaires, l'espace public est souvent plus ouvert aux membres d'un *in-group* beaucoup plus large, et il est parfois envahi par la vie de tout un chacun, qui peut se dérouler y compris dans les rues à même le sol. L'espace privé est aussi élargi à la mesure de la taille de l'*in-group* et les différentes générations vivent en général sous le même toit.

L'étude du rapport à l'espace est un préalable important dans de nombreux aspects du marketing international, notamment :

- **La communication interpersonnelle.** Elle suppose la gestion des distances interpersonnelles très variables dans le monde. Elles peuvent être très courtes (comme dans le cas des cultures arabes, latines ou slaves) ou très longues (comme au Japon) en passant par tous les degrés possibles de distances normées entre les individus[d].
- **Les décisions en matière d'organisation physique de l'espace professionnel.** Elles ont un fort impact sur la motivation au travail : agencement des bureaux pour les conditions de travail « optimales », bureaux fermés, semi-ouverts, ouverts.
- **La réduction de l'incertitude à propos du sens du lieu de travail.** Cela vise la pertinence pour telle ou telle activité ou les limites entre espace de travail et de non-travail : où se font réellement les affaires ? Un restaurant est-il un lieu approprié pour avoir des relations de travail ? Faut-il aller boire un verre le soir avec ses collègues de travail ?

1.8 Le rapport à l'action

L'action, c'est le fait et la faculté d'agir, de manifester sa volonté en accomplissant quelque chose (des activités) qui produira un changement, si petit soit-il. Le rapport à l'activité peut se faire sur la base de deux options radicalement différentes : faire ou être. Le psychanalyste Fromm[66] souligne que l'orientation de type « faire » met l'accent sur l'avoir, c'est-à-dire sur la composante extérieure de l'activité. **L'orientation faire-avoir** est typique de la société industrielle, partout dans le monde où la valeur se compte en argent, et où le bonheur (perçu) se mesure à la quantité de ce que l'on a[67]. Elle est caractéristique des sociétés sensibles à l'accumulation des biens matériels et à l'argent, qui est une passion moderne. Elle renvoie aussi à l'éthique du travail pour y parvenir (vertu du travail), que l'on retrouve dans le protestantisme et le confucianisme aussi (l'illustration des « mamans tigres » chinoises aux États-Unis qui défendent des bases d'éducation musclées et expliquent que les étudiants américains d'origine asiatique réussissent désormais mieux à l'université que les Américains de souche).

Par opposition, **le mode être** a pour condition une certaine indépendance vis-à-vis du monde matériel et l'intérêt pour autre chose que le moi isolé. Être ne veut pas dire passivité, car ce mode met en œuvre l'activité, mais une activité productive pour la personne, c'est-à-dire qui la nourrit et lui permet d'exprimer ses qualités d'être. Dans la société industrialisée, ce mode d'action disparaît peu à peu (synonyme d'oisiveté). Ces qualités d'être sont définies par leur composante sociale. Dans de nombreuses cultures encore peu touchées par les conséquences massives de l'industrialisation (ou qui se sont développées économiquement en prenant largement appui sur des réseaux de relations, comme le *guanxi* chinois), les qualités d'être des personnes comptent beaucoup : qui est-on dans le réseau de relations sociales ? Qui connaît-on (quel est le capital de relations que l'on apporte) ? Qu'est-ce que l'on représente dans ce réseau ? Le pouvoir est aussi déterminé par des caractéristiques d'être (notamment l'âge ou la naissance). L'orientation privilégiée pour le faire a des liens avec le rapport à la nature de type domination et le sentiment prédominant de contrôle interne qui favorise des attitudes de résolution de problème sur le mode du faire.

---

d. Voir chapitre 10 (p. 400-402).

Les conséquences de cette orientation de valeur sont très importantes en marketing international sur le plan de l'établissement de la confiance : les indicateurs de crédibilité sont-ils de type faire ou être ? Qui est recruté ou promu de préférence par obligation culturelle ? L'illustration 9.6 montre ainsi le poids et les conséquences de la séniorité absolue en Afrique.

Illustration 9.6

Le « grand frérisme »

Les conflits de générations existent partout. Mais si le droit d'aînesse transféré en entreprise peut avoir du bon quand il s'agit de l'expérience professionnelle souvent liée à l'ancienneté, les traditions gérontocratiques en Afrique et l'absence d'élite d'un certain âge (en raison du caractère récent du développement économique et social) donnent un poids à la séniorité qui constitue souvent un blocage culturel au développement de l'entreprise moderne. L'éducation traditionnelle impose l'obéissance au plus âgé qui ne doit pas être contredit ni offensé car il est supposé être le plus sage. Le respect de l'âge est l'un des principes fondateurs de l'éducation que reçoit un enfant africain dès sa naissance. Les obligations imposées aux classes d'âge sont donc très importantes, pour les cadets (soumis à l'autorité des aînés) comme pour les aînés (responsables du groupe et soumis à la pression communautaire de la solidarité). À partir de ce respect de l'âge et des droits qui y sont associés, la conscience collective des salariés au sein des entreprises africaines a tendance à développer des relations sentimentales, des formes d'assistance voire de domination, connues en Côte d'Ivoire sous l'appellation de « grand frérisme ». Le respect de l'âge peut se superposer au respect de l'ordre hiérarchique formel établi dans l'entreprise. Le cadre jeune et compétent est souvent écarté au profit d'un aîné. Et s'il est promu, il aura souvent du mal à exercer son autorité sur les vétérans sans le soutien de la direction générale, et même dans ce cas, il lui faudra l'imposer subtilement pour mener à bien sa mission[68].

1.9 Le rapport aux affects

La dernière orientation de valeur qu'il faut bien examiner au préalable de la conduite d'opérations de marketing en contexte multiculturel est celle qui concerne le rapport aux états émotionnels. L'humain est un être d'affects, mais les cultures ne valorisent pas les états affectifs de la même manière. En particulier, deux dimensions permettent de contraster ce rapport (voir tableau 9.4) :

- Doit-on masquer ses affects (valorisation négative de l'exhibition des états intérieurs), ou au contraire les laisser s'exprimer (face aux autres notamment) ?
- Mélange-t-on les affects et les affaires (préférence pour faire des affaires avec des gens que l'on connaît et que l'on apprécie plutôt), ou sépare-t-on les deux domaines clairement (*business is business*) ?

Les groupes culturels présentés dans ce tableau sont très vastes et doivent être nuancés en fonction des cultures spécifiques qui s'y rattachent et des situations sociales qui génèrent ces états affectifs. Les Italiens ou les Brésiliens sont plus extravertis sur le plan émotionnel que ne le sont les Français, ou encore la gestion émotionnelle des Japonais dépend des cercles de l'affect considérés (les intimes ou *amae*, les relations professionnelles ou amicales, et celui des « autres »)[69]. Ces cercles concentriques ne se recoupent que rarement.

Tableau 9.4 : Une grille des contrastes culturels des rapports aux affects

	Mélange des affects et des affaires	Séparation des affects et des affaires
Expression des affects	Cultures latines Cultures sémites Cultures slaves	Cultures anglo-saxonnes Cultures asiatiques (avec les étrangers)
Intériorisation des affects	Cultures africaines Cultures asiatiques	Cultures scandinaves

La relation aux affects renvoie fortement à la gestion du regard de l'autre. La civilisation judéo-chrétienne a fondé des cultures de la culpabilité par opposition à la culture japonaise qui est une culture de la honte[70]. Là où le sentiment de culpabilité naît chez l'individu par référence à un système de valeurs morales qui traduit la lutte entre les principes du bien et du mal définis et connus comme tels, le sentiment de honte passe par le regard de l'autre et naît de la désolidarisation avec le groupe.

Les conséquences de la diversité des modes de relation aux affects selon les cultures sont très importantes dans de nombreux domaines du marketing international :

- **La négociation et la communication interpersonnelle.** Quel usage fait-on des affects et, le cas échéant, quelles sont leurs significations ? Est-il préférable de montrer ses affects ou de les dissimuler pour arriver à un meilleur résultat ?
- **Les styles de direction et les modalités de gestion des conflits.** Jusqu'où mélanger affects et affaires ? Les amis peuvent-ils être « utilisés » en affaires ? Jusqu'où utiliser les affects avec les collaborateurs ? Comment faire passer les objectifs organisationnels et contrôler les réalisations selon que l'on se trouve dans une culture expressive ou qui intériorise les affects ? Dans une culture qui mélange ou au contraire sépare affects et affaires ?

2. La négociation commerciale internationale et ses déterminants culturels

La négociation commerciale internationale est la situation d'interface critique la plus souvent rencontrée par les responsables de marketing international. Elle peut être courante comme stratégique, mais c'est toujours un phénomène complexe où sont imbriquées des notions largement « enrobées » de culture : notion d'acteurs, d'enjeux, de relations de pouvoir, de déroulement dans le temps, d'activités de communication, de vision de la collaboration et du conflit, et de prises de décisions en vue de parvenir à des accords. Faire du marketing international, c'est toujours revenir à un moment ou à un autre à l'activité de négociation qui constitue en fait le « point focal » de l'échange (l'accord) entre acheteur et vendeur.

Dans le cadre international, l'échange commercial se fonde sur des situations de négociation d'accords aussi nombreuses que variées dans leurs domaines d'application et leur complexité : accords de franchise, de licence, d'entreprises conjointes, accords de coopération, contrats d'agence, contrats de représentations diverses, accords de compensation… Il est important de bien comprendre d'abord ce qui caractérise la négociation, commerciale et internationale en particulier. Nous examinons ensuite les déterminants culturels des styles de négociation en présentant plusieurs illustrations.

2.1 La négociation commerciale internationale : fondements et spécificités

La négociation commerciale internationale est une situation particulière de la négociation qui porte sur le champ des activités commerciales des entreprises en contexte multiculturel. Elle s'appuie sur des fondements analogues à toute négociation et elle est affectée des spécificités apportées par les dimensions commerciales et internationales.

Les fondements de la négociation

La négociation est une pratique sociale entre groupes et individus qui est devenue objet de recherche scientifique, matière à théorisation depuis une trentaine d'années, notamment dans le domaine de la psychologie sociale. Parmi ses définitions, on peut distinguer celles qui s'efforcent de mettre en évidence ses composantes de celles qui insistent sur sa finalité ou sur les processus qui y sont impliqués. La variété des situations de négociation rend la recherche de composantes communes difficiles. Néanmoins dans un ouvrage classique, les psychosociologues Rubin et Brown[71] ont isolé, à travers plus de mille contributions sur la négociation (principalement de psychosociologie et d'origine américaine), au moins cinq éléments caractéristiques du phénomène et constituant une définition devenue classique (voir approfondissement 9.2).

Approfondissement 9.2

Les composantes de la négociation

Rubin et Brown[72] caractérisent la négociation par les traits suivants :

- **Au moins deux parties sont impliquées.** C'est pourquoi la compréhension de la négociation s'appuie sur l'étude des comportements et des interactions, c'est-à-dire des facteurs psychologiques et sociologiques ayant une influence sur chaque acteur de la relation d'échange. C'est parce qu'elle est un face-à-face d'acteurs que la négociation fait appel à des contacts, des rites, des processus de communication.
- **Les parties présentent un conflit d'intérêts par rapport à des questions.** C'est la notion de divergence qui est la cause de la négociation et cela peut aller des simples interprétations ou perceptions différentes, aux intérêts opposés, aux conflits de valeurs sous-jacents ou aux conflits déclarés.
- **Les parties sont – au moins temporairement – liées par un type particulier de relation volontaire.** Dans la négociation, les parties sont interdépendantes face à leurs divergences et elles s'engagent dans une recherche mutuelle « d'arrangement » ou « d'accord ». Cela suppose une volonté effective de chaque partie d'aboutir car si on peut être forcé de participer à une négociation, « on ne peut être contraint à négocier ». L'arrangement peut revêtir des formes variées, comme le compromis, l'échange de concessions mutuelles, ou l'adjonction de contreparties ou de compensations. Parce que chaque acteur ne peut agir (réaliser un projet, conclure un contrat, sortir d'un conflit) que par un accord avec l'autre, le négociateur doit faire en sorte d'ajuster ses objectifs propres pour tenir compte de ceux de la partie adverse.

Approfondissement 9.2 (suite)

- **La relation de négociation est une activité de répartition ou d'échange** de ressources spécifiques, ou de résolution de problèmes entre les parties qui concerne les négociateurs eux-mêmes (négociation en nom propre) ou ceux qu'ils représentent (négociation pour un mandant).
- **La négociation suppose généralement la présentation de requêtes ou de propositions** par une partie, leur évaluation par l'autre, suivie de concessions et de contre-propositions. C'est une activité séquentielle plutôt que simultanée, fondée sur le déploiement de stratégies (intégratives – jeu à somme croissante – ou distributives – jeu à somme nulle).

Dans son ensemble, la relation de négociation se caractérise par :

- **Une situation d'échange**, une rencontre provoquée (souhaitée de part et d'autre ou imposée) entre au moins deux protagonistes (parties) en vue d'aboutir à un accord selon un processus nécessitant des initiatives de caractère séquentiel. C'est un face-à-face d'acteurs où les divergences doivent s'ajuster au profit du désir de conclure. La juxtaposition de ces deux dernières notions souligne l'une des caractéristiques fondamentales de la négociation : le fait que les protagonistes, ayant à la fois des intérêts contradictoires et des intérêts communs, choisissent de trouver ensemble une formule ne reposant pas exclusivement sur le rapport de force (affrontement) ou sur le recours à des processus d'autorité ou d'intervention d'un tiers.
- **Une finalité qui combine à la fois décision, résolution de problèmes et communication**[73]**.** Ce sont ces processus qui donnent sa dynamique à la négociation. Celle-ci est alors définie comme incluant toutes les situations dans lesquelles deux personnes ou plus communiquent, chacune ayant pour but d'influencer la décision des autres. C'est un processus de prise de décision collective (au moins bilatérale), fondé sur des interactions, orienté vers un résultat, impliquant un mouvement (au moins minimal) vers l'autre, tourné vers la complémentarité ou la transformation de valeurs, et centré sur la recherche d'un arrangement qui résulte de l'interdépendance des parties.

Les spécificités de la négociation commerciale

La négociation commerciale constitue la situation de négociation relative au champ professionnel spécifique de l'activité commerciale. Elle recouvre un champ très étendu qui concerne « l'ensemble des démarches visant à conclure, immédiatement ou pour l'avenir, un marché liant deux parties ou plus. Le marché (acte de vente, contrat, "affaire", commande, "transaction") comprend toujours une "livraison" (de biens ou de services) et une contrepartie, le plus souvent sous forme monétaire (le prix). La contrepartie peut prendre les aspects les plus divers et elle est généralement assortie de "conditions", elles-mêmes d'une variété quasi infinie (délais, service après-vente, termes de paiement, obligations contractuelles, etc.)[74] ».

Les contextes de négociation commerciale sont très variés ce qui conduit à des cadres d'actions, des acteurs, des enjeux, des règles et des techniques de différentes natures. On peut distinguer la « petite » négociation (le détaillant, qui peut déployer des « techniques de vente », face à l'acheteur au quotidien) de la « grande » négociation qui nous intéresse ici (les contrats entre groupes industriels, où il n'y a pas d'achat d'impulsion, où un accord préalable de nature technique intervient entre fournisseur et utilisateur, où le client unique agit à travers un centre d'achat dont les intervenants assument diverses responsabilités selon les phases du processus de négociation, de sorte que les rôles clés et les propriétaires des différentes décisions évoluent). Les grandes négociations commerciales ont lieu entre partenaires qui se connaissent relativement, et qui connaissent aussi les principales données à l'origine des finalités poursuivies par les stratégies respectives de chacun.

De même, **la nature des biens qui font l'objet de la transaction conditionne la dimension technique dans la négociation industrielle** (c'est-à-dire de la vente de produits industriels et de services commerciaux soit aux entreprises, soit aux revendeurs). La réponse aux appels d'offres, la rédaction d'un cahier des charges, la démonstration technique, la mise au point détaillée et la rédaction des diverses conditions associées au contrat (garanties, paiement, pénalités de retard, clauses d'entretien…) sont autant de compétences à maîtriser.

Enfin, la nature de la transaction, d'achat ou de vente, est importante car les rôles de négociateur-acheteur et de négociateur-vendeur supposent des motivations en partie antagonistes. Quand l'acheteur cherche à faire jouer la concurrence, le vendeur essaie surtout de la réduire en donnant à son offre une valeur supérieure du point de vue des caractéristiques de l'offre globale (techniques, économiques, et relationnelles).

Au-delà de la variété des situations de négociation, plusieurs traits typiques de la négociation commerciale peuvent être soulignés :

- **D'un point de vue marketing.** La négociation commerciale est dominée par l'existence d'une offre commerciale globale (un produit au sens large avec tous ses attributs) mais aussi par une relation qui évolue et par laquelle le vendeur aide à résoudre des problèmes d'ordre stratégique de son client ; il devient ainsi l'un des piliers de la stratégie marketing.
- **Du point de vue des stratégies de négociation.** La négociation se traduit par un équilibre ou un compromis entre la tendance à vouloir conclure une transaction unilatéralement avantageuse (comportement dit « distributif » qui maximise le profit individuel), et la nécessité de fidélisation à long terme (comportement dit « coopératif » avec projection de la relation à moyen et à long terme, et recherche de la maximisation du profit commun dans le temps). L'attitude de coopération à long terme permet d'assurer la stabilité d'un débouché ou d'une source d'approvisionnement (*single sourcing*).
- **Du point de vue de l'économie industrielle.** Les acteurs de la négociation font partie de chaînes économiques ou de filières industrielles : ainsi, le vendeur est placé au sein d'une chaîne verticale d'opérations, internationales le plus souvent, allant de l'extraction des matières premières à la fabrication du produit fini. La demande pour ses produits ou ses services ne se manifeste pas de manière directe, mais par l'intermédiaire de la demande qui s'exerce au profit des produits de son client, c'est-à-dire d'une demande dérivée[75].

2.2 La négociation commerciale internationale, enrobée de culture

D'une manière générale, on peut dire que **la négociation commerciale internationale multiplie encore la variété des contextes** géographiques, juridiques, politiques, économiques et culturels en général de la négociation. De plus, celle-ci peut porter sur de multiples aspects, commerciaux, juridiques, financiers, organisationnels, etc., et plus seulement sur le produit et ses attributs. La négociation internationale est souvent multifonctionnelle au sens où elle doit mobiliser un ensemble de compétences variées (marketing, financières, juridiques).

Intégrer l'impact prépondérant des déterminants culturels

Trois dimensions prennent de l'importance dans les négociations commerciales internationales : les différences culturelles, les différences de système politico-administratif et les différences de système juridique. On admet généralement que **la principale différence entre la négociation en contexte national et la négociation en contexte international est celle des variations culturelles**. En effet, celles-ci affectent aussi bien les comportements personnels (différences de systèmes de valeurs-attitudes, de normes, de croyances, de représentations et de pratiques sociales), que les variations de systèmes institutionnels (politiques, administratifs ou juridiques). L'importance des facteurs culturels lors des transactions commerciales internationales est soulignée régulièrement par les recherches académiques[76] et dix principaux domaines d'influence de la culture en négociation sont remarquables[77] :

- Le but : contrat ou relation ?
- La stratégie : *win-lose* ou *win-win* ?
- Le style personnel : formel ou informel ?
- La communication : directe ou indirecte ?
- La sensibilité au temps (économique) : faible ou élevée ?
- Le recours aux émotions : faible ou fort ?
- La forme de l'accord : général ou spécifique ?
- La forme décisionnelle : *bottom-up* ou *top-down* ?
- L'organisation de l'équipe : un leader ou un groupe ?
- La prise de risque : faible ou élevée ?

L'une des principales conséquences de la distance culturelle perçue est que le sentiment d'une identité commune, générateur de confiance et acquis entre négociateurs d'une même culture, disparaît au profit d'un sentiment de différence. Aussi, « l'ouverture de la négociation procède de la recherche, de la découverte et de l'évaluation des différences culturelles, ce qui est diamétralement opposé aux négociations entre compatriotes et ce qui exige immédiatement du négociateur qu'il protège son jugement des fausses ressemblances entre sa propre culture et celle de l'étranger[78] » (p. 10). C'est pourquoi tous les professionnels insistent sur la nécessité d'une approche culturellement adaptée de la négociation.

S'appuyer sur les mécanismes culturels de l'association crédibilité-confiance

Au cœur même de la relation de négociation commerciale internationale, il est important de prendre en compte les mécanismes qui vont influer sur les niveaux de confiance entre partenaires, et les mécanismes relationnels qui en résultent. La relation commerciale repose fondamentalement sur l'établissement de la crédibilité du vendeur (reflet de celle de son organisation), et sur l'instauration de la confiance entre partenaires. Or, s'il s'agit là d'un mécanisme universel fondant la relation d'échange, les indicateurs de la confiance et de la crédibilité sont fortement variables selon les cultures nationales, tandis que les images internationales qu'entretiennent les pays entre eux ont un impact sur le risque perçu par l'acheteur lors de la négociation (et la confiance qui en découle)[79].

La dynamique de la négociation commerciale interculturelle fait intervenir différents aspects du marketing dit relationnel : crédibilité des partenaires l'un vis-à-vis de l'autre, instruments du maintien de la confiance, capacité à envisager culturellement de longues périodes temporelles, l'oral ou l'écrit en tant que support de la confiance. La confiance se déclenche, s'entretient et, éventuellement, se retire, suivant des modalités très codées culturellement, qu'il importe donc d'étudier (voir tableau 9.5).

L'analyse de l'association crédibilité-confiance passe d'abord par la capacité à percevoir et à comprendre la signification culturelle qui enveloppe de nombreux aspects de la personne :

- **Le filtre de critères physiques.** Il est toujours investi de sens et celui-ci peut sensiblement varier selon les cultures pour atteindre parfois des significations opposées : l'embonpoint est un signe fort de crédibilité lors de négociations dans des sociétés soumises à la pénurie et à la misère (il indique alors la réussite, le statut, le pouvoir de la personne), mais il est négativement connoté dans les sociétés occidentales (il indique alors un certain laisser-aller dans une société dominée par la quête de l'image du corps « jeune et mince », de la santé, du sport).
- **L'âge des négociateurs.** Il renvoie à des mécanismes de crédibilité élémentaires très variables : d'une manière générale en Asie, en Afrique, en Amérique latine, au Moyen-Orient, l'âge est positivement valorisé dans les négociations, alors que l'Occident (malgré des nuances certaines qu'il faudrait préciser entre pays latins, anglo-saxons, scandinaves ou slaves) y attachera une importance secondaire par rapport aux compétences de la personne. Chacun de ces signaux (âge, sexe, taille, embonpoint, ton, timbre, force de la voix, traits du visage, etc.) devra passer au crible d'une analyse culturelle pour éviter de s'exposer aux malentendus interculturels qui nuisent à l'établissement de la confiance et qui peuvent ruiner les perspectives économiques d'une relation commerciale potentiellement mutuellement profitable.
- **Le pays d'origine.** C'est l'un des critères de décision d'achat car certaines origines nationales génèrent la perception d'un risque plus ou moins grand chez l'acheteur et entraînent une confiance relative. L'image du pays de production peut d'ailleurs compenser l'influence de la marque dans les évaluations portées par l'acheteur. Ainsi, les voitures Volkswagen produites au Mexique à destination des États-Unis bénéficient-elles d'une image dégradée par rapport à celles importées d'Allemagne. L'image du pays est influencée par plusieurs facteurs qui s'ancrent dans la mentalité collective : les facteurs historiques (souvenirs de heurts ou d'alliances), socioculturels (l'appartenance à une même civilisation par la

langue, la religion et un capital culturel commun), politico-diplomatiques (poids des relations internationales et orientation de la politique étrangère des États) et économiques (produits et marques bénéficiant à l'étranger d'une image de compétence, de qualité, de fiabilité qui tirent la confiance vis-à-vis du pays vers le haut ou vers le bas).

Tableau 9.5 : Différences culturelles et mécanismes de la confiance[80]

Niveau où des différences culturelles peuvent intervenir	Manifestation de ces différences	Impact potentiel
Crédibilité du partenaire	À travers différentes cultures, ce ne sont pas nécessairement les mêmes personnes qui sont considérées comme crédibles. Les « rites » qui accompagnent la reconnaissance réciproque de la crédibilité peuvent être différents selon les cultures.	Peut aboutir à ce que la confiance, même minimale, ne s'instaure pas.
Représentations temporelles	Si les partenaires semblent d'accord sur un temps idéal commun, ils n'ont pas les mêmes représentations temporelles concrètes.	Difficultés dans la planification et le rythme de la négociation commerciale, mésententes sur la planification du projet.
Existence d'une rationalité commune entre les parties	Une rationalité « pragmatiste » factuelle, précise, et traitant question par question s'oppose à une rationalité « idéologiste », plus centrée sur le discours et les logiques et explications globales.	Difficultés d'appréhension cognitive du discours de l'autre qui risque de dégénérer en « dialogue de sourds ».
Support de la confiance entre partenaires : oral versus écrit	Même si les deux parties semblent d'accord sur la nécessité de contrats écrits, l'une se sent réellement liée, alors que l'autre partie croit à des bases plus informelles de la confiance.	Un des partenaires ne suit pas le contrat écrit, demande la renégociation de clauses. L'autre considère cela comme un non-respect des engagements pouvant conduire au litige.
Tendance culturelle à être distributif en négociation, surtout vis-à-vis des groupes ou personnes d'autres cultures	Les stratégies intégratives sont fortement teintées de l'approche américaine, dite *problem solving*, que toutes les cultures ne partagent pas forcément.	Le partenaire à tendance intégrative se fait d'abord « laminer » dans la négociation. Puis il réagit et la négociation risque de devenir franchement distributive.

2.3 Négocier à l'international

Les styles de négociation nationaux mettent en lumière les fondements culturels de la négociation, qu'il s'agisse de la conception même de l'activité de négociation, ou des significations culturelles associées à ses principales variables. Il convient néanmoins de souligner deux points essentiels :

- Une très large proportion des recherches scientifiques qui y sont consacrées porte sur les styles de négociation nationaux américain ou japonais, et plus récemment chinois.

Peu nombreuses sont les études sur d'autres pays industrialisés, et encore moins sur les économies en développement, et les économies émergentes en particulier. Notre connaissance reste donc très partielle et sans doute largement biaisée par l'origine culturelle même des observateurs et des observés.

- Il faut bien garder présent à l'esprit que ces recherches, pour leur très grande majorité, décrivent le style de négociation intraculturel (c'est-à-dire entre partenaires d'une même culture) alors que l'enjeu essentiel du point de vue du marketing international est justement la négociation interculturelle. Or il n'est pas évident, d'une part, que l'on négocie de la même manière avec un étranger[81] et, d'autre part, que l'on négocie avec tous les étrangers de la même manière. Il faudrait donc toujours revenir aux dyades spécifiques engagées dans la négociation interculturelle qui définissent des conditions chaque fois singulières.

Négocier à l'international implique de se préparer, au moins par une information générale sur les pratiques d'affaires que l'on va rencontrer, et par une formation si possible à la négociation interculturelle « en contexte ». Ces descriptions sont à prendre pour ce qu'elles sont, c'est-à-dire des profils « moyens » de « la plupart » des gens « la plupart » du temps, mais pas de « tous les gens tout le temps ». Les exceptions existeront toujours, et seule l'intelligence de la situation combinée avec l'expérience acquise évitera au négociateur international de plaquer des connaissances stéréotypées sur la perception qu'il a de son partenaire. Nous décrivons ci-après les styles de négociation des deux pôles non européens de la Triade (États-Unis et Japon), et les styles allemand et français en Europe.

Le style de négociation nord-américain

De très nombreuses études permettent de préciser les fondements culturels du comportement de négociation américain à partir d'une analyse psychosociologique[82] ou centrée sur les processus de communication actifs au cours de la négociation[83]. D'abord, **la conception même de l'activité de négociation** pour les Américains : elle est essentiellement vue comme un processus de décision de type résolution de problème, qui implique la concentration sur les faits objectifs, la recherche de données quantifiées, le raisonnement logique, et un processus séquentiel « pas à pas ». La définition du rôle de la négociation, les attentes à l'égard des négociateurs et les critères d'évaluation de leur performance sont caractérisés par la dominante du pôle technique. La première caractéristique des « bons » négociateurs est la compétence technique : c'est la fonction qui confère l'autorité. C'est seulement aux niveaux de négociation élevés que leur sélection se fait sur la base de qualités personnelles, comme le pouvoir ou l'autorité. Leur évaluation, et donc les attentes à leur égard, se fait sur la base de leur compétence, de leur succès, et de la manière dont ils représentent leur organisation. La compétence sociale du négociateur (qui il est, quelles sont ses relations, quelle est sa classe sociale, quel est son âge…, c'est-à-dire d'autres qualifications – de type savoir-être – qui permettent l'exercice du pouvoir et de l'autorité) est négligée au profit d'un fort degré de compétence technique (savoir-faire).

Ensuite, les négociateurs américains portent clairement en eux **des valeurs et des hypothèses implicites** directement apprises au cours du processus de socialisation américain. Ainsi, le besoin de réalisation (*need of achievement*) s'exprime par la préférence pour la réalisation individuelle et l'action immédiate (*make things work*). Sa vision du temps est de type économique (*time is money*), ce qui privilégie la réalisation des objectifs à court terme. Il vit dans une société du contrat généralisé (y compris entre le président des États-Unis et Dieu), et il considère que sa crédibilité et la confiance sont engagées dans le contrat écrit. Le processus de socialisation, et en particulier le système éducatif dans le domaine du management des entreprises aux États-Unis, transmet ces valeurs culturelles fondamentales. C'est le « John Wayne Style » dont les grands traits sont typiques du style de négociation américain (voir illustration 9.7).

Illustration 9.7

Le « John Wayne Style » américain

Le style de négociation nord-américain s'appuie sur une combinaison d'attitudes, d'attentes et de comportements habituels, dont l'ensemble constitue les fondations d'une série de stratégies et de tactiques typiquement américaines, et dont certaines désavantagent les Américains à l'international[84]. Les caractéristiques de ce style sont : l'individualisme et la compétence fondée sur l'expertise dans les processus de décision, une façon de communiquer informelle et directe, un système de relations sociales plutôt horizontal, la méconnaissance des langues étrangères, l'attente d'informations honnêtes dans le cadre d'une éthique des relations commerciales encadrée légalement, la prédominance de la communication verbale sur la communication non verbale, une orientation compétitive dans les relations commerciales, une pratique séquentielle de la négociation selon un ordre du jour dans une gestion monochronique du temps, une tendance à maintenir des positions inflexibles, et enfin l'importance du contrat écrit qui est un engagement absolu.

Globalement, le style de négociation est orienté vers quelques aspects majeurs, qui sont liés au caractère national américain, individualiste, mettant l'accent sur la compétence, l'action, la prise de décision et la communication explicite, le rapport au temps monochronique, une vision de la négociation comme un processus de résolution de problèmes.

Le style de négociation japonais

Le style de négociation national sans doute le plus éloigné et aussi le plus documenté après les styles américain et chinois est le japonais. Plusieurs caractéristiques typiques de la culture nipponne peuvent être soulignées comme le rapport individu/autrui selon le mode communautaire, l'importance du maintien de l'harmonie au sein du groupe, l'importance du statut et les relations sociales hiérarchiques, une vision du temps où prédomine le long terme dans l'appréhension du monde (des relations, des activités, des investissements, des organisations…).

Les conséquences de cette configuration culturelle sur le style de négociation japonais sont diverses[85]. Avant tout, les négociateurs japonais accordent **une grande importance au comportement interpersonnel**. Cela se manifeste dès la phase de préliminaires par une grande place accordée aux tâches qui ne sont pas directement liées aux affaires (dans une conception américaine notamment, où prédomine une conception des affaires focalisée sur le résultat – *business is business*). Le style (protocole) est indispensable pour parvenir au résultat, comme l'attestent les rituels d'échange de cartes de visite, de dons, de cadeaux et de salutations, ou le fait d'aller boire et de participer au karaoké, le soir après le travail…

La phase de préliminaires est destinée à cerner la qualité du partenaire et elle dure en conséquence plus longtemps qu'en Occident. La première visite sert en quelque sorte uniquement à préparer la deuxième. Elle est indispensable à la construction des bases de la confiance. L'importance du comportement interpersonnel se retrouve en fait à tous les niveaux du style de négociation japonais : grandes qualités d'observation, d'écoute et de préparation (notamment dans la connaissance de cultures étrangères car les Japonais particularistes se pensent comme très spécifiques), négociation en équipes, importance du maintien de la face pour soi et ses partenaires, importance après conclusion d'une affaire d'un suivi relationnel et pas seulement technique, engagement à long terme souhaité qui témoignera du sérieux avec lequel on considère le marché japonais.

Le processus de décision est caractérisé par la recherche du consensus qui se manifeste concrètement dans les organisations par le système dit du *ringisho*. Au cours des négociations commerciales, cela signifie qu'en parallèle de la négociation avec le partenaire se déroule une véritable consultation dans l'équipe japonaise, un préalable aux décisions. La phase en amont de la prise de décision est donc nécessairement plus longue qu'en Occident, où le négociateur dispose du pouvoir décisionnel. Par contre, la mise en œuvre des décisions est sensiblement plus rapide puisque l'adhésion préalable de tous est acquise et qu'il n'y a plus de surprise.

La perception du rôle de négociation joue en faveur du rôle acheteur qui est traditionnellement en position de force par rapport au vendeur. Celui-ci doit adapter son comportement en conséquence, c'est-à-dire adopter une attitude générale de déférence. L'influence des organisations par leur taille est aussi significative. La hiérarchie des tailles en impose une dans les relations des firmes entre elles. Les petites entreprises de sous-traitance japonaise sont les obligées des grandes, qui leur passent des ordres. Les mécanismes de la confiance liés à la perception du partenaire sont très dépendants du fait qu'il s'agit d'un Japonais ou d'un non-Japonais (*Gai-jin*). Le *Gai-jin* n'est pas celui que l'on n'aime pas, mais plutôt celui qui est perçu comme « tellement différent qu'il ne peut pas nous comprendre ». La frontière entre le *in-group* et le *out-group* est assez imperméable et impose aux *Gai-jin* de recourir à des médiateurs culturels qui les introduiront, se porteront garants de leur fiabilité et accéléreront leur compréhension-intégration du contexte local japonais.

Les stratégies de négociation sont guidées par la recherche de l'entente et l'esquive devant l'affrontement direct. Les Japonais ne valorisent pas l'activité même de négociation et ont tendance à répondre aux tactiques de menace frontale par le retrait. Leurs méthodes de persuasion concernent beaucoup la manipulation de l'information et l'utilisation des silences. Le style de communication s'appuie sur un fort recours aux différents éléments du contexte interne (âge, fonction, origine nationale, expériences… des interlocuteurs) et externe (enjeux, historique des relations, moments, lieux…) de la communication[e]. Sur le plan de l'accord, les Japonais privilégient une approche holistique, où la volonté et les intentions générales de l'accord sont d'abord scellées (souvent sous la forme d'une courte lettre d'intention cosignée par les parties) avant que les points spécifiques de l'accord ne soient négociés.

e. Voir chapitre 10 (p. 396-398).

Le style de négociation allemand

Plusieurs études proposent une analyse en profondeur de la mentalité allemande en général, et de ses implications dans les divers contextes des affaires et de négociation commerciale en particulier[86]. Dans la négociation, comme dans la plupart des activités, **l'approche allemande est lente, logique et analytique**. Les présentations doivent être bien ordonnées, avec une expression logique des idées. Les Allemands sont très sensibles à l'information, synonyme de pouvoir, et qu'ils ne partageront pas spontanément : le secret des affaires est la règle. Inversement, leur style de communication avec faible référence au contexte les pousse à devoir disposer du maximum d'informations préalables pour circonscrire nettement les situations. Ainsi s'explique leur propension à commencer tout rapport écrit ou interpersonnel dans les négociations par un rappel exhaustif des conditions qui prévalaient antérieurement.

Ce style est influencé par les caractéristiques élémentaires de communication non verbale des Allemands : leurs distances interpersonnelles sont plus élevées que celles des Américains. Littéralement, les Allemands gardent leurs distances. Le contact physique par le toucher est exclu, et ils évitent tous les signes qui pourraient être perçus comme un engagement à personnaliser davantage la relation. Les sourires sont réservés aux proches, et le contact visuel permanent sert à manifester l'attention. Les gestes sont limités et de faible amplitude. La poignée de main est ferme et accompagnée d'un contact visuel soutenu.

Le style de présentation s'articule autour de l'honnêteté et de la simplicité, et il s'appuie sur une succession de points concrets et précis[87], commentés dans des textes, confirmés par des chiffres, dans une logique plutôt linéaire. Les Allemands préparent soigneusement leurs réunions de travail par un ordre du jour détaillé auquel ils se conforment rigoureusement. Ils confirment quelques jours à l'avance les rendez-vous. La valeur de l'accord est importante, et la fiabilité dans le respect des engagements contractuels est attendue. Les négociateurs sont fréquemment des techniciens plus que des commerciaux. Il faut s'attendre à « parler technique » de manière très précise.

Les relations interpersonnelles sont très marquées par une forte sensibilité au respect du protocole et des procédures d'une manière générale. Le protocole se manifeste par le respect des étiquettes et les procédures sont là pour réduire l'incertitude. L'Allemagne fonctionne selon le système temporel monochronique dans lequel les individus privilégient les plannings et les engagements temporels aux relations ou aux personnes, ce qui les rend peu flexibles face aux aléas. Dans une société cloisonnée où le contrôle de l'information définit le pouvoir, deux éléments sont indispensables au démarrage des affaires : un excellent avocat et des banquiers bien introduits. De même, il est important de connaître personnellement les partenaires de la distribution.

Le style de décision demande davantage de temps qu'aux États-Unis car les Allemands ont un rythme plus lent, lié à leur besoin de disposer d'un maximum d'informations avant de s'engager dans un sens ou dans l'autre (on les rapproche souvent des Japonais de ce point de vue). Pour une proposition d'affaires, les délais de réponse peuvent être assez longs. Le processus de décision collégial tel qu'il est pratiqué exige aussi des délais plus longs que dans le système américain, où la décision prise à l'échelon supérieur est immédiatement applicable par l'échelon directement subordonné. En Allemagne, la plupart des grandes entreprises sont gérées par un double conseil, le conseil de surveillance (*Aufsichtsrat*), qui s'occupe des décisions importantes, et le conseil de direction (*Vorstand*) qui dirige les affaires courantes et contrôle le déroulement des activités. À l'échelon exécutif, au sein des différents services, le but est d'arriver au consensus, pour permettre à chacun d'exposer son point de vue dans la recherche d'un accord.

Le style de négociation français

Plusieurs recherches soulignent les traits caractéristiques du style de négociation français[88]. Il faut d'abord rappeler la conception même de la négociation pour les Français, qui la considèrent comme un art usant du style de la logique cartésienne où la référence à des écoles de pensée, l'utilisation de la bonne formule, la convention, les arguments *a priori*, l'abstraction de la réalité ou les figures rhétoriques sont fréquentes. **La négociation est conçue davantage comme un débat, où controverses et argumentation s'imposent**.

Leur approche de la négociation est plutôt de type conflictuel car ils gagnent fréquemment la reconnaissance et développent leur identité en pensant et en agissant par opposition aux autres. Ils apprécient les joutes oratoires et la magie du verbe. Les bases de la persuasion font appel à la rationalité, non pas d'abord empirique, mais logique et abstraite à partir de quelques principes généraux. Cela implique, entre autres aspects, l'usage fréquent de la déduction, du raisonnement causal, de l'induction logique, de l'analogie, du raisonnement par l'absurde, de la réfutation, de la critique. Ce qui persuade fait appel à des vérités universelles (expérience, érudition), aux sentiments et aux préférences (intuition) et porte en soi une intensité émotionnelle. **Les Français sont très affectifs et émotionnels**, et les sentiments qui les agitent sont clairement manifestés. L'affectivité fait partie de la relation d'affaires.

Le respect du protocole tend à être assez fort dans une culture où la conscience du statut est forte. Les Français accordent une grande valeur aux formes de la sociabilité : ils se sentent tenus de faire les choses « dans les règles », protocole et étiquette doivent être observés, titres et statuts respectés. Les formalités dans la communication, écrite notamment, sont particulièrement évidentes : leur style de communication fait à la fois fortement et peu appel au contexte. L'importance de la communication non verbale se reflète dans une tendance à l'animation dans les conversations : ils s'impliquent totalement dans l'activité du moment, ils maintiennent un contact visuel permanent. Ils adorent parler et ils communiquent autant avec leur corps que verbalement. En même temps, la capacité à être précis oralement et par écrit est attendue et admirée. Il faut « employer le mot juste ».

La confiance a tendance à émerger lentement (il faut « chauffer » la relation). Avec des partenaires nouveaux, les Français ont tendance à accorder une confiance limitée en fonction de leur perception du statut et de l'intellect de l'autre. La confiance est ensuite accordée souvent sur la base des actes de chacun et seul l'engagement écrit est vraiment contraignant. La prise de décision est en général centralisée, que ce soit au niveau politique ou commercial, et peut précéder les réunions qui servent alors plus à les diffuser au sein de l'organisation.

Enfin, **la représentation française du rapport temps-action est décrite comme monochronique du point de vue intellectuel, mais polychronique du point de vue comportemental.** Ainsi, même si la ponctualité est attendue ou si les réunions peuvent impliquer un ordre du jour, il faut s'attendre à attendre (surtout quand on est attendu par quelqu'un qui domine hiérarchiquement) et les digressions au cours des réunions peuvent être nombreuses. Les idées nouvelles, bien que ne figurant pas à l'ordre du jour, seront abordées. C'est-à-dire que l'ordre du jour, lorsqu'il existe formellement, représente davantage une base de discussion qu'un programme à exécuter (« l'outil » au départ anglo-saxon est aussi utilisé en France, mais « l'esprit de l'outil » y est très différent). La patience n'est pas considérée comme une vertu, car « les Français pensent vite, décident vite, agissent vite[89] ».

Résumé

La performance des stratégies de marketing international dépend des conditions de mise en œuvre des décisions prises dans les environnements locaux où l'entreprise développe sa présence à l'étranger. Être capable de comprendre l'environnement et les cultures d'affaires des pays d'implantation intègre l'étude des différences d'environnement institutionnel et de comportement des individus dans les organisations. Dans ces deux domaines, l'influence de la diversité culturelle (divergences) reste forte, en dépit de convergences et de possibilités d'hybridations réelles entre cultures traditionnelles et culture moderne. Les modèles culturels implicites profonds (attentes en termes de normes, de valeurs et de représentations sociales) tendent à perdurer dans la vie des affaires et nombre de pratiques de marketing international. En particulier, les orientations de valeur fondamentales de toute société doivent être observées et comprises (relation à la nature, au temps, aux autres, au pouvoir, aux règles, à l'espace, à l'action et aux affects). De même, les fondements et les formes d'applications de la négociation commerciale internationale sont-ils très dépendants des différences culturelles. Le comportement de négociation commerciale internationale doit donc être adapté et requiert, selon les pays, des compétences particulières.

Activités

Questions

1. Quelles sont les situations d'« interface » critiques auxquelles les responsables de marketing sont exposés ? Pourquoi doivent-ils s'attendre à l'impact des différences culturelles dans ces situations ?

2. En quoi l'environnement institutionnel et le comportement des individus dans les organisations des pays d'implantation influent-ils sur les activités de l'entreprise ?

3. Pourquoi faut-il dépasser l'illusion de la similarité superficielle dans l'analyse de la vie des affaires et des comportements organisationnels ?

4. Définissez les dimensions des grandes orientations de valeur et donnez un contraste culturel pour chacune.

5. Pourquoi et comment la négociation commerciale internationale est-elle influencée par les cultures locales ?

Cas d'entreprise : Paradise Ltd. en Arabie Saoudite[1]

Paradise Ltd. (PG) est une entreprise spécialisée dans la production et la commercialisation de mobilier de luxe pour extérieur. Créée en 1990 au Venezuela, ses meubles sont fabriqués en aluminium, matériau particulièrement résistant à la corrosion. Le design des produits s'appuie sur la combinaison de plusieurs talents : la connaissance des fondateurs d'origine française en matière d'antiquités de style français, et la qualité de la main-d'œuvre vénézuélienne et de designers d'origine espagnole vivant le pays. La marque PG est déposée (trademark) et la ligne de produits Paradise Garden fut introduite en 1994, suivie en 1998, par une diversification des produits proposant des sets de table, des tables, de fauteuils, des lampes ou des parasols.

L'entreprise fournissait seulement le marché local et ses clients étaient très satisfaits de la qualité des meubles PG, à la fois pratiques et beaux, une combinaison idéale pour goûts de luxe. Des designers d'intérieur de différents pays commencèrent à s'intéresser à la marque et PG décida en 2000 de poursuivre sa croissance en ouvrant un entrepôt aux États-Unis. Pour des raisons de coûts, les meubles étaient envoyés de Caracas en Espagne pour la peinture, qui devait être appliquée par un procédé électrostatique de haute technologie. Les verres de table étaient taillés sur mesure en France et la structure des meubles était faite au Venezuela, avant réexpédition aux États-Unis pour l'assemblage qui ne demandait que trois minutes. Le succès de PG se confirma avec la participation à de nombreux salons internationaux, à New

1. Ce cas a été rédigé par International Consultant Shahla Ameri de Rinaldi (université de Toulouse, Toulouse Business School) et Nathalie Prime (ESCP Europe).

York, Chicago, Francfort, Cologne, Madrid, etc. Les ventes se montant à 12 millions d'euros doublèrent grâce à l'expansion nord-américaine.

La tragédie du 11 septembre 2001 eut des conséquences désastreuses sur l'entreprise avec l'annulation des salons professionnels sur place. En même temps, la situation politique et économique se dégradait au Venezuela, dont le gouvernement mit en place un contrôle des changes. En quelques années, PG accéléra son développement international en production comme en commercialisation. Elle accorda des licences commerciales dans différents pays, privilégiant des accords d'exclusivité pour garder le contrôle de la marque. La production s'internationalisa aussi au début des années 2010, et PG reçut des propositions de collaboration en provenance de plusieurs pays d'Afrique du Nord et du Moyen-Orient. Des entrepreneurs et différentes sociétés internationales – Turquie, Arabie Saoudite, Maroc, Tunisie, Algérie et Iran – travaillant dans le secteur du meuble manifestèrent le souhait d'une première rencontre. Finalement, PG décida au début 2012 que l'Arabie Saoudite présentait les meilleures opportunités de collaboration compte tenu des manifestations d'intérêt émanant de plusieurs partenaires locaux.

N'ayant pu s'assurer l'aide de M. Abdul Aziz, homme d'affaires saoudien réputé que PG avait rencontré sur un salon à New York, M. Taylor fut recruté. D'origine américaine, marié et père de deux adolescents, il avait travaillé plusieurs années aux États-Unis et à Dubaï. Il était réputé pour être rationnel, indépendant, combatif et direct. Il aimait que les choses aillent vite, et pour ne pas perdre de temps, il travaillait beaucoup par téléphone et vidéoconférence.

Profitant d'un séjour à Dubaï en début de semaine, M. Taylor organisa une première visite de trois jours en Arabie Saoudite du mercredi au vendredi. Il fut surpris de ne pouvoir rencontrer quasiment aucun interlocuteur car le week-end commençait le jeudi midi pour finir le vendredi soir, contrairement à Dubaï où il courait du vendredi au samedi, mais où les rendez-vous professionnels étaient quand même possibles. De plus, les horaires de travail étaient restreints de 9 h 00 à 12 h 00 et de 16 h 00 à 20 h 00. Finalement, il ne put rencontrer le mercredi que cinq représentants saoudiens auxquels il voulait présenter les objectifs de vente. Il voulait aussi discuter de leurs problèmes éventuels. Aucun problème n'ayant été évoqué, il passa ensuite le plus clair de son temps à l'hôtel.

Il revint le lundi suivant et découvrit que les représentants arrivaient tard au travail, buvaient du thé à longueur de journée et discutaient de choses et d'autres. Il remarqua des visites régulières de membres de la famille ou d'amis, les Saoudiens travaillant alors en leur présence. Ceux-ci s'interrompaient aussi pour aller prier dans la journée et M. Taylor en était quand même irrité car cela nuisait à la productivité du travail. Il essaya d'en parler mais n'obtint aucune réaction. De même, quand il leur demandait d'évaluer les scénarios de prévision des ventes, les Saoudiens répondaient toujours « *Inch Allah* » et les arguments n'étaient jamais structurés logiquement ou de façon trop directe. Certains semblaient absents, tête baissée et bougeant les lèvres constamment comme s'ils soliloquaient. Il aurait pu user de sa position hiérarchique, mais il n'aimait pas cela.

La troisième semaine, il avait prévu de faire venir sa famille quelques jours. Il décida aussi d'inviter les représentants et leurs patrons ainsi que certains employés pour faire une présentation de la stratégie de PG en Arabie Saoudite. Le jour J, nombre d'invités étaient absents, tandis que ceux qui s'étaient manifestés étaient visiblement mal à l'aise quand il s'adressa à eux de manière informelle. Ils partirent tous très tôt. Finalement, alors qu'il retournait à l'hôtel espérant dîner tranquillement avec les siens, il fut averti que son fils et sa fille avaient été arrêtés par la police pour non-respect des codes vestimentaires en vigueur en Arabie Saoudite. Il décida alors de démissionner.

Questions

1. Quels sont les problèmes rencontrés par M. Taylor et pourquoi ?
2. Pour éviter de tels problèmes à l'avenir, PG vous demande d'identifier les principales différences entre les États-Unis et l'Arabie Saoudite en termes de pratiques d'affaires.

Chapitre 10

Marketing international et développement organisationnel

Objectifs

1. Comprendre l'articulation entre stratégie, structure et culture d'organisation dans le contexte de l'internationalisation.
2. Tenir compte des caractéristiques des managements nationaux au sein des équipes multiculturelles.
3. Insister sur les transformations organisationnelles nécessaires pour développer l'entreprise internationale en milieu interculturel élargi.

Introduction

La CNUCED estime qu'il existe 82 000 firmes multinationales (des « groupes ») ayant 810 000 filiales à l'étranger[1]. Il n'est donc pas concevable de maîtriser complètement de façon centralisée ce qui se passe sur le terrain, mais il n'est pas non plus possible de renoncer à organiser, contrôler et coordonner cet ensemble. Dès qu'elle atteint un niveau important de développement international, l'entreprise doit gérer une grande complexité : les plus grandes multinationales aux marques globales font travailler ensemble des dizaines de nationalités différentes dans plus d'une centaine de pays, où elles vendent des milliers de produits différents à des clientèles diversifiées. **Un tel contexte leur impose des défis importants dans trois domaines principaux :**

- l'organisation, le contrôle et la coordination des activités internationales, de marketing mais aussi de recherche et développement, de production, de *supply chain*, etc., sachant que les décisions de marketing international ont des impacts multifonctionnels croissants avec le développement de l'internationalisation de l'entreprise[a] ;
- le management des équipes nécessairement multiculturelles associées à la conduite de ces activités par des ressources internes mais qui peuvent mobiliser aussi des partenaires externes (partenaires de la distribution, de la communication, et parties prenantes au sens large) ;
- le développement organisationnel de l'entreprise qui se retrouve sous contraintes d'apprentissage fortes, en particulier dans le domaine interculturel.

Les facteurs créateurs de distance (culturelle, administrative, géographique, et économique)[2] et l'importance des investissements de toute nature requis pour développer les marchés étrangers rendent particulièrement nécessaire l'établissement de systèmes de contrôle des opérations internationales.

a. Voir chapitre 3 (p. 104-105).

On s'intéresse ici aux relations siège/filiales et à leur influence sur la performance de l'entreprise à travers des modèles organisationnels capables d'accorder suffisamment d'autonomie aux filiales (garante de la motivation) et suffisamment de coordination d'ensemble (justifiant la stature de grand groupe).

En outre, les activités de marketing international impliquent de travailler au sein d'équipes très multiculturelles, en face à face mais aussi de plus en plus à distance (*remote teams*, voire en équipes virtuelles). En Europe en particulier, les équipes marketing des grands groupes sont très diversifiées par leurs origines nationales et sont en contact quotidien avec leurs homologues situées dans différents pays pour des questions stratégiques (lancement de produits, budgets…) et opérationnelles (conduite d'études internationales, relations avec la distribution, motivation des vendeurs…). Ainsi, le marketing international en contexte de mondialisation comporte-t-il une forte dimension de management des hommes et de la diversité culturelle interne à l'organisation. En phase de développement local (phase 2) et de globalisation surtout (phase 3), les opérations de marketing international présentent un volet managérial croissant, tant dans les prises de décisions que dans les efforts pour les décliner sur le terrain.

Enfin, les problématiques de marketing international (implantation, développement et coordination des marchés étrangers) conduisent les entreprises à devoir développer leurs capacités organisationnelles et à apprendre (*learning organisation*) dans des domaines désormais stratégiques. Il est question de management de la diversité culturelle, de transferts de connaissances marketing entre entités des grands groupes, de la gestion de l'évolution de la culture d'entreprise au fil de son internationalisation, et du développement des compétences interculturelles nécessaires à la performance des employés et de l'organisation en milieu interculturel ouvert.

1. Organiser, contrôler et coordonner les activités internationales

Une organisation est un groupe humain structuré par des actions communes. Cette action collective nécessite de faire des choix visant le partage du travail, les décisions et le pouvoir, les avantages et les inconvénients du travail commun, les responsabilités et le contrôle[3]. Une organisation sera alors définie par trois sphères en interaction qui permettent d'assurer la cohérence des actions en vue d'atteindre ses buts, compte tenu de son environnement : les dispositifs organisationnels (ensemble des outils de management), la culture d'entreprise et les jeux individuels des acteurs. **Nous revenons d'abord sur les dispositifs organisationnels en insistant sur les structures d'organisation et les mécanismes de contrôle et de coordination**.

1.1 Les structures organisationnelles dédiées aux activités internationales

Le rôle de la structure dans l'organisation internationale

Le rôle principal d'une structure d'organisation internationale, et surtout mondiale, est de concilier au maximum les nécessités de coordination centrale et de réactivité locale[4]. En particulier en phase de globalisation, trois tâches sont assignées à l'organisation pour assurer la mise en œuvre de la stratégie[5] :

- **Un système d'information global.** Il permet de diffuser les orientations et les directives stratégiques depuis le centre jusqu'aux marchés locaux, et de faire remonter l'information en retour à destination du siège et des autres filiales.
- **Un système de motivation.** Il intéresse les managers locaux pour la mise en œuvre de la stratégie, surtout si celle-ci prévoit une réduction de l'autonomie locale ou des ressources.
- **Une structure d'organisation.** Elle doit être suffisamment flexible pour s'ajuster aux conditions changeantes de l'environnement.

Stratégie-structure. Si, avec Chandler (1962), on admet que « la structure suit la stratégie », cela veut dire qu'une fois la stratégie définie l'organisation est adaptée ou modifiée pour faciliter au mieux sa mise en œuvre et son exécution. En réalité, la structure d'une organisation est aussi une traduction des modalités d'adaptation à ses marchés, ceux-ci faisant intervenir d'autres facteurs : l'histoire de l'entreprise et les différentes phases de sa croissance, le degré de développement de ses activités internationales, le secteur d'activité, les produits et les clientèles, les orientations de la politique marketing et l'éventuelle prédominance d'une fonction dans l'entreprise (production, R & D, contrôle, finance, marketing). On s'en doute, il est difficile de déterminer laquelle, de la stratégie ou de la structure, suit l'autre. En revanche, on peut avancer que les variations de structure sont largement consécutives aux variations de stratégie : en termes de changement, la stratégie est à l'origine (voir illustration 10.1).

Illustration 10.1

General Electric – Stratégie d'innovation inversée et structure

Le modèle que GE et les autres industriels multinationaux ont jusqu'à présent suivi (la *glocalisation* qui consiste à développer des produits haut de gamme sur les marchés d'origine et à les adapter aux marchés étrangers) ne peut pas suffire à assurer l'avenir compte tenu de la saturation des pays riches. Pour saisir les opportunités dans les marchés émergents, innover dans les segments créateurs de valeur dans les marchés matures et anticiper la concurrence des géants des économies émergentes dans les économies matures, il faut désormais apprendre l'innovation inversée (*reverse innovation*)[6] : c'est-à-dire le développement de produits dans des pays comme la Chine et l'Inde, et leur distribution à l'échelle globale. Cette évolution stratégique majeure a des conséquences organisationnelles et managériales profondes. Les fonctions R & D, production et marketing, auparavant surtout centralisées au siège, constituent un obstacle majeur à l'innovation inversée. Et même dans l'hypothèse où un responsable de filiale aurait réussi à dépasser les freins et les objections de ces différentes fonctions centralisées, il faudrait quand même se battre chaque année pour les budgets contre des projets concurrents à rentabilité plus certaine à court terme. L'enjeu est donc de développer une nouvelle organisation qui permette, puis facilite, l'innovation produit et de *business models* dans les marchés émergents. GE a ainsi développé, dans sa division Health Care, le modèle LGT (*Local Growth Team*) établi sur cinq principes :

- déplacer le pouvoir où se trouve la croissance (autonomisation des *business units* indienne et chinoise pour les appareils ultrasons) ;

Illustration 10.1 (suite)

- construire de nouvelles offres radicalement nouvelles et ancrées dans la réalité du marché local (en l'occurrence des caractéristiques du BOP) ;
- construire les LGT comme de nouvelles entreprises maîtrisant localement toute la chaîne de valeur (développement de produits, approvisionnements, production, marketing, ventes et service) ;
- adapter les objectifs, les cibles et les standards d'évaluation à l'environnement local ;
- placer les LGT en responsabilité directe devant la direction générale globale.

Après le développement de plusieurs LGT pour différents produits en Inde comme en Chine, GE a décidé de pousser encore davantage le modèle en créant des nouvelles entités pays sur le principe des centres de profits (*Profit & Loss*) incluant toutes les lignes de produits et permettant à la nouvelle entité de bénéficier aussi de ressources et d'un soutien de la part des services centraux de R & D.

Structure-culture. Le modèle EPRG (voir ci-après) identifie quatre phases de l'évolution internationale de l'entreprise en fonction de ses orientations et de ses attitudes managériales, et des structures et politiques mises en œuvre dans ses grands domaines fonctionnels[7]. Il est très populaire en marketing international et montre les liens entre la stratégie de développement international de l'entreprise, ses stratégies de développement international multifonctionnelles et son organisation même.

Le modèle élargit la gamme de critères utilisés pour décrire chaque phase de l'internationalisation en liant les stratégies aux politiques par fonctions, comme le champ de la stratégie, la politique de R & D, la politique de GRH, le style de management, la politique de production, la politique d'investissement, les types de partenariats ou les critères de mesure de la performance. Ce modèle insiste aussi sur l'évolution de la vision de l'entreprise qui s'élargit de plus en plus pour finalement articuler les aspects locaux et globaux dans le cadre d'une vision stratégique mondiale.

Au plan organisationnel et de la vision stratégique, l'entreprise passe par plusieurs phases qui s'enchaînent :

- **En phase initiale d'internationalisation, la firme est dite « ethnocentrique » (E).** Sa vision est centrée sur ses propres critères, l'entreprise recherche des segments similaires sur les marchés étrangers, elle considère le marché d'origine et les marchés du « reste du monde » de façon disjointe, elle privilégie la standardisation sur l'adaptation.
- **Son développement devient ensuite « polycentrique » (P).** Sa vision est centrée sur l'unicité de chaque marché et elle cherche des segments différents sur les marchés étrangers, elle insère son marché d'origine dans un cadre élargi à plusieurs marchés étrangers et les pressions à l'adaptation dominent sur les tentations de standardisation.
- **Puis elle devient régiocentrique (R).** Elle regroupe les marchés pour s'intégrer au niveau régional – par exemple dans la gestion du risque de change, de l'approvisionnement ou de la logistique, le marché d'origine étant à la tête de l'une de ces régions (typiquement les marchés de la Triade).

- **Enfin, elle développe une orientation géocentrique (G).** Cela arrive quand sa vision est mondiale et qu'elle cherche à profiter à la fois des différences et des similarités au sein du marché mondial. Il n'y a plus alors qu'un grand marché et le marché d'origine n'est qu'un marché parmi d'autres.

En pratique, la phase géocentrique n'élimine pas la posture régiocentrique. D'abord, la dimension régiocentrique des flux d'échanges internationaux se renforce partout dans le monde autour de la création de marchés régionaux de natures diverses (chapitre 1). La phase régionale sert ensuite de point d'appui au développement de la stratégie mondiale par une coordination des opérations de chaque région. La réalité régionale des affaires s'appuie d'abord sur la reconnaissance des contraintes de localisation (géographiques, culturelles, juridiques, concurrentielles…) mais aussi du levier régional pour créer de la valeur dans l'articulation du local et du global dans une variété de stratégies (servir les marchés internationaux depuis la région d'origine, acquérir des opérations hors de la zone d'origine regroupées dans un portefeuille mais sous contrôle de celle-ci, développer une stratégie de *hub*, de plateforme ou de mandat à certaines localisations)[8]. Ainsi, sans vision claire de ce qu'une structure régionale peut apporter comme valeur à la stratégie mondiale, le fait d'avoir des sièges sociaux régionaux n'est pas synonyme de déploiement d'une stratégie régionale.

Au total, le modèle EPRG et le modèle d'Upsalla s'appliquent mal aux schémas d'internationalisation des firmes *born-global* qui, dès leur création, cherchent à profiter d'un avantage concurrentiel tiré des ventes dans de nombreux pays[9]. Si les schémas d'internationalisation précoce ont toujours existé, les managers des *born-global* perçoivent les frontières de leurs marchés et de leur arène concurrentielle à l'échelle mondiale dès leur fondation[10]. Du fait de leur jeune âge et de leur accès limité aux ressources, ce sont des entreprises de taille petite et moyenne, dont la performance internationale est facilitée par des facteurs externes (comme le décloisonnement politico-réglementaire, socio-économique et technologique, notamment par les possibilités offertes par Internet) mais aussi internes (comme le développement des compétences marketing clés – orientation consommateur, qualité et différenciation des produits).

Enfin, quand il s'agit du développement des marchés émergents **pour les segments du BOP, l'orientation de l'organisation est celle d'un capitalisme inclusif**, où les logiques de développement d'affaires et de développement social peuvent entrer en résonance. Les échecs sont encore les plus nombreux (sauf dans quelques secteurs comme la téléphonie mobile) quand on observe l'exécution de ces projets. Après avoir insisté sur les barrières externes à la performance économique et sociale de ces initiatives, nous devons nous pencher sur les barrières internes qui, dans les études récentes, apparaissent comme essentielles[11] :

- **Barrières cognitives.** Elles sont liées à des différences d'état d'esprit chez les employés de l'organisation ou ce sont des barrières processuelles liées aux difficultés d'intégrer le changement radical aux routines existantes.
- **Barrières structurelles.** Elles se manifestent sous la forme des critères d'évaluation des nouveaux projets (s'ils surprotègent les intérêts de l'entreprise) et des systèmes de motivation et lettres de mission des différents acteurs du projet (s'ils ne sont pas alignés). L'organisation souffre alors de conflits d'intérêts non convergents (entre actionnaires et autres parties prenantes), et d'un management de type *top-down* par l'entreprise[12].

Les structures des activités internationales

Les structures organisationnelles des entreprises sont variées et comprennent les structures classiques, qui peuvent être différenciées (structure fonctionnelle avec division internationale, structure par domaine d'activité avec division internationale) ou intégrées (structures unidimensionnelles, structures matricielles), et les structures en réseau. Les modèles hiérarchiques ont tendance à évoluer vers des structures matricielles et en réseau qui facilitent la coopération intragroupe et avec les partenaires externes[13]. En pratique, les entreprises multinationales combinent plusieurs de ces formes organisationnelles et, dans tous les cas, l'optimisation de la configuration organisationnelle des activités représente un axe clé de leur performance[14].

Les structures organisationnelles classiques

La structure par division internationale. Elle intervient pour regrouper et coordonner les activités internationales lorsqu'elles deviennent importantes : exportation, filiales étrangères, concession de licences. La division internationale peut exister sous deux formes : avec une structure fonctionnelle ou au sein d'une structure divisionnelle. La division internationale est donc concurrente des autres (fonctionnelles ou par produit) dans l'allocation des ressources globales de l'entreprise et dans l'achat de services au siège (voir figure 10.1).

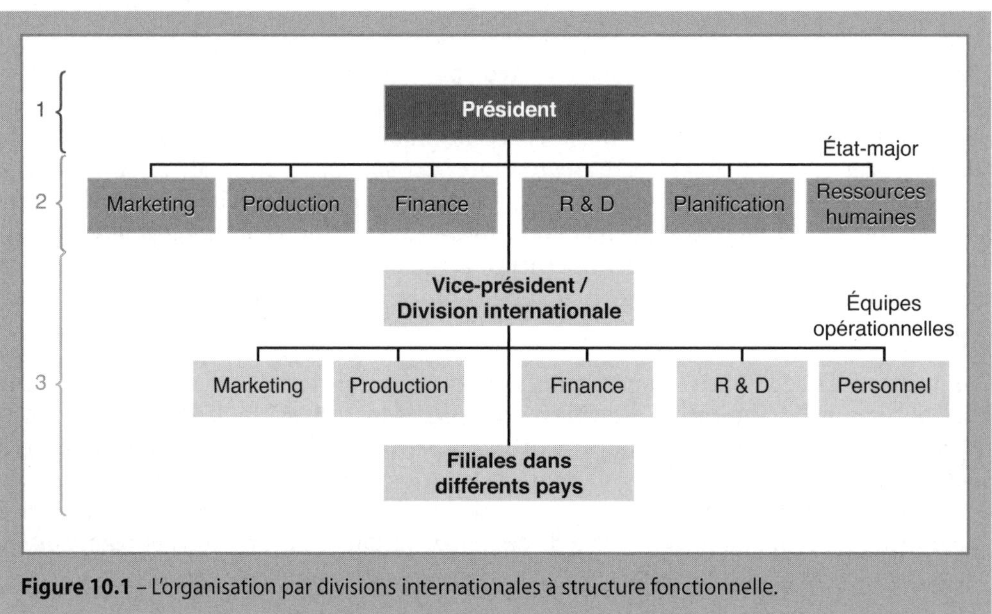

Figure 10.1 – L'organisation par divisions internationales à structure fonctionnelle.

Les responsabilités opérationnelles (faire fonctionner les usines et développer les marchés à l'étranger) sont prises en main par les filiales qui recourent suivant leurs besoins à l'assistance de la division internationale. Celle-ci coordonne les activités, en particulier entre les lieux d'approvisionnement et de production, les lieux de développement et de management des produits, et les zones de vente. Cette solution présente l'avantage de beaucoup faciliter la décision opérationnelle, et de laisser aux responsables locaux la direction au jour le jour et la représentation des filiales locales, sans que le contrôle soit sacrifié. Mais la structure en division internationale présente aussi le risque d'entraîner la création de deux organisations, l'une domestique (car une multinationale a toujours un pays d'origine), l'autre internationale, et ce malgré une planification globale et une bonne coordination au niveau de l'état-major.

La structure géographique/régionale. À mesure que l'échelle des opérations s'accroît dans une région, leur gestion demande davantage de temps et de ressources tandis que la complexité accrue appelle souvent des réponses régionales. Si la taille permet de dégager des revenus qui peuvent supporter le coût de création d'une direction régionale, l'entreprise divise ses activités en zones géographiques régionales (par exemple Amérique, Europe occidentale, Asie Pacifique, Afrique / Moyen-Orient…). Cette forme est caractérisée par la responsabilité donnée à des managers opérationnels sur ces zones, et par la présence d'un état-major central chargé de la planification stratégique et du contrôle des décisions en matière d'allocation des ressources et de définition des lignes de produits. Selon la taille du marché d'origine subsistera une division internationale ou pas (voir figure 10.2).

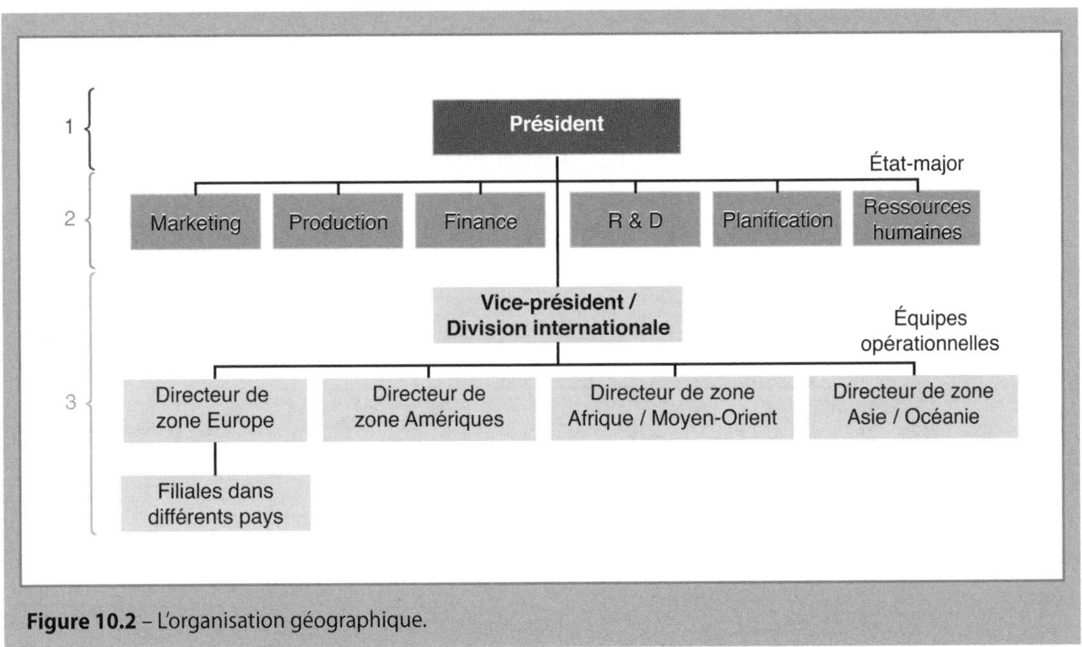

Figure 10.2 – L'organisation géographique.

L'organisation géographique correspond à des entreprises dont les lignes de produits sont faiblement différenciées, à la limite à une activité monoproduit, allant à des marchés finaux identiques sur un plan mondial. La plupart des grandes compagnies pétrolières utilisent cette forme d'organisation : les décisions principales concernant les concessions, les raffineries et les flottes de tankers, sont prises sur une base centralisée, tandis que les unités opérationnelles font le travail au jour le jour dans le cadre des orientations définies par le siège.

La structure géographique / régionale permet, lorsque le produit est hautement standardisé, de pénétrer des marchés locaux très différents et d'éviter d'appliquer à une zone géographique des méthodes qui ne lui conviennent pas. Elle permet aussi de profiter pleinement des avantages de l'intégration économique entre les différents pays de la zone, notamment au sein de l'Union européenne. Les tâches de coordination cependant deviennent assez difficiles : le transfert des nouvelles techniques et la production gérée sur une base locale alors que les marchés sont internationaux peuvent devenir des problèmes importants. De plus, si la « simplicité » monoproduit n'existe pas, il faudra adjoindre un état-major produit au président afin d'éviter que les différentes divisions géographiques se spécialisent sur tel ou tel produit en négligeant les autres.

La structure par produit. Le troisième type d'organisation classique est plus récent que les deux autres et trouve son origine dans le fait que la mise en œuvre d'une stratégie marketing vraiment globale pour un produit favorise la suppression de la dualité entre opérations internationales et domestiques. La structure par produit donne la responsabilité mondiale d'un produit à un groupe de managers qui sont des opérationnels, et la coordination de toutes les activités par produit dans une zone géographique est donnée à des spécialistes fonctionnels. La fixation des objectifs est le fait de l'état-major cependant que les plans stratégiques par produit sont faits par l'organisation produits (voir figure 10.3).

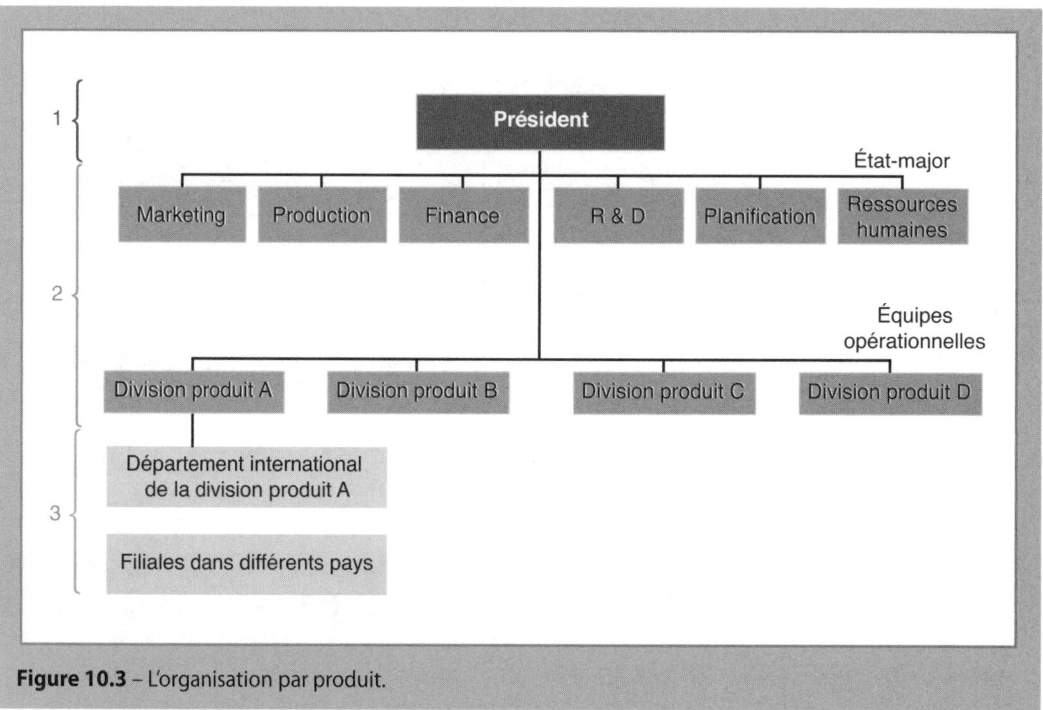

Figure 10.3 – L'organisation par produit.

Un des avantages majeurs de cette structure d'organisation est de mettre en contact les filiales nationales avec les dernières nouveautés technologiques. Par contre, son efficacité dépend très largement des managers responsables des divisions produit[15] : leur éloignement des marchés locaux nuit à leur compréhension des questions locales spécifiques et des différences. Les impératifs d'adaptation rapide aux mouvements de la concurrence ou aux attentes des consommateurs locaux rendent aussi difficile la direction centrale des opérations liées aux produits. Enfin, il est certain qu'il est dangereux de confier la responsabilité mondiale d'un produit à des managers dont la formation a été faite à partir des problèmes du marché d'origine, et à qui il manque de fait une certaine compréhension du contexte international.

Une solution souvent utilisée consiste à fixer seulement les grands objectifs de la stratégie d'ensemble au niveau de la direction de la division et de déléguer la mise en œuvre aux responsables locaux avec une grande autonomie. L'uniformité de la stratégie réalisée est sans doute amoindrie, mais elle est compensée par l'avantage de la motivation des managers locaux, essentielle dans tout succès stratégique[16].

Les structures matricielles

Les structures matricielles, plutôt de type « produit-pays », donnent une importance équivalente au produit et à la zone géographique : ainsi, le marketing pour un produit donné est placé à la fois sous la responsabilité d'une division produits globale (qui coordonne tous les pays dans lesquels le produit est vendu), et d'un directeur de zone (responsable de tous les produits dans la zone). Sont donc prises en compte les préoccupations des produits et des régions dans l'allocation des ressources. Les directeurs de filiales sont placés sous cette double responsabilité hiérarchique, les deux supérieurs intervenant souvent dans des domaines différents : plutôt production-marketing pour la direction produits, et finance, juridique et ressources humaines pour la direction régionale.

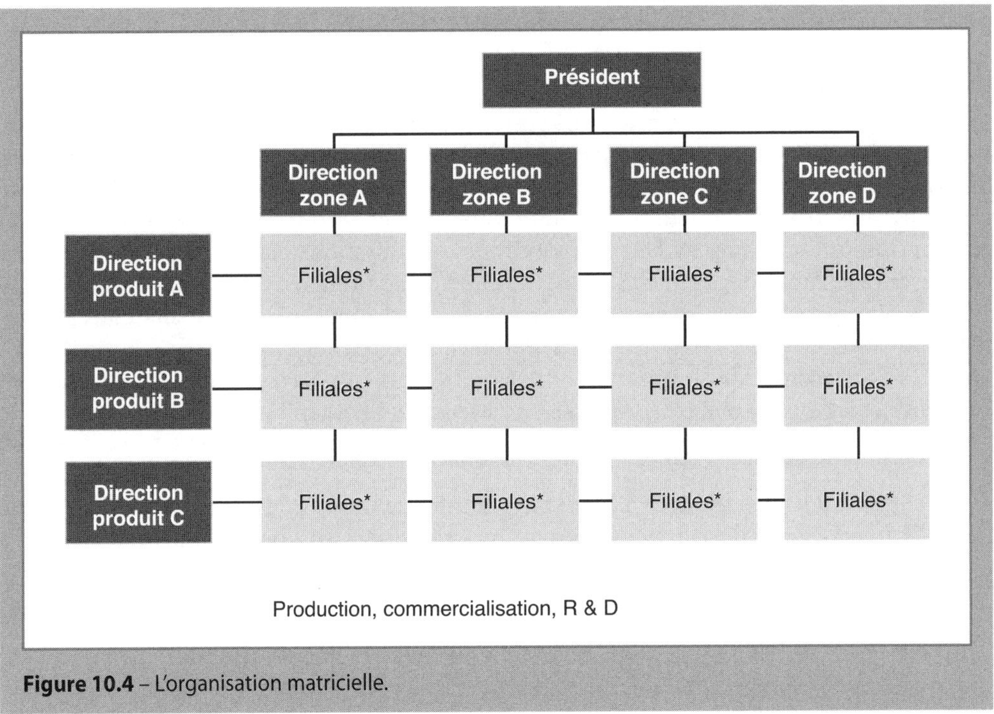

Figure 10.4 – L'organisation matricielle.

La structure matricielle (voir figure 10.4) vise donc la coordination et l'intégration en combinant quatre compétences à l'échelle mondiale qui, autrement, se trouveraient dispersées au sein de l'organisation internationale :

- la compétence géographique, qui est liée à la connaissance et à la capacité d'adaptation à l'environnement local ;

- la compétence produits ;
- la compétence marchés liée à la connaissance du consommateur ou des industries clientes, de leurs besoins et des services qu'ils demandent ;
- la compétence fonctionnelle (marketing, finance, production, R & D…).

Dans la structure matricielle, le management est coresponsable de la rentabilité : la direction de zone est responsable des profits à l'échelle des pays, et la division produits est responsable de la rentabilité des lignes de produits aux échelles nationale et mondiale. Il n'y a pas de priorité accordée *a priori* à l'un ou à l'autre. L'efficacité d'une structure matricielle dépend donc essentiellement de la capacité des managers à résoudre les conflits et à intégrer les plans et les programmes de chacun. Elle est aussi dépendante des valeurs culturelles des managers qui s'en accommodent mieux quand la distance hiérarchique est faible (en Scandinavie notamment) : la compétence technique et la relation individuelle priment l'autorité formelle. Enfin, elle nécessite de développer des systèmes de contrôle performants, notamment par la surveillance des prix de transferts, la consolidation des budgets et la double comptabilité.

L'organisation par projet prend souvent la forme d'une structure matricielle. Ainsi les projets marketing sont nombreux (lancement d'un produit nouveau, projets sur les marques, opérations de communication pour l'ensemble des produits sur différents pays…). Les projets internationaux peuvent aussi consister en la fourniture de grands équipements industriels ou d'infrastructures (les « grands projets »), ou en la conduite d'opérations internes aux contraintes spécifiques de délai, budget et qualité (projets en R & D, de systèmes d'information ou de développement de nouveaux produits par exemple). La structure projet coexiste alors avec une structure fonctionnelle ou divisionnelle et elle est dissoute une fois le projet réalisé : c'est une structure *ad hoc*. C'est le cas des organisations matricielles complexes, des équipes projets multifonctionnelles, et des équipes de gestionnaires de grands comptes (*Key Account Managers*, KAM) de l'organisation marketing des entreprises globales dans les secteurs industriels *high-tech* (par exemple les biotechnologies, l'électronique industrielle et les systèmes de télécommunications). On note alors de plus en plus souvent le démantèlement des départements marketing traditionnels en faveur d'une organisation :

- qui comprend plusieurs unités internes responsables d'activités de marketing[17] ;
- qui sous-tend le management des réseaux internes de marketing à l'échelle de l'ensemble de l'entreprise pour développer un marketing relationnel avec des clients mondiaux ;
- qui renforce le rôle de la coordination des activités marketing (entre différentes lignes de produits, entre secteurs d'utilisation, entre responsables des grands comptes et chefs de projets, entre chefs de projets et responsables des applications des produits…) ;
- qui exige un système de communication interne très performant et un management interculturel poussé sous peine de graves dysfonctionnements (voir approfondissement 10.1).

Les structures en réseau. Elles consistent à répartir les différents éléments de la chaîne de valeur de l'entreprise dans différentes organisations situées dans plusieurs pays ou zones. Elle trouve son origine dans la possibilité, notamment en phase de globalisation, d'intégrer à la stratégie non seulement la production et le marketing, mais aussi la R & D, la conception et le design. Elle s'appuie aussi sur les possibilités offertes par les TIC en matière de communication globale, et sur la volonté d'alléger et d'aplatir les organisations mondiales.

Approfondissement 10.1

Cultures et management des grands comptes internationaux

On analyse le management par l'entreprise américaine d'un compte français avec des opérations sur trois continents (Amérique, Europe, Asie)[18]. L'équipe est composée d'un directeur de compte clé dit global (*global account director*), un Français qui travaille surtout au siège du client à Paris, et de deux directeurs de comptes clés dits régionaux (*regional account directors*), un Japonais basé à Tokyo et un Américain basé à New York, travaillant tous deux avec les divisions régionales du client. On observe ainsi :

- **L'absence de partage d'une stratégie de la performance au sein de l'équipe.** À la question « Qu'est le management de grands comptes internationaux ? », le directeur français répond « un moyen sophistiqué de servir les clients globaux », le Japonais « un outil pour nous aider à vendre » et l'Américain « un outil pour contrôler les activités commerciales autour de la planète ». La définition du « compte global » complète cette divergence : pour le Français, il s'agit d'« un partenaire à long terme », tandis que le Japonais y voit « un gros client international » et l'Américain « une multinationale qui demande un management global et local ».
- **Un engagement insuffisamment visible de la direction.** L'équipe insiste sur l'absence d'engagement de la direction générale autour du *global account management*. Dans la complexité organisationnelle à laquelle est confrontée une équipe de management d'un compte international, il est important que la direction soit engagée clairement à ses côtés, de manière visible, seul moyen de désamorcer les conflits et les ambiguïtés inhérents aux organisations complexes (les organisations matricielles par exemple, qui fonctionnent mal dans les cultures hiérarchiques latines ou orientales).
- **Une culture d'entreprise ethnocentrique.** Le directeur américain du compte exprime une réticence à suivre le modèle de management global. Le directeur français souligne que, assez fréquemment, il apprend, au cours d'une réunion avec le client à Paris, que des projets menés par son collègue américain sont en cours aux États-Unis, projets dont il ignore totalement l'existence. Ce cas est typique des guerres internes d'influence qu'un management de comptes clés peut exacerber, chacun défendant sa zone d'influence territoriale et culturelle considérée comme son fief.
- **Une « myopie » culturelle marquée.** Le directeur américain ne croit pas au travail d'équipe dans un contexte de ventes. Il pense que c'est difficile de construire une approche intégrée de la stratégie commerciale, incluant les aspects politiques et relationnels, quand il n'y a pas de socle culturel commun sur des dimensions clés marquées par des traditions locales fortes : rôle et statut du vendeur (la société américaine est une société de la vente), prise de risques (crainte de l'échec souvent française, espoir de réussite souvent américain), approche *win/win versus win/lose* (vision des affaires comme favorisant la maximisation du profit individuel dans les cultures latines ou du profit commun chez les Anglo-Saxons), formalité ou informalité (formalisme latin ou asiatique opposé à la décontraction américaine), rapport au pouvoir (égalitarisme américain et hiérarchies latines ou japonaises), vision du temps (orientation à court terme ou à long terme), etc. En conséquence, les équipes censées appliquer un même modèle global (de management de grands comptes) ne sont pas alignées.

Les entreprises qui fonctionnent selon ce schéma sont des organisations « transnationales »[19] car elles mettent l'accent sur le réseau (la toile) d'entreprises indépendantes coordonnées à l'échelle mondiale pour créer un avantage comparatif de leurs multiples relations dans le réseau mondial : entre le siège et les filiales, mais aussi entre l'entreprise et ses fournisseurs, le marketing et ses canaux de distribution, l'entreprise et ses clients, et au sens large, l'entreprise et ses différentes parties prenantes.

La structure en réseau est donc composée d'acteurs intra- ou interorganisationnels (des nœuds, qu'ils soient des individus, des équipes, des filiales, des partenaires) liés par des relations (transactionnelles, informationnelles, de confiance, de pouvoir, etc.). Elle caractérise l'entreprise composée de plusieurs sociétés indépendantes et spécialisées dans une compétence spécifique et qui interviennent au gré des besoins[20]. C'est une forme organisationnelle considérée comme récente (dans les multinationales occidentales) mais ancienne en Asie si on regarde le modèle congloméral des *Keiretsu* japonais, des *Business Houses* indiennes ou des *Chaebols* coréens[21]. Contrairement aux organisations classiques, le réseau s'appuie sur le levier procuré par des ressources non possédées pour concevoir, produire et distribuer : l'intégration verticale n'est pas synonyme de possession de la chaîne de valeur, le problème clé est celui de son contrôle. Ainsi, l'ensemble de la chaîne de valeur tend à être externalisée et le système repose sur la coordination d'une constellation de sociétés interdépendantes par des mécanismes d'intégration autres que l'intégration capitalistique. Il permet une flexibilité optimale dans des secteurs fortement soumis aux changements rapides du marché et à un environnement turbulent, tout en minimisant les frais de structure et les coûts de transaction. Le système permet aussi de bénéficier très rapidement des ressources et des compétences des partenaires, qu'elles soient financières, industrielles, technologiques ou humaines[b].

La structure en réseau organise les processus de décision, de communication ou de contrôle non plus dans un cadre pyramidal (celui de la division internationale ou par produit) mais dans le cadre de relations horizontales : les directeurs de filiales mettent en œuvre la stratégie globale, mais participent aussi à son élaboration (ils peuvent avoir l'initiative de l'approche globale). Dans une structure en réseau, on peut difficilement faire la différence entre les managers locaux et ceux du siège. L'accent est mis moins sur la « direction » des hommes que sur la facilitation des opérations, le partage des connaissances (*knowledge management*) et l'interopérabilité des nœuds au sein du réseau.

Les structures en réseau interorganisationnels qui intègrent des acteurs extérieurs peuvent être organisées de manière souple (par exemple les réseaux aériens d'envergure mondiale comme Star Alliance, SkyTeam et One World) ou autour d'une entreprise pivot, par exemple dans le secteur du sport (Nike, Adidas)[22] et du prêt-à-porter, où Benetton est considéré comme le pionnier de l'entreprise en réseau (voir illustration 10.2).

b. Voir chapitre 3 (p. 93-94).

La nébuleuse Benetton

Illustration 10.2

Le groupe Benetton est l'archétype de « l'entreprise virtuelle » organisée « en réseau »[23]. Leader européen du secteur de l'habillement, presque toute sa chaîne de valeur est externalisée auprès de petites et moyennes sociétés indépendantes : principalement les sous-traitants, les agents et les propriétaires des mégastores. Trois types de mécanismes se substituent à l'intégration financière pour assurer le contrôle des partenaires dans la structure :

- **L'intégration logistique** (monopolisation de leurs ventes et raccordement des caisses des boutiques au système informatique Benetton pour contrôler le bas de bilan – créances, stocks, dettes et trésorerie – plutôt que le haut de bilan – capital et immobilisations).
- **L'intégration médiatique** pour promouvoir la notoriété et l'image de la marque auprès des clients (pas de communication sur les produits) et dont les bénéfices sont partagés par les membres du réseau.
- **L'intégration culturelle** par la collaboration de membres du réseau qui sont des proches solidaires de la famille Benetton (familles et amis d'abord de la région de Trévise, relations de longue date) et qui entretiennent une relation de confiance à long terme.

Grâce à l'utilisation simultanée de ces trois mécanismes d'intégration pour animer sa structure en réseau, Benetton, qui est composé de 10 000 sociétés, est bien une seule entreprise.

1.2 Contrôler et coordonner les activités internationales

Contrôle et dirigeance en milieu international

Trois territoires en interaction composent le champ de la dirigeance[24] et touchent aux problématiques du contrôle exercé par différents acteurs, à différents niveaux, de l'activité de l'entreprise internationale :

- **La gouvernance d'entreprise** (*corporate governance*). Exercée par les actionnaires et leurs représentants (conseils d'administration ou équivalent), qui sont des dirigeants-mandataires et dont le but est la création de valeur pour les investisseurs, la surveillance des dirigeants, la délimitation de leur pouvoir discrétionnaire et la transparence.
- **La dirigeance d'entreprise.** Assurée par les équipes qui gouvernent les entreprises (cadres dirigeants agissant comme noyau stratégique de la direction générale), qui orchestrent les grandes décisions du conseil d'administration et préparent leur mise en œuvre stratégique.
- **Le management et la gestion.** Exercés par les cadres supérieurs et les managers qui prennent le relais des dirigeants auprès de leurs propres collaborateurs pour assurer la qualité et la transparence de l'information des parties prenantes du comité exécutif et du conseil d'administration.

La gouvernance d'entreprise et les modalités de contrôle associées ont tendance à varier et à évoluer en fonction des contraintes posées par l'environnement économique (par exemple, la succession de crises économiques et financières depuis 2007-2008 a eu pour effet de renforcer les modes de gouvernance centralisée au sein des multinationales françaises[25]) ou du poids des traditions locales en matière de capitalisme. En France, le capitalisme est une vieille histoire de familles, et la financiarisation de l'économie n'est pas venue à bout du capitalisme familial. Anciennes (comme les familles Bettencourt, Louis-Dreyfus, Dassault…) ou nouvelles (les familles Mulliez, Arnault, Pinault…), les familles sont largement aux manettes de l'économie française[26]. En Inde, les recherches ont contrasté *l'India way*, dans le modèle de la gouvernance et de la stratégie par rapport aux entreprises américaines montrant que la version indienne est davantage centrée sur la création de valeur pour l'ensemble des parties prenantes et la poursuite de buts associés à une mission sociale de l'entreprise[27]. D'une façon générale, les modèles de gouvernance sont largement dépendants des traditions locales[28] :

- modèle familial et de sociétés affiliées dominant à Taïwan (forte concentration du capital, un comité de direction composé de membres de la famille ou de proches) ;
- modèle des investisseurs institutionnels aux États-Unis (qui conduit à une faible concentration du capital, et au recrutement de directeurs managers professionnels, extérieurs et indépendants) ;
- modèle japonais des grandes banques et sociétés affiliées comme principaux investisseurs (concentration modérée du capital, comité de direction composé de directeurs internes employés et représentants des banques, et valorisation de la fidélité à l'entreprise à long terme pour le choix des directeurs).

Par ailleurs, la **perception de la notion de contrôle n'est pas la même partout**. Elle est très culturelle, et les normes occidentales visant les outils et l'esprit des outils restent difficilement compréhensibles et applicables immédiatement dans d'autres contextes, notamment en Asie[29]. Au sens anglo-saxon du mot, le contrôle est un outil de gestion à court terme, davantage tourné vers l'action que vers l'information. Il vise à suivre de façon rapprochée dans le temps la mise en œuvre des actions décidées dans le cadre de la stratégie. Dans d'autres contextes culturels, où l'information a d'abord valeur de pouvoir, le monde latin en particulier, le terme de « contrôle » est souvent compris dans sa forme autoritaire et coercitive. En Allemagne, on exprime très nettement de la méfiance à l'égard du contrôle qui rigidifie les structures organisationnelles et fige les idées (voire les idées fausses) de leurs membres. On emploie plus volontiers le terme de « coordination », de connotation plutôt positive et interactive, que celui de contrôle[30]. En Chine, certaines valeurs confucéennes influent sur le processus de contrôle de gestion (voir illustration 10.3).

Contrôle et relations siège/filiales

À l'international, le contrôle va porter en particulier sur les filiales de l'entreprise à l'étranger, encore le plus souvent situées dans la Triade, malgré leur fort développement dans les économies émergentes. La dispersion grandissante des activités est susceptible de rendre la gestion des relations siège/filiales plus complexe dans la mesure où la multinationale est amenée à coordonner des entités dans des pays éloignés, dont l'environnement culturel, économique et institutionnel, peut présenter de fortes différences avec son pays d'origine[31].

Illustration 10.3

Valeurs confucéennes et contrôle de gestion en Chine

De nombreuses études ont montré l'impact de la culture nationale ou régionale sur la conception et la mise en œuvre d'un système de contrôle de gestion[32]. En Chine, il faut d'abord noter que le terme de « contrôle de gestion » n'est guère traduit dans les entreprises et reste exprimé en chinois par *guanli cuaiji*, littéralement « comptabilité de gestion », qui ne sépare pas les fonctions financières et comptables et qui est gérée par un « département comptable et finance ». Les entreprises chinoises sont typiquement des organisations de taille moyenne à grande, principalement contrôlées par le gouvernement local et gérées par des directeurs souvent liés au Parti communiste. Avec la diffusion des outils de gestion plus sophistiqués (comme le *Balanced Scorecard*) venus s'ajouter aux outils traditionnels (de contrôle budgétaire et de *reporting* financier), à première vue, les entreprises chinoises semblent disposer des mêmes outils de gestion que les entreprises internationales. Pourtant, les pratiques de gestion restent différentes en raison des valeurs confucéennes qui influencent le système de contrôle de gestion à deux niveaux au moins[33] :

- **En jouant elles-mêmes le rôle de mécanismes de contrôle.** Le contrôle par la hiérarchie ou, plus généralement, le contrôle implicite par le respect des règles sociales (séniorité notamment) est exercé naturellement (contrôle par la culture). Respecter ces valeurs est d'autant plus important pour les employés que les normes sociales de loyauté, de confiance, d'ancienneté sont prises en compte dans la gestion de leur carrière (par exemple, la loyauté au Parti communiste et aux supérieurs en particulier est un critère important pour la promotion).
- **En affectant différemment les phases habituelles du processus de contrôle** (préparation, pilotage et évaluation du contrôle). En phase de préparation, des résistances peuvent apparaître dans les équipes car le nouveau système, souvent plus impartial, pourrait faire perdre les relations interpersonnelles privilégiées et donc réduire leur pouvoir. En phase de pilotage, plusieurs caractéristiques culturelles peuvent faciliter ou entraver le partage de l'information informelle (le respect de la face, le respect de la différence hiérarchique). En phase aval, l'évaluation de la performance et de la personne est également influencée par des valeurs culturelles où l'évaluation porte moins sur la performance économique que sur la « performance sociale » (le comportement et les attitudes de la personne). Pour un collaborateur, la loyauté envers son supérieur, l'éthique de la personne et les rapports sociaux sont plus importants que la réalisation de sa performance économique.

Si la notion de contrôle est inhérente au fonctionnement de l'entreprise dès qu'il y a délégation des tâches et des responsabilités, elle l'est encore plus à l'échelle internationale. Elle recouvre en pratique différents objectifs qui vont s'appliquer aux filiales[34] : le contrôle stratégique (suivi des choix stratégiques à moyen et à long terme) et le contrôle en matière de RSE (engagements en faveur de la responsabilité sociale et environnementale de l'entreprise), le contrôle de gestion (suivi des plans opérationnels par le contrôle des résultats par rapport aux standards et par le contrôle budgétaire qui compare les dépenses réalisées aux dépenses prévues) et le contrôle d'exécution (suivi du bon déroulement des tâches de routine par le respect des procédures et des règles de fonctionnement ou l'audit marketing).

À l'origine du système de contrôle se trouve le siège qui va définir des relations siège/filiales propres aux formes de coordination différentes (voir illustration 10.4).

Illustration 10.4

Trois types de siège dans les multinationales françaises

Une étude sur dix multinationales françaises a montré l'existence de trois types de rôles du siège[35]:

- **Interventionniste.** Siège très présent, forte centralisation et relations entre les filiales limitées. Les liens dans le groupe se font principalement dans le sens du siège vers les filiales, par les cadres dirigeants ou par la socialisation entre équipes du siège et personnel local. Les relations latérales sont inexistantes et la circulation des connaissances, lorsqu'elle existe, se fait uniquement dans le sens de la France vers les autres pays. De plus, les filiales sont traitées de manière uniforme. Quatre multinationales ont développé ce type de rôle du siège (France Télécom, Eurovia, Alpha et Oméga).
- **Modérateur.** Les relations se caractérisent par une absence d'intervention du siège, par une organisation où les filiales sont incitées à avoir des liens directs, sans passer par lui. Les relations dans le groupe sont alors multiples et s'opèrent dans tous les sens. La coordination se fait par la socialisation ou par le mode bureaucratique, mais dans des relations latérales fortes, notamment en matière de circulation des connaissances. Ces multinationales fonctionnent comme un réseau (cas de Vinci Énergies et de Thales).
- **Relais.** Le siège est au centre de l'organisation et les groupes se caractérisent par de fortes relations siège/filiales et filiales/siège. Les liens entre les filiales passent toujours par le siège qui fait la navette entre elles. La coordination se fait par la socialisation ou par le mode bureaucratique, mais le transfert de connaissances passe par des acteurs du siège et non par des relations latérales en direct. Quatre firmes ont développé ce type de rôle du siège (Schneider Electric, Publicis, Air Liquide et Accor).

Enfin, la coordination par les résultats (relations de consolidation financière entre le siège et les filiales) est présente dans les dix multinationales étudiées avec une forte pression sur les résultats, soulignant le poids fort des marchés financiers dans le rôle du siège vis-à-vis des filiales.

Le système de contrôle des filiales dépend en pratique de nombreux facteurs, notamment l'importance des opérations réalisées à l'étranger, la spécialisation des cadres dirigeants (qui facilite la mise en place d'un système étendu de contrôle et d'évaluation des performances), et les langues (les filiales dont la compétence linguistique dans la langue du siège est faible font l'objet d'un contrôle plus important par centralisation des décisions et formalisation des règles et procédures)[36].

Contrôle des performances en marketing international

La performance marketing dépend de nombreux facteurs propres à l'entreprise comme à son environnement au sens large. Mais l'importance des coûts commerciaux, les distances psychiques et l'ampleur des investissements engagés en études, en distribution ou en communication à l'étranger ont accru le besoin de contrôler le marketing à l'échelle internationale. Partie intégrante du système d'information global, le système de contrôle des activités de marketing international n'échappe pas aux questions classiques du contrôle marketing, même s'il en soulève de nouvelles liées au caractère spécifique des opérations à l'étranger[37].

Trois familles de contrôle s'appliquent au marketing international et sont combinées suivant les cas[38] :

- **Par le marché.** Ce sont les parts de marché et les niveaux de prix par rapport à la concurrence.
- **Par les procédures.** Les mécanismes administratifs et hiérarchiques (normes, procédure, règlements, politique, standardisation des activités, définition précise des postes et des budgets) mis en place pour garantir que les responsables marketing locaux et leurs collaborateurs adoptent le comportement adéquat pour atteindre les objectifs fixés.
- **Par la culture d'entreprise.** Il s'agit des valeurs, normes, traditions, croyances et rites partagés. C'est un contrôle particulièrement utilisé au sein des structures internationales élargies dont le besoin de cohérence est accru.

L'établissement d'un système de contrôle dans chaque famille peut s'appuyer sur **quatre mécanismes principaux, formels ou informels**, qui doivent faciliter l'alignement des filiales sur les objectifs marketing fixés par l'entreprise :

- le degré de centralisation de la prise de décision, défini par l'endroit où elle a lieu ;
- la formalisation impersonnelle des règles, politiques et procédures ;
- le contrôle des résultats : mesures de performance diverses remontées des filiales au siège ;
- la socialisation : processus qui permet l'intégration des normes et pratiques communes dans les filiales et entre elles et se trouve facilité par l'envoi d'expatriés, les visites ou le travail en équipe.

In fine, la performance marketing se mesure par le volume des ventes, le chiffre d'affaires, la part de marché et la marge réalisés, mais il ne faut pas oublier les indicateurs plus qualitatifs (comme la fidélité de la clientèle ou la valorisation du capital image de marque). Afin d'être réalistes, les standards ne doivent pas être établis à partir d'une simple transposition des données budgétaires de la maison mère, ce qui risque de conduire à sous-estimer les dépenses et à surestimer les revenus prévisionnels. Ils doivent intégrer les données locales et faire l'objet d'une validation (dans le cas d'un management décentralisé) et d'une acceptation par les responsables locaux (dans le cas d'un management centralisé).

Un aspect essentiel du contrôle est **l'établissement du système de communication dont le *reporting* constitue le point central**. Un ensemble de données doit être régulièrement collecté et envoyé à des niveaux régionaux ou centraux qui les analyseront. Le système de *reporting* renvoie d'abord, à l'ensemble, des rapports automatiques qui informent à période fixe, sur les principales données économiques, commerciales et comptables des filiales issues directement de données opérationnelles : prises de commandes, facturation et expéditions, rapports de production, rapports de visites des commerciaux, ventes saisies directement chez les distributeurs. On cherche ici autant la rapidité (le temps réel de plus en plus souvent), que la fiabilité des données (vérifiée par la convergence de diverses sources ou méthodes de collecte). À côté du *reporting* automatique, l'entreprise doit obtenir des informations de sources très variées, particulièrement à travers les audits réguliers ou ponctuels des filiales, mais aussi à travers les distributeurs partenaires de l'entreprise (liés par des systèmes informatiques d'échange de données électroniques), les clients (liés par des accords d'information mutuelle privilégiée), et les instituts d'études spécialisés dans la fourniture de données sur la consommation ou la distribution (Nielsen ou GfK par exemple).

Le *reporting* doit également s'adapter aux différents destinataires (directeur du marketing, directeur de division produits ou pays, chefs de produits ou de marques, responsables de grands comptes…) et avoir plusieurs périodicités de production (quotidienne, hebdomadaire, mensuelle, trimestrielle, annuelle…). Sa fréquence et sa quantité d'informations sont plus importantes pour les marchés stratégiques que pour les autres, mais il doit, dans son détail, permettre la consolidation des comptes entre entités du groupe. C'est une opération complexe qui, au niveau d'un groupe international, nécessite l'emploi d'une équipe de spécialistes à plein-temps, et le recours à des cabinets de conseils spécialisés sur plusieurs mois, voire quelques années.

Malgré leur évidente nécessité, les techniques de *reporting* international ne sont pas dénuées de problèmes :

- Il peut être difficile de définir la performance d'une filiale si des décisions centralisées destinées à optimiser la performance globale (par exemple une modification de prix de cession interne liée à une raison fiscale) ont une influence défavorable sur elle.
- Les différences d'environnement au sens large (inflation, comparabilité des coûts, des méthodes comptables…) peuvent faire substantiellement varier l'évaluation de la performance d'une filiale.

2. Manager les équipes internationales

Au sein des structures d'organisation multinationales, les activités de marketing reposent sur un certain nombre de personnes interdépendantes, d'origines culturelles variées, qui travaillent en équipe pour atteindre des objectifs communs lors des grandes étapes du développement international : pénétration initiale des marchés, expansion locale et marketing global. Le management en est le moteur et se définit comme le processus par lequel des résultats sont obtenus de façon efficace et performante, *via* et avec autrui[39]. Il consiste en un système de fonctions – communication, planification, direction, formulation de stratégies, prise de décision, contrôle, motivation, innovation, recrutement, promotion… – qui permettra de déterminer et d'atteindre des objectifs grâce à la mise en œuvre de ressources variées.

Management et organisation sont intrinsèquement liés car :

- De la qualité du management vont dépendre le degré de réalisation des objectifs de l'organisation et son adaptation au monde extérieur (aspects techniques, commerciaux et financiers, et maîtrise des aspects humains, structurels et culturels des organisations). Or depuis le début des années 1960, l'impact de la diversité culturelle sur le comportement des hommes dans les organisations a fait l'objet de nombreuses recherches amenant à la conclusion d'une convergence (très) limitée.

- Le rôle de l'expérience organisationnelle acquise avec l'engagement international croissant (école suédoise d'Uppsala où l'entreprise se développe pas à pas en acquérant, intégrant, utilisant progressivement ses connaissances sur les marchés pour en réduire l'incertitude)[40] souligne le lien total entre ressources humaines accumulant des connaissances et un apprentissage organisationnel des marchés étrangers.
- Ce modèle a été récemment complété par la reconnaissance que les marchés sont constitués de réseaux de relations plus que de transactions entre partenaires indépendants, l'internationalisation imposant d'en faire partie. Les relations au sein des réseaux offrent un potentiel d'apprentissage, mais aussi de création de confiance et d'engagement, ces deux aspects représentant des préconditions de l'internationalisation[41].

2.1 Les enjeux du management des équipes internationales

Diversité des équipes internationales

L'entreprise internationale est donc fondamentalement une organisation apprenante (*learning organization*). Les capacités qu'elle a pour faire valoir et enrichir ses ressources en termes de connaissance et de savoir-faire quand elle se développe sur les marchés étrangers s'accroissent particulièrement dans deux domaines :

- **La connaissance des marchés.** Il s'agit de l'information sur les marchés étrangers, et sur les façons d'y conduire les opérations, qui est stockée et en partie récupérable dans les esprits des individus, les mémoires des systèmes d'information et les rapports écrits.
- **Les connaissances expérientielles.** Elles ne s'acquièrent que par l'expérience – chaque fois spécifique – sur les marchés étrangers (par rapport aux connaissances objectives qui peuvent être enseignées et donc transférées d'un individu ou d'un marché à l'autre), et dont la capitalisation est essentielle (*knowledge management*) mais rendue plus difficile du fait de la dimension tacite de ces connaissances

Désormais, les équipes homogènes sont l'exception et les équipes composées de personnes d'origines nationales, professionnelles ou d'entreprises différentes, le cas général. C'est pourquoi la gestion des équipes multiculturelles constitue un enjeu important pour les entreprises. Les équipes internationales peuvent avoir plusieurs caractéristiques ayant des répercussions sur la dynamique managériale de l'équipe[42] (leur objet, le profil de leurs membres, leurs modes d'interaction dans le temps et leur contexte institutionnel) :

- **Les équipes de coordination stratégique** (comme les comités des directeurs de filiales) composées des représentants d'entités nationales. Leur objet est d'assurer la cohérence des actions locales dans un contexte institutionnel ou chaque membre défend ses intérêts. Ces équipes sont permanentes et interagissent périodiquement.
- **Les équipes de gestion d'unités mixtes** (gestion d'une alliance ou d'une coentreprise) composées de deux groupes nationaux équilibrés. Leur objet est la gestion quotidienne

des opérations ; les clivages nationaux recouvrent les clivages organisationnels. Ces équipes sont permanentes et leur interaction quotidienne pour définir le *modus vivendi.*

- **Les interactions siège/filiales** (responsable local en relation avec un homologue du siège) composées de gestionnaires en position d'interface au siège et dans les filiales. Leur objet est la communication entre les deux entités dans un contexte de tension entre autonomie et contrôle. Les interactions se font généralement à distance et de façon permanente.
- **Les projets de développement** (de conception et développement de produits) portés par des équipes aux nationalités, entités et métiers multiples. Leur objet est la conception de nouveaux produits destinés à un marché international dans un contexte de fortes contraintes de coûts, qualité, délais. Les interactions sont étroites et quotidiennes, en face à face ou à distance, dans le cadre temporel du projet.
- **Les équipes partageant le même métier** (équipes de recherche) composées de nationalités multiples dont l'objet est la collaboration d'experts du métier. Leurs interactions alternent face-à-face et travail à distance.
- **Les services export** (relations client/fournisseur) où des nationaux sont en contact avec des clients étrangers pour la négociation commerciale et l'élaboration de contrats internationaux. Les interactions sont des contacts physiques et à distance, dans une relation qui peut être ponctuelle ou durable.
- **Les « immergés » dans une équipe homogène** (un service d'une entité nationale comprenant quelques étrangers), dont l'objet est variable selon la nature de l'équipe et qui fonctionne dans un cadre institutionnel inscrit dans l'environnement local. Les interactions sont locales et la durée de l'équipe variable selon les cas.

L'impact des différences culturelles

Dans le champ fonctionnel du marketing, les équipes internationales les plus fréquentes sont celles concernées par les interactions siège/filiales, les projets de développement, les équipes d'experts, les services de la relation client (export, gestion de grands comptes), tandis que les immergés sont plus occupés à des services marketing à l'étranger, souvent dans le cadre d'un parcours RH déterminé. Les problèmes interculturels seront en partie spécifiques, mais ils recouvrent des réalités communes qui s'illustrent bien dans le cas des équipes internationales de développement de produits (voir approfondissement 10.2).

Approfondissement 10.2

Les défis interculturels du management des équipes de développement mondiales

Le directeur général de Renault Samsumg Motors s'exprime au sujet de la communication entre ingénieurs français et coréens[43] : « Nous avons un problème de communication entre les entités. Quand des décisions sont à prendre sur une plateforme qui concerne plusieurs pays, les différences culturelles jouent. Les gens s'expriment de manière différente, ont des modes de pensée différents, posent les problèmes de façon différente et ne se comprennent pas. Tous les jours, des ingénieurs de Renault me disent que les Coréens ne veulent pas faire ce que demandent les Français. C'est faux, mais en Asie, tant que les gens ne savent pas précisément ce qu'il faut faire, ils ne font pas. Quand cela est compris, on peut mieux fonctionner ensemble. »

Approfondissement 10.2 (suite)

Une étude menée sur plus de dix ans auprès de 300 équipes issues de 230 entreprises américaines, européennes et mexicaines travaillant dans une variété de secteurs (industriels mais aussi de grande consommation) confirme l'existence de quatre défis interculturels qui devront être relevés par le chef de projet international[44] :

- Les membres de l'équipe ont des langues différentes et la maîtrise de l'anglais est variable. Les enjeux portent sur la communication au sein de l'équipe et la définition d'une terminologie commune et claire.
- Les membres ont des bagages culturels différents. Il est important de développer la sensibilité interculturelle pour identifier les règles culturelles de l'interaction au sein de l'équipe et définir le mode opératoire valide pour le travail en équipe.
- Les membres vivent et travaillent dans différents pays. Les enjeux sont ceux de leur synchronisation physique : ils peuvent être en décalage horaire et travailler à distance, parfois sans jamais se rencontrer physiquement (*virtual teams*).
- Les membres appartiennent à différentes organisations. Le chef de projet a intérêt à sélectionner ceux qui disposent d'un bon réseau social et qui sont capables de se lier facilement hors de leur entreprise d'origine.

2.2 Les répertoires culturels de la communication

La communication commerciale internationale[c] se complète d'actions multiples de communication interpersonnelle avec des cultures diverses. Les liens entre cultures et styles de communication ont été étudiés dans le champ de la communication interculturelle où la culture agit à plusieurs niveaux[45].

- Émetteur et récepteur ne partagent pas forcément les mêmes codes de communication (verbaux et non verbaux), ce qui conduit à des problèmes d'encodage/décodage des messages à partir de répertoires de significations différents, non synchronisés (même quand l'anglais langue étrangère est utilisé par les deux parties comme seule base de discussion possible).
- On note une préférence culturelle pour utiliser les canaux verbaux ou non verbaux, et écrits ou oraux, pour exprimer certains messages.
- Les styles de rétroaction (*feedback*) sont largement culturels (ajustements du récepteur vis-à-vis de l'émetteur).
- Les mécanismes de perception interculturelle (l'ethnocentrisme, l'attribution, les interférences – ajout ou suppression d'information –, et la projection) augmentent le niveau de bruit dans la communication.

Culture et communication : le rôle du contexte

Le rôle du contexte dans la communication est fondamental et largement admis, mais son fonctionnement demeure subtil. « Aucun mode de communication n'est jamais totalement

c. Voir chapitre 8 (p. 294-325).

indépendant d'un contexte, et toute signification se définit par une importante composante contextuelle[46] » (p. 74). Pour Hall, ce n'est pas tant le code linguistique qui pose problème, que le contexte qui porte en lui divers degrés de signification[47].

Le contexte porteur de significations culturelles. Sans le contexte, qui renferme une partie du message, le code se révèle incomplet. Cela peut s'appliquer aussi bien aux codes verbaux (langues) que non verbaux (gestes, postures, regards, mimiques, toucher…). Le contexte et le sens sont inextricablement liés. On peut dire que le contexte recouvre l'ensemble des codes et des mécanismes d'interprétation d'origine culturelle, préprogrammés chez les individus, et qui permettent la compréhension d'un message. Le contexte, c'est l'information « contenue » à deux niveaux dans la situation de communication :

- **Dans le contexte interne.** Ce sont les informations véhiculées par les caractéristiques des individus (âge, sexe, vêtements, statut social, apparence physique…). Certaines sont volontaires, d'autres pas, mais toutes sont codées par la culture de l'émetteur et décodées par celle du récepteur, chacun disposant de ses propres grilles d'interprétation. Ainsi un interlocuteur jeune peut être considéré comme peu crédible dans certains pays (au Japon ou en Corée par exemple), car manquant d'expérience ou d'autorité, alors que dans d'autres contextes culturels l'inverse sera vrai : un homme âgé sera considéré comme dépassé et donc peu crédible, cela en tant qu'*a priori* culturel inconscient de jugement des autres, et donc indépendamment de toute caractéristique objective.
- **Dans le contexte externe.** L'information est véhiculée par tout ce qui fait l'environnement dans lequel la situation de communication s'insère et qui est porteur de multiples significations (lieux, moments, enjeux de la communication, circonstances…). Par exemple, la taille du bureau et son luxe ne sont généralement pas des éléments qui marquent l'importance d'un homme d'affaires en Arabie Saoudite ou en Inde, là où aux États-Unis ou en Europe le lien est assez fort.

Les styles de communication culturels. Dans une communication faisant une forte référence au contexte, une partie essentielle de l'information s'y trouve, tandis que la partie restante de l'information est transmise dans la composante explicite du message. Inversement, dans une communication à contexte faible, une part essentielle de l'information pertinente pour décoder le sens des messages se trouve dans le code explicite. On peut ainsi construire une grille où se positionnent les cultures en fonction de leur style de communication préféré (voir figure 10.5).

Les cultures au style de communication explicite se situent au départ des axes (Anglo-Saxons, Germains et Scandinaves) où on communique à peu près tout le temps de la même manière (c'est-à-dire de façon relativement « décontextualisée » au sens de Hall). La communication explicite suppose une recherche de précision dans l'aspect verbal de la communication et une confiance qui se scelle vraiment sur la base de l'écrit. À l'autre extrémité des axes, on trouve le Japon et l'Asie en général, où le contexte est intrinsèquement pris en compte dans la communication, y compris dans le code verbal. Par exemple, les formules de politesse s'expriment dans des formes verbales qui vont changer sensiblement et sur un registre très nuancé (plus d'une vingtaine de formes en japonais) suivant l'âge, le sexe, la position sociale de l'interlocuteur, et la position relative émetteur/récepteur.

En Corée comme au Japon[48], l'identité même se définit de manière contextuelle : ne serait-ce que grammaticalement, la langue japonaise offre au sujet la distinction entre plusieurs « je ».

« Je » se détermine en fonction de son ou de ses interlocuteurs. En particulier, de nombreuses formules sont liées au sexe et, d'une certaine manière, la langue japonaise est largement sexuée (il existe en japonais « des hommes » et « des femmes »). Le sujet doit aussi recomposer constamment l'affirmation de son identité selon qu'il s'adressera à un supérieur, à des camarades de travail ou à ses intimes.

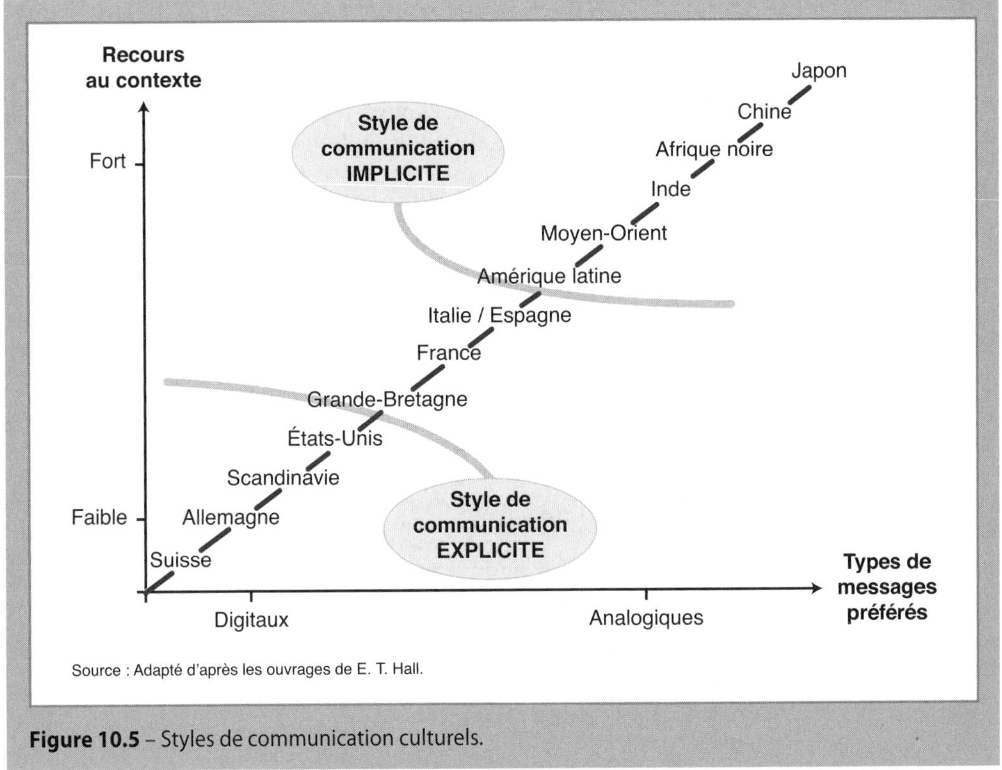

Figure 10.5 – Styles de communication culturels.

Toute personne d'une culture à contexte fort, dont font partie également les cultures moyen-orientales, africaines et latines, ne pourra communiquer qu'avec une relative bonne connaissance de son interlocuteur. Une relation assez fortement dépersonnalisée la mettra mal à l'aise et la gênera dans la communication. Il en ira ainsi d'un homme d'affaires américain qui, venant discuter d'un contrat important sur trois jours, rentre dans le vif du sujet très rapidement et souligne le temps limité pour discuter et la nécessité de se concentrer sur « l'essentiel ». Une série de malentendus peut surgir sur ce qui est vraiment essentiel : se connaître d'abord pour la personne à contexte élevé, discuter tout de suite, économiquement et rationnellement, d'un projet qui peut être commun mais qui pourrait aussi bien intéresser d'autres partenaires, pour la personne à contexte faible.

Les Français ont un style de communication hybride. Ils utilisent, selon les situations, les caractéristiques de la communication explicite (précision et rationalité de l'argumentation) ou de la communication implicite (les Français « entendent plus que ce qui est dit », « la carte n'est pas le territoire »). Si l'e-mail et le développement des valeurs d'égalitarisme ont incontestablement modifié ces dernières années le degré de formalisme de la communication écrite des Français (c'est le fameux « cordialement » utilisé très souvent), il reste que dans les situations importantes, les Français gardent cette sensibilité au contexte et auront intuitivement le sentiment de devoir y ajuster leur style de communication.

Le repérage des niveaux de contexte pertinents. Trois questions font l'objet d'un examen attentif avant toute interaction de communication interculturelle :

- Quels sont les éléments du contexte qui sont importants ?
- Comment agissent-ils sur l'interprétation des messages ?
- Comment l'utilisation des éléments du contexte change-t-elle selon les situations d'interaction (en particulier en situation intra- ou interculturelle) ?

Dans l'analyse, on peut d'abord partir du fait qu'il faut « donner du contexte » aux cultures implicites (leur donner du temps pour bâtir une relation, faire un suivi relationnel et pas seulement technique des contrats…), et « minimiser le contexte » avec les cultures explicites (répondre aux besoins de clarification, de rapidité et d'économicité du temps, de faible personnalisation des relations d'affaires…). On peut aussi s'appuyer sur certaines observations généralement associées au déploiement des styles de communication explicites et implicites (voir tableau 10.1).

Tableau 10.1 : Caractéristiques dominantes associées aux styles de communication culturelle en fonction du contexte

Caractéristiques	Communication explicite à « contexte pauvre »	Communication implicite à « contexte riche »
Communication	Précision Logique Analyse Centrée sur la tâche Orientée par la réalisation des objectifs Parole	Ambiguïté Sentiment Synthèse Centrée sur les relations Orientée par le respect du protocole et des objectifs Silence
Contrat	Une fin en soi Ne doit pas évoluer Perspective à court terme	Un début de relation Peut évoluer avec la relation Perspective à long terme
Rapport au pouvoir	Égalitaire Centré sur l'expertise et le faire	Hiérarchique Centré sur le statut et les relations dans le groupe
Rapport aux autres	Individualisme	Communautarisme
Rapport aux règles	Universalisme Gestion juridique des conflits	Particularisme Gestion par compromis et médiation
Rapport au temps	Strictement économique Temps pénurie Gestion monochronique	Le temps n'est pas que de l'argent Temps abondant Gestion polychronique
Rapport à la confiance	Écrit Verbal	Oral Non verbal

Culture et communication verbale

Dans l'analyse des liens entre culture, communication et recours au contexte, il est utile d'approfondir les deux dimensions constitutives de la communication : la communication verbale et non verbale.

Les différences linguistiques ont un fort impact sur la conduite de la négociation[49] et, d'une façon générale, elles constituent des barrières fondamentales à la communication au sein des équipes internationales. L'illusion est forte de la langue commune de l'anglais comme langage commun en affaires (*international business language*) doublé de la langue *corporate* (*corporate language*). Cette illusion est partagée par les élites managériales formées largement en anglais dans des MBA relativement standardisés. Or, suivant la distinction de Chomsky[50], si les responsables internationaux parlent évidemment anglais, leur compétence linguistique n'est pas garante de leur performance linguistique, c'est-à-dire de l'usage qu'ils en font dans les situations concrètes :

- La performance linguistique est en réalité de nature « sociolinguistique » et fait référence à la capacité des individus à interpréter la signification sociale de la langue et à répondre de façon appropriée dans les différents contextes d'interaction qu'ils rencontrent. C'est en fait la maîtrise des routines de langage, des stratégies du discours et des rituels qui est déterminante (les réunions, les e-mails, les appels, les discussions dans les occasions publiques, etc.)[51].
- La performance sociolinguistique favorise la socialisation, la créativité et la solidarité émotionnelle des équipes. Elle est difficile à acquérir sans expérience de l'expatriation.

La communication verbale reflète également les grandes orientations de valeurs de la société[d] : le rapport au pouvoir (communication respectueuse des critères associés au pouvoir comme la séniorité), le rapport aux règles (communication plus explicite pour les universalistes), le rapport aux affects (communication plus explicite chez ceux qui ne masquent pas leurs affects), le rapport aux autres (communication plus implicite pour les communautaires), etc. Par exemple, la valeur d'harmonie sociale, primordiale dans les cultures communautaires, en particulier asiatiques, favorise l'utilisation de formules verbales qui ne viennent pas rompre l'harmonie entre les individus. Ainsi la difficulté de très nombreuses cultures implicites à dire simplement « non », le non explicite et sans ambiguïté. Les Asiatiques orientaux (monde sinisé à l'est de l'Inde) sont particulièrement respectueux dans leur style de communication verbale de la valeur d'harmonie sociale, et on identifie de multiples manières différentes (une quinzaine en japonais) d'éviter de dire non : le silence, la contre-question, la réponse vague, les excuses… et surtout l'usage du « non » formel réservé exclusivement au remplissage de formulaires administratifs, mais qui n'est jamais utilisé dans la conversation courante. Inversement pour les Japonais, un « oui » signifie le plus souvent « j'entends bien » (je vous ai compris), sans forcément préjuger d'un accord. De façon générale, les cultures au style de communication implicite valorisent le plus souvent la communication verbale indirecte : on prendra des détours, on prendra du temps, on s'appuiera sur les éléments de situation pour communiquer du sens.

---

d. Voir chapitre 9 (p. 344-359).

Enfin cultures et communication verbale s'expriment dans les styles rhétoriques utilisés, notamment dans les réunions de travail ou les négociations, et peuvent utilement être représentées par de petits schémas qui insistent sur la forme privilégiée du discours verbal, écrit et oral (voir figure 10.6).

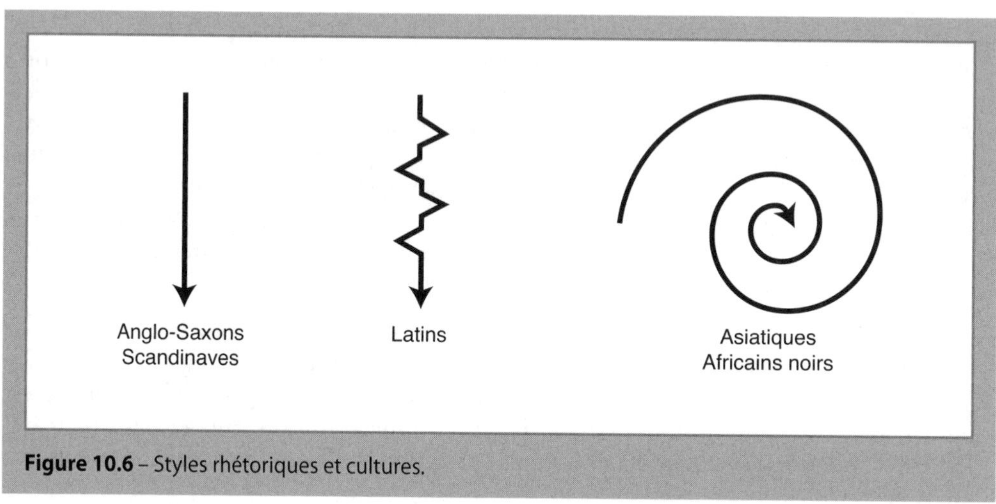

Figure 10.6 – Styles rhétoriques et cultures.

La forme linéaire est celle qui encadre généralement la communication occidentale majoritairement explicite, mais où les Anglo-Saxons, les Germains et les Scandinaves ont tendance à être plus directs que les Latins. Ces derniers valorisent positivement les digressions fréquentes par rapport à ce qui fait le cœur du discours, mais on y revient toujours (en se demandant souvent « Qu'est-ce qui nous a amenés à parler de cela ? »). Les paroles peuvent aussi se chevaucher entre interlocuteurs latins, donnant l'impression d'un brouhaha inorganisé. Dans le monde de la communication asiatique et d'Afrique noire à contexte riche, les individus ont tendance à avoir un style rhétorique plus circulaire par lequel on progresse peu à peu vers le centre du propos (style du *story telling* africain). Du point de vue des linéaires, le style rhétorique circulaire est le plus souvent mal vécu, car synonyme d'ambiguïté, de consommation inutile de temps (économique) et d'une volonté (attribuée) de tourner autour du pot (et donc de cacher l'essentiel).

La gestion des interactions verbales de communication interculturelle peut être très difficile dans le cas de styles rhétoriques très différents (linéaires *versus* circulaires). Les styles rhétoriques sont souvent mal interprétés, ce qui peut avoir des conséquences sociales négatives comme considérer l'orateur comme non crédible ou non coopératif.

Culture et communication non verbale

Tout comme la communication verbale, et peut-être davantage encore, la communication non verbale est enrobée et investie de références et de significations culturelles. Acquis dans la prime enfance, les comportements non verbaux, très imprégnés dans la mémoire collective, sont largement inconscients et très difficiles à modifier[52].

On peut distinguer **trois catégories de comportements de communication non verbale** :

- Le langage du corps lui-même et des expressions sensorielles : symbolisme des mouvements, des gestes, des postures (assises, debout), des expressions faciales (sourire et regard), des expressions des mains, des touchers, des distances interpersonnelles considérées comme normales…
- Le langage des objets manipulés : symbolisme des vêtements (un cadre français devant visiter son client japonais à la suite d'une série de problèmes de livraison emportait son « costume d'excuse », neutre, gris, triste), des cosmétiques, des atours et d'autres choses utilisées dans leur fonction de communication (le stylo, la voiture, la carte de visite, etc.).
- Le langage de l'environnement de la communication : parfums, éclairages, couleurs, moments, lieux… (taille du bureau, place attribuée dans les repas et réunions, moment propice…).

Les postures corporelles sont une source infinie de malentendus et cela commence souvent avec les rites de salut qui ont tous une composante de nature non verbale : accolades, embrassades, inclinaisons tête-corps, serrement de main, échange de cartes de visite…, chacun de ces gestes pouvant lui-même varier selon des répertoires de salut d'une grande diversité. La survalorisation du premier contact en communication rend la compréhension des rites de salut importante pour construire une relation future. Cela ne signifie pas nécessairement qu'il faille adopter les rites de salut de ses partenaires (le salut japonais est très difficile à manier pour des Occidentaux puisque très contextuel), mais simplement qu'il faudra être sensible au décodage du comportement non verbal (de l'autre par soi et du sien par l'autre) pour éviter les impairs élémentaires qui feraient basculer le comportement dans les zones des interdits ou de la grossièreté (par exemple, tendre sa carte de visite brutalement à un partenaire asiatique sera le plus souvent interprété comme un signe de négligence de la personne vis-à-vis d'elle-même, et donc de son interlocuteur).

Les rituels de dons de cadeaux relèvent aussi des codes de communication non verbale. Certaines cultures font un usage abondant et très codifié des dons de cadeaux (Japon et Asie au sens large) quand d'autres y voient des actes de corruption potentielle (États-Unis notamment). Quoi ? Offrir à qui ? Quand ? Comment ? Pourquoi ? Autant de questions à examiner tant il est vrai que le don bien manié permet de rapprocher les partenaires de l'échange et de renforcer les relations d'affaires (voir approfondissement 10.3).

Si l'on ne dispose pas vraiment de dictionnaire du langage non verbal au sens strict, tout au plus de guides plus ou moins complets[53], il faut chercher d'autres moyens d'information. Il faut avoir la curiosité de s'informer directement auprès des relais locaux sur le symbolisme non verbal, d'observer des leaders d'opinion locaux dont le comportement est socialement approuvé (politiciens, artistes, chefs d'entreprise…), de se rapprocher de locaux qui clarifieront les subtilités de l'univers non verbal local (*find yourself a buddy*), ou d'aller au cinéma.

Approfondissement 10.3

Les cadeaux d'affaires dans les relations commerciales internationales

Le cadeau d'affaires est une pratique institutionnalisée à travers le monde dont l'objet est de marquer l'attention portée à son interlocuteur. En Asie, les règles qui le régissent sont extrêmement codifiées, l'échange de cadeaux joue un rôle important dans la vie sociale et commerciale. Au Japon, la coutume veut qu'au beau milieu de l'été (*shugen*) et au premier de l'an (*seib*), on remercie ses supérieurs et collègues par des cadeaux dont la valeur peut atteindre plusieurs centaines d'euros. La valeur de réciprocité peut entraîner une surenchère, l'usage voulant que l'hôte rende la pareille. Les Japonais apprécieront les cadeaux griffés au nom des grandes marques avec un logo voyant. L'objet est remis discrètement des deux mains avec une légère inclinaison, au début ou à la fin de la visite. L'hôte le range avec sérénité car on n'ouvre jamais un cadeau en public. L'emballage a beaucoup d'importance, notamment les matières et la couleur (par exemple le rouge, couleur de la chance). Il est déconseillé de faire des cadeaux un 4 ou un 9 du mois, chiffres dont les syllabes évoquent la mort et la souffrance.

2.3 Les répertoires culturels de la gestion du temps

Après la communication, toute personne chargée du management devra gérer le temps[e]. Nous abordons ici la gestion de l'action dans le temps et la projection dans les grands horizons temporels en fonction des cultures.

Le temps de l'action

Cette dimension concerne la relation entre temps et réalisation des activités. Dans leur usage du temps, les cultures peuvent fonctionner de deux manières[54] :

- **Monochronique.** La préférence va à une action à la fois et à une activité subordonnée au temps (si elle n'est pas terminée dans la plage horaire prédéfinie, on aura tendance à reporter la tâche plutôt que le planning). Le temps monochronique est le temps traditionnel anglo-saxon, germain et scandinave, dont le pouvoir normatif en management est extraordinairement puissant (les séminaires de gestion du temps sont un exemple de diffusion de ce modèle idéal d'utilisation du temps en management).
- **Polychroniques.** C'est la tendance à faire plusieurs choses en même temps, à accepter facilement les interruptions, et à subordonner le temps à l'activité en fonction de l'importance (hiérarchique ou affective) des situations, des enjeux, des personnes…

On admet que les Latins, les Africains et les Orientaux sont plutôt polychroniques de façon traditionnelle. Les Français sont considérés comme monochroniques intellectuellement, mais polychroniques dans les comportements. Les Japonais sont polychroniques entre eux, mais deviennent monochroniques quand ils sont en interaction avec les Occidentaux, ce qui est souvent le cas en Asie.

Les conséquences d'un fonctionnement monochronique ou polychronique sont très importantes dès qu'il s'agit de planifier avec des collaborateurs des opérations marketing internationales, ou de négocier des délais de livraison pour la remise d'une fourniture ou d'une prestation. Les collaborateurs monochroniques organiseront leur travail de façon plus

e. Voir chapitre 9 (p. 347-350).

méthodique et régulière, alors que les polychroniques sont plus enclins à travailler de façon intense mais moins soutenue. L'organisation temporelle de la journée de travail sera aussi très différente : là où en moyenne la journée commence vers 8 heures et se termine vers 17 heures dans les pays anglo-saxons et scandinaves, les Latins commenceront plus tard et finiront aussi plus tard après avoir passé de longs moments (cumulés) à se laisser interrompre au cours de leur travail. Le degré de personnalisation attendu dans les relations commerciales avec les distributeurs et les partenaires divers sera aussi très affecté par la dimension monochronie-polychronie : l'exigence de relations est forte dans les cultures polychrones alors qu'elle est secondaire par rapport à la tâche pour les autres.

La projection temporelle

Les cultures ne se projettent pas avec la même intensité dans les horizons temporels :

- Pour valoriser positivement **le passé**, il faut d'abord en avoir un, et toutes les cultures dont c'est le cas en sont généralement fières. C'est le monde des traditions et de l'âge d'or. La Chine, les cultures africaines, l'Inde, ou la plupart des pays européens accordent une grande importance au passé. À l'extrême, peut-être en Afrique subsaharienne, le culte des ancêtres signifie que « le passé s'assure d'avance de l'avenir »[55].
- L'accentuation du **présent** s'observe dans le cas des classes pauvres des sociétés riches, et dans le cas de la plupart des pays en transition (où on ne peut plus recourir au passé sans savoir encore à quoi l'avenir ressemblera dans l'économie libérale mondiale).
- Les cultures du **futur** valorisent la notion philosophique de progrès (croyance dans le fait que demain sera automatiquement meilleur qu'hier) et sont les cultures avancées sur le plan scientifique et technique, et riches matériellement. On constate aussi que la profondeur de l'horizon futur peut varier : à court terme pour les États-Unis (à l'image de l'horizon trimestriel du bilan aux actionnaires pour les entreprises cotées), à moyen terme dans la majorité des pays d'Europe, à plus long terme dans les pays d'Asie. **L'orientation futur a récemment évolué** : là ou les pays industrialisés subissent une crise du progrès (les parents ne sont plus certains que leurs enfants auront une vie meilleure), les populations jeunes des économies émergentes sont avidement tournées vers l'avenir : elles savent que « leur temps est venu » et se donnent les moyens d'y arriver à force de travail et d'engagement. Les enquêtes sur la perception du travail en Chine montrent par exemple un fort taux de satisfaction et d'implication de la part des managers[56]. Ils sont plus optimistes sur leur avenir professionnel que les Occidentaux (77 % d'entre eux considèrent que leur situation s'améliore pour 28 % des Occidentaux). Ils sont 91 % à choisir de travailler pour des augmentations de salaire contre 39 % en Europe et aux États-Unis.

Les implications marketing des projections temporelles concernent notamment la politique produits. Certains produits nécessitent une option sur le futur (les produits financiers par exemple) et leur marketing devra s'ajuster aux perceptions locales du futur (on peut acheter un appartement sur plusieurs générations à Tokyo, alors que les intérêts bancaires sont interdits dans les pays islamiques). Si l'innovation est positivement perçue quand on regarde vers le futur, elle est souvent suspecte quand on est plutôt tourné vers le passé. La valorisation positive du passé donne une place de choix à l'histoire (dans la réputation des entreprises et de leurs produits, dans les thèmes des films ou des publicités). L'essor des produits liés à l'angoisse du vieillissement est aussi représentatif de l'obsession du futur et du devenir de la société industrielle.

Le temps de l'attente, composante importante de la qualité de service, est aussi très affecté par les préférences culturelles : en Occident et dans les contextes urbanisés, on passe finalement beaucoup de son temps à attendre (principe de contre-productivité), alors que pour l'homme hindou ou bantou, il n'y a souvent ni attente ni désespoir : il ne s'impatiente pas parce qu'il ne s'accroche pas nerveusement à un temps futur incertain dans lequel on espère que l'événement se réalisera. On n'attend pas, parce que, consciemment ou non, on n'élimine pas le temps présent. Au contraire, il sera essentiel de prendre en compte la perception subjective du temps d'attente dans les sociétés modernes (par exemple dans les restaurants ou dans les transports) en multipliant les tactiques de réduction du temps perçu. L'attente passe plus vite quand sa durée est annoncée clairement, ou quand on apporte au compte-gouttes les éléments d'accompagnement du repas (pain, eau, boissons, etc.) même si le plat que l'on est venu manger met du temps à arriver.

2.4 Les répertoires culturels pour décider, diriger, motiver

Prendre des décisions, motiver les collaborateurs et diriger des équipes fait aussi partie de la mission des responsables de marketing international. Ces derniers devront donc apprendre à reconnaître le comportement décisionnel, de direction et de motivation, attendu (habituellement admis) dans les milieux culturels avec qui ils interagissent.

Prendre des décisions

Les processus de décision sont largement fondés sur des hypothèses culturelles implicites : qui décide dans l'organisation ? De quoi ? Comment ? Quand ? Pourquoi ? Si toutes ces questions sont universelles dès qu'il s'agit de prendre des décisions, elles font l'objet d'une variété de réponses selon les cultures nationales. Les cultures hiérarchiques occidentales, par opposition aux cultures égalitaires, ne valorisent pas la participation de tous aux décisions : en France, les décisions restent le plus souvent le privilège des élites dans l'entreprise[57]. Dans les cultures hiérarchiques et communautaires (en Asie, par exemple), on recherchera l'implication de tous dans la collecte d'informations préalables, la convergence autour d'un consensus (décision assumée par tous), mais la décision sera généralement prise par les responsables les plus âgés. Aux Pays-Bas, en Suède ou en Allemagne, la participation aux décisions est attendue de la part des employés. On valorisera aussi positivement le consensus dans la prise de décision.

Décider, c'est également résoudre des problèmes, et les comportements culturels sont susceptibles de varier à chacune des grandes étapes du processus décisionnel[58] :

- **Reconnaissance du problème.** Qu'est-ce qu'un problème ? Quand le rapport à l'activité privilégie le faire et le sentiment de contrôle interne, cela facilite le développement d'attitudes dites de « résolution de problèmes » : ces derniers sont appréhendés et on cherche à changer les situations. Au contraire, dans le cas d'un sentiment de contrôle externe, les situations existantes sont davantage acceptées. Par exemple, le marketing rural des produits chimiques pour l'agriculture familiale dans les villages des pays en voie de développement se heurte souvent à des résistances révélatrices d'un faible niveau d'information, d'éducation et de conscience des risques futurs de destruction des récoltes par des insectes, dont la venue est scientifiquement prévue (contrôle interne de la réalité). Le processus de production, soumis aux forces de la nature, et les liens de cause à effets, mieux maîtrisés dans l'agriculture industrielle, sont ici moins évidents.

- **Recherche d'informations.** Quelle est l'information pertinente pour alimenter la décision ? L'information doit-elle être fondée sur les faits (culture pragmatique) ou s'appuyer sur des principes préalables d'explication générale (rationalité « idéologiste ») ?
- **Construction d'alternatives.** Les options possibles sont-elles fondées sur le maintien du *statu quo* (« faire d'abord avec ce que l'on a ») ou favorisent-elles le changement (cultures du futur qui cherchent « à faire d'abord avec ce que l'on pourrait avoir ») ?
- **Le choix.** La décision est-elle prise de façon individuelle (cultures individualistes) ou collective (cultures communautaires) ?
- **La mise en œuvre.** Est-elle initiée par le haut ou implique-t-elle d'emblée l'adhésion et la participation de tous ? Est-elle lente ou rapide ? (voir approfondissement 10.4).

Approfondissement 10.4

Quelle est la « bonne » vitesse pour prendre une décision ?

Les normes en matière de rapidité de prise de décision sont très largement influencées par la culture. Logiquement, les décisions sont prises plus lentement dans les cultures où les processus de décision impliquent la participation que lorsqu'elles sont le fait d'une seule personne. Inversement, la mise en œuvre est accélérée car tout le monde est déjà acquis à la décision et « il n'y a plus de surprises » dans les divers aspects d'exécution de la décision (notamment au Japon, où la recherche d'information préalable balaie un champ très large et très détaillé). Au contraire, dans les cultures individualistes, il faut en général passer ensuite beaucoup de temps à convaincre ceux qui seront finalement impliqués par les conséquences de la décision. Enfin, il faut bien mesurer l'association entre temps consacré à la prise de décision et importance de la décision : en Asie ou au Moyen-Orient, une décision prise trop rapidement peut signifier qu'elle est peu importante, là où la pression pour agir vite a motivé la rapidité. Ainsi aux États-Unis, on est jugé sur la qualité des décisions prises et des résultats obtenus, mais aussi sur la vitesse à laquelle on travaille. Cette attitude s'applique aussi à la communication interpersonnelle : la réponse aux messages, notamment électroniques, envoyés par des Américains doit être rapide (dans la journée).

Motiver les collaborateurs

La motivation est un outil de management essentiel puisqu'un personnel motivé permet d'augmenter la productivité des employés comme la satisfaction au travail, tandis qu'un personnel qui ne l'est pas aura des comportements contre-productifs (absentéisme, faible qualité des produits, accidents, maladies…). La motivation professionnelle se définit comme « la volonté de fournir un effort important afin d'atteindre les objectifs fixés par l'entreprise, conditionnée par la capacité dudit effort à satisfaire un besoin personnel[59] ». La motivation est donc fonction de trois éléments clés : l'effort, les objectifs de l'entreprise et les besoins. Or, des employés d'origines variées pourront avoir des besoins et des objectifs très différents mais qu'ils espèrent satisfaire grâce à leur travail. C'est pourquoi la pertinence des sources de motivation et l'efficacité des outils pour la développer dépendent beaucoup des situations locales. Les recherches montrent que deux aspects sont déterminants pour comprendre les ressorts de la motivation efficace des équipes multiculturelles[60] :

- L'orientation de valeur individu-groupe et la définition du moi (*self*) qui en découle, poussant à certains besoins prioritaires.

- La relation et l'ethos sous-jacents au travail qui renvoient aux catégories de sens associées à celui-ci et à la notion d'effort que l'on y consacre.

Les théories traditionnelles de la motivation élaborées principalement aux États-Unis sont cohérentes avec les grandes caractéristiques de la culture nord-américaine mais elles ne sont pas immédiatement transposables dans d'autres contextes socioculturels. Qu'il s'agisse de la pyramide de Maslow ou de la théorie des trois besoins de McClelland, ces modèles valorisent positivement l'individualisme : la motivation supérieure est toujours la réalisation de soi, le « soi » étant conçu comme séparé et indépendant des autres. En revanche, dans les cultures communautaires, l'individu est généralement défini comme une personne connectée aux autres par de multiples niveaux de relations, et donc interdépendante : la motivation individuelle devient au mieux un aspect secondaire par rapport au besoin d'appartenance au groupe et à la sécurité qui en découle. Au pire, elle est source de perturbation des relations d'équilibre au sein du groupe et peut être la cause d'une décision d'exclusion par ce dernier.

Pour motiver les équipes, il faut également comprendre la notion de travail qui doit être définie d'un point de vue culturel, dans l'espace et dans le temps. Pour les peuples méditerranéens, le travail est plus un mal nécessaire qu'une vertu en soi. Dans la société traditionnelle africaine, le travail est un facteur de préservation et de prolongement de la vie principalement communautaire (conception du temps indifférenciée où se mêlent travail et « non-travail », « le travail c'est la vie »), ce qui est en contradiction fondamentale avec les caractéristiques du travail dans l'entreprise industrielle moderne (éclatement du travail communautaire et parcellisation des tâches). Le rapport au travail dans les sociétés protestantes a été considéré comme un facteur déterminant de l'émergence du capitalisme moderne (Max Weber) centré sur la valeur positive accordée à l'accumulation de la richesse et au travail (*Beruf* : travailler dur est une vertu en soi, l'effort est nécessaire pour le salut de l'âme comme pour atteindre les objectifs d'affaires). Le travail, c'est le travail (*business is business*), il est bien autonomisé, on ne mélange pas affectivité et affaires, et la conception du temps est économique.

Les différences traditionnelles à l'égard du travail semblent perdurer dans les sociétés contemporaines modernes (voir approfondissement 10.5).

Approfondissement 10.5

Les attentes des salariés en matière de travail : des différences internationales persistantes

L'enquête de l'Observatoire international des salariés 2007 révèle des attitudes à l'égard du travail et des modes de management très différents entre pays[62]. Dans les pays anglo-saxons (États-Unis et Angleterre), les salariés ont une relation décomplexée à l'égard du travail qui s'exprime dans une vision utilitariste (travail gagne-pain). Pour les Allemands, loin d'être seulement un gagne-pain, le travail est d'abord perçu comme une source d'accomplissement de soi. Dans les pays latins, la relation au travail est plus affective. En France, c'est une source de contacts humains. En Italie, l'esprit de contestation est net. En Espagne, le travail est jugé par beaucoup comme « une contrainte ». Les modes de management qui en découlent sont logiquement très typés selon une dualité « bloc anglo-saxon » et « bloc des pays latins » :

Approfondissement 10.5 (suite)

- Les Anglais et les Américains sont très proches sur les facteurs idéologiques et culturels dans leur relation instrumentale au travail et sur la valorisation de la RSE et de la culture d'entreprise. Mais sur les pratiques managériales, c'est un couple germano-américain qui se forme. Le capitalisme rhénan et le libéralisme assumé aboutissent à un même et fort niveau d'implication des salariés, par-delà la diversité de postures vis-à-vis du travail et des modes de régulation du marché du travail.
- Dans le bloc latin (France, Italie, Espagne), les salariés sont plus critiques à l'égard du management de proximité de la direction générale et de l'information RH. Il existe une certaine défiance et un esprit de contestation à l'égard de l'entreprise. La moitié d'entre eux pensent que l'entreprise ne se comporte pas de manière responsable à l'égard de ses salariés. En France, une mutation culturelle s'est engagée autour de l'*empowerment*, mais l'écoute, la reconnaissance, la récompense suivent mal et le fossé entre dirigeants et collaborateurs ne se résorbe pas (d'où le niveau de lassitude important chez les salariés).

Diriger les équipes

Diriger, c'est faire preuve d'une capacité à influencer et à guider le comportement des autres. Sans cette capacité (le *leadership*), un manager peut être un bon manager (savoir « gérer »), mais pas un leader. Inversement, le fait qu'un individu puisse influencer d'autres personnes ne signifie pas qu'il sache aussi décider, organiser, contrôler, etc. Tous les pays ont connu de grands leaders dans les domaines politiques et économiques, mais les attributs positifs du leader ne sont pas forcément les mêmes partout, et les attentes implicites par rapport à ce rôle sont loin d'être universelles.

La théorie classique d'origine américaine de McGregor[61] distingue les leaders « X » des leaders « Y » sur la base de deux styles opposés (et extrêmes) de leadership dans la vision des besoins à satisfaire pour motiver les individus :

- Les leaders X (et les subordonnés de type X) préfèrent un style direct, qui exerce un contrôle fort sur les employés. Ce style se fonde sur l'idée que l'homme éprouve une aversion innée pour le travail, et qu'il faut contraindre, contrôler, diriger, menacer, punir. Cela est cohérent avec une organisation verticale du pouvoir (cultures hiérarchiques), où l'homme ordinaire est habitué à être dirigé, n'a que peu d'ambition personnelle et désire la sécurité avant tout.
- Les leaders Y (et les subordonnés de type Y) préfèrent donner de la liberté, de l'autonomie et favoriser la prise de responsabilités. Ce style de leadership est cohérent avec une vision du travail comme source de satisfaction dans la vie, avec le contrôle interne par l'acceptation des objectifs du travail, et avec la satisfaction des besoins sociaux et égoïstes. Il est plus attendu et efficace dans les cultures plus égalitaires au plan du pouvoir, et plus individualistes au plan des relations individu/groupe. Fondé sur la reconnaissance de la compétence plus que de l'autorité, il est aussi reconnu comme motivant pour les jeunes professionnels des économies émergentes (aux traditions culturelles plus hiérarchiques que communautaires) qui rejoignent des joint-ventures internationales (occidentales au moins) dans le but aussi de pouvoir mieux y exercer leurs compétences indépendamment des contraintes sociales traditionnelles (respect de la séniorité par exemple).

Les normes de conduite des équipes locales et les figures de direction (*leadership*) varient, en réalité, selon de très nombreuses nuances situationnelles qui ne se limitent pas à la participation[63]. Il est important de bien repérer les arcanes du *leadership* local en fonction des attentes sociales qui s'expriment le plus souvent implicitement à l'égard des dirigeants et des leaders en général (attributs du chef, *do's and don'ts*, responsabilités et devoirs…). L'illustration 10.5 souligne les traits spécifiques du *leadership* en Inde.

Illustration 10.5

Le « leader développeur » indien

Les styles de direction efficaces en Inde font souvent apparaître la figure du « leader développeur » (*nurturant-task leader*) qui intègre dans son action deux sous-ensembles de rôles, la plupart du temps considérés comme disjoints en Occident[64] : ceux qui favorisent l'accomplissement des tâches et des responsabilités, *et* ceux qui favorisent l'approche de développement personnel des collaborateurs. Il combine recherche de la performance et attention pour les subordonnés. Les leaders des grandes maisons d'affaires indiennes (Tata, Bajaj, Godrej, etc.) apparaissent souvent comme des figures paternelles respectées et porteuses d'un projet qui engage le développement de la communauté (« Ce qui est bon pour Tata est bon pour l'Inde et réciproquement »). Ils doivent être créatifs et non individualistes. Ils s'appliquent à développer un projet à long terme en cherchant des solutions locales aux problèmes locaux du pays : c'est le cas exemplaire du Dr Kurien qui est à l'origine de la « révolution blanche » en Inde. Le système coopératif de collecte du lait auprès des petits fermiers fut créé au moment de l'indépendance à Anand dans le Gujarat. Son extension à toute l'Inde et la création de la marque AMUL (*Anand Milk producers Union Ltd.*) ont permis dès 1999 à l'Inde de dépasser les États-Unis dans la production de lait en volume pour devenir numéro 1 mondial. La coopérative exporte aussi divers produits laitiers de sa gamme sous la marque AMUL, ciblant à l'étranger l'importante demande des NRI (*Non Resident Indians)*, dans les pays du Golfe arabo-persique, en Afrique et même aux États-Unis. Les études les plus récentes confirment que les leaders indiens ont les priorités suivantes[65] : développement de la stratégie d'entreprise, gardien de la culture d'entreprise, guide ou professeur auprès des employés, représentant des intérêts du propriétaire ou des investisseurs, représentant des autres parties prenantes (par exemple les employés et la communauté), leadership citoyen au sein de la communauté d'affaires et à l'extérieur.

3. Accompagner la transformation organisationnelle : de l'entreprise multinationale à l'entreprise interculturelle

Les enjeux organisationnels, d'une part (structures, mécanismes de contrôle et de coordination des activités), et ceux de management des équipes multiculturelles, d'autre part, amènent logiquement les multinationales à s'interroger sur les orientations nouvelles qui doivent être assumées dans de telles organisations. Le développement organisationnel se retrouve sous contraintes d'apprentissage fortes (*learning organization*), en particulier dans le domaine interculturel. Pour bénéficier pleinement des possibilités offertes par leur composition interculturelle, au-delà de la stature internationale, les multinationales cherchent à :

- tirer parti des avantages de la diversité culturelle tout en minimisant ses inconvénients ;
- diffuser et enrichir leur culture d'entreprise à l'international ;
- développer les compétences interculturelles, organisationnelles et individuelles.

3.1 L'organisation face à la diversité culturelle

Opportunités et risques posés par la diversité culturelle

Même s'il existe différents types de diversité culturelle (âge, sexe, origine, éducation, métier, fonction…), d'une façon générale, les risques associés à la situation multiculturelle sont d'abord liés aux problèmes de perception et de communication interculturelle[66]. L'existence de stéréotypes (le plus souvent négatifs et qui « ressortent » toujours dans les situations difficiles ou de conflit), les difficultés associées aux chocs des identités, les niveaux de stress accrus sont autant de facteurs négatifs. Du point de vue de la prise de décision, il est plus difficile d'aboutir à un accord partagé quand la diversité des pratiques et des valeurs est source de méfiance et peut être néfaste à la création d'un esprit de groupe. Il existe aussi souvent le risque d'une culture dominante (ethnocentrique) qui va chercher à s'imposer aux autres.

Parmi les principaux avantages, on constate que la diversité culturelle favorise une meilleure qualité dans la résolution des problèmes, notamment des problèmes complexes. Elle permet, en effet, par la multiplicité des visions de mieux définir les problèmes et, par la multiplicité des compétences, d'y apporter des solutions généralement plus créatives. La diversité culturelle interne permet aussi à l'organisation et aux employés de développer leurs capacités d'adaptation à leur environnement. On retrouve ici une idée forte de l'internationalisation qui est celle de la nécessité d'apprendre au contact de situations plus variées, plus complexes, plus impliquantes. Le plurilinguisme représente également un avantage important (voir illustration 10.6).

Illustration 10.6

Le plurilinguisme contribue à 9 % du PIB de la Suisse

Le projet de recherche « Langues étrangères dans l'activité professionnelle » (LEAP) mené par l'université de Genève a pour objet de calculer la valeur économique des compétences linguistiques d'un pays[67]. La Suisse compte quatre langues principales : par ordre d'importance, l'allemand, le français, l'italien et le romanche, parlé par 0,5 % de la population suisse. L'anglais, de plus en plus pratiqué dans l'économie, est aussi enseigné de plus en plus tôt dans les écoles du pays, surtout en Suisse alémanique. Les résultats confirment que les compétences linguistiques sont un bon investissement pour l'économie vue comme un tout, et pas seulement pour l'individu lui-même ou pour l'État. Les entreprises suisses tirent largement profit de la tradition plurilingue du pays qui impacte sur l'attractivité de la place économique : collectivement, les personnes et les organisations suisses travaillent communément avec trois, quatre ou cinq langues. Cette capacité contribue à la création de valeur et donne un avantage concurrentiel certain à la Suisse. Le projet LEAP se fonde sur des informations provenant de plusieurs banques de données, dont l'une couvre quelque 2 500 personnes résidant en Suisse dans différents secteurs de l'économie.

Illustration 10.6 (suite)

Les questions posées par les chercheurs sont adaptées d'une recherche similaire sur le multilinguisme européen et la compétitivité économique (l'étude ELAN). Ce travail a été publié par la Commission européenne en février 2007. Le rapport confirmait l'importance de l'anglais comme langue des affaires, mais il concluait aussi que d'autres langues (le russe, l'allemand, le français, l'espagnol) étaient très utilisées dans les relations économiques et étaient même cruciales pour conclure des contrats. Il y a beaucoup de cas où l'anglais ne suffit pas, et où une autre langue est nécessaire pour atteindre un niveau vraiment concurrentiel. Il est donc très utile de pouvoir jouer sur un large répertoire linguistique. En termes d'intensité linguistique dans la vie quotidienne des entreprises, l'étude de quelque 250 sociétés en Suisse romande et en Suisse alémanique montre que l'usage d'une autre langue est sensiblement identique dans les deux régions. Dans les entreprises, les personnes maniant le mieux les langues étrangères sont les collaborateurs spécialisés dans l'achat et les directeurs. Les vendeurs et les ouvriers parlent moins une autre langue. Dans les grandes entreprises enfin, on parle mieux l'anglais, comparé au français ou à l'allemand, alors que c'est l'inverse dans les plus petites sociétés.

Même si l'équation « diversité + travail en équipe = performance » n'est pas systématiquement avérée[68], l'un des principaux avantages potentiels de la diversité culturelle est celui de la recherche de synergies (« 1 + 1 = 3 ») par la combinaison *créative* des différentes approches culturelles dans la résolution de problèmes donnés. Les groupes multiculturels sont en règle générale soit plus efficaces, soit moins efficaces. Quand les sources de difficultés potentielles sont prises en compte très en amont (par la culture d'entreprise, les processus RH de recrutement, formation, promotion, etc.), il est alors possible de viser la maximisation des avantages potentiels procurés par la diversité culturelle.

Postures possibles

Cinq postures organisationnelles génériques[69] peuvent être adoptées par les entreprises en milieu interculturel (voir figure 10.7).

- **La domination culturelle** (maximisation de « ma façon de faire » et minimisation de « leur façon de faire »). C'est la stratégie de celui qui a le plus de pouvoir (financier, technologique…) et qui entend l'utiliser, qui ne fait souvent aucune concession à ses propres standards, qu'ils soient techniques (par exemple dans les domaines de la sécurité ou de la qualité) ou moraux (par exemple face aux « rémunérations occultes » imposées).
- **L'ajustement culturel** (maximisation de « leur façon de faire » et minimisation de « ma façon de faire »). Il est souvent le fait des managers qui connaissent bien la culture locale, et notamment la langue, ou de managers responsables de transferts de technologie dans des milieux ruraux où l'innovation venue de l'extérieur devra être intégrée aux traditions locales (le respect des rôles sociaux hommes/femmes par exemple, le respect des traditions religieuses, etc.).
- **Le compromis culturel** (juste mesure entre « ma façon de faire et celle des autres »). Chaque partie concède quelque chose à l'autre pour augmenter les chances de succès des opérations en jeu mais, en général, le partenaire le plus puissant fait moins de concessions que l'autre.

- **L'évitement culturel** (minimisation de l'impact de la diversité et action comme s'il n'y avait aucun conflit de culture). Solution préférable quand la question du conflit est mineure par rapport à l'ensemble des bénéfices attendus de la relation.
- **La synergie culturelle** (maximisation des meilleures façons de faire pour développer des solutions nouvelles aux problèmes et qui respectent chacune des cultures en interaction).

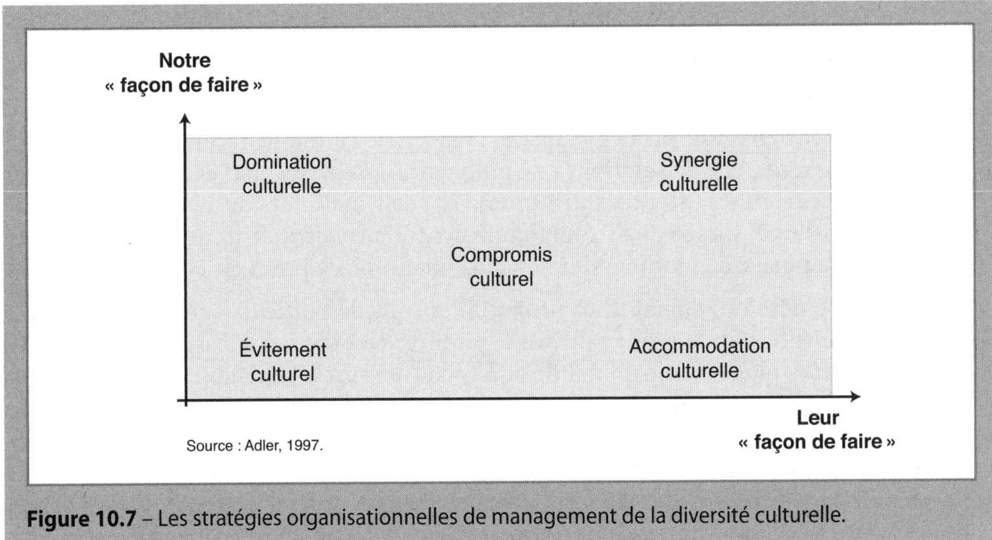

Figure 10.7 – Les stratégies organisationnelles de management de la diversité culturelle.

Le management des situations d'interfaces interculturelles (négociation internationale, projets, collaborations interentreprises, expatriation…) peut naviguer entre ces cinq options selon les décisions à prendre, mais la posture générale doit être définie clairement. C'est le cas général pour l'alliance Renault-Nissan (synergie), mais avec des postures tactiques variées selon les domaines : évitement (jeu sur les cultures métiers dans les *cross-functional teams*), adaptation (dans la communication avec l'environnement interne et externe), domination (dans la fermeture de certaines usines de Nissan) et compromis (dans l'utilisation de l'anglais comme langue de travail pour les Français et les Japonais).

Les facteurs d'influence de la posture organisationnelle face à la diversité culturelle

Par-delà la prise en compte des opportunités et des risques potentiels de la diversité culturelle, quatre catégories de facteurs conditionnent la posture de l'organisation :

- **La perception que l'organisation a de la diversité culturelle.** Toutes les entreprises n'ont pas la même vision, et celle-ci dépendra de la façon dont l'impact de la diversité culturelle est considéré. On distingue trois types d'organisations et de visions[70] : (1) l'organisation « esprit de clocher » (« ma façon de faire est la seule »), la plus fréquente, qui considère que la diversité culturelle n'a aucun impact sur ses activités et modes de fonctionnement ; elle va ignorer les différences et n'en tirera aucun bénéfice tandis que les difficultés qui apparaîtront ne seront pas attribuées à des « histoires de culture » ; (2) l'organisation « ethnocentrique » (« ma façon de faire est la meilleure ») assez fréquente et qui considère que la diversité culturelle n'a qu'un impact négatif ; l'entreprise cherchera alors à minimiser les sources de diversité (par exemple par un recrutement à haut niveau exclusivement dans le pays d'origine) pour limiter les problèmes anticipés, mais elle n'en tirera aucun bénéfice ; (3) l'organisation « synergique » (« les façons de faire combinées de manière créative sont la meilleure façon »), plus rare mais observable chez nombre de groupes en phase de globalisation (comme Toyota ou Renault-Nissan dans l'industrie automobile), qui essaient de considérer l'impact de la diversité culturelle avec réalisme (avantages et inconvénients) et cherchent à mettre en place des stratégies synergiques (formations à l'interculturel, transfert de bonnes pratiques par socialisation et groupes de travail multiculturels, recherche d'un avantage concurrentiel lié à la diversité culturelle) pour prendre en compte les problèmes anticipés et profiter des avantages rares procurés par la diversité.

- **Le type de tâche effectué par le groupe.** Si la diversité culturelle facilite les tâches d'innovation et la recherche de solutions aux problèmes complexes (par exemple les équipes de R & D ou les comités exécutifs qui regroupent l'état-major des différentes divisions de l'entreprise), elle est source de dysfonctionnements dans le cas de tâches répétitives (par exemple l'assemblage de produits simples dans une usine de production).
- **Les phases de développement d'un projet.** Elles sont de plusieurs sortes : (1) la phase initiale de constitution du groupe de projet pour développer la confiance et la cohésion, qui sont rendues plus difficile du fait de la diversité culturelle, il faudra expliciter les différences et chercher à utiliser les similarités (par exemple les expériences passées dans d'autres projets ou des cultures professionnelles communes) ; (2) la phase de développement, où il s'agit de créer des méthodes communes et de trouver des solutions aux problèmes : la diversité culturelle facilite ce processus et il faudra chercher à utiliser les différences ; (3) la phase de prise de décision et de mise en œuvre : parce qu'elle est rendue plus difficile par la diversité, il faudra insister à nouveau sur la reconnaissance des similarités (par exemple la volonté commune d'achever le projet dans les délais, même si c'est pour des raisons propres à chacun).
- **Le type de transaction marketing.** Selon qu'il s'agit d'un marketing « discret » au sens mathématique du terme (chaque transaction peut être isolée des autres) ou d'un marketing relationnel (faible capacité de changement de fournisseurs et forts liens clients dans la durée), l'impact de la diversité culturelle sera très différent : inexistant dans le premier cas, il sera fondamental dans le second.

3.2 Diffuser et enrichir la culture d'entreprise

Au fur et à mesure de sa croissance internationale, l'entreprise va chercher logiquement à optimiser l'ensemble de ses ressources stratégiques à l'échelle de l'ensemble de son organisation[71] :

- Le capital physique que l'on peut généralement acheter (technologie physique, équipement firme et usines, localisation géographique, accès aux matières premières).
- Le capital humain (formation, expérience, jugement, intelligence, relations, visions des individus dans l'entreprise, décideurs, managers, employés).
- Le capital organisationnel (systèmes et structures de reporting, planning, coordination, contrôle, les relations et réseaux intra- et interorganisationnels, culture d'entreprise).

En réalité, les ressources de capital physique et humain ne sont pas du tout dissociables de la culture d'entreprise car « il y a » de la culture d'entreprise dans chacune des catégories de ressources stratégiques. Ainsi, les ressources en capital physique et la manière dont on les utilise sont liées à la culture comme le montrent les travaux d'anthropotechnologie sur les problèmes d'efficacité des transferts d'organisation vers les pays en développement[72] : les transferts sont souvent incomplets, imparfaits et inadéquats du fait de facteurs de localité (ou de géocentrage) chez l'émetteur et le récepteur (différences naturelles et culturelles, notamment de langue). Il existe toujours des décalages entre ce pour quoi une technique ou un objet ont été conçus et la façon dont les usagers les perçoivent, les utilisent, les font circuler[73]. De même, la culture d'entreprise n'est pas dissociable du capital humain de l'entreprise. Elle oriente la façon dont celui-ci pense, écoute, regarde, ressent, agit (par la langue de l'entreprise *a minima*, et son histoire nationale, ses liens avec sa culture nationale et une époque *via* ses mythes fondateurs, etc.). La culture d'entreprise oriente aussi les attentes organisationnelles (profils souhaités en recrutement, en promotion).

La problématique de la diffusion de la culture d'entreprise à l'international

Les possibilités de transferts de « bonnes pratiques » constituent donc un axe important de la quête de performance de la multinationale à l'international[74]. La diffusion de la culture d'entreprise envisagée comme un réservoir de connaissances[75] (*pool of knowledge*) est centrale au management des connaissances (*knowledge management*) dans la multinationale. La culture d'entreprise est en effet un objet de *knowledge management* car elle « contient » des éléments de connaissances divers :

- connaissances tacites (comme les orientations de valeurs, représentations sociales et normes) et plus explicites (habitudes collectives, façons de faire approuvées, langue, institutions) ;
- connaissances générales (esprit des outils, comme l'ethos japonais chez Toyota) et spécifiques (utilisation effective des outils, formation aux outils).

L'entreprise a donc souvent intérêt non seulement à transférer le meilleur d'elle-même (les avantages compétitifs, les meilleures pratiques, ayant fait leurs preuves dans des contextes transposables), mais aussi à apprendre le meilleur des autres (l'ensemble des implantations) à partir d'une posture synergique favorisant la fertilisation croisée. Elle cherche alors à obtenir un avantage d'internalisation[f] des opérations certes (« firme multinationale »), mais aussi des structures, des cultures et donc des hommes (« firme multiculturelle »). Ces avantages d'internalisation relèvent d'une vision d'ensemble plus large, d'une coopération plus étroite, d'arbitrages facilités entre solutions plus variées. La synergie culturelle peut se développer au fil du processus d'internationalisation, en suivant les phases de sa progression[76] :

- **Phase d'internationalisation initiale.** L'ouverture internationale conserve un caractère exploratoire et occasionnel, la culture d'origine demeure largement inchangée, le siège s'ajustant aux contraintes et aux comportements des nouveaux clients, fournisseurs ou intermédiaires.
- **Phase de développement local ou multilocal.** Les liens plus étroits et les implantations significatives conduisent à trouver dans la relation entre le siège et chaque implantation (accord de distribution pérenne, partenariat, filiale ou succursale) un compromis prenant en compte leurs valeurs et leurs pratiques respectives, les cultures organisationnelles respectives se combinant avec les cultures nationales dans une démarche positive de diffusion/adaptation.

f. Voir chapitre 3 (p. 96-97).

- **Phase de multinationalisation.** La diffusion de la culture d'origine laissera davantage place à une recherche systématique de l'enrichissement mutuel dans le cadre d'une « culture groupe », appelée à se transformer avec l'évolution du périmètre géographique et du périmètre d'activités d'un ensemble désormais à la recherche d'une meilleure coordination et d'une mise à profit permanente des meilleures pratiques, d'où qu'elles viennent (voir illustration 10.7).

Illustration 10.7

Danone *Uniqueness*

Le vice-président *People and Organization Development* de Danone s'exprime sur la culture d'entreprise de Danone. Il anime une direction qui comprend quatre départements principaux[77] : le développement des organisations (dont de nombreux projets sont sous la responsabilité du vice-président opérationnel comme des thèmes qui relèvent de la croissance interne ou de la gouvernance de Danone), le *learning* et la formation des dirigeants, la gestion des carrières et le développement des 800 directeurs de Danone, et les politiques RH et systèmes d'information. Pour Franck Riboud, c'était la façon de manager, l'engagement des équipes qui créait de la valeur. Il a fallu identifier en quoi le groupe était unique et spécifique, ainsi est née l'enquête *Danone Uniqueness* en 2005 dans le groupe qui comptait 88 000 collaborateurs dans plus de 50 pays, avec un chiffre d'affaires de 13 milliards d'euros réalisé dans trois activités principales (biscuits, produits frais, eau). Il apparaît que le Danone est « glocale », mais d'abord locale avant d'être globale. C'est vrai du point de vue de l'adaptation des produits aux consommateurs locaux, comme de l'animation de la communauté managériale directement par Franck Riboud. Cette communauté consiste en un ensemble de 120 directeurs généraux (80 % d'entre eux sont des directeurs de *business unit* dans les pays, les autres sont des patrons de fonctions), qui peut ainsi agir de façon très décentralisée tout en profitant de cette possibilité unique de se connecter et d'interagir dans l'organisation globale. Pour assurer une performance durable, il a fallu faire prendre conscience et expliciter partout dans les filiales et dans le monde, ce qu'était cette *uniqueness*. Les directeurs généraux ont d'abord été réunis dans le cadre d'ateliers de réflexion pour comprendre les résultats de l'étude et les moyens d'action qui pouvaient en être tirés. Plusieurs dimensions clés ont émergé, dont la principale est la grande capacité du groupe à apprendre et à profiter de la connaissance disponible en interne. Certains concurrents, en raison de leur taille, disposent de 3 ou 4 fois plus de chercheurs, pourtant Danone sort autant de nouveaux produits. Car c'est une entreprise capable de s'adapter à son environnement, et qu'on pourrait donc qualifier de « biologique ». Danone n'invente pas toujours de nouveaux produits, mais grâce à sa capacité d'accès aux connaissances, elle peut créer des solutions originales qui renforcent les innovations. Des ateliers en équipes transversales sont établis pour imaginer des solutions produits ou organisationnelles nouvelles. Des outils comme la *Market place* ont été développés comme lieux d'échanges physiques et virtuels qui permettent de transférer les bonnes pratiques au sein du groupe. Une quinzaine de *Market places* sont ainsi organisées chaque année. Quant aux cultures des *business units*, chacune a la sienne, une culture Danone certes, mais localisée et enrichie.

Actionner le levier culturel

La culture d'entreprise préexistante doit évoluer en se diffusant à l'ensemble des unités et des opérations par-delà les frontières. Il s'agit d'assurer la cohérence de son identité et la pérennité du savoir-faire à l'origine de son succès sur son marché d'origine. Il s'agit également de favoriser leur enrichissement au contact d'entités nationales nouvelles, créées ou acquises (conquête de nouveaux pays) dans des contextes organisationnels différents afin, précisément, de permettre à l'organisation de se familiariser avec de nouveaux environnements d'affaires et de nouvelles pratiques managériales susceptibles de favoriser son développement international.

C'est là le modèle du « levier culturel » qui souligne l'importance croissante, au fil de l'internationalisation, des dispositifs susceptibles de faciliter la constitution de la « culture groupe »[78]. **Le levier culturel s'appuie sur une dynamique organisationnelle par laquelle l'entreprise en croissance internationale diffuse sa culture d'origine et l'enrichit des bénéfices tirés de toutes les expériences culturelles cumulées de l'ensemble des « parties » de l'organisation** pour créer une nouvelle culture propre au groupe. L'adoption du modèle de levier culturel n'est pas spontanée et requiert de combler l'écart grandissant entre, d'une part, la capacité de diffusion univoque de la culture d'origine (qui diminue avec l'internationalisation) et, d'autre part, le besoin de coordination de la diversité dans l'entreprise (qui, au contraire, augmente avec l'internationalisation : diversité culturelle nationale, mais aussi organisationnelle voire de métiers). La figure 10.8 illustre cette problématique.

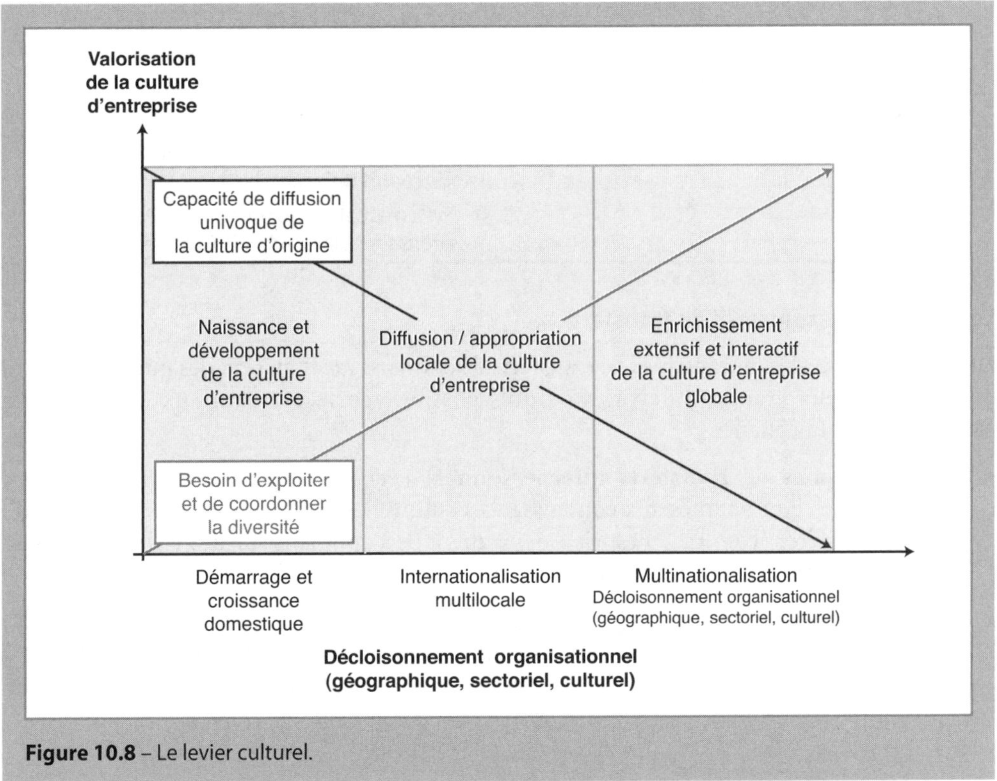

Figure 10.8 – Le levier culturel.

L'apprentissage intra- et interorganisationnel au sein de l'entreprise réseau répond à une approche synergique de la diversité culturelle qui permet de générer l'innovation par le partage et de réduire le risque d'ethnocentrisme toujours important dès que l'on sort de ses frontières. Créativité et innovation peuvent guider la réponse à des problèmes communs et spécifiques et considérablement développer la compétitivité sur les marchés internationaux (voir l'alliance Renault-Nissan)[79].

Une étude sur le secteur automobile (Scania, General Motors, Toyota, Renault, Fiat, Ford) identifie trois composantes du levier culturel permettant de créer une culture groupe[80] : la gestion des connaissances (*knowledge management*), la gestion internationale des ressources humaines et le *leadership*. Dans chaque cas, il convient de minimiser l'effet des facteurs inhibiteurs et de s'appuyer sur les facteurs facilitateurs de la diffusion et de l'enrichissement de la culture d'entreprise à l'international (voir tableau 10.2).

Tableau 10.2 : Le levier culturel – Facteurs inhibiteurs et facilitateurs[81]

Facteurs inhibiteurs	Facteurs facilitateurs
• Ethnocentrisme / « corpocentrisme » (« clonage » culturel) • Ignorance, mauvaise compréhension des macroenvironnements d'accueil • Résistance à utiliser les éléments importés • Distance culturelle entre le siège et les implantations • Absence d'attention à long terme dans le processus d'intégration • Caractère spécifique et tacite des pratiques et valeurs à transférer	• Posture initiale d'ouverture (« comprendre puis se faire comprendre ») • Vision précise guidée par la performance, communiquée et partagée • Management stratégique des ressources humaines • Focalisation sur les aspects clés du modèle culturel à transférer (*Our way of management*) • Engagement total et visible des états-majors (« aligner la parole et l'action ») • Compétences interculturelles éprouvées chez les cadres dirigeants • Systématisation du travail en réseau autour de projets mobilisateurs (« tricoter les équipes »)

Le choix des mécanismes de transfert

Les recherches sur les mécanismes de transferts de connaissances au sein des multinationales ont identifié deux grandes catégories d'outils possibles correspondant aux deux grandes catégories de connaissances[82] :

- **Les mécanismes de transferts interpersonnels** (*Personal Coordination Mechanisms*, PCM). Ils sont plus adaptés aux connaissances culturelles implicites (tacites) les plus difficiles à transférer (comme « l'esprit » des outils). Ils s'appuient sur des visites de longue durée (expatriation) et la communication interpersonnelle.
- **Les mécanismes de transferts technologiques** (*Technological Coordination Mechanisms*, TCM). Ils sont plus adaptés aux connaissances culturelles explicites les plus évidentes à transférer. Ils nécessitent des visites de courte durée, des systèmes IT, des manuels ou de la formation technique.

L'efficacité des mécanismes de transferts (mesurée par les coûts générés face aux gains prévus, par le temps nécessaire et la satisfaction chez les récepteurs) dépend du dosage optimal entre PCM et TCM dans le temps. La diffusion de la culture d'entreprise est une greffe, et il ne faut pas négliger l'importance du « *cultural care* » dans la durée. Le modèle biologique de Toyota (la culture d'entreprise est un arbre, on transfère donc un « bébé arbre » par socialisation) montre en particulier que seuls les PCM permettent de transférer l'esprit des outils au-delà du transfert des outils eux-mêmes (ainsi du transfert de l'outil *andon* chez Toyota aux USA, ou des transferts de méthodes de gestion de grands comptes dans le monde des grandes entreprises IT).

Ensuite, la question du *fit* entre mécanismes de transfert et contexte de l'interaction de transfert est très importante : quel est l'alignement entre culture / structure / stratégie / environnement et technologie de l'émetteur et du récepteur ? Quel est l'impact de la distance spatiale et culturelle (langues notamment) ? Si la similarité ou l'alignement sont faibles, il y a plus de barrières au transfert efficace : par exemple, concernant les valeurs d'entreprise, il est plus difficile de diffuser des pratiques intégrées de gestion des ressources humaines égalitaires (évaluation de type 360° par exemple) ou des structures d'organisation non hiérarchiques (comme les organisations matricielles) dans des cultures réceptrices qui seraient plus hiérarchiques. Le contexte d'ensemble du transfert (lié à l'émetteur, au récepteur et au type de connaissances) est donc susceptible de modérer ou d'amplifier cette diffusion internationale[83].

Enfin, la mesure « finale » de la qualité du transfert doit s'appuyer sur un système de « contrôle qualité identitaire »[84] : les valeurs groupe sont-elles bien comprises de la même manière ? Les pratiques sont-elles bien appliquées ? Quel degré de localisation identitaire de la culture d'entreprise du groupe peut-on accepter ? L'idée est de disséminer des valeurs d'entreprise largement universelles et transculturelles comme réponses à des problèmes communs à toutes les entreprises en milieu international (par exemple l'engagement en faveur du développement durable), mais aussi d'accepter que ces valeurs s'incarnent ou se colorent en fonction des spécificités locales des contextes de leur mise en œuvre. Par exemple, chez ACCOR, l'engagement en faveur du développement durable au Brésil prend la forme de programmes d'alphabétisation pour les employés de chambre des hôtels, alors qu'en France il s'agira de travailler aux économies de ressources et à l'ergonomie de travail de ces personnels.

3.3 Développer les compétences interculturelles

Pour les organisations comme pour les individus travaillant en milieu culturel ouvert, il est important de développer des compétences nouvelles qui permettront d'aborder ces situations d'interface en tenant compte des facteurs culturels. Les acteurs du marketing international, en particulier les négociateurs, les expatriés, les chargés de mission ou les chefs de projets multipays sont particulièrement concernés par le développement des compétences interculturelles.

Définir le bon point de départ : le rapport à l'altérité et à soi

Il faut commencer par dénoncer le mythe de la similarité qui traduit une posture ethnocentrique universaliste. Dans le champ social du management des organisations multinationales, la différence peut gêner le confort des discours de la pensée unique. Il est vrai que les moteurs de l'universalisme idéologique en économie et en management sont très puissants : le prestige exercé dans les imaginaires par les plus grandes *Business Schools* américaines et leurs gourous dans le monde entier auprès des jeunes étudiants et des enseignants étrangers est très fort, cependant que la publication et la diffusion massives des connaissances managériales académiques ou *best-sellers* d'origine américaine sont très largement dominantes en volume (et donc en impact) à l'échelle planétaire.

Or les recherches ont bien montré le caractère trompeur des idées universalistes, et les résultats médiocres d'une standardisation excessive des méthodes de management à travers les cultures[85]. Elles ont également démontré les effets négatifs de la perception de similarité sur les performances des entreprises. Ainsi le paradoxe de la distance psychique par lequel la similarité perçue entre le marché export et le marché domestique conduit à négliger les nuances locales qui pourtant feront toujours la différence[86]. Même au sein d'une même classe d'affinités culturelles, les différences invisibles sont souvent importantes et l'exemple des Italiens et des Français est à cet égard très instructif (voir illustration 10.8).

Illustration 10.8

Les différences invisibles entre Italiens et Français

L'Italie et la France se croient pays cousins parce qu'ils sont proches géographiquement, culturellement et linguistiquement. Pourtant, la proximité rend ambiguës et imprévisibles les différences de réaction dans les situations professionnelles entre Italiens et Français, et elles sont nombreuses[87]. D'abord, il y a la relation à l'espace : si les deux pays sont comparables en nombre d'habitants, la France pourrait accueillir presque deux Italies sur son territoire. La limitation de l'espace vital en Italie, d'ailleurs largement occupé par des montagnes, rend les Italiens plus sensibles à la qualité de la communication interpersonnelle. Car si on ne peut éviter de se rencontrer, autant que ce soit plaisant. Les Français sont plus sensibles à l'espace personnel de chacun et attendent, en retour, la même distance. Ensuite, il faut reconnaître qu'il n'existe pas « une » Italie mais plusieurs et qu'avant la proclamation d'une unité politique précaire en 1861, la présence étrangère était constamment une réalité avec les conquêtes et alliances étrangères menées par chaque État de la péninsule. De plus, quel peut être le poids d'une langue qui, jusqu'à une époque récente, n'utilisait que ses dialectes ? L'Italien se sent le plus souvent sicilien ou lombard, car l'identité régionale est forte, de même que l'acceptation de la différence qui fait partie de l'histoire. De tous les Européens, les Italiens sont les plus enclins à voir en l'étranger un modèle à copier, à encenser, à comparer à leurs propres insuffisances. À l'inverse, les Français sont unis depuis des siècles, un Français se présente généralement d'abord comme Français et fier de l'être. Il fait partie d'une « nation », qui fonde son arrogance sur sa ténacité à proposer au monde entier des modèles universels. L'Italien s'en méfie et se moque d'être ou non dans un modèle, pourvu que pour lui, individuellement, tout aille bien. Les principes nationalistes en Italie ne s'expriment guère que dans le mode de vie, la cuisine et le sport, mais ça compte beaucoup.

Une grosse différence surgit dans le domaine de la représentation des Italiens et des Français. Les premiers soignent l'apparence dans toutes ses formes (d'abord vestimentaire) considérant que l'image est plus un reflet de la réalité que la réalité elle-même. On a affaire à des *Dottore, Ingeniere ou Avvocato* et à autant de jeux de rôles soulignant la réussite sociale, si importante dans ce pays marchand. À l'inverse, le Français ne joue pas un rôle, il devient son rôle. Le statut est une composante majeure de l'existence sociale et le Français se l'approprie en devenant ce qu'il fait. C'est pourquoi, généralement, le travail est plus important pour un Français que pour un Italien. Enfin, l'Italien s'excuse peu et préférera, pour ne pas avoir rappelé ou répondu plus vite, dire qu'il a perdu le numéro de téléphone ou qu'il n'a pas reçu la lettre. Il préfère le compliment à l'excuse, mais le Français l'ignore et attend des excuses. Car le Français s'excuse tout le temps, pour tout et n'importe quoi. Or ce qu'attend l'Italien, c'est plutôt un compliment joliment tourné, à moitié exact bien sûr, mais qui fait chaud au cœur.

Illustration 10.8 (suite)

Il est donc préférable de partir d'une hypothèse de la différence tant que la similarité n'est pas prouvée. C'est une hypothèse plus réaliste et potentiellement plus riche, mais plus exigeante aussi vis-à-vis de soi-même. En se préparant à la rencontre de différences, on se laisse moins submerger par elles, on se prépare, et on élargit le « jeu des possibles » de la rencontre interculturelle en laissant la place pour la recherche de similarités et de points de rencontre. L'ignorance de soi empêche de connaître les autres, et la connaissance de l'autre et de soi est souvent une seule et même chose.

Les compétences organisationnelles

Les compétences interculturelles relatives à l'organisation sont décisives pour gérer la diversité culturelle interne croissante au fil de l'internationalisation. Dans deux domaines importants, l'entreprise doit se muscler pour minimiser les risques de dysfonctionnement et profiter des bénéfices potentiels de la diversité culturelle : la gestion des hauts potentiels et la gestion des situations de fusion et d'acquisition.

La gestion des populations de cadres et dirigeants à haut potentiel. La gestion des populations de cadres et dirigeants à haut potentiel concerne le recrutement en faveur de plus de diversité, la gestion des parcours avec mobilité internationale forte, des formations internes poussées sur des problématiques internationales. L'expatriation et le retour (l'impatriation) constituent des épisodes phares : il faut préparer les équipes et l'organisation aux problèmes bien connus d'adaptation des expatriés à l'étranger[88] comme l'adaptation au travail (encadrement, responsabilité, performances), l'adaptation aux membres de la communauté d'accueil) et l'adaptation générale aux conditions de vie. La recherche de talents susceptibles de contribuer, par leur capital culturel (langue, origine, parcours formatif, etc.), aux défis d'apprentissage dans un monde global constitue une étape supplémentaire. L'internationalisation de l'équipe dirigeante est l'une des quatre tendances clés dans la politique d'internationalisation des ressources humaines pour préparer les dirigeants internationaux de demain[89], même si la représentation des étrangers dans la direction ou parmi les administrateurs reste encore très en deçà de l'internationalisation des ventes. Les grandes entreprises des économies émergentes l'ont bien compris mais pour d'autres raisons (voir approfondissement 10.6).

Approfondissement 10.6

Le modèle d'affaires global passe par l'intégration de managers différents

Il y a d'abord eu l'internationalisation des marchés et les possibilités de remonter dans la chaîne de valeur en s'implantant plus près des clients, voire pour répondre à des contrats susceptibles de couvrir plusieurs continents. Cette internationalisation des firmes des économies émergentes s'est logiquement accompagnée de l'implantation de sites de production à l'étranger et de l'augmentation significative de personnel local. Dans l'informatique, le passage du modèle *offshore* au modèle *nearshore* illustre bien cette évolution. En 2007, le géant informatique Infosys employait déjà un cinquième de ses effectifs hors d'Inde[90]. Aujourd'hui, alors que les entreprises occidentales misent surtout sur les formations interculturelles, celles des pays émergents choisissent d'internationaliser leurs états-majors pour accélérer leur apprentissage de l'international, mais aussi pour valoriser les actifs dormants constitués par leurs ressources humaines internationales[91]. Les sociétés chinoises ne peinent plus à se « désiniser », par exemple dans l'électronique où elles se sont instruites auprès des Américains. Lenovo a appris auprès de l'ancienne division PC d'IBM à devenir une marque avec des réseaux commerciaux mondiaux. Elles se sont aussi inspirées des Japonais qui investissent dans le codéveloppement technologique. ASUS et MCI développent à Taïwan des miniportables avec des ingénieurs américains, le design étant assuré par des employés japonais. Le recrutement de managers globaux est une tendance lourde, dynamisant le marché des chasseurs de têtes. Chinchem, Haier, ZTE, Geely ou encore BYD multiplient les embauches de spécialistes américains ou européens de la fusion-acquisition globale, de chercheurs, de banquiers chinois passés par des établissements d'investissement occidentaux. En Inde, le conglomérat Tata est déjà très avancé dans le processus et le groupe accélère son recrutement global *via* la London Business School ou l'université de Cornell aux États-Unis. Mittal Steel est emblématique de cette dynamique : c'est une société de droit européen aux fondations bâties dans les économies émergentes, avec des Brésiliens et des Français à la tête de ses activités minières, des Américains, des Européens ou des Indiens à la production, des Européens et des Brésiliens chargés de la RSE, une commercialisation en Afrique confiée à des Africains de l'Ouest et des Indiens exerçant une responsabilité centrale dans la technologie et la finance.

La gestion des situations de fusion ou d'acquisition. Ces situations d'interface impliquent l'intégration non seulement stratégique, mais aussi l'intégration des équipes et, par là même, des organisations et des cultures d'entreprise[92]. Or, le management d'un tel processus d'intégration nécessite des outils spécifiques pour éviter les erreurs courantes à l'origine des conflits culturels (surtout quand une entreprise est rachetée par une autre ou que la fusion n'a pas lieu entre égaux), et dont les conséquences sont très lourdes : risque de conformité à une culture dominante, innovation étouffée, changement mal conduit et, finalement, destruction de valeur pour les actionnaires. Les enjeux de transferts de connaissances dans l'entreprise élargie sont au cœur du processus d'intégration[93], et les recherches montrent que le succès des opérations d'intégration postfusion-acquisition (et aussi par extension des joint-ventures ou des alliances) dépend au moins de quatre grands facteurs[94] : une évaluation *a priori* (*cultural due diligence*) du degré de correspondance culturelle (*cultural fit*) entre les entreprises, une approche d'intégration flexible, la capacité à saisir l'opportunité de créer une nouvelle culture et la création d'occasions de travailler ensemble et d'apprendre l'un de l'autre pour résoudre des problèmes qui n'auraient pu l'être autrement.

Les compétences personnelles

Vis-à-vis de soi. Le premier niveau d'ajustement individuel concerne le *self-shock* plus que le *culture-shock*. Le *self-shock*[95] (choc identitaire) arrive lorsque ses propres comportements et les regards des autres ne garantissent plus la stabilité de l'image de soi initialement acquise dans la culture d'origine (voir figure 10.9).

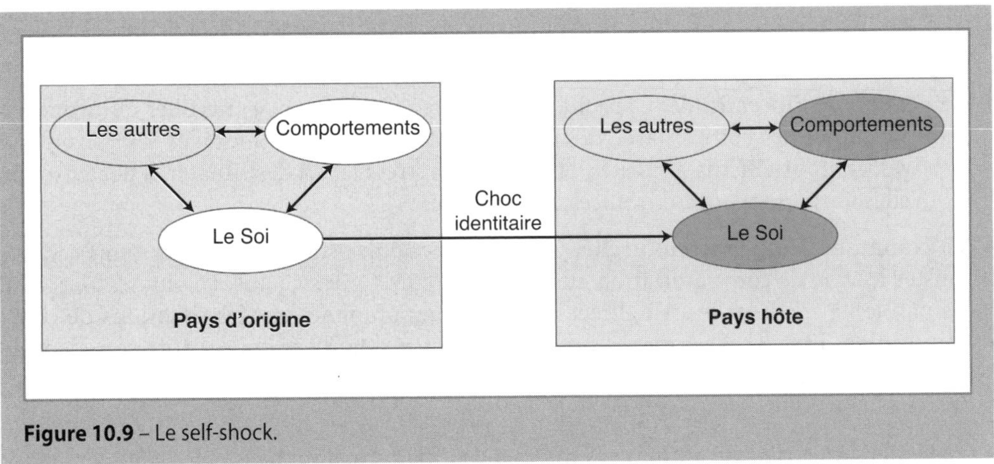

Figure 10.9 – Le self-shock.

Le *self-shock* a des conséquences importantes :

- **Une perte de confiance en soi et un sentiment de doute vis-à-vis de son identité.** La capacité à communiquer avec son moi de façon cohérente diminue car la production d'images de soi instables est forte (les situations interculturelles fournissent des clés d'interprétation des comportements qui sont différentes par rapport à mon environnement d'origine).
- **Une perte de compétence dans la communication avec les autres.** Les comportements peuvent ne pas provoquer chez les autres les réactions attendues qui auraient permis de confirmer son identité, et l'interprétation faite des comportements des autres peut ne pas correspondre non plus à ce qu'ils voulaient signifier dans leur propre cadre culturel.
- **La multiplication des ambiguïtés avec le temps.** On essaie de se voir comme les autres nous voient sans pour autant pouvoir adopter leur perspective, ni toujours comprendre leurs réactions. Ainsi on ne peut se reconnaître dans leurs comportements.
- **Une « double contrainte » identitaire, au sens de G. Bateson.** Plus le besoin de confirmer son identité est accru dans la culture hôte, plus notre capacité à le satisfaire se réduit du fait des autres. Ainsi, plus l'individu se bat pour réduire l'ambiguïté externe liée à la situation interculturelle en adoptant les comportements des autres (c'est-à-dire en changeant ceux liés à la définition de son moi), plus il remet en cause le lien comportement / moi d'origine, et plus il est susceptible d'introduire de l'ambiguïté interne dans son identité. Inversement, plus il se bat pour réduire la tension interne en résistant aux nouveaux

modèles de comportement de la culture hôte ou en limitant les contacts avec les étrangers, plus les problèmes de communication interculturelle et l'intolérance sont susceptibles de persister entre soi et les autres.

Vis-à-vis des autres. Un ensemble de quatre compétences personnelles est au cœur du développement de managers capables d'être performants en situation d'interface interculturelle :

- **La sensibilité interculturelle.** Capacité à identifier ses propres valeurs et celle des autres, à voir les événements ou des comportements selon des perspectives multiples, à rechercher et à développer des solutions créatives qui réconcilient des points de vue apparemment opposés.
- **La gestion de l'incertitude.** Capacité à réagir avec flexibilité et à travailler efficacement dans des nouvelles cultures avec de nouveaux collaborateurs, à modifier ses vues, perspectives, comportements, priorités, et à gérer son stress face à des situations porteuses de nouvelles normes, valeurs, croyances ou habitudes.
- **La communication interculturelle.** Capacité à moduler ses réponses à ce qui est dit, à ajuster le style de communication aux interlocuteurs (vitesse, pauses, volume, ton, prise de parole), à moduler le style direct / indirect, notamment dans les situations de communication difficiles, à vérifier sa propre compréhension de ce que les autres essaient de communiquer et plus généralement à expliquer, décrire et transmettre des messages à des interlocuteurs d'une autre culture.
- **Le leadership.** Capacité à stimuler l'interaction et la coopération entre les gens, à prendre la direction tout en gardant tout le monde à bord, c'est une sensibilité aux dynamiques de groupes dans les organisations et la capacité à établir et à nourrir un réseau de relation efficace dans un environnement multiculturel.

Il est utile de garder en mémoire quelques règles élémentaires du travail en équipes internationales (voir tableau 10.3). Évidemment, la compétence la plus puissante (dans ce qu'elle permet en termes de capacités de compréhension des cultures de l'intérieur et d'action dans les environnements étrangers) est plus que jamais la compétence linguistique.

Dans tous les cas, il est important de pouvoir individuellement répondre simultanément aux deux questions suivantes dans les situations managériales ayant trait à la communication, la décision, la motivation ou la direction d'équipes internationales :

- Qu'est-ce qui dans mon héritage culturel (mes acquis, mes compétences, mes savoir-faire, mes savoir-être, mes valeurs…) est localement pertinent ? C'est-à-dire qu'est-ce qui est susceptible d'être demandé et valorisé positivement dans l'échange que j'ai avec l'environnement local (avec mes clients et tous mes partenaires) ?
- Qu'est-ce qui, dans l'héritage et dans l'environnement culturel qui me reçoit, est localement intouchable ? C'est-à-dire qu'est-ce qui est tellement ancré dans les pratiques traditionnelles locales que penser à les nier ou à les changer de façon radicale serait voué à l'échec certain ?

Tableau 10.3 : Règles simples de la communication interculturelle

Comportement verbal	• Vérifier le degré de maîtrise linguistique de chacun • Définir les termes • Parler doucement • Ne pas hésiter à répéter • Jouer sur la possibilité d'un langage et d'une culture professionnelle communs • Se rappeler que toutes les cultures n'accordent pas la même valeur à l'oral et à l'écrit
Comportement non verbal	• S'informer sur les « gaffes » élémentaires à éviter : comportement physique, cadeaux, gestion du temps, de l'espace… • Observer les comportements des leaders d'opinion • Développer la patience • Être sensible au protocole • Privilégier les formulations visuelles (dessins, graphes, tableaux) • Démontrer, expliquer le plus souvent possible • Faire davantage de pauses • Développer sa capacité à comprendre et utiliser davantage les silences • Résumer par écrit sa présentation verbale
Processus d'attribution	• Ne pas assimiler des faiblesses de langage (fautes grammaticales, mauvaise prononciation) à un manque d'intelligence • Mettre l'accent sur la description en intégrant le point de vue de l'autre • Vérifier autour de soi que son jugement n'est pas fondé sur des stéréotypes ou préjugés entretenus vis-à-vis des autres
Processus de compréhension	• Faire l'hypothèse d'une incompréhension plutôt que d'une compréhension *a priori* • Préparer par écrit son travail avec les interprètes • Vérifier la compréhension en faisant reformuler l'information par la personne • Insister sur le *feedback*
Modalités d'organisation du travail	• Faire davantage de pauses : l'usage d'une seconde langue est extrêmement fatigant • Faire de petits modules de travail • Allouer davantage de temps (2 fois plus en moyenne) qu'en situation intraculturelle

La rencontre interculturelle procède donc d'un ajustement mais aussi souvent d'une négociation (d'un arbitrage) entre son propre cadre culturel et celui de la culture hôte. Il faut apprendre à atténuer certains traits au profit d'autres comportements plus pertinents localement, qui seront plus efficaces et permettront de travailler en souplesse. Et si certains comportements locaux ne sont pas compatibles avec sa propre éthique, il est préférable de faire autre chose ailleurs. Finalement, il est aussi souvent bon de se rappeler simplement qu'à l'étranger « on n'est pas chez soi », ce qui n'empêche pas de rester soi-même dans les limites définies précédemment. Il y a en effet toujours une certaine « revendication d'altérité » chez les partenaires internationaux, et on tire par ailleurs une partie importante de ses forces de son bagage culturel et de la variété des expériences personnelles accumulées à l'étranger.

Résumé

Le contexte d'internationalisation impose à l'organisation des défis importants dans trois domaines principaux : l'organisation, le contrôle et la coordination des nombreuses activités internationales, le management des équipes nécessairement multiculturelles associées à la conduite de ces activités et le développement organisationnel de l'entreprise qui se retrouve sous contraintes d'apprentissage fortes, en particulier dans le domaine interculturel. Les modèles d'organisation couvrant les activités internationales sont nombreux, depuis les approches classiques jusqu'aux structures par projet et en réseau. Le contrôle des activités de marketing international s'exerce à différents niveaux par différents mécanismes et prend toute son importance dans la gestion des relations siège/filiales. Dans le domaine du management des équipes internationales, au-delà de la diversité des équipes, les responsables doivent intégrer les styles nationaux de management, lesquels ont un fort impact sur leur performance dans les domaines de la communication, de la gestion du temps, de la décision, de la direction et de la motivation. Enfin, les enjeux d'apprentissage organisationnel sont très forts, en particulier dans le domaine interculturel pour savoir profiter des opportunités de la diversité culturelle tout en minimisant les risques de dysfonctionnement. Parmi les axes centraux de cet apprentissage, la question du transfert et de l'enrichissement de la culture d'entreprise à l'international et du développement des compétences interculturelles au niveau de l'organisation et des individus.

Questions

1. Quels sont les trois enjeux organisationnels posés par le développement de l'entreprise internationale ?

2. Dans le débat entre structure et stratégie, laquelle précède l'autre ? Prenez un exemple.

3. Quels sont les avantages des structures par projet et des structures en réseau par rapport aux structures classiques ?

4. En quoi le contrôle est-il influencé par les facteurs culturels ?

5. Quel est l'impact des facteurs culturels sur le management des équipes internationales ? Prenez des exemples

Cas d'entreprise : American Systems – Culture, développez-la, assumez-la[1]

« Chers collègues du monde entier, comme vous le savez, la fête de Thanksgiving est une tradition américaine célébrée ici par tous, quelles que soient la nationalité, la religion et l'origine sociale. C'est un jour très spécial pour toutes les familles qui se rassemblent, se retrouvent. Alors que je pense aux nombreuses bénédictions que j'ai reçues l'année dernière, sans aucun doute, pour ma femme Barbara et moi, l'arrivée de notre troisième petit garçon a été la plus belle de toutes. Je suis aussi très reconnaissant qu'on m'ait donné l'occasion de travailler avec tant de professionnels talentueux du monde entier. Ensemble, nous continuerons à relever les challenges pour rendre American Systems encore plus fort à l'international. Certes, des défis nous attendent, mais concentrons-nous sur le succès de cette fin d'année 2009 et sur un démarrage fulgurant en 2010. Chaleureusement, Gustavo. »

D'Atlanta, Gustavo envoya cet e-mail à sa nouvelle équipe puis quitta le Head Quarter d'American Systems pour le long week-end de Thanksgiving. Il ressentait de la fierté : n'était-il pas le premier manager américain d'American Systems nommé directeur exécutif chargé du marketing international ? On avait jusqu'alors nommé des Européens à ce poste car, s'agissant de commander toutes les opérations marketing hors des États-Unis, l'essentiel se situe sur le vieux continent ; John, le *Chief Marketing Officer*, avait dit à Gustavo qu'il était le meilleur pour ce poste : Gustavo était chez American Systems depuis vingt ans, avait eu de grands succès marketing auprès de multinationales américaines, et ses racines espagnoles – sa famille s'était installée aux USA quand il avait cinq ans – en feraient le « meilleur ambassadeur des valeurs et de l'histoire de American Systems à l'étranger ».

1. Ce cas a été rédigé par Sébastien Méhaignerie (united-notions, 2010).

L'internationalisation de l'entreprise était plutôt récente, datait de la bulle Internet autour des années 2000. American Systems, alors géant américain des technologies de l'information, ne pouvait rater le train de la globalisation et fit l'acquisition d'une entreprise britannique, ce qui lui donna instantanément une présence dans 60 pays.

L'acquisition avait été l'un des plus ambitieux virages stratégiques du géant américain centenaire, véritable icône de l'Amérique de Wall Street. Un journaliste titra même : « Un éléphant peut-il traverser les océans ? »… pour avoir la réponse quelques années après : il ne peut pas. Des problèmes de management et un clash des cultures d'entreprise avaient rendu impossible l'intégration des deux entités.

Finalement, en 2006, American Systems avait décidé de revoir complètement sa stratégie internationale : l'entreprise se concentrerait sur vingt marchés clés et les deux mille plus grosses entreprises mondiales. La priorité pour rendre le business non américain profitable serait de pousser l'efficience et la cohérence des opérations à l'extrême, et toutes les équipes internationales furent réintégrées dans les tours fonctionnelles américaines : le marketing international dont Gustavo venait de prendre la tête en 2009 avait d'ailleurs été intégré dans la tour marketing US en 2007.

Quand Gustavo revint à la American Systems Tower d'Atlanta le mardi qui suivait Thanksgiving, il fut surpris de constater que personne n'avait répondu à son chaleureux e-mail, à part Susan, sa collègue américaine qui vivait et travaillait à Londres. « L'équipe doit être débordée », se dit-il. La première chose qu'il fit ce jour-là fut justement d'appeler Susan pour lui annoncer la bonne nouvelle : Gustavo la promouvait à la tête des campagnes marketing globales. Au-delà de sa grande expérience sur le sujet, Gustavo savait qu'il pourrait compter sur Susan pour être son « agent local » ; ce jour-là, elle le mit d'ailleurs en garde : « Les gens des équipes internationales ont le moral plutôt bas ces temps-ci ; il y a même des collègues européens qui se sont fait rappeler le code de conduite et les articles qui stipulent qu'on doit contrôler nos émotions. Ils sont frustrés. Il y a ici une idée partagée que le pouvoir et le savoir sont les prérogatives des Américains. »

Quand Gustavo raccrocha, il entreprit de lire les 215 e-mails qu'il avait reçus durant le long week-end. Un échange attira son attention : Morgane, la responsable marketing France, qui travaillait maintenant pour lui, répondait à Todd, un manager produits, dont le bureau jouxtait celui de Gustavo à Atlanta : « Ne comptez pas sur les clients français pour cette présentation produit que vous avez placée le 14 juillet », disait Morgane, « c'est comme proposer quelque chose aux clients américains le jour de l'Indépendance. » Gustavo prit son téléphone et appela Morgane, occasion de faire les présentations et de comprendre le contexte de cet échange d'e-mails avec Todd : « Oh vous savez Gustavo, en général, je ne dis rien », expliqua Morgane, « je comprends bien que le succès de la stratégie de l'entreprise repose maintenant sur la standardisation des opérations marketing au niveau mondial ; je trouve juste dommage que les Français ne puissent pas assister à cette présentation du produit… Au fait, vous savez ce que les Américains ont fait la semaine dernière ? Ils ont envoyé un e-mail automatique à tous nos clients et l'e-mail s'adressait à eux en utilisant leurs prénoms ! Je n'y croyais pas ! Au Japon, la direction est en train de rappeler tous les clients un à un pour s'excuser et on va devoir faire pareil avec certains en France. »

Cathy, la vice-présidente pour les ventes internationales, entra dans le bureau de Gustavo et celui-ci dut alors raccrocher. Cathy lui montra le rapport qu'elle tenait à la main : « Hey Gustavo, tu vas regarder ça. Pourquoi nos vendeurs asiatiques n'utilisent-ils pas du tout notre nouvel outil de management des grands comptes ? Je me demande en fait s'ils comprennent bien le principe du management de compte ? »

Gustavo ne répondit pas ; il regardait le couloir, où quelqu'un accrochait au mur les affiches rappelant les nouveaux principes de leadership chez American Systems. La première ligne disait : « Culture : développez-la, assumez-la. » Après tout ce qu'il avait entendu ce matin-là, Gustavo trouva ça ironique. American Systems et ses employés croyaient fortement en la culture centenaire de l'entreprise, et ses principes qui avaient fait leurs preuves sur plus d'un siècle. « Il n'y a pas de raison que cela s'arrête…, pensa Gustavo, j'en parlerai quand même à ma nouvelle équipe. »

Questions

1. À partir de ce que vous pouvez apprendre d'American Systems (son histoire, sa culture, le profil de ses employés, ses pratiques), identifiez trois facteurs de handicap pour le succès de la stratégie marketing internationale de American Systems ?
2. Quels sont les trois problèmes principaux que rencontre Gustavo alors qu'il prend sa nouvelle fonction de directeur du marketing international ? Que feriez-vous à sa place ? Élaborez un plan d'action pour chaque problème.

Notes par chapitre

Introduction

1. Pras B., « International : principaux enjeux et omniprésence de la culture », *Décisions Marketing*, n° 43-44, juillet-décembre 2006, p. 7-12.
2. Geertz C., *Local Knowledge*, New York, Basic Books, 1983.
3. Appadurai A., *Après le colonialisme, les conséquences culturelles de la mondialisation*, Payot, 2001 (titre original : *Modernity at Large, Cultural Dimensions of Globalization*, University of Minnesota Press).

Chapitre 1

1. Ghauri P. N. et Cateora P., *International marketing*, 3e édition, The McGraw-Hill Companies, 2010.
2. Lemaire J.-P., *Stratégie d'internationalisation*, 2e édition, Dunod, 2004.
3. Prime N., « Cultures et mondialisation : l'unité dans la diversité », *Expansion Management Review*, septembre 2001, p. 53-66.
4. Cailliau H., *L'Esprit des religions, connaître les religions pour mieux comprendre les hommes*, Milan, coll. « Débats d'idées », 2006.
5. Holden N., *Cross-Cultural Management, a Knowledge Management Perspective*, Prentice Hall / *Financial Times*, 2002.
6. Nurdin G., Lemaire J.-P. et Prime N., « Le contrôle de gestion, un élément propre à la culture occidentale ? », *Échanges*, n° 91, août-septembre 2002, p. 66-68.
7. Latouche S., *L'Occidentalisation du monde. Essai sur la signification, la portée et les limites de l'uniformisation planétaire*, La Découverte, 1989.
8. Ritzer G., *Tous rationalisés ! La mcdonaldisation de la société*, Alban, 2004.
9. Cassen B., « Un monde polyglotte pour échapper à la dictature de l'anglais », *Le Monde diplomatique*, janvier 2005, p. 22-23 ; De Swaan A., *Words of the World*, Cambridge, Polity Press, 2001 ; Calvet L.-J., *Pour une écologie des langues du monde*, Plon, 1999.
10. Warnier J.-P., *La Mondialisation de la culture*, La Découverte, 1999.
11. Levisalles N. (dir.), « Francophonie ma langue vivante », supplément à *Libération*, n° 7730, 16 mars 2006, 71 pages.
12. Naipaul V. S., *L'Inde*, Plon, 1992.
13. Warnier J.-P. (dir.), *Le Paradoxe de la marchandise authentique, imaginaire et consommation de masse*, L'Harmattan, 1994.
14. Prime N. et Itonaga-Delcourt M., « L'appétence des sociétés industrialisées pour les produits artisanaux : paradoxes socioculturel et économique », in *Paradoxes de la mondialisation*, E. Milliot et N. Tournois (dir.), Vuibert, 2009, p. 115-136.
15. Naisbitt J., *High Tech, High Touch*, Londres, Nicholas Brealey, 2001.
16. Simpenforder B., *The new silk road. How a rising Arab world is turning away from the West and rediscovering China*, Palgrave McMillan, 2009.
17. Ziegler J., *La Haine de l'Occident*, Albin Michel, 2008.
18. Brunswick Y et Danzin A., *Naissance d'une civilisation. Le choc de la mondialisation*, Éditions Unesco, coll. « Défis », 1998.
19. D'autres ouvrages proposent une approche systématique des liens entre culture et marketing international, notamment : Usunier J.-C. et Lee J., *Marketing across cultures*, 6e édition, Harlow, Prentice Hall, 2012 ; De Mooij M. (dir.), *Global marketing and advertising, understanding cultural paradoxes*, 3e édition, Sage Publications Inc., 2009 ; Rugimbana R. et Nwankwo S., *Cross-Cultural Marketing*, Thomson, 2002.
20. Sen A., « Valeurs asiatiques et croissance économique », *Le Monde*, 27 octobre 1998, p. VI.
21. Prime N., « Cultures et mondialisation : l'unité dans la diversité », *Expansion Management Review*, septembre 2001, p. 53-66.
22. Lemaire J.-P. et Prime N., « Le levier culturel dans la croissance de l'organisation à l'international », *Accomex*, 2002, p. 14-18.
23. Ghosn C., « Saving the business without loosing the company », *Harvard Business Review*, janvier 2002, p. 37-45.
24. Cohen E., *La Tentation hexagonale : la souveraineté à l'épreuve* de la mondialisation, Fayard, 1996.
25. http://www.lesoleil.sn/article.php3?id_article=65216 (consulté le 27 novembre 2010).
26. WTO, *World Trade Report 2011. The WTO and preferential trade agreements: From co-existence to coherence.*
27. Lamy P. (dir.), *Monde-Europe*, Dunod / La Documentation française, 1993.
28. Lequesne C., « Vers une gouvernance mondiale ? », *Alternatives internationales*, hors-série n° 7, décembre 2009, p. 5.
29. Rist G., *Le Développement, histoire d'une croyance occidentale*, 3e édition revue et augmentée, Presses de SciencesPo., coll. « Références », 2007.
30. Comolet E. et Ray O., « La gouvernance mondiale : insuffisances, progrès et perspectives ». L'économie mondiale : trente ans de turbulences, *Cahiers français*, n° 357, juillet-août 2010, p. 50-56.
31. Rouland N., *Aux confins du droit*, Odile Jacob, coll. « Sciences humaines », 1991.
32. Seroussi R., *Introduction au droit comparé*, 3e édition, Dunod, 2008.
33. Oxfam France Agir ici, « Hold-up international », *Campagne* n° 85, mars 2009.
34. Harel X. et Joly E., *La Grande Évasion, le vrai scandale des paradis fiscaux*, Les Liens qui Libèrent, 2010.
35. Le crédit documentaire est le principal moyen de paiement utilisé dans les transactions internationales qui permet, à des degrés variables selon le type de crédit documentaire ouvert par l'exportateur auprès de sa banque, d'assurer la double sécu-

rité par un système d'échange de documents (sécurité du paiement pour le vendeur, sécurité de la livraison attendue pour l'acheteur).

36. Lemaire J.-P., *Stratégies d'internationalisation*, 2e édition, Dunod, 2004.
37. « Tous avantages, faveurs, privilèges ou immunités accordés par une partie contractante à un produit originaire ou à destination de tous autres pays, seront immédiatement et sans condition étendus à tous produits similaires originaires ou à destination de toutes les parties contractantes. »
38. Les principaux secteurs des services concernés sont : la distribution et le commerce de gros et de détail ; le bâtiment et les travaux publics, l'architecture, la décoration, l'entretien ; le génie civil et l'ingénierie ; les services financiers, bancaires et d'assurances ; la recherche et développement ; les services immobiliers et le crédit-bail location ; les services de communication, les postes, les télécoms, l'audiovisuel, les technologies de l'information ; le tourisme et les voyages, les hôtels et les restaurants ; les services de l'environnement dont la voirie, l'enlèvement des ordures, l'assainissement, la protection du paysage et de l'aménagement urbain ; les services récréatifs, culturels et sportifs, dont les spectacles, les bibliothèques, les archives et les musées ; l'édition, l'imprimerie et la publicité ; les transports par toutes les voies imaginables, y compris spatiales ; l'éducation primaire, secondaire, supérieure et la formation permanente ; la santé animale et humaine.
39. Jaffrelot C. (dir.), « Introduction », *L'Enjeu mondial, les pays émergents*, Presses de SciencesPo. / *L'Express*, 2008, p. 13-22.
40. Vedrine H. *Continuer l'histoire*, Flammarion, 2008.
41. Gabbas J.-J. et Losch B., « La fabrique en trompe l'œil de l'émergence », in C. Jaffrelot (dir.), *L'Enjeu mondial, les pays émergents*, Presses de SciencesPo. / *L'Express*, 2008, p. 25-40.
42. Ziegler J., *La Haine de l'Occident*, Albin Michel, 2008.
43. Santiso J., « La Chine dame le pion à l'Occident en Amérique latine comme en Afrique », *Enjeux Les Échos*, septembre 2008, p. 89.
44. Lemaire J.-P., *Stratégie d'internationalisation*, 2e édition, Dunod, 2004.
45. http://money.cnn.com/magazines/fortune/global500/2010/.
46. Grasland E. et Madelin T., « Nucléaire : Abu Dhabi ou les leçons d'un échec », *Les Échos*, 11 janvier 2010, p. 10.
47. Huchet J.-F. et Ruet J., « Les multinationales chinoises et indiennes à la conquête du monde», in C. Jaffrelot (dir.), *L'Enjeu mondial, les pays émergents*, Presses de SciencesPo. / *L'Express*, 2008, p. 209-219.
48. Li P. P. « Towards a learning-based view of internationalization: the accelerated trajectories of cross-border learning for latecomers », *Journal of International Management*, 16, 2010, p. 43-59.
49. Dessillons S., Maurisse T., Izraelewicz E. et Beffa J.-L., « Faut-il craindre les champions des pays émergents ? », *L'École de Paris*, débat du 10 octobre 2007, 12 pages.
50. Von Gastrow J.-P., « La mutation des fournisseurs de pays à bas coûts », *Les Échos*, 20 octobre 2007, p. 13.
51. BCG Report, « The BCG 50 local dynamos », 2008 (http://www.bcg.com.cn/export/sites/default/en/files/publications/reports_pdf/The_BCG_50_Local_Dynamos_March2008.pdf).
52. Ouziel S., « Fusions-acquisitions : et après ? », *Les Cahiers du management de* l'Expansion, 10 septembre 2010 (http://www.lexpansion.com/cahiers-du-management/fusions-acquisitions-et-apres_237810.html).
53. Delaroche P., « Faurecia combine acquisitions et alliances », *Les Cahiers du management de* l'Expansion, 26 août 2010 (http://www.lexpansion.com/cahiers-du-management/fusions-acquisitions-et-apres_237810.html).
54. Ohmae K., *Triad Power, The Coming Shape of Global Competition*, The Free Press, New York, 1985.
55. Friedman T., *La terre est plate*, Éditions Saint-Simon, 2006.
56. Apoteker T., « Les 30 marchés cibles pour les exportateurs français », *Le Moci*, no 1858, 2010, p. 8-14 ; OMC, « Rapport sur le commerce mondial 2010 » (http://www.wto.org/french/res_f/booksp_f/anrep_f/world_trade_report10_f.pdf).
57. Lemaire J.-P., « Pays émergents : les investisseurs au pied du mur », *L'Expansion Management Review*, juin 2010, p. 36-45.
58. Moatti S., « Les multinationales au cœur des échanges mondiaux », *Alternatives économiques*, hors-série no 90, octobre 2011, p. 18-19.
59. http://www.ide.go.jp/English/Press/pdf/20110606_news.pdf.
60. En comptabilité nationale comme dans la balance des paiements, le domaine des « services » associe les revenus d'activités traditionnelles comme le tourisme, l'assurance ou le fret, les services liés aux transferts de technologie, les revenus des capitaux placés, prêtés ou investis à l'étranger à court et à long terme, et les transferts de fonds des travailleurs émigrés.
61. http://www.banque-france.fr/fr/statistiques/economie/economie-balance/investissements-directs.htm.
62. Chavagneux C., « La mondialisation des firmes fait une pause », *Alternatives économiques*, hors-série no 86, octobre 2010, p. 78-79.
63. *World Investment Report 2010* (http://www.unctad.org/en/docs/wir2010_en.pdf).
64. *World Investment Report 2011* (http://www.unctad.org/en/docs/wir2011_en.pdf).
65. *World Investment Report 2011* (http://www.unctad.org/en/docs/wir2011_en.pdf).
66. Lemaire J.-P. et Klein J., *Financement international des entreprises*, Vuibert, coll. « Explicit », p. 1.
67. *Alternatives économiques – Les marchés financiers*, hors-série no 87, décembre 2010.
68. Samuelson R., « La faillite morale de Goldman Sachs », *Courrier international*, no 118, 6-11 mai 2010, p. 57.
69. Stiglitz J., *Le Triomphe de la cupidité*, Les Liens qui Libèrent, 2010.
70. Chavagneux C. et Moatti S., « La finance enfin au pas ? », *Alternatives économiques*, no 280, mai 2009, p. 47-57.
71. Mandelbrot B. et Hudson R. L., *Une approche fractale des marchés. Risquer, perdre, gagner*, 2e édition, Odile Jacob, 2009.
72. L'efficience des marchés exprime l'idée que les prix reflètent à chaque instant toute l'information disponible. Or, dans le monde des 20/80 (loi de Pareto, et non pas loi de la moyenne), les intervenants n'ont évidemment pas un accès égal à l'information. Les « effets de mémoire » génèrent une dynamique intrinsèque aux marchés financiers (la hausse suit la hausse, la baisse suit la baisse) qui n'est pas réductible à l'arrivée ou non de nouvelles informations extérieures au marché. De plus, « les effets d'interactions » entre les différents acteurs créent des tendances autonomes et du mimétisme qui entraînent des bulles.

73. Riols Y.-M., « Comment la Chine achète l'Europe » (http://www.lexpansion.com/economie/comment-la-chine-achete-l-europe_243492.html) [consulté le 7 décembre 2010] ; *Courrier international*, « Pour s'implanter en Chine, il faut y mettre le prix », nº 1053, 6-12 janvier 2011, p. 40.
74. Lemoine F., « La Chine ne sauvera pas les pays riches », *Alternatives internationales*, hors-série nº 8, décembre 2010, p. 38-39.
75. Maillet C. et Le Manh A., *Le Meilleur des normes comptables internationales IAS-IFRS*, Sup'Foucher, LMD coll. « Expertise comptable », 4e édition, 2010.
76. Toute opération d'achat ou de vente d'une marchandise est spéculative dès lors qu'elle est motivée par l'anticipation d'une variation imminente du prix et non par l'emploi ou la transformation de ladite marchandise. Appliquée à la finance, la spéculation consiste à acquérir ou à céder un titre non pas en raison de son rendement (le taux d'intérêt des obligations, les dividendes d'une action), mais parce que l'on entend profiter d'une variation prochaine du cours des titres.
77. Hayek N. « On a perdu l'esprit d'entreprise », *www.lexpress.fr*, 19 juillet 2009, p. 15-18.
78. Chavagneux C., « Comment les spéculateurs profitent de la crise », *Alternatives économiques*, nº 289, mars 2010, p. 11-12.
79. http://marchedeschanges.fr/ ; *Alternatives économiques – Les marchés financiers*, hors-série nº 87, décembre 2010.
80. *Courrier international – Dossier : La planète des robots*, nº 1019, mai 2010, p. 32-39 ; Feitz A., « Les robots, relève d'un Japon vieillissant », *Enjeux*, mai 2008, p. 62-66.
81. Testart J., Bougain C. et Sinai S., *Labo-Planète ou comment 2030 se prépare sans les citoyens*, Fayard / Mille et une nuits, 2011.
82. Thomke S. et Srivastava M., « The Dabbawala System: On-Time Delivery, Every Time », *Harvard Business School*, Harvard 9-610-059, October 2010 (http://www.casium.fr/component/kashyap/bc_detail/126 ; http://www.trinitypartnership.com/blogmicheltestard, janvier 2008).
83. Licoppe C., *L'Évolution des cultures numériques, du lien social à l'organisation du travail*, FyP Éditions, coll. « Innovation », 2009.
84. Fayon D., *Web 2.0 et au-delà. Nouveaux internautes, du surfeur à l'acteur*, Économica, 2010 ; Balague C. et Fayon D., *Facebook, Twitter et les autres*, Pearson Village Mondial, 2010.
85. *Cyclope 2010*, Économica, 2010.
86. Ziegler J., *L'Empire de la honte*, Fayard, 2005 ; *Arme de destruction massive, géopolitique de la faim*, Le Seuil, 2011.
87. Krotoff A., *Les Pays en voie de développement : nouveaux moteurs du développement durable* via *les multinationales occidentales ? L'exemple de la Chine*, mémoire de recherche, master en management, ESCP Europe, 2010.
88. *Le Monde – Bilan Planète*, hors-série, 2010.
89. Wagenhofer E., *We feed the world*, IFO Imagine Film Distribution, 2007.
90. Griffon M., « La terre va-t-elle manquer de terres ? », *Alternatives internationales*, hors-série nº 7, décembre 2009, p. 40-41 ; Brunel S., *Nourrir le monde, vaincre la faim*, Larousse, 2009 ; Parmentier B., *Nourrir l'humanité, les grands problèmes de l'agriculture mondiale au XXIe siècle*, La Découverte, 2009.
91. Chavagneux C., « Mondialisation et emploi : la longue transition », *Alternatives économiques*, hors-série nº 71, décembre 2006, p. 60-63.
92. « Les chiffres de l'économie 2010 – Les défis de la population mondiale », *Alternatives économiques*, hors-série nº 82, octobre 2009, p. 84-85.
93. Nations unies, *World population aging 2009* (http://www.un.org/esa/population/unpop.htm).
94. Meyer M., « La bombe démographique n'est plus ce qu'elle était », *Courrier international*, nº 749, mars 2005, p. 44-46.
95. Barroux R. et Perucca B., « La classe moyenne mondiale a triplé en dix ans », *Le Monde*, 17 septembre 2010.
96. De La Vega X., « Les villes à la conquête du monde », *Les Grands Dossiers des sciences humaines*, nº 17, 2009-2010, p. 22-24.
97. « Les chiffres de l'économie 2009 – La planète des villes », *Alternatives économiques*, hors-série nº 78, octobre 2008, p. 84-85.
98. Sassen S., *Global Networks – linked cities*, New York / Londres, Routledge, 2002 ; Sassen S., *The global city: New York, London, Tokyo*, 2e édition, Princeton University Press, 2001.
99. Taylor P. J., *World City Network: a Global Urban Analysis*, Londres, Routledge, 2004.
100. http://www.lboro.ac.uk/gawc.
101. Damon J., « Faut-il avoir peur de l'urbanisation du monde ? », *Alternatives économiques*, nº 274, 2008, p. 83-85.
102. Davis M., *Le Pire des mondes possibles – De l'explosion urbaine au bidonville global*, La Découverte, 2007.
103. http://www.undp.org/mdg/progress.shtml.
104. Rahnema M. et Robert J., *La Puissance des pauvres*, Actes Sud, 2008.
105. Clerc D., « La pauvreté frappe un Européen sur six », *Alternatives internationales*, hors-série, nº 8, décembre 2010, p. 34-35.
106. https://www.cia.gov/library/publications/the-world-factbook/rankorder/2172rank.html?countryName=Serbia&countryCode=ri®ionCode=eu&rank=113#ri.
107. Maurin L., « Les riches, toujours plus riches », *Alternatives internationales*, hors-série, n º 8, décembre 2010, p. 58-59.
108. http://www.iom.int/jahia/Jahia/about-migration/lang/fr.
109. *Le Monde – L'Atlas des migrations, les routes de l'humanité*, hors-série, coédition *La Vie / Le Monde*, 2008-2009 ; Fournier L., « Les migrations internationales », *Sciences humaines*, nº 213, mars 2010, p. 20-25.
110. Wihtol de Wenden C., *La Globalisation humaine*, PUF, 2009.
111. Badie B., Brauman R., Decaux E. et Devin G., *Pour un autre regard sur les migrations, construire une gouvernance mondiale*, La Découverte, 2008.
112. Bruneau M., *Diasporas et espaces transnationaux*, Anthropos-Economica, 2004.
113. Insee ; Boniface P. et Védrine H., *Atlas du monde global*, Armand Colin / Fayard, 2010.
114. Beaud S., Confavreux J. et Lindgaard J., *La France invisible*, La Découverte, 2006.
115. Diaz P., *La Fin de la pauvreté ?*, Cinéma Libre Studio, Cargo Films, 2009, documentaire qui s'appuie sur la théorie de Henry Georges qui fut le premier philosophe de son époque, dans *Progrès et pauvreté*, à penser que le progrès n'allégeait pas la pauvreté mais la générait (www.schalkenbach.org).
116. De Soto H., *Le Mystère du capital : pourquoi le capitalisme triomphe en Occident et échoue partout ailleurs*, Flammarion, coll. « Champs », 2007.
117. Hessel S., *Indignez-vous !*, Indigène Éditions, 2010.

118. Dortier J.-F., « L'abîme ou la métamorphose ? Rencontre avec Edgar Morin », *Sciences humaines*, n° 201, 2009, p. 30-33.

119. http://ec.europa.eu/enterprise/policies/sustainable-business/corporate-social-responsibility/index_en.htm.

120. http://www.marketingdurable.net/.

121. Laville E., *L'Entreprise verte*, 3e édition, Pearson Village Mondial, 2009.

122. Yunus M., *Vers un monde sans pauvreté*, JC Lattès / Le Livre de Poche, 1997.

123. Chouinard Y., « Il faut consommer autrement », *Les Échos*, 11 janvier 2010, p. 13.

124. Ardouin J.-L. et Faivre-Tavignot B., « Développement durable, changement ou rupture ? », *L'Art du management / Les Échos*, 29 mai 2008, p. 4-5.

125. Par exemple pour une approche très pédagogique, Leonard A., *The Story of Stuff: The Impact of Overconsumption on the Planet, Our Communities, and Our Health-and How We Can Make It Better*, Free Press, 2009.

126. Si tout le monde consommait comme des Français, il faudrait trois planètes pour satisfaire la consommation mondiale, mais il en faudrait neuf pour une consommation à la californienne contre seulement un dixième de planète pour un mode de vie malien (propos recueillis par Hervé Kempf, *Le Monde* du 26 mai 2005, supplément « Développement du râble »).

127. Bascoul G. et Moutot J.-M., *Marketing et développement durable, stratégie de la valeur étendue*, Dunod, 2009.

128. Sele K., « Marketing ethics in emerging markets – coping with ethical dilemmas », *IIMB Management Review*, 2006, p. 95-103.

Chapitre 2

1. « Risques et opportunités 2010 », *Le Moci*, n° 1858, 21 janvier 2010, p. 6-14.

2. Vadcar C., « Les prochains marchés porteurs à l'horizon 2015-2020 », *Prospective et entreprise*, chambre de commerce et d'industrie de Paris, 2009.

3. Crozet Y., « Trente ans de déréglementation : quel bilan ? », *Regards croisés sur l'économie*, vol. 2(2), 2007, p. 118-126.

4. Kiambu J., « Déréglementation des services de télécommunications en République démocratique du Congo », *Revue d'économie régionale et urbaine*, n° 5, 2009, p. 975-994.

5. « Gaz (marché) », Xerfi 700, 2010, 76 pages.

6. http://donnees.banquemondiale.org/indicateur/NY.GNP.PCAP.CD (consulté le 4 novembre 2010).

7. Rousseau Y., « La Chine devient officiellement le premier marché automobile du monde », *Les Échos*, 11 janvier 2010, p. 19.

8. Chapuis D., « Le luxe français mise sur le redémarrage du Moyen-Orient », *www.lesechos.fr* (consulté le 3 novembre 2010).

9. Prime N. « Ikea International development », in *European Cases in Retailing*, M. Dupuis et J. Dawson (éd.), Blackwell Publishers, 1999, p. 33-48 ; *Le Monde*, 22 novembre 2008.

10. Vernon R., « International Investment and International Trade in the Product Cycle », *Quarterly Journal of Economics*, mai 1966, p. 190-207.

11. TNS, *Consumer trends in Vietnam*, Condensed version, October 2008, Taylor Nelson Sofres Vietnam.

12. Giraud P.-N., « Mondialisation, inégalités et efficacité des politiques économiques », *Problèmes économiques*, n° 2598, 6 janvier 1999, p. 12-20.

13. « Breathable shoes: branding success through patenting », http://www.wipo.int/ipadvantage/en/details.jsp?id=893 (consulté le 16 septembre 2010).

14. L'intérêt des délocalisations doit intégrer certains facteurs limitatifs, notamment le contrôle de la qualité, le coût des transports, la faible productivité, la perte de capacité d'innovations et l'incitation au développement de concurrences nouvelles.

15. Canuet A., « La menace des délocalisations fiscales », *Alternatives économiques*, n° 260, juillet-août 2007, p. 82-83.

16. « Zones franches : coûts et avantages », *L'Observateur de l'OCDE*, n° 275, novembre 2009, http://www.observateurocde.org/news/fullstory.php/aid/2577/Zones_franches:_co_FBts_et_avantages.html (consulté le 6 novembre 2010).

17. Immelt J. R., Govindarajan V. et Trimble C., « How GE is disrupting itself », *Harvard Business Review*, octobre 2009, p. 3-12.

18. Les délais de paiement consentis entre entités non financières lors des échanges commerciaux servent à vérifier la conformité d'une commande ou d'une prestation mais s'expliquent également par le rapport de force existant entre client et fournisseur. Comme chaque entreprise est tour à tour fournisseur et acheteur, elle s'efforce d'obtenir de ses fournisseurs le crédit qu'elle a dû consentir à ses clients. Si elle n'y parvient pas, le solde qui reste à sa charge (solde du crédit interentreprises) est le solde commercial. Selon la taille ou le secteur d'activité de l'entreprise, le solde commercial va alors constituer une source de financement à court terme (par exemple dans la grande distribution de détail) ou une charge de trésorerie.

19. Baromètre Atradius (http://cmassistance.fr/6.html, consulté le 8 novembre 2010).

20. *Ibid.*, Garcia, 1996.

21. Han H., « Fourches caudines à la chinoise », *Courrier international*, n° 1060, 24 février-2 mars 2011, p. 13.

22. Prime N., Amine A., Obadia C. et Dupuis M., « Le développement de la distribution dans les économies émergentes : le cas du Liban », *Entreprendre et diriger*, n° 1, 1996, p. 4-17.

23. Branzei O. et Abdelnour S., « Another day, another dollar: entreprise resilience under terrorism in developing countries », *Journal of International Business Studies*, vol. 41, 2010, p. 804-825.

24. Darpy D. et Cresson J., « Réussir en Asie du Sud-Est en maîtrisant la compensation », *Décisions Marketing*, n° 10, 1997, p. 23-33.

25. http://www.eur-export.com/francais/apptheo/marketing/distribution/compensation.htm (consulté le 8 novembre 2010).

26. Chatillon S., *Le Droit des affaires internationales*, 4e édition, Vuibert, 2005.

27. Orsenna E., *Voyage au pays du coton, petit précis de mondialisation*, Fayard / Le Livre de Poche, 2006.

28. http://www.iccwbo.org/court/arbitration/index.html?id=34704 (consulté le 9 novembre 2010).

29. OMPI (http://www.wipo.int/amc/fr/arbitration/case-example.html).

30. http://www.lexpansion.com/entreprise/ce-qui-reste-de-danone-en-chine-apres-le-divorce-avec-wahaha_202126.html (consulté le 30 septembre 2009).

31. Lee J. A., « Cultural Analysis of Overseas Operations », *Harvard Business Review*, mars-avril 1966, p. 106-111.

32. Usunier J.-C. et Lee J., *Marketing across cultures*, 5e édition, Harlow, Prentice Hall, 2009.

33. Hofstede G., « Motivation, Leadership and Organization: Do American theories Apply Abroad ? », *Organizational Dynamics*, vol. 9(1), 1980, p. 42-62.
34. « Vodafone au Japon est pénalisé par excès de mondialisation », *Challenges*, n° 5, 29 septembre 2005, p. 40.

Chapitre 3

1. Lassudrie-Duchêne B., « La demande de différences et l'échange international », Économies et Sociétés, juin 1971.
2. Lemaire J.-P., *ibid.*
3. Ghauri P. N. et Cateora P., *International marketing*, 3e édition, The McGraw-Hill Companies, 2010.
4. Krugman P., *Geography and trade*, MIT Press, 1991.
5. C'est ainsi une question essentielle de la politique industrielle et commerciale stratégique de nombreux pays, notamment à croissance rapide, que de savoir quel est le degré de protection initiale dont ont besoin les secteurs nouveaux et les industries naissantes pour se développer.
6. Hymer S. H., « The efficiency (contradictions) of multinational corporations », *American Economic Review*, 60, 1970, p. 441-448.
7. Barney J. B., « Firm resources and sustained competitive advantage », *Journal of Management*, vol. 17, mars 1991, p. 99-120.
8. Kim C. M. et Mauborgne R., *Blue ocean strategy: how to create uncontested market space and make the competition irrelevant*, Harvard Business School Press, 2005; Kim C. M. et Mauborgne R.,*Stratégie Océan Bleu*, 2e édition, Pearson-Village Mondial, 2010.
9. Fréry F., *Benetton ou l'entreprise virtuelle*, 2e édition, Vuibert, 2003.
10. Arfaoui F., Bohbot G. et N"gazo B., « Les risques de la stratégie d'externalisation », http://www.lesechos.fr/formations/risques/articles/article_3_3.htm (consulté le 17 janvier 2011).
11. Johansson J., *Global Marketing*, 4e édition, McGraw Hill International Edition, New York, 2006, p. 47.
12. Vernon R., « International investment and international trade in the product cycle », *Quarterly Journal of Economics*, mai 1966, p. 190-207.
13. Johansson J. et Vahlne J.-E., « The internationalization process of the firm – a model of knowledge development and increasing foreign markets commitments », *Journal of International Business Studies*, vol. 8(1), 1977, p. 23-32.
14. Charreaux G. et Couret J., *De nouvelles théories pour gérer l'entreprise*, Économica, 2000.
15. Williamson O., *Markets and hierarchies: analysis and antitrust implications*, Free Press, New York, 1975 (voir aussi : « Transaction cost economics: the governance of contractual relations », *Journal of Law and Economics*, vol. 22, 1979, p. 233-261).
16. Hymer S. H., « *The efficiency (contradictions) of multinational corporations* », *American Economic Review*, vol. 60, 1970, p. 441-448.
17. Anderson E. et Gatignon H., « Modes of foreign entry: a transaction cost analysis and propositions », *Journal of International Business Studies*, vol. 3, 1986.
18. North D., *Institutions, institutional change, and economic performance*, Harvard Business University Press, Cambridge, 1990 ; Scott W. R., *Institutions and organizations*, Thousand Oaks, Sage, California, 1995.
19. North D., *ibid.*, p. 3.
20. Scott W. R., *ibid.*, p. 33.
21. Peng M. W., *ibid.* ; Peng M. W., Wang D. Y. L. et Jiang Y., « An institution-base view of international business strategy: a focus on emerging economies », *Journal of International Business Studies*, vol. 39, 2008, p. 920-936.
22. Dunning J. H., *International production and the multinational entreprise*, Allen & Unwin, Londres, 1981.
23. Hurtiger J.-M., *Stratégie globale et culture locale : un même produit peut-il concilier les deux ?*, École de Paris du management, séance du 19 décembre 2007, 11 pages (http://www.ecole.org) ; Fainsilber D., « La nouvelle usine Renault au Maroc va monter rapidement en puissance », *Les Échos*, 1er juin 2010, p. 19.
24. Paveau J. (dir.), *Exporter : pratique du commerce international*, 22e édition, Foucher, 2010.
25. Prahalad C. K. et Doz Y. L., *The multinational mission*, Free Press, New York, 1987.
26. Bascoul G. et Moutot J.-M., *Marketing et développement durable, stratégie de la valeur étendue*, Dunod, 2009.
27. Porter M. E. et Kramer M. R., « Creating shared Value », *Harvard Business Review*, vol. 89(1/2), janvier-février 2011, p. 62-77.
28. Porter M. E. et Kramer M. R., « Strategy and society: the link between competitive advantage and Corporate Social Responsibility », *Harvard Business Review*, décembre 2006, p. 78.
29. Simanis E. et Hart S., « Innovation from the inside out », *MIT Sloan Management Review*, vol. 50(4), été 2009, p. 77-86.
30. http://www.accor.com/fr/groupe/strategie.html (consulté le 20 janvier 2011).
31. Robertson R. D., *ibid.*
32. Levitt T., « The globalization of markets », *Harvard Business Review*, mai-juin 1983, p. 92-102.
33. Il est intéressant de noter que les écrits en marketing international, très largement d'origine américaine, utilisent le terme de *globalization* pour qualifier la stratégie standardisée, cette confusion sémantique traduisant l'orientation idéologique dominante en faveur d'une mondialisation standardisée en fonction du pays d'origine (en l'occurrence des États-Unis). En réalité, l'option de standardisation n'est que l'une des deux options de l'alternative « standardisation-adaptation » de la politique d'offre marketing international, et les auteurs ont inventé très vite le terme *glocalization* qui traduirait mieux la notion de « mondialisation » dans sa conception européenne. Nous utiliserons le terme francisé de « globalisation » comme synonyme de « mondialisation ».
34. Takeushi H. et Porter M., « The strategic role of international marketing: managing the nature and the extent of worldwide coordination », in M. Porter (éd.), *Competition in global industries*, Harvard Graduate School of Business Administration, Cambridge, 1986.
35. Douglas S. P. et Craig C. S., « The myth of globalization », *Columbia Journal of World Business*, 22(4), 1987, p. 19-29.
36. Deher O., « Quelques facteurs de succès pour la politique de produits de l'entreprise exportatrice : les liens entre marketing et production », *Recherche et applications en marketing*, 1(3), 1986, p. 55-74.
37. Prime N., « Ikea International development », in *European Cases in Retailing*, M. Dupuis et J. Dawson (éd.), Blackwell Publishers, 1999, p. 33-48.
38. Merle A., « Comprendre et gérer un programme de customisation de masse », *Décisions Marketing*, n° 59, juillet-septembre 2010, p. 39-48.
39. http://www.bigmacindex.org/2011-big-mac-index.html.

40. Palierse C., « Nouveaux profits records pour McDonald's », *Les Échos*, 25 janvier 2011, http://www.aboutmcdonalds.com/mcd/our_company.html (consulté le 31 janvier 2011) ; Faulk S. et Usunier J.-C., « Fast food: Halal or Haram? », *Case study, Graduate school of business*, University of Lausanne, 2004 ; Vignali C., « McDonald's: "Think global, act local" – the marketing mix », *British Food Journal*, vol. 103(2), 2001, p. 97-111.
41. Johansson J., *Global Marketing*, 4e édition, McGraw Hill International Edition, New York, 2006.
42. Levy M. et Thijssen V., « Le portail éditorial de Microsoft (Microsoft network, MSN) en France : dynamiques des stratégies de marketing international (2003-2009) », *MS Marketing Communication Executive*, ESCP Europe, 2008.
43. http://www.caradisiac.com/Citroen-Metropolis-elle-sera-commercialisee-en-Chine-62830.htm et http://monvolant.cyberpresse.ca/nouvelles/201004/19/01-4272028-un-prototype-citroen-concu-en-chine.php (consultés le 31 janvier 2011), « Citroën en Chine à Wuhan, DCAC passe à la vitesse supérieure », *Le MOCI*, nº 1447, 22 juin 2000, p. 34-38.
44. Interview de Robert A. McDonald, President and CEO de P&G, http://www.pg.com/en_US/downloads/investors/annual_reports/2010/PG_2010_AnnualReport.pdf.
45. « Economic status of Muslims, Dalits dismal: NCAER », *Business Standard*, Rediff.com, New Delhi, 29 mars 2010.
46. Chandy L. et Gertz G., « Poverty in numbers: the changing state of global poverty from 2005 and 2015 », *Brookings Report*, janvier 2011.
47. Defeyt P., « La répartition des revenus à l'échelle du monde », *Indicateurs pour un développement durable*, nº 2005, 3, mai-juin, Institut pour le développement durable.
48. Les travaux du statisticien Hans Rosling sur de nombreuses variables sont particulièrement riches et parlants grâce à leur présentation visuelle dynamique très originale (http://www.gapminder.org/). L'explication des dynamiques de la croissance de la population et de la richesse mondiales à l'aide de boîtes Ikea peut être consultée (http://www.gapminder.org/videos/population-growth-explained-with-ikea-boxes/).
49. PNUD, *Rapport sur le développement humain 2010*.
50. NCAER, *Rich Indian households outnumber low income families*, Press Trust Of India, 2010.
51. *From challenges to opportunity. The role of business in tomorrow's society*, WBCSD, c/o Earthprint Limited, Genève, 2006 (publication disponible sur www.wbcsd.com).
52. Court D. et Narasimham L., « Capturing the world's emerging middle class », *McKinsey Quarterly*, 2010.
53. Prahalad C. K. et Lieberthal K., « The end of corporate imperialism », *Harvard Business Review*, août 2003, p. 109-117.
54. Wright M., Filatotchev I., Hoskisson R. E. et Peng M. W., « Strategy research in emerging economies: challenging the conventional wisdom », *Journal of Management Studies*, vol. 42(1), 2005, p. 1-33.
55. Scemana C., « La perle chinoise de L'Oréal », *http://www.lexpress.fr*, 12 mai 2010, p. 72-74.
56. Viswanathan M. et Rosa J. A., *Product and market development for subsistence marketplaces: consumption and entrepreneurship beyond literacy and resource barriers*, Elsevier, Amsterdam, 2007.
57. Hammond A. L., Kramer W. J., Katz R. S., Tran J. T. et Walker C., *The next 4 billion: market size and business strategy at the base of pyramid*, World Resource Institute / International Finance Corporation, Washington DC, 2007.
58. L'ensemble des données statistiques est consultable sur le site http://www.wri.org/publication/.
59. Guesalaga R. et Marshall P., « Purchasing power at the bottom of pyramid: differences across geographic regions and income tiers », *Journal of Consumer Marketing*, vol. 25(7), 2008, p. 413-418.
60. Anderson J. L., Markides C. et Kupp M., « The last frontier: market creation in conflict zones, deep rural areas, and urban slums », *California Management Review*, vol. 52(4), été 2010, p. 6-28.
61. Ireland J., « Lessons for successful BOP marketing from Caracas' slums », *Journal of Consumer Marketing*, vol. 27(5), 2008, p. 430-438.
62. Karnani A., « The mirage at the bottom of the pyramid: the private sector can help alleviate poverty », *California Management Review*, vol. 44(4), été 2007, p. 90-111.
63. Hahn R., « The ethical rationale of business for the poor – Integrating the concepts bottom of pyramid, sustainable development, and corporate citizenship », *Journal of Business Ethics*, vol. 84, 2009, p. 313-324.
64. De Reboul H. et Verger-Lisicki O., *Et les clients pauvres ? Quand les entreprises s'engagent*, IMS – Entreprendre pour la cité, Autrement, 2008.
65. Prahalad C. K. et Hart S. L., « The fortune at the bottom of thepyramid », *Strategy + Business*, nº 2, premier trimestre 2002, p. 1-14 ; Prahalad C. K., *The fortune at the bottom of the pyramid: eradicating poverty through profits*, Wharton School Publishing, NJ, 2004.
66. Anderson J. et Markides C., « Strategic innovation at the base of pyramid », *Sloan Management Review*, vol. 49(1), automne 2007, p. 83-88.
67. Simanis E. et Hart S., *The base of pyramid protocol: towards next generation BOP strategy*, 2d édition, Cornell University, 2008.
68. Simanis E. et Hart S., « Innovation from inside out », *MIT Sloan Management Review*, vol. 50(4), été 2009, p. 77-86.
69. Sugawara H., « Japanese business and poverty reduction », *Society and Business Review*, vol. 5(2), 2010, p. 198-216.
70. Prahalad C. K., *ibid.*
71. Garrette B. et Karnani A., « Challenges in marketing socially useful goods to the poor », *California Management Review*, vol. 52(4), été 2010, p. 29-47.
72. Davidson K., « Ethical concern at the bottom of the pyramid: where CSR meets BOP », *Journal of International Business Ethics*, vol. 2(1), 2009, p. 22-31.

Chapitre 4

1. Viswanathan M., Rosa J. A. et Harris J. E., « Decision making and coping of functionally illiterate consumers and some implications for marketing management », *Journal of Marketing*, vol. 69, janvier 2005, p. 15-31.
2. Kumar V., *International marketing research*, Prentice Hall, NJ, 2000.
3. Craig C. S. et Douglas S. P., « Conducting international marketing research in the twenty-first century », *International Marketing Review*, vol. 18(1), 2001, p. 80-90.
4. http://hdr.undp.org/en/statistics/.
5. Johansson J. K., *Global Marketing*, 4e édition, McGraw Hill International Edition, New York, 2006, p. 229.
6. http://www.esomar.org/.

7. Amine L. S. et Cavusgil S. T., « Demand estimation in a developing country environment: difficulties, techniques and examples », *Journal of the Market Research Society*, vol. 28(1), janvier 1986, p. 43-65.
8. Xin-An Z., Gregoriou N. et Ly L., « The myth of China as a single market: the influence of personal values differences on buying decisions », *International Journal of Market Research*, vol. 50(3), 2008, p. 377-402.
9. http://www.hakuhodo.jp/seikatsusha/.
10. http://money.cnn.com/magazines/fortune/global500/2010/.
11. Cornnell S., « Travel broadens the mind – the case for international research », *International Journal of Market Research*, vol. 44(1), 2002, p. 97-106.
12. Craig C. S. et Douglas S. P., *International Marketing Research*, 3ᵉ édition, John Wiley & Sons Ltd, 2005.
13. http://www.atkearney.com/index.php/Publications/global-retail-development-index.html.
14. Prime N., Obadia C. et Vida I., « Exporters' Perception of Psychic Distance: a Grounded Theory Approach », *International Business Review*, vol. 18(2), 2009, p. 184-198.
15. Amine L. S. et Cavusgil S. T., « Demand estimation in a developing country environment: difficulties, techniques and examples », *Journal of the Market Research Society*, vol. 28(1), 1986, p. 43-65.
16. Malanowski N. et Zweck A., « Bridging the gap between foresight and market research: integrating methods to assess economic potential of nanotechnology », *Technological forecasting & Social Change*, vol. 74, 2007, p. 1805-1822.
17. Solomon M. R., Tissier-Desbordes E. et Heilbrunn B., *Comportement du consommateur*, 6ᵉ édition, Pearson Éducation, 2010.
18. Cooke M. et Buckley N., « Web 2.0, social networks and the future of market research », *International Journal of Market Research*, vol. 50(2), 2008, p. 267-292.
19. McCracken G., « Culture and consumption: a theoretical account of the structure and movement of the cultural meaning of consumer goods », *Journal of Consumer Research*, 13 juin 1986, p. 71-84 (voir aussi McCracken G., *Culture and consumption*, Bloomington, Indiana University Press, 1988).
20. Goodyear M., « Qualitative research in developing countries », *Journal of the Market Research Society*, vol. 24(2), 1982, p. 86-96.
21. Johansson J. K. et Nonaka I., *Relentless: the Japanese way of marketing*, New York, HarperCollins, 1996.
22. Chandon P. et Guimaraes P., « Unilever in Brazil 1997-2007: Marketing for low income consumer », *INSEAD Case Study*, ECCH 504-009-1, 2007.
23. Michon C. (dir.), *Le Marketeur : fondements et nouveautés du marketing*, 3ᵉ édition, Pearson Éducation, 2010.
24. Valette-Florence P., « Les démarches de styles de vie : concepts, champs d'investigation et problèmes actuels », *Recherche et applications en marketing*, 1ᵉʳ avril 1986, p. 93-110 et 2 juillet, p. 41-58.
25. Ostapenko N., *Consumer expectations and disillusions: the case of Russia*, Oxford Business and Economics Conference, St. Hugues College, Oxford University, 24-26 juin 2009.
26. Steenkamp J.-B. E. M. et Ter Hofstede F., « International market segmentation: issues and perspectives », *International Journal of Research in Marketing*, vol. 19(3), 2002, p. 185-213.
27. http://www.lecca.com/.
28. Kjeldgaard D. et Askegaard S., « The globalization of youth culture: the global youth segment as structures of common differences», *Journal of Consumer Research*, vol. 33, septembre 2006, p. 231-247.
29. Riefler P. et Diamantopoulos A., « Consumer animosity: a literature review and reconsideration of its measurement », *International Marketing Review*, vol. 24(1), 2007, p. 87-119.
30. Klein J. G., Ettenson R. et Morris M. D., « The animosity model of foreign product purchase: an empirical test in the People's Republic of China », *Journal of Marketing*, vol. 62, janvier 1998, p. 89-100.
31. Alden D. L., Steenkamp J.-B. E. M. et Batra R., « Brand positioning through advertising in Asia, North America and Europe: the role of global consumer culture », *Journal of Marketing*, vol. 63, janvier 1999, p. 75-87.
32. Dans les années 1960, les tests d'intelligence en psychologie ont permis de saisir l'acuité de ce problème d'équivalence. Les items utilisés dans la plupart des tests standard contiennent de nombreuses références à un environnement étranger à l'expérience d'un villageois africain ou indien. C'est pourquoi les enfants réussissant les scores les plus élevés dans les études internationales ne sont pas nécessairement les enfants les plus « intelligents », mais plutôt les plus occidentalisés. D'autres cultures définissent l'intelligence de manière différente (qui peut inclure l'intelligence sociale, au-delà de l'intelligence cérébrale), ce qui rend caduque l'idée d'un concept d'intelligence universel. On parle d'ailleurs aujourd'hui en psychologie de compétences cognitives diverses, plus que d'intelligence.
33. Frijda D. et Jahoda G., « On the scope and methods of cross-cultural research », *International Journal of Psychology*, I(2), 1966, p. 109-127.
34. Douglas S. P. et Craig C. S., « On improving the conceptual foundations on international marketing research », *Journal of International Marketing*, 14(1), 2006, p. 1-22.
35. Greenland S., Koshal J. et Combe I., « Evaluating quality and consumer satisfaction in emerging markets », *International Journal of Consumer Studies*, vol. 30(6), 2006, p. 582-590.
36. Bascoul G. et Moutot J.-M., *Marketing et développement durable : stratégie de valeur étendue*, Dunod, 2009.
37. Sizoo E. (dir.), *Responsabilité et cultures du monde*, Éditions Charles Léopold Mayer, 2008.
38. Harzing A. W. K. *et al.*, « The use of English questionnaires in cross-national research: Does cultural accommodation obscure national differences? », *International Journal of Cross-Cultural Management*, 5(2), 2005, p. 213-224.
39. Campbell D. T. et Werner O., « Translating, working through interpreters and the problem of decentrering », in R. Naroll et R. Cohen (éd.), *A handbook of method in cultural anthropology*, Natural History Press, New York, 1970, p. 398-420.
40. Sood J. H., « Equivalent measurement in international market research: is it really a problem? », *Journal of International Consumer Marketing*, vol. 2(2), 1990, p. 25-41.
41. Usunier J.-C., *International and cross-cultural management research*, Sage Publications Ltd, 1998.
42. Berry J. W., Poortinga Y. H., Segall M. H. et Dasen P., *Cross-cultural psychology, research and applications*, Cambridge University Press, 1992.
43. Connell S., « Travel broadens the mind – the case for international research », *International Journal of Market Research*, vol. 44(1), 2002, p. 102-103.
44. www.dree.org.

45. Cooke M. et Buckley N., « Web 2.0, social networks and the future of market research », *International Journal of Market Research*, vol. 50(2), 2008, p. 267-292.
46. www.esomar.org.
47. Evrard Y., Pras B. et Roux E. (en collaboration avec Choffray J.-M., Dussaix A.-M. et Claessens M.), *Market – Études et recherches en marketing*, Dunod, 2000, p. 545.
48. Ghauri P. N. et Cateora P., *International marketing*, 3e édition, McGraw-Hill, 2010.
49. Gervais F., « Choix des modes d'acquisition de l'information pour l'étude de nouveaux marchés », thèse de doctorat, CNAM, 6 juillet 2011.
50. http://www.exporter.gouv.fr/exporter/.

Chapitre 5

1. Smith D. B. et Heede S., « The North-South divide: Changing patterns in the consumption of alcoholic beverages in Europe », *Proceedings of the 25th EMAC Conference*, Budapest, 1996, p. 1065-1084.
2. Clements K. W. et Chen D., « Fundamental similarities in consumer behaviour », *Applied Economics*, vol. 28(6), 1986, p. 747-757.
3. http://le-marche-du-vin-en-chine.over-blog.com/article-marche-63750299.html.
4. Levitt T., « The globalization of markets », *Harvard Business Review*, vol. 61, mai-juin 1983, p. 92-102.
5. Usunier J.-C., « The "European consumer": Globaliser or globalised? », in A. Rugman et A. Verbeke (éd.), *Research in Global Strategic Management*, vol. 2, 1991, Greenwich, CT, JAI Press, p. 57-78.
6. Warnier J.-P., *La Mondialisation de la culture*, La Découverte, 1999.
7. Le Bras H., « Choisir la bonne échelle pour analyser la société », *Alternatives économiques*, n° 260, juillet-août 2007, p. 92-94.
8. Warnier J.-P., *ibid.*, p. 96.
9. Paris T., « Diversité culturelle et mondialisation », *RAMSES*, 2005, p. 173-187.
10. Usunier J.-C., « Équivalence et inéquivalence entre contextes culturels : l'approche linguistique », *Revue française du marketing*, n° 168-169, 1998, p. 123-139.
11. Mermet G., *Euroscopie*, Larousse, 1996.
12. Warnier J.-P., *ibid.*, p. 89.
13. Belk R. W., « Third World consumer culture », in E. Kumçu et A. Fuat Firat (éd.), *Marketing and Developpement: Toward broader dimensions*, Greenwich, CT, JAI Press, 1988, p. 103-27.
14. Ger G. et Belk R. W., « I'd like to buy the world a Coke: Consumptionscapes of the "Less Affluent World" », *Journal of Consumer Policy*, 1995.
15. *Le Monde*, « Le régime Vache qui rit », 6 novembre 2004, p. 16.
16. Clark H. F. Jr, « Consumer and corporate values: Yet another view on global marketing », *International Journal of Advertising*, vol. 6, 1987, p. 29-42.
17. Faulk S. et Usunier J.-C., « Fast food, Halal or Haram », *Case Study MK-16-904*, université de Lausanne, Suisse, 2004.
18. Kaiwar V., « Hybrid and alternative modernities: a critical perspective of postcolonial studies and the project of provincialising Europe », in S. Mazundar, V. Kaiwar et T. Labica, *From orientalism to postcolonialism – Asia, Europe and the lineage of difference*, Routledge Contemporary Asia Series, 2009, p. 206-238.
19. Guillebaud J.-C., *Le Commencement d'un monde. Vers une modernité métisse*, Le Seuil, 2007.
20. Leeflang P. S. H. et W.F. Van Raaij W. F., « The changing consumer in the European Union: A "meta-analysis" », *International Journal of Research in Marketing*, vol. 12, décembre 1995, p. 373-387 ; Courbage Y. et Todd E., *Le Rendez-vous des civilisations*, PUF, 2007.
21. Geertz C., *Local Knowledge*, New York, Basic Books, 1983.
22. McCracken G., « Culture and consumption: A theoretical account of the structure and movement of the cultural meaning of consumer goods » *Journal of Consumer Research*, vol. 13, juin 1986, p. 71-84 ; McCracken G., « Culture and consumer behaviour: An anthropological perspective », *Journal of the Market research Society*, vol. 32(1), 1991, p. 3-11.
23. Cova B., *Au-delà du marché : quand le lien importe plus que le bien*, L'Harmattan, 1995.
24. Warnier J.-P. et Rosselin C., *Authentifier la marchandise. Anthropologie critique de la quête d'authenticité*, L'Harmattan, 1996.
25. Prime N. et Itonaga-Delcourt M., « L'appétence des sociétés industrialisées pour les produits artisanaux : paradoxes socioculturel et économique », in *Paradoxes de la mondialisation*, E. Milliot et N. Tournois (dir.), Vuibert, 2009, p. 115-136.
26. *Courrier international*, n° 531, 4-10 janvier 2001, p. 24.
27. Craig S. C. et Douglas S. P., « Beyond national culture: implications of cultural dynamics for consumer research », *International Marketing Review*, vol. 23(3), 2006, p. 322-342.
28. Redfield R., Linton R. et Herskovits M., « Memorandum on the study of Acculturation », *American Anthropologist*, vol. 38, 1936, p. 149-152.
29. Berry J., « Immigration, acculturation, and adaptation », *The Journal of International Association of Applied Psychology*, vol. 46(1), 1997, p. 5-68.
30. Hermans H. J. M. et Kempen H. J. G, « Moving cultures, the perilous problems of cultural dichotomies in a globalizing society », *American Psychologist*, vol. 53(10), 1998, p. 1111-1120.
31. Belk R. W., « Possessions and the extended self », *Journal of Consumer Research*, vol. 15, 1988, p. 139-168 ; McCracken G., *ibid.*, 1986.
32. Penaloza L. N., « Immigrant consumer acculturation », *The journal of Advances in Consumer Research*, vol. 16, 1989, p. 110-118.
33. Penaloza L. N., « A travesando fronteras/ Border Crossings: a critical ethnographic exploration of the consumer acculturation of Mexican immigrants », *Journal of Consumer Research*, vol. 21, 1994, p. 32-54.
34. Oswald L. R., « Culture Swapping: Consumption and the Ethnogenesis of Middle-Class Haitian Immigrants », *Journal of Consumer Research*, vol. 25(4), 1999, p. 303-318.
35. *Euromonitor International 2010*. Global beauty and personal care: state of the industry 2010. May.
36. Triers A., *The Russian consumer 20 years after the fall of communism*, mémoire de master en management, ESCP Europe, 2010.
37. Penaloza L. N., *ibid.*, 1989.
38. Galesne J.-L., « Le bon-mix franco-nippon », *Les Échos*, 5 mars 2011, p. 14.
39. Deher O., « Quelques facteurs de succès pour la politique de produits de l'entreprise exportatrice. Les liens entre marketing et production », *Recherche et applications en marketing*, vol. 1(3), 1986, p. 55-74.

40. Levitt T., *ibid.*, 1983.
41. Ritzer G., *Tous rationalisés ! La mcdonaldisation de la société*, Alban, 2004.
42. Zhang J., Beatty S. E. et Gwalsh G., « Review and future directions of cross-cultural consumer services research », *Journal of Business Research*, vol. 61(3), 2008, p. 211-224.
43. Parasuraman A., Zeithaml V. A. et Berry L. L., « Serqual: a multiple-item scale for measuring consumer perception of service quality », *Journal of Retailing*, vol. 64(1), 1988, p. 12-40.
44. Raajoot N., « Reconceptualising service encounter quality in non-western contexte », *Journal of Service Research*, vol. 7(2), 2004, p. 181-201.
45. Liu B. S.-C., Furrer O. et Sudharshan D., « The relationships between cultures and behavioral intentions towards services », *Journal of Service Research*, vol. 4(2), 2001, p. 118-129.
46. Money R. B., Gilly M. R., Graham J. L., « Explorations of national culture and word of mouth referral behaviour in the purchase of industrial services in the US and Japan », *Journal of Marketing*, vol. 62, octobre 1998, p. 76-97.
47. Chen Haipeng A., Sharon Ng. et Rao A. R., « Cultural differences in consumer impatience », *Journal of Marketing Research*, vol. 42(3), 2005, p. 291-301.
48. Hall E. T., *Beyond culture*, New York, Doubleday, 1976.
49. Nestorovic C., *ibid.*
50. « McDo France se réinvente en permanence », *Challenges*, n° 248, 17 mars 2011, p. 48-49.
51. Peterson R. A. et Jolibert A., « A meta-analysis of country of origin effects », *Journal of International Business Studies*, vol. 26(4), 1995, p. 883-900 ; Verlegh P. W. J. et Steenkamp J.-B. E. M., « A review and meta-analysis of country of origin research », *Journal of Economic Psychology*, vol. 20, 1999, p. 521-546.
52. Agrawal J. et Kamakura W. A., « Country of origine; a competitive advantage? », *International Journal of Research in Marketing*, vol. 16(4), 1999, p. 255-267.
53. Klein J. G., Ettenson R. et Morris M. D., « The animosity model of foreign product purchase: an empirical test in the People's Republic of China », *Journal of Marketing*, vol. 62(1), 1998, p. 89-100 ; Klein J. G., « Us versus them, or US versus everyone? Delineating consumer aversion to foreign goods », *Journal of International Business Studies*, vol. 33(2), 2002, p. 345-363.
54. Amine L. S., « Country-of-origin, animosity and consumer response: marketing implications of anti-americanism et francophobia », *International Business Review*, vol. 17(4), 2008, p. 402-422.
55. Shimp T. A. et Sharma S., « Consumer ethnocentrism: construction and validation of the Cetscale », *Journal of Marketing Research*, vol. 24, août 1987, p. 280-289.
56. Buccianti A., « L'empire ottoman contre-attaque », *Alternatives internationales*, n° 50, mars 2011, p. 16-19.
57. Copeland L. et Griggs L., *Going International*, New York, Plume Books/New American Library, 1986.
58. Gephart W., « Nature-environnement », in J. Leenhardt et R. Picht (dir.), *Au jardin des malentendus, le commerce franco-allemand des idées*, Arles, Actes Sud, 1990, p. 353-355.
59. Banerjee A. V. et Duflo E., « The economic lives of the poor », *The Journal of Economic perspectives*, vol. 21(1), 2007, p. 141-168.
60. Subrahmanyan S. et Gomez-Arias J. T., « Integrated approach to understanding consumer behaviour at bottom of pyramid », *Journal of Consumer Marketing*, vol. 25(7), 2008, p. 402-412.
61. Cai J., Yang D. et Li D., « Designing the right IT services for the Bottom of Pyramid », *Communications of the Association for Information Systems*, vol. 19, 2007, p. 513-521.
62. Davidson K., « Ethical concerns at the Bottom of the Pyramid where CSR meets BOP », *Journal of International Business Ethics*, vol. 2(1), 2009, p. 22-32.
63. Davidson K., *ibid.*
64. Tsalikis J., Seaton B. et Li T., « The international business ethics index: Asian emerging economies », *Journal of Business Ethics*, vol. 80, printemps 2007, p. 643-641.
65. *Le Monde – Économie*, « Peut-on échapper aux défaillances du "made in China" », dossier, 16 décembre 2008, p. III.
66. Dawar N. et Chattopadhyay A., « Rethinking marketing programs for emerging markets », *Long Range Planning*, vol. 35, 2002, p. 457-474.
67. Sethia N., « At the bottom of the pyramid: responsible design fro responsible people », *Design Management Review*, été 2005, p. 42-49.
68. Gershenfeld's Fab, *The coming revolution on your desktop – From personal computers to personal fabrication*, New York, Basic Books, 2005.
69. Wood V. R., Pitta D. A. et Franzak F. J., « Successful marketing by multinational firms to the bottom of the pyramid: connecting share of hear and global "umbrella brands", and responsible marketing », *Journal of Consumer Marketing*, vol. 25(7), 2008, p. 419-429.
70. Saunders S. G., « An exploratory study into the disposition behavior of poor bottom-of-pyramid urban consumers », *Advances in Consumer Research*, vol. 37, 2010, p. 440-446.
71. Lambin J.-J., « La marque et le comportement de choix de l'acheteur », in J.-N. Kapferer et J.-C. Thoenig (dir.), *La Marque*, McGraw-Hill, 1989, p. 125-158.
72. Rosen B. N., Boddewyn J. J. et Louis E. A., « US brands abroad: an empirical study of global branding », *International Marketing Review*, vol. 6(1), 1989, p. 7-19.
73. Yoshimori M., « Concepts et stratégies de marques au Japon », in J.-N. Kapferer et J.-C. Thoenig (dir.), *La Marque*, McGraw-Hill, 1989, p. 275-304.
74. *Envoyé spécial*, « La Pokémania », Antenne 2, décembre 2000.
75. Giordan A.-E., *Exporter Plus 2*, Economica, 1988.
76. Cabat O., « Archéologie de la marque moderne », in J.-N. Kapferer et J.-C. Thoenig, (dir.), *La Marque*, McGraw-Hill, 1989, p. 307-353.
77. Schmitt B. H. et Pan Y., « Managing corporate and brand identities in the Asia-Pacific region », *California Management Review*, vol. 36 (4), été 1994, p. 32-47 ; Chan A. et Huang Y., « Chinese brand naming: a linguistic analysis of the brands of ten product categories », *The Journal of Product and Brand Management*, vol. 10(2), 2001, p. 103-119.
78. Fornerino M., Zhang M. et Jolibert A., « La formation des noms de marque en Chine », *Décisions Marketing*, n° 43-44, juillet-décembre 2006, p. 13-23.
79. Jolivot A.-G., *Marketing international*, Dunod, coll. « Les Topos », 2008.
80. Clark H. F. Jr, « Consumer and corporate values: Yet another view on global marketing », *International Journal of Advertising*, vol. 6, 1987, p. 29-42.
81. *Financial World & Interbrand*, 2010 (http://www.interbrand.com/en/best-global-brands/Best-Global-Brands-2010.aspx).
82. Joachimsthaler E. et Aaker D. A., « Building brands without mass media », *Harvard Business Review*, vol. 75(1), janvier-février 1997, p. 39-50.

83. *Business World*, « Pride & prejudice: are Indian companies perceived as being incapable of managing global brands », 31 décembre 2007, p. 29-38.

84. « Restructuration d'un portefeuille de marques local : l'expérience de Procter & Gamble en France sur le marché des lessives », *Décisions Marketing*, entretien avec N. Gamen, n° 56, octobre-décembre 2009, p. 79-82.

85. Raman A. P., « The global brand face-off », *Harvard Business Review*, Case Study, juin 2003, p. 35-46.

86. De Swaan Arons M. et Van Den Driest F., *The Global Brand CEO*, Airstream New York, 2010, p. 113-116;

Chapitre 6

1. Delarce V., Deschamps P.-M. et Lupieri S., « Les prix n'ont plus de valeur », *Enjeux – Les Échos*, février 2010, p. 24-33.

2. Stöttinger B., « Strategic export pricing: a long and winding road », *Journal of International Marketing*, vol. 9(1), 2001, p. 40-63.

3. A. T. Kearney, *The Shifting Geography of Offshoring*, 2009.

4. Craig C. S. et Douglas S. P., « Managing the transational value chain: strategies for firms from emerging markets », *Journal of International Marketing*, vol. 5(3), 1997, p. 71-84.

5. http://www.bigmacindex.org/2011-big-mac-index.html.

6. Dawar N. et Parker P., « Marketing universals: Consumers' use of brand name, price, physical appearance, and retailer reputation as signals of product quality », *Journal of Marketing*, vol. 58(2), 1994, p. 81-95.

7. Faulds D. J., Grunewald O. et Johnson D., « A cross-national investigation of the relationship between the price and quality of consumer products: 1970-1990 », *Journal of Global Marketing*, vol. 8(1), 1994, p. 7-25.

8. Chandon P. et Guimaraes P., « Unilever in Brazil 1997-2007: Marketing for low income consumer », *INSEAD Case study*, ECCH 504-009-1, 2007.

9. Ackerman D. et Tellis G., « Can culture affect price? A cross-cultural study of of shopping and retail prices », *Journal of Retailing*, vol. 77(1), 2001, p. 77-82.

10. Völkner F. et Hofmann J., « The price-perceived quality relationship: a meta-analytic review and assessment of its determinants », *Marketing Letters*, vol. 18, 2007, p. 181-196.

11. Simmons L. C. et Schindler R. M., « Cultural superstitions and the price endings used in Chinese advertising », *Journal of International Marketing*, vol. 11(2), 2003, p. 101-111.

12. Abegglen J. et Stalk G. Jr., « The Japanese corporation as competitor », *California Management Review*, vol. 28(3), printemps 1986, p. 9-17.

13. Von Stackelberg H., *Die Grundlagen der Nationalökonomie*, Berlin, Springer Verlag, 1940.

14. Adda J., « Inflation-déflation : le dangers du découplage », *Alternatives économiques*, hors-série n° 088, février 2011, p. 16-17.

15. Chintagunta P. et Desiraju R., « Strategic pricing and detailing behavior in international markets », *Marketing Science*, vol. 24, n° 1, hiver 2005, p. 67-80.

16. Sharma V. M. et Krishnan K. S., « Recognising the importance of consumer bargaining: strategic marketing implications», *Journal of Marketing Theory and Practice*, vol. 9(1), 2000, p. 24-37.

17. Neuvy F., « "Low cost", le luxe des pays riches ? », *Constructif*, n° 28, février 2011, p. 46-48.

18. Sherry J. F. Jr., « A sociocultural analysis of a Midwestern American Flea market », *Journal of Consumer Research*, vol. 17(1), 1990, p. 13-30 ; Herrmann G. M., « Haggling spoken here: gender, class and style in US garage sale bargaining», *Journal of Popular Culture*, vol. 38(1), 2004, p. 55-81.

19. Cavusgil S. T., « Unraveling the mystique of export pricing », in H. B. Thorelli et S. T. Cavusgil (éd.), *International Marketing Strategy*, 3e édition, Oxford, Pergamon, 1990, p. 503-21.

20. Mermet G., « Le "low cost" à tout prix ? », *Constructif*, n° 28, février 2011, p. 49-51.

21. Chandon P. et Guimaraes P., *ibid.*

22. Peng M. W., Wang D. Y. L. et Jiang Y., « An institution-based view of international business strategy: a focus on emerging economies », *Journal of International Business Studies*, vol. 39, 2008, p. 920-936.

23. Michel S. et Beuret M., *La Chinafrique, Pékin à la conquête du continent noir*, 2008, Grasset & Fasquelle.

24. Chevallier M., « Dans la cour des grands », *Alternatives économiques*, n° 297, décembre 2010, p. 59-61.

25. Pech T., « Plus chère la vie », *Alternatives économiques*, n° 301, avril 2011, p. 6-8.

26. Torija Zane E. et Shamruk K., « Asie : des mesures micro et macroéconomiques face à l'inflation », *Special report, Recherche économique*, Natixis, n° 22, 8 mars 2011.

27. Verna G., « Fausses facturations et commerce international », *Harvard-l'Expansion*, n° 52, printemps 1989, p. 110-120.

28. Verna G., *ibid.*, p. 111.

29. Verna G., *ibid.*, p. 116.

30. Duval G., « L'euro et le monde », *Alternatives économiques – Les chiffres de l'économie 2011*, hors-série n° 86, octobre 2010, p. 16-17 ; Demma C., « La guerre des monnaies aura-t-elle lieu ? », *Alternatives économiques – L'état de l'économie 2011*, hors-série n° 88, février 2011, p. 18-19 ; *Alternatives économiques – Les marchés financiers*, hors-série n° 87, décembre 2010.

31. *Les Échos*, 4 janvier 1999, p. 14.

32. Sridharan S. et Viswanathan M., « Marketing in subsistence marketplaces: consumption and entrepreneurship in a South Indian context », *Journal of Consumer Marketing*, vol. 25(7), 2008, p. 455-462.

33. Dawar N. et Chattopadhyay A., « Rethinking marketing programs for emerging markets », *Long Range Planning*, 35, 2002, p. 457-474.

34. Chandon P. et Guimaraes P., *ibid.*

35. Sawaya A., « Financing Latin America's low-income consumers », *The McKinsey Quarterly*, Special edition: Shaping a new agenda for Latin America, mars 2007.

36. Tan S. J., Lim G. H. et Lee K. S., « Strategic responses to parallel importing », *Journal of Global Marketing*, vol. 10(4), 1997, p. 45-66.

37. Tan S. J., Lim G. H. et Lee K. S., *ibid.*

38. Cavusgil S. T. et Sikora E., « How multinationals can counter grey market imports », *Columbia Journal of World Business*, vol. 23(4), hiver 1998, p. 75-85.

39. Weigand R. E., « Parallel import channels: Options for preserving territorial integrity », *Columbia Journal of World Business*, vol. 26(1), 1991, p. 53-60.

40. Jeffers A. E., Burgess D. et Hughes P. A., « Ethical issues associated with international transfer pricing strategies », *International Journal of Business Research*, vol. 8, n° 5, 2008, p. 101-112.

41. Ng, Christina Y. M., « The new transfer pricing rules and regulations in China – impact on foreign investors», *International Tax Journal*, mars-avril 2010, p. 49-57.
42. Ghauri P. N. et Cateora P., *International Marketing*, 3e édition, The McGraw-Hill Companies, 2010.
43. Johansson J. K., *Global marketing*, 4e édition, Mc Graw-Hill, 2006.
44. Baker R. W., *Capitalism's Achilles heel: dirty money and how to renew the free-market system*, Hoboken, NJ, John Wiley and Sons, 2005.
45. Johansson J. K., *ibid.*
46. Davidson K., « Ethical concerns at the Bottom of Pyramid: where CSR meets BOP », *Journal of International Business Ethics*, vol. 2, n° 1, 2009, p. 22-32.
47. Faulk S. et Usunier J.-C., *AIDS and business*, Routledge, 2009.

Chapitre 7

1. Brouthers K. D., « Institutional, cultural and transaction cost influence on entry mode choice and performance », *Journal of International Business Studies*, vol. 33(2), 2002, p. 203-221.
2. Brouthers K. D. et Hennart J.-F., « Boundaries of the firm: insights from international entry mode research », *Journal of Management*, vol. 33(3), 2007, p. 395-425.
3. *World Investment Report 2011* (http://www.unctad.org/en/docs/wir2011_en.pdf).
4. Pinelli M.-L., « La saga de la maison Montagut », *Le MOCI*, n° 1793, 3 mai 2007, p. 20.
5. *The Economist*, 4 décembre 2008.
6. Desmet P. et Xardel D., « Challenges and pitfalls for direct mail across borders: The European example », *Journal of Direct Marketing*, vol. 10(3), 1996, p. 48-60.
7. http://fr.wikipedia.org/wiki/Dell (consulté le 11 mai 2011).
8. Morschett D., Schramm-Klein H. et Swoboda B., « Decades of research on market entry modes: what do we really know about external antecedents of entry mode choice? », *Journal of International Management*, vol. 16, 2010, p. 60-77.
9. Solberg C. A., « Product complexity and cultural distance effects on managing international distributors relationships: a contingency approach », *Journal of International Marketing*, vol. 16(3), 2008, p. 57-83.
10. Zhuang G., Xi Y. et Tsang A., « Power, conflict, and cooperation: the impact of guanxi in Chinese marketing channels », *Industrial Marketing Management*, vol. 39(1), 2010, p. 137-149.
11. Ford D., « Distribution, internationalization and network », *International Marketing Review*, vol. 19(2/3), 2002, p. 297-309.
12. Cavusgil S. T., Ghauri P. N. et Agarwal M. R., *Doing Business in Emerging Markets*, Sage Publications, 2002.
13. Prime N., Amine A., Obadia C. et Dupuis M., « Le développement de la distribution dans les économies émergentes : le cas du Liban », in *Entreprendre et Diriger*, n° 1, « Dossier Distribution », 2006, p. 9.
14. Dawson J., *Strategic Issues in International Retailing*, Routledge, 2006.
15. Quang T., « Driving growth with after-sales services », *Saigon Times*, n° 20, 14 mai 2011, p. 22-23.
16. Desmet P. et Xardel D., « Challenges and pitfalls for direct mail across borders: The European example », *Journal of Direct Marketing*, vol. 10(3), 1996, p. 48-60.
17. Still R. R., « Cross-cultural aspects of sales force management », *Journal of Personal Selling and Sales Force Management*, vol. 1(2), 1981, p. 6-9.
18. Hill J. S., Allaway A. W., Egan C. et Boya Ü. O., « Perceptions of foreign field sales forces: An exploratory factor analysis of their characteristics, behaviors and sales », *Proceedings of the 6th World Marketing Congress*, Istambul, 1993, p. 67-70.
19. Kotabe M., Dubinsky A. J. et Lim C. U., « Perceptions of organizational fairness: A cross-national perspective », *International Marketing Review*, vol. 9(2), 1992, p. 41-58.
20. Hofstede G., *Culture and Organizations: Software of the mind*, Maidenhead, Berkshire, McGraw-Hill, 1991.
21. Hall E.T., *Beyond Culture*, New York, Doubleday, 1976.
22. Kashani K., « Beware the pitfalls of global marketing », *Harvard Business Review*, septembre-octobre 1989, p. 91-98.
23. Mehaignerie S., « Diversité et alignement culturel : l'angle mort du management des grands comptes internationaux », *ACCOMEX*, n° 97, « Dossier : l'interculturel », mars 2011, p. 17-19.
24. Chevrier S. et Segal J.-P., « Coordination des équipes multiculturelle au sein des multinationales », *Revue française de gestion*, n° 212, 2011, p. 145-156.
25. Grewal D. et Levy M., « Retailing research: past, present and future », *Journal of Retailing*, vol. 83, n° 4, 2007, p. 447-464.
26. Dupuis M. et Fournioux J., « Internationalisation du distributeur, de l'avantage compétitif à la performance », *Décisions Marketing*, n° 37, janvier-mars 2005, p. 55-69.
27. Kumar N., « Global retailers and India », *The Economic Times*, Chennai, 4 février 2008, p. 19.
28. Batra R., « Marketing issues and challenges in transitional economies », *Journal of International Marketing*, vol. 5(4), 1997, p. 95-114.
29. Cao L. et Dupuis M., « L'avantage concurrentiel des distributeurs internationaux en Chine. Une approche par les compétences clés », *Décisions Marketing*, n° 58, avril-juin 2010, p. 63-76.
30. Goldman A., Krider R. et Ramaswami S., « The Persistent Competitive Advantage of Traditional Food Retailers in Asia: Wet Markets' Continued Dominance in Hong Kong », *Journal of Macromarketing*, vol. 19(2), 1999, p. 126-139.
31. Goldman A., « The transfer of retail formats into developing economies: The example of China », *Journal of retailing*, vol. 77, 2001, p. 221-242.
32. Zinkhan G. M., de Fontenelle S. et Balazs A. L., « The structure of Sao Paulo street markets: evolving patterns of retail institutions », *The Journal of Consumer Affairs*, vol. 33(1), 1999, p. 3-26.
33. Amine A. et Lazzaoui N., « Shoppers' reactions to modern food retailing systems in an emerging country: the case of Morocco », *International Journal of Retail & Distribution Management*, vol. 35(8), 2011, p. 562-581.
34. Bui T. L. H. et Lemaire J.-P., « Big C in Vietnam, Retail challenges at corporate and country level », *Proceedings of the 1rst International Conference on Marketing for Emerging Economies*, IIMA, Ahmedabad, India, 12-13 janvier 2005.
35. Prime N., « La modernisation de la distribution au Vietnam : du secteur au consommateur », in *ACCOMEX*, n° 88, « Dossier : Relations Sud-Sud, les Sud bouleversent le commerce international », juillet-août 2009, p. 37-40.
36. Dupuis M. et Prime N., « Internationalisation du produit-magasin : le prisme culturel », *Revue française de marketing*, n° 157-158, 1996, p. 160-169.

37. *Le Moci*, n° 1825, 18 septembre 2008, p. 44.
38. Vashani S. et Smith C., « Socially Responsible Distribution: distribution strategies for reaching the bottom of the pyramid », *California Management Review*, vol. 50(2), hiver 2008, p. 52-84.
39. Griffith D. A., Chandra A. et Fealey T., « Strategically employing natural channels in an emerging market », *Thunderbird International Business Review*, vol. 47(3), mai-juin 2005, p. 287-311.
40. Griffith D. A., Chandra A. et Fealey T., *ibid.*
41. Vashani S. et Smith C., *ibid.*

Chapitre 8

1. *Advertising Age*, « Top 100 Global marketers », 8 décembre 2008, p. 4-6.
2. Euromonitor international, *Global Market Information Database*, 2008.
3. Euromonitor international, *Global Market Information Database*, 2008.
4. Gao Z., « An in-depth examination of China's advertising regulation system », *Asia Pacific Journal of Marketing and Logistics*, vol. 19(3), 2007, p. 307-323.
5. Zhou D., Zhang W. et Vertinsky I., « Advertising trends in urban China », *Journal of Advertising Research*, vol. 42 (May-June), 2002, p. 73-81.
6. Jackson S., « Reader's Digest Chief shakes up empire », *The Australian*, 27 mars 2008 (www.theaustralian.news.com.au/story/0,25197,23436991-13480,00.html).
7. *Reader's Digest*, Londres, Reader's Digest Ltd, 1988.
8. Somasundaram T. N. et David Light C., « Rethinking a global media strategy: A four country comparison of young adults' perceptions of media-specific advertising », *Journal of International Consumer Marketing*, vol. 7(1), 1994, p. 23-38.
9. Le marché de la publicité, 17 septembre 2010 (http://journaldunet.com/cc/06_publicite/epub_marche_mde.shtml).
10. Le marché de la publicité, 17 septembre 2010 (http://journaldunet.com/cc/06_publicite/epub_marche_mde.shtml)
11. Balnaves M., Donald J. et Hemelryk Donald C., *Atlas des médias dans le monde*, Autrement, coll. « Atlas/Monde », 2001.
12. Ghauri P. et Cateora P., *International Marketing*, 3e édition, McGraw-Hill, 2010, p. 471.
13. Stern B. W. et Resnik A. J., « Information content in advertising: A replication and extension », *Journal of Advertising Research*, vol. 31(3), 1991, p. 36-46.
14. Kaynak E. et Ghauri P. N., « A Comparative Analysis of Advertising Practices in Unlike Environments – A Study of Agency-Client Relationships », *International Journal of Advertising*, vol. 5, 1986, p. 121-146.
15. Martenson R., « Advertising strategies and information content in American and Swedish adversiting: a comparative content analysis in cross-cultural copy research », *International Journal of Advertising*, vol. 6, 1987, p. 133-144.
16. Abernethy A. M. et Franke G. R., « The information content of advertising: A meta-analysis », *Journal of Advertising*, vol. 25(2), 1996, p. 1-17.
17. Schroeder M., « France-Allemagne : la publicité, l'existence de deux logiques de communication », *Recherche et applications en marketing*, vol. 6(3), 1991, p. 97-109.
18. Hoover R. J., Green R. T. et Saegert J., « A cross-national study of perceived risk », *Journal of Marketing*, juillet 1978, p. 102-108.
19. Hoek J. et Gendall P., « Advertising and obesity: a behavioral perspective », *Journal of Health Communication*, vol. 11(4), 2006, p. 409-423.
20. Cutler B. D., Javalgi R. G. et Erramilli M. K., « The visual component of print advertising: a five-country cross-cultural analysis », *European Journal of Marketing*, vol. 26(4), 1992, p. 7-20.
21. Hung K. et Rice M. D., « A comparative examination of the perception of ad meanings in Hong Kong and Canada », in Scott M. Smith (éd.), *Proceedings of the 5th* Symposium on Cross-Cultural Consumer and Business Studies, Provo, UT, Brigham Young University, 1995, p. 262-266.
22. Martenson R., *ibid.*
23. Walle A. H., « Global behaviour, unique responses: Consumption within cultural frameworks », *Management Decision*, vol. 35(10), 1997, p. 700-708.
24. Vicalvi C., *Le Marketing rural en Inde : savoir gérer la complexité*, mémoire de master en management, ESCP Europe, 2010.
25. Sridharan S. et Viswanathan M., « Marketing in subsistence marketplaces: consumption and entrepreneurship in south Indian context », *Journal of Consumer Marketing*, vol. 25-7, 2008, p. 455-462.
26. Davidson K., « Ethical concerns at the bottom of the pyramid: where CSR meets BOP », *Journal of Business Ethics*, vol. 2(1), 2009, p. 22-32.
27. Shintaro O., Taylor C. R. et Zou S., « Advertising standardization's positive impact in the bottom line: a model of when and how standardization improves financial and strategic performance », *Journal of Advertising*, vol. 35(3), 2006, p. 17-33.
28. Gabrielsson P., Gabrielsson M. et Gabrielsson H, « International advertising campaigns in fast-moving consumer goods originating from a Smopec country », *International Business Review*, vol. 17(6), 2008, p. 714-728.
29. Bartlett C. A. et Carlson C., « United Cereals: Lora Brill's Eurobrand challenge », *Brief Case* 4270, Harvard Business Publishing, 7 mars 2011.
30. Cleveland M. et Laroche M., « Acculturation to the global consumer culture: scale development and research paradigm », *Journal of Business Research*, vol. 60, 2007, p. 249-259.
31. « Une nouvelle typologie des médias », *Stratégies Magazine*, n° 1633, 12 mai 2011, (http://www.strategies.fr/actualites/agences/162305W/une-nouvelle-typologie-des-médias.html).
32. Duncan T. et Ramaprasad J., « Standardized multinational advertising: The influencing factors », *Journal of Advertising*, vol. 24(3), automne 1995, p. 55-68.
33. Tixier M., « Comparison of the linguistic message in advertisements according to the criteria of effective writing », *International Journal of Advertising*, vol. 11, 1992, p. 139-155.
34. Sherry J. F. Jr. et Camargo E. G., « May your life be marvelous: English language labelling and the semiotics of Japanese promotion », *Journal of Consumer Research*, vol. 14, septembre 1987, p. 174-188.
35. Thurlow C. et Jaworski A., « Communicating a global reach: in-flight magazines as globalizing genre in tourism », *Journal of Sociolinguistics*, vol. 7(4), 2003, p. 579-606.
36. De Mooij M., *Global marketing and advertising: understanding cultural paradoxes*, 2e édition, Thousand Oaks, CA, Sage, 2005.

37. Zhou N. et Belk R. W., « Chinese consumer readings of global and local advertising appeals », *Journal of Advertising*, vol. 33(3), 2004, p. 67-76.

38. Grüber U., « La communication internationale a sa langue: l'adaptation », *Revue française du marketing*, n° 114, 1987/4, p. 89-96.

39. http://adsoftheworld.com/.

40. Silver S., « La publicité fait une place aux bronzés », *Courrier international*, n° 730, 28 octobre-4 novembre 2004, p. 26.

41. Luqmani M., Yavas U. et Quraeshi Z., « Advertising in Saudi Arabia: content and regulation », *International Marketing Review*, vol. 6(1), 1988, p. 59-71.

42. Clarke I. et Honeycutt E. J. Jr., « Color usage in international business-to-business advertising », *Industrial Marketing Management*, vol. 29, 2000, p. 255-261.

43. Cutler B. D., Javalgi R. G. et Erramilli M. K., « The visual component of print advertising: a five-country cross-cultural analysis », *European Journal of Marketing*, vol. 26(4), 1992, p. 7-20.

44. Hall E. T. et Hall M., *Understanding cultural differences*, Yarmouth, Maine, Intercultural Press, 1989.

45. Zhang Y. et Neelankavil J. P., « The influence of culture on advertising effectiveness in China and the USA: A cross-cultural study », *European Journal of Marketing*, vol. 31(2), 1997, p. 134-149.

46. Gregory G., Munch J. et Peterson M., « Attitude functions in consumer research: comparing value-attitude relations in individualist and collectivist cultures », *Journal of Business Research*, vol. 55, 2002, p. 533-542.

47. http://www.internetworldstats.com/stats.htm (consulté le 12 août 2011).

48. *Le Marché de la publicité*, 17 septembre 2010 (http://journaldunet.com/cc/06_publicite/epub_marche_mde.shtml) [consulté le 12 août 2011].

49. Decaudin J.-M. et Digout J., *E-publicité, les fondamentaux*, Dunod, 2011.

50. http://www.internetworldstats.com/stats.htm (consulté le 12 août 2011).

51. Steenkamp J.-B et Geyskens I., « How country characteristics affect value of websites », *Journal of Marketing*, vol. 70, juillet 2006, p. 136-150.

52. Usunier J.-C. et Roulin N., « The Influence of High- and Low-Context Communication Styles on the Design, Content, and Language of Business-to-Business Web Sites », *Journal of Business Communication*, vol. 47(2), avril 2010, p. 189-227.

53. Peyrat M., *La Publicité ciblée en ligne*, Commission nationale de l'informatique et des libertés (CNIL), communication en séance plénière du 5 février 2009.

54. Diebold J.-B., « AuFéminin.com a le monde à ses pieds », *Challenges*, n° 201, 25 février 2010, p. 50.

55. Rauline N., « Records d'audience en vue pour la coupe du monde sur Internet », *Les Échos*, 9 juin 2010, p. 25.

56. Fontaine G., « Lancôme mène ses clients par le bout du nez », *Challenges*, n° 81, 27 mai 2007, p. 69.

57. http://www.communication-entreprise.eu/utilisation-reseaux-sociaux-internet-grandes-n23054.html (consulté le 13 août 2011).

58. Kaplan A. et Haenlein M., « Les médias sociaux sont définitivement devenus une réalité », *Recherche et applications en marketing*, vol. 26(3), 2011, p. 3-5.

59. Peyrat M., *ibid.*

60. Peyrat M., *ibid.*

61. http://journaldunet.com/cc/06_publicite/epub_marche_mde.shtml (consulté le 12 août 2011).

62. http://journaldunet.com/cc/06_publicite/epub_marche_mde.shtml (consulté le 12 août 2011).

63. « Une nouvelle typologie des médias », *Stratégies Magazine*, n° 1633, 12 mai 2011, (http://www.strategies.fr/actualites/agences/162305W/une-nouvelle-typologie-des-médias.html).

64. Bernhart J., « From cell phone to "sell" phone: hiring the best mobile marketers », *International Journal of Mobile Marketing*, vol. 4(1), 2009, p. 69-73.

65. Narasimham L., « Can India lead the mobile-internet revolution? », *McKinsey Quaterly*, février 2011, 5 pages.

66. Hoon A. S., « The power of money: a cross-cultural analysis of business-related beliefs », *Journal of Business Research*, vol. 35(1), 2000, p. 43-60.

67. Graham J. L., « A hidden cause of America's trade deficit with Japan », *Columbia Journal of World Business*, automne 1981, p. 5-15.

68. Ghauri P. et Cateora P., *International Marketing*, 3e édition, McGraw-Hill, 2010.

69. Weiss S. E., « Negotiating with "Romans" », Part 1, *Sloan Management Review*, vol. 35(2), 1994, p. 51-61 ; Weiss S. E., « Negotiating with "Romans" », Part 1, *Sloan Management Review*, vol. 35(3), 1994, p. 85-99.

70. Sebag Y., *La Diversité dans l'entreprise, comment la réaliser ?*, Éditions d'Organisation, 2006.

71. « France, monde : exposez mais soyez sélectifs », *Le MOCI*, n° 1876, 20 octobre-10 novembre 2010.

72. « Shanghai 2010, la planète en vitrine », *Le MOCI*, n° 1868, 10- 23 juin 2010, p. 20-37.

73. Pean P., *L'Argent noir*, Fayard, 1988.

74. Ingo W., *Secret money*, Londres, Unwin-Hyman, 1989.

75. Gillespie K., « Middle East response to the US Foreign Crrupt Practices Ave », *California Management Review*, vol. 24 (4), été 1987, p. 9-30.

76. Chen Y., Yasar M. et Rejesus R. M., « Factors influencing the incidence of bribery payouts by firms: a cross-country analysis », *Journal of Business Ethics*, vol. 77(2), 2008, p. 231-244.

77. Steidlmeier P., « Gift-giving, bribery and corruption: ethical management of business relationships in China », *Journal of Business Ethics*, vol. 20, 1999, p. 121-32.

78. Barthe N. et Rosé J.-J., *RSE, entre globalisation et développement durable*, Bruxelles, de Boeck, 2011.

79. Smée V., « Reporting RSE : l'analyse des informations publiées par les entreprises reste un exercice difficile », 31 mars 2011, http://www.novethic.fr/novethic/entreprises/politique_developpement_durable/reporting_et_communication/reporting_rse_analyse_informations_publiees_par_entreprises_reste_exercice_difficile/133363.jsp (consulté le 12 août 2011).

80. http://www.prnewswire.co.uk/cgi/news/release?id=185495 (consulté le 13 août 2011).

81. Chandon P. et Guimaraes P., « Unilever in Brazil 1997-2007: Marketing for low income consumer », *INSEAD Case study*, ECCH 504-009-1, 2007.

82. Hajjar S., *La Standardisation ou l'adaptation de produits dans la stratégie marketing : cas de Coca-Cola et de Maggi au Sénégal, mémoire de fin d'études*, École supérieure des affaires de Beyrouth (ESA), 2006.

83. Peebles D. M., « Don't write-off global advertising: A commentary », *International Marketing Review*, vol. 6(1), 1988, p. 73-78.

84. Raman A. P., « The global brand face-off », *Harvard Business Review*, juin 2003, p. 35-46.

Chapitre 9

1. Lemaire J.-P., *Stratégie d'internationalisation*, 2e édition, Dunod, 2003.
2. Mayrhofer U., « Environnement national et stratégies de rapprochement : une analyse des entreprises françaises et allemandes », *Finance – Contrôle – Stratégie*, vol. 5(2), 2002, p. 61-84.
3. Prime N., Obadia C. et Vida I., « Exporters' Perception of Psychic Distance: a Grounded Theory Approach », *International Business Review*, vol. 18(2), 2009, p. 184-198.
4. Bello D. C., Chelariu C. et Zhang L., « The antecedents and performance consequences of relationalism in export distribution channels », *Journal of Business Research*, vol. 56, 2003, p. 1-16.
5. Meschi P.-X. et Riccio E. L., « Country risk, national cultural differences between partners and survival of international joint ventures in Brazil », *International Business Review*, vol. 17, 2008, p. 250-266.
6. Hitt M. A., Franklin V. et Zhu H.,« Culture, institutions and international strategy », *Journal of International Management*, vol. 12, 2006, p. 222-234.
7. Cavusgil S. T., Ghauri P. N. et Agarwal, *Doing Business in Emerging Markets*, Sage Publications, 2002.
8. McCall J. B. et Warrington M. B., *Marketing by agreement, a cross-cultural approach to business negotiations*, John Wiley and Sons, 1984.
9. North D., *Institutions, institutional change, and economic performance*, Cambridge, Harvard Business University Press, 1990, p. 3.
10. Scott W. R., *Institutions and organizations*, Thousand Oaks, Sage, 1995, p. 33.
11. Witt M. et Redding G., « Culture, meaning and institutions: executive rationale in Germany and Japan », *Journal of International Business Studies*, vol. 40(5), 2009, p. 859-885.
12. Brouthers K. D., « Institutional, cultural and transaction cost influences on entry mode choice and performance », *Journal of International Business Studies*, vol. 33(2), 2002, 203-221.
13. Wan W. P., « Country resource environments, firm capabilities, and corporate diversification strategies », *Journal of Management Studies*, vol. 42(1), 2005, p. 161-182.
14. Kostova T., « Transnational transfer of strategic organizational practices: a contextual perspective », *Academy of Management Review*, vol. 24(2), 1999, p. 308-324.
15. Cailliau H., *L'Esprit des religions. Connaître les religions pour comprendre les hommes*, 2e édition, Éditions Milan, 2006.
16. Benmansour H., « Comment travailler avec les sociétés musulmanes ? », *ACCOMEX*, mai-juin 2002, n° 45, p. 25-32.
17. Child J., « Culture, contingency and capitalism in the cross-national study of organizations », in L. L. Cummings et B. M. Staw (dir.), *Research in organizational behavior*, vol. 3, JAI Press, 1981, p. 303-356.
18. Hofstede G., Hofstede G. J. et Minkov M., *Cultures et organisations : nos programmations mentales*, 3e édition, Pearson Éducation, 2010 ; House R. J., Hanges P. J., Javidan M., Dorfman P. W. et Gupta V., *Culture, leadership and organizations: The GLOBE study of 62 societies*, Thousand Oaks, Sage Publications, 2004.
19. D'iribarne P., *L'Épreuve des différences. L'expérience d'une entreprise mondiale*, Le Seuil, 2009.
20. Inglehart R. (dir.), *Human values and social change, findings from the values surveys*, Boston, Brill, 2003.
21. Hofstede G., « Problems remain, but theories will change: the universal and the specific in the 21st-century global management », *Organizational Dynamics*, été 1999, p. 34-43.
22. Ralston D. A., Holt D. H., Terpstra R. H. et Yu K.-C., « The impact of national culture and economic ideology on managerial work values: a study of the United States, Russia, Japan and China », *Journal of International Business Studies*, vol. 28(1), 1997, p. 177-207.
23. Haenni P., *L'Islam de marché*, Le Seuil, coll. « La république des idées », 2005.
24. Todd E., *Allah n'y est pour rien. Sur les révolutions arabes et quelques autres*, Le Publieur, 2011.
25. Witt M. A., « Crossvergence 10 years on: impact and further potential », *Journal of International Business Studies*, vol. 39(1), 2008, p. 47-52.
26. « Chine, Afrique du Sud, Inde, Turquie… Être ou ne pas être occidental », *Alternatives internationales*, n° 51, juin 2011, p. 28-47.
27. Jullien F., « La Chine au miroir de l'Occident », *Le Monde diplomatique*, octobre 2006, p. 22-23.
28. Cheng A., « La pensée chinoise par-delà les fanstasmes », Entretiens, *Sciences humaines*, n° 204, mai 2009, p. 30-34.
29. Chanlat J.-F., « Vers une anthropologie de l'organisation », in *L'Individu dans l'organisation, les dimensions oubliées*, J.-F. Chanlat (dir.), Les Presses de l'université de Laval / Éditions Eska, 1990, p. 3-32.
30. Geertz C., *The interpretations of cultures*, New York, Basic Books, 1973.
31. Pol-Droit R. (dir.), *Philosophies d'ailleurs*, t. 1 et 2, Hermann, 2009.
32. Redding G., « The thick description and comparison of societal systems of capitalism », *Journal of International Business Studies*, vol. 36(2), 2005, p. 123-155.
33. Kluckhohn F. et Strodbeck F., *Variation in value orientations*, Row Paterson, 1961.
34. Prime N., « Cultures et mondialisation : l'unité dans la diversité », *Expansion Management Review*, septembre 2001, p. 53-66.
35. Balmès T., *Maharajah Burger, vaches folles, vaches sacrées*, film, Canal+ / TBC production / Quark production, 1997.
36. D'ailleurs, les laboratoires l'ont bien compris. Après les avoir ignorées, voire méprisées pendant des siècles, l'Occident reconnaît l'immense savoir des médecines traditionnelles. Les laboratoires ont trouvé de nouveaux chercheurs, les chamans, les sorciers, les marabouts et guérisseurs divers pour leurs connaissances des plantes. Se développe ainsi le domaine de l'ethnopharmacologie, essentiel quand on sait que 70 % des médicaments des pays occidentaux sont issus de végétaux.
37. Spengler O., *Le Déclin de l'Occident, esquisse d'une morphologie de l'histoire universelle*, Gallimard, 1948.
38. Prime N., *Culture, temps et négociation commerciale internationale : le cas de la négociation des délais de livraison dans cinq pays*, thèse de doctorat, école supérieure des affaires de Grenoble, université Pierre-Mendès-France, 1994.
39. Kanniganti A. et Prime N., « Les collaborations franco-indiennes, au-delà des clivages culturels », in *ACCOMEX*, n° 97, « Dossier : l'interculturel », mars 2011, p. 41-44.
40. Attali J., *Histoires du temps*, Livre de Poche, 1982.
41. Kamdem E., « Temps et travail en Afrique », in *L'Individu dans l'organisation, les dimensions oubliées*, J-F. Chanlat (dir.), 1990, Les Presses de l'Université de Laval, Éditions Eska, pp. 231-255.

42. Hofstede G. et Bollinger D., *Les Différences culturelles dans le management*, Éditions d'Organisation, 1987, p. 125.
43. Triandis H. C., « The self and social behavior in different cultural contexts », *Psychological Review*, vol. 96, 1989, p. 506-520.
44. Crane P. S., *Korean patterns*, Seoul, Kwangyin Publishing Company, 1978.
45. Jain N. C., « Some basic cultural patterns in India », in L. A. Samovar et R. E. Porter (éd.), *Intercultural communication: a reader*, 5e édition, Belmont, CA, Wadsworth Publishing Company, 1988, p. 104-109.
46. Hsu F. L. K., *Americans and Chinese: Passage to differences*, 3e édition, Honolulu, Hawaii, University of Hawaii Press, 1981.
47. Barnlund D. C., *Communicative styles of Japanese and Americans: images and realities*, Yarmouth, MA, Intercultural Press inc., 1989.
48. Dorin B., Flamant N., Lachaier P., et Vaugier-Chatterjee, *Le Patronat en Inde*, Centre de Sciences Humaines, New Delhi, 2000, p. 8-34.
49. Kelley L., Whatley A., Worthley R. et Lie H., « The role of the ideal organization in comparative management: a cross-cultural perspective of Japan and Korea », in D.-K. Kim et L. Kim (éd.), *Management behind industrialization: readings in Korean business*, Korea University Press, 1989, p. 253-270.
50. Blunt P. et Jones M. L., *Managing Organizations in Africa*, De Gruyter, Berlin, 1992 ; Jackson T., *Management and change in Africa, a cross-cultural perspective*, Londres, Routledge, 2004.
51. Mbigi L., *Ubuntu: the African Dream in Management*, Randburg, SA, Knowledge Resources, 1997.
52. Dumont L., *Essais sur l'individualisme*, Le Seuil, 1983.
53. Stewart E. C., *American cultural patterns: a cross-cultural perspective*, Yarmouth, MA, Intercultural Press Inc., 1972.
54. Zeldin T., *Les Français*, Fayard, 1983.
55. Hofstede G., *Culture's consequences*, Sage Publications, 1980 (2e édition 2000).
56. Inkeles A. et Levinson D. J., « National character: the study of modal personality and sociocultural systems », in G. Lindsey et E. Aronson (eds.), *The Handbook of social psychology*, 2e édition, vol. 4, Reading, MA, Addison-Wesley, 1969.
57. Hofstede G., *ibid.*
58. Kim D.-K., « The impact of traditional Korean values on Korean patterns of management », in D.-K. Kim et L. Kim, *Management behind industrialization: readings in Korean business*, Seoul, Korea Press University, 1989, p. 133-160.
59. Camilleri J.-L., *La Petite Entreprise africaine*, L'Harmattan, 1995.
60. Jain N. C., *ibid.*
61. « La rencontre : Emmanuel Todd », Rue89, décembre 2010, p. 19-24.
62. Stewart E. C., *ibid.*
63. Barsoux J. L. et Lawrence P., *French management: elitism in action*, Londres, Cassell, 1997.
64. Trompenaars F., *Riding the waves of culture*, The Economist Books, The Bath Press, 1993.
65. Eliade M., *Le Sacré et le Profane*, Gallimard, 1965.
66. Fromm E., *To have or to be?*, New York, Harper and Row Publishers, 1976 (version française : *Avoir ou Être ? Un choix dont dépend l'avenir de l'homme*, Robert Laffont, coll. « Réponses », 1978).
67. D'un point de vue linguistique, Fromm remarque que de plus en plus d'activités sont exprimées depuis deux cents ans en termes d'avoir, c'est-à-dire en utilisant un nom à la place d'un verbe, alors que les activités ne peuvent être possédées mais seulement expérimentées. Ainsi, dans l'usage contemporain des sociétés industrialisées, en tout cas occidentales, la tendance à remplacer le verbe par le nom a pris des proportions énormes : on « a des problèmes » (on pourrait dire que l'on est soucieux), on « a des insomnies » (on pourrait dire que l'on ne peut pas dormir), on « a des enfants » (on pourrait dire que l'on est parent) et ainsi de suite. De cette façon, on élimine tout simplement l'expérience subjective : le « je » de l'expérience est remplacé par le « ça » de la possession.
68. Zadi Kessy M., *ibid.*=
69. Doi, T., *Le Jeu de l'indulgence*, Éditions l'Asiathèque, 1988.
70. Benedict R., *The Chrysanthemum and the sword*, Boston, Houghton Mifflins, 1946 (version française : *Le Sabre et le Chrysanthème*, 1946).
71. Rubin J. Z. et Brown B. R., *The social psychology of bargaining and negotiation*, New York, Academic Press, 1975.
72. Rubin J. Z. et Brown B. R., *ibid.*
73. Ury W. et Fisher R., *Getting to yes*, Boston, Houghton Miffling Co, 1981.
74. Dupont C., *La* Négociation. *Conduite, théorie, applications*, 2e édition, Dalloz Gestion, 1990.
75. Valla J.-P., « Éléments d'une approche marketing du concept de filière », *Revue d'économie industrielle*, vol. 21, 3e trimestre 1982, p. 76-92.
76. Ghauri P. N. et Usunier J.-C., *International business negotiations*, 2e édition, Oxford, Pergamon / Elsevier, 2003.
77. Salacuse J. W., « Negotiating: the top ten ways that culture can affect negotiation », *Ivey Business Journal*, septembre-octobre 2004, p. 1-6.
78. Posses F., *The art of international negotiation*, Business Books, 1978.
79. Saunders M., Skinner D., Dietz G., Gillespie N. et Lewicki R. (dir.), *Organizational trust, a cultural perspective*, Cambridge University Press, 2010 ; Usunier J.-C., « Un examen du concept de confiance à travers la littérature », in J.-C. Usunier (dir.), *Confiance et performance : un essai de management comparé France-Allemagne*, Vuibert-Fnege, 2000.
80. Usunier J.-C., « Négociation commerciale des projets : une approche interculturelle », *Revue française du marketing*, no 127-128, 1990, p. 173.
81. Graham J. L. et Adler N. J., « Cross-cultural comparison: the international comparison fallacy? », *Journal of International Business Studies*, vol. 20(3), 1989, p. 515-537.
82. Weiss E. et Stripp W., *Negotiating with foreign business persons: an introduction for Americans with propositions on six cultures*, Working paper 85-6, Leonard N. Stern School of Business, New York University, 1985.
83. Graham J. L. et Herberger R. A., « Negotiators abroad – don't shoot from the hip », *Harvard Business Review*, juillet-août 1983, p. 160-168 ; Hall E. T. et Hall M. R., *Guide du comportement dans les affaires internationales, Allemagne, France, États-Unis*, Le Seuil, 1990.
84. Graham J. L. et Herberger R. A., *ibid.*
85. Graham J. L. et Sano Y., *Smart bargaining: doing business with the Japanese*, Cambridge, MA, Ballinger, 1984 ; Tung R. L., « How to negotiate with the Japanese », *California Management Review*, vol. 26(4), 1984, p. 62-77 ; De Mente B., *Japon, éthique et étiquette dans le monde des affaires*, Eyrolles, 1990.

86. Hall E. T. et Hall M. R., *Les différences cachées – Une étude de la communication internationale. Comment communiquer avec les Allemands*, Hambourg, Grune et Jahr AG&Co, service de publicité de Stern, 1984 ; Burt D. N., « The nuances of negotiating overseas », *Journal of Purchasing and Material Management*, vol. 25(1), 1989, p. 56-62 ; Pateau J., *Une étrange alchimie : la dimension interculturelle dans la coopération franco-allemande*, CIRAC Éditions, 1998.
87. Un proverbe allemand dit « le diable est dans le détail ».
88. Burt D. N., *ibid.* ; Hall E. T. et Hall M. R, *ibid.*, 1990 ; Gruere J-P. et Morel P., *Cadres français et communications interculturelles*, Eyrolles, coll. « Cadres & Dirigeants », 1991 ; Asselin G., *Au contraire*, Intercultural Press, 2002.
89. Hall E. T. et Hall M. R, *ibid.*, 1990.

Chapitre 10

1. *World Investment Report 2010*, Conférence des Nations unies pour le commerce et le développement (CNUCED), New York-Genève.
2. Ghemawat P., « Distance still matters: the hard reality of global expansion », *Harvard Business Review*, vol. 79(8), 2001, p. 137-147.
3. Alexandre-Bailly A., Bourgeois D., Gruère J.-P., Raulet-Croset N. et Roland-Lévy C., *Comportements humains et management*, 3e édition, Pearson, 2009.
4. Prahalad C. K. et Doz Y., *The multinational mission*, New York, The Free Press, 1988.
5. Johansson J. K., *Global marketing. Foreign entry, local marketing and global management*, McGraw-Hill International, 2006.
6. Immelt J. R., Govindarajan V. et Trimble C., « How GE disrupts itself », *Harvard Business Review*, octobre 2009, p. 3-12.
7. Perlmutter H., « The tortuous evolution of the multinational corporation », *Columbia Journal of World Business*, janvier-février 1969.
8. Ghemawat P., « Regional strategies for global leadership », *Harvard Business Review*, décembre 2005, p. 98-108.
9. Knight G., Madsen T. K. et Servais P., « An inquiry into born-global firms in Europe and the USA », *International Marketing Review*, vol. 21(6), 2004, p. 645-665.
10. Oviatt B. M. et McDougall P. P., « Global start-ups, entrepreneurs on a worldwide stage », *Academy of Management Executive*, vol. 9(2), 1995, p. 30-34.
11. Olsen M. et Boxenbaum E., « Bottom-of-the-pyramid: organizational barriers to implementation », *California Management Review*, vol. 51(4), été 2009, p. 100-125.
12. McFalls R., « Testing the limits of 'inclusive capitalism' », *Journal of Corporate Citizenship*, vol. 28, hiver 2007, p. 85-98.
13. Mayrhofer U. et Urban S., *Management international, des pratiques en mutation*, Pearson, 2011.
14. Mayrhofer U., « La gestion des relations siège-filiales : un enjeu stratégiques pour les firmes multinationales », *Revue française de gestion*, vol. 37(212), 2011, p. 65-75.
15. Davidson W. H. et Haspeslagh P., « Shaping a global product organization », *Harvard Business Review*, juillet-août 1982, p. 125-132.
16. Johansson J. K., *ibid.*
17. Möller K. et Rajala A., « Organizing marketing in industrial high-tech firms, the role of internal marketing relationships », *Industrial Marketing Management*, vol. 28, 1999, p. 521-535.
18. Méhaignerie S., « Diversité et alignement culturel : l'angle mort du management des grands comptes internationaux », *ACCOMEX*, n° 97, « Dossier : l'interculturel », mars 2011, p. 17-19.
19. Bartlett C. et Ghoshal S., *Managing across borders: the transnational solution*, Boston, Harvard Business School Press, 1989.
20. Davidow W. H. et Malone M. S., *The virtual corporation*, New York, Harper Collins Publisher, 1992 (version française : *L'Entreprise à l'âge du virtuel*, Paris, Maxima, 1995).
21. Ungson G., Steers R. et Park S., *Korean entreprise: the quest for globalization*, Boston, Harvard Business School Press, 1997.
22. Mayrhofer U. et Urban S., *ibid.*
23. Fréry F., *Benetton ou l'entreprise virtuelle*, 2e édition, Vuibert, 2003.
24. Bournois F., Duval-Hamel J., Roussillon S. et Scaringella J.-L., *Comités exécutifs, voyage au cœur de la dirigeance*, Eyrolles-Éditions d'Organisation, 2007.
25. Roth F., « La gouvernance des firmes multinationales : continuité ou rupture ? », in U. Mayrhofer (dir.), *Le Management des firmes multinationales*, Magnard-Vuibert, 2011, p. 71-86.
26. Chevalier M., « Entreprises : les familles aux manettes », *Alternatives économiques*, n° 298, janvier 2011, p. 62-64.
27. Cappelli P., Singh H., Singh J., et Useem M., *The India way: how India's op business leaders are revolutionizing management*, Harvard Business School Publishing, 2010.
28. Luo X., Chung C.-N. et Sobczak M., « How do corporate governance model differences affect foreign direct investment in emerging economies? », *Journal of International Business Studies*, vol. 40(3), avril 2009, p. 444-467.
29. Nurdin G., Lemaire J.-P. et Prime N., « Le contrôle de gestion, un élément propre à la culture occidentale ? », *Échanges*, n° 91, août-septembre 2002, p. 66-68.
30. Mayrhofer U. et Urban S., *ibid.*, p. 232.
31. Mayrhofer U., «La gestion des relations siège-filiales, un enjeu stratégique pour les multinationales », *Revue française de gestion*, vol. 3(212), 2011, p. 65-75.
32. Giraud F., Saulpic O., Delmond M. H., Bonnier C., De Geuser F., Laulusa L., Naulleau G., Mendoza C. et Zrihen R., *L'Art du contrôle de gestion : enjeux et pratiques*, Gualino, 2009.
33. Laulusa L., « The Influence Of Confucian Values During The Process Of Management Control In A Chinese State-Owned-Enterprise In Beijing », *Asia Pacific Management Review, Proceedings of the 12th Asia Pacific Management Conference, Managing Competitiveness in the Knowledge Economy*, Asian Institute of Technology (AIT), Thaïlande, 17-19 novembre 2006.
34. Mayrhofer U. et Urban S., *ibid.*, p. 238.
35. Beddi H., « Quel rôle du siège dans les firmes multinationales ? », *Revue française de gestion*, vol. 3(212), 2011, p. 77-92.
36. Björkman A. et Piekkari R., « Language and foreign subsidiary control: an empirical test », *Journal of International Management*, vol. 15, 2009, p. 105-117.
37. Ollivier A., « Le contrôle en marketing », *Encyclopédie du management*, t. 1, Vuibert, 1991, p. 352-365.
38. Gabilliet P., Robbins S. et Decenzo D., *Management, l'essentiel des concepts et des pratiques*, 6e édition, Pearson, 2008.
39. Gabilliet P., *ibid.*, p. 28.
40. Johanson J. et Vahlne J.-E., « The internationalization process of the firm – a model of knowledge development

and increasing foreign markets commitments », *Journal of International Business Studies*, vol. 8(1), 1977, p. 23-32.

41. Johanson J. et Vahlne J.-E.,, « The Uppsala internationalization process model revisited: from liability of foreignness to liability of outsidership », *Journal of International Business Studies*, vol. 40, 2009, p. 1411-1431.
42. Chevrier S., « Gestion des équipes multiculturelles », in E. Davel, J.-P. Dupuis et J.-F. Chanlat (dir.), *Gestion en contexte interculturel, approches, problématiques, pratiques et plongées*, Les Presses de l'université Laval et Télé-Université (UQAM), 2008, p. 345-378.
43. Hurtiger J.-M., *Stratégie globale et culture locale : un même produit peut-il concilier les deux ?*, École de Paris du management, séance du 19 décembre 2007 (http://www.ecole.org).
44. Barczak G., McDonough E. et Athanassiou N., « So you want to be a global project leader? », *Research Technology Management*, mai-juin 2006, p. 28-35.
45. Samovar L. A., Porter R. E., McDaniel E. R., et Roy, C. S., *Communication between cultures*, 8e édition, CENGAGE Learning Custom Publishing, 2012.
46. Hall E. T., *The dance of life*, New York, Anchor Press / Doubleday, 1983, p. 74 (version française : *La Danse de la vie*, Paris, Le Seuil, 1984).
47. Hall E. T., *Beyond culture*, Garden City, New York, Anchor Press, 1976 (version française : *Au-delà de la culture*, Paris, Le Seuil, 1979).
48. Takahashi T., *Histoire de la psychanalyse au Japon* (sous la direction de R. Jaccard), Hachette, Livre de Poche, 1982.
49. Usunier J-C., « La négociation face aux barrières de langage », *Revue française de gestion*, septembre-octobre 2001, p. 39-50.
50. Chomsky N., *Aspects of the theory of syntax*, Cambridge MA, MIT Press, 1965.
51. Kassis-Henderson J., « The Implications of language boundaries on the development of trust in international management teams », in M. N. K. Saunders, D. Skinner, G. Dietz, N. Gillepsie et R. J. Lewicki (éd.), *Organizational Trust: A Cultural Perspective*, Cambridge Companions to Management, Cambridge University Press, 2010, p. 358-382.
52. Argyle M., *Bodily communication*, New York, International Universities Press, 1975.
53. Morris D., *Le Langage des gestes : un guide international*, Calmann-Lévy, 1997.
54. Hall E. T., *The dance of life*, New York, Anchor Press / Doubleday, 1983 (version française : *La Danse de la vie*, Le Seuil, 1984).
55. Kamdem, E., « Temps et travail en Afrique », in J.-F. Chanlat (dir.), *L'Individu dans l'organisation, les dimensions oubliées*, Presses de l'université de Laval-Éditions Eska, 1990, p. 231-255.
56. *Observatoire international des salariés*, TNS SOFRES, 2007.
57. Barsoux J.-L. et Lawrence P., *French management: elitism in action*, Londres, Cassell, 1997.
58. Adler N. J., *International dimensions of organizational behavior*, 3e edition, Kent Publishing Company, 1999.
59. Gabilliet P., *Ibidem*, p. 288.
60. Derakhsan F. et Fatehi K., « Cross-cultural motivation », in K. Fatehi, *International management: a cross-cultural approach*, Prentice Hall, 1996, p. 227-253.
61. McGregor D., *Leadership and motivation*, MIT Press, 1966.
62. *Observatoire international des salariés*, TNS SOFRES, 2007.
63. House R. J., Hanges P. J., Javidan M., Dorfman P. W., Gupta V. et Globe Associates, *Culture, leadership and organizations: the GLOBE study of 62 societies*, Thousand Oaks, CA, Sage, 2004.
64. Sinha J. B. P., *The nurturant-task leader*, New Delhi, Concept, 1980.
65. Cappelli P., Singh H., Singh J. et Useem M., *The India way: how India's top business leaders are revolutionizing management*, Harvard Business School Publishing, 2010.
66. Adler N. J., *International dimensions of organizational behavior*, 4e édition, South-Western College Pub, 2001.
67. Grin F., Sfreddo C. et Vaillancourt F., *Langues étrangères dans l'activité professionnelle*, rapport final au Fonds national de la recherche scientifique, 2009, http://www.unige.ch/traduction-interpretation/recherches/groupes/elf/recherche-activite/LEAP/LEAP-RF-7logos.pdf
68. Bellard E. et Schneider S., « Le mythe des équipes multiculturelles », in D. Cazal, E. Davoine, P. Louart et F. Chevalier (dir.), *GRH et mondialisation : nouveaux contextes, nouveaux enjeux*, Vuibert, 2010, p. 189-199.
69. Adler N. J., *ibid.*, 2001.
70. Adler N. J., « Organizational development in a multicultural environment », Journal of Applied Behavioral Science, vol. 19(3), été 1996, p. 349-365.
71. Barney J., « Firm resources and sustained competitive advantage », *Journal of Management*, vol. 17(1), 1991, p. 99-120.
72. Wisner A., Pavard B., Benchekroun T. H. et Geslin P., *Anthropotechnologie, vers un monde industriel pluricentrique*, Octares Éditions, 1997, p. 89-95.
73. Geslin P., *Choix technologiques et impacts organisationnels : quelques petites thèses anthropologiques sur la circulation des connaissances, des hommes et des techniques*, Les Amis de l'école de Paris, 23 mars 2009 (http://www.ecole.org).
74. Dinur A., Hamilton R. D. et Inkpen A. C., « Critical context and international intrafirm best-practice transfers », *Journal of International Management*, vol. 15, 2009, p. 432-446 ; Ambos T. C. et Ambos B., « The impact of distance on knowledge transfer effectiveness in multinational corporations », *Journal of International Management*, vol. 15, 2009, p. 1-14.
75. Holden N., *Cross-cultural management, a knowledge management perspective*, Prentice Hall, 2002.
76. Lemaire J.-P. et Prime N., « Le levier culturel dans la croissance de l'organisation à l'international », *ACCOMEX*, mai-juin 2002, p. 14-18.
77. Deheunynck P., *La* Uniqueness *de Danone*, Les Amis de l'école de Paris, 9 novembre 2007 (http://www.ecole.org).
78. Lemaire J.-P. et Prime N., « De la culture d'entreprise à la culture groupe : l'enjeu de la diffusion internationale », *Premières rencontres sur la diversité : les défis de la diversité*, IAE de Corse, Corte, 6-8 octobre 2005.
79. Ghosn C., « Saving the business without loosing the company », *Harvard Business Review*, janvier 2002, p. 37-45.
80. Lemaire J.-P. et Prime N., « L'enjeu de la diffusion internationale de la culture », in *Comité Exécutifs, Voyage au cœur de la dirigeance*, F. Bournois, J. Duval-Hamel, S. Roussillon et J.-L. Scaringella (dir.), Eyrolles, Éditions d'Organisation, 2007, p. 511-517.
81. Lemaire J.-P. et Prime N., « Préparer l'organisation à l'aventure internationale », in *L'Art de la croissance*, ESCP Europe / Bain & Company, Éditions Village Mondial, 2007, p. 209-213 (article publié à l'origine dans *Les Échos*, hors-série *L'Art de la croissance 5*, 14 décembre 2006).
82. Ambos T. C. et Ambos B., *ibid.*

83. Dinur A. *et al., ibid.*

84. Holden N., *ibid.*

85. Laurent A., « Réinventer le management au carrefour des cultures », *L'Art du management*, module 13, Village Mondial, 1997, p. 489-493.

86. O'Grady S. et Lane H. W., « The psychic distance paradox », *Journal of International Business Studies*, 27(2), 1996, p. 309-333.

87. Lainé S., *Les différences invisibles, propos sur la communication entre Italiens et Français*, Personnel – ANDCP, n° 398, avril 1999, p. 49-54.

88. Cerdin J.-L. et Peretti J.-M., « Les déterminants de l'adaptation des cadres français expatriés », *Revue française de gestion*, juin-juillet-août 2000, p. 58-66.

89. Bournois F. et Point S., « Quatre tendances clés dans l'internationalisation RH des grandes entreprises françaises », in D. Cazal, E. Davoine, P. Louart et F. Chevalier (dir.), *GRH et mondialisation : nouveaux contextes, nouveaux enjeux*, Vuibert, 2010, p. 25-42.

90. Bouissou J., « Informatique : les sociétés indiennes essaiment hors de leurs frontières », *Le Monde*, 4 mai 2007.

91. Ruet J., « Un modèle d'affaires global base sur les hommes », *Le Monde*, 3 mars 2009.

92. Barmeyer C. et Mayrhofer U., « The contribution of intercultural management to the success of international mergers and acquisitions: an analysis of the EADS group », *International Business Review*, vol. 17(1), 2008, p. 28-38.

93. Bresman H., Birkinshaw J. et Nobel R., « Knowledge transfer in international acquisitions », *Journal of International Business Studies*, vol. 41, 2010, p. 5-20.

94. Stahl G. K. et Mendenhall M. E., *Mergers and acquisitions: managing culture and human resources*, Stanford University Press, 2005.

95. Zaharna R. S., « Self shock: the double-binding challenge of identity », *International Journal of Intercultural Relations*, vol. 13(4), 1990, p. 501-526.

Index par thèmes

R

S

Index des marques

F

G

H

I

J

K

L

M

N

O

Index des pays

Q-R

S

T

U

V

Dépôt légal : avril 2012
IMPRIMÉ EN FRANCE

Achevé d'imprimer le 5 avril 2012
sur les presses de l'imprimerie « La Source d'Or »
63039 Clermont-Ferrand
Imprimeur n° 10717